RAINER KOLTERMANN

GRUNDZÜGE DER MODERNEN NATURPHILOSOPHIE

RAINER KOLTERMANN

GRUNDZÜGE DER MODERNEN NATURPHILOSOPHIE

Ein kritischer Gesamtentwurf

Eigentum von
Josefa Klampfl
1010 Wien
Grünangergasse 10/11
Tel. 513-58-97

VERLAG JOSEF KNECHT FRANKFURT AM MAIN

Die Druckerlaubnis wird erteilt
Köln, den 30. August 1993
P. Götz Werner S. J.
Provinzial der
Norddeutschen Provinz S. J.

Die Deutsche Bibliothek – CIP-Einheitsaufnahme
Koltermann, Rainer:
Grundzüge der modernen Naturphilosophie: ein kritischer
Gesamtentwurf/Rainer Koltermann. – 1. Aufl. – Frankfurt am Main:
Knecht, 1994
ISBN 3-7820-0687-9

1. Auflage 1994. Printed in Germany

Umschlaggestaltung: Atelier Warminski, Büdingen
Satz: Fotosatz Otto Gutfreund GmbH, Darmstadt
Druck: WB-Druck GmbH, Rieden
Gedruckt auf alterungsbeständigem Papier
ISBN 3-7820-0687-9

Inhaltsverzeichnis

Zweiter Teil
Der große anthropologische Bogen

Kapitel I
Kosmogenese: Anfang und Kontingenz des Kosmos

KAPITEL III

Lebensphilosophie

KAPITEL IV

Phylogenese: Die Entfaltung des Lebendigen – Evolutionstheorie und philosophische Implikationen

Kapitel V
Anthropogenese: Der Mensch als Evolutionsprodukt und Geschöpf Gottes

Kapitel VII
Die Zukunft der Welt – Das Ende der Welt

Dritter Teil
Der kleine anthropologische Bogen

Kapitel VIII
Der Beginn des individuellen menschlichen Lebens

Kapitel IX
Prägungserscheinungen in der Jugendzeit

Kapitel X
Eingliederung in die Gesellschaft und Selbständigkeit (Prüfung verschiedener Aggressionsmodelle)

Kapitel XI
Das Altern: Die Endphase des menschlichen Lebens

Kapitel XII
Philosophie des Todes

Vorwort

Das vorliegende Buch ist aus meiner Vorlesungstätigkeit in Naturphilosophie seit 1975 an der Philosophisch-Theologischen Hochschule Sankt Georgen in Frankfurt am Main und den Vorlesungen in Zoologie, die ich seit 1976 im Fachbereich Biologie der Johannes-Gutenberg-Universität Mainz halte, entstanden. Sowohl in der Ausbildung der Theologen als auch der Naturwissenschaftler ist eine Auseinandersetzung mit dem naturwissenschaftlich-technischen Weltbild nötig, will man nicht in Einseitigkeiten des eigenen Fachs verfallen. Die heutigen Diskussionen, wie sie etwa durch P. Davies, S. Hawking einerseits und durch den fundamentalistischen Kreationismus andererseits gekennzeichnet sind, lassen eine wissenschaftstheoretische Abgrenzung dringend erforderlich erscheinen. Naturphilosophie sollte aber auch die ontologische Frage stellen, nach der Kontingenz der Welt als ganzer und der Lebewesen in ihr, um philosophisch eine Lösung zwischen naturwissenschaftlicher Erkenntnis und theologischer Aussage der Welt als Schöpfung zu finden. Schließlich wird eine Reihe sittlicher Probleme (Genmanipulation, Retortenbaby, Tierschutz und Fragen nach Beginn und Ende des menschlichen Lebens und des Bevölkerungswachstums der Menschheit) heute intensiv diskutiert. Hier ist die Ethik als Disziplin aufgerufen, vernunftgemäße Antworten zu finden.

Meinen Studenten und Kollegen danke ich für die zahlreichen Diskussionen und Anregungen, ohne die das Buch nach Inhalt und Form nicht die vorliegende Gestalt gewonnen hätte.

Frankfurt am Main
8. Dezember 1993

Rainer Koltermann S. J.

Erster Teil

Einführung in das philosophische Denken

1. Was ist das – die Philosophie?

Bevor wir uns einer speziellen philosophischen Disziplin, der Naturphilosophie, zuwenden, soll untersucht werden, was wir allgemein unter Philosophie verstehen.

Für den Studenten ist »die Philosophie« eine der vielen Fakultäten an der Universität, ein Studiengang, der mit einer Prüfung abgeschlossen werden kann. Philosophie – eine Wissenschaft, die man studieren muß, um zu verstehen, worum es geht; eine Materie, zu der der Laie aber keinen Zugang hat? Eine solche Philosophie wurde als »entfremdete Gestalt« der Philosophie bezeichnet (A. Anzenbacher, 1981, S. 15). Was ist aber ihre eigentliche Gestalt?

Seit es Philosophie gibt, steht sie immer wieder unter Legitimationsdruck. Schon in der Antike galten Politik und Krieg als zentrale, ehrenvolle Aufgaben eines freien Mannes, Bildung wurde dagegen als Luxus angesehen. Beispielhaft für die Geringschätzung der Philosophie in der Antike ist die Anekdote über die thrakische Magd. Diese Magd, die zur untersten Stufe der damaligen Gesellschaft gehörte, lachte Thales (etwa 624–545 v. C.) aus, einen Begründer der abendländischen Philosophie: Er war bei der Betrachtung des Sternenhimmels kopfüber in ein Wasserloch gefallen.

Auch die Wertung des Aristoteles (384–322 v. C.), der in seiner Nikomachischen Ethik dem Bios theoretikos Vorrang vor dem Bios praktikos einräumt (Vorrang der theoretischen Lebensweise vor der politischen), kann nicht als repräsentativ für die damalige griechische Welt gelten.

In unserer heutigen Gesellschaft ist die Bedeutung von Bildung allgemeiner Konsens. Dennoch erscheint die Philosophie auch heute oft als elitär, da sie nur denen zugänglich ist, die ihre Begriffe und Methodik beherrschen. Zu Recht merkt Karl Jaspers (1883–1969) an: »Die Forderung der Zugänglichkeit der Philosophie für jedermann muß anerkannt werden. Die umständlichsten Wege der Philosophie, die die Fachleute der Philosophie gehen, haben doch ihren Sinn nur, wenn sie münden in das Menschsein, … « (1953, S. 10f).

Worin besteht der Nutzen der Philosophie für das Menschsein? Ist diese Frage überhaupt richtig gestellt? Vielleicht entzieht sich die Philosophie den Kategorien von Nutzen und Ertrag. Philosophisches Wissen, so forderte John H. Newman (1801–1890), müsse von jedem inneren und äußeren Zweck unabhängig sein; es sei eben »gentleman-Wissen« (1927, S. 127).

Warum aber beschäftigt uns die Philosophie, wenn sie von jedem Zweck unabhängig sein muß? Wohl deswegen, weil es zur Eigenart des Menschen gehört, sich über sein Leben und über die Welt Gedanken zu machen. Daß das Fragen über den Alltag hinaus uns Menschen eigen ist, erleben wir mit Kindern, die fragend ihre Welt entdecken. »Woher komme ich?« »Wie ist die Welt entstanden?« »Was war vor der Welt?«

Grundsätzliche Fragen scheinen unserem Alltag fernzuliegen. Er ist geprägt durch den Rhythmus von Arbeit und Freizeit, der uns solche Fragen eher übersehen läßt, als daß er unseren Blick für sie schärft. Dennoch tauchen sie immer wieder auf, gerade dann, wenn unser Alltag erschüttert wird, z. B. in der Erfahrung von Krankheit, Schuld oder Tod. Wir werden dann gezwungen, diese aufgeworfenen Fragen je neu zu beantworten.

Jaspers bezeichnet solche Erfahrungen als »Grenzsituationen«. »Es sind Situationen, über die wir nicht hinauskönnen, die wir nicht ändern können.« Wir müssen uns diesen Situationen stellen. »Der Philosophie ist nicht zu entrinnen. Es fragt sich nur, ob sie bewußt wird oder nicht, ob sie gut oder schlecht, verworren oder klar wird. Wer die Philosophie ablehnt, vollzieht selber eine Philosophie, ohne sich dessen bewußt zu sein.« (1953, S. 21)

Das Philosophieren ist kein amüsantes Betrachten der Weltbühne, vor der wir als Zuschauer passiv bleiben könnten. Wir sind immer schon selbst Akteure und Betroffene inmitten des Geschehens. Diese Grundgegebenheit, die Unmöglichkeit, außerhalb des Geschehens einen Standpunkt zu beziehen, hat besonders die Lebensphilosophie hervorgehoben (z. B. W. Dilthey, H. Bergson). Ihr Anliegen wird in Kap. III behandelt werden.

Zusammenfassend können wir Philosophie in einem vor-wissenschaftlichen Sinn bezeichnen als das Bemühen des Menschen, sich über Leben und Welt Erkenntnis zu verschaffen; Philosophie als »spontane Daseinsorientierung« (W. Brugger, ^{16}1981, S. 295).

2. Was heisst Philosophie etymologisch?

Das Wort »Philosophie« stammt aus dem Griechischen. Es ist zusammengesetzt aus dem Verb philein und dem Substantiv sophia. Philein wird gewöhnlich mit »lieben« übersetzt; sophia bezeichnet ursprünglich jede Art von Fertigkeit oder Geschicklichkeit. Seit Pythagoras (580–500 v. C.) wird ihre Bedeutung auf das theoretische Wissen eingeschränkt.

Erst Sokrates (469–399 v. C.) verwendete den Begriff Philosophie in der Weise, wie er heute allgemein übersetzt wird, als »Liebe zur Weisheit«. Platon (427–347 v. C.) gibt diese Interpretation von Philosophie durch Sokrates im »Symposion« wieder. Im Dialog der Diotima mit Sokrates beschreibt dieser die

Philosophie als Liebe zum Wahren, Guten und Schönen, die im Dämon Eros personifiziert wird. »Denn zum Schönsten zählt Weisheit (sophia); und Eros ist Liebe und Trieb zum Schönen, so daß Eros Philosoph sein (philosophos) und als Philosoph zwischen dem Weisen und dem Toren stehen muß.« (23, 204b)

Im platonischen Verständnis ist also Philosophie von der Weisheit her bestimmt. Dennoch unterscheidet sie sich von ihr: Philosophie ist das Streben nach Weisheit. Erst am Ziel ist sie mit der Weisheit identisch.

3. Womit beginnt Philosophie?

3.1 Erfahrung – Grundlage jeden Philosophierens

Die Frage nach dem Anfang des Philosophierens wurde unter 1. schon indirekt beantwortet. Die Philosophie liegt in unserem Lebensvollzug begründet. Es stellen sich uns Fragen, auf die wir eine Antwort suchen. Ausgangspunkt ist also unsere alltägliche Erfahrungswelt. Dieser Ausgangspunkt hat in der Philosophie verschiedene Namen erhalten. Martin Heidegger (1889–1976) nennt ihn das »In-der-Welt-sein« des Menschen, das jeder Reflexion zugrunde liegt. Aristoteles wählt den Begriff empeiria. »Wissenschaft aber und Kunst gehen für die Menschen aus der Erfahrung hervor.« (Met I, 1, 981a)

Wenn auch im allgemeinen die Erfahrung als Grundlage des Philosophierens gilt, so wurden doch in der philosophischen Tradition verschiedene Möglichkeiten des philosophischen Beginnens aufgezeigt. Ihnen ist gemeinsam, daß die konkrete Erfahrung Anfangspunkt bleibt, die aber hinterfragt werden muß, um über das Alltagswissen hinaus Erkenntnis zu erhalten.

3.2 Die drei philosophischen Paradigmen

Die Bestimmung des Anfangs ist abhängig von dem jeweiligen Gegenstand und der Methode der Philosophie. Unterscheidet man die verschiedenen Strömungen anhand dieser zwei Kriterien, so lassen sich vereinfachend drei Konzeptionen der Philosophie unterscheiden. Thomas S. Kuhn (1967) spricht von den drei philosophischen Paradigmen: dem ontologischen, dem mentalistischen und dem linguistischen.

3.2.1 Das Staunen – Anfang des ontologischen Paradigmas

Gegenstand des ontologischen Paradigmas ist das konkrete Seiende, das ist die Welt. Anfang dieser Philosophie ist das Staunen über das, was ist.

»Denn Staunen veranlaßte zuerst wie noch heute die Menschen zum Philosophieren. Anfangs staunte man über die unmittelbar sich darbietenden Erscheinungen, die man nicht erklären konnte. Dann ging man allmählich weiter und ließ sich auch auf größere Fragen ein, etwa über die Erscheinungen an Mond, Sonne und Gestirnen oder über die Entstehung des Alls. Wer aber fragt und staunt, hat das Gefühl der Unwissenheit.« (Aristoteles, Met. I,2, 982b)

Im Staunen werde ich mir bewußt, daß mir vieles, was ich vorher als selbstverständlich und alltäglich betrachtete, nun zum Rätsel und zur Frage wird. Mein bisheriges Erfahrungswissen erweist sich als Unwissenheit. Diese Erkenntnis formulierte Sokrates in dem vielzitierten Ausspruch: »Ich weiß, daß ich nichts weiß.« SOKRATES will sagen, daß sich das oberflächliche Verständnis der äußeren Wirklichkeit, genau betrachtet, als Unwissenheit herausstellt. Um die Dinge wirklich zu begreifen, bedarf es einer Methode: des Erfassens der Wirklichkeit in allgemeinen Begriffen.

3.2.2 Der Zweifel – Anfang des mentalistischen Paradigmas

Das mentalistische Paradigma stellt die Erkenntnisfähigkeit des Menschen in Frage. Nicht mehr die Außenwelt, die Dinge selbst sind Ausgangspunkt des philosophischen Denkens, sondern die Frage, was der Mensch von der Wirklichkeit, die ihn umgibt, überhaupt zu erkennen vermag. Die Anfangsfrage lautet deswegen nun: Was kann ich wissen? Gegenstand der Philosophie wird das menschliche Bewußtsein.

Die Erkenntnisfähigkeit des Menschen wird angezweifelt. Schon die antike Skepsis erhob Einwände gegen die Behauptung, der Mensch könne die Wirklichkeit selbst erfahren. Der Zweifel stellt die klassische Definition von Wahrheit als Übereinstimmung von Gegenstand und erkennendem Bewußtsein (adaequatio rei et intellectus) in Frage. Der unmittelbare Zugang zur res scheint nicht mehr gegeben; es bleibt der intellectus. Vom Bewußtsein aus muß nun die Wahrheit als adaequatio rekonstruiert werden.

Der Zweifel wird im mentalistischen Paradigma zur Methode. Der Methode des Zweifelns hält eine Tatsache stand: die Existenz des Zweiflers kann nicht noch einmal hinterfragt werden. Zu dieser Erkenntnis gelangten AUGUSTINUS (354–430) und RENÉ DESCARTES (1596–1650). Für Augustinus bedeutet diese Erkenntnis die Überwindung der Skepsis: »Wer könnte jedoch daran zweifeln, daß er lebt, sich erinnert, einsieht, will, denkt, weiß und urteilt? Auch wenn nämlich jemand zweifelt, lebt er; wenn er zweifelt, erinnert er sich, woran er zweifelt; wenn er zweifelt, sieht er ein, daß er zweifelt; wenn er zweifelt, will er sicher sein; wenn er zweifelt, denkt er; wenn er zweifelt, weiß er, daß er etwas nicht weiß; wenn er zweifelt, urteilt er, daß er seine Zustimmung nicht leichtfertig geben solle. Woran immer sonst jemand zweifeln mag, an all diesem darf er nicht zweifeln. Denn, wenn all dies nicht wäre, könnte er überhaupt an nichts zweifeln.« (Augustinus, Trin. X, 10)

Descartes versucht, das bisherige Erfahrungswissen, das immer auch durch Vorurteile getrübt ist, durch den Zweifel einer Reinigung zu unterziehen. Während Augustinus noch theologisch denkt (das Bewußtsein entdeckt in sich »ewige« Gedanken als Gedanken Gottes), versucht das »cogito« des Descartes, als neuzeitliches Subjekt, ganz in sich zu stehen, auch ohne »göttliche Begründung«.

»Diese Vorurteile können wir, so scheint es, nur loswerden, wenn wir einmal im Leben geflissentlich an allem zweifeln, worin sich auch nur der kleinste Verdacht der Unsicherheit findet... Verwerfen wir aber auf diese Weise alles irgendwie Zweifelhafte und denkbarerweise Falsche, so läßt sich zwar leicht annehmen, daß kein Gott sei, kein Himmel, kein Körper, daß wir selbst weder Hände noch Füße noch überhaupt einen Körper haben, aber es läßt sich nicht annehmen, daß wir, die wir all das denken, nichts sind. Denn es widerspricht sich, daß ein denkendes Wesen im Augenblick, wo es denkt, nicht existieren solle. Demnach ist diese Erkenntnis ›ich denke, also bin ich‹ (cogito, ergo sum) von allen die erste und sicherste, die jedem begegnet, der methodisch philosophiert.« (R. Descartes, Princ.,I, 1 u. 7; WW VIII, S. 5 ff.)

3.3.3 Die Sprachverwirrung – Der Anfang des linguistischen Paradigmas

Der Gegenstand des linguistischen Paradigmas ist die Gesamtheit von (naturwissenschaftlichen) Aussagen. Ausgangspunkt dieser Philosophie ist die Konfusion. Das Gesagte erscheint als völlig unverständlich; eine Kommunikation wird unmöglich. Ziel der Philosophie muß es sein, verständliche, logische Aussagen zu bilden. Damit unsere Aussagen Sinn haben, müssen sie logisch analysiert werden. Nur solche Aussagen erweisen sich als sinn-voll, die durch die Gesetze der Logik erklärbar sind.

Ludwig Wittgenstein (1889–1951) ist Begründer der sprachanalytischen Philosophie. So schreibt er: »Der Zweck der Philosophie ist die logische Klärung der Gedanken. Die Philosophie ist keine Lehre, sondern eine Tätigkeit. Ein philosophisches Werk besteht wesentlich aus Erläuterungen. – Das Resultat der Philosophie sind nicht ›philosophische Sätze‹, sondern das Klarwerden von Sätzen. Die Philosophie soll die Gedanken, die sonst, gleichsam, trübe und verschwommen sind, klar machen und scharf abgrenzen« (L. Wittgenstein, 1971, 4112).

Offensichtlich werden im linguistischen Paradigma die Außenwelt und das Bewußtsein ausgeblendet. Es ist zu fragen, ob die Philosophie auf Linguistik reduzierbar ist, wie manche Vertreter dieser Richtung behaupten; z. B. Rudolph Carnap (1891–1970), »Die Überwindung der Metaphysik durch logische Analyse der Sprache« (1931). Die Berechtigung dieses Paradigmas liegt darin, daß ohne Sprachkritik ein richtiges Verständnis der Wirklichkeit unmöglich ist.

4. Abgrenzung der Philosophie zu den Einzelwissenschaften

Eine Wissenschaft kann definiert werden als die Gesamtheit von Erkenntnissen, die sich auf den gleichen Gegenstandsbereich beziehen und untereinander in Begründungszusammenhang stehen.

Wird der Gegenstandsbereich eingegrenzt, handelt es sich um eine *Einzelwissenschaft.* Besteht der Gegenstandsbereich aus einem Teilbereich der Erfahrungswirklichkeit, spricht man von einer *Realwissenschaft.* Bezieht er sich dagegen auf die reine Form oder abstrakte Struktur von Zusammenhängen, handelt es sich um eine *Formalwissenschaft.*

4.1 Die Realwissenschaften

Die *Realwissenschaften* können noch einmal nach *Gegenstand* und *Methode* unterschieden werden.

Bezüglich des Gegenstandes lassen sich unterscheiden:

* *Naturwissenschaften:* Ihr Gegenstand ist die Natur im allgemeinen, z. B. Physik, Chemie, Biologie.
* *Kulturwissenschaften:* Ihr Gegenstand wird vom Menschen selbst hervorgebracht. Innerhalb der Kulturwissenschaften kann noch einmal differenziert werden zwischen den eigentlichen Werken des Menschen (z. B. Geschichte, Sprache, Kunst) und den formalen Strukturen des menschlichen Zusammenlebens (Gesellschaft und Wirtschaft).

Nach der Methode lassen sich unterscheiden:

* *exakte Wissenschaften*
  mathematisch-naturwissenschaftliche Vorgehensweise;
* *deskriptive Wissenschaften*
  beschreibende, darstellende Arbeitsweise;

Eine analoge (ähnlich) Unterscheidung ist die zwischen induktiven (*) und deduktiven *) Wissenschaften.

Aus der angeführten Einteilung lassen sich für die Realwissenschaften drei Charakteristika hervorheben:

*) Das Besondere aus dem Allgemeinen schließen.

(*) Schlußfolgerung vom Besonderen auf das Allgemeine.

1. *Sie sind empirische Wissenschaften*
   Gegenstand ist die Erfahrungswelt.
   Beschreibungs- und Begründungszusammenhänge werden aufgestellt. Begründungszusammenhänge bleiben im empirischen Bereich.
2. *Das Materialobjekt ist ein Ausschnitt der Erfahrungswelt*
   Jede Realwissenschaft konzentriert sich auf einen konkreten Gegenstand innerhalb der Erfahrungswelt (oder auf einen Teilaspekt dieses Gegenstandes). Notwendigerweise bleiben andere Aspekte unberücksichtigt.
3. *Das Formalobjekt ist eine gewählte Methode*
   Der Gegenstand wird mittels einer bestimmten Methode untersucht. Erkannt werden kann nur, was die gewählte Methode offenlegt.

4.2 *Die Formalwissenschaften*

Indem die Formalwissenschaften nur an Form und Struktur von Zusammenhängen interessiert sind, bewegen sie sich immer auf einer abstrakten Ebene. Von besonderer Bedeutung ist die Logik, da sie versucht, die Denkinhalte in einen logischen (d. h. folgerichtigen) Zusammenhang zu stellen. In dieser Funktion hat die Logik einen zentralen Stellenwert innerhalb der Philosophie. Aber Philosophie ist selbstverständlich nicht nur Formalwissenschaft.

4.3 *Der Unterschied von Philosophie und Realwissenschaften*

Anhand der drei Charakteristika lassen sich die Unterschiede zwischen Philosophie und Realwissenschaften aufzeigen.

4.3.1 Die Philosophie überschreitet das Empirische

Während die Realwissenschaften in der Empirie verankert bleiben, sprengt die Philosophie den Rahmen des Empirischen. Zwar beginnen viele philosophische Strömungen mit dem empirischen Befund, doch wird im Begründungszusammenhang die Empirie verlassen. Für Kant beispielsweise ist Philosophie die Frage nach der Bedingung der Möglichkeit von Erfahrung.

4.3.2 Das Materialobjekt der Philosophie ist die Wirklichkeit als Ganze

Während sich die Realwissenschaften auf einen bestimmten Gegenstand als ihr Materialobjekt konzentrieren, zeichnet sich die Philosophie gerade dadurch aus, daß sie keine Einschränkung ihres Gegenstandes vornimmt.

4.3.3 Das Formalobjekt der Philosophie ist a priori nicht bestimmbar

Jede Realwissenschaft besitzt eine methodisch abstrakte Vorgehensweise. Da die Philosophie die Wirklichkeit als Ganze untersucht, kann sie sich nicht vorweg auf eine bestimmte Methode festlegen, da sie nur einen Teilbereich der Wirklichkeit wiedergeben würde.

4.4 Das Verhältnis von Philosophie zu Realwissenschaften

Es lassen sich drei verschiedene Haltungen abgrenzen:

4.4.1 Absolute Autorität der Realwissenschaften: Szientismus

Nach dieser Auffassung ist die Philosophie keine eigenständige Wissenschaft. Sie besitzt gegenüber den Realwissenschaften nur eine dienende Funktion (z. B. als logische Analyse oder als Wissenschaftstheorie). Diese Auffassung wird auch Szientismus (scientia = Wissenschaft) genannt, da nur den Naturwissenschaften wissenschaftlicher Rang zuerkannt wird.

4.4.2 Philosophie als synthetisierende Wissenschaft

Auch in dieser Sicht wird Philosophie funktionalisiert. Sie ist jedoch nicht mehr nur Methode wie unter 4.4.1. Ihre konkrete Aufgabe wird darin gesehen, die Ergebnisse der Einzelwissenschaften zusammenzutragen, um ein synthetisches, wissenschaftliches Weltbild darzustellen. Dabei sind die Realwissenschaften weiterhin dominant. Der Philosophie wird keine eigene Erkenntnismöglichkeit zugesprochen.

4.4.3 Autonomie von Realwissenschaften und Philosophie

Philosophie und Einzelwissenschaften werden als zwei grundsätzlich getrennte Bereiche wissenschaftlichen Forschens aufgefaßt, die einander nicht bedingen. Während sich die Realwissenschaften als empirisch verstehen, ordnet sich die Philosophie als nicht-empirische Wissenschaft ein. So ist es ihr möglich, die Erfahrung als Ganzes zu thematisieren, indem sie nach ihrer Bedingung fragt, um von diesem allgemeinen Standpunkt aus die Bedeutung der Realwissenschaften anzuzeigen. Aus einem solchen Verhältnis zwischen Philosophie und Realwissenschaften versteht sich dieses Buch.

C. F. v. Weizsäcker (geb. 1912) beschreibt dieses Verhältnis folgendermaßen: »Das Verhältnis der Philosophie zur sogenannten positiven Wissenschaft läßt sich auf die Formel bringen: Philosophie stellt diejenigen Fragen, die nicht gestellt zu haben die Erfolgsbedingung des wissenschaftlichen Verfahrens war. Damit ist also behauptet, daß die Wissenschaft ihren Erfolg unter anderem dem

Verzicht auf das Stellen gewisser Fragen verdankt. Diese sind inbesondere die eigenen Grundfragen des jeweiligen Fachs. Die Physik fragt normalerweise nicht, was Natur, was Raum, Zeit, Gegenstand eigentlich ist, die Biologie fragt normalerweise nicht, was Leben ist, die Psychologie nicht, was man mit Seele meint, was Bewußtsein eigentlich ist.« (C. F. v. Weizsäcker, 1979, S. 167 f.)

4.5 Die Naturphilosophie und die Realwissenschaften

Zwei große Themenbereiche beherrschen die klassische Naturphilosophie:

4.5.1 Die Frage nach dem Ganzen der materiellen und lebendigen Wirklichkeit; die Frage nach dem, was Welt eigentlich ist. Die Naturphilosophie fragt nach dem Sein der Welt. Sie stellt die ontologische Frage.

4.5.2 Der Aufweis der allgemeinsten Gattungen des Seienden und ihre Differenzen. Die Unterschiede innerhalb der Seienden werden thematisiert. So geht es um die Differenz zwischen Anorganischem und Organischem, zwischen Unbelebtem und Belebtem, sowie um die Stufung des Lebendigen (Pflanze, Tier, Mensch).

Indem die Naturphilosophie die ontologische Frage stellt, verläßt sie den empirischen Raum, den Bereich der Naturwissenschaften. Sie ist ihnen gegenüber autonom (siehe 4.4.3). In diesem Buch wird immer wieder bei der Genese des Kosmos, der Lebewesen und des Menschen die ontologische Frage gestellt.

Die Naturphilosophie fragt nach den Bedingungen der Möglichkeit von naturwissenschaftlicher Erfahrung. Da diese Grundfrage allen empirischen Fragen vorausgeht, ermöglicht sie der Naturphilosophie, die Ergebnisse der Einzelwissenschaften zu synthetisieren.

4.6 Abgrenzung der Philosophie zu den Formalwissenschaften

Nach dem Gesagten ergibt sich auch der Unterschied der Philosophie zu den Formalwissenschaften. Die letzteren befassen sich z. B. in der Logik mit den Regeln und Denkgesetzen, die beim philosophischen Forschen anzuwenden sind.

5. Philosophie und Religion

5.1 *Der Unterschied der Philosophie zur Religion*

K. Rahner (1961, S. 253) definiert Religion als die existentielle Bindung des ganzen Menschen an einen letzten Sinngrund. Er unterscheidet die subjektive Religion, den persönlichen Akt der Anbetung oder Verehrung, von der objektiven Religion (Bekenntnisse und Handlungen).

Die subjektive Religion, die Rückbindung des einzelnen an einen Sinngrund, ist der Glaube, den der einzelne vollzieht. In der objektiven Religion manifestiert sich dieser Glaube und wird für andere sichtbar.

Theologie definiert Rahner als das ausdrücklich bemühte Hören des glaubenden Menschen auf die ergangene Offenbarung und das wissenschaftliche Bemühen um ihre Erkenntnis. Indem dieses Bemühen um Erkenntnis systematisch vorangeht, kann man von der Theologie als Wissenschaft sprechen. Dennoch unterscheidet sie sich von anderen Wissenschaften:

* in der primären Gegebenheitsweise ihres Gegenstandes: Theologie setzt den Glauben an eine ergangene Offenbarung voraus.
* in ihren Prinzipien;
* in ihrer Methode.

Doch kann die Theologie nie nur »theoretische«, sie muß immer auch »meditative und kerygmatische (verkündende) Wissenschaft« sein (K. Rahner, 1961, S. 352). Das menschliche Handeln steht in der Sicht der Theologie unter der Gnade, während für die Philosophie das Handeln in der freien Selbstbestimmung grundgelegt ist. Die letzte Instanz der Religion ist der Glaube bzw. die ergangene Offenbarung, die im Glauben erfaßt wird. Die letzte Instanz der Philosophie ist die der je eigenen Vernunft des Menschen.

5.2 *Das Verhältnis von Philosophie und Religion*

Dieses Verhältnis wurde oft schlicht als das von Glauben und Wissen dargestellt. Es soll im folgenden differenzierter aufgezeigt werden. Im Laufe der Geschichte wurden die verschiedensten Positionen bezogen:

5.2.1 Beziehungslosigkeit von Philosophie und Religion

Beide Gebiete haben nichts miteinander gemein. Zwar wird ihnen ihre je eigene Wahrheit zugebilligt, doch stehen sie unvermittelt nebeneinander. Typische Vertreter dieser Auffassung sind die Neopositivisten. Religiöse Aussagen können zwar nicht falsifiziert werden, doch sind sie wissenschaftlich sinnlos. Für den existentiellen Vollzug des Glaubenden ist eine Trennung von Glaube und Vernunft nur schwer nachvollziehbar.

5.2.2 Philosophie und Religion im Widerstreit

a) Die Dominanz der Religion

Der Glaube wird als der Vernunft entgegengesetzt angesehen. Der Glaubende muß die Philosophie verwerfen. In der christlichen Tradition ist eine solche Haltung zur Philosophie schon früh belegt. Tertullian (ca. 160–230): »credo quia absurdum – Ich glaube, denn es ist absurd«.

Die Strömung des Fideismus kann als weiteres Beispiel einer Skepsis gegenüber der Philosophie innerhalb der Theologie angeführt werden. Sie betrachtet die religiösen Wahrheiten als der Vernunft völlig unzugänglich. Die Religion wird auf einen irrationalen Glauben zurückgeführt. Für S. Kierkegaard (1813–1855) ist der Glaube dem Verstand ein absolutes Paradoxon. Diese Unverständlichkeit des Glaubens ist für diesen konstitutiv, da er sich nur als Entscheidung und Wagnis vollziehen kann.

b) Die Dominanz der Philosophie

Die Religion ist Verrat an der Vernunft. Diese abweisende Haltung wurde generell von den Religionskritikern vertreten. Sie kann bis in die Antike zurückverfolgt werden. Ihre wichtigsten Vertreter in der Neuzeit sind:

Ludwig Feuerbach (1804–1872): Die Religion ist das Bewußtsein des Unendlichen, das Bewußtsein des Menschen von seinem unendlichen Wesen. Die Religion zieht die Wesensbestimmung des Menschen von den Menschen ab und vergöttert sie als selbständiges Wesen. Der Glaube ist daher nichts anderes als die Projektion der Sehnsucht des Menschen nach Göttlichkeit und Unsterblichkeit auf eine von seinem Wesen verschiedene Gottheit. Die Religion gehört dem kindlichen Stadium der Menschheit an, es gilt, sie durch Selbsterkenntnis zu überwinden (H.-M. Sass, 1978).

Karl Marx (1818–1883): Religion ist ein ideologischer Überbau gesellschaftlicher Verhältnisse, Opium für das Volk und steht so der Emanzipation des Menschen im Wege (K.-H. Weger, 1979).

Friedrich Nietzsche (1844–1900): Der Glaube besteht aus lauter Fiktionen; in der Konfrontation mit der Realität wird die Religion daher in einem Akt der Selbstaufhebung an ihren eigenen Hervorbringungen zugrunde gehen und so überwunden werden. Dieser Akt ist nötig, um den Übermenschen zu ermöglichen (K.-H. Weger, 1979).

Sigmund Freud (1856–1939): Die Religion ist Illusion, in ihr flieht der Mensch vor der Realität in die Wunschwelt des Kindes, sie ist ein neurotischer

Zweig der Kultur. Der Glaube an Gott ist die Projektion der Vater-Kind-Beziehung. Nur der Einsatz von Wissenschaft (der kontrollierten Vernunft) kann die Aufgaben der Religion übernehmen und so die illusorisch-neurotische Wunschwelt des Glaubens überwinden (K.-H. Weger, 1979).

5.2.3 Philosophie und Religion als Einheit

a) Aus religiöser Sicht

Erst im Glauben ist wahre Erkenntnis möglich. Philosophie muß christlich werden, um wahre Philosophie zu sein. Diesen Grundsatz: »Ich glaube, um zu erkennen«, prägte Augustinus (354–430). Anselm von Canterbury (1033–1104) führte ihn weiter: »fides quaerens intellectum« – der Glaube sucht den Verstand. Der Verstand kann auch ohne Rückgriff auf die Heilige Schrift oder eine andere Autorität die Wahrheit des Glaubens demonstrieren (ontologischer Gottesbeweis).

Auch für den klassischen *Rationalismus* ist der Glaube an einen Gott die Grundlage des menschlichen Denkens. Es gibt »eingeborene« Ideen und Wahrheiten, die der Mensch von Gott erhalten hat (René Descartes).

b) Aus philosophischer Sicht

Religion wird verkürzt als Philosophie dargestellt. Immanuel Kant (1724–1804): Der wirkliche Glaube ist Vernunftglaube, nur moralischer Glaube. Der Glaube wird zum vernünftigen Leitfaden eines guten Lebenswandels.

Karl Jaspers (1883–1969): Religiöser Glaube vergegenständlicht Transzendenz und macht echtes Transzendieren unmöglich. Wahrer Glaube ist der philosophische Glaube, auf den der Mensch in den Grenzsituationen seines Lebens gestoßen wird. In diesen Erschütterungen kann der Mensch philosophische Glaubensgehalte erkennen (z. B. daß ein Gott ist; daß es eine unbedingte Forderung gibt; ...).

5.2.4 Religion und Philosophie als zwei sich entsprechende Bereiche

Thomas von Aquin (1225–1274): Eine Offenbarung, die sich an den Menschen wendet, setzt ihn in seiner Vernünftigkeit und Erkenntnisfähigkeit voraus. Es gilt der Grundsatz: gratia supponit naturam – die Gnade setzt die Natur voraus. Da die Vernunft geschaffen ist, kann sie zur Offenbarung nicht in Widerspruch stehen. Der Mensch ist von Natur aus auf der Suche nach Sinn. Die Religion entspricht dieser Sinnsuche des Menschen.

Karl Rahner (1904–1984): »Offenbarung und Gnade haben von vornherein den ganzen Menschen zum Adressaten, also auch den denkerischen.« (K. Rahner, 1961, S. 287). Umgekehrt kann die Philosophie am Phänomen der Religion nicht vorbeidenken, denn sie gehört zu den Grundstrukturen des menschlichen Daseins. Eine Philosophie muß in gewisser Weise immer auch Religionsphilosophie bzw. natürliche Theologie sein, da sie sonst den Glauben aus der Wirklichkeit ausblendet. Diese Auffassungen von Thomas v. Aquin und K. Rahner werden im vorliegenden Buch als Leitgedanken vorausgesetzt.

6. Versuch einer Definition von Philosophie

6.1 Philosophie als Wissenschaft

Als Wissenschaft ist die Philosophie um eine Gesamtheit von Erkenntnissen bemüht, die untereinander in einem systematischen Zusammenhang stehen.

6.2 Philosophie als Fundamentalwissenschaft

Philosophie stellt die Frage: »Was ist?« Sie gibt sich nicht mit Antworten zufrieden, die noch einmal hinterfragt werden könnten. Die letzten Gründe (ontologisches Paradigma) und Voraussetzungen (mentalistisches Paradigma) müssen aufgedeckt werden. Zwar kann die Philosophie als empirische Wissenschaft beginnen, doch fragt sie weiter nach der Bedingung der Möglichkeit empirischer Erfahrung.

6.3 Philosophie als Universalwissenschaft

Die Philosophie ist keine Einzelwissenschaft. Sie läßt sich nicht durch ein bestimmtes Material- oder Formalobjekt eingrenzen; sie ist ganzheitlich. Die Erfahrungswirklichkeit als Ganze ist Gegenstand der Philosophie.

6.4 Philosophie als Vernunftwissenschaft

Als Vernunftwissenschaft unterscheidet sich die Philosophie von der Theologie. Sie stellt den Anspruch, daß ihre Aussagen von jedermann mittels der Vernunft einsehbar sind. Ihre Begründungszusammenhänge müssen äußerer Kritik standhalten können.

6.5 *Philosophie als kritische Wissenschaft*

In ihrem Fragen nach den letzten Ursachen und Zusammenhängen wendet sich die Philosophie gegen jeden unkritischen Dogmatismus. Philosophie arbeitet mit dem methodischen Zweifel. Mit diesem Zweifel wendet sie sich allen Bereichen menschlichen Denkens und Handelns zu: Ideologie, Religion, Wissenschaft, Technik, Gesellschaft. Als kritische Wissenschaft erfüllt die Philosophie eine aufklärende Funktion.

7. Die Einteilung der Philosophie

Unter systematischen Gesichtspunkten läßt sich die Philosophie in drei Hauptbereiche untergliedern (vgl. R. K. Maurer, 1977, S. 149f.). Den zusammenfassenden Rahmen bildet eine systematische Philosophie, die die historische, theoretische und praktische Einheit der Philosophie aufzeigt.

Die traditionelle Aufteilung in theoretische und praktische Philosophie (seit Aristoteles) wird aufgenommen als Logik, Erkenntnis- und Wissenschaftstheorie und als normativ-praktische Philosophie.

7.1 *Historisch-systematische Philosophie*

a) *Erste Philosophie*
   Metaphysik – Lehre, die sich mit dem befaßt, was jenseits des Physischen (physis, gr. = Natur) liegt, was allem Erfahrbaren als dessen innerster Kern zugrunde liegt, das alles Seiende durchwaltende, unbestimmte Sein.
   Ontologie – Lehre vom Seienden als dem Seienden.
   Philosophische Theologie - Philosophische Gotteslehre.
   Transzendentalphilosophie - die Lehre aller Erkenntnisse, die aus der reinen Vernunft gewonnen werden (Kant).
b) *Naturphilosophie* – philosophische Lehre von der Natur im Unterschied zu den empirischen Naturwissenschaften.
c) *Die geschichtliche Entwicklung* der Philosophie (Antike, Mittelalter, Neuzeit)

7.2 Philosophie der Erkenntnis, Wissenschaft und Sprache

a) Erkenntnistheorie
b) Logik
c) Analytische und Sprachphilosophie
d) Wissenschaftstheorie

7.3 Praktische Philosophie

a) Philosophische Anthropologie und Psychologie
b) Sozialphilosophie
c) Politische Philosophie
d) Religionsphilosophie
e) Philosophie der Geschichte, Kultur und Technik
f) Ethik
g) Ästhetik

8. Philosophische Prinzipien

Die philosophischen Prinzipien sind Grund- oder Denkgesetze, mit denen die Philosophie zu ihren Erkenntnissen gelangt. Es lassen sich Formal-Prinzipien (logische Denkregeln) von Material-Prinzipien (notwendige Denkvoraussetzungen innerhalb spezifischer Disziplinen, z. B. der ontologische Seinsgrund in der Ontologie; der Erkenntnisgrundsatz in der Erkenntnistheorie) unterscheiden. Die vier wichtigsten philosophischen Prinzipien werden kurz vorgestellt und begründet.

8.1 Die Möglichkeit einer wahren Aussage

Philosophie strebt wesentlich nach wahrer Erkenntnis. Deshalb muß die Möglichkeit wahrer Erkenntnis vorausgesetzt werden. Die Wahrheitstheorie des Aristoteles besagt, daß ein Sachverhalt genau dann wahr ist, wenn er mit der Wirklichkeit übereinstimmt (Korrespondenztheorie). Jedoch verlangt diese Übereinstimmung von Aussageinhalt und objektivem Tatbestand nicht, daß der Gegenstand unter jeder nur möglichen Rücksicht erfaßt wird. (So besitzt z. B. die Aussage, »die Sonne scheint nicht«, ihren Wahrheitsgehalt auch dann, wenn wir etwa bei Regen wissen, daß sie dennoch über den Wolken scheint.)

Eine wahre Aussage muß nicht die Gesamtheit aller Rücksichten beinhalten, sondern nur in dem Teilbereich der Wirklichkeit, auf den sich die Aussage bezieht, den Gegenstand so beschreiben, wie er sich uns zeigt.

Die *Abbildungstheorie* präzisiert die aristotelische Theorie: Aussagen, als gedankliche Abbilder der Wirklichkeit, sind genau dann wahr, wenn sie durch Experimente oder Beobachtungen verifizierbar sind.

Die *Kohärenztheorie* dient vor allem den Formalwissenschaften: Eine Aussage ist genau dann wahr, wenn sie sich in das System der bereits als wahr erkannten Aussagen eingliedern läßt.

Noch haben wir die Grundfrage der Erkenntnistheorie nicht beantwortet: Gibt es überhaupt wahre Aussagen, und können wir sie als wahr erkennen?

Einen strengen Beweis für die Existenz wahrer Aussagen hat Augustinus erbracht, indem er aufzeigte, daß der Zweifel selbst nicht noch einmal hinterfragt werden kann. Der Zweifel ist ein sicherer Beweis dafür, daß ich denke. Die Aussagen »ich zweifle«, »ich denke« sind also sicher wahr. Descartes hat den Zweifel zu seiner Methode erhoben. »Ich denke – also bin ich« (Med.21). Aus der Tatsache seines Denkens kann Descartes die Existenz des Denkenden ableiten; die Ursächlichkeit des Denkens im Ich. So gelangt Descartes durch seinen methodischen Zweifel zu einem Bestand an unbezweifelbaren, wahren Aussagen.

Die Frage nach der Möglichkeit von wahren Aussagen kann auf drei verschiedene Weisen beantwortet werden:

a) *Der Dogmatismus:* Wahre Aussagen können gewonnen werden, ohne ihre Voraussetzungen kritisch zu überprüfen. Doch diese Haltung zeichnet sich durch naives Vertrauen auf die eigene Erkenntnisfähigkeit aus. Sie ist unwissenschaftlich.

b) *Der methodische Skeptizismus:* An der Wahrheit einer Aussage muß man so lange zweifeln, wie man sie nicht anhand eines Wahrheitskriteriums überprüft hat. Der gemäßigte Skeptizismus entspricht kritischem Philosophieren.

c) *Der radikale Skeptizismus:* Allgemeingültige, wahre Aussagen sind nicht möglich. Die Bestreitung der Möglichkeit wahrer Aussagen hat Kommunikationsunfähigkeit zur Folge. Der Wahrheitsanspruch ist Bedingung der Möglichkeit für Kommunikation.

Der Ort der Erfahrung von Wahrheit wird in der philosophischen Tradition verschieden angegeben. Einige Beispiele sollen kurz angeführt werden.

Der Empirismus: Wahre Aussagen sind nur möglich aufgrund von Sinneswahrnehmungen.

Der Rationalismus: Wahre Aussagen kann man nur durch folgerichtiges Denken erhalten.

Der Intuitionismus: Die Quelle wahrer Aussagen sind spontane Einfälle gedanklicher oder bildlicher Art.

Der Kritizismus: Wahre Aussagen entstehen durch das Zusammenspiel von Wahrnehmen und Denken.

In diesem Buch werden die Fragen mit methodischem Zweifel in kritischem Rationalismus angegangen.

8.2 Das Prinzip vom Nichtwiderspruch (Kontradiktionsprinzip)

In seiner Grundform geht das Nichtwiderspruchsprinzip auf Aristoteles zurück. »Es ist unmöglich, daß dasselbe demselben in derselben Beziehung zugleich zukommen und nicht zukommen kann.«

Es ist sinnvoll, zunächst das logische Nichtwiderspruchsprinzip vom ontologischen zu unterscheiden.

Das logische Nichtwiderspruchsprinzip hat G. W. Leibniz (1646–1716) geprägt. Es lautet: A ist nicht Nicht-A. Zwei kontradiktorisch entgegengesetzte Urteile können nicht beide wahr sein; von ihnen ist notwendig eines falsch.

Das ontologische Nichtwiderspruchsprinzip (Aristoteles hat es ursprünglich als solches verstanden) bezieht sich auf die reale Existenz der Dinge. Seiendes kann, sofern es ist, nicht zugleich und unter derselben Rücksicht nicht sein. Zeitlich gesehen ist Sein unvereinbar mit Nichtsein.

Eine Leugnung des Nichtwiderspruchsprinzips hebt sich selbst auf, weil dann auch das Gegenteil seiner Leugnung wahr ist (P. Knauer, 1991, S. 48).

G. W. F. Hegel (1770–1831) bezweifelte die Gültigkeit dieses Prinzips. In seiner ontologischen Logik wurde das Widerspruchsprinzip zur treibenden Kraft des Geistes. Der Selbstwiderspruch liegt für ihn in jeder unmittelbaren Identität beschlossen. In der Negation der Einheit führt er zur Selbstentzweiung und Auseinandersetzung. Der Widerspruch wird überwunden, indem These und Antithese auf einer höheren Ebene in einer Synthese aufgehoben werden. In dieser Bewegung der Trias entfaltet sich die Wirklichkeit, der lebendige Geist.

Für Hegel ist die Bewegung der daseiende Widerspruch selbst. Er beruft sich auf die Dialektiker der Antike. Nach Parmenides (ca. 540–480 v. C.) muß sich jede These über Werden, Veränderung und Bewegung in Selbstwiderspruch verstricken. Doch betrachtet er das konkrete Seiende immer nur zu einem bestimmten Zeitpunkt, was von vornherein jede Bewegung ausschließt.

Hegels Annahme einer widerspruchsvollen Wirklichkeit beruht auf einer Verwischung des fundamentalen Unterschieds von logischem Gegensatz und realem Gegensatz; d. h. zwischen Widerspruch und Widerstreit.

Diese Konfusion liegt auch der marxistischen Philosophie zugrunde in ihrer

»Unterscheidung« von formaler Logik und dialektischer Logik. Sie geht von der Voraussetzung aus, daß die Grundsätze der formalen Logik auf einer Widerspiegelung realer Verhältnisse beruhen. Praxis wird zum Kriterium aller formallogischen Wahrheit. Es ist zu fragen, ob eine Theorie der realen Gegensätze in Natur und Gesellschaft eine Logik im streng formalen Sinn zu begründen vermag.

8.3 Das Kausalitätsprinzip

Auch das Kausalitätsprinzip wird in verschiedenen Bereichen angewendet.

Das physikalische Kausalitätsprinzip besagt für den Bereich der Körperwelt eine strenge Determination. Jeder raumzeitlichen Veränderung liegt eine Ursache zugrunde. Den Kausalsatz der klassischen Physik muß man aber auf bestimmte Ausschnitte der Wirklichkeit im makrophysikalischen Bereich beschränken. Von der Natur als Ganzer kann eine solch starre Regelmäßigkeit wegen der statistischen Art der Naturgesetze nicht aufrechterhalten werden. Auch in der Mikrophysik sowie in den Bereichen der Relativitäts- und Quantentheorie trifft eine strenge Kausaldetermination nicht mehr zu.

Das metaphysische Kausalitätsprinzip bezieht sich auf ontologische Zusammenhänge (Seinszusammenhänge); es wird von kontingentem Seienden ausgesagt. *Kontingentes Seiendes* ist Seiendes, das tatsächlich existiert, dem also reales Sein zukommt, das aber nicht aus sich selbst heraus existiert, sondern das zu seiner Existenz eines anderen bedarf, um ins Dasein treten und darin bleiben zu können. Es existiert nicht wesensnotwendig. Was einem kontingenten Seienden zur Existenz verhilft, nennt man *Ursache*. Das metaphysische Kausalitätsprinzip regelt die Verbindung zwischen Wirkung (dem Seienden) und Ursache (die das Seiende in seinem Sein hält) im ontologischen Bereich und läßt eine weitergehende Bestimmung der Ursache zu. Diese Ursache ist *Wirkursache* (causa efficiens), da sie das Seiende in die Wirklichkeit setzt. Sie *ist zureichende* Wirkursache, da sie dem Seienden in seinem Sein entspricht.

8.4 Die Erkenntnis der Außenwelt

Die Naturphilosophie handelt von der Außenwelt des Menschen und seiner Beziehung zu ihr. Deshalb ist es eine notwendige Voraussetzung für naturphilosophisches Denken, zu wissen, wie sicher unsere Erkenntnis von der Außenwelt ist. Die Schwierigkeit beginnt mit der Unterscheidung zwischen nur subjektiv für wirklich Gehaltenem und objektiver Wirklichkeit. Intuitionen und Phantasievorstellungen können von solch lebhafter Art sein, daß sie den Eindruck von objektiver Wirklichkeit erwecken.

Im Zweifel konnte der Denkende seine Existenz als absolut sicher aussagen. Doch wie sicher und genau ist seine Erkenntnis der Außenwelt? Auf die Frage nach dem Verhältnis von Außenwelt und Bewußtsein gibt es drei grundsätzlich verschiedene Antworten: die des erkenntnistheoretischen Materialismus, die des erkenntnistheoretischen Idealismus und die des erkenntnistheoretischen Realismus.

Der erkenntnistheoretische Materialismus nimmt eine vom Bewußtsein völlig getrennte Außenwelt an. Sie ist unseren Sinnesorganen unzugänglich. Nur komplizierte Sinneseindrücke bewirken »positive Eindrücke«. Das Geistige ist so Spiegelung des Materiellen, welches die eigentliche Realität darstellt. Diese Reduktion der Wirklichkeit auf nur Materielles wird den geistigen Phänomenen nicht gerecht. Deshalb ist der erkenntnistheoretische Materialismus als ungenügend abzulehnen.

Der erkenntnistheoretische Idealismus sieht alles Wirkliche als bewußtseinsabhängig an. Wir erkennen nur mittels eines bewußten Zustandes. Ein unbewußter, rein materieller Zustand ist für uns nicht erfahrbar. Die Unabhängigkeit von Materie und Bewußtsein können wir nur logisch, d. h. denkend erschließen. Auch der Idealismus leugnet natürlich nicht die Existenz der Außenwelt (was durch den *Solipsismus* geschieht, für den alles Erkennbare nur durch das eigene Bewußtsein da ist). Schon vor dem Menschen gab es eine Welt, von daher ist ein erkenntnistheoretischer Idealismus ebenfalls ungenügend.

Der Unterschied zwischen Materialismus und Idealismus liegt in der unterschiedlichen Bewertung des Verhältnisses von eigenem Bewußtsein und Außenwelt.

Alle realistischen erkenntnistheoretischen Systeme stimmen in der Annahme einer realen Außenwelt überein. Können wir sie aber in ihrer Eigentlichkeit erkennen?

Der naive Realismus lehrt unkritisch, daß die Dinge genauso existieren, wie wir sie wahrnehmen und erfassen. Er kann durch einfache Gegenfragen bloßgelegt werden: Können wir z. B. die sechs Seiten eines Würfels gleichzeitig wahrnehmen?

Dagegen fordert der *kritische Realismus*, daß wir unsere Wahrnehmungen von subjektiven Momenten reinigen müssen. Doch kann das menschliche Erkenntnisvermögen keinen rein objektiven Sachverhalt erfassen. Es ist nur fähig, *analoge Aussagen* zu machen. Die Analogie ist Voraussetzung für jedes Philosophieren. In dieser Naturphilosophie gehen wir von einem solchen *analogen Realismus* (Entsprechung zwischen Wahrgenommenem und Wirklichkeit) aus.

analog = entsprechend

9. Die Geschichte der Naturphilosophie

Die Geschichte der Naturphilosophie kann man in vier Epochen aufteilen: Antike, Aufklärung, Idealismus, Moderne (G. Vollmer, 1986, XV-XVII).

9.1 *Die Naturphilosophie der Antike*

Aus der ersten Epoche (sie beginnt im 6. und 5. Jahrhundert vor Christus) sind zunächst die Vorsokratiker zu nennen. Ihre bekanntesten Vertreter: Thales von Milet (etwa 624–545), Anaximander von Milet (etwa 610–547), Pythagoras von Samos (etwa 580–500), Parmenides aus Elea (geb. etwa 540), Heraklit von Ephesus (etwa 535–465), Empedokles von Agrigent in Sizilien (etwa 483–423), Demokrit von Abdera in Thrazien (460–370).

Mit ihnen beginnt das philosophische Fragen. Im Mittelpunkt ihres Interesses stand die physis, d. h. das vom Menschen Unabhängige im Ganzen. Dieses Ganze war für sie etwas Göttliches, Wohlgeordnetes (kosmos = Ordnung, Schmuck, Welt), zu dem wir nur eine theoretische Haltung (theoria = Schau, Betrachtung) einnehmen können. So wurden sie als Physiologen oder Kosmologen bezeichnet. Die ersten philosophischen Fragen waren also naturphilosophischer Art.

In der aristotelisch-stoischen Einteilung der Philosophie in Logik, Ethik und Physik wird die Naturphilosophie zu jener Disziplin, deren Gegenstand die Natur und die besonderen Bedingungen sind, unter denen die Natur erkannt werden kann. Sie umfaßt die Naturwissenschaften und die Metaphysik der Natur.

Die scholastische Philosophie des Mittelalters übernahm im wesentlichen die Naturphilosophie aristotelischer Prägung. Sie gehört zur Metaphysik.

9.2 *Die Aufklärung*

Die zweite Epoche wird eingeleitet durch das Entstehen der neuzeitlichen Naturwissenschaft im 17. Jahrhundert. In den Vordergrund rückt eine quantifizierende Naturauffassung, die die metaphysische Betrachtung der Natur in den Hintergrund drängt. Wichtige Vertreter dieser neuen Sichtweise der Natur sind Nikolaus Kopernikus (1473–1543) und Galileo Galilei (1564–1642). Sie wird systematisch begründet durch René Descartes (1596–1650) und Isaak Newton (1643–1727). Das experimentelle Verfahren gewinnt an Bedeutung. Die Vorgänge in der Natur werden mathematisch formuliert, und man stellt physikalische Grundbegriffe auf. Der Naturbegriff verliert seine kausalen, axiologischen und teleologischen Gehalte und wird somit zu einem abstrakten Restbegriff. Hierin liegt das Fundament der modernen Naturwissenschaften.

9.3 *Das Aufspalten der Naturphilosophie im 18. Jahrhundert*

Die Naturwissenschaften sind also aufgrund eines philosophischen Wandels entstanden; daher zählten sie zuerst zur Philosophie. Erst Kant bereitete die Trennung von Naturwissenschaften und Philosophie vor. Während aber Kant selbst noch den Plan einer »Metaphysik der Natur« entwirft, trennen sich nach ihm die Naturwissenschaften, die die Naturerscheinungen und deren gesetzmäßige Zusammenhänge untersuchen, endgültig von einer Naturphilosophie, in der der alte Naturbegriff fortlebt und die sich daher als eine Reflexion auf die Natur metaphysisch ausrichtet und nach Wesen und Sinnzusammenhängen fragt.

Diese Trennung wird irreversibel, als der deutsche Idealismus noch einmal den Entwurf einer großen spekulativen Naturphilosophie vorlegt – z. B.: F. W. Schelling (1775–1854) und G. W. F. Hegel (1770–1831) –, der wegen seines spekulativen Charakters auf breite Ablehnung stößt. Nach dieser Trennung scheint Naturphilosophie nur noch möglich im Schatten eines Positivismus als Zusammenfassung aller naturwissenschaftlichen Erkenntnisse (s. o.).

Die Naturwissenschaften entwickeln sich nun zu eigenständigen wissenschaftlichen Disziplinen mit ihrem je konkreten Material- und Formalobjekt. Die Wissenschaftstheorie übernimmt die Aufgabe, Strukturen und Methoden der Wissenschaften deskriptiv zu untersuchen und Normen vorzugeben. Beide, Naturwissenschaften zusammen mit der Wissenschaftstheorie, vermögen jedoch nicht den ursprünglichen Fragenkreis der Naturphilosophie abzudecken.

9.4 *Die Aufgabe einer modernen Naturphilosophie*

Aus diesem Grund spricht G. Vollmer von einer vierten Epoche der Naturphilosophie, deren Verwirklichung noch vor uns liegt. Ihre Hauptaufgabe ist eine synthetisierende. Im Gegensatz zur analytisch und explikativ arbeitenden Wissenschaftstheorie soll sie versuchen, die Erkenntnisse der Einzelwissenschaften, die ja immer nur einen Teilaspekt der Wirklichkeit wiedergeben, zu einem Gesamtbild zusammenzufügen.

Eine moderne Naturphilosophie müßte sich vor allem folgenden Aufgabenbereichen widmen:

9.4.1 Naturwissenschaftliche Fragen weiterführen

Innerhalb der Naturwissenschaften sollte sich die Naturphilosophie gerade jenen Fragen widmen, die in den Einzelwissenschaften unbeantwortet bleiben, weil sie entweder den empirischen Rahmen sprengen oder von zu allgemeiner Natur sind. Das vorliegende Buch versucht dieser Aufgabe gerecht zu werden, indem es z. B. folgenden Fragen nachgeht:

* Wann begann der Kosmos, wann endet er?
* Worin liegen die Unterschiede zwischen Mensch und Tier?
* Wie ist das Verhältnis von Geist und Gehirn zu bestimmen?

9.4.2 Fachübergreifende Fragestellungen aufnehmen

Ein weiterer Bereich naturphilosophischen Forschens bestünde darin, die Fragestellungen von verschiedenen Einzelwissenschaften, die einander entsprechen, aufzunehmen, sie systematisch zu ordnen und zu klären. Es sei an dieser Stelle nur auf die Notwendigkeit einer wissenschaftlichen Ontologie hingewiesen.

Das vorliegende Buch möchte diese Notwendigkeit ernst nehmen, indem es die dargestellten Naturzusammenhänge jeweils ontologisch reflektiert.

9.4.3 Ein synthetisches Weltbild erstellen

Eine Naturphilosophie sollte ihre ursprüngliche Aufgabe wieder wahrnehmen, die verschiedenen Ergebnisse der Einzelwissenschaften zusammenzufügen, um ein einheitliches Weltbild zu konstruieren.

Im großen und kleinen anthropologischen Bogen soll der Versuch unternommen werden, eine zusammenhängende Darstellung des derzeitigen Forschungsstandes der Naturwissenschaften aufzuzeigen und sie philosophisch zu reflektieren.

9.5 Heutige naturphilosophische Entwürfe

Moderne Naturphilosophien sind nach W. WELTEN (1992) in vier Richtungen zu unterscheiden:

9.5.1 Ausrichtung an Aristoteles und Thomas von Aquin

Naturphilosophen dieser Gruppe gehen eher systematisch vor als historisch. In den metaphysischen Denkkategorien des Aquinaten wird auf moderne Anfragen an die Naturphilosophie eine Antwort gesucht. Das theoretische Wissen wird in drei Abstraktionsgrade eingeteilt: den physischen, den mathematischen und den metaphysischen. Hier wäre am ehesten meine Naturphilosophie einzuordnen, indem einerseits nach den ontologischen Bedingungen der Möglichkeit der Welt als ganzer, der Lebewesen und des Menschen gefragt wird, andererseits nach ethischen Grundsätzen in den von den Naturwissenschaften aufgeworfenen Fragen (z. B. Tierversuche, Genmanipulation, Regulierung des Bevölkerungswachstums) gesucht wird. Ein Dialog mit den Naturwissenschaftlern erfordert dabei eine ausführliche Darstellung des gegenwärtigen Kenntnisstandes naturwissenschaftlicher Forschung für den Leser. Um die Darstellung nicht unnötig zu komplizieren, wird dabei weitgehend auf mathematische Formeln verzichtet.

Die »Filosofia de la naturaleza« von M. Artigas und J. J. Sanguineti (1989) zählt die Naturphilosophie zur Metaphysik, während L. J. Elders (1989) und B. van Hagens (1983) sie in den Bereich der Physik einordnen. Daher müssen die letzten beiden den Unterschied zwischen Naturphilosophie und Physik eigens bestimmen.

Nach Elders liegt die Differenz in einem jeweils anderen Formalobjekt, unter welchem die Wirklichkeit betrachtet wird: Die Physik bleibt auf der empirisch-experimentellen Ebene, während die Naturphilosophie, ausgehend von den Phänomenen, weiter abstrahiert hin zu allgemeinen Aussagen. Nach van Hagens gibt es neben dem genannten noch zwei weitere Unterschiede: Physik fragt nach ersten, Philosophie nach letzten Gründen, Physik hat eine mathematische, Philosophie eine metaphysische Perspektive.

F. Selvaggi (1985) sieht eine Analogie zwischen Naturphilosophie und theoretischer Physik. Letztere vermittelt zwischen dem ersten und dem zweiten und die Naturphilosophie zwischen dem ersten und dem dritten der obengenannten Abstraktionsgrade. Die Naturphilosophie ist auf die Erkenntnisse der Naturwissenschaften notwendig verwiesen.

9.5.2 Anlehnung an I. Kant

M. Drieschner (1981) ist charakteristisch für eine zweite Richtung gegenwärtiger Naturphilosophie. Er orientiert sich sehr an modernen Wissenschaftstheorien. Naturphilosophie geht von den Naturwissenschaften aus und ist weder eine Meta-Wissenschaft noch eine Wissenschaftsphilosophie. Vielmehr geht es um die Voraussetzungen für die Wissenschaft und die Möglichkeitsbedingungen von Erfahrung, in Anlehnung an Kant. Ziel ist u. a. eine apriorische Begründung der Quantenmechanik.

9.5.3 Anlehnung an die Analytische Philosophie

Auch B. Kanitscheider (1984), H. Törnebohm (1984) und M. Stöckler (1984) philosophieren in engem Kontakt mit modernen Wissenschaftstheorien, müssen aber als eine dritte naturphilosophische Gegenwartsströmung aufgefaßt werden. Kanitscheider kommt von der analytischen Philosophie her, wonach die Philosophie in die empirischen Wissenschaften einzureihen ist. Eine Unabhängigkeit von wissenschaftlichen Theorien kann es nicht geben. Vielmehr sollen solche Theorien zur Naturphilosophie führen; diese ist als eine sich nicht nur auf Form, sondern auch auf Inhalt der Wissenschaften beziehende Wissenschaftsphilosophie zu denken: Naturphilosophie als eine metatheoretische Reflexion über die philosophischen Voraussetzungen innerhalb der Wissenschaften. Eine klare Trennung zwischen Wissenschaftsphilosophie und Wissenschaft ist unmöglich. Nach Törnebohm (1984) trägt die Naturphilosophie zum Fortschritt in der wissenschaftlichen Forschung bei, da jede wissenschaftliche Theorie ontologische Hypothesen mitenthält. Diese Hypothesen haben ihren Ursprung in Weltbildern, die sich spekulativer Philosophie verdanken. Daher hat Naturphilosophie Weltbilder und deren Relevanz für die Wissenschaft zu untersuchen. Stöckler (1984) geht von der Analyse des quantenmechanischen Welle-Teilchen-Dualismus aus, um zu einer modernen Naturphilosophie zu gelangen. Die Physik stellt Fragen, die sich nicht rein naturwissenschaftlich beantworten lassen. Insofern hat die Naturphilosophie einen interdisziplinären Charakter: Sie verarbeitet Ergebnisse der empirischen Wissenschaften und der Metaphysik; sie ist angewandte Philosophie. Da man die Natur nicht mit nur einer Methode adäquat erfassen kann, orientiert sie sich auch nicht bloß an einer Methode. Ihr Interesse gilt dem Gehalt physikalischer Theorien, daher ist sie von der Wissenschaftsphilosophie abzugrenzen.

9.5.4 Neuere Reflexion über die Natur

Eine vierte Richtung gegenwärtiger Naturphilosophie ist charakterisiert durch eine erneuerte Reflexion über die Natur. Dies hat entweder seinen Grund außerhalb der Philosophie oder in der Philosophie selber.

Nicht von der Philosophie angestoßen wurden die Autoren des Sammelbandes von O. Schwemmer (1987). Der Naturbegriff ist wieder aktuell geworden, doch den vielen Annäherungen fehlt eine klare Systematik: Dafür ist die Philosophie zuständig. K. M. Meyer-Abich (1986, 1987) hält eine praktische Philosophie heute für notwendig, nachdem bisher theoretische Entwürfe das Feld bestimmten. Der Mensch ist ein Produkt natürlicher Evolution, so daß in ihm die Natur zu Wort kommt; der Mensch trägt Verantwortung für die Natur, mit politischer Relevanz. Das ökologische Problem ist anti-anthropozentrisch anzugehen. Für G. Böhme (1987) ist ebenfalls angesichts der ökologischen Krise und der Probleme aufgrund des technischen und wissenschaftlichen Fortschritts eine Naturphilosophie und eine Ethik notwendig. Es fehlt eine definitorisch angelegte Verhältnisbestimmung zwischen Naturwissenschaft und Naturphilosophie. Indem man diese Lücke durch Rückzug in die Wissenschaftsphilosophie schließt, betreibt man noch nicht Naturphilosophie. Naturphilosophie und Naturwissenschaften sind zwei verschiedene Ebenen des Wissens. Oft fehlt den Theorien über naturwissenschaftliche Ergebnisse die nötige philosophische Gründung; daher sollte Naturphilosophie ihren Platz vornehmlich in einem größer angelegten philosophischen und geistesgeschichtlichen Diskurs einnehmen. Darin sollte man zu einer neuen, auch praxisrelevanten Verhältnisbestimmung zwischen Mensch und Natur und einer neuen Philosophie des menschlichen Körpers kommen. Auch A. VAN MELSEN (1983) geht von den negativen Aspekten des wissenschaftlich-technischen Fortschritts aus. Da Naturwissenschaften immer einseitig und partiell bleiben, müssen ihre Voraussetzungen jeweils durch die urmenschliche Erfahrung und deren kritische Reflexion ergänzt werden. Insofern sollte Naturphilosophie eine Brücke zwischen den Wissenschaften und der menschlichen Erfahrung sein.

Zu denjenigen Philosophen, die eine Erneuerung der Naturphilosophie aus innerphilosophischen Erwägungen fordern, gehört I. LECLERC (1986). Die Naturphilosophie erlebte seit dem 17. Jh., wegen der wachsenden Dominanz einer rein mechanistischen Auffassung von der Physik, eine Krise. Doch neuere Entwicklungen innerhalb der Wissenschaften machten ein bloß positivistisches Weltbild unakzeptabel. Das zentrale Problem Leclercs ist die letztendliche Natur des physisch Seienden; die Korrektur Leibniz' durch Whitehead genügt ihm nicht. Er strebt nach einer Wende hin zu einem essentiellen Aristotelismus, zu einer neuen metaphysischen Grundlegung, entweder ausgehend von der heutigen Wissenschaft oder – so er selbst – in Reflexion über frühere Naturphilosophien: Naturphilosophie ist für ihn eine Metaphysik der Natur. RENÉ THOM (1988) geht in eine ähnliche Richtung, indem er seinen Ansatz als eine Fortsetzung der aristotelischen Naturphilosophie betrachtet, welche allein die Brücke zwischen Biologie und Katastrophentheorie bilden kann. Innerhalb der Naturwissenschaften orientiert er sich vornehmlich an der Biologie. Die Philosophie muß eine neue Problematik der Form erarbeiten. Thoms Leitidee besagt, daß die meisten Kategorien des Aristoteles aus der Erfahrung raum-zeitlich geprägter Formen stammen. Hierin sieht er auch den letzten impliziten Grund des Aristotelismus. Insofern kann die Naturphilosophie Thoms als ein Versuch verstanden werden, das Ganze der Wirklichkeit mit einem neuen System von Kategorien zu beschreiben. Er will keine Metaphysik, sondern eine Protophysik erstellen. J. LARGEAULT (1988) läßt in einer radikalen Rückkehr zur philosophischen Vergangenheit viele vernachlässigte Autoren wieder zur Geltung kommen. Die Philosophie soll ein einendes System der Wissenschaften entwerfen. Der Naturphilosoph braucht nicht auf wissenschaftliche Theorien und Ergebnisse zu rekurrieren, vielmehr interessiert ihn, was in den Wissenschaften implizit bleibt. Demgegenüber bietet J. Echarri (1990) eine völlig neue Sicht: Die Natur ist reines Phänomen, und beim Naturbeobachter liegt die Kompetenz. Philosophie entsteht in der Verbindung der menschlichen Existenz mit der Natur. Jeder Wirklichkeitsebene entspricht eine eigene Methode; doch dies darf den Philosophen nicht binden: Er ist geleitet durch eine Intuition, die nur a posteriori gerechtfertigt werden kann.

10. Zum Aufbau des Buches

Das Buch ist in zwei große Abschnitte aufgeteilt: den großen und den kleinen anthropologischen Bogen.

Der große anthropologische Bogen reicht von der Entstehung des Kosmos (Kosmogenese) bis zum Weltende. Darin eingeschlossen ist die Entstehung von Leben (Biogenese), die Entfaltung von Leben in seinen verschiedenen Entwicklungsformen (Phylogenese) und das Werden des Menschen (Anthropogenese). Der Mensch ist einerseits eingebettet in die Welt der Organismen (als Produkt der Evolution); andererseits erscheint er als derjenige, der die Welt der Organismen kraft seiner Geistigkeit transzendiert.

Der große Bogen wird von der Gegenwart in die Zukunft hinein »extrapoliert«. Dies geschieht anhand von wissenschaftlichen Prognosen und Erkenntnissen, die als einigermaßen gesichert gelten können. So wird auch die Zukunft des Menschen behandelt und reflektiert werden (Kap. 6); die Welternährungssituation, die drohende Gefahr oder auch die bereits vorhandene Tatsache der Überbevölkerung und schließlich die Grenzen des Wachstums. Der große Bogen schließt mit einer Thematisierung des Endes der Welt. Ziel dieses ersten Teiles ist es, den Leser mit der Faktizität der Welt vertraut zu machen, um ihn zu einem Gespräch mit den Naturwissenschaftlern zu befähigen.

Im kleinen anthropologischen Bogen steht das individuelle menschliche Leben im Vordergrund. Die Entstehung des menschlichen Lebens wird behandelt; die Prägung bei Mensch und Tier in der Jugendphase; die Eingliederung des Menschen in die Gesellschaft (Aggressionsmodelle). Der kleine Bogen schließt mit dem Altern, Sterben und Tod des Menschen. Die Einführung in die wichtigsten wissenschaftlichen Fakten und philosophischen Überlegungen soll das Phänomen menschlichen Lebens in naturphilosophischer Sicht umreißen.

Die naturwissenschaftlichen Fakten werden nur kurz behandelt. Auf eine Basisinformation von naturwissenschaftlichen Daten kann jedoch nicht verzichtet werden, da der naturphilosophische Standpunkt dargestellt werden soll, der ja gerade den naturwissenschaftlichen Befund zum Ausgangspunkt hat.

Literatur

Aristoteles, Metaphysik (P. Gohlke). Paderborn: Schöningh, 1951.

Artigas, M.; Sanguineti, J. J., Filosofía de la naturaleza. Pamplona: EUNSA, ²1989.

Anzenbacher, A., Einführung in die Philosophie. Freiburg, Basel: Herder, 1981.

Augustinus, Über die Dreifaltigkeit (J. Martin). München: Kösel, 1936.

Bavink, B., Ergebnisse und Probleme der Naturwissenschaften. Eine Einführung in die heutige Naturphilosophie. Zürich: Hirzel, ¹⁰1954.

Böhme, G., Bedingungen gegenwärtiger Naturphilosophie. In: O. Schwemmer (Hrsg.), Über Natur. Philosophische Beiträge zum Naturverständnis. Frankfurt/M.: Klostermann, 1987, S. 123–133.

Böhme, G. (Hrsg.), Klassiker der Naturphilosophie. München: Beck, 1989.

Brugger, W. (Hrsg.), Philosophisches Wörterbuch. Freiburg: Herder, ¹⁶1981. Darin die Stichworte: Philosophie, Naturwissenschaften, Naturphilosophie, Theologie.

Carnap, R., Die Überwindung der Metaphysik durch logische Analyse der Sprache: Erkenntnis 2 (1931), 219–241.

Descartes, R., Meditationen (L. Gäbe). Hamburg: Meiner, 1959.

Drieschner, M., Einführung in die Naturphilosophie. Darmstadt: Wissenschaftliche Buchgesellschaft, 1981.

Echarri, J., Filosofía fenoménica de la naturaleza. Tomo I. Naturaleza y fenómeno. Bilbao: Universidad de Deusto, 1990.

Elders, L. J., De natuurfilosofie van Sint Thomas van Aquino. Brügge: Tabor, 1989.

Hagens, B. van, Filosofia della natura. Rom: Urbaniana University Press, 1983.

Hempel, C. G., Philosophie der Naturwissenschaften. München: dtv, 1974.

Jaspers, K., Einführung in die Philosophie. München: Piper, 1953.

Kanitscheider, B., Philosophie und moderne Physik. Systeme, Strukturen, Synthesen. Darmstadt: Wissenschaftliche Buchgesellschaft, 1979.

Kanitscheider, B.(Hrsg.), Moderne Naturphilosophie. Würzburg: Königshausen & Neumann, 1984.

Kanitscheider, B., Naturphilosophie und analytische Tradition. In: Ders. (Hrsg), Moderne Naturphilosophie. Würzburg: Königshausen & Neumann, 1984, 63–79.

Kanitscheider, B., Wissenschaftstheorie und Naturphilosophie. Zur Typisierung zweier Arten von Wissenschaftsphilosophie: Philosophia Naturalis 25 (1988), 346–360.

Kuhn, T. S., Die Struktur der wissenschaftlichen Revolution. Frankfurt/M.: Suhrkamp, 1967.

Knauer, P., Der Glaube kommt vom Hören. Freiburg: Herder, ⁶1991.

Largeault, J., Principes classiques d'interprétation de la nature. Paris: Vrin, 1988.

Lay, R., Unsere Welt. Gestaltung und Deutung. München: Pfeiffer, 1959.

Lay, R., Grundzüge einer komplexen Wissenschaftstheorie. 2 Bde. Frankfurt/M.: Knecht, 1971 und 1973.

Leclerc, I., The Philosophy of Nature. Washington D. C.: Catholic University of America Press, 1986.

Martens, E.; Schnädelbach, H. (Hrsg.), Philosophie – ein Grundkurs. Reinbek bei Hamburg: Rowohlt, 1985.

Maurer, R. K., Probleme philosophischer Systematik im Hinblick auf Studienplanung: Philos. Jahrbuch 84 (1977), 145–154.

Melsen, A. G. M. van, Philosophy of Nature. Pittsburgh: Duquesne University Press, 1953.

Melsen, A. G. M. van, Natuurwetenschap en natuur. Een inleiding in de natuurfilosofie. Nijmegen: K. S. C., and Baarn, Ambo, 1983.

Meurers, J., Metaphysik und Naturwissenschaften. Eine philosophische Studie über naturwissenschaftliche Problemkreise der Gegenwart. Darmstadt: Wissenschaftliche Buchgesellschaft, 1976.

Meyer-Abich, K. M., Wege zum Frieden mit der Natur. Praktische Naturphilosophie für die Umweltpolitik. München: dtv, 1986.

Meyer-Abich, K. M., Naturphilosophie auf neuen Wegen. In: O. Schwemmer (Hrsg.), Über Natur. Philosophische Beiträge zum Naturverständnis. Frankfurt/M.: Klostermann, 1987, 63–73.

Müller, H. A. (Hrsg.), Naturwissenschaft und Glaube. Bern, München: Scherz, 1988.

Müller, M.; Halder, A., Philosophisches Wörterbuch. Freiburg, Basel: Herder, 1988.

Newman, J. H., Ausgewählte Werke, Bd. IV. Mainz: Grünewald, 1927.

Platon, Das Gastmahl (O. Apelt). Hamburg: Meiner, 1960.

Rahner, K. (1961), In: Rahner, K.; Vorgrimler, H., Kleines Theologisches Wörterbuch. Freiburg: Herder, 1961. [10]1976.

Rahner, K, Weltall – Erde – Mensch. In: Christlicher Glaube in moderner Gesellschaft, Bd. 3. Freiburg: Herder, 1981.

Rahner, K., Naturwissenschaft und Theologie: Stimmen d. Zeit 199 (1981), 507- 514.

Rahner, K., Naturwissenschaften und vernünftiger Glaube. In: ders., Schriften zur Theologie, Bd. 15. Zürich: Benzinger, 1983, 24–62.

Ricken, F. (Hrsg.), Lexikon der Erkenntnistheorie und Metaphysik. München: Beck, 1984.

Sachsse, H., Naturerkenntnis und Wirklichkeit. Braunschweig: Vieweg, 1967.

Sachsse, H., Die Erkenntnis des Lebendigen. Braunschweig: Vieweg, 1968.

Sass, H.-M., Ludwig Feuerbach in Selbstzeugnissen und Bilddokumenten dargestellt. Reinbek: Rowohlt, 1978.

Schwemmer, O. (Hrsg.), Über Natur. Philosophische Beiträge zum Naturverständnis. Frankfurt/M.: Klostermann, 1987.

Selvaggi, F., Filosofia del mondo. Cosmologia filosofica. Rom: Editrice Pontificia Università Gregoriana, 1985. Portugiesisch: Filosofia do mundo. São Paulo (Brasilien): Ed. Loyola, 1988.

Stöckler, M., 9 Thesen zum Dualismus von Welle und Teilchen. In: B. Kanitscheider (Hrsg.), Moderne Naturphilosophie. Würzburg: Königshausen & Neumann, 1984, S. 223–242.

Stöckler, M., Was kann man heute unter Naturphilosophie verstehen? In: Philosophia Naturalis 26 (1989), 1–18.

Titze, H., Kybernetik und Fortschritt, Texte zur Naturphilosophie. Oberwil b. Zug: Kugler, 1983.

Thom, R., Esquisse d'une Sémiophysique. Physique aristotélicienne et Théorie des Catastrophes. Paris: Inter Editions, 1988.

Törnebohm, H., Die Rolle der Naturphilosophie in der physikalischen Forschung. In: B. Kanitscheider, Moderne Naturphilosophie. Würzburg: Königshausen & Neumann, 1984, S. 15–39.

Volkmann-Schluck, K. H., Der Satz vom Widerspruch als Anfang der Philosophie. In: G. Neske (Hrsg.), M. Heidegger zum 70. Geburtstag. Pfullingen: Neske, 1959, 134–156.

Vollmer, G., Die Erkenntnis der Natur. Bd. 2: Was können wir wissen? Beiträge zur modernen Naturphilosophie. Stuttgart: Hirzel, 1986. (Darin S. XV–XII, Geschichte der Naturphilosophie).

Weger, K.-H. (Hrsg.), Religionskritik von der Aufklärung bis zur Gegenwart. Freiburg, Basel: Herder, 1979.

Weizsäcker, C. F. von, Deutlichkeit. Beiträge zu politischen und religiösen Gegenwartsfragen. München: Hanser, [2]1979.

Welten, W., Recent Conceptions of the Philosophy of Nature: Revista Portuguesa de Filosofia 48 (1992), 59–75.

Wieser, A.; Rauter, K., Philosophie. Wien: Ketterl, 1974.

Wittgenstein, L. W., Tractatus logico-philosophicus. Frankfurt/M.: Suhrkamp, [8]1971.

Zweiter Teil

Der große anthropologische Bogen

KAPITEL I

Kosmogenese – Anfang und Kontingenz des Kosmos

A) NATURWISSENSCHAFTLICHE AUSSAGEN ÜBER DIE KOSMOGENESE

1. Problemstellung

Philosophie der Welt fragt nach den Grenzen des Weltalls. Da wir uns das Universum in den beiden Dimensionen von Raum und Zeit vorstellen, ist zu fragen, ob es eine Begrenzung des Raumes und der Zeit in dieser Welt gibt. Beide mögliche Antworten, Verneinung oder Bejahung einer Grenze, scheinen unvorstellbar zu sein:

* daß der Kosmos bis ins Unendliche weitergeht, ohne Grenze und ohne Ende,
* daß es irgendwo und irgendwann eine Grenze des Weltalls gibt. (Aber was ist hinter der Grenze?)

Die Naturphilosophie gibt sich mit naturwissenschaftlichen Antworten auf diese Fragen nicht zufrieden, sie fragt weiter nach der ontologischen Struktur des Kosmos:

* Ist der Kosmos kontingent (ontologische Endlichkeit) und daher geschaffen?

2. Problemgeschichte

Seit jeher haben sich die Menschen mit Größe und Dauer des Kosmos beschäftigt.

2.1 Antike

In der Antike gab es vorrangig zwei verschiedene Vorstellungen von Entstehen und Vergehen, von Endlichkeit und Unendlichkeit des Weltalls. Auf der einen Seite standen die Atomisten (Leukipp, 5.Jh.v.Chr.; Demokrit, 460–370 v.Chr.), nach denen es unendlich viele in ständiger Bewegung begriffene Elemente gibt, die an Größe unteilbar sind und in ihren Formen unendlich. Die Dinge sollten aus deren gegenseitiger Verflechtung entstehen. Andererseits verstand man das Entstehen und Vergehen als eine Art Veränderung der Ursubstanz. Von diesem Urstoff (gr. ápeiron = unermeßlich, unbegrenzt) nahm man an, er sei zeitlich unbegrenzt, unsterblich und unentstanden. Die Dinge bildeten sich durch Verdichtung und würden durch die Verdünnung eben dieses Urstoffes wieder aufgelöst. Manche meinten, daß der Urstoff nach Gegensätzen geschieden würde (z.B. Anaximander von Milet, 610–547 v.Chr.). Die Scheidung oder das Ordnen des Urstoffes oder auch der Urelemente (z.B. Wasser, Feuer, Luft und Erde) war das Werk des Weltgeistes. Bewegung und Veränderung der sichtbaren Dinge sind durch die unendliche, vollkommene, sich selbst verursachende Bewegung dieses Weltgeistes bedingt. Das All wurde als nicht entstanden, als ewig gedacht. Über seine Begrenztheit wurden unterschiedliche Positionen vertreten. So meinten z.B. Xenophanes (580–490 v.Chr.) und Parmenides (geb. ca.540 v.Chr.), das All sei begrenzt und unbeweglich. Leukipp dagegen behauptete, das All sei unendlich. Über die Anzahl der vorhandenen Welten und Erden gab es ebenfalls Differenzen. So nahm Hiketas, ein jüngerer Pythagoräer und Zeitgenosse Platons, zwei Erden an, eine Erde und eine Gegenerde. Leukipp und Demokrit, die Atomisten, hielten die Existenz unendlicher Welten, die sich in dem unendlichen Leeren aus zahllosen Atomen bildeten, für möglich (vgl.: P. Davies, 1981).

Zusammenfassend muß man sagen: den Begriff der »creatio« im Sinne einer Schöpfung aus nichts gibt es bei den griechischen Philosophen der Antike nicht. Grundsätzlich fehlten die Voraussetzungen, eine Entstehung aus dem Nichtseienden zu denken.

2.2 Giordano Bruno (1548–1600)

stellte das erste pantheistische System der Neuzeit auf: die Natur ist ewig, sie wirkt durch die ihr innewohnende Weisheit; indem sie vom Unvollkommenen zum Vollkommenen fortschreitet, bewirkt sie sich selbst; vielfältig ist ihr Werk, aber einfach ihre Ordnung. Das Universum, das aus einer körperlichen und einer unkörperlichen Substanz besteht, ist eins und unendlich. Die sichtbare Welt ist kein Teil des Universums; sie ist beseelt. (Hauptwerke: Della causa, principio et uno, metaphysisches Hauptwerk; De l'infinito, universo e mondi.)

2.3 Immanuel Kant (1724–1804)

In seinem Werk »Allgemeine Naturgeschichte und Theorie des Himmels« (1755) beschreibt KANT die Existenz und das wahrscheinliche Aussehen unseres Milchstraßensystems als eine Scheibe, die sich um ihren Mittelpunkt dreht. Aus den damals ihm zur Verfügung stehenden Zeichnungen schließt er logisch zwingend auf die Existenz vieler solcher Sternensysteme außerhalb unserer Milchstraße, die alle um einen gemeinsamen Mittelpunkt gruppiert seien. Kant meinte, wenn es viele derartige Galaxien gäbe, dann müsse das Weltall unendlich sein, weil es als Schöpfung Gottes ebenso unendlich sein müsse wie Gott selber. »Aus diesem Grund ist das Feld der Offenbarung göttlicher Eigenschaften ebenso unendlich, als diese selber sind.« (I. Kant, 1910, S.309)

2.4 Heinrich Wilhelm M. Olbers (1758–1840)

Mit dem Namen dieses Arztes und Amateurastronomen ist ein Paradoxon verbunden, das auf die Kosmologie äußerst anregend gewirkt hat. Ausgangspunkt ist das kosmische Modell NEWTONS (1643–1727). Danach ist das Universum statisch, d.h. es ist im kosmischen Sinn bewegungslos (es kontrahiert oder expandiert nicht), hat keinen kosmischen Rand (sonst gäbe es einen Gravitationsmittelpunkt, in dem die ganze Masse des Universums zusammenstürzen müßte), es ist unendlich, ohne Mittelpunkt, mit gleichmäßig verteilten Sternen durchschnittlicher Helligkeit. Unter diesen Bedingungen dürfte es nachts nicht dunkel werden.

Zur Veranschaulichung stellen wir uns nach OLBERS konzentrische Kugelschalen gleicher Dicke um die Erde vor. In jeder Schale nimmt zwar die Helligkeit mit dem Quadrat ihrer Entfernung zur Erde ab, aber die Anzahl der in der Schale enthaltenen Sterne steigt in demselben Verhältnis, so daß jede Schale gleich viel Licht zur Erde abstrahlt. In einem unendlichen, randlosen Universum wäre die Anzahl der Schalen unendlich und damit auch der Strom von Licht, der die Erde trifft.

So stellte sich nun Olbers die Frage, warum es trotzdem nachts dunkel ist. Seine Erklärung, ein interstellares Medium (Staub, Gas) absorbiere das Licht, ist unzutreffend; denn im Laufe der Zeit erhitzt sich das Medium, bis es schließlich genauso viel Strahlung emittiert, wie es aufgenommen hat (so 1848 JOHN HERSCHEL, 1792–1871). Heute weiß man, daß seine gesamte in Energie umgewandelte Materie das Universum lediglich auf eine Temperatur von 20 K aufheizen kann; ein Universum mit hellem Himmel erfordert jedoch eine Temperatur von 6000 K (0 K = null Kelvin = – 273 °C). Deshalb ist es nachts dunkel.

Was ist nun eigentlich falsch an der Argumentation von Olbers? Zunächst einmal dürfen nicht alle Schalen bis ins Unendliche aufsummiert werden. Bei gegebener Volumendichte und (mittlerer) Ausdehnung der Sterne gibt es eine Grenzentfernung, bei welcher der Himmel so ganz und gar von Sternen bedeckt ist, daß uns die Sicht auf dahinterliegende Sterne genommen ist. Einen Beitrag zur Erhellung unseres Himmels liefern folglich nur die Sterne bis zur Grenzentfernung. Sie beträgt 10^{23} Lichtjahre. Wir sehen daher den Nachthimmel völlig mit Sternen bedeckt, d.h. hell, nur dann, wenn uns das gesamte Licht von all diesen Sternen bis 10^{23} Lichtjahre Entfernung jeweils erreicht. Da das Licht der äußersten Sterne dazu 10^{23} Jahre braucht, müßte die durchschnittliche Leuchtdauer der Sterne 10^{23} Jahre betragen. Olbers muß das implizit angenommen haben. Aber die Leuchtdauer der Sterne ist durchschnittlich kürzer. Sie beträgt nur 10^{10} Jahre. Deswegen ist der Nachthimmel nur zu einem 10^{-13}tel mit Sternen bedeckt und folglich dunkel.

3. Die moderne Kosmologie

Bis Anfang des 20. Jahrhunderts dachte man sich das Universum in der Regel als statisch im kosmischen Maßstab (dessen Größenordnung bei 20 Milliarden Lichtjahren liegt), unendlich, ohne Rand und Mittelpunkt. Allmählich fand in der Kosmologie ein Paradigmenwechsel statt, der zum Standardmodell eines expandierenden Universums mit Urknall führte. Eingeleitet wurde diese Entwicklung durch eine theoretische Entdeckung: Albert Einsteins (1879–1955) Relativitätstheorie entstand 1916 (A. Einstein, 1972). Hinzu kamen neue Beobachtungsergebnisse: die Messung der Rotverschiebung extragalaktischen Lichtes durch Vesto Slipher (1875–1969) und die Entfernungsmessung von Galaxien durch Edwin Hubble (1889–1953). Breite Anerkennung fand das neue Standardmodell in den Kreisen der Kosmologen erst 1965 durch eine weitere bedeutende Entdeckung. Bei Forschungsarbeiten mit völlig anderen Zielen (mittels Echosatelliten und Spezialantennen sollte die Stratosphäre im Mikrowellenbereich untersucht werden) empfingen die Nachrichtentechniker Arno Penzias und Robert W. Wilson im Frühjahr 1965 ein nicht aufhörendes Rauschen, das auch durch Drehen der Antennen in andere Richtungen nicht verschwand.

Nach Berücksichtigung aller »Störquellen« (des Eigenrauschens der Apparatur, der thermischen Strahlung der Atmosphäre usw.) blieb ein zunächst unerklärbarer, in allen Richtungen völlig gleichmäßiger Rest erhalten, von dem man feststellte, daß er einer thermischen Strahlung von 3 K entsprach. Der Physiker Robert H. Dicke hatte schon lange nach dieser 3-K-Strahlung gesucht.

Denn nach dem Standard-Urknall-Modell war ca.100000 Jahre nach dem heißen Urknall das Universum auf ca.3000 K abgekühlt, so daß ein Übergang vom strahlungsundurchlässigen zum transparenten Universum erfolgt sein mußte. Bis zu diesem Augenblick hatte das Universum eine so hohe Temperatur, daß Materie (vor allem Wasserstoffgas) und Strahlung als heißes Plasma eng aneinandergekoppelt und im thermischen Gleichgewicht waren.

Diese Schwarze-Körper-Strahlung mußte sich nun durch die weitere Expansion bis heute auf eine gleichmäßige 3-K-Hintergrundstrahlung abgekühlt haben. Penzias und Wilson hatten also das Relikt der Urwärme des Big Bang entdeckt und damit der Urknalltheorie ihre empirische Begründung gegeben. Die Hintergrundstrahlung ist *homogen* (im Raum gleichmäßig verteilt) und *isotrop* (in allen Richtungen gleich groß). Man entdeckte an verschiedenen Orten im Weltall Cyan-Moleküle im angeregten Zustand von 3 K, welche die Homogenität und Isotropie bewiesen (H.v. DITFURTH, 1981, S.45).

Die Entwicklung, die zum Modell eines expandierenden Universums mit Urknall geführt hat, wollen wir nun in einigen groben Strichen nachzeichnen. Wir folgen dabei im wesentlichen der Kosmologie von EDWARD R. HARRISON (1983), die durch einige neue Befunde ergänzt wird.

3.1 Die Entdeckung der Expansion des Universums

3.1.1 Das Rotverschiebungs-Entfernungs-Gesetz und seine Interpretation als Dopplereffekt

Das Spektrum des Lichtes einer Lichtquelle enthält schmale helle und dunkle Bereiche: die Emissions- und Absorptionslinien, die von angeregten Atomen in einem heißen Gas erzeugt werden und die für die chemische Zusammensetzung der Lichtquelle charakteristisch sind. Sind diese Linien nun zum langwelligen bzw. kurzwelligen Ende der Skala hin verschoben, so spricht man von einer Rot- bzw. Blauverschiebung des Spektrums.

Wir wissen aus dem Alltag, daß die Tonhöhe der Sirene eines vorbeifahrenden Rettungsfahrzeuges mit zunehmender Entfernung absinkt, die Schallwellen gleichsam eine Rotverschiebung erleiden. CHRISTIAN DOPPLER (1803-1853) gab 1848 die Erklärung dieses nach ihm benannten Dopplereffektes. Die Frage ist, ob seine Erklärung auch für jene Rotverschiebungen zutrifft, mit denen VESTO SLIPHER sich seit 1912 beschäftigte: Dieser amerikanische Astronom stellte Spektren des von Spiralnebeln (= Galaxien) empfangenen Lichtes her und maß die Verschiebung ihrer Absorptionslinien gegenüber den aus dem Laboratorium bekannten Standard-Wellenlängen von Spektren verschiedener Atome in verschiedenen Anregungszuständen.

Im Jahre 1923 hatte Slipher folgendes Ergebnis gefunden: 36 der 41 untersuchten Spektren wiesen eine Rotverschiebung auf, nur fünf eine Blauverschiebung. Man erklärte dieses Phänomen durch den Dopplereffekt; danach fliegen 36 Galaxien von uns weg; nur fünf von 41 untersuchten Galaxien fliegen auf uns zu. Dieses Resultat ist insofern erstaunlich, als man bei nur zufälligen Bewegungen der Galaxien doch eine ungefähre Gleichverteilung von sich uns nähernden und entfernenden Galaxien erwarten sollte. Man fand schließlich sogar, daß sich auch jene fünf Galaxien, von denen Slipher blauverschobenes Licht empfangen hatte, in Wirklichkeit von uns weg bewegen. Da sie uns besonders benachbart sind, kombinierte sich ihre zusätzliche Eigenbewegung und die Bewegung unseres Sonnensystems derart, daß sie sich uns zu nähern schienen. Mithin fliegen alle Galaxien von uns weg. Bis 1955 hatte man bei über 800 Galaxien Rotverschiebungen festgestellt. Blauverschiebungen traten bei entfernteren nicht auf.

Edwin Hubble (1889–1953) gilt als der große Vermesser des Universums. Er begann 1924 die Entfernungen von Galaxien festzustellen und fand 1929, daß die Geschwindigkeit der sich von uns entfernenden Galaxien proportional zu ihrer Entfernung ist, daß also gilt:

Geschwindigkeit = Konstante x Entfernung

Dieser Zusammenhang heißt Hubble'sches- oder Geschwindigkeits-Entfernungs-Gesetz. Eine Galaxie entfernt sich demnach um so schneller, je entfernter sie ist: wird die Entfernung verdoppelt, so verdoppelt sich auch ihre Geschwindigkeit.

Die entferntesten Galaxien haben eine Fluchtgeschwindigkeit, die annähernd die halbe Lichtgeschwindigkeit erreicht, manche Quasare fliegen sogar 270000 km/sec. Läßt man nun in Gedanken die Fluchtbewegung zurücklaufen, dann müßten vor sehr langer Zeit alle Galaxien auf einem Punkt dicht beieinander gewesen sein. Mittels der Hubble-Konstante ist es möglich, das Alter des Universums und ebenso eine systematische Entfernungs-Alter-Beziehung zu bestimmen. Nach neuester Berechnung der Hubble-Konstanten ergibt sich ein Alter des Universums von 15 bis 20 Milliarden Jahren (J. Travis, 1992). Weiß man zusätzlich noch die Geschwindigkeit der explodierenden Teile, kann man auch berechnen, wie groß die räumliche Ausdehnung nach 15–20 Milliarden Jahren ist. Da die explodierenden Teile eine geringere Geschwindigkeit als die Lichtgeschwindigkeit (= 300000 km/s) haben, wird die räumliche Ausdehnung geringer als 15 bis 20 Milliarden Lichtjahre sein. Die Konstante H, gewöhnlich als Hubble-Parameter oder -Konstante bezeichnet, gab Hubble mit 150 Kilometer pro Sekunde und pro eine Million Lichtjahre an. Da die Bestimmung der

Entfernungen von Galaxien eine sehr diffizile Angelegenheit ist, mußte der Wert von H immer wieder revidiert werden. Heute beträgt er 1/5 bis 1/10 der ursprünglichen Größe.

Wir wollen von folgendem Wert ausgehen:

$$H = \frac{15}{10^6 \text{ km sec Lichtjahre}}$$

(A. Sandage, G. A. Tammann, 1984; J. P. Huchra, 1992).

Wie ist diese allgemeine Fortbewegung der Galaxien von uns und allgemein voneinander zu verstehen? Diese Frage stellt sich in zwei Richtungen:

Erstens: Wenn sich alle Galaxien von uns weg bewegen, dann müßten wir uns eigentlich im Mittelpunkt des Universums befinden.

Zweitens: Das Hubble'sche Gesetz wirft als allgemeines, d. h. für alle Entfernungen gültiges Gesetz Probleme auf. Denn was passiert mit Galaxien, die eine Hubble-Länge, also 20 Milliarden Lichtjahre und weiter, entfernt sind? Solche Galaxien bewegen sich nach dem Hubble'schen Gesetz mit Lichtgeschwindigkeit (geradeso ist die Hubble-Länge definiert, nämlich: $= c \times H^{-1}$) und mehr von uns weg. Hier versagt die Dopplerformel als Erklärung. Denn Doppler-Rotverschiebungen sind das Ergebnis einer *relativen* Bewegung von Körpern *im* Raum; sie folgen daher den Gesetzen der speziellen Relativitätstheorie, nach der es keine größere *Relativ*geschwindigkeit als die des Lichtes (c = 300 000 km/sec) geben kann.

Nach dem *Michelson-Versuch* ist die *oberste* oder *Grenzgeschwindigkeit* alles Materiellen die Lichtgeschwindigkeit (300 000 km/sec im Vakuum). Mit Hilfe einer bestimmten Anordnung von Spiegeln und Interferenzerscheinungen war es Albert A. Michelson (1852–1931) möglich, 1881 die Geschwindigkeit des von der Sonne kommenden Lichtes einmal senkrecht zur Laufbahn der Erde zu messen und ein zweites Mal so, daß sich die Bahngeschwindigkeit der Erde zu der des Lichtes hätte addieren müssen. Die Geschwindigkeit der Erde relativ zu ihrer Lichtquelle, der Sonne, beträgt 30 km/sec. So müßten sich nach dem klassischen Gesetz der Physik von der beliebigen Addierbarkeit von Geschwindigkeiten im ersten Fall 300 000 km/sec und im zweiten 300 030 km/sec ergeben. Die historische Bedeutung dieses Versuchs besteht darin, daß zwischen beiden Messungen kein Unterschied festzustellen war. Jedesmal war das Ergebnis 300 000 km/sec.

Einstein folgerte aus diesem Versuchsergebnis, daß die Lichtgeschwindigkeit die oberste Geschwindigkeit überhaupt sei. Stimmt man dem zu, so kommt man zu dem Schluß, daß das Weltall nicht größer sein kann als die Entfernung, die das Licht in 15–20 Milliarden Jahren zurücklegt, da ja nichts Materielles schneller fliegen kann als mit Lichtgeschwindigkeit. Die höchstmögliche Entfernung im Weltall kann also nur 15–20 Milliarden Lichtjahre betragen (1 Lichtjahr = die Entfernung, die das Licht in einem Jahr zurücklegt: 9,5 x 10^{12} km = 9,5 Billionen km). In Wirklichkeit müßte die größte Entfernung geringer sein, da Materielles (d. h. Galaxien, Quasare, Pulsare etc.) sich langsamer bewegt als das Licht. Die genannte Entfernung gilt aber nur für heute. Wenn die Fluchtgeschwindigkeit weiter so verläuft, ist die größte Entfernung in einem Jahr fast um ein Lichtjahr größer.

Die Ergebnisse dieses Michelson-Versuchs
waren der Ausgangspunkt für Einsteins Relativitätstheorie.

Relativität enthält zwei Axiome:

a) Man kann kein absolut ruhendes Bezugssystem finden; alle Systeme, die sich gegenseitig gradlinig und gleichförmig bewegen, sind einander gleichwertig; man bezeichnet sie als Inertialsysteme. Man kann ein beliebiges von ihnen als ruhend ansehen.
b) In jedem Inertialsystem mißt man im Vakuum den gleichen Wert c für Lichtgeschwindigkeit. Sie ist eine absolute Größe.

Um die Lichtgeschwindigkeit messen zu können, spielt es keine Rolle, wo der Messende sich befindet, ob er im Raum ruht oder ob er mit der Sonne um das Zentrum des Milchstraßensystems kreist. Immer wird die gleiche Lichtgeschwindigkeit im Vakuum gemessen. Wenn ein Raumschiff mit der halben Lichtgeschwindigkeit von der Erde wegfliegen könnte, würde man vermuten, daß ein dem Schiff nachgeschicktes Lichtsignal mit der halben Lichtgeschwindigkeit ankäme, relativ zum bewegten Raumschiff. Denn in unserem gesamten Erfahrungsbereich gilt: Die gemessene oder relative Geschwindigkeit eines Objektes, das sich bewegt, hängt von der Bewegung der messenden Person ab, die die Geschwindigkeit des sich bewegenden Objektes ermitteln will.

Diese Regel kann aber niemals auf die Lichtquellen angewandt werden. Licht ist in dieser Beziehung völlig anders als alle anderen materiellen Objekte. Der Beobachter auf der Erde erwartet, daß der Mann im Raumschiff eine andere Lichtgeschwindigkeit messen würde. Das ist aber nicht der Fall. Der Grund dafür ist nach der Relativitätstheorie, daß der Mann im Raumschiff ein ganz anderes Zeitsystem zur Messung benutzt als wir und daß sein Zollstock, mit dem er die Strecke abmessen will, die das Licht in einer Sekunde zurücklegt, eine ganz andere Maßstabeinheit hat als der gleiche Zollstock auf der Erde. Eine Geschwindigkeit wird ermittelt, indem man die Zeit mißt, die ein Objekt benötigt, um eine bestimmte Strecke zu durchlaufen. Der Beobachter im Raumschiff findet, daß die Geschwindigkeit des Lichtes 300000 km/sec beträgt, weil

1. sein Zollstock kürzer geworden zu sein scheint gegenüber dem auf der Erde und weil
2. seine Uhren langsamer gehen. Eine Sekunde einer bewegten Uhr »dauert« länger als die einer ruhenden Uhr.

Die exakten Beträge, um die der Zollstock gegenüber dem auf der ruhenden Erde verändert ist, hat A. Einstein in seiner Relativitätstheorie berechnet. Ausgehend von den schon genannten Axiomen a) und b) fand er, daß in mathematischen Gleichungen mit Bewegungskomponenten der folgende Faktor hinzugefügt werden muß:

$$f = 1 - \sqrt{\frac{v^2}{c^2}}$$

Das ist die Lorentz-Fitzgeraldsche Verkürzung bewegter Maßstäbe (Lorentz-Kontraktion). f ist der Verkürzungsfaktor, v (velocitas) ist hier z. B. die Geschwindigkeit des Raumschiffes, c (celeritas) ist die Lichtgeschwindigkeit. Wenn der Beobachter auf der Erde seinen Zollstock mit dem im sich bewegenden Raumschiff vergleichen könnte, dann stellte er fest, daß dieser genau um diesen Faktor kürzer geworden ist als der seine. Ein ähnlicher Faktor erscheint in den Gleichungen für die Zeitmessung: Während die Uhren auf der Erde die Zeitdauer einer Sekunde brauchen, um eine Sekunde anzuzeigen, würde eine mit der halben Lichtgeschwindigkeit sich bewegende Uhr für eine Sekunde die Dauer von 1,15 Erdsekunden benötigen.

Nach der Relativitätstheorie gibt es also keine absolute Zeitmessung, sondern nur eine relative zum Bezugssystem. Alle Aussagen über die Zeit müssen die räumlichen Bedingungen (die Geschwindigkeit) berücksichtigen. Anders gesagt: Die Zeit steht in Beziehung zum Raum (in »Relation«), woher die Relativitätstheorie ihren Namen hat. Dasselbe gilt ebenso für den Raum: Er steht in Beziehung zur Zeit.

Auch die Masse, das ist der Betrag an Materie, die ein Objekt bildet, bleibt nicht die gleiche, wenn das Objekt bewegt wird: Sie wächst mit der Geschwindigkeit. Wäre es möglich, ein Objekt mit Lichtgeschwindigkeit zu bewegen, würde die Masse dieses Objektes unendlich groß werden. Aus diesen Überlegungen folgt: Der Betrag an Energie, der mit Masse verbunden ist, ist gleich dem Produkt aus dieser Masse und dem Quadrat der Lichtgeschwindigkeit:

$$E = m \times c^2$$

Von dieser Energie wird dann etwas freigesetzt, wenn in einem Kernreaktor ein winziges Stück Materie »verlorengeht«. So wie die Zeit vom Raum abhängt, werden die Eigenschaften des Raumes bestimmt und verändert durch die in ihm enthaltene Materie. Weil der Weltraum aber überall ziemlich gleichmäßig mit Materie gefüllt ist, muß er der Menge und Verteilung dieser Materie nach der Relativitätstheorie entsprechend *gekrümmt* sein. Nach Einstein entspricht die *Zeitdehnung* der *Raumkrümmung.* So unanschaulich nun ein gekrümmter Raum ist, so bietet er doch eine Lösung für unser altes Problem: Wie ist es möglich, daß der Kosmos begrenzt ist, ohne daß man fragen muß, was hinter der Grenze liegt?

Um uns diese Lösung einigermaßen verständlich zu machen, kann man das Ganze in unserer Vorstellungswelt am Bild der Kugel veranschaulichen. Die Oberfläche einer Kugel läßt sich als eine zweidimensionale Ebene betrachten, die in der nächsthöheren (der dritten) so gekrümmt ist, daß sie in sich geschlossen verläuft. Die Kugeloberfläche ist *endlich,* aber gleichzeitig *nicht begrenzt.* Nach den Formeln Einsteins ist auch unser dreidimensionaler Raum, unser Weltall, in der nächsthöheren Dimension so gekrümmt, daß der Kosmos rundum in sich geschlossen ist, ohne eine Grenze zu haben (vgl. dazu auch 3.4: Modelle uniformer expandierender Universa).

Doppler-Rotverschiebungen hängen ab von der Geschwindigkeit des Senders im Augenblick der Emission im Verhältnis zu der Geschwindigkeit des Empfängers im Augenblick des Empfangs. Hielten wir an der Dopplerformel fest, so müßten wir annehmen, daß wir uns an einem speziellen Standort im Universum befinden und daß das Universum einen Rand hat. Beides ist unwahrscheinlich, wie im nächsten Abschnitt dargelegt wird.

Strenggenommen hatten die Empiriker auch kein Geschwindigkeits-Entfernungs-Gesetz entdeckt, sondern lediglich ein Rotverschiebungs-Entfernungs-Gesetz und daraus ersteres nur erhalten, weil sie die (Expansions-) Rotverschiebung als Dopplereffekt (miß-)verstanden. Die Rotverschiebung muß daher anders begriffen werden, nämlich als »Expansions-Rotverschiebung«. Für die kleinen Entfernungen, von denen die Empiriker ihr Hubblesches Gesetz ableiteten, fällt das numerisch nicht ins Gewicht. Aber das Hubblesche Gesetz als allgemeines und für alle Entfernungen gültiges ist ein Gesetz der Theoretiker, die von einem uniformen (d.h. homogenen und isotropen) expandierenden Universum ausgingen.

3.1.2 Das Universum ist wahrscheinlich uniform

Die beiden gerade genannten Fragerichtungen veranlassen uns, zwei Prinzipien der modernen Kosmologie darzustellen. Das erste ist das 1933 von EDWARD MILNE (1896–1950) so thematisch eingeführte *kosmologische Prinzip*. Es besagt:

> Alle Standorte im Raum sind gleich.
> Oder: Das Universum ist homogen.

Das zweite ist das *Standortprinzip*:

> Es ist unwahrscheinlich, daß wir einen speziellen Standort im Universum haben.

Nun ist sofort klar, daß beide Prinzipien falsch verstanden werden können und dann unsinnig erscheinen; denn es ist natürlich ein Unterschied, ob wir von einem Planeten oder von einem mit intelligenten Wesen bewohnten Planeten sprechen oder ob wir von der Sonne oder vom leeren Raum reden. Aber diese Prinzipien sind *kosmologische* Prinzipien, bezogen auf das physikalische Universum als Ganzes. Hier interessieren nur kosmische Dimensionen. Die »lokalen« Unregelmäßigkeiten und Besonderheiten astronomischer (!) Einzelheiten bleiben dabei außer Betracht.

Das kosmologische Prinzip kann nicht Ergebnis unmittelbarer Beobachtung sein, denn dazu müßten wir im Kosmos herumfahren und die Gleichartigkeit aller Standorte (in kosmischen Dimensionen) feststellen können. Aber wir können die Homogenität des Raumes als wahrscheinlich ableiten aus dem Standortprinzip vermittels der beobachteten Isotropie des Universums. Ein homogenes und isotropes Universum nennen wir uniform. Unser Universum ist dann also wahrscheinlich uniform.

Unter Isotropie versteht man die Gleichartigkeit des Universums in allen Richtungen. Um uns herum sehen wir jedoch einen wahren Sturm von Unregelmäßigkeiten: Wir stehen nicht im Zentrum unserer Milchstraße; außerhalb unseres Spiralnebels sind die Galaxien unserer lokalen Gruppe unregelmäßig verteilt usw. Erst jenseits von etwa 300 Millionen Lichtjahren beginnt das optisch sichtbare Universum einigermaßen isotrop auszusehen. Aber:

* Die Radioastronomen sagen uns, daß die sehr entfernten und zahlreichen Radioquellen um uns herum einigermaßen isotrop sind.
* Der Hintergrund der in den heißen Gaswolken zwischen den Galaxien erzeugten Röntgenstrahlen, die von allen Seiten zu uns kommen und das Universum erfüllen, stellte sich als zu 99 % isotrop heraus.

* Das stärkste Argument liefert aber die von A. Penzias und R. Wilson 1965 entdeckte 3-K-Hintergrundstrahlung, die um 0,1 % von der Isotropie abweicht, was mit dem Dopplereffekt durch die Bewegung der Erde (und der Sonne) erklärt werden kann.

Folgt nun aus der an unserem Standort beobachteten Isotropie die Homogenität unseres Universums? Könnte es nicht sein, daß wir, wie von Bord eines einsamen Schiffes, die Isotropie des uns umgebenden Meeres feststellen, daß aber das Ganze eben nicht homogen ist, weil wir in einem Schiff sind? Befinden wir uns im Mittelpunkt des Universums, dann können wir aus der beobachteten Isotropie nicht auf seine Homogenität schließen.

Aber warum sollten ausgerechnet wir einen speziellen Standort im Universum haben? In der Geschichte der Kosmologie wächst ständig die Überzeugung, daß die Menschen sich nicht im Zentrum des Universums befinden. Der kosmische Mittelpunkt wurde von der Erde, später von der Sonne und endlich von unserer Galaxie verdrängt. Diese Überzeugung liegt dem Standortprinzip zugrunde. Wer das Prinzip ablehnt, der hat heute die Beweislast zu tragen. Ein Beweis aber, daß wir uns an einem besonderen Standort befinden, läßt sich bisher nicht leicht führen. Doch wie steht es mit der Anisotropie, die wir feststellen? Könnte sie nicht wenigstens ein Hinweis darauf sein, daß es ein Symmetriezentrum doch gibt, selbst wenn es nicht der eigene Standort ist? Man kann zeigen, daß bei Vorliegen einer einprozentigen Anisotropie die Wahrscheinlichkeit für ein Symmetriezentrum innerhalb des von uns beobachtbaren Universums nur 1: 10000 ist, die Wahrscheinlichkeit für die Homogenität des Raumes (abgesehen von lokalen Unregelmäßigkeiten) beträgt dagegen 99,99 %. Aus der beobachteten Isotropie und dem zugrunde gelegten Standortprinzip folgt die Geltung des kosmologischen Prinzips.

Legen wir daher ein uniformes Universum zugrunde, so ergibt sich aus Hubbles Entdeckung, daß sich alle Galaxien, ja alle Standorte im Raum überhaupt, voneinander entfernen. Einen Mittelpunkt dieser Fluchtbewegungen gibt es nicht: Der Raum selbst »flieht«, dehnt sich aus. Das Universum ist expandierender Raum. Die von Hubble entdeckte Geschwindigkeit von Galaxien ist ihre Teilnahme an der Expansion des Raumes, in welchem sie selbst sich in Ruhe befinden (von ihrer zusätzlichen Eigenbewegung abgesehen). Um die Verhältnisse deutlich zu machen und das Maß des Mitbewegtwerdens der Galaxien von gewöhnlichen (relativen) Geschwindigkeiten zu unterscheiden, spricht man von Fluchtgeschwindigkeit. Die Fluchtgeschwindigkeit ist also die Geschwindigkeit, mit der die Galaxien (Galaxienhaufen) durch die Expansion des Raumes fortbewegt werden.

Hieraus scheint ein Zweites unmittelbar zu folgen: Wenn der Raum sich mit der Zeit immer mehr ausdehnt, dann muß, gehen wir entlang der Zeitachse zurück in die Vergangenheit, der Raum »weniger ausgedehnt« gewesen sein in dem Sinne, daß seine Materiedichte (Materie in der Einsteinschen allgemeinen Bedeutung) in je größerer Vergangenheit um so höher war. Ein Zustand des Universums mit extrem hoher Dichte wird der Zustand vor dem Urknall genannt, und ein Modell des Universums, in welchem es diesen Zustand gibt, ein Urknall-Universum. Den Weg zur Vorstellung eines Urknalls eröffnete 1922 der Sache nach Alexander Friedmann (1888–1925). Abbé Georges Lemaître (1894–1966) untersuchte 1927 einen dichten Ursprung des Universums, den er »Uratom« nannte. Der Name Big Bang (Großer Knall, »Urknall«) wurde zuerst von Fred Hoyle im Jahre 1950 geprägt, war von ihm ursprünglich spöttisch gemeint als Abqualifizierung der Urknall-Theorie gegenüber der Steady-state-Theorie (vgl. 3.3) und hat sich heute eingebürgert. Er ist irreführend, insofern es ja keinen Raum gab, in welchem sich ein »Knall« hätte ereignen können. Man könnte höchstens von Urexplosion reden. Erst das physikalische Universum enthält die realen Größen »Raum« und »Zeit«.

Ein expandierendes Universum muß nicht notwendig ein Urknall-Universum sein; dies zeigt das 1948 von H. Bondi (geb. 1919), F. Hoyle (geb. 1915) und T. Gold (geb. 1920) entwickelte Modell des Steady-state-Universums. Dieses Modell kam zu Fall durch die Entdeckung der 3-K-Hintergrundstrahlung. Wir werden später kurz darauf eingehen.

3.1.3 Hubbles Gesetz für uniforme expandierende Universa

Nach welcher Gesetzmäßigkeit aber expandiert das Universum? Um dies zu erklären, bietet sich das Hubblesche Gesetz an. Dieses aber ist ein Gesetz der Theoretiker, die von einem uniformen und expandierenden Universum ausgehen. Dazu benutzen wir folgende Veranschaulichung, die im wesentlichen jenem Modell entspricht, das sich der holländische Astronom Willem de Sitter (1872–1934) machte, wobei er sich auf die allgemeine Relativitätstheorie Einsteins (1917) stützte. Nehmen wir kein räumliches Gebilde, sondern nur ein zweidimensionales, und zwar ein sehr großes, flaches Blatt, das wir uns nun aber nicht aus Papier, sondern aus Gummi vorstellen. Dieses »Universum« ist uniform, und damit es bei aller Expansion uniform bleibt, kann die Expansion nur in einer in alle Richtungen gleichmäßig verlaufenden Dehnung bestehen, nicht aber in Streckung, noch in Drehung. Alle auf das Gummiblatt gezeichneten Figuren behalten ihre Form, aber alle Figuren verändern sich – sie dehnen sich aus, überall im »Raum« in derselben Weise. Galaxien sind jedoch als auf das Gummiblatt gelegte Pappscheiben darzustellen. Denn die realen Galaxien und ebenfalls die meisten Galaxienhaufen werden durch ihre eigene Schwerkraft zusammengehalten und dehnen sich nicht aus.

Wir sind nun in der Lage, das Hubble-Gesetz abzuleiten, das lediglich eine Konsequenz der homogenen Expansion ist: Wir legen eine Galaxienscheibe A auf das Gummiblatt. Eine zweite Galaxienscheibe B, in gewissem Abstand von A, nimmt an der Dehnung des Blattes teil und bewegt sich von A mit der Geschwindigkeit v weg. Eine dritte Galaxienscheibe C, im doppelten Abstand von A und in derselben Richtung wie B, nimmt ebenfalls an der Dehnung teil, und weil diese homogen ist, bewegt sich C ebenfalls mit v von B weg, also mit 2v von A. Daher ist die Fluchtgeschwindigkeit proportional der Entfernung, d. h. es gilt allgemein das Hubble-Gesetz:

Fluchtgeschwindigkeit = H x Entfernung

Die *Fluchtgeschwindigkeit* unterscheidet sich von den gewöhnlichen *inner*galaktischen Geschwindigkeiten. Solche sind Bewegungen von Körpern *durch* den Raum und unterliegen den Gesetzen der speziellen Relativitätstheorie; insbesondere können sie sich nicht schneller als mit Lichtgeschwindigkeit bewegen. Hinsichtlich der Fluchtgeschwindigkeit sind Galaxien im Raum in Ruhe und entfernen sich nur deswegen voneinander, weil sie *mit* dem Raum bewegt werden: der *inter*galaktische Raum expandiert. Deshalb können die beobachteten *Rotverschiebungen* extragalaktischen Lichtes auch nicht mit dem Dopplereffekt erklärt werden. Die Lichtquellen und der Empfänger sind ja in Ruhe (abgesehen von ihren Eigenbewegungen, die aber bei diesen Überlegungen gerade außer Betracht zu bleiben haben). Diese Rotverschiebungen werden hervorgerufen durch die Mitdehnung der Wellen mit dem intergalaktischen Raum. Sie hängen ab von der Zunahme der Entfernung von Sender und Empfänger während ihrer Ausbreitung, ganz gleich, wie diese Zunahme sich ereignet. »Die Rotverschiebung ist etwas, das sich beim Licht auf seiner Reise ereignet, zusammen mit der Expansion des Raumes, [sie ist] nicht eigentlich ein Doppler-Effekt« (Erwin Schrödinger,1957, S. 62). Sie unterliegt deswegen auch nicht den Gesetzen der speziellen Relativitätstheorie.

Die Expansions-Rotverschiebungen geben uns ein Maß für die Expansion des Universums seit dem Zeitpunkt der Emission der rotverschobenen Strahlung. Deswegen sind sie von hoher Bedeutung für die Kosmologie. Jedoch kann das Rotverschiebungs-Gesetz nicht unmittelbar mit dem Hubble-Gesetz kombiniert werden, um aus dem Maß der Rotverschiebung die Fluchtgeschwindigkeit und die Entfernung der Quelle zu ermitteln; dazu muß die Geometrie des Universums bekannt sein. Wir werden aber sehen, daß sich die möglichen Geometrien eines uniformen Raumes nur für »große« Entfernungen unterscheiden. Deshalb ist die Kombination, wie Hubble sie damals vornahm, für »kleine« Entfernungen in guter Näherung berechtigt.

Der *Hubble-Parameter* (auch *Hubble-Konstante* genannt) ist an jedem Ort im Raum zu demselben Zeitpunkt konstant, weil die Expansion homogen ist. Aber er ist zu verschiedenen Zeiten nicht notwendig konstant. Die Expansion könnte in der Vergangenheit schneller oder langsamer vor sich gegangen sein: H wäre dann größer oder kleiner gewesen. Für einen Beobachter gilt das Hubble-Gesetz nur in kleinen Entfernungen. Denn blickt er in große Entfernungen in den Raum hinaus, schaut er zugleich tief in eine Zeit zurück, in der andere Werte von H galten oder zumindest möglich waren. Er würde keine Proportionalität von Fluchtgeschwindigkeit und Entfernung feststellen können.

3.2 Hubble-Zeit und beobachtbares Universum

Wir legen ein Universum mit Urknall zugrunde. Ein solches Modell ist heute aufgrund der entdeckten 3-K-Hintergrundstrahlung das bevorzugt akzeptierte. Die *Hubble-Zeit* eines Urknall-Universums ist diejenige Zeitspanne T, die seit dem Urknall bis heute verflossen wäre, wenn sich das Universum stets mit einer konstanten Geschwindigkeit gleich der heutigen Expansionsgeschwindigkeit ausgedehnt hätte. Wie ist T zu bestimmen? T ist charakterisiert als diejenige Zeit, in der ein Punkt A durch die Expansion des Raumes in seine heutige Entfernung von irgendeinem Punkt B geflohen ist. War die Expansionsgeschwindigkeit des Raumes stets konstant gleich der heutigen, so galt zu jeder Zeit das Hubble-Gesetz mit demselben konstanten heutigen Wert des Hubble-Parameters. Damit hängt T allein vom Proportionalitätsfaktor, von der Entfernung und von der Fluchtgeschwindigkeit ab. Demnach ist die

Hubble-Zeit = Entfernung/Fluchtgeschwindigkeit = 1/H,

d. h. ungefähr 20 Milliarden Jahre. Wie verhält sich nun die Zeitspanne T zum Alter des Universums? Die Antwort hängt zunächst davon ab, ob das zugrunde gelegte Modell den Urknall als Anfang des Universums ansieht oder ihm zeitlich noch etwas vorausgehen läßt. Letzteres trifft etwa für das Modell des *pulsierenden Universums* zu. Darin entsteht aus einem Urknall ein zunächst expandierendes Universum, das sich schließlich aber wieder kontrahiert aufgrund der Gravitation und in einem Kollaps endet, der zugleich der Beginn einer neuen Expansionsphase ist usw. Von einem solchen »Auferstehungsmechanismus« aus dem Kollaps weiß man allerdings nichts. Über einen Ursache-Wirkungs-Zusammenhang eines physikalischen Vorher zu unserem physikalischen Universum läßt sich naturwissenschaftlich keine Aussage machen. Die Kosmologen sind skeptisch, ob irgendeine physikalische Identität des Vorherigen mit unserem Universum durch den Urknall hindurch gewahrt bliebe. Der Urknall ist deshalb wenigstens der Anfang *unseres* Universums, und damit des Universums, von dem wir überhaupt nur etwas wissen und uns vorstellen können. Deshalb ist die Zeitspanne T vom Urknall bis heute als das Alter des Universums anzusehen. Es ist jedenfalls zeitlich *endlich.*

Wie alt ist unser Universum?

Die Hubble-Zeit liefert nur eine ungefähre Altersangabe. War nämlich die Expansionsgeschwindigkeit in der Vergangenheit größer als heute, so ist H größer, und deshalb ist das Alter des Universums kleiner als die Hubble-Zeit. War hingegen die Expansionsgeschwindigkeit in der Vergangenheit kleiner als heute, so ist H kleiner. Folglich ist dann das Universum älter als 20 Milliarden Jahre. Nach dem Standard-Modell ist das Universum 15–20 Milliarden Jahre alt.

Das für uns *beobachtbare Universum* ist ungefähr eine Kugel um unsere Erde mit einem Radius gleich einer Hubble-Länge. Denn beobachtbar können für uns nur Orte sein, deren Strahlung uns bis heute erreichen konnte. Nun reist diese Strahlung höchstens mit Lichtgeschwindigkeit. Daher ist das Alter des Universums ungefähr gleich einer Hubble-Zeit. Beobachtbar sind deshalb alle Orte innerhalb der *Hubble-Sphäre* mit Radius

1 Hubble-Länge = c x Hubble-Zeit = 20 Milliarden Lichtjahre.

Wegen der Uniformität des Universums gibt es solch eine Kugel um jeden Standort.

3.3 *Das Steady-state-Modell des expandierenden stationären Universums*

Dieses Modell wurde 1948 (F. Hoyle, 1948; H. Bondi, T. Gold, 1948) von Herman Bondi (geb. 1919) und Thomas Gold (geb. 1920) vorgeschlagen und fand sehr viel Sympathie als Alternative zum Urknall-Universum. Denn erstens ist mit dem Urknall-Modell die Entstehung aller Materie in einem (physikalischen) Schöpfungsakt impliziert. Nachdem aber ausgerechnet durch den Priester Georges Lemaître eine solche Vorstellung publikumswirksam wurde, erblickten viele in seiner Theorie ein unwissenschaftliches Amalgam von Wissenschaft und Religion. Zweitens setzte man damals den Wert der Hubble-Konstanten zu hoch an, so daß sich der Widerspruch eines geringeren Alters des gesamten Universums als des Alters unseres Sonnensystems ergab, da die Hubble-Zeit zu klein ausfiel.

Das Steady-state-Universum gehorcht dem vollkommenen kosmologischen Prinzip. Es ist homogen und stationär, d. h. alle seine Standorte verändern in der

Zeit niemals ihr Aussehen. Ein solches Universum hat unendliches Alter, seine Hubble-Zeit ist konstant, der Verzögerungsparameter ist konstant gleich –1, und sein Krümmungsfaktor K muß gleich Null sein, d. h. sein Raum flach und unendlich ausgedehnt. Dieses Universum expandiert in alle Zukunft.

Ein expandierendes, stationäres Universum ist nur möglich, wenn es überall eine ständige (uniforme) Entstehung von Materie aus dem Nichts gibt, welche die Abnahme der Materiedichte durch die Expansion genau kompensiert. Die Entstehungsrate müßte lediglich ein Wasserstoffatom pro Kubikmeter und pro 5 Milliarden Jahre betragen. Das entspricht einer Galaxie pro Jahr im beobachtbaren Universum.

Diese Annahme wirft allerdings erhebliche Probleme auf:

* Die Erklärung der kontinuierlichen Entstehung der Materie von Fred Hoyle ist zwar mathematisch richtig, bricht aber implizit mit dem Gesetz der Erhaltung der Materie;
* es wird nicht erklärt, auf welche Weise Materie entsteht;
* es bleibt offen, warum die Rate der Materieentstehung mit der Expansion des Universums so präzise synchronisiert ist, daß das Universum stationär bleibt;
* die kontinuierliche Entstehung von Materie *in* Raum und Zeit erfordert weitergehende physikalische Voraussetzungen als eine Entstehung in einem Akt eines Universums, das Raum und Zeit enthält.

Die Steady-state-Theorie wurde Ende der sechziger Jahre wegen der Entdeckung der kosmischen 3-K-Strahlung und der auf eine Entwicklung des Universums hinweisenden Quasare aufgegeben.

3.4 Allgemeine Modelle uniformer expandierender Universa

Als in den Jahren 1922 und 1924 der russische Mathematiker Alexander Friedmann (1888–1925) seine kosmologischen Gleichungen veröffentlichte (die heute sogenannten Friedmann-Gleichungen), fanden sie keine Beachtung. Ende der zwanziger Jahre entdeckte sie Abbé Georges Lemaître wieder und brachte sie durch Hinzufügung der Lambda-Konstanten in jene allgemeine Form, in der sie jedes uniforme, expandierende Universum beschreiben.

Die so genannte *Lambda-* oder kosmologische Konstante geht auf Einsteins allgemeine Relativitätstheorie zurück, in die Einstein sie allein zu dem Zweck einführte, ein im kosmischen Maßstab statisches Universum zu erhalten, wie es zu jener Zeit vor der Entdeckung der Expansion allgemein angenommen wurde. Die kosmologische Konstante ist nämlich äquivalent zu einer abstoßenden, der Gravitation entgegengesetzten Kraft.

Nach der Entdeckung der Expansion scheint die Lambda-Konstante überflüssig geworden zu sein, und Einstein selber ließ sie aus der allgemeinen Relativitätstheorie verschwinden. Ebenso nehmen heute die meisten Kosmologen an, daß es die Lambda-Kraft nicht gibt; deswegen beschreiben gerade die Friedmann-Gleichungen, die aus den allgemeinen Friedmann-Lemaître-Gleichungen durch Nullsetzen der kosmologischen Konstanten hervorgehen, jenes Modell des expandierenden uniformen Universums, welches heute Standard ist. Trotzdem sind die Diskussionen um die Lambda-Konstante nicht verstummt. Wissenschaftlich-physikalisch läßt sich die Frage derzeit nicht entscheiden. Das Standard-Modell spricht an durch seine Einfachheit und »Glätte« ohne viele (und damit verwirrende) Optionsnotwendigkeiten. Dagegen ist unser modernes empirisches Wissen über das Universum komplexer geworden und nicht mehr »glatt« versöhnbar mit dem (vielleicht doch zu einfachen?) Standard-Modell (z. B. die Frage nach dem Grund der Bevorzugung von Materie gegenüber der Antimaterie; vgl. 3.5.3).

Basis der Friedmann-(Lemaître-)Gleichungen ist die allgemeine Relativitätstheorie. Sie setzt Gravitationskraft und Geometrie (der Raumzeit, in der diese Kraft wirkt) in Beziehung: Gravitation ist äquivalent der Krümmung. Man kann sich das veranschaulichen an der Ausdellung des Gummituches durch eine schwere Kugel, die auf ihm liegt:

* Das gekrümmte Gummituch wirkt auf die auf dem Tuch rollenden Kügelchen ebenso wie die Gravitationskraft;
* legt man mehrere schwere Kugeln auf, so sieht man, daß die von ihnen hervorgerufenen Krümmungen in Wechselwirkung stehen und sich beeinflussen, jedoch sich nicht einfach addieren wie die Newtonsche Gravitationskraft;
* die Kugel bewirkt eine sich abschwächende Krümmung auch in einiger Entfernung: Gravitation wirkt durch den leeren Raum;
* die Krümmung breitet sich mit endlicher, nämlich Licht-Geschwindigkeit aus, nicht mit unbegrenzter Geschwindigkeit wie bei Newton.

In der einfachsten Form lautet die Gleichung:

Krümmung der Raumzeit = Konstante x Materie.

»Materie« auf der rechten Seite der Gleichung umfaßt alle Energieformen, die Masse haben, also auch Strahlung und Druck. Den Wert der Konstanten liefert die allgemeine Relativitätstheorie nicht; sie hat jedoch mit der Newtonschen universellen Gravitationskonstante G zu tun, welche durch Messung zu bestimmen ist. Die allgemeine Relativitätstheorie wurde verschiedenartig und erfolgreich getestet (z. B. Ablenkung des Sternenlichtes im Gravitationsfeld der Sonne). Jedoch ist neuerdings die Frage entstanden, ob sie auch in atomaren und kosmischen Dimensionen standhält.

Nach dieser Darstellung des Zusammenhangs von Materie und Geometrie ist es nun an der Zeit, allgemein nach den für einen Raum unter der Bedingung seiner Uniformität möglichen Geometrien zu fragen.

3.4.1 Die uniformen Geometrien

Aus den zahllosen Geometrien und Räumen filtert die Annahme des kosmologischen Prinzips zusammen mit der Isotropieforderung drei »uniforme« Geometrien aus, die sich charakterisieren lassen durch die sogenannte Krümmungskonstante K. Für kleine Bereiche ähneln sich diese Geometrien, sie unterscheiden sich aber für große Entfernungen, d. h. in ihrem Verhältnis zum Parallelenaxiom.

Ist *K größer als Null,* so gibt es zu gegebenen Geraden keine Parallelen. Eine solche Geometrie bezeichnet man als *sphärisch.* Veranschaulichen läßt sich eine zweidimensionale sphärische Geometrie als Ober*fläche* einer Kugel. Eine sphärische Geometrie heißt geschlossen, weil man wieder zum Ausgangspunkt zurückkehrt, wenn man immer in die gleiche Richtung geht. Ist R der Radius dieser Kugel, so gilt $K = R^{-2}$, oder mit anderen Worten: je größer R, desto kleiner ist K, desto »flacher« ist die Krümmung (und die Geometrie). Umgekehrt gilt: Je kleiner R, desto größer ist K, und desto »steiler« ist die Krümmung. Die Geraden dieser Geometrie sind die Großkreise auf der Kugeloberfläche. Die Winkelsumme der Dreiecke ist größer als 180 Grad.

Ist *K gleich Null,* so gilt das Parallelenaxiom, und die Geometrie ist *euklidisch.* Ihre zweidimensionale Veranschaulichung ist eine flache (eben nicht gekrümmte, weil $K = 0$) Oberfläche. Die euklidische Geometrie ist offen. Die Winkelsumme der Dreiecke beträgt 180 Grad.

Ist *K kleiner als Null,* so gibt es zu einer Geraden mehr als eine Parallele durch einen gegebenen Punkt. Eine solche uniforme Geometrie heißt *hyperbolisch.* Eine zweidimensionale hyperbolische Geometrie ist zu veranschaulichen durch den Zentralbereich einer sattelförmig gebogenen Fläche. Auch diese Geometrie ist offen. Hier haben Dreiecke eine kleinere Winkelsumme als 180 Grad. Ferner gilt: Je größer der Zahlenwert von K, desto stärker ist die Krümmung, desto »steiler« die Fläche. Umgekehrt gilt: je kleiner der Zahlenwert von K, desto flacher die Sattelfläche.

Was wissen wir über die Geometrie unseres Raumes? Ist sie sphärisch, euklidisch oder hyperbolisch?

Um darauf eine Antwort geben zu können, müßten wir in der Lage sein, sehr große Entfernungen zu vermessen. Aber das können wir nicht. Letztlich scheitern die geometrischen Methoden daran, daß wir, wenn wir in entfernte Himmelsregionen blicken, immer zugleich auch in die Zeit zurückschauen. Dadurch sind in einem expandierenden Universum mit in der Zeit variierenden Expansionsgeschwindigkeiten alle Maßstäbe verzerrt, und die Schlüssel zu ihrer Entzerrung kennen wir noch nicht exakt genug.

3.4.2 Das Standard-Modell

Die Gravitationskräfte des Universums sind seiner Expansion entgegengesetzt, und man kann erwarten, daß sie das Tempo der Expansion verlangsamen. Ein Maß für die Verlangsamung der Expansionsgeschwindigkeit ist der in der Zeit variable Verzögerungsparameter q = q(t). Ist q positiv, so liegt verzögerte Expansion vor. Ist q gleich bzw. kleiner als Null, so ist die Expansionsrate konstant bzw. die Expansion beschleunigt sich. Den genauen Wert von q zu bestimmen, ist sehr schwierig. Die heute verfügbaren Indizien legen aber in der Tat nahe, daß q nicht negativ ist.

Bezeichnet G die Gravitationskonstante, ρ die mittlere Materiedichte, H = H(t) die Hubble- und K = (t) die Krümmungskonstante, so lauten die Friedmann-Gleichungen (wenn wir der Einfachheit halber den Druck unberücksichtigt lassen):

$$K = H^2 (2q - 1);\ 4\pi G\rho = 3qH^2;$$

hieraus ergeben sich für den Fall, daß q größer als Null ist, drei Möglichkeiten:

Im Falle q = 1/2 wird K = 0, und unser Universum hat euklidische Geometrie und ist offen, unendlich und unbegrenzt. Es begann mit einer Explosion vor 2/3 Hubble-Zeit, das sind ca. 13 Milliarden Jahre, und dauert während einer unendlichen Zeitperiode in die Zukunft an. Seine Dichte, die wir als kritische Dichte ρ_{krit} bezeichnen wollen, weil sie die Grenzdichte darstellt, welche offenes und geschlossenes Universum voneinander unterscheidet, beträgt

$$\rho_{krit} = \frac{3H^2}{8\pi G} = 10^{-29}\, Gramm\ cm^{-3}$$

was rund 10 Wasserstoffatomen pro Kubikmeter Raumvolumen entspricht.

Ist q kleiner als 1/2, so wird K negativ, das Universum hat hyperbolische Geometrie, ist ebenfalls offen, unendlich und unbegrenzt. Es ist älter als 13 Milliarden Jahre und expandiert in alle Zukunft beschleunigt. Seine Dichte ist kleiner als ρ_{krit}.

Wenn q größer als 1/2 ist, wird K positiv, und unser Universum hat sphärische Geometrie. In diesem Fall ist jedoch sein Raum endlich und unbegrenzt.

Sein Urknall fand vor weniger als 13 Milliarden Jahren statt. Es wird einen Zustand größter Ausdehnung erreichen und dann anfangen zu kontrahieren, bis es in einem Kollaps, einem zweiten »Knall«, endet. Bei $q = 1$ wäre das in ca. 113 Milliarden Jahren der Fall. Die Materiedichte dieses Universums ist größer als ρ_{krit}. Aus historischen Gründen wird es als Einstein-de Sitter-Universum bezeichnet.

Welche dieser drei Optionen trifft für unser Universum zu? Ist es offen oder geschlossen? Durch Einsetzen in die Gleichung findet man für die Krümmungskonstante und Materiedichte den Zusammenhang:

$$K = H^2 \left(\frac{\rho}{\rho_{krit}} - 1 \right)$$

d. h. das Universum ist geschlossen, falls ρ größer als ρ_{krit} ist, anderenfalls ist es offen. Um die Materiedichte zu ermitteln, muß die Materiemenge in einem hinreichend großen Raum gemessen werden, um dann die durchschnittliche Dichte im gesamten (uniformen) Universum abschätzen zu können.

Man erhält aus der vermuteten Sternenzahl in einer typischen Galaxie und aus der geschätzten Galaxiendichte für die Massendichte einen Wert, der nur 5 % der kritischen Dichte ausmacht. Da sich jedoch diese Massenbestimmung ausschließlich auf die Zählung der Sterne stützt, erfaßt sie nur die sichtbare, leuchtende Materie. Die Bestimmung ist folglich fehlerhaft, wenn auch nichtleuchtende Materie einen erheblichen Anteil an der Gesamtmasse im Universum hat. Tatsächlich zeigen Beobachtungen über die Rotation von Galaxien (und über die Bewegungen in Galaxienhaufen), daß eine Galaxie in einen Halo aus »dunkler« Materie eingehüllt ist (V. C. Rubin, 1983; M. Davis, G. Efstathiou et al., 1992).

Die Natur dieser Materie ist noch unbekannt, daher läßt sich ihr Anteil an der Gesamtmasse des Universums nur sehr ungefähr abschätzen. Eine Grenze nach unten ergibt sich aus den beobachteten Bewegungen in Galaxien. Danach trägt die nichtleuchtende Materie mindestens ebensoviel zur Masse einer Galaxie bei wie die leuchtende Materie. Eine obere Grenze ergibt sich aus der Tatsache, daß die Kontraktion des Universums bislang nicht begonnen hat. Wir können also bisher nur sagen:

$$0{,}1\rho_{krit} \leq \rho \leq 10\rho_{krit}$$

d. h. die Unsicherheit über die tatsächliche Dichte betrifft gerade den Grenzbereich zwischen offenem und geschlossenem Universum, der uns besonders interessiert.

In der Elementarteilchenphysik gibt es einige Hypothesen über die Natur der nichtleuchtenden Materie. Die wichtigsten Vorschläge sind folgende:

* Das Universum ist nach heutiger Kenntnis mit sogenannten Neutrinos durchsetzt. Diese Teilchen sind normalerweise nicht bemerkbar, da sie mit der übrigen Materie nur wenig in Wechselwirkung treten. Es konnte noch nicht geklärt werden, ob diese Teilchen eine Ruhemasse haben oder ob sie (wie die Photonen) masselos sind und sich mit Lichtgeschwindigkeit bewegen. (Zur Bedeutung der Neutrinos vgl. J. Silk; A. S. Szalay; J. B. Zel'dovich, 1983, S. 87.)
* Einige Modelle einer einheitlichen Beschreibung der Grundkräfte (elektromagnetische Wechselwirkung, schwache Wechselwirkung, starke Wechselwirkung, Gravitation) postulieren die Möglichkeit, daß das Universum von sogenannten »cosmic strings« durchzogen sein könnte. Das wären extrem dünne und schwere, fadenförmige Überreste der Energie des Urknalls (A. Albrecht; R. Brandenberger; N. Turok, 1987; F. D. Peat, 1989).
* Andere Modelle dieser Art postulieren die Möglichkeit weiterer, noch nicht entdeckter Elementarteilchen, sogenannte »Axionen«, oder die Möglichkeit einer Materie, die mit unserer »gewöhnlichen« Materie nur über die Gravitation in Wechselwirkung stünde, die also völlig unsichtbar wäre und nur an ihren Gravitationswirkungen erkannt werden könnte (M. B. Green, 1986).

Es läßt sich zeigen, daß jede Abweichung der Materiedichte von der kritischen Dichte zur Zeit des Urknalls im Lauf der Zeit beständig hätte anwachsen müssen. Alan H. Guth (1983; A. H. Guth; P. J. Steinhardt, 1984) berechnet daraus, daß im Augenblick des Urknalls die Masse des Universums weniger als 10^{-49} unter der kritischen Masse lag. Nach Guth stellt sich unser Universum dar als ein Bleistift, »der seit zwanzig Milliarden Jahren exakt ausbalanciert auf seiner Spitze steht« (C.Bresch, 1983, S. 55).

3.4.3 Leistung und Grenzen der Standard-Urknall-Theorie

Die Standard-Urknall-Theorie beruht darauf, daß auch für sehr frühe Zeiten ihre Voraussetzungen gelten; diese sind:

* die allgemeine Relativitätstheorie,
* die Homogenität und Isotropie des Universums,
* die uns heute bekannten Eigenschaften von Materie.

Alsdann erklärt sie in Kombination mit der Kernphysik:

* die Rotverschiebung extragalaktischen Lichtes,
* die 3-K-Mikrowellen-Strahlung,

* die Temperatur des kosmischen Neutrino-Hintergrundes von 2 Kelvin,
* die kosmische Fülle von Helium (ca. 22 Gewichtsprozent) sowie Entstehung und Verteilung der chemischen Elemente überhaupt.

Jedoch läßt sie folgende Fragen offen:

* Wir empfangen heute die 3-K-Hintergrundstrahlung auch von Bereichen, die sich niemals kausal beeinflussen konnten. Diese Tatsache mußte als Ad-hoc-Hypothese in die Standard-Theorie eingeführt werden.
* Die heutige Materie-Dichte liegt zwischen einem Zehntel und dem Zehnfachen der kritischen Dichte. Daraus folgt nach der Standard-Theorie, daß sich zur Zeit des Big Bang die Materie-Dichte von der kritischen Dichte um einen so geringen Wert wie 10^{-49} unterschieden hat. Das ist eine so extrem unwahrscheinliche Zahl, daß man an den Voraussagen der Standard-Theorie zweifeln muß.
* In Verbindung mit Theorienentwicklungen der siebziger Jahre müßte es nach dem Standard-Modell ebenso viele isolierte magnetische Süd- oder Nordpole geben, sogenannte Monopole mit 10^{16}-facher Protonenmasse, wie Protonen selbst. Dann betrüge die Dichte des Universums das Trillionenfache der kritischen Dichte, und es wäre schon längst kollabiert. Außerdem gibt bisher nur ein einziger experimenteller Versuch einen Hinweis auf die Existenz solcher magnetischer Monopole.

Alan H. Guth kann diese Phänomene durch eine Modifikation der Standard-Theorie im Bereich der ersten 10^{-32} Sekunden nach Beginn des Urknalls erklären, indem er dort die dritte Voraussetzung des Standard-Modells aufgibt; zu diesem Zeitpunkt bei einer Temperatur von 10^{27} Grad durchläuft die Materie einen Phasenübergang, den man sich als eine Art von Kristallisation vorzustellen hat. Er hängt damit zusammen, daß sich die sogenannte starke Kraft gegenüber der schwachen und der elektromagnetischen verselbständigte, die alle bis dahin unter der Bedingung der hohen Temperaturen äquivalent waren. Diese Kristallisation setzte außergewöhnlich viel Energie frei, die die Gravitation veränderte und zu einer explosionsartigen, exponentiellen Expansion führte. Ein kosmologisch sinnvoller Effekt kommt indes nur zustande, wenn der Phasenübergang langsam genug vonstatten geht. Dies ist möglich nach einem Strang der sogenannten »general unified theories« (= GUT), nicht aber nach der Standard-Urknall-Theorie, die der Expansionsgeschwindigkeit lediglich mit der Quadratwurzel der Zeit zu wachsen erlaubt. Stellt man sich auf GUT gegen die Standard-Theorie in dieser Phase, so könnte hier der Vorläufer des uns heute beobachtbaren Universums eine Inflation (= eine plötzliche Aufblähung) um einen Faktor von mindestens 10^{25} erfahren haben. Damit ließen sich die oben angeführten Fragen lösen.

3.5 Die Geschichte des Universums

Wenn man die Expansionsbewegung des Universums zurückrechnet, ergibt sich, daß das Weltall vor etwa 15–20 Mrd. Jahren »in einem Punkt konzentriert« gewesen sein müßte. Man setzt daher zu diesem Zeitpunkt seine Entstehung an. Es ergibt sich die Aufgabe zu erklären, was am Anfang war und wie sich daraus unser heutiges Universum entwickelt hat.

3.5.1 Die ersten 300000 Jahre: Entstehung der Materie

Man geht heute meist von der Annahme aus, daß es am Anfang des Universums nur konzentrierte Energie gab. Aus dieser Energie ist die Materie entstanden. Zunächst muß diese erste Materie in völlig anderer Form vorgelegen haben als die heute vorhandene, da die Temperaturen des Weltalls extrem hoch waren. Dennoch gibt es gute Gründe, warum man auch über diese erste Zeit Theorien aufstellen kann:

* In Teilchenbeschleunigern lassen sich einzelne Elementarteilchen auf sehr große Geschwindigkeiten beschleunigen. So wie sich diese einzelnen Teilchen dort verhalten, müssen damals die Prozesse abgelaufen sein, die die Entwicklung des Weltalls bestimmt haben.
* Weiterhin nimmt man an, daß die Naturgesetze bei den betreffenden Extrembedingungen eine Fortsetzung der sonst so erfolgreichen Gesetze der Elementarteilchenphysik sind. Aus diesen läßt sich das Verhalten der damaligen Materie also wenigstens extrapolieren.
* Alle derartigen Theorien müssen sich immer daran messen, ob das, was sie für die Entwicklung des Weltalls voraussagen, mit den Beobachtungen im aktuellen Universum übereinstimmt.

Die sehr große Energiedichte in den ersten Sekunden ermöglichte es, daß Materie aus Energie direkt entstehen konnte. Bei diesem Prozeß, der heute noch in Teilchenbeschleunigern beobachtet werden kann, entstehen immer ein Teilchen und das dazugehörige Antiteilchen. Umgekehrt können ein Teilchen und sein Antiteilchen wieder zu Energie zerstrahlen, wenn sie zusammentreffen. Außerdem konnten durch die hohen Energiedichten in der Anfangszeit auch verschiedene Teilchenarten ineinander umgewandelt werden.

Zunächst war das Universum also eine diffuse »Ursuppe«, ein Gemisch verschiedenster Teilchen, die neu entstanden, ineinander umgewandelt und wieder vernichtet wurden. Die Temperaturen waren so hoch, daß die Energie einen wesentlichen Anteil an der Gesamtmasse des Weltalls hatte. Die Entwicklung dieser Ursuppe wurde von zwei Faktoren geprägt: von der Ausdehnung des Universums und vor allem von der stetig fallenden Temperatur.

Mit sinkender Temperatur kam die Entstehung von neuen Teilchen sowie ihre gegenseitige Umwandlung allmählich zum Stillstand, da nicht mehr genug Energie zur Verfügung stand. Die Zerstrahlung von Teilchen und Antiteilchen setzte sich jedoch fort. Die Entstehungs- und Umwandlungsprozesse kamen für die schweren Teilchen zuerst zum Stillstand, weil zu deren Erzeugung mehr Energie gebraucht wird. Im folgenden soll beschrieben werden, wie sich die heute vorherrschende, beobachtbare Materie herausgebildet hat (siehe z. B. H. Fritzsch 1983, S. 265–281):

* Über die Zeit bis 10^{-43}s nach dem Urknall lassen sich aufgrund der gegenwärtigen physikalischen Kenntnisse keine Aussagen machen.
* Spätestens 10^{-33}s bis 10^{-30}s nach dem Urknall kam der Prozeß einer sehr raschen Ausdehnung des Universums zum Stillstand, den neuere Theorien eines »inflationären Universums« postulieren. In dieser Zeit bildeten sich die Grundkräfte, die das Weltall weiterhin bestimmen, in einer spezifischen Weise aus. Durch diese rasche Ausdehnung wurden alle Unregelmäßigkeiten, die sich vorher in der Verteilung der Materie durch zufällige Schwankungen ausgebildet hatten, weitgehend beseitigt. Es bildete sich durch diese Prozesse auch eine Materiedichte aus, die fast gleich oder gleich der kritischen Dichte war, so daß das Universum wenigstens annähernd flach wurde (A. H. Guth, P. J. Steinhardt, 1984; A. D. Linde, 1985).
* In der Zeit von 10^{-43}s bis 10^{-6}s nach dem Urknall entstanden viele Elementarteilchen aus Energie. Es fanden sich unter anderem: Quarks (Elementarteilchen, aus denen sich später die Protonen und Neutronen bildeten), Elektronen, Neutrinos, Photonen, verschiedene schwere Elementarteilchen, die heute in Teilchenbeschleunigern erzeugt werden können, sowie solche, die heute gar nicht mehr beobachtbar sind. Die Entstehung von Quarks und Antiquarks endete schon ca. 10^{-33}s nach dem Urknall bei einer Temperatur von etwa 10^{28} Grad.
* In der Zeit von 10^{-6}s bis 10^{-3} s vernichteten sich Quark-Antiquark-Paare gegenseitig. Aus einem verbleibenden Überschuß von Quarks entstanden Protonen und Neutronen (vgl. 3.5.3: Das Problem der Antimaterie).
* In der Zeit von 10^{-3}s bis 100 s entstanden im wesentlichen die heute vorherrschenden Elementarteilchen. Die gegenseitige Umwandlung von Protonen und Neutronen verschob sich zugunsten der Protonen. In dieser Zeit bildete sich das noch heute vorherrschende Protonen-Neutronen-Verhältnis aus (ca. 6 Protonen auf ein Neutron). Es vernichteten sich die meisten der Elektron-Positron-Paare. (Ganz abgeschlossen war dieser Prozeß erst einige Minuten später.) Der verbleibende Überschuß von Elektronen entsprach genau der Zahl der Protonen.

* In den ersten Minuten nach dem Urknall bildeten sich Atomkerne (Helium). Schließlich sank die Temperatur so weit, daß die verbliebenen Protonen sowie die Heliumkerne Elektronen einfangen und Atome (Wasserstoff und Helium) bilden konnten. Helium und Wasserstoff waren die Grundlage für die Weiterentwicklung des Kosmos (z. B. die Bildung der Sterne, auch unserer Sonne).

3.5.2 Die Entwicklung von räumlichen Strukturen im Universum

Die weitere Entwicklung des Universums war geprägt durch die Bildung der großräumigen Strukturen, die heute die Verteilung der Materie kennzeichnen. Diese kondensierte durch den Einfluß der Schwerkraft zu Galaxien, Galaxienhaufen und -gruppen sowie zu Sternen. Dadurch wurde die Materie immer mehr in gewissen Bereichen des Weltalls konzentriert, während der größte Teil des Kosmos heute fast leer ist. Beobachtungen mit dem Satelliten COBE (Cosmic Background Explorer) haben die Ungleichverteilung im frühen Universum bestätigt (U. Reichert, 1992).

Bezüglich der Herausbildung der Materie ist diese Zeit insofern wichtig, als die schwereren Elemente noch gebildet wurden und weiterhin gebildet werden. Auf unserer Erde sind diese Elemente vorherrschend, während das Gesamtuniversum immer noch, wie schon kurze Zeit nach dem Urknall, fast ganz aus Wasserstoff und Helium besteht. Die Bildung dieser Elemente läuft im Inneren der Sterne ab, ist daher von der strukturierten Verteilung der Materie abhängig. An die Stelle einer diffusen »Ursuppe« tritt also eine differenzierte Entwicklung. Diese Zeit ist »materiedominiert«, d. h. die Dichte der Materie ist größer als die Strahlungsdichte.

* Man nimmt an, daß die großräumige Verteilung der Materie schon in zufälligen Dichteschwankungen während der ersten Millisekunden des Universums festgelegt war.
* Wo diese Dichteschwankungen groß genug waren, ballte sich durch die Wirkung der Gravitation immer mehr Materie zusammen, so daß sich Galaxien ausbildeten. Diese ordneten sich wiederum in größeren Einheiten, Galaxienhaufen oder -gruppen, an (D. L. Meier, R. A. Sunyaev, 1980).

Es konnte noch nicht geklärt werden, ob die Entstehung von Galaxien und Galaxienhaufen vor der Bildung der ersten Sterne stattfand oder nachher.

Die Theorie der »cosmic strings« (vgl. oben) meint, diese hypothetischen »strings« würden durch ihre gravitative Anziehungskraft zusätzlich zur Anordnung in den großräumigen Strukturen beitragen (A. Albrecht, R. Brandenberger, N. Turok, 1987).

* Wo sich genügend Materie zusammenballte (vgl. R. Smoluchowski, 1985, S. 1–6; K. Pinkau, 1977), bildeten sich unter dem Einfluß der Gravitation, unterstützt durch weitere Einflüsse wie Strahlungsdruck, Schockwellen oder Kollision mit anderer Materie Sterne aus. Diese Sterne begannen zu »brennen«, sobald der Druck der Kompression in ihnen so hohe Temperaturen erzeugte, daß die Verschmelzung von Wasserstoff zu Helium (und in geringen Mengen auch zu schwereren Elementen) begann.
* Sterne lösen sich nach einer gewissen Zeit in einer Explosion auf (Supernova). Dieses Schicksal ereilt die Sterne um so schneller, je schwerer sie sind. In diesen Explosionen werden viele schwere Elemente gebildet und in den Weltraum geschleudert. Die explodierten Überreste der ersten Sterne gehen in weitere Sternengenerationen ein und tragen zu deren Masse bei.
* Man nimmt an, daß unser Planetensystem auch aus Überresten einer vorherigen Sternengeneration gebildet worden ist.

3.5.3 Das Problem der Antimaterie

In der Vorstellung der Physiker von der Bildung aller Materie aus Energie taucht ein Problem auf: Bei dem beschriebenen Entstehungsmechanismus der Materie bildet sich immer ein Elementarteilchen zusammen mit dem zugehörigen Antiteilchen. Die Antiteilchen der Ursuppe hätten dann entweder mit den entsprechenden Teilchen wieder zu Energie zerstrahlen oder sie hätten eine Antimaterie bilden müssen, die noch heute im Universum vorhanden sein müßte. Diese Antimaterie ist aber nirgendwo im Universum zu entdecken. Sie müßte von der gewöhnlichen Materie räumlich getrennt sein, sonst würde sie beim Zusammentreffen mit dieser sofort zu Energie zerstrahlen. Es gibt auch keine Erklärung dafür, wie eine solche großräumige Trennung zustande gekommen sein könnte.

Daher geht man meistens davon aus, daß schon in der ersten Zeit nach dem Urknall ein Überschuß an Materie entstanden sein muß. Einige Theorien zur Vereinheitlichung der Wechselwirkungskräfte postulieren nun gerade einen Mechanismus, der diesen Überschuß erklären könnte:

Zugrunde liegt die inzwischen weitgehend bestätigte Theorie, daß Protonen und Neutronen aus je drei kleineren Teilchen zusammengesetzt sind, den sogenannten Quarks. Man postuliert nun (mit guten Gründen) die Existenz von sehr »schweren« Teilchen (schwer im Vergleich mit den Protonen und Neutronen), den sogenannten X-Teilchen oder X-Bosonen, die eine gegenseitige Umwandlung zwischen Quarks und Elektronen bzw. den entprechenden Antiteilchen bewirken können. Diese Teilchen waren nach jenen Theorien in der Zeit sehr kurz nach dem Urknall in großer Zahl vorhanden, da damals die Temperaturen so hoch waren, daß sich derart schwere Teilchen bilden konnten.

Nun gibt es im Zerfall dieser X-Teilchen eine kleine Asymmetrie, durch die die Entstehung von Elektronen bevorzugt wird gegenüber der Entstehung von Positronen (den Antiteilchen der Elektronen), sowie die Entstehung von Quarks gegenüber der Entstehung von Antiquarks. Diese Asymmetrie wurde bei sehr hohen Temperaturen durch die ständige gegenseitige Umwandlung der Teilchen immer wieder ausgeglichen. Sie wurde dann aber merkbar, als infolge der sehr raschen Abkühlung der Materie die Umwandlungsprozesse zum Stillstand kamen und sich nur noch der Zerfall der X-Teilchen fortsetzte. Dieser Zerfall ließ einen winzigen Überschuß von Teilchen gegenüber den Antiteilchen zurück. Durch die paarweise Vernichtung aller vorhandenen Antiteilchen mit je einem Teilchen entstanden die heute vorfindbaren Bedingungen, daß es nämlich keine Antimaterie mehr gibt (W. Priester, 1983; H. Fritzsch, 1983, S. 192–229; C. Quigg, 1985).

In gewissem Sinn ist die gegenwärtige Materie des Universums also ein festgefrorener Entwicklungszustand. Doch so ganz festgefroren ist das Weltall auch nicht: Dieselben Theorien, die den Überschuß der Materie in der beschriebenen Weise erklären, sagen notwendig auch voraus, daß eben diese X-Teilchen auch einen Zerfall dieser Materie ermöglichen. Ein Proton kann sich in ein Positron umwandeln, welches dann zusammen mit einem Elektron zerstrahlt. Dieser Prozeß würde zu einer langsamen Zerstrahlung aller Materie führen, so daß am Schluß wieder nur Energie übrig wäre.

3.6 Zusammenfassung

Die naturwissenschaftliche Untersuchung ergibt nach der vorausgehenden Darstellung folgendes Bild:

a) Das Weltall ist nicht beständig, da es ja expandiert,
b) es hat einen Anfang vor ca. 15–20 Milliarden Jahren,
c) es ist etwa 15–20 Milliarden Lichtjahre groß.

Folgende Fragen sind bisher unbeantwortet:

a) Woher kommt die erste Materie/Energie?
b) Aus welchen Prinzipien hat sich das Weltall entwickelt?
c) Welche ontologische Struktur hat das Weltall?
d) Welches Ziel hat das Universum?

Hier muß eine Antwort versucht werden. Das Streben nach dem letzten Warum, nach einem Sinnzusammenhang, einer Ursache, einem Grund (es ist zunächst gleich, wie dieses letzte Warum genannt wird) ist dem Menschen eigen, weil er erkennen will, »was die Welt / im Innersten zusammenhält« (J. W. Goethe, Faust I, 1. Akt), er sich also nicht mit vorletzten Antworten zufriedengibt.

4. Chaostheorien und Selbstorganisation des Weltalls

4.1 Einführung

Zur Entstehung des Universums gibt es zwei Frageperspektiven. Die eine verläßt nie den Horizont empirisch wahrnehmbarer und meßbarer Phänomene und bezieht sich in diesem Rahmen auf das, *was* passiert ist und inwieweit es durch Vorausgegangenes verursacht wurde: Dies ist die Ebene naturwissenschaftlicher Erkenntnis, wie sie bisher dargestellt wurde. Eine andere Frage ist, wie das, was geschah, überhaupt geschehen konnte; eine Frage, die letztlich auf die Einbettung der Phänomenwelt auf eine sinngefüllte Deutung des Weltganzen zielt. In Anbetracht der ersten Fragestellung und ihrer Beantwortung drängt sich letztere Frage notwendig in das menschliche Bewußtsein, das immer nach Ursachen und Zielen sucht.

Im aristotelischen Wissenschaftsparadigma hätte dies kein Problem bedeutet, denn in ihm existierte ein Naturbegriff, der kausale, finale und axiologische Kategorien einschloß. Durch solche Kategorien konnte Natur so beschrieben werden, daß nicht mit einem abstrakten Begriff, sondern mit einer dem Menschen entsprechenden Begrifflichkeit das Weltall erklärt wurde.

Aber alle die wissenschaftlichen Erkenntnisse, die in Teil A dargestellt wurden, sind nicht aufgrund *dieses* Wissenschaftsparadigmas entstanden. Seit Beginn der Neuzeit wurde nämlich Natur zu einem abstrakten Begriff. Die eben genannten Kategorien wurden ausgeblendet mit dem Ziel, einen möglichst objektiven Naturbegriff zu erhalten. Kriterien dieser Objektivität wurden mathematische Formulierbarkeit und experimentelle Reproduzierbarkeit. So entstanden die modernen Naturwissenschaften. Aber diese methodische Abstraktion bringt ein Problem mit sich: Man kann den Ursprung der Welt nur noch im Hinblick auf die Frage nach dem, was geschehen ist, jedoch nicht mehr bezüglich der zweiten, nämlich dem, wie es geschehen konnte, beantworten. Oder genauer: Die zweite Frage kann nur noch aufgrund des zur ersten Frage Erforschten beantwortet werden, aber nicht mehr umgekehrt. Das bedeutet konkret, daß auch die Antwort auf die zweite Frage auf die beiden neuzeitlichen Kriterien der mathematischen Formulierbarkeit und experimentellen Reproduzierbarkeit verwiesen ist, obwohl ihre eigentliche Fragerichtung im Grunde auf genau diejenigen Kategorien des aristotelischen Wissenschaftsverständnisses geht, die im neuzeitlichen ausgeblendet wurden.

Dadurch entsteht folgendes Problem: Wegen ihrer methodischen Begrenzung können die Naturwissenschaften die Frage nach dem letzten Grund und dem Sinn dessen, was sie erforscht haben, nicht beantworten (vgl. Einführung in das philosophische Denken). Unter diesem sinnentleerten Kosmos, in dem der Mensch sich nicht wiederfinden kann, leidet er so sehr, daß heute eine »Lücke zwischen dem Wissenschaftskonstrukt und der Sicherheit des um sich selbst wissenden Ichs« (O. Breidbach, 1991, S. 173) deutlich wird. Und genau dies ist die Lücke zwischen den beiden am Anfang dieses Kapitels genannten Frageperspektiven bezüglich der Entstehung des Kosmos.

4.2 *Chaos- oder Selbstorganisationstheorien*

Unsere Frage wird daher sein, wie diese Lücke sinnvoll geschlossen werden kann. Damit sind wir noch nicht bei der Philosophie angelangt. Eine ganze Reihe von Naturwissenschaftlern hat in den letzten Jahrzehnten dieses Problem ebenso erkannt, so daß auch sie sich bemühen, diese Lücke naturwissenschaftlich zu schließen. Dies ist das Anliegen der Chaos- oder Selbstorganisationstheorien. Sie legen ein Wissenschaftsverständnis zugrunde, das in gewisser Weise das bisherige neuzeitliche Verständnis der Naturwissenschaften ausweitet. Bevor exemplarisch eine Selbstorganisationstheorie dargestellt werden kann, ist es daher nötig, kurz auf ihre Grundlagen einzugehen.

4.2.1 Die Grundlagen

Die bisherigen neuzeitlichen Kategorien waren (1) die Raum-Zeitlichkeit und somit Materialität aller Realität, (2) die Annahme, daß alle Dinge in Systemen existieren bzw. selbst solche darstellen, also Ganzheiten, die durch die Wechselwirkung ihrer Teile entstehen, und (3) schließlich, daß jedwede Kausalität mechanisch zu denken ist. Diese Kategorien hatten bisher nur den Zweck, naturwissenschaftliche Zusammenhänge zu erklären. Sollten sie nun aber auch für die Erklärung des Welt*ganzen* hinreichend sein, so ist dies nur unter der Voraussetzung möglich, daß die Unterschiede zwischen dem physikalischen und den sonstigen Realitätsbereichen nur *gradueller*, nicht jedoch wesensmäßiger Natur sind. Das ist die Grundvoraussetzung jeder Chaostheorie.

Aber wie weitet man nun das naturwissenschaftliche Weltbild auf das Weltganze aus? Innerhalb der drei zuvor genannten Kategorien gibt es nur zwei Möglichkeiten, wie Sachverhalte zusammenhängen können: Entweder es liegt eine Gesetzmäßigkeit vor oder ein Zufall. Aber diese beiden Arten reichen gerade nicht aus, um die Entstehung der Welt zu erklären. Denn die entstandenen Strukturen sind zu geordnet, als daß sie gleichzeitig zufällig sein könnten. Andererseits aber kann kein übergeordnetes Gesetz erkannt werden, mit dem diese Geordnetheit von vornherein erklärt werden könnte. Will man einmalige und zugleich nichtzufällige Vorgänge beschreiben, so können nur geisteswissenschaftliche Denkformen weiterhelfen.

Daraus folgt: Um das Universum naturwissenschaftlich erklären zu können, muß es gelingen, bisher rein geisteswissenschaftliche Begriffe wie Holismus, Selbstorganisation, Geschichtlichkeit, Spontaneität und Teleologie in das eigene Paradigma einzubauen.

4.2.1.1 Holismus

Philosophisch kann man sagen, die Welt sei ein einziges Ganzes (griech. tò hólon). Kann man das aber auch naturwissenschaftlich behaupten? Von einzelnen Naturwissenschaftlern wird es versucht. Der Ausgangspunkt dafür liegt in verschränkten Systemen; das sind Elementarteilchen von dem Moment an, da ihre Wechselwirkung aufhört, bis zu dem Moment, da sie mit anderen wieder in Wechselwirkung treten. Für diese verschränkten Systeme gilt u. a. das Separabilitätsprinzip Einsteins nicht mehr, welches besagt, daß zwei Entitäten an verschiedenen Raumpunkten wegen ihres räumlichen Abstandes zwei und nicht eine Entität (= ein Holon) sind. Verschränkte Systeme sind also als ein Holon aufzufassen. Daher liegt bei verschränkten Systemen ein Holismus vor. Manche Quantenmechaniker gehen aber davon aus, daß die ganze Welt ein einziges verschränktes System sei, da alle Elementarteilchen irgendwann einmal mit anderen in Wechselwirkung standen. Demnach gilt ein Holismus für die ganze Welt.

4.2.1.2 Selbstorganisation

Dieser bisher nur auf die geistige Welt anwendbare Begriff soll nun auch in den Naturwissenschaften Bedeutung gewinnen. Zu der Vermutung, daß sich Materie selbst organisiert, kommen einige Wissenschaftler durch eine Beobachtung an dissipativen Systemen. Das sind Strukturen, die andauernd fern vom thermodynamischen Gleichgewicht und Energieminimum sind, weil ständig Energie importiert werden kann. Auffällig ist nun, daß bei einem gewissen Intensitätsgrad dieser zugeführten Energie weitläufige, geordnete Strukturen entstehen, die bei weiterem Energiezuwachs allerdings wieder verschwinden. Dabei ist es nicht das Problem, zu beschreiben, warum es dazu kommen muß, sehr wohl aber, wie es kommt, daß die Struktur so und nicht anders ist, warum also z. B. die Ränder der bei gleichmäßiger Erwärmung einer viskosen Flüssigkeit entstehenden sechseckigen Zellen (= Bénardzellen) genau an dieser Stelle sind und nicht einen winzigen Raumpunkt weiter rechts oder links. Hierin sehen einige Forscher eine *zufällige Fluktuation*, die andere Möglichkeiten gleichsam verdrängt: Die Materie, obwohl nicht lebendig, ist nach dieser Theorie in der Lage, sich selbst zu organisieren!

4.2.1.3 Geschichtlichkeit

Weil experimentelle Reproduzierbarkeit ein Grundcharakteristikum der Physik ist, galt die Physik bisher als geschichtslose Wissenschaft. Das änderte sich aber, als es zur Vereinigung der beschreibenden Astronomie, der erklärenden Astrophysik, der theoretischen Kosmologie und der Elementarteilchenphysik kam. Dieser Vereinigung haben wir die dargestellten naturwissenschaftlich-kosmogenetischen Erkenntnisse zu verdanken. Sie bringen die Physik an eine Grenze, nämlich die der Frage nach dem Beginn des Kosmos, eine Frage, die, anders als sonstige Fragen an die Physik, nicht mehr ungeschichtlich ist. So entstand zunächst das Urknall-Modell, das aber den Fragepunkt nur verschob. Daher kam es zu zwei Hypothesen, mit denen die Physik auch diese geschichtliche Frage zu lösen versuchte: Entweder es besteht ein unendlicher Wechsel zwischen Explosion und Kontraktion des Universums, oder man erklärt, wie Stephen Hawking (1988), die Singularität des Anfangs als eine Selbstorganisation, eine zufällige quantenmechanische Fluktuation eines Vakuums. Unter Berücksichtigung einer solchen Hypothese sieht sich die Physik also auch in der Lage, geschichtliche Fragen zu beantworten.

4.2.1.4 Teleologie

Mit Teleologie ist erstens die Zweckmäßigkeit von etwas gemeint, daß etwas also einem Ziel dient, zum anderen aber auch die Wirksamkeit von Zielen in einem diesem Ziel dienenden Seienden. Der Biologe Collin Pittendrigh hat 1956 diesem philosophischen Begriff nun auch innerhalb des naturwissenschaftlichen Weltbildes Raum eröffnet. Nach ihm gibt es nur eine Teleo*nomie*, die gleichermaßen auf Lebewesen und tote Materie angewendet werden muß. Lebewesen sind konstruiert wie zielsuchende Raketen; sie »streben« so wenig wie Raketen oder Marschflugkörper. Aber wie ist diese Teleonomie entstanden, u. a. in ihrer konkreten Ausprägung? Dies erklärt man mit dem Zufallsprinzip, mit Darwins Mutations- und Selektionstheorie und letztlich natürlich mit der Selbstorganisationshypothese (G. Vollmer, 1984).

Am Ende unserer Erörterungen der Grundlagen stellt sich heraus, daß eigentlich alle Voraussetzungen für die Chaos-Theorien stehen und fallen mit der

Selbstorganisationshypothese. Im folgenden werden wir nun die Chaos-Theorie bezüglich der Entstehung des Universums vortragen, wie sie Erich Jantsch (1982, S. 117–144) entworfen hat.

4.2.2 Die Selbstorganisation des Kosmos nach E. Jantsch (1929–1980)

Von Werner Heisenberg, so beginnt der Gedankengang Jantschs, stammt die Erkenntnis, daß man die letzte Struktur der Dinge nicht durch Ermittlung ihrer Grundbausteine erforschen kann, sondern durch Erfassung der Relationen zwischen den Komponenten. Die letzte Phase sind also nicht irgendwelche Bausteine, sondern Symmetrien: Darin muß daher auch der Ursprung des Universums gefunden werden. Ob man sich das Universum offen oder, wofür nach Jantsch viele neue Erkenntnisse sprechen, geschlossen vorstellt – seine Ausdehnung geht aus einem Zustand ungeheurer Temperaturen und Dichte hervor, in welchem die Natur einfach und einheitlich ist, mit ihren grundlegenden Symmetrien: Bei der Ausdehnung des Universums wird dies nur »ins Unkenntliche verzerrt« und gewissermaßen »ausgefroren« (E. Jantsch, 1982, S. 121). Die Ermittlung des Ursprünglichen aus dem heute Vorfindbaren ist daher nur durch abstrakte Mathematik möglich. *Dabei zeigt sich für Jantsch eine Parallele zwischen der Geschichte des Universums und seiner logischen Struktur.* Somit ist für ihn erwiesen, daß die Entstehung des Komos in einer Evolution vor sich geht. Wenn der Ursprung totale Symmetrie ist, dann ist die Evolution »eine Folge von Symmetriebrüchen« (ebd.). Dies gilt nach Jantsch in gleicher Weise für die kosmische, die biologische und die geistige Evolution. Die ganze Komplexität der Welt ist auf Symmetriebrüche zurückzuführen. *In der Gleichsetzung von Evolution und Symmetriebrüchen zeigt sich nach Jantsch, daß die Evolution als Selbstorganisation zu verstehen ist.*

4.2.2.1 *Der asymmetrische Ursprung der Materie*

Selbst die Materie ist nicht etwa Grundlage der Evolution, sondern Ergebnis eines ersten Symmetriebruches, nämlich dessen zwischen Materie und Antimaterie (H. Schopper, 1989). Wie dieser Symmetriebruch aber genauer zu beschreiben ist, liegt noch im dunkeln. Vielleicht haben dabei die sogenannten Schwarzen und Weißen Löcher eine Bedeutung: Während in Weißen Löchern sich das Universum in seiner Anfangsphase zeigt, also vor dem Symmetriebruch, sind Schwarze Löcher die Ursache für das Verschwinden und Wiederentstehen von Materie und möglicherweise auch für die Asymmetrie zwischen Materie und Antimaterie.

Bei diesen Fragen geht es im Grunde um den Ursprung des Universums. Jantsch stimmt dabei nicht der Theorie Edward Tryons (1973) zu, nach der der ganze Kosmos auf eine Vakuum-Fluktuation (vgl. oben »Selbstorganisation«

und »Geschichtlichkeit«) zurückzuführen ist. Er sieht vielmehr das Standardmodell als physikalisch besser begründbar an. Nach diesem Modell begann alles mit einer sehr heißen Phase, in der ein Gemisch von Elektronen, Positronen (Antielektronen), Photonen, Neutrinos und Antineutrinos, in jeweils etwa gleichen Anteilen, existiert hat. In der ersten Abkühlungs- und Expansionsphase entstanden und vergingen auch Protonen und Neutronen (aus beiden entstehen später die Atomkerne). Wichtig ist dabei jedoch, daß bei dieser Annihilation und Erzeugung ein kleiner Überschuß von Materieteilchen gegenüber den Antimaterieteilchen übrigblieb, etwa ein Milliardstel mehr. Aus diesem Überschuß »*entstand unsere Materiewelt mit all ihrem Formenreichtum, entstanden Atomkerne, Atome, Moleküle, Sterne, Galaxien, entstanden schließlich auch lebende und in Verbindung damit geistige Strukturen im Universum*« (E. Jantsch, 1982, S. 124f).

4.2.2.2 *Symmetriebruch zwischen physikalischen Kräften: Die Aufspannung des Raum-Zeit-Kontinuums für die Entfaltung von Evolution*

Dieser Symmetriebruch ist mindestens genauso grundlegend wie der erste und tritt in seiner Bedeutung bei der weiteren Evolution des Universums zutage. Es gibt vier physikalische Kräfte: die elektromagnetische Kraft, die Gravitationskraft, die starke und die schwache Wechselwirkung. Wichtig für uns sind die beiden letzten. Die starke Wechselwirkung übertrifft die Abstoßungskraft zweier positiv geladener Protonen um das Hundertfache. Die schwache Wechselwirkung wandelt Wasserstoff, dessen Kern aus einem Proton und einem Neutron besteht, in Helium um. Diese Funktion ist der starken Wechselwirkung nicht möglich, da diese um ein Geringes zu schwach ist, um eine Protonen-Bindung zu schaffen. Es ergibt sich also ein differenziertes Zusammenspiel der physikalischen Kräfte, welches nach Jantsch den zeitlichen Ablauf evolutionärer Prozesse regelt. »*Wir können auch sagen, ein solches Zusammenspiel generiert kosmische Zeit.*« (Ebd., S. 127)

Doch damit nicht genug. Dieses Wechselspiel *schafft* auch den Raum. Bewirkt wird er durch den Symmetriebruch zwischen den physikalischen Kräften. In dem ursprünglichen Zustand sehr hoher Temperaturen bestand eine Symmetrie der Kräfte, die elektromagnetische Kraft war gleich stark wie die schwache Wechselwirkung und – bei noch höheren Temperaturen – die Schwerkraft gleich stark wie die starke Wechselwirkung. Bei der Abkühlung kam es nun zum Symmetriebruch. Er stellte strukturierende Kräfte zur gleichzeitigen Evolution im mikro-, meso- und makroskopischen Bereich bereit, »*wobei die elektromagnetischen Kräfte später für die Evolution der komplexesten uns bekannten Systeme, der biologischen und der geistigen, zentrale Bedeutung gewinnen*« (ebd., S. 129). Die durch den Symmetriebruch auftretende Differenzierung in makroskopische (Gravitationskraft und elektromagnetische Kraft) und mikroskopische (Wechselwirkungen) Kräfte und das sich daraus ergebende Wechselspiel bewirkt die Entstehung des Raumes: Zur Zeit des Symmetriebruches hat es Raum noch nicht gegeben.

Das kosmische System *schafft* also selbst Raum und Zeit. Diese sind demnach nicht mehr apriorische Kategorien im Sinne Kants; Jantsch beruft sich vielmehr auf Augustinus, der »von der Entstehung der Zeit mit der Schöpfung sprach« (ebd., S. 129). (Dabei übersieht Jantsch allerdings, daß Augustinus die Erschaffung der Zeit durch Gott meint.)

4.2.2.3 Zwischenspiel: Strukturierung durch Kondensation

Grundsätzlich sorgte der soeben behandelte Symmetriebruch für eine Koevolution von makro- und mikroskopischem Bereich. Aber schnell stagnierte die Mikroevolution für 700000 Jahre, wegen der Bildung von Wasserstoff- und Heliumkernen, aus denen im wesentlichen die Materie des Kosmos besteht. Bei weiterer Abkühlung brach jedoch der Gasdruck zusammen, so daß die Schwerkraft den Makrokosmos strukturierte: »Es bilden sich ›von oben her‹ *hierarchische* Strukturebenen« (ebd., S. 131): Galaxien, Galaxienhaufen und Superhaufen.

4.2.2.4 Selbstorganisation kosmischer Strukturen

Diese makroskopische Verräumlichung führt aber nicht zu Gleichgewichtssystemen, sondern es bilden sich dichte Kerne heraus, die Schauplatz gewaltiger Explosionen werden können. Es läßt sich sogar an den bei den Explosionen entweichenden Gasschweifen erkennen, daß sie sich periodisch wiederholen können. Dies hat vielleicht auch Bedeutung für die Entstehung von Sternen. So vermutet F. Dyson, daß große Gasmassen zu Sternen kondensieren und sich nach 100 Millionen Jahren in gigantischen Explosionen auflösen. Was im Makroskopischen stattfindet, setzt sich im Mikroskopischen fort, so daß man nach Jantsch von einer »*Hierarchie von Schockwellen – einer Hierarchie dynamischer Phänomene – sprechen*« muß (ebd., S. 134). Die Entstehung der Sterne geschieht nach Jantsch *in einem Selbstregelungsmechanismus, einem autopoietischen Reaktionssystem,* in dem vier Wasserstoffkerne in einen Heliumkern umgewandelt werden. Dabei wird Energie frei (vgl. die Sonnenstrahlung): Dieser Zyklus ist also fern vom Gleichgewichtszustand. Da bei der Sternenevolution makroskopische und mikroskopische Kräfte (u. a. die Gravitationskraft und die starken Wechselwirkungen) eine Rolle spielen, liegt hier eine Koevolution von Makro- und Mikrokosmos vor. *Diese Erklärung der Entstehung von Sternen ist für Jantsch erschöpfend. Es existiert »eine evolvierende Sequenz autopoietischer Strukturen, deren oberstes Regelkriterium jeweils darauf hinausläuft, eine dynamische Struktur – ein bestimmtes Regime von Kernumwandlungsprozessen – aufrechtzuerhalten. ... Bei dieser Selbstregelung ist die Ausbildung von ... selbstorganisierenden kooperativen Strukturen (analog zu den hydrodynamischen Bénard-Zellen ...), wesentlich«* (ebd., S. 138). Selbst Energie muß zu all dem nicht zugeführt werden, denn sie entsteht aus der Umwandlung systemeigener Bestandteile. Somit besitzt ein Stern die »*Autonomie eines selbstorganisierenden Systems*« (ebd., S. 138) und damit *Unabhängigkeit* von der Evolutionsdynamik des Gesamtuniversums.

4.2.2.5 Materietransfer und kosmische ›Phylogenese‹

Auf dieser Grundlage baut Jantsch die Erklärung der Planetenevolution auf. Sie hat ihren Ausgangspunkt in jüngeren Sternen, da allein sie neben Wasserstoff und Helium auch einen Anteil an schwereren Elementen aufweisen, die aus Supernovaexplosionen oder Abfall größerer älterer Sterne kommen. Diese schwereren Elemente bilden die Grundlage für das Planetensystem. Das veranlaßt Jantsch dazu, von einer »*kosmischen Phylogenese*« (ebd., S. 139) zu sprechen. So kommen z. B. in der Erde Materialien verschiedener Phasen und Entwicklungsstränge des Universums zusammen. Von einer Entität auf die andere wird im Laufe der ›Evolution‹ kein genetischer Code übertragen, sondern Materie. So entsteht gleichsam ein Stammbaum. »*Das Wechselspiel der physikalischen Kräfte organisiert diese Materie immer neu in Systemen, die durch Materieumwandlung Energie abgeben und damit die Selbstorganisation der komplexen Systeme des Lebens unterhalten.*« (Ebd., S. 140)

4.2.2.6 Der Pfeil kosmischer Zeit

In diesem Zusammenhang beschäftigt Jantsch eine letzte Frage: »Ist das Universum mit seinen makroskopischen Kenngrößen und der dadurch bestimmten Dynamik ein Zufallsprodukt – oder stehen dahinter bis zu einem gewissen Grade Selbstorganisation und Selbstregelung?« (Ebd., S. 143) Zunächst werden eine ganze Reihe von Randbedingungen genannt, die auf eine Menge an Zufällen schließen lassen. Daher bietet sich eine »darwinistische« Erklärung an: *Durch Zufall werden die Bedingungen dafür günstig, daß aus einer Reihe vieler gestaltloser Universen ausgerechnet dieses Universum Gestalt annahm.* In ungünstigeren Fällen wäre Leben und Selbstreflexion im Universum unmöglich gewesen. Aber dabei bleibt Jantsch nicht stehen: »*Genauso aber, wie wir heute Leben als einen selbstorganisierenden Prozeß verstehen, der sich seine Bedingungen selbst schafft und ein weit höheres Maß an Selbstbestimmung ausüben kann, als es der darwinistischen Vorstellung von der Bewährung oder Elimination blinder Zufallsmutationen entsprach, genauso werden wir vielleicht einmal die selbstorganisierenden Prozesse eines Universums verstehen, das nicht durch eine blinde Auswahl von Anfangsbedingungen determiniert ist, sondern teilweise Möglichkeiten zur Selbstbestimmung hat.«* (Ebd., S.143f)

4.2.3 Kritik der Theorie von der Selbstorganisation des Universums

Jantsch versucht, die Entstehung der Welt als einen ausschließlich systemimmanenten Prozeß aufzufassen, so daß Begriffe, die bisher nur für den menschlichen Geist gebräuchlich waren (Autonomie, Unabhängigkeit, Selbstorganisation, Selbstbestimmung), und sogar ein Begriff, der aus der philosophischen Gotteslehre kommt, der des Erschaffens, nun auch auf rein physikalisch-materielle Prozesse angewandt werden. Dazu kommt die Anwendung von biologischen Begriffen, z. B. Phylogenese, auf die Physik. Solche Ausweitungen wurden im vorangegangenen Text kursiv markiert. Im folgenden soll in Anlehnung an den Physiker H.-D. MUTSCHLER (1992) gezeigt werden, daß eine solche Sprechweise den Prinzipien der Sprachphilosophie und Wissenschaftstheorie widerspricht. Nach Mutschler sind die Selbstorganisationstheorien voll von szientistischen Mythen. Dies gilt gerade für ihr Ziel, nämlich einen Gesamtzusammenhang herzustellen zwischen Natur, Mensch und Gesellschaft, was zum Wesen eines Mythos gehört. *) Überbewertung d. Wiss.

Zu Beginn unserer Überlegungen hatten wir gesagt, daß der aristotelische Naturbegriff kausale, finale und axiologische Kategorien wesensmäßig mit einschloß. So kam Aristoteles auf wissenschaftlich exakte Weise zu einem sinngefüllten Kosmos. Der neuzeitlich-naturwissenschaftliche Begriff der Natur kann, wie dargestellt, dies nicht leisten. Will man aber doch zu einer sinnstiftenden Welterklärung kommen, muß man wissenschaftliche Objektivität überspringen, indem man wissenschaftliche Modelle und Theorien ontologisch und axiologisch anreichert, ohne daß dies durch die Naturwissenschaften und ihre Methode abgedeckt werden kann. Daß das nicht berechtigt ist, erkennt man nach Mutschler daran, »daß man ohne Substanzverlust Begriffe wie ›Selbstorganisation‹, ›aktive Materie‹, ›schöpferische Potenz des Universums‹ usw.... streichen kann, ohne daß der Erklärungswert der zugrundeliegenden Physik im mindesten beeinträchtigt würde« (ebd., S. 91). Mutschler wirft den Chaostheoretikern Pseudoaristotelismus vor: Aristotelische Qualitäten werden zwar eingeführt, aber wissenschaftlich nicht begründet, dann jedoch die Naturwissenschaft als Schlüssel zur Gesamtweltdeutung gebraucht. Der Begriff »Selbstorganisation« wird sehr selten genau definiert. Unklar ist nämlich, was darin »selbst« bedeuten soll. Bei Jantsch kann der Begriff nur einen Sinn haben, wenn die ihm inbegriffene Spontaneität ohne experimentelle Kategorien gedacht werden kann; dies ist aber nicht sicher. Nimmt man z. B. die Entstehung der oben erwähnten Bénard-Zellen (vgl. 4.2.1.2), so gibt es theoretisch unendlich viele Möglichkeiten, praktisch aber nur eine einzige, deren Entstehungsbedingungen aber den Prozeß ihrer Entstehung total determinieren. *Hier ist für den Begriff der Selbstorganisation kein Platz mehr.* Daran, daß man diesen Begriff physikalisch nicht klar definieren kann, zeigt sich, daß es sich nicht um einen rein physikalischen Begriff handelt. Solange die Naturwissenschaft auf experimentelle Reproduzierbarkeit und mathematische Beschreibbarkeit aufbaut, läßt sich der Begriff »Selbstorganisation« nie einholen, er wird vielmehr ausgeschlossen: »Die Forderung nach Reproduzierbarkeit des Experiments ist die Negation von Spontaneität, und ebenso ist die Forderung nach mathematisch-funktionaler Verknüpfung der relevanten Parameter nicht verträglich mit einer wie auch immer gearteten ›Eigentätigkeit der Natur‹« (Ebd., S. 95)

Die neuzeitliche Naturwissenschaft kam gerade dadurch zustande, daß jede Form der analogia entis ausgeschlossen wurde. Um aber das Weltganze erklären zu können, muß in der Chaostheorie auf vielfache Weise eine Analogie von der einen auf eine andere Denk- und Seinsebene vorgenommen werden. Wir sahen das, als bei Jantsch plötzlich der Ausdruck »Phylogenese« vorkam, dem in der Biologie Bedeutung zugewiesen wird, aber nicht in der Physik. Man geht ohne vorausgehende wissenschaftliche Reflexion davon aus, *»alles, Elektronen, Atome, Moleküle, Photonen, Zellen, Tiere, Menschen mit ›denselben Prinzipien‹ beschreiben zu können«* (ebd., S. 97). Es kann z. B. legitimerweise eine mathematische Formel zugleich in der Physik und in der Soziologie Anwendung finden. Dadurch ist aber das, worauf sie jeweils angewandt wird, nicht schon auf einer Ebene, einfach deshalb, weil die Mathematik in der Soziologie eine andere Bedeutung hat als in der Physik. Das übersehen die Chaostheoretiker. Chaostheorien implizieren Analogieschlüsse u. a. in vier Bereichen: bei ontologischen Wesensaussagen, bei axiologischen Aussagen, bei ethischen Aussagen und bei Sinnperspektiven.

Außerdem entgehen die Synergetiker (= Chaostheoretiker) nicht der Gefahr des Anthropomorphismus und des Reduktionismus: Einerseits werden nicht-naturwissenschaftliche Elemente vorbehaltlos und unkritisch verwandt, andererseits aber Biologisches, Soziologisches, Ethisches und Religiöses dermaßen reduziert, daß sie sich in die neue Theorie einfügen. Weil man z. B. als Physiker den Menschen erschöpfend erklären will, wird die Physik unwissenschaftlich ausgeweitet und zugleich die Anthropologie auf das irgendwie mit der Physik Verbindbare verkürzt. So kann man bei Jantsch des öfteren lesen, daß er Physikalisches, Biologisches und Anthropologisches in einem Atemzug nennt, z. B., daß aus dem Überschuß der Materie gegenüber der Antimaterie sich unsere ganze sichtbare Welt bis hin zu mentalen (!) Strukturen entwickelt habe (vgl. E. Jantsch, 1982, S. 125).

Insgesamt liegt der Grund für das Entstehen der Chaostheorien in einem Mangel an philosophischer Reflexion. Aber gerade darin zeigt sich, daß diese

Theorien auf die Notwendigkeit klarer philosophischer Begriffe indirekt hinweisen, denn in ihnen lebt »die Ahnung einer Wahrheit« fort (H.-D. Mutschler, 1992, S. 107). Daraus ergibt sich die Notwendigkeit, im folgenden die Lücke zwischen naturwissenschaftlicher Beschreibung der Kosmogenese und sinngefüllter Erklärung derselben philosophisch zu behandeln. Denn die Naturwissenschaften haben sich von ihrem Wesen her dazu als unbrauchbar erwiesen.

B) PHILOSOPHISCHE ÜBERLEGUNGEN ZUR KOSMOGENESE

Um eine philosophische Kosmologie entwerfen zu können, die wirklich den Dialog mit naturwissenschaftlichem Selbstverständnis und naturwissenschaftlichen Erkenntnissen sucht, muß man an deren konkreten Grenzen ansetzen.

Es gibt keine organische Verbindung, keinen allmählichen Übergang zwischen neuzeitlichen Naturwissenschaften und Metaphysik in dem Sinne, daß jede, erstere als Einzelwissenschaften und letztere als Universalwissenschaft, ihren spezifischen Ort im Wissenschaftskosmos hätte. Vielmehr sind die Naturwissenschaften aus einem philosophischen Bruch mit dem antik-mittelalterlichen Weltbild hervorgegangen, wie u. a. der bereits dargestellte Wandel im Naturbegriff zeigt.

Da den Naturwissenschaften *Methoden* zugrunde liegen, bieten sie nur ein begrenztes Weltbild, denn eine Methode, die alles erklären würde, wäre unbegrenzt und damit keine Methode, sondern eine Überzeugung. Naturwissenschaftlich wird alles aus Gesetzen erklärt, mit dem Gegenbegriff des Zufalls. Aus diesem Horizont kommt man nicht heraus, ohne unwissenschaftlich zu werden, so daß über die Gesetzmäßigkeit als solche in ihrem Wesen und ihrem Grund nicht reflektiert werden kann. Deshalb werden in den Naturwissenschaften auch nur Relationen thematisiert, keine Substanzen: Z. B. wollte Galilei mit dem Fallgesetz ($s = 1/2gt^2$) nicht das Wesen der Schwerkraft erklären, sondern nur Bedingungen für das Fallen eines Körpers.

Insofern konnte Kant die für die Physik relevanten Begriffe (z. B. Quantität, Qualität, Relation, Modalität) von sogenannten Totalitätsbegriffen (z. B. Welt, Seele, Gott) unterscheiden. Geht die Physik von ersteren auf letztere über, gibt sie ihren Charakter als Naturwissenschaft auf: Totalitätsbegriffe gehören in den metaphysischen, nicht in den naturwissenschaftlichen Bereich. Insofern bezieht sich die Naturwissenschaft nicht auf die Totalität alles Seienden. Das wird besonders deutlich in Anbetracht dessen, daß zu dieser Totalität auch der Mensch als Beobachter gehört, daß also die Differenz von Erkenntnissubjekt und -objekt relativiert wird. Dies ist den Naturwissenschaften nicht möglich, da in ihrer notwendigerweise rein formalen Sprache Objekt- und Metaebene unterschieden werden müssen. Andernfalls entstünde ein circulus vitiosus, in dem das Erkenntnissubjekt selbst auch das Erkenntnisobjekt ist, was zu Widersprüchen im Formalsystem führt. (In Wissenschaften aber, die den Menschen nicht unter einer gewissen Rücksicht, sondern als solchen betrachten, also den Geisteswissenschaften, wandelt sich dieser Teufelskreis in einen circulus fructuosus: Der Inhalt der Erkenntnis wird durch das Selbstverhältnis des Erkenntnissubjektes zum Erkenntnisobjekt mitkonstituiert und somit sinn-voll.)

Die Naturwissenschaften erstellen also einen zweck-, sinn- und wertfreien, rein funktionalen Kosmos. Daß die Natur auf Gott verweisen könnte, ist wesensmäßig nicht Gegenstand der Untersuchung. Die einzige Möglichkeit, diesen Verweischarakter wiederzugewinnen, liegt in einer Metaphysik der Natur. Daß die Naturwissenschaften dafür offen sind, beweist die Stoßrichtung der Chaos- oder Selbstorganisationstheorien.

Um aber nicht, wie diese Theorien, die naturwissenschaftlichen Aussagen durch falsche Analogiebildungen bloß anzureichern, empfiehlt es sich zunächst, gemäß Thomas von Aquin (Summa theologica, Pars I, Quaestiones XII-XIII) Begriffe *mit* immanenter Begrenzung von solchen *ohne* eine zu unterscheiden. Sagt man z. B. von Gott, er sei die Quelle des Lebens, dann ist Gott nicht eine wirkliche Quelle: Mit dem Wort »Quelle« kann man nur metaphorisch über Gott sprechen, da es ein immanent begrenzter Begriff ist. Aber z. B. für die Begriffe »absolutes Sein« oder »absolutes Gut« gilt dies nicht: Deshalb kann man sie auf Gott nicht bloß bildhaft, sondern im wahren und wissenschaftlich legitimen Sinne analog anwenden. Solche Begriffe sind dadurch ausgezeichnet, daß sie über bloß kategoriale Bestimmungen hinausgehen. Die Naturwissenschaft kennt einen einzigen Begriff, auf den das zutrifft: den der Gesetzlichkeit; der läßt sich, *rein formal betrachtet*, legitimerweise auch auf Gott anwenden. In diesem Sinne würden aber, *inhaltlich betrachtet*, Naturgesetze an einem absoluten Weltgesetz partizipieren. Demnach wäre Gott nur, wie z. B. A. Einstein und M. Planck ihn dachten, ein abstraktes Weltgesetz.

Diese Gottesvorstellung ist deshalb ungenügend, weil es in einem kurzschlüssigen Physikalismus eingebunden ist: Wenn man physikalisch keine Entscheidungsfreiheit festzustellen vermag, könne es diese auch nicht geben. Dabei beweist gerade die Existenz des Naturwissenschaftlers, daß es diese geben muß: Denn ein Experiment kommt nur durch die Freiheit des Eingreifens in die Natur zustande – anderenfalls wäre der Ausgang des Experiments gesetzlich determiniert durch das, was eigentlich erst zu erforschen wäre. Wenn es also Freiheit gibt, kann die Welt nicht rein gesetzlich sein.

Auch in der Physik gibt es nicht nur Gesetzlichkeit, sondern auch Zufallsprozesse. In diesen Spielräumen kann man Natur als Vorform von Freiheit denken, und ihre zeitliche Gestalt nicht nur als gesetzmäßige Evolution, sondern als Geschichte. Freiheit aber ist ein nach Thomas nicht immanent begrenzter Begriff und daher ebenfalls auf Gott analog anwendbar. Der in den modernen Naturwissenschaften abgebrochene Bogen von der Natur zu Gott (und damit zu einer sinnerfüllten Deutung des Weltganzen) könnte damit wieder hergestellt werden.

Man muß also Natur als Gesetzlichkeit, als Zufälligkeit und als Finalität (= als Zweckbestimmtheit, eigentlich aufgrund von Freiheit) zusammendenken. Die Positivisten tun dies, indem sie die Freiheit leugnen und auf bloße Zufälligkeit verkürzen, natürlich auf Kosten der Sinn-Dimension. Häufiger aber verwirft man die Freiheit nicht, sondern überläßt sie allein dem Menschen: Hier steht der Mensch als freies Wesen der Natur als bloßem Ding gegenüber, das nur in bezug auf den Menschen Wert hat: Natur als ausbeutbares Rohstofflager. Vergessen ist dabei, daß auch der Mensch Teil der Natur ist, damit nicht nur ihr Herr, sondern auch ihr Partner, und ihr gegenüber eine Verantwortung trägt. Denn jedes Ding, auch wenn es unfrei und nicht selbstbewußt ist, hat auch einen Zweck in sich selbst, ein Eigen-Sein. Es muß also möglich sein, bei der Natur durch Gesetz und regellosen Zufall *hindurchzudenken hin zu einer Finalität innerhalb der Natur.* Aber auf den ersten Blick scheinen sich Zweckbestimmtheit einerseits und Zufall bzw. Gesetzmäßigkeit andererseits auszuschließen, denn wo etwas zweckbestimmt ist, ist das Ziel präsent, während diesbezüglich etwas rein Zufälliges oder Gesetzmäßiges blind ist.

Hierbei ist es das Verdienst des amerikanischen Philosophen Charles S. Peirce (1839–1914), zwischen den Polen vermittelt zu haben durch eine *Metaphysik der Evolution.* Naturgesetze determinieren nach ihm nicht vollständig jedes Weltgeschehen: So hätte nie Evolution entstehen können. Vielmehr kommt ihnen nach Peirce, wie erst viel später durch die Quantentheorie bestätigt, eine statistische Bedeutung zu. Z. B. kann man von einem einzigen radioaktiven Atom nicht sagen, wann es zerfällt, sehr wohl aber von einer Milliarde von Atomen, wann die Hälfte zerfallen sein wird (Halbwertzeit). Neben der Gesetzmäßigkeit gibt es den Zufall, und in ihm sieht Peirce eine Spontaneität verborgen: Was äußerlich als zufällig erscheinen mag, dem liegt innerlich eine Finalität zugrunde. Naturgesetze sind dann nichts anderes als zur Gleichförmigkeit verdichtete Zufälle, also Ausdruck einer zur Gewohnheit herabgesunkenen Freiheit, und Materie ist Geist, »der unter die fast vollständige Herrschaft von Gewohnheit geraten ist« (C. S. Peirce, 1991, S. 138). Spontaneität aber ist Freiheit, die sich als solche artikuliert. So kann ein physikalisches Phänomen wie die Kosmogenese oder die Biogenese philosophisch sinnvoll erklärt werden.

Wie bei Aristoteles jedes Seiende aus Materie und Form besteht, so sind bei Peirce Materie und Geist die Kehrseiten derselben Medaille: Nur denkt ersterer statisch, letzterer aber evolutiv. Wenn der Zufall eine Vorform der Freiheit ist, ergibt sich ein Weltbild, in dem der Mensch als solcher einen sinnvollen Ort erhält. Der Mensch ist in die Natur eingegliedert. Das absolut gesetzte, nur in blindem Zufall und zwingender Notwendigkeit denkende naturwissenschaftliche Weltbild kann dagegen, wird es zum erschöpfenden Weltbild erklärt, den

Menschen nur begreifen als einen »Zigeuner am Rande des Universums ..., das für seine Musik taub ist und gleichgültig gegen seine Hoffnungen, Leiden und Verbrechen« (J. Monod, 1975, S. 151).

Daß Zufall und Freiheit keine Gegensätze sind, läßt sich an einem einfachen Beispiel klarmachen: Wenn ein Jäger einen Hasen mit einer Schrotflinte schießt, so ist die Bahn jeder Kugel zufällig. Rein physikalisch gesehen, ist der Hase zufällig erschossen worden. In Wirklichkeit aber hat sich der Jäger die Zufallsverteilung der Kugeln zunutze gemacht mit dem *Ziel*, den Hasen zu erlegen. Sieht man in den Ergebnissen der Weltevolution, also im jetzt Seienden, nur ein blindes Zufallsprodukt, so kann man es nur als sinnlosen Abfall chemischer oder physikalischer Prozesse bezeichnen. Will man aber den Dingen dieser Welt einen Sinn zuerkennen, muß man den Zufall, durch den sie – physikalisch betrachtet – entstanden sind, als ein Anzeichen einer tieferliegenden ziel- und zweckgerichteten Freiheit erfassen. Aber auch die Gesetzmäßigkeit verweist, wie gesehen, auf die Freiheit. Insofern ist die Natur als ein Wechselspiel von Zufall und Notwendigkeit ein *finales Geschehen*!

An dem Jägerbeispiel wird aber auch deutlich, daß die Freiheit ein sie aktuierendes Subjekt impliziert. Der Zufall ist nicht selbst Freiheit, sondern verweist auf sie als eine Möglichkeit seiner Deutung. Erst der Mensch kann und muß als in sich frei bezeichnet werden. In der Natur liegt nur eine Vorform von Freiheit, die als solche nur begriffen werden kann, wenn sie von einer unendlichen Freiheit her verfügt ist. Hier kann wissenschaftlich legitim die Rede von Gott einsetzen. Ist die Natur finales Geschehen, dann erweist sie sich notwendigerweise als *kontingent*, also nicht wesensnotwendig existierend, da jeder zielbestimmte Ablauf auf ein Handlungs*subjekt* verweist. Ein Vakuum, das in Materie und Antimaterie zerfällt, kann eben aufgrund dieser seiner Potentialität nicht nichts sein. Vielmehr weist die Entstehung eines solchen Ur-Gegensatzes (wie auch alle weiteren entsprechenden Abläufe innerhalb der Evolution, die durch die Phänomene Zufall und Notwendigkeit gleichermaßen bestimmt sind) auf das Schöpferwirken Gottes hin.

Wir wollen nun nach der ontologischen Struktur des Urstoffes (Materie und Energie im Zustand extrem hoher Dichte) und des Weltganzen fragen und eine Antwort darauf suchen, ob der Urstoff und das Universum geschaffen sind oder nicht (P. W. Atkins, 1984. S. N. Bosshard, 1985. H. T. Brik, 1977. P. C. W. Davies, 1986. H. Frauenknecht, 1976. P. v. d. Osten-Sacken, 1981. J. S. Trefil, 1984. B. Parker, 1989). Wir stellen die These auf:

Der Urstoff des Kosmos ist aus nichts von Gott erschaffen.

1. Klärung der Begriffe

»*Schöpfung*« kann eine doppelte Bedeutung haben:

a) Das *Produkt* des Erschaffens, das Erschaffene (= *creatura*). Schöpfung in unserem Zusammenhang wäre dann gleichbedeutend mit Universum, Kosmos oder Weltall, insofern es erschaffen, d. h. aus nichts hervorgebracht ist;
b) die *freie Hervorbringung eines Dinges* (in unserem Fall des ganzen Weltalls = Universums = Kosmos) seinem ganzen Sein nach *aus nichts* (= *creatio*). In diesem Sinn wird in unserer These von Schöpfung geredet.

Hervorbringen aus nichts bedeutet nun nicht, daß dem Erschaffen zeitlich »nichts« vorausgegangen sein müßte, auch nicht, daß »nichts« eine Art Stoff ist, aus dem das Erschaffene hervorgebracht wurde, noch bedeutet es, daß keine Wirkursache für die Hervorbringung vorhanden sei, sondern es bedeutet einzig, daß das Erschaffene aus keinem vorliegenden Stoff hervorgebracht wurde. Gott bedeutet in dieser These die Seinskausalität, die verantwortlich ist für die Entstehung alles jenes Seienden, in welchem Wesen und Sein nicht identisch sind. Jede vom Erschaffen im eben definierten Sinn verschiedene Hervorbringung ist eine Tätigkeit an etwas schon Vorliegendem, das dadurch verändert wird. Das wäre z. B. der Fall, wenn ein Universum zugrunde ginge und daraus wieder ein neuer Kosmos entstünde (Modell der pulsierenden Kosmoi).

Schöpfung in dem hier verstandenen Sinne ist daher kein zeitlicher Vorgang, obwohl mit ihr Zeit beginnt und mit ihr geschaffen wird (F. L. Boschke, 1979. R. Breuer, 1984. G. Heinemann, 1986. M. Horvat, 1984. N. A. Luyten, 1981. A. Reisl, A. Mohler, 1983. R. Rost, 1974). Zeit ist notwendig auf Raum und Materie bezogen, d. h. nur dort, wo »Raum« ist, innerhalb dessen sich Materie verändert, ist es möglich, von »Zeit« zu sprechen.

Schöpfung (= Erschaffen) wird hier als Tätigkeit Gottes bezeichnet. Sie ist als solche eine *innere, freie Willenstat*, die nicht verschieden ist von seinem Wesen, und deren Mächtigkeit nach außen die Welt als Wirkung hat. Das Wollen ist eine personale Kategorie und bietet sich in unserem Erfahrungskreis als die höchste Weise des Wirkens an. Gewolltes Wirken unterscheidet sich von naturhaftem Wirken erst dann deutlich, wenn es als *freies* Wirken gedacht wird. Das Geschaffene wäre kraft seines Wesens nicht notwendig existent, ebenso wenig kraft einer notwendig wirkenden Ursache. Das Geschaffene hat Dasein aus der Freiheit eines Grundes, der darum auch nicht hätte zu schaffen brauchen.

Das Erschaffen als freie Willenstat Gottes kann nicht verschieden sein von

Gottes Wesen, das unendliche Fülle ist, da sie ihm sonst irgendwie von außen zukäme, sie würde ihn bereichern, sie machte einen unendlich vollkommenen Gott noch vollkommener; es ist leicht einsichtig, daß dies eine Unmöglichkeit ist.

Schöpfung soll jetzt in dem eben definierten *theistischen* Sinn abgesetzt werden von einer

* Schöpfung in einem *neutralen* Sinn, wobei nicht angegeben wird, welcher Art die abhängige Entstehung der Welt vom Absoluten ist;
* *pantheistischen* Schöpfung, in welcher entweder eine irgendwie geartete Entfaltung des Absoluten in die zahllosen Formen unter Wahrung der substantiellen Identität mit dem Absoluten angenommen wird, oder eine echte, aber notwendige und somit nicht freie Hervorbringung des Weltseins (durch diese Notwendigkeit werden Gott und Welt polare, sich gegenseitig fordernde Gegensätze).
* Ein *Ausfließen* der Geschöpfe aus Gottes Wesen, *Emanation* genannt, läßt sich auch nicht denken, da ein solches Hervorgehen Gott seinsärmer machen und die Geschöpfe kraft formell göttlichen Seins existieren lassen müßte; aber das ureigene göttliche Sein kann niemals das formelle Eigensein von etwas Nichtgöttlichem werden.

Diese drei genannten Auffassungen (Schöpfung im neutralen Sinn, Pantheismus, Emanation) widersprechen der echten Unendlichkeit, Transzendenz und Einmaligkeit Gottes und zerstören sie.

Theologische Quelle: Über diese eben genannten Attribute lehrt das 1. Vatikanische Konzil: »Dieser alleinige wahre Gott hat in seiner Güte und ›allmächtigen Kraft‹ – nicht um seine Seligkeit zu vermehren, noch um Vollkommenheit zu erwerben, sondern um seine Vollkommenheit zu offenbaren durch die Güter, die er den Geschöpfen gewährt – aus völlig freiem Entschluß ›vom Anfang der Zeit an aus nichts zugleich beide Schöpfungen geschaffen, die geistige und die körperliche, nämlich die der Engel und die der Welt: und danach die menschliche, die gewissermaßen zugleich aus Geist und Körper besteht (4. Konzil im Lateran: DS 800)« (DS 2002, Vat. I., Dogm. Konstitution »Dei Filius«). Das Konzil formuliert damit das Hauptargument gegen den Pantheismus, behauptet die Freiheit Gottes im Erschaffen der Welt und benennt zugleich das Ziel dieser so erschaffenen Welt (P. Hünermann, 1991).

Daß Gott die Welt durch Schöpfung im oben definierten theistischen Sinn hervorgebracht hat, ergibt sich aus der Kontingenz der Welt. Darum hat der Beweis hier anzusetzen. Dazu ist wichtig, zu bemerken, daß eine psychologische Offenheit vorausgesetzt ist, sich auf solche Gedankengänge einzulassen. Der Mensch ist frei, sich auf diese Gedankengänge einzulassen oder nicht. Es soll aufgezeigt werden, daß es der Vernunft entspricht, Gott als Wirkursache allen endlichen Seins anzunehmen.

2. Beweisführung

»Für alle metaphysischen Gottesbeweise gilt: ‹Den Anfang macht jeweils eine Aussage elementarer Welterfahrung, wie sie als Urmodell aller Wirklichkeitserfahrung zugrunde liegt› (G. Ebeling, 1965, S. 98). Der Beweis aus der Veränderung beruht auf der wohl elementarsten Welterfahrung allgemein-ontologischer Relevanz: Welt als in ›Bewegung‹ begriffen, als Werden, Werdesein.« (H. Ogiermann, 1981, S. 57)

2.1 *Veränderung ist Übergang vom Möglichen ins Wirkliche*

Man erkennt das Anderswerden, Neuwerden, an verschiedenen Stufen, Formen und Strukturen von Sichveränderndem. Der Kosmos erweist sich (sowohl in der Annahme eines nur einzigen Kosmos, als auch in der Annahme von verschiedenen, aufeinander folgenden Weltallen) als veränderlich. Denn das Weltall als Ganzes dehnt sich aus und ändert dadurch die Raumbeziehung der einzelnen Galaxien oder Galaxienhaufen zueinander. Auch die Materie (Masse) und die Energie sind veränderlich nach der Einsteinschen Formel:

$$E = m \times c^2 ,$$

d. h. Materie kann in Energie verwandelt werden, und Energie kann sich in Materie verwandeln. Ein Beispiel für die Materialisation der Energie ist die Beobachtung von Anderson 1932 bzw. Blackett 1933 (H. T. Brik, 1977, S. 49–51), daß sehr energiereiche Quanten, denen die Strahlung hoher Frequenz und kleiner Wellenlänge entspricht, im starken Feld der Atomkerne Elektronenzwillinge, das sind Paare von Elektronen (e^-) und Positronen (e^+), erzeugen. Auch das zur Materialisation der Energie konträre Beispiel konnte festgestellt werden. Treffen nämlich ein Elektron (e^-) und ein Positron (e^+) aufeinander, so entsteht reinste Energie in Form eines Gamma-Quants.

2.2 *Veränderung ist ein Indiz für Kontingenz*

Möglichkeit auch anders sein zu können.

Veränderung ist ontologisch analysiert ein Doppelbegriff. Er besagt Möglichkeit und Wirklichkeit. Der jeweils neue Zustand ist zuvor in der Möglichkeit vorhanden. Man kann dabei nicht von einem Übergang des einen Zustandes in den anderen sprechen, sondern der gegenwärtige Zustand muß das, was einmal erscheint, in sich enthalten. Daraus ergibt sich, daß das Hervorgehen der Wirklichkeit einer Bestimmung aus ihrer Möglichkeit sich als Übergang zu einem Mehr an Realität vollzieht. Die Wirklichkeit bedeutet gegenüber der bloßen Möglichkeit ein höheres Seinsniveau. Veränderung ist also der Übergang von der Möglichkeit einer realen Bestimmung in deren Wirklichkeit, wobei ein Mehr an Sein erreicht wird. (Weizenkorn)

Das immer neue Entstehen von Strukturen und Soseinsgehalten stellt eine Kette von Aktualitäten dar, wenn diese Soseinsgehalte vollzogen werden. Aus der Tatsache, daß jetzt irgendeine angebbare Zuständigkeit sich aktuiert, folgt noch nicht, daß eine weitere, zukünftige schon aktuell ist. Diese muß erst für sich eigens vollzogen werden. Das heißt:

> Die jeweiligen Realvollzüge sind kontingent.

Kontingent bedeutet: nicht-wesensnotwendig. Wäre z. B. eine solche Aktualität wesensnotwendig, dann müßte ein bestimmter Zustand schlechthin und für immer gegeben sein. Er könnte niemals nicht existieren. Kausalität wäre in diesem Fall widersinnig, denn Anfangen und Enden gelten als Zeichen von Kontingenz. Etwas ist wesensnotwendig, wenn es aufgrund seines Wesens notwendig existiert. Etwas, das sich verändert, kann seine Existenz nicht notwendig haben, sondern muß sie etwas anderem verdanken. Es trägt den Grund seines So-Seins nicht in sich selbst und hat sein Sein nicht aus sich selbst. Daraus folgt:

Es ist eine ontologische Erklärung vonnöten für den Übergang des Universums von einem in den anderen Zustand (z. B. von der Kontraktion in die Expansion – oder von den verschiedenen Zeitstufen und Raumkonstellationen des Kosmos).

Es geht hier nicht um eine naturwissenschaftliche Erklärung, sondern es wird nach einer ontologischen, einer seinsmäßigen Erklärung für diesen Übergang gesucht. M. a. W.: was auf kontingente Weise existiert, braucht einen ontologischen, also nicht nur einen logischen Grund für seine Existenz. Es ist ein ontologischer Ermöglichungsgrund, ein Seinsprinzip für die Existenz von kontingenten Seienden notwendig.

2.3 »*Das Mehr an Sein, der Überschuß an Realität, verlangt eine Ursache, die es hervorbringt.*« (H. Ogiermann, 1974, S. 142).

Es soll einmal angenommen werden, ein bestimmtes Kontingentes existiere nicht. In diesem Fall wäre es zumindest möglich, und zwar realmöglich. Möglichkeit unterscheidet sich von Unmöglichkeit durch ihren Bezug zur Wirklichkeit. Hätte die Möglichkeit diesen Bezug zur Wirklichkeit nicht, wäre sie Unmöglichkeit. Der Bezug zur Wirklichkeit setzt Wirklichkeit voraus. Bezug auf nichts wäre ja kein Bezug. Natürlich kann diese Wirklichkeit, auf die sich die Möglichkeit bezieht, nicht schon formelle Wirklichkeit sein, da man sonst in den Widerspruch geraten würde, daß diese Wirklichkeit notwendig wäre. Um dies zu vermeiden, verlegt man die Wirklichkeit des Möglichen in eine *andere Wirklichkeit*, die die Wirklichkeit des Möglichen (auf ihre Weise) mit ist. Daraus folgt, daß Kontingentes in seiner ontologischen Struktur nur möglich ist, wenn seine Wirklichkeit in einer ursprünglichen anderen Wirklichkeit mitgegeben ist.

Wenn nun das Kontingente formelle Wirklichkeit besitzt, dann nur von jener anderen Wirklichkeit her, durch die die Wirklichkeit des Kontingenten überhaupt möglich ist.

2.4 *Die Wirkursache besitzt mindestens ebensoviel Sein wie das Bewirkte*

Denn der Bezug des Möglichen auf seine Wirklichkeit fordert offensichtlich, daß diese Wirklichkeit im Ausmaß, im Umfang des zu verwirklichenden Möglichen vorausgegeben ist.

Es gibt nur zwei logische Möglichkeiten für eine Wirkursache:

* entweder diese Wirkursache ist selbst wieder durch eine andere kontingente Wirkursache verwirklicht und hervorgebracht,
* oder diese Wirkursache existiert aus sich selber notwendig.

Für die erste Möglichkeit müßte man eine unendliche Kette endlicher Wirkursachen annehmen. Hier soll jetzt gezeigt werden, daß dies real unmöglich ist.

2.5 *Eine aktual unendliche Reihe von Kontingentem ist unmöglich*

In einer aktual unendlichen Reihe von verursachten Ursachen, bedingten Bedingungen, besteht niemals die Möglichkeit, auch nur eine der Ursachen als gesetzt, als gegeben anzusehen, auch nur eine der Bedingungen als gegeben, als erfüllt zu betrachten. Jede Ursache dieser Reihe gibt es nur bedingterweise, und die Rückfrage nach den Bedingungen kommt auf keine Bedingung, die einfachhin gesetzt wäre, keine dieser Bedingungen »ist« wirklich. Eine Ursache außerhalb der Reihe, eine nicht-kontingente Ursache, die absolut ist, ergibt sich als notwendig.

Eine andere kontingente Wirkursache steht wie das zu Bewirkende von sich aus nur in ontologischer Möglichkeit zur korrespondierenden Wirklichkeit. Die ontologische Möglichkeit besagt ein Minus an Realität gegenüber ihrer Verwirklichung. Die sie erfüllende Wirklichkeit bedeutet ein Plus an Realität, ein Mehr an Sein. Das Weniger an Sein kann nicht für das Mehr aufkommen, das Unvollkommene nicht für das Vollkommene. Begründen bedeutet Realität mitteilen, etwas zur Realität bringen. Dieses vermag aber nur eine Ursache, die diese Realität bereits besitzt, sie innehat.

2.6 Gott ist diese Erstursache

»Erste« Ursache heißt er nicht deshalb, weil Gott als erstes Glied einer Ursachenkette fungiert, sondern weil er selbst nicht wieder verursacht, vielmehr ganz von sich selbst her ist. Aus dem Vorhergegangenen erschließt sich die Notwendigkeit eines Absoluten, dessen Sein, Existenz mit ihm selbst, seinem Wesen formal identisch ist. Es ist ein Seiendes, das als *reine Wirklichkeit (actus purus)* aufgefaßt werden muß. Jegliche Potenzialität, im Sinne passiver Potenz, ist dabei ausgeschlossen. Dieses Seiende *ist* alles, was es sein kann, ohne jede Differenz von Seinkönnen und Sein.

Daraus ergibt sich zusammenfassend:

* Es handelt sich bei dieser Ursache nicht um eine naturwissenschaftlich-empirische, d. h. um eine, die unmittelbar aus der Erfahrung heraus bekannt wird. Es handelt sich ebenfalls nicht um eine mathematische oder logische Ursache, sondern einzig um eine alle empirischen, mathematischen und logischen Ursachen erst ermöglichende und tragende ontologische, seinsmäßige Wirk-Ursache.
* Genauso ist es falsch, diese Ursache als Erstursache in einer Reihe von Ursachen zu erblicken. Vielmehr ist diese Erst- und Letztursache allem und jedem übergeordnet, es ermöglichend und tragend, es transzendierend. Nicht nur jedes Glied einer Kette wird von ihr verursacht, sondern die Kette als Ganze.

Diese Erst- und Letztursache muß notwendig, auf Grund ihres Wesens, existieren. Das heißt aber nichts anderes als: in ihr müssen Wesen und Sein, Sosein und Dasein in eins fallen und identisch sein. Diese Ursache wird in der scholastischen Tradition und in der Religionsphilosophie ganz allgemein »Gott« genannt, der actus purus, das esse absolutum, dem Personalstruktur als Ursache von Personen (Menschen) zukommen muß.

Dieser Gott muß frei sein, weil Menschen, die von ihm ihr kontingentes Sein haben, auf kontingente Weise frei sind. Gott muß frei sein in einer unüberbietbaren Weise, analog zum menschlichen Freisein. Gott muß Personsein zukommen, weil Menschen sich als Personen erfahren und es in der Tat auch sind, aber eben auf kontingente Weise. Gott muß Personsein haben in einem ganz anderen, absoluten Sinn, analog zum menschlichen Personsein.

C) EINWÄNDE VON B. RUSSELL UND I. KANT

Versuchen Sie sich bitte selbst ein Urteil über den Einwand gegen den Kontingenzbeweis zu bilden, wie er z. B. von BERTRAND RUSSELL (1872–1970) vorgebracht wird: »Ich möchte behaupten, daß das Wort ›notwendig‹ sinnvoll nur auf Urteile angewandt werden kann, und zwar auf analytische, d. h. auf solche, die zu leugnen ein Widerspruch in sich selbst wäre ... Meiner Ansicht nach ist das Wort ›notwendig‹ ein sinnloses Wort, außer wenn es auf analytische Urteile und nicht auf Dinge angewandt wird.« (B. Russell, 1980, S. 181–182) Oder an anderer Stelle: »Jeder existierende Mensch hat eine Mutter, und Ihr Argument lautet daher, wie mir scheint, daß deshalb die ganze Menschheit eine Mutter haben müsse, aber offenbar hat die Menschheit keine Mutter – das ist ein anderer logischer Bereich ... Ich sehe jedoch keinerlei Anlaß für diese Annahme, daß nicht nur jedes einzelne Ding in der Welt, sondern die Welt als Ganzes eine Ursache haben muß ... Ein Physiker sucht nach Ursachen. Das bedeutet nicht unbedingt, daß es Ursachen überall gibt. Ein Mann kann nach Gold suchen, ohne anzunehmen, daß es überall Gold gibt. Wenn er Gold findet, gut und schön; findet er keins, hat er eben Pech.« (B. Russell, 1980, S. 188. 190)

Für KANT (1957) liegt dem Schluß von Bedingtem auf Unbedingtes die Anwendung der Kategorie der Kausalität zugrunde, die doch nur innerhalb der Welt der Erscheinungen Gültigkeit haben kann. Er schreibt: Unter »den trüglichen Grundsätzen ... befindet sich ... der transzendentale Grundsatz von Zufälligem auf eine Ursache zu schließen, welcher nur in der Sinnenwelt von Bedeutung ist, außerhalb derselben aber auch nicht einmal einen Sinn hat« (Kritik der reinen Vernunft, II 540 f.).

Der kosmologische Gottesbeweis setzt in bezug auf die Kausalität die Unmöglichkeit eines Rückgangs ins Unendliche voraus. Auch dieser Schluß ist nach Auffassung Kants unhaltbar. Zu den »dialektischen Anmaßungen« des kosmologischen Beweises gehöre »der Schluß, von der Unmöglichkeit einer unendlichen Reihe über einander gegebener Ursachen in der Sinnenwelt auf eine erste Ursache zu schließen, wozu uns die Prinzipien des Vernunftgebrauchs selbst in der Erfahrung nicht berechtigen, viel weniger diesen Grundsatz über dasselbe (wohin diese Kette gar nicht verlagert werden kann) ausdehnen können« (Kritik der reinen Vernunft, II 540 f.).

Antwort auf Kants Einwände nach H. Ogiermann

Kant beschreibt also »Ursache« als Kategorie im Rahmen seiner transzendentalen Reduktion. Er schränkt auf diese Weise den transzendentalen Grundsatz der Kausalität auf den phänomenalen Bereich (= endliches, weltliches Sein) ein und schafft somit die Unmöglichkeit, auf eine ›erste‹ Ursache zu schließen. Dagegen ist zu sagen: Metaphysische Kausalität überträgt nicht einfach von einer spezifizierten Kausalbestimmung ausgehend auf ein ›Höheres‹; »die metaphysische Reflexion entwickelt die Idee des Grundes und der Ursache im Hinblick auf das Kontingente, und zwar das kontingente Sein, und so gelangt sie primär, ursprünglich, in der Konsequenz ihres Ansatzes zu *dem* Grunde, *der* Ursache, zu Gott« (H. Ogiermann, 1974, S. 157, auch gegen J. Schmucker, 1969).

Außerdem erhebt sich Skepsis, ob Gott als absolut notwendiges, wesensnotwendiges Sein gedacht werden könne, das Kontingente hinwiederum als das nicht Wesensnotwendige. Es handelt sich um Kants Versuch der Reduktion des kosmologischen Argumentes auf das ontologische. Nach I. Kant verstößt die Selbstbegründung durch Wesensnotwendigkeit gegen die gesunde Vernunft, insofern der Grund für den Seinsakt Gottes im ontologisch vorausliegenden Wesen Gottes (als »Grund« muß er vorausliegen) gesucht wird, dann aber Gottes Wesen als Potenzialität gegenüber dem Seinsakt als Aktualität gedacht wird (H. Ogiermann, 1974, S. 153). Kant legt dabei den Begriff der absoluten Notwendigkeit nach dem Muster analytischer Sätze zugrunde. Im Kontingenzargument jedoch ist absolute Notwendigkeit im Horizont der Unmöglichkeit kausaler Abhängigkeit zu verstehen. Jedoch auf »keinen Fall soll Selbstbegründung ›kraft des Wesens‹ anderes bedeuten als Grund des göttlichen Seins in der formalen Identität von Wesen und Sein; nicht so sehr das ›Wesen‹ begründet, sondern die reine Identität von Wesen und Sein, und genau deshalb ist Gottes Sein einfachhin mit seinem Wesen gegeben, daher wesensnotwendig« (H. Ogiermann, 1974, S. 154).

Bei ›absolut notwendig‹ handelt es sich um eine Wesensverhaltaussage: »Ich darf also nicht sagen: was ich als unendlich denke, ist, und zwar mit und aus absoluter Notwendigkeit, sondern nur, es existiert, wenn es ist, mit und aus absoluter Notwendigkeit.« (H. Ogiermann, 1970, S. 101 gegen J. Schmucker, 1969.)

Die Kontingenz des endlich Seienden muß zudem eigens abgeleitet werden, und zwar nicht aus »bloßen Begriffen«. Kants Reduktion des kosmologischen auf den ontologischen Gedankengang bleibt also uneinsichtig.

Aichelburg, P. C.; Sexl, R. U. (Hrsg.), Albert Einstein. Sein Einfluß auf Physik, Philosophie und Politik. Braunschweig, Wiesbaden: Vieweg, 1979.

Albrecht, A.; Brandenberger, R.; Turok, N., Cosmic strings and cosmic structure: New Scientist 114, No.1556 (16. 4. 1987),40–44.

Alfvén, H., Kosmologie und Antimaterie. Über die Entstehung des Weltalls. Frankfurt/M: Umschau, ^{2}1969.

Altner, G. (Hrsg.), Die Welt als offenes System. Eine Kontroverse um das Werk von Ilya Prigogine. Frankfurt/M: Fischer, 1986.

Appenzeller, I., Kosmologie: Struktur und Entwicklung des Universums. Heidelberg: Spektrum-der-Wissenschaft-Verlagsgesellschaft, 1984.

Arp, H. C., Der kontinuierliche Kosmos. Vergangenheit und Zukunft des Universums. In: Mannheimer Forum 92/93. München: Piper, 1993. 113–173.

Asimov, I., Die Schwarzen Löcher. Köln: Kiepenheuer & Witsch, 1979.

Asimov, I., Die exakten Geheimnisse unserer Welt. Kosmos, Erde, Materie, Technik. München: Droemer/Knaur, 1985.

Atkins, P. W., Schöpfung ohne Schöpfer. Was war vor dem Urknall?. Reinbek b. Hamburg: Rowohlt, 1984.

Barrow, J. D., Theorien für alles. Die philosophischen Ansätze der modernen Physik. Heidelberg: Spektrum Akademischer Verlag, 1992.

Barrow, J. D.; Silk, J., Die Struktur des Universums: Spektrum der Wissenschaft 6/1980, 78–89.

Barrow, J. D.; Silk, J., The invisible Universe: New Scientist 103, No. 1419 (30. 8. 1984), 28–30.

Barrow, J. D.; Silk, J., Die asymmetrische Schöpfung. München, Zürich: Piper, 1986.

Barrow, J. D.; Tipler, F. J., The Anthropic Cosmological Principle. Oxford: Clarendon Press, 1986.

Baumann, K.; Sexl, R. U., Die Deutung der Quantentheorie. Braunschweig, Wiesbaden: Vieweg, ^{2}1986.

Becsi, K., Galaktische Philosophie. Der Mensch als Meister des Universums. Wien, Düsseldorf: Econ, 1979.

Beinert, W., Christus und der Kosmos. Perspektiven zu einer Theologie der Schöpfung. Freiburg, Basel: Herder, 1974.

Bethe, H. A.; Brown, G., Wie eine Supernova explodiert: Spektrum der Wissenschaft 7/1985, 54–63.

Binder, H., Probleme der Wirklichkeit. Von der Naturwissenschaft zur Metaphysik. Bern, Stuttgart: Huber, 1975.

Bleecken, S., Welches sind die existentiellen Grundlagen lebender Systeme?: Naturwissenschaften 77 (1990), 277–282.

Blome, H. J.; Priester, W., Urknall und Evolution des Kosmos. Teil I, Einstein-Friedmann-Kosmos und das Neutrino-Problem: Naturwissenschaften 71 (1984), 456–467.

dies., Urknall und Evolution des Kosmos. Teil II, Inflationärmodifizierter Urknall und Eschatologie des Kosmos: Naturwissenschaften 71 (1984), 515–527.

Blome, H. J.; Priester, W., Vacuum Energy in a Friedmann-Lemaître-Cosmos: Naturwissenschaften 71 (1984), 528–531.

Blome, H. J.; Hoell, J.; Priester, W., Neue Aspekte der Kosmologie. Bonn: Institut für Astrophysik und Extraterrestrische Forschung der Universität Bonn, 1988.

Bludman, S. A., Thermodynamics and the end of a closed Universe: Nature 308 (22. 3. 1984), 319–322.

Bondi, H.; Gold, T., The steady-state theory of the expanding universe: Monthly Notices of the Royal Astronomical Society 108 (1948), 252–272.

Born, M., Die Relativitätstheorie Einsteins. Berlin, Heidelberg: Springer, [5]1969.

Boschke, F. L., Erde von anderen Sternen. Der Flug der Meteorite. Düsseldorf, Wien: Econ, 1965.

Boschke, F. L., Und 1000 Jahre sind wie ein Tag. Die Zeit, das unverstandene Phänomen. München: Bertelsmann, 1979.

Boslough, J., Jenseits des Ereignishorizonts. Stephen Hawking's Universum. Reinbek bei Hamburg: Rowohlt, 1985.

Boss, A., Kollaps interstellarer Wolken und Sternenentstehung: Spektrum der Wissenschaft 3/1985, 62–67.

Bosshard, S. N., Erschafft die Welt sich selbst? Die Selbstorganisation von Natur und Mensch aus naturwissenschaftlicher, philosophischer und theologischer Sicht. Freiburg, Basel: Herder, 1985. Quaest. disputatae, Nr. 103.

Braunbeck, W.; Röttel, K., Forscher an den Wurzeln des Seins. Die abenteuerliche Welt der Elementarteilchen. Düsseldorf, Wien: Econ, 1981.

Breidbach, O., Zur Verifikation des schon immer Gewissen. Vom Mythos des scientalen Fatalismus. In: H. Schrödter (Hrsg.), Die neomythische Kehre. Aktuelle Zugänge zum Mythischen in Wissenschaft und Kunst. Würzburg: Königshausen & Neumann, 1991. 171–195.

Bresch, C., Unser Universum ist balanciert: Agemus-Rundbrief. Freiburg, Frühjahr 1983, 53–55.

Breuer, R., Kontakt mit den Sternen. Frankfurt/M: Umschau, 1978.

Breuer, R., Inflation im All: Die ZEIT, Nr. 43 (21. 10. 1983), 40.

Breuer, R., Die Pfeile der Zeit. München: Meyster, 1984.

Briggs, J.; Peat, F. D., Die Entdeckung des Chaos. München, Wien: Hanser, 1990.

Brik, H. T., Das Rätsel der Schöpfung. Aschaffenburg: Pattloch, 1977.

Brush, S. G., Die Anfänge der Kosmologie als Wissenschaft: Spektrum der Wissenschaft 10/1992, 100–107.

Burger, H., Zeit, Natur und Mensch. Berlin: A. Spitz, 1986.

Calder, N., Einsteins Universum. Frankfurt/M: Umschau, 1980.

Calder, N., Schlüssel zum Universum. Das Weltbild der modernen Physik. Hamburg: Hoffmann & Campe, 1981.

Calder, N., Chronik des Kosmos. Unsere Welt im Strom der Zeit. Frankfurt/M: Umschau, 1984.

Clark, R. W., Albert Einstein – Leben und Werk. Berlin, München: Herbig Verlagsbuchhandlung, 1979.

Contopoulos, G.; Kotsakis, D., Cosmology. The Structure and Evolution of the Universe. Berlin, Heidelberg: Springer, 1987.

Davies, P. C. W., Mehrfachwelten. Entdeckungen der Quantenphysik. Düsseldorf, Köln: Diederichs, 1981.

Davies, P. C. W., Geburt und Tod des Universums: Mannheimer Forum 83/84, 1983, 9–78.

Davies, P. C. W., Gott und die moderne Physik. München: Bertelsmann, 1986.

Davies, P. C. W., Die Urkraft. Auf der Suche nach einer einheitlichen Theorie der Natur. Hamburg: Rasch & Röhrig, 1987.

Davis, M.; Efstathiou, G., et al., The end of cold dark matter?: Nature 356 (1992), 489–494.

Delbrück, M., Eine Verschwörung der Natur: Mannheimer Forum 85/86 (1985), 9–46.

Dicus, D. A.; Letaw, J. R., u. a., Die Zukunft des Universums: Spektrum der Wissenschaft 5/1983, 118–130.

Ditfurth, H. v., Kinder des Weltalls. Hamburg: Hoffmann & Campe, 1970.

Ditfurth, H. v., Im Anfang war der Wasserstoff. Hamburg: Hoffmann & Campe, 1972. München: dtv, 1981.

Ditfurth, H. v., Wir sind nicht nur von dieser Welt. Hamburg: Hoffmann & Campe, 1981.

Doebel, G., Die Sonne. Stern des Lebens. Stuttgart: Franckh'sche Verlagshandlung, 1975.

Dosch, G., Teilchen, Felder und Symmetrien. Quantenfeldtheorie und die Einheit der Naturgesetze. Heidelberg: Spektrum-der-Wissenschaft-Verlagsgesellschaft, [2]1985.

Dressler, A., Die großräumigen Eigenbewegungen der Galaxien: Spektrum der Wissenschaft 11/1987, 88–99.

Ebeling, G., Existenz zwischen Gott und Gott. Ein Beitrag zur Frage nach der Existenz Gottes: Zeitschrift f. Theologie u. Kirche 62 (1965), 86–113.

Ehlers, J.; Börner, G., Gravitation. Heidelberg: Spektrum-der-Wissenschaft-Verlagsgesellschaft, 1987.

Einstein, A., Über die spezielle und allgemeine Relativitätstheorie. Braunschweig: Vieweg, [22]1972.

Elsässer, H., Die Entstehung der Welt. Wege zu den Anfängen des Universums: Universitas 38 (1983), 629–635.

Elsässer, H., Weltall im Wandel. Die neue Astronomie. Stuttgart: DVA, 1985.

Erikson, K. E.; Islam, S. K., Der erste Tag. Wie die Energie entstand: Bild der Wissenschaft 2/1983, 112–120.

Fahr, H. J., Die Explosion des Universums. Materie, die aus dem Nichts kommt: Umschau 84 (1984), 678–683.

Fahr, H. J., Das aufgeblasene Universum: Bild der Wissenschaft 7/1984, 78–87.

Ferguson, K., Das Universum des Stephen Hawking. Düsseldorf, Wien: Econ, 1992.

Feynman, R. P., Die seltsame Theorie des Lichts und der Materie. München: Piper, [3]1990.

Feynman, R. P., Quantenelektrodynamik. München, Wien: Oldenbourg, [3]1992.

Feynman, R. P., Vom Wesen physikalischer Gesetze. München: Piper, 1993.

Feynman, R. P.; Leighton, R. B.; Sands, M., Feynman Vorlesungen über Physik 3 Bde. München, Wien: Oldenbourg, [2]1991–1992.

Frauenknecht, H., Urknall, Urzeugung und Schöpfung. Ein Informationsbuch zum Dialog zwischen Naturwissenschaft und Glauben. Wiesbaden: Brockhaus, 1976.

Freedman, D. Z.; Nieuwenhuizen, P. v., Die verborgenen Dimensionen der Raumzeit: Spektrum der Wissenschaft 5/1985, 78–86.

Freedman, W. L., Die Expansionsgeschwindigkeit des Universums: Spektrum der Wissenschaft 1/1993, 46–52.

French, A. P. (Hrsg.), Albert Einstein, Wirkung und Nachwirkung. Braunschweig, Wiesbaden: Vieweg, 1985.

Freytag, W., Das Gesetz des Alls. Weltbild aus medizinisch-naturwissenschaftlicher Sicht. Berlin, München: Herbig, ^{3}1982.

Friedmann, H., Die Sonne. Aus der Perspektive der Erde. Heidelberg: Spektrum-der-Wissenschaft-Verlagsgesellschaft, 1987.

Fritzsch, H., Quarks. Urstoff unserer Welt. München, Zürich: Piper, ^{3}1981.

Fritzsch, H., Vom Urknall zum Zerfall. Die Welt zwischen Anfang und Ende. München, Zürich: Piper, 1983.

Fritzsch, H., Die große Vereinheitlichung: Bild der Wissenschaft 6/1983, 78 – 87.

Fritzsch, H., Eine Formel verändert die Welt. Newton, Einstein und die Relativitätstheorie. München, Zürich: Piper, 1988.

Gale, G., Das anthropische Prinzip: kein Universum ohne Mensch: Spektrum der Wissenschaft 2/1982, 90–99.

Genz, H., Symmetrie-Bauplan der Natur. München, Zürich: Piper, 1987.

Gerok, W. (Hrsg.), Ordnung und Chaos in der unbelebten und belebten Natur. Stuttgart: Hirzel, 1989.

Goodman, N., Weisen der Welterzeugung. Frankfurt/M: Suhrkamp, 1984.

Gore, R., The once and future Universe: National Geographic 163 (1983), 704 – 749.

Green, M. B., Superstrings: Spektrum der Wiss. 11/1986, 54–68.

Greenstein, G., Der gefrorene Stern. Düsseldorf, Wien: Econ, 1985.

Greiner, W., Elementare Materie, Vakuum und Felder. Die Struktur des Vakuums und der Bausteine der Natur. Heidelberg: Spektrum-der-Wissenschaft-Verlagsges., 1986.

Gribbin, J. (ed.), Cosmology today. London: IPC Magazines Ltd., 1982.

Gribbin, J., One step on from the moment of creation: New Scientist, 103 (9. 8. 1984), 30–31.

Gribbin, J., In search of the missing mass: New Scientist 109, No. 1490 (9. 1. 1986), 37–40.

Gribbin, J., In Search of the Big Bang. Quantum Physics and Cosmology. London: Heinemann, 1986.

Gribbin, J., Auf der Suche nach Schrödingers Katze. Quantenphysik und Wirklichkeit. München, Zürich: Piper, ^{2}1987.

Gribbin, J.; Fall, M.; White, S., The Fate of the Universe: New Scientist 88, No. 1229 (27. 11. 1980), 582–584.

Gribbin, J., Recreating the birth of the Universe: New Scientist 131, No. 1782 (17. 8. 1991), 31–33.

Grison, M., Geheimnis der Schöpfung. Was sagen Naturwissenschaft, Philosophie und Theologie vom Ursprung der Welt, der Lebewesen und des Menschen?. München: Rex, 1960.

Gumin, H.; Meier, H., Die Zeit. Dauer und Augenblick. München, Zürich: Piper, ^{2}1990.

Guth, A. H., The Inflationary Universe: Scientific American 248 (No.2, 1983), 58–59.

Guth, A. H.; Steinhardt, P. J., Das inflationäre Universum: Spektrum der Wissenschaft 7/1984, 80–94.

Haaf, G., Im Anfang war doch der Urknall: Die ZEIT, 3. 2. 1987.

Haas, E., Die Schöpfung. Düsseldorf, Wien: Econ, 1987.

Haber, H., Bausteine unserer Welt. Gütersloh: Bertelsmann. o. J.

Haber, H., Der offene Himmel. Eine moderne Astronomie. Reinbek bei Hamburg: Rowohlt, 1975.

Harari, H., Wie elementar sind Quarks und Leptonen?: Spektrum der Wissenschaft 6/1983, 54–71.

Harrison, E. R., Kosmologie. Die Wissenschaft vom Universum. Darmstadt: Darmstädter Blätter, 1983. [3]1990.

Hartmann, K., Schöpfungsglaube und Naturwissenschaft. Tafeln und Texte für Gemeindearbeit, Unterricht und Erwachsenenbildung. Stuttgart: Quell, 1981.

Harwit, M., Die Entdeckung des Kosmos. München, Zürich: Piper, 1983.

Hawking, S. W., Eine kurze Geschichte der Zeit. Die Suche nach der Urkraft des Universums. Reinbek bei Hamburg: Rowohlt, 1988.

Hawking, S. W., Einsteins Traum. Expeditionen an die Grenzen der Raumzeit. Reinbek: Rowohlt, 1993.

Heckmann, O., Sterne, Kosmos, Weltmodelle. München, Zürich: Piper, [2]1977.

Heinemann, G. (Hrsg.), Zeitbegriffe. Freiburg, München: Alber, 1986.

Hermann, A., Die Jahrhundertwissenschaft. Heisenberg und die Physik seiner Zeit. Stuttgart: DVA, 1977.

Hermann, A., Weltreich der Physik. Von Galilei bis Heisenberg. Berlin, Frankfurt/M.: Ullstein, 1983.

Herrmann, J., Das Weltall in Farbe. Astronomische Objekte farbig fotografiert. Stuttgart: Franckh'sche Verlagshandlung, 1980.

Hewish, A., Radioastronomie und der Aufbau des Universums: Naturwissenschaftliche Rundschau 42 (1989), 429–434.

Hey, T.; Walters, P., The Quantum Universe. Cambridge, New York, Sidney: Cambridge University Press, 1987.

Hiller, H., Die Evolution des Universums. Eine Geschichte der Kosmologie. Frankfurt/M.: Umschau Vlg., 1989.

Hoffmann, B., Einsteins Ideen. Das Relativitätsprinzip und seine historischen Wurzeln. Heidelberg: Spektrum-der-Wissenschaft-Verlagsges., 1988.

Höfling, O.; Waloschek, P., Die Welt der kleinsten Teilchen. Vorstoß zur Struktur der Materie. Reinbek: Rowohlt, 1984.

Horvath, M. (Hrsg.), Das Phänomen Zeit. Wien: Literas, 1984.

Hoyle, F., A new model for the expanding universe: Monthly Notices of the Royal Astronomical Society 108 (1948), 372–382.

Hoyle, F., Die Natur des Universums. Zürich. Atrium, o. J.

Hoyle, F., Das intelligente Universum. Eine neue Sicht von Entstehung und Evolution. Frankfurt/M.: Umschau, 1984.

Huchra, J. P., The Hubble Constant: Science 256 (1992), 321–325.

Hünermann, P. (Hrsg.), H. Denzinger, Kompendium der Glaubensbekenntnisse und kirchlichen Lehrentscheidungen. Freiburg, Basel: Herder, [37]1991.

Jantsch, E., Die Selbstorganisation des Universums. Vom Urknall zum menschlichen Geist. München: dtv, 1982. München, Wien: Hanser, erweiterte Neuauflage, 1992.

Jones, T. W., Do protons decay?: New Scientist, 105, No. 1443 (14. 2. 1985), 49–55.

Joos, G., Das Suchen der Menschheit nach dem Urstoff: Naturwissenschaftliche Rundschau 4 (1951), 189–192.

KANITSCHEIDER, B., Philosophie und moderne Physik. Systeme, Strukturen, Synthesen. Darmstadt: Wissenschaftl. Buchges., 1979.

KANITSCHEIDER, B., Kosmologie. Geschichte und Systematik in philosophischer Perspektive. Stuttgart: Reclam, 1984.

KANITSCHEIDER, B., Das Weltbild Albert Einsteins. München: Beck, 1988.

KANT, I., Allgemeine Naturgeschichte und Theorie des Himmels. 1755. Kants Werke, Bd. 1, Vorkritische Schriften 1. Berlin: Reimer, 1910, S. 215–368.

KANT, I., Kritik der reinen Vernunft.(Hrsg. W. Weischedel.) Frankfurt/M., Darmstadt: Wiss. Buchgesellschaft, 1957.

KAPLAN, S. A., Physik der Sterne. Frankfurt/M., Thun: Deutsch, 1980.

KARAMANOLIS, S., Am Anfang war nur Energie. Neubiberg b. München: Elektra, 1987.

KARAMANOLIS, S., Kosmologie für Jedermann. Neubiberg b. München: Elektra, [2]1987.

KARAMANOLIS, S., So entstand das Universum. Der Urknall und seine Folgen. Neubiberg b. München: Elektra, 1990.

KAUFMANN, W. J., General relativity stands the test of time: New Scientist, 105, No. 1450 (4. 4. 1985), 12–15.

KAUFMANN, W. J., Universe. New York: Freeman, [2]1987.

KERR, R. A., Theoreticians are putting a New Spin on the Planets: Science 258 (23. 10. 1992), 548.

KIPPENHAHN, R., Hundert Milliarden Sonnen. Geburt, Leben und Tod der Sterne. München, Zürich: Piper, [3]1981.

KIPPENHAHN, R., Licht vom Rande der Welt. Das Universum und sein Anfang. Stuttgart: DVA, 1984.

KIPPENHAHN, R., Warum wird es nachts dunkel?: Bild der Wissenschaft 4/1984, 64–74.

KIPPENHAHN, R., Abenteuer Weltall. Stuttgart: DVA, 1991.

KÖHLER, H. W., Die Planeten. Braunschweig, Wiesbaden: Vieweg & Sohn, 1983.

KRAUSE, A.; FISCHER, C., Himmelskunde für Jedermann. Stuttgart: Franckhsche Verlagshandlung, [8]1978.

KRAUTTER, J., Die Entstehung der Sterne. Interstellare Materie. Heidelberg: Spektrum-der-Wissenschaft-Verlagsgesellschaft, 1986.

KREUZER, F.; POPPER, K. R., Offene Gesellschaft – offenes Universum. F. Kreuzer im Gespräch mit K. R. Popper. Wien: Deuticke Verlagsgesellschaft, 1982.

LANGE, H., Raum und Zeit in der klassischen u. in der modernen Philosophie. KFS im Erzbistum Köln. 50/1982 Lehrer-Fortbildungsreihe. Köln: Erzbischöfl. Generalvikariat, 1982, 65–100.

LANGE, H., Kosmologie in der klassischen u. in der modernen Philosophie. KFS im Erzbistum Köln. 50/1982 Lehrer-Fortbildungsreihe. Köln: Erzbischöfl. Generalvikariat, 1982, 101–118.

LAY, R., Die Welt des Stoffes. 1. Bd.: Atom, Quantum, Relativität. Aschaffenburg: Pattloch, [2]1969.

LAY, R., Die Welt des Stoffes. 2. Bd.: Raum, Zeit, Masse. Aschaffenburg: Pattloch, 1966.

LAYZER, D., Das Universum. Aufbau, Entdeckungen, Theorien. Heidelberg: Spektrum-der-Wissenschaft-Verlagsges., 1986.

LAYZER, D., Cosmogenesis. The Growth of Order in the Universe. New York, Oxford: Oxford University Press, 1990.

LEDERMAN, L. M.; SCHRAMM, D. N., Vom Quark zum Kosmos. Teilchenphysik als Schlüssel zum Universum. Heidelberg: Spektrum-der-Wissenschaft-Verlagsges., 1990.

LESLIE, J., Universes. London, New York: Routledge, 1989.

LEWIS, C. S., Wunder, möglich, wahrscheinlich, undenkbar? Basel: Brunnen, ²1980.

LINDE, A., The Universe: inflation out of chaos: New Scientist, 105, No. 1446 (7. 3. 1985), 14–18.

LINDE, A.; GONCHAROV, A. S., Inflationary theory of the universe expands: New Scientist 104, No. 1435/36 (20.+ 27. 12. 1984), 26.

LINDLEY, D., In the beginning: New Scientist 89 (1981), 685–687.

LÖBSACK, T., Die Flucht der Milchstraßen. Letzte Geheimnisse unserer Welt. München: Bertelsmann, 1978.

LOVELL, B., Das unendliche Weltall. Geschichte der Kosmologie von der Antike bis zur Gegenwart. München: Beck, 1983.

LÜST, R., Extraterrestrische Astronomie: Naturwissenschaftliche Rundschau 39 (1986), 11–19.

LUYTEN, N. A. (Hrsg.), Weisen der Zeitlichkeit. Naturwissenschaft und Theologie. Düsseldorf: Patmos, 1981.

MATTHESS, K., Raum und Zeit in der klassischen und der modernen Physik. KFS im Erzbistum Köln. 50/1982 Lehrer-Fortbildungsreihe. Köln: Erzbischöfl. Generalvikariat, 1982, 3–64.

MEIER, D. L.; SUNYAEV, R. A., Galaxien im Frühzustand: Spektrum der Wissenschaft 1/1980, 22–32.

MEURERS, J., Allgemeine Astronomie. Eine Einführung in die Wissenschaft von den großen Massen und Räumen. Freiburg: Rombach, 1972.

MEURERS, J., Kosmologie heute. Eine Einführung in ihre philosophischen und naturwissenschaftl. Problemkreise. Darmstadt: Wissenschaftliche Buchgesellschaft, 1984.

MEYER-BERKHOUT, U., Sind Protonen sterblich?: Naturwissenschaftl. Rundschau 37 (1984), 259–270.

MEYERS HANDBUCH WELTALL (Hrsg. K. Schaifers, G. Traving). Mannheim, Wien: Meyers Lexikonverlag. Bibliographisches Institut, ⁶1984.

MONOD, J., Zufall und Notwendigkeit. München: dtv, ²1975.

MORRISON, P.& P.; EANES, C.& R., Zehn^{hoch}. Dimensionen zwischen Quarks und Galaxien. Heidelberg: Spektrum-der-Wissenschaft-Verlagsgesellschaft, 1985.

MUTSCHLER, H.-D., Mythos »Selbstorganisation«: Philosophie und Theologie 67 (1992), 86–108.

NAVIA, L. E., Unsere Wiege steht im Kosmos. München: Heyne, 1979.

NAVIA, L. E., Das Abenteuer Universum. München: Heyne, 1979.

NEW SCIENTIST, String ties up cosmological packages: New Scientist 114, No. 1560 (14. 5. 1987), 34.

NICK, H., Quantenrealität. Jenseits der neuen Physik. Basel, Boston: Birkhäuser, 1987.

NOWIKOW, I. D., Evolution des Universums. Frankfurt/M., Thun: Deutsch, 1982.

OGIERMANN, H., Die Gottesbeweise »in der Sicht des modernen Menschen«: Theologie und Philosophie 42 (1967), 89–101.

OGIERMANN, H., ‹Buchbesprechung› Schmucker, Josef, Das Problem der Kontingenz der Welt: Theologie u. Philosophie 45 (1970), 100–103.

Ogiermann, H., Sein zu Gott. München: Pustet, 1974.

Ogiermann, H., Es ist ein Gott. München: Berchmans, 1981.

Osten-Sacken, P. v. d., Die neue Kosmologie. Astronomen auf der Suche nach der Wirklichkeit unserer Welt. Düsseldorf, Wien: Econ, [2]1976.

Osten-Sacken, P. v. d., Schöpfung aus dem Nichts. Das Geheimnis vom Ursprung des Universums. Düsseldorf, Wien: Econ, 1981.

Overbye, D., Das Echo des Urknalls. Kernfragen der modernen Kosmologie. München: Droemer Knaur, 1991.

Pagels, H. R., Die Zeit vor der Zeit. Das Universum bis zum Urknall. Berlin, Frankfurt/M.: Ullstein, 1987.

Parker, B., Creation. The Story of the Origin and Evolution of the Universe. New York: Plenum Press, [2]1989.

Peat, F. D., Superstrings. Kosmische Fäden. Hamburg: Hoffmann & Campe, 1989.

Peirce, C. S., Naturordnung u. Zeichenprozeß. Schriften über Semiotik und Naturphilosophie. (Einleitung u. hrsg. v. H. Pape) Frankfurt/M.: Suhrkamp, 1991.

Penzias, A. A.; Wilson, R. W., A measurement of excess antenna temperature at 4080 Mcls.: Astrophys. J. 142 (1965), 419 ff.

Pfleiderer, J. (Hrsg.), Ursprung und Zukunft des Weltalls. Pflanzen, Tiere, Mensch. Frankfurt/M: Umschau; Innsbruck: Pinguin, 1983.

Philbert, B. & K., Das All. Physik des Kosmos. Stein a.Rh.: Christiana, 1982.

Pinkau, K., Die Entstehung der Elemente im Kosmos: Universitas 32 (1977), 1265–1278.

Priester, W., Neue Fortschritte in der Kosmologie: Universitas 37 (1982), 827–832.

Priester, W., Der Urknall – wo blieb die Antimaterie?: Naturwissenschaftl. Rundschau 36 (1983), 11–15.

Priester, W., Urknall und Evolution des Kosmos. Fortschritte in der Kosmologie. Veröffentlichungen d. Rhein. Westf. Akademie der Wiss. Vorträge, Reihe N, Bd. 333. Opladen, Wiesbaden: Westdeutscher Vlg., 1984.

Prigogine, I., Vom Sein zum Werden. Zeit und Komplexität in den Naturwissenschaften. München, Zürich: [2]1980.

Prigogine, I.; Stengers, I., Dialog mit der Natur. Neue Wege naturwissenschaftlichen Denkens. München, Zürich: Piper, 1981.

Quigg, C., Elementarteilchen und die Grundkräfte der Natur: Spektrum der Wissenschaft 6/1985, 110–122.

Reichert, U., Strukturen im frühen Universum entdeckt: Spektrum 6/1992, 18–19.

Reisl, A.; Mohler, A.(Hrsg.), Die Zeit. Schriften der Carl Friedrich von Siemens-Stiftung, Bd. 6. München, Wien: Oldenbourg, 1983.

Rensch, B., Das universale Weltbild. Evolution und Naturphilosophie. Mit Anmerkungen u. Vorwort von F.M. Wuketits. Darmstadt: Wissenschaftl. Buchgesellschaft, [2]1991.

Riordan, M.; Schramm, D. N., The Shadows of Creation. Dark Matter and the Structure of the Universe. New York: Freeman, 1991.

Rost, R., Überwindung des Zeitbegriffs. Hannover: Vogel, 1974.

Rubin, V. C., Dunkle Materie in Spiralgalaxien: Spektrum der Wissenschaft 8/1983, 68–81.

Rucker, R., Die Wunderwelt der vierten Dimension. Ein Kursbuch für Reisen in die höhere Wirklichkeit. Bern, München: Scherz, [2]1987.

RUSSELL, B., Das ABC der Relativitätstheorie. (Neu hrsgg. v. F. Pirani) Reinbek bei Hamburg: Rowohlt, 1979.
RUSSELL, B., Warum ich kein Christ bin. Reinbek b. Hamburg: Rowohlt, 51980.
SÄNGER-BREDT, I., Die kosmischen Gesetze. Ungelöste Rätsel der Schöpfung. Frankfurt/M: Fischer, 1974.
SAGAN, C., Unser Kosmos. Eine Reise durch das Weltall. München, Zürich: Droemer-Knaur, 1982.
SANDAGE, A.; TAMANN, G. A., The Hubble-constant as derived from 21 cm line widths: Nature 307 (26. 1. 1984), 326–329.
SCHILPP, P. (Hrsg.), Albert Einstein als Philosoph und Naturforscher. Braunschweig, Wiesbaden: Vieweg, 1979.
SCHMID-BURGH, J., SCHOLZ, M., Der Urknall. Die Geburt unseres Universums: Umschau 79 (1979), 276–282.
SCHMUCKER, J., Das Problem der Kontingenz der Welt. Versuch einer positiven Aufarbeitung der Kritik Kants am kosmologischen Argument. Freiburg, Basel: Herder, 1969.
SCHNIEPP, H., Die Evolution der Erde. Vergangenheit und Zukunft unseres Planeten. Stuttgart: Franckh'sche Verlagshandlung, 1971.
SCHOPPER, H., Materie und Antimaterie. München: Piper, 1989.
SCHRÖDINGER, E., Expanding Universes. Cambridge: Cambridge University Press, 1957.
SCHRÖDINGER, E., Die Struktur der Raum-Zeit. Darmstadt: Wiss. Buchges. 1987.
SCHUSTER, H. G., Deterministic Chaos. Weinheim: Physik-Verlag, 1984.
SCHWINGER, J., Einsteins Erbe. Die Einheit von Raum und Zeit. Heidelberg: Spektrum-der-Wissenschaft-Verlagsges., 1987.
SCIAMA, D. W., Modern Cosmology. Cambridge: Cambridge University Press, 1975.
SELBSTORGANISATION. Jahrbuch für Komplexität in den Natur-, Sozial- und Geisteswissenschaften. Hrsg. von U. Niedersen. Bd. 1 (1990). Selbstorganisation und Determination. Bd. 2 (1991). Der Mensch in Ordnung und Chaos. Bd. 3 (1992) Konzepte von Chaos und Selbstorganisation in der Geschichte der Wissenschaften. Berlin: Duncker & Humblot.
SEMMELROTH, O., Die Welt als Schöpfung. Zwischen Glauben und Naturwissenschaft. Frankfurt/M.: Knecht, 1962.
SEXL, R. U., Was die Welt zusammenhält. Stuttgart: DVA, 31983.
SEXL, R. U.; URBANTHKE, H. K., Gravitation und Kosmologie. Eine Einführung in die Allgemeine Relativitätstheorie. Mannheim, Wien: Wissenschaftsverlag, 31987.
SILK, J., Der Urknall. Die Geburt des Universums. Basel, Berlin: Birkhäuser, 1990.
SILK, J.; SZALAY, A. S,. U. A., Die großräumige Struktur des Universums: Spektrum der Wissenschaft 12/1983, 84–94.
SMOLUCHOWSKI, R., Das Sonnensystem. Heidelberg: Spektrum-der-Wissenschaft-Verlagsgesellschaft, 1985.
SORABJI, R., Time, Creation and the Continuum. London: Duckworth, 1983.
SOUCEK, T. V., Ungleichheit, vom Uratom zum Kosmos. Das Schneeflockenprinzip. München: Universitas, 1988.
STEWART, J., Does God play Dice? The Mathematics of Chaos. Oxford: Blackwell, 1989.
SULLIVAN, W., Am Rande des Raumes, am Ende der Zeit: Schwarze Löcher. Frankfurt/M.: Umschau, 1980.

TAYLOR, J., Die Schwarzen Sonnen. »Schwarze Löcher« gefährden die Ordnung unseres Universums. Bern, München: Scherz, 1974.

TRAVIS, J., The Hubble Constant Takes The Low Road Again: Science 257 (3.7. 1992), 34.

TREFIL, J. S., Im Augenblick der Schöpfung. Physik des Urknalls. Von der Planck-Zeit bis heute. Basel, Boston, Stuttgart: Birkhäuser, 1984.

TREFIL, J. S., Fünf Gründe, warum es die Welt nicht geben kann. Die Astrophysik der Dunklen Materie. Reinbek: Rowohlt, 1990.

TRYON, E. P., Is the Universe a Vacuum Fluctuation?: Nature 246 (1973), 396 – 397.

UNSÖLD, A., Evolution kosmischer, biologischer und geistiger Strukturen. Stuttgart: Wissenschaftl. Verlagsges., 1981.

UNSÖLD, A.; BASCHEK, B., Der neue Kosmos. Berlin, Heidelberg: Springer, [4]1976.

VELIKOVSKY, I., Erde im Aufruhr. Frankfurt/M: Umschau, 1980.

VERSCHUUR, G. L., The invisible universe revealed. The story of radioastronomy. New York, Berlin, Heidelberg: Springer, 1987.

VILENKIN, A., Kosmische Strings: Spektrum der Wissenschaft 2/1988, 94–100.

VIOLLIER, R. D., Über den Ursprung der unbelebten Materie: Civitas, März 1985, 44–57.

VOLLMER, G., Artikel »Teleologie«. In: F. RICKEN (Hrsg.), Lexikon der Erkenntnistheorie und Metaphysik. München: Beck, 1984, 204–206.

WALDROP, M. M., The new Inflationary Universe: Science 219 (28. 1. 1983), 375–377.

WALOSCHEK, P., Der Multimensch. Forscherteams auf den Spuren von Quarks und Leptonen. Düsseldorf, Wien: Econ, 1986.

WEINBERG, S., Die ersten drei Minuten. München: Piper, 1977.

WEINBERG, S., Teile des Unteilbaren. Entdeckungen im Atom. Heidelberg: Spektrum-der-Wissenschaft-Verlagsges., 1984.

WEINBERG, S., Der Traum von der Einheit des Universums. München: Bertelsmann, 1993.

WEIZSÄCKER, C. F. VON, Die Geschichte der Natur. Stuttgart: Hirzel, 1948.

WENDORFF, R. (Hrsg.), Im Netz der Zeit. Menschliches Zeiterleben interdisziplinär. Stuttgart: Hirzel, 1989.

WHEELER, J. A., Gravitation und Raumzeit. Die vierdimensionale Ereigniswelt der Relativitätstheorie. Heidelberg: Spektrum-der-Wissenschaft-Verlagsges., 1991.

WIELEBINSKI, R., Nachbarn der Milchstraße: Umschau 82 (1982), 190–194.

WILKINSON, D., Our Universes. New York: Columbia University Press, 1991.

WILL, C. M., ... und Einstein hatte doch recht. Berlin, Heidelberger: Springer, 1989

WOLF, F. A., Taking the Quantum Leap. San Francisco: Harper & Row, 1981.

WOLTERSDORF, H. W., Die Schöpfung war ganz anders. Irrtum und Wende. Freiburg: Walter, [2]1977.

ZHI, F. L.; XIAN L. S., Creation of Universe. Singapore: World Scientific Pub. Co., 1989.

ZIEGELMANN, H., Was ist wirklich? Albert Einstein – Leben und Werk. Tübingen: Attempto, 1988.

Heil denen, die den Herrn suchen. Ps. 105, 3

APITEL II

nbelebten zum Belebten

BLEMSTELLUNG

n endlichen Weltall gibt es eine Vielfalt von
anismen nur auf dem Planeten Erde ent-
sind höchstens 3,8 Milliarden Jahre alt,
er nicht nachgewiesen worden. Daher die
ıtstand naturwissenschaftlich gesehen (A)
en naturwissenschaftlichen Übergang vom
:h philosophisch (B) reflektieren und nach
keitsbedingung von kontingenten Lebens-

Mögl., auch anders sein zu können.

AFTLICHE DARSTELLUNG
SENTSTEHUNG

LE DES LEBENS

nschaftlich lassen sich nur Merkmale von
ied zu anorganischer Materie) angeben,
EXANDER OPARIN (1894–1980) beziehen.
n

2.1 einen *Stoffwechsel* haben, d. h. die Fähigkeit, Stoffe aus der Umwelt aufzunehmen, sie in Bau- und Energiestoffe umzuwandeln sowie Abfallprodukte wieder abzugeben; wiedergeben.

2.2 *sich selbst reproduzieren* können. Die Art bleibt erhalten; die Fortpflanzung bringt möglichst gleichartige Individuen hervor (= identische Reduplikation); = Verdoppelung

2.3 eine *gewisse Variabilität* in der Selbstreproduktion zeigen = Mutagenität. Es gäbe sonst keine Veränderung, d. h. keine Entwicklung neuer Arten und Formen.

Diese drei Merkmale reichen zur vollständigen Beschreibung von Lebewesen nicht aus. Folgende Kriterien müssen noch hinzutreten:

2.4 *Reizbarkeit* (Beeinflussung durch die Umwelt und Reaktion darauf durch den Organismus);
2.5 *Beweglichkeit* (Mobilität), Ortswechsel bei Tieren, aber auch bei Pflanzen durch Samen, Ausläufer, Ableger etc.

3. Problemgeschichte

Die Geschichte des Nachdenkens über den Ort, die Zeit und die Umstände der Entstehung des Lebens im Universum reicht bis ins Altertum zurück. Besonders die Anschauungen der antiken Philosophen besitzen eine lange Wirkungsgeschichte.

3.1 Altertum

Anaximander (610–547 v. Chr.). Nach seiner Theorie sind die ersten Lebewesen im Feuchten entstanden, waren von stacheligen Rinden umgeben, die dann später abfielen, als die Lebewesen auf das Trockene wanderten. Der Mensch ist aus fischähnlichen Lebewesen entstanden.

Empedokles (483–423 v. Chr.) nahm für die Pflanzen und Tiere eine Ur-Entstehung an, die sich aber keineswegs auf einmal vollzogen haben soll. Es handelt sich um eine Vier-Phasen-Entstehung, wobei in der ersten Phase voneinander getrennte Teile entstanden sind. In der zweiten Phase bildeten sich auf Grund des Zusammenwachsens dieser Teile abenteuerliche Formen. Zur Bildung ganzer Körper kam es in der dritten Phase, und schließlich haben sich in der vierten und letzten diese vollständigen Körper untereinander vermischt.

Demokrit (460–370 v. Chr.) ging es vor allem darum, die Vielfalt und Mannigfaltigkeit der Seienden mit ihren Eigenschaften und Veränderungen zu begründen und zu erklären. Demokrits Lehre war streng atomistisch. Die Wirklichkeit besteht aus zwei Prinzipien: den sich bewegenden Atomen und dem leeren Raum. Das Wesen der Atome, die kugel-, sichel- oder hakenförmig sein können, liegt in ihrer Ausdehnung. Die Dinge bauen sich auf die Weise auf, daß zwischen die einzelnen Atome jeweils etwas leerer Raum gefügt ist. Je nach Zahl und Größe der Intervalle ergibt sich eine verschiedene Dichte und Festigkeit der Körper. Dies alles vollzieht sich rein mechanisch unter Ausschluß jeglicher Finalität. Wie die Dinge nun durch die Vereinigung der Atome entstehen, so vergehen sie auch durch deren Auflösung. Auf Grund der Unendlichkeit der Zahl der Atome und des leeren Raumes könnten auch jenseits der Grenzen der sichtbaren Welt immer neue Welten entstehen.

ARISTOTELES' (384–322 v. Chr.) Philosophie faßt alles Wirkliche als Resultat zweier Momente auf: das der Aktualität, der real existierenden Wirklichkeit, und das der Potentialität, der möglichen Wirklichkeit. Allem Seienden dieser Welt eignet diese Differenz zwischen Akt und Potenz, es resultiert aus der Differenz. Die Akt-Potenz-Differenz erscheint an jedem Seienden als Substanz-Akzidens-Beziehung. Akzidenzien sind veränderliche Bestimmungen einer gleichbleibenden Substanz, sie sind nur wirklich an der Substanz, umgekehrt ist die Substanz nur wirklich in durchgängig akzidenteller Bestimmung. Neben der akzidentellen Veränderung analysierte Aristoteles auch die Veränderung der Substanz (Entstehen und Vergehen).

In dieser substantiellen Veränderung zeigt sich die Akt-Potenz-Differenz als Unterscheidung von Form und Materie. Die Materie (= hyle) ist völlig unbestimmtes passiv-potentielles Substratprinzip. Die Form (= morphé) bestimmt diese erste Materie (hyle) zu einer substantiellen Wirklichkeit. Mit dieser ontologischen Theorie des Hylemorphismus versuchte Aristoteles die Konstitution der natürlichen Substanz, ihre Vergänglichkeit, ihre Individualität und ihren Einheit-Vielheit-Charakter zu erklären.

Neben seinen philosophischen Werken hat Aristoteles eine Reihe naturwissenschaftlicher Schriften verfaßt, obwohl eine strenge Trennung zwischen Naturwissenschaften und Philosophie nicht vollzogen ist. Bei seinen Naturbeobachtungen bewegte er sich vorwiegend auf völligem Neuland. Zudem standen ihm für seine Forschungen nur recht kümmerliche Hilfsmittel zur Verfügung. So meinte Aristoteles, Milben, Würmer, Insektenlarven und Leuchtkäfer seien aus Tau, faulem Holz, Mist und Schweiß entstanden. Fliegen, Motten, Schmetterlinge und Wanzen haben sich aus Schlamm, Schimmel und Exkrementen gebildet. Aale entwickeln sich über die Zwischenstufe der Regenwürmer aus faulenden Meerespflanzen: Aristoteles nahm also die dauernde Urzeugung an, worunter er die Entstehung von Lebewesen aus Unbelebtem verstand.

Biblische Vorstellung: Gott hat die Lebewesen – Pflanzen, Tiere und den Menschen – geschaffen. »Dann sprach Gott: Das Wasser wimmle von lebendigen Wesen, und Vögel sollen über dem Land am Himmelsgewölbe dahinfliegen. Gott schuf alle Arten von großen Seetieren und anderen Lebewesen, von denen das Wasser wimmelt, und alle Arten von gefiederten Vögeln ... Das Land bringe alle Arten von lebendigen Wesen hervor, von Vieh, von Kriechtieren und von den Tieren des Feldes ... Laßt uns den Menschen machen als unser Abbild, uns ähnlich.« (Gen 1,2 ff.) Vgl. hierzu auch den interessanten Entwurf von A. von Stockhausen (1981), S. 41–64.

3.2 Mittelalter

Bis ins Mittelalter herrschten die Lehren der griechischen Philosophen vor, darunter besonders die des Aristoteles. Einige der Wissenschaftler bemühten sich sogar, diese Lehren zu beweisen. Es sei aus dem Mittelalter und der Neuzeit eine der verschiedenen Theorien exemplarisch genannt:

Thomas von Aquin (1225–1274) glaubte, daß die Formen des Lebendigen potentiell in der Materie enthalten und so mit der Materie erschaffen sind. Er nahm zwar nicht in der Materie als solcher, sondern in »faulender Materie« ein aktives Vermögen an, Lebewesen hervorzubringen. Doch dieses ist nicht ursprünglich, sondern stammt von belebten Himmelskörpern. Vgl. weiter unten die Panspermie- oder Kosmozoentheorie.

3.3. Neuzeit

Theophrastus Paracelsus (1493–1541) beschrieb ein Rezept zur Herstellung eines Miniaturmännchens.

Giordano Bruno (1548–1600): »Es gibt zahllose Sonnen und Erden, die um ihre Sonne kreisen, ähnlich wie sich unsere 7 Planeten (damals waren nur 7 bekannt. Anm. d. Verf.) um unsere Sonne bewegen … Auf diesen Welten wohnen Lebewesen.«

Jan B. v. Helmont (1577–1644) wollte die Urzeugung von Mäusen beweisen: Man fülle einen Krug mit verschwitzter Unterwäsche und Weizen und lasse ihn einige Zeit stehen. Nach 21 Tagen wird man eine Veränderung des Geruchs beobachten, denn aus der Unterwäsche entweicht ein bestimmtes »Ferment«, das den Weizen durchdringt und diesen in Mäuse verwandelt.

Francesco Redi (1626–1697) zeigte, daß die Maden in faulendem Fleisch aus den von Fliegen abgelegten Eiern entstehen. Sein Versuch veranlaßte William Harvey (1578–1657) zu der Aussage: »Omne vivum ex ovo« (alles Leben kommt aus der Eizelle). Diese Aussage leugnete also die Möglichkeit einer Urzeugung. Im 18. Jahrhundert hatte die Lehre von der Urzeugung makroskopischer Lebewesen stark an Unterstützung verloren. Aber immer noch glaubte man an die Urzeugung solcher »primitiver« Lebewesen, wie man sie zuerst unter dem von Antony van Leeuwenhoek (1632–1723) erfundenen Mikroskop entdeckt hatte.

John T. Needham (1713–1781) und Lazzaro Spallanzani (1729–1799) führten ähnliche Versuche durch, kamen jedoch zu verschiedenen Ergebnissen. Needham hatte unsteril gearbeitet und entdeckte in seiner Versuchslösung nach einiger Zeit Mikroorganismen. Spallanzani, der steril gearbeitet hatte, konnte keinerlei Lebewesen in seinem Aufguß entdecken und kam zum entgegengesetzten Schluß, daß es nämlich keine Urzeugung gebe.

Felix-Archimède Pouchet (1800–1872) nahm wie einige seiner Vorgänger an, daß sich organische Materie, welche aus Lebewesen stammt, in Gegenwart einer Vitalkraft (= Kraft, wodurch die Organismen lebendig sind) wieder zu neuen Lebewesen organisieren kann. Nach *Hans Driesch* (1867–1941), einem neueren Vertreter des Vitalismus, ist die Vitalkraft, die verschieden ist von den physikalischen und chemischen Kräften, das wesentliche und metaphysische Attribut aller Lebewesen.

Den Vertretern des Vitalismus stehen die der Lehre der Panspermie (vgl. 6.2) nahe. Letztere nehmen die Existenz bestimmter Lebenskeime (Spermata) an, die sich grundsätzlich von gewöhnlicher Materie unterscheiden, ewige Existenz besitzen und überall (pan) vorkommen. Beide genannte Richtungen stehen im Widerspruch zur Lehre des Mechanismus, demzufolge alle lebenden Phänomene ausschließlich durch die Gesetze der Physik und Chemie bestimmt werden.

Charles Darwin (1809–1882) hatte noch 1863 in einem Brief an Hooker geschrieben: »Es ist reiner Unsinn, gegenwärtig an die Entstehung des Lebens zu denken; man könnte ebenso gut an die Entstehung der Materie denken« (K. Dose; H. Rauchfuss, 1975, S. 1). Für die Bildung von Materie gab es aber zu Darwins Zeit kein Denkmodell. In einem anderen Brief von 1871 jedoch wird deutlich, daß er das Gesetz der Evolution auch auf die Entstehung des Lebens ausdehnen wollte, auch wenn er diesen Übergang unter den heutigen naturwissenschaftlichen Bedingungen für unmöglich hielt (K. Dose; H. Rauchfuss, 1975, S. 1).

Louis Pasteur (1822–1895) wollte den Streit darüber, ob es eine Urzeugung gibt oder nicht, ein für allemal entscheiden. Er füllte einen Kolben mit Fleischbrühe, bestieg den Gletscher des Mont Blanc, ließ die hier fast keimfreie Luft in den Kolben einströmen und verschloß ihn. In diesem Kolben entstanden keine Lebewesen. Durch diesen und den folgenden Versuch fand Pasteur seine Meinung bestätigt, daß die Bakterien aus der Luft in die Substanz kämen und nicht aus dieser hervorgingen. Zu diesem Zweck erhitzte er eine Nährflüssigkeit einige Zeit (man nennt das heute pasteurisieren) und verschloß die Flüssigkeit in einem luftdichten Behälter. Auch nach einiger Zeit blieb die Flüssigkeit noch frei von Bakterien. 1864 erhielt er von der Französischen Akademie der Wissenschaften in Paris einen Preis für seine Arbeit, durch die er gezeigt hatte, daß eine spontane Entstehung von Lebewesen heute nicht mehr möglich ist. Die Frage, ob das Leben auf der Erde *jemals* infolge einer Urzeugung entstanden ist oder nicht, wurde aber dadurch nicht entschieden.

Alexander Iwanowitsch Oparin (1894–1980) nahm eine lange chemische Evolution an, welche schließlich in eine präbiotische Evolution einmündete. Er bezeichnete sie als Voraussetzung für die Entstehung des Lebens. Heutiges Leben soll sich stufenförmig aus primitiven Lebensformen und deren präbiotischen Vorläufern entwickelt haben. Gleichzeitig stellte er Hypothesen auf, wie organische Substanzen der »Ursuppe«, des Ozeans der ursprünglichen Erde, durch Einwirkung verschiedener Energien entstehen konnten.

Eine durch die Gesetze der Thermodynamik kontrollierte Evolution muß nicht notwendig in eine biotische Evolution einmünden. Zwar ist eine zufällige Bildung lebender Systeme denkbar, aber die statistische Wahrscheinlichkeit der »richtigen« Zusammenlagerung einer großen Zahl von Atomen zu bestimmten lebensnotwendigen Molekülen und die Zusammenlagerung dieser Moleküle zu einem ersten lebenden System ist zu gering, so daß sich auf dieser Basis allein niemals Leben bilden kann. So ist die Wahrscheinlichkeitsrate, daß sich ein Enzym mit einer Kettenlänge von nur 100 Aminosäuren aus 20 verschiedenen Aminosäuren bildet, $1:20^{100}$ oder $1:10^{130}$.

3.4 Heutiger Stand des Wissens zur Biogenese

Wenn man die spezifischen Wechselwirkungen der Materie auf molekularem und submolekularem Niveau betrachtet, kann man sagen, daß sich zunächst aus einfachen Gasen niedermolekulare Bausteine (Aminosäuren und Nukleotide) bildeten; diese schlossen sich zu hochmolekularen Ketten (Proteinen, DNA, RNA) zusammen; aus diesen entstanden erste lebende Systeme durch Selbstorganisation (M. Eigen). Diese Hypothesen sind durch vielfältige Modellversuche bestätigt worden, von denen noch berichtet werden wird. Dabei zählen zu den kleineren organischen Molekülen z. B. die Aminosäuren, Purine, Pyrimidine, Nukleotide und Monosaccharide, zu den Makromolekülen zählen die proteinähnlichen Substanzen und die Nukleinsäuren. Zu den frühen Experimenten im Rahmen der Erforschung der chemischen Evolution gehören: Versuche mit ultraviolettem Licht, ionisierter Strahlung und elektrischen Entladungen (z. B. der Miller-Versuch, vgl. 7.2). Durch Einwirkung auf einfache Moleküle konnte man biologisch wichtige Bausteine erzeugen. Nach Manfred Eigen (1971; 1987) bilden makro- und supramolekulare Strukturen biotischer Systeme durch Selbstorganisation spontan die richtige, d. h. biologisch aktive Struktur. Den Prozessen der »Selbstorganisation« muß man eine wichtige Funktion für die Bildung von präbiotischen Systemen und ersten Zellen zuschreiben. Zur kritischen Auseinandersetzung mit dem Begriff der Selbstorganisation vgl. Kap. I.

4. Vorbedingungen für die Entstehung des Lebens

4.1 *Biochemische Voraussetzungen*

Leben setzt die beständige Existenz großer und komplexer Molekularstrukturen voraus. Durch Aneinanderfügen einer größeren Zahl gleicher Moleküle, Polymerisation genannt, entstehen die aus langen Ketten zusammengesetzten Biopolymere, die Proteine und Nukleinsäuren. Welches Element ist als Grundlage für die Bildung von Lebensbausteinen geeignet? Es muß folgenden Kriterien genügen, um als Grundlage organischer Chemie angesehen zu werden:

* Es muß in der Uratmosphäre der Erde relativ häufig vorgekommen sein, um als Grundbaustein aller späteren Lebensformen gelten zu können. – In der frühen Atmosphäre waren vor allem Wasserdampf, Stickstoff, Kohlenmonoxid und Kohlendioxid enthalten, daneben nur geringe Mengen freien Sauerstoffs.
* Weiterhin muß dieses Element in der Lage sein, möglichst viele Wasserstoffatome zu binden, um stabile und komplexe Großmoleküle bilden zu können.

Diese Kriterien machen den Kohlenstoff zum idealen Baustoff organischer Verbindungen

Kohlenstoff kann nämlich vier Wasserstoffatome binden, Stickstoff und Sauerstoff hingegen (beide ebenfalls Bestandteile der Uratmosphäre) nur drei bzw. zwei H-Atome. Weiterhin kann Sauerstoff nur zwei Arten von Verbindungen mit Wasserstoff eingehen: Wasser (H_2O) und Wasserstoffperoxid (H_2O_2). Vergleichbar verhält es sich mit dem Stickstoff. Ihm sind die Verbindungen Ammoniak (NH_3) und Hydrazin (N_2H_4) möglich. Die Gesamtzahl aller möglichen Kohlenwasserstoffverbindungen aber konnte bislang noch nicht einmal genau bestimmt werden. Bisher gilt das Enneaphyllin als schwerstes Kohlenwasserstoffmolekül. Seine Formel lautet $C_{90}H_{154}$.

Gibt es mögliche Alternativen zum Kohlenstoff als Baustein des Lebens? Die Beobachtung irdischer Lebensformen weist den Kohlenstoff als Grundsubstanz aller organischen Verbindungen aus. Diskussionswürdig bleibt die Frage, ob es andere (außerirdische) Formen des Lebens geben kann, die ein anderes chemisches Element als Grundlage besitzen. Die Leistungsfähigkeit dieses Elements müßte dem Kohlenstoff gleichkommen, damit der Aufbau komplexer molekularer Strukturen möglich ist.

In der chemischen Industrie und in der Technik wird Silizium oft anstelle des Kohlenstoffs eingesetzt. Dieses

* liegt im periodischen System der Elemente direkt unter dem Kohlenstoff;
* kommt im Weltraum reichlich vor;
* kann ebenfalls vier Wasserstoffatome binden.

Gegenüber dem Kohlenstoff besitzt Silizium (Si) allerdings folgende Nachteile: Die Bindung zweier Siliziumatome ist nicht so stabil wie die der Kohlenstoffatome. Verbindungen auf Silizium-Basis brechen daher leichter. Lange Ketten (Polymere) auf der Basis -Si-Si-Si- sind instabil. Polymere auf der Basis Si-O (Silikone) sind zwar stabil, reagieren aber kaum mit anderen Molekülen. (Silikone werden gerade deshalb in der Kosmetik und der Schmiermittelindustrie verwendet.)

Silizium besitzt weiterhin eine größere Affinität zu Sauerstoff als zu Wasserstoff. Es bildet eher Siliziumoxid (SiO_2) als Silan (SiH_4). Da es im Weltall 25mal mehr Sauerstoff als Silizium gibt, muß man davon ausgehen, daß Siliziumatome überwiegend in der Verbindung mit Sauerstoffatomen vorkommen: es wird also selten zur Bildung von SiH_4 kommen. Die Bindung der H-Atome ist aber ein wesentliches Merkmal einer chemischen Substanz für die Tauglichkeit als Lebensbaustein.

Diese theoretischen Überlegungen werden durch empirische Untersuchungen gestützt. »Weder in Meteoriten noch in Kometen, im interstellaren Raum, in der Atmosphäre von Planeten oder in den äußeren Schichten kälterer Sterne haben die Astronomen jemals Silikone oder Silane gefunden. Man findet dort vielmehr Silikate, Moleküle mit oxidiertem Silizium ... Im Gegensatz dazu wurden in Meteoren, Kometen, interstellaren Wolken, den Atmosphären von Planeten und in kälteren Sternen neben Kohlenmonoxid und Kohlendioxid größere (organische) Moleküle auf der Grundlage von Kohlenstoff gefunden.« (D. Goldsmith, T. Owen, 1985, S. 224f.)

Die Möglichkeit von Leben auf Siliziumbasis ist zwar nicht völlig auszuschließen, es wird aber selten vorkommen. Da die Häufigkeitsverteilung der verschiedenen Elemente überall im Weltall etwa gleich ist, kann man sagen, daß andere mögliche Lebensbaustoffe noch seltener auftreten als das Silizium. Der Kohlenstoff bleibt also die wahrscheinlichste Grundlage für Leben im gesamten Kosmos.

Neben dem chemischen Bauelement ist ein geeignetes Lösungsmittel die notwendige Bedingung für das Entstehen von Leben. Unter einem Lösungsmittel verstehen wir ein Medium, in dem sich Moleküle in vernünftiger (d. h. für das Leben des Organismus entsprechender) Geschwindigkeit miteinander verbinden können, dabei aber nicht mit solcher Wucht aufeinanderprallen, daß sie zerbrechen. Dieses Medium muß daher flüssig sein. Somit sollte ein für organische Verbindungen geeignetes Lösungsmittel über einen größeren

(0–100°C) Temperaturbereich flüssig bleiben, um sich den wechselnden Umweltbedingungen eines Planeten anpassen zu können.

Eine herausragende Funktion kommt dem Lösungsmittel bezüglich der Stoffwechselvorgänge der Organismen zu. Als Lösungsmittel muß es, wie der Name sagt, in der Lage sein, diejenigen Moleküle auflösen zu können, welche als Nahrung herbeigeschafft oder als Schlacken abtransportiert werden müssen. Erst durch ein Lösungsmittel wird der Stoffwechsel der Organismen möglich. Dieses Mittel sollte darüber hinaus die Fähigkeit besitzen, die Organismen in ihrer Wärmeregulation zu unterstützen. Aufgrund dieser Kriterien läßt sich sagen:

> Wasser ist das geeignete Lösungsmittel für organische Verbindungen

Die Fähigkeit des Wassers, andere Moleküle zu lösen, ist mehr als doppelt so groß wie die der möglichen alternativen Flüssigkeiten wie z. B. Ammoniak oder Methanol. Außerdem hält die hohe spezifische Wärme des Wassers (= Energiemenge, die benötigt wird, 1 Kilogramm um 1 Grad Celsius zu erwärmen) den Einfluß größerer Änderungen der Außentemperatur auf den Organismus gering. Diesen Effekt kann man auch geographisch beobachten: Länder in Meeresnähe haben ein milderes Klima als gewässerarme Gegenden auf derselben geographischen Breite.

Die hohe Verdampfungswärme des Wassers (= Energiemenge, welche die Flüssigkeit verbraucht, um an ihrem Siedepunkt in Dampf überzugehen) bewirkt, daß bereits geringe Verdunstung die Wärme abkühlt, die aufgrund der biochemischen Prozesse in einer Zelle entsteht. Das ermöglicht eine genaue Wärmeregulation der Organismen auch bei einer großen Zahl unterschiedlicher und komplexer chemischer Reaktionen in kurzer Zeit. Dies ist eine Grundvoraussetzung für die Bildung höherer Lebensformen, besonders der Säugetiere mit ihren komplizierten Gehirnen und der Vielzahl der dort ablaufenden Reaktionen. Eine weitere vorteilhafte Eigenschaft des Wassers ist seine Oberflächenspannung, die generell höher ist als die irgendeiner anderen bekannten Flüssigkeit. Diese Eigenart spielt eine entscheidende Rolle bei der Zusammenballung organischer Verbindungen noch vor der Entstehung der ersten Zellen. Die Oberflächenspannung drängt Verbindungen an bestimmten Stellen zusammen und konzentriert die gelösten Substanzen an den Grenzflächen zwischen verschiedenen Medien eines Organismus, z. B. an einer Zellmembran (vgl. 8. Koazervat- und Mikrosphärentheorie).

Als Ergebnis können wir also festhalten:

Kohlenstoff als Baustein und Wasser als Lösungsmittel
für organische Verbindungen
sind allen bekannten Alternativen überlegen.

Man kann deshalb davon ausgehen, daß etwaige fremde Lebensformen, zumindest in ihrer überwiegenden Mehrzahl, auf denselben biochemischen Voraussetzungen aufbauen müssen wie das Leben auf der Erde.

4.2 *Kriterien für lebensfreundliche Planeten*

Aus den grundlegenden biochemischen Voraussetzungen des Lebens läßt sich auf einige Merkmale schließen, die Planeten haben müssen, wenn auf ihnen die Entstehung von Leben möglich sein soll.

Zunächst muß Kohlenstoff in ausreichender Menge vorhanden sein. Vor allem muß auf der Oberfläche der Planeten eine Temperatur herrschen, in der Wasser im flüssigen Zustand vorkommen kann. Damit die beständige Existenz und Entwicklung von Leben möglich ist, muß die Temperatur also zwischen dem Gefrier- und dem Siedepunkt (0–100 °C) des Wassers liegen. Es bedarf einer Wärmequelle, welche die Temperatur in diesem Bereich konstant hält. Die einzig mögliche Wärmequelle eines Planeten ist die Sonne, um die er kreist.

Die Größe der Sonne und der Abstand des Planeten zu ihr sind somit Bedingungen für die mögliche Entstehung von Leben auf einem Himmelskörper.

Für den Aufbau von Polymeren genügt nicht einfach Wasser, sondern Wasser, das sich auf einer festen Oberfläche sammelt. Die Dichte der Planetenmasse muß also im Verhältnis zur Größe des Planeten so beschaffen sein, daß sich eine feste Oberfläche bilden kann. Außerdem müssen die Gravitationskräfte ausreichen, die Wasserstoffatome in der Atmosphäre binden zu können und sie nicht in den Weltraum entweichen zu lassen. Andererseits darf eine bestimmte Größe und Schwere nicht überschritten werden, da die sonst einsetzende Selbsterhitzung des Planeten die organischen Verbindungen auflösen würde. Größe der Sonne, Abstand des Planeten von ihr, Schwere und Größe des Planeten sind notwendige astronomische Kriterien dafür, daß Leben entstehen kann.

5. Die Entstehung unseres Planetensystems

5.1 *Das Planetensystem als Ganzes*

Um unsere Sonne kreisen 9 Planeten, von denen der dritte, von der Sonne aus gerechnet, die Erde ist. Die elliptischen Bahnen der Planeten kommen dadurch zustande, daß sie einerseits durch die an Masse übermächtige Sonne angezogen werden, andererseits infolge ihrer Zentrifugalkraft tangential zu ihrer Bahn davonfliegen. Unser Sonnensystem seinerseits ist eingebunden in die Milchstraße mit weiteren hundert Milliarden sonnenähnlichen Sternen. Unsere Milchstraße ist wiederum nur eine von einigen hundert Milliarden Galaxien. Zwischen den Sternen befindet sich die interstellare Materie, die teils staub-, teils gasförmig ist. Unser Sonnensystem nimmt unter ähnlichen Sternen keine Sonderstellung ein. Man hatte geschätzt, daß etwa 10 % aller Sterne Planetensysteme gebildet haben, und da viele Sterne in Größe und Strahlungsstärke unserer Sonne entsprechen, meinte man, es gäbe eine sehr große Zahl erdähnlicher Planeten. Untersuchungen von M. Hart (1979, 413 f; K. Rudzinski, 1979) haben jedoch erhebliche Bedenken an dieser hohen Zahl von erdähnlichen Planeten aufkommen lassen. Bis heute hat man jedenfalls noch keinen anderen Stern mit einem Planetensystem entdeckt.

Will man klären, wie unser Planetensystem entstanden ist, müssen folgende Fragen beantwortet werden:

* Warum laufen alle neun Planeten in der gleichen Richtung um die Sonne?
* Warum liegen die Ellipsen, die die Umlaufbahnen der Planeten beschreiben (mit Ausnahme des Pluto), im Raum alle in der gleichen Ebene (nämlich 6 Grad gegenüber dem Sonnenäquator geneigt)?

Die Sonne muß mit ihrer Umdrehung an der Entstehung des Planetensystems mitgewirkt haben.

5.1.1 Die Rotationstheorie von Pierre S. Laplace (1749–1827)

Sonne und Planeten sind aus einer sich allmählich unter der Wirkung ihres eigenen Gewichtes zusammenziehenden riesigen Wolke aus Gas und interstellarem Staub entstanden. Da eine auf diese Weise kontrahierende Wolke in eine immer schnellere Umdrehung gerät, entstanden starke Zentrifugalkräfte, durch die sich am äußersten Rand der entstehenden Riesenscheibe nach und nach gasförmige Materie ablöste. Die losgelösten Teile bewegten sich nach Abtrennung weiter in der gleichen Richtung. Sie waren die Keime der späteren Planeten, während die Hauptmasse zur Sonne wurde. Gegen diese Theorie spricht das Drehimpuls-Paradoxon. Die Sonne macht zwar fast 99,9 % der gesamten Masse des Sonnensystems aus, enthält aber nur knapp 2 % von dessen Drehimpuls. Die Sonne müßte sich mindestens 200mal schneller drehen, als sie es tatsächlich tut, wenn die Rotationstheorie stimmen sollte. Denn die Umdrehungsgeschwindigkeit der Zentralscheibe muß größer sein als die Umlaufgeschwindigkeit der losgelösten Brocken.

5.1.2 Die Katastrophentheorie von James H. Jeans (1877–1946)

Jeans wollte vor allem den überschüssigen Drehimpuls der Planeten erklären. Da dieser nicht aus dem Ablauf der Ereignisse zu erklären war, kam Jeans zu der Annahme, daß ein fremder Stern vor vielen Milliarden Jahren auf seinem Flug durch den Weltraum unserer Sonne so nahe gekommen ist, daß die gegenseitige Anziehungskraft der beiden Gestirne glühende Masse aus ihren Körpern gerissen habe. Diese Massen seien durch den Schwung der Bewegung alle in der gleichen Richtung auf die Umlaufbahn um die Sonne geschickt worden und hätten sich, einmal abgekühlt, später zu den heutigen Planeten verdichtet. Dagegen spricht:

* Zum einen ist es bei den riesigen Abständen zwischen den Sternen höchst unwahrscheinlich, daß es zu einer streifenden Begegnung kommt;
* zum anderen müßte unser Planetensystem wesentlich kleiner ausgefallen sein; es wäre nicht über die Bahn des Merkur (der Planet, der der Sonne am nächsten ist) hinausgekommen. Der äußerste Planet (Pluto) steht jedoch in einer Entfernung von der Sonne, die rund hundertfach größer ist als die zum Merkur;
* außerdem wäre aus der Sonne herausgerissene Materie so heiß, daß sie sich im Weltraum sofort verflüchtigt hätte, bevor sie hätte abkühlen können.

5.1.3 Meteoritenhypothese von Immanuel Kant (1724–1804)

Nach Kant ist die Erde kalt entstanden: Aus einem chaotischen Urnebel aus Wasserstoffgas und Staubpartikeln haben sich Sonne und Planeten gleichzeitig gebildet. Das Gas verflüchtigte sich größtenteils in den Weltraum, und der relative Anteil an festem Staub nahm im Laufe der Zeit immer mehr zu. Dieser Staub stellte den Überrest von Sternen einer vorausgegangenen Sternengeneration dar. Dabei waren die im Innern dieser Sterne aus leichteren Elementen atomar zusammengebackenen schweren Elemente zur Entstehung neuer Himmelskörper an den freien Raum zurückgegeben worden. Auf diese Weise konnten mit der Zeit alle 92 Elemente, die in der Natur vorkommen, aus dem leichtesten und einfachsten aller Atome, dem Wasserstoff, aufgebaut werden. Je mehr dieser Staubteilchen sich zusammenschlossen, desto größer wurde die Wirkung der Anziehungskraft, und um so schneller wurde der Prozeß. Das dürfte sich wohl vor ca. 5–6 Milliarden Jahren abgespielt haben.

H. C. Urey (1893–1981) stellte fest, daß wir die Spuren der letzten Phase der Erdentstehung noch heute mit eigenen Augen sehen können: Krater und Trümmerschutt auf dem Mond, der gerade so alt ist wie die Erde. Nach heutiger Erkenntnis sind die Krater und die Trümmer auf dem Mond Ergebnisse kosmischer Treffer, verursacht durch Materiebrocken, die bei der Entstehung der Erde übriggeblieben sind.

Da die Planetesimalhypothese (= kleinste Materiebrocken, s. o. Jeans) in die Sackgasse geführt hatte, gewann die evolutionäre Konzeption (aufgrund der Laplaceschen Nebular-Hypothese) erneutes Interesse. Ausgangspunkt bildete die Vorstellung einer rotierenden Materiewolke. In den äußeren Teilen einer solchen Wolke besteht eine starke Tendenz zu Turbulenzen. So teilte sich der Gesamtverband der einzelnen Wirbelstürme, wobei jedes Wirbelsystem zu einem eigenen Sonnensystem kondensierte. Aufgrund dieser Erwägungen erstellte Carl Friedrich von Weizsäcker (geb. 1912) seine Theorie von der Entstehung des Sonnensystems (1943; 1948). Durch Berechnungen konnte er aufzeigen, daß die größten Wirbel genügend Materie enthielten, um Galaxien zu bilden. Die stürmische Kontraktionsphase eines solchen Wirbels erzeugte Ablegerwirbel. Jeder Ableger besaß die notwendige Größe, um ein eigenes Sonnensystem (mit einer oder mehreren Sonnen) zu bilden. In den Randbereichen eines Sonnenwirbels konnten wiederum Ableger zweiter Generation entstehen, aus denen sich Planeten entwickeln konnten. Die Planetenbildung stellte man sich in der Weise vor, daß dort, wo sich Ablegerwirbel zweiter Generation begegneten und aneinander vorbeidrehten (wie z. B. zwei ineinandergreifende Zahnräder), Staubteilchen miteinander kollidierten, sich zusammenballten und so zunächst Planetesimale und schließlich Planeten formten.

Mit einer weiteren Theorie versuchte von Weizsäcker die Entstehung der Sonne und das Phänomen ihres niedrigen Drehimpulses zu erklären: Die dynamische Stabilität der rotierenden Wolke verlangt es, daß die inneren Teile des Nebels rascher rotieren als die äußeren. Diese Reibung der inneren Teile aneinander verlangsamt jedoch deren Drehung; Energie und Drehimpuls werden nach außen transportiert. Bei einem entstehenden Stern läuft dieser Vorgang so lange weiter, bis die im Mittelpunkt einsetzende Kernreaktion das weitere Anwachsen der Dichte verhindert. Die Abgabe des Drehimpulses wird immer mehr verlangsamt, bis eine gewisse Restrotation erhalten bleibt. Dieser Zustand dürfte bei der Sonne erreicht sein.

Der schwedische Astrophysiker Hannes Alfvén (geb. 1908) erklärte mit dem Magnetfeld der Sonne in Weizsäckers Theorie das Problem des ungleichen Drehimpulses: Bei der äußerst schnellen Rotation der jungen Sonne wirkte deren Magnetfeld wie eine Bremse, die die Drehbewegung verlangsamte und den Drehimpuls an die Planeten weitergab.

Fred Hoyle (geb. 1915) verfeinerte dieses Erklärungsmodell, so daß von Weizsäckers Theorie in ihrer modifizierten Form neben den Wirkungen der Gravitation auch die magnetischen Effekte einbezog und lange Zeit als die einleuchtendste Theorie über die Entstehung des Sonnensystems bezeichnet wurde (I. Asimov, 1985, S. 85–90. R. Smoluchowski, 1985, S. 23–38).

5.1.4 Supernova-Theorie

In den letzten Jahren gewinnt eine neue Theorie über die Entstehung unseres Sonnensystems Ansehen unter den Astronomen (D. N. Schramm; R. N. Clayton, 1978. A. E. Ringwood, 1979. R. Breuer, 1981, 160–179. A. P. Boss, 1985). Danach ist ein großer Stern in der Nachbarschaft des sich entwickelnden Sonnensystems explodiert, es fand eine sogenannte Supernova-Explosion statt. Dadurch drang Materie des Nachbarsterns in unser sich in Bildung befindendes Sonnensystem ein und gab den Anstoß, daß die diffuse Gas- und Staubwolke, aus der das protosolare Sonnensystem damals noch bestand, kollabierte. Als Beweis wird die Zusammensetzung von bestimmten Isotopen in Meteoriten angeführt, die sich in ihrer relativen Häufigkeit von den Isotopen des Sonnensystems deutlich unterscheiden. So hat man im Allende-Meteoriten, der 1969 in der Nähe des Dorfes Pueblito de Allende in Nordmexiko niedergegangen ist, eine von der Erde verschiedene relative Häufigkeit der einzelnen Sauerstoff-Isotope gefunden. Der Anteil von O_{16} war bedeutend höher als bei solchen irdischer Herkunft. Ähnliches wurde für das Isotop Al_{26} nachgewiesen.

Nach der Explosion des Nachbarsterns bildeten sich Trümmerreste zu »Körnern« (D. N. Schramm; R. N. Clayton, 1978, S. 21), die bei Ausbreitung der Druck- und Explosionswolke in unsere protosolare Wolke eindrangen: Daher stammen die Isotopen-Anomalien von Meteoriten in unserem Erdboden. Die Explosionswolke der Supernova umschloß die Protosolarwolke und preßte diese zusammen, so daß aus der diffusen Gas- und Staubwolke unsere Sonne und ihr Planetensystem entstand.

Theoretische Berechnungen haben aufgezeigt, daß eine isolierte diffuse Wolke von Gas und Staub mit einer Masse, die unserer Sonne vergleichbar ist, nicht kraft eigener Gravitation in sich zusammenfallen kann. Dieser Vorgang bedarf eines Anstoßes von außen.

Man nimmt nun zwei Explosionswellen von zwei verschiedenen Supernova aus der Nachbarschaft von etwa 60 Lichtjahren an. Die Angaben für die Entfernung der ersten Supernova-Explosion sind allerdings unsicherer als die für die zweite. Die beiden Explosionen fanden in zeitlichem Abstand von 100 Millionen Jahren statt. Sternenexplosionen sind seltene Ereignisse. Unter den etwa 100 Milliarden Sternen unserer Milchstraße gibt es wahrscheinlich nur 3 Supernova-Explosionen in einem Jahrhundert. Nach den Berechnungen der

Astronomen fand die erste Supernova-Explosion vor 4,7 Milliarden und die zweite vor 4,6 Milliarden Jahren statt, also zu der Zeit, als unser Sonnensystem gerade anfing, sich zu kondensieren.

Auch wenn diese Theorie zur Entstehung unseres Sonnensystems heute viele Befürworter hat und manches gut durch sie erklärt wird, so bleiben auch hier noch eine Reihe von Fragen offen (vgl. dazu besonders R. Breuer, 1981a, S. 160–179).

5.2 Der Planet Erde

Unter Berücksichtigung der oben aufgestellten Kriterien für lebensfreundliche Planeten läßt sich sagen:

> Unsere Erde hat unter den neun Planeten den günstigsten Platz für die Entstehung des Lebens.

Da die Strahlung der Sonne unseres Planetensystems seit mehreren Milliarden Jahren konstant geblieben ist, hängt das Temperaturmilieu der einzelnen Planeten im wesentlichen von der Entfernung ab, die zwischen ihnen und der Sonne liegt.

Als von der Sonne aus gerechnet dritter Planet, 150 Millionen km von dem Schwerpunkt des Systems entfernt, bildete sich vor 4,5 bis 5,5 Milliarden Jahren aus interstellaren Staubmassen die Erde, auf der wir heute leben. Zuerst war sie nur ein locker zusammengefügter Ball von vielfacher Erdgröße. Die zunehmende Größe und Schwere ließen ihn immer mehr in sich zusammensinken; es entstand gleichzeitig eine immer stärker werdende Erhitzung, die durch den Zerfall radioaktiver Elemente noch erhöht wurde. Dabei wurde das Innere glühend flüssig. Folgende Faktoren waren für die spätere Entwicklung der Erde von besonderer Wichtigkeit:

* Der Sonnenabstand von 150 Millionen km;
* die Größe der Erde, die infolge der aus ihr resultierenden Erwärmung das Entstehen eines metallischen Kerns ermöglichte;
* der Gehalt an radioaktiven Elementen, der zu dieser Erwärmung gerade so viel beitrug, daß die Bestandteile der Erdrinde zu einer zusammenhängenden Erdoberfläche verschmelzen konnten, aber auch nicht so groß war, daß die entstehenden Verbindungen durch zu große Hitze aufgelöst wurden.

6. Die Suche nach Leben ausserhalb der Erde

6.1 *Leben auf anderen Planeten des Sonnensystems?*

Die Himmelskörper unseres Planetensystems haben sich zusammen mit der Erde aus der gleichen Wasserstoffgas- und Staubwolke gebildet. Wie steht es mit der Möglichkeit, daß auch auf ihnen Leben entstanden ist?

Weiter oben (4.2) wurde bereits Grundsätzliches über die notwendigen Voraussetzungen für lebensfreundliche Planeten gesagt. Die Auffassung, daß aufgrund dieser Kriterien die Erde der einzig mögliche Ort für die Entstehung von Leben in unserem Sonnensystem ist, wird durch die bisherigen Ergebnisse der Erforschung unseres Planetensystems unterstützt.

Der Planet *Merkur* und der *Mond* der Erde sind im innersten Bereich des Sonnensystems die ursprünglichsten, seit dessen Entstehung am wenigsten veränderten Objekte. Beide besitzen keine Atmosphäre, ihre Oberflächen sind in den 4,6 Milliarden Jahren seit ihrer Entstehung kaum verwittert. Durch die Untersuchung der Landschaft von Merkur und Mond sowie des Mondgesteins lassen sich Spuren der Entwicklungsvorgänge im Sonnensystem finden. Da Merkur und Mond zu klein sind, um durch ihre Gravitation eine Gashülle festhalten zu können, kamen der innerste Planet und der Trabant der Erde nicht über diese frühe Entwicklungsstufe hinaus: Leben konnte auf ihnen nicht entstehen.

Die *Venus* kommt der Erde an Größe und Masse am nächsten, hat aber eine völlig andere Gashülle und Oberfläche als unser Planet. Die Temperaturen auf der Oberfläche, die unter einer dichten Wolkendecke aus Schwefelsäure liegt, betragen etwa 475 °Celsius. Auf der Oberfläche der Venus gibt es demnach kein flüssiges Wasser. Die hohe Temperatur ist die Folge eines durch die dichte Atmosphäre erzeugten Treibhauseffektes. Die Moleküle der Venusatmosphäre, besonders das Kohlendioxid, aus dem sie hauptsächlich besteht, können große Mengen Infrarotlicht absorbieren. Dadurch erwärmen sich diese Moleküle und strahlen ihrerseits Infrarotlicht nach allen Seiten ab. Infolgedessen erwärmt sich die Planetenoberfläche weiter, sie gibt ihre Wärme wieder in die Atmosphäre ab und heizt damit die Gashülle noch stärker auf. Auch die Erdoberfläche wird durch einen ähnlichen Treibhauseffekt um 36 °C wärmer gehalten, als sie es ohne Lufthülle wäre. Da die Gashülle der Venus 90mal dichter ist als die der Erde, wird dieser Effekt auf der Venus entsprechend verstärkt.

Es können also verhältnismäßig geringe Unterschiede zwischen zwei Planeten, wie etwa die größere Entfernung der Erde von der Sonne, im Laufe der Milliarden Jahre nach ihrer Bildung zu großen und entscheidenden Abweichungen zwischen diesen führen.

Der *Mars*, der mit dem halben Durchmesser der Erde nur ein Zehntel ihrer Masse enthält, gleicht der Erde in seiner Umdrehungszeit, in seinen jahreszeitlichen Veränderungen und in dem Besitz einer Atmosphäre. Aber weil er so weit von der Sonne entfernt und besonders weil sein atmosphärischer Druck hundertmal niedriger ist als derjenige der Erde, kann es auf dem Mars heute kein flüssiges Wasser geben. Die Masse des möglicherweise vorhandenen Wassers liegt entweder gefroren in tieferen Schichten unter der Oberfläche oder in den Polarkappen, die hauptsächlich aus gefrorenem Kohlendioxid bestehen. Aus Kohlendioxid besteht auch der größte Teil der Marsatmosphäre, in der sich nur winzige Mengen Wasserdampf befinden.

Die photographische Aufnahme der Marsoberfläche, die durch die Raumsonden der Typen Mariner und Viking gesendet wurden, enthalten aber reichlich Hinweise für fließendes Wasser auf dem Mars in der Vergangenheit. Diese bestehen aus flußbettartigen Vertiefungen, von denen die Geologen behaupten, daß sie nur durch fließendes Wasser ausgewaschen worden sein können.

Gibt es nun Leben auf dem Mars?

1976 landeten zwei Viking-Sonden der NASA an zwei weit voneinander entfernten Stellen auf dem Mars, wo sie gründliche chemische und biologische Untersuchungen des Bodens und der Atmosphäre durchführten. In den Proben des Marsbodens wurden keine organischen Verbindungen gefunden. Bei der hohen Empfindlichkeit der Meßgeräte hätten organische Verbindungen wie Kohlenwasserstoff, Aceton, Acetonitril und Furan in Mengen bis zu wenigen Teilen pro Milliarde der Probe nachgewiesen werden können.

Man fand aber in den Proben nichts als Wasser und Kohlendioxid, die Bestandteile der Atmosphäre. Durch diese negativen Ergebnisse werden alle Vorstellungen einer Biologie auf dem Mars stark eingeschränkt. Auch genauere Untersuchungen der Marsatmosphäre unterstützen die Ansicht, daß es auf dem Mars kein Leben gibt. Außer einem Anteil von 2–3 % Stickstoff fanden sich in der Lufthülle keine anderen Gase, die allein auf einen Austausch zwischen Organismen und Atmosphäre zurückzuführen gewesen wären. So konnten in der gesamten Marsatmosphäre keine Spuren von Methangas gefunden werden.

Neben der Analyse des Bodens und der Atmosphäre führte die Viking drei Versuche durch, die direkt auf den Nachweis lebender Organismen gerichtet waren. Der erste davon, der Gasaustausch-Versuch (GEX), brachte eine Bodenprobe des Mars in eine Nährlösung, die besonders günstig für die Entstehung von Leben sein sollte. Im Versuch mit markierter Abgabe (LR) wurden Verbindungen auf die Bodenprobe getropft, die mit radioaktiven Kohlenstoffatomen markiert waren, um zu sehen, ob der Boden dann irgendwelche radioaktiv markierten Verbindungen abgeben würde, die normalerweise aus Lebensvorgängen hervorgehen. Den LR-Versuch würde man auf der Erde als Atmungsversuch bezeichnen, um zu klären, ob Organismen Gase in die Luft abgeben. Im dritten Versuch, der pyrolytischen Abgabe (PR), verblieb die Probe des Marsbodens in einer Umgebung, die praktisch jener auf der Oberfläche des Planeten gleicht, aber die Gase im Versuchsgefäß wurden durch den Zusatz von Kohlendioxid und -monoxid markiert, bei denen das Kohlenstoffatom durch ein radioaktives Isotop ausgetauscht worden war.

Nachdem etwaigen Mikroben Zeit genug gelassen worden war, das derart markierte Gas einzuatmen, wurde der Boden erhitzt, um zu sehen, ob er etwas von dem markierten Kohlenmonoxid und -dioxid aufgenommen hatte.

Die Versuche erweckten zunächst großes Aufsehen, denn alle drei lieferten Ergebnisse, die auf das Vorhandensein von Leben schließen ließen: In GEX wurde eine große Menge Sauerstoff abgegeben, in LR wurde ein Anwachsen der Radioaktivität über dem Marsboden registriert, die Reaktion des PR war etwa im gleichen Maße positiv wie bei Testversuchen mit dem verhältnismäßig sterilen Boden der Antarktis. Die Bodenanalyse des Mars hatte aber nicht die geringsten Spuren von organischen Verbindungen ergeben.

Da nun kein organisches Material zur Verfügung stand, die Ergebnisse von GEX, LR und PR zu erklären, schloß die Forschergruppe des Viking-Projektes daraus, daß es sich um anorganische, nicht-biologische, chemische Reaktionen gehandelt haben mußte, welche die Auswirkungen von Lebensvorgängen nachahmten. Dies wäre z. B. der Fall, wenn der Marsboden Peroxide enthielte, sauerstoffreiche chemische Verbindungen. Dies ist kein absoluter Beweis gegen ein Leben auf dem Mars. Aber zusammen mit den negativen Ergebnissen der chemischen Untersuchungen von Boden und Atmosphäre bleibt angesichts der Möglichkeit, daß die Auswirkungen von Lebensvorgängen in den drei Experimenten durch Peroxide nachgeahmt wurden, kaum Anlaß, aus den Ergebnissen der Viking-Versuche auf Lebensvorgänge auf dem Mars zu schließen.

Die vier Riesenplaneten *Jupiter, Saturn, Uranus* und *Neptun* übertreffen an Masse und Größe die Erde, welche der größte der vier inneren Planeten ist. Die vier Riesen bestehen nicht wie Merkur, Venus, Erde und Mars aus Gesteinen, sondern sie sind Gaskugeln, hauptsächlich aus Wasserstoff und Helium, die den Sternen und dem übrigen Weltall in ihrer Zusammensetzung weit mehr gleichen als den inneren Planeten. Die Masse des Jupiter (318fache Erdmasse), des Saturn (95fache Erdmasse) und des Neptun (17fache Erdmasse) ist so groß, daß ihre langsame Kontraktion durch die eigene Schwerkraft erhebliche Wärmemengen freisetzt. Das kann auch in kleinerem Umfang beim Uranus (14,6fache Erdmasse) der Fall sein.

Ihrer Zusammensetzung aus den Gasen Wasserstoff und Helium verdanken die Riesenplaneten ihre Fähigkeit, das Material, aus dem sie ursprünglich gebildet wurden, festhalten zu können. Die verhältnismäßig dünnen Gashüllen der kleinen inneren Planeten sind dagegen erst später durch vulkanische Tätigkeit freigesetzt worden, nachdem Wasserstoff und Helium entwickelt waren. Die große Ausgangsmasse der Riesenplaneten hat, zusammen mit ihren größeren Entfernungen von der Sonne, diese grundlegenden Unterschiede aufrechterhalten. Die mittlere Entfernung von der Sonne beträgt (in Millionen km) für den Merkur 57,9, die Venus 108,2, die Erde 149,6, den Mars 227,9, den Jupiter 779, den Saturn 1432, den Uranus 2884, den Neptun 4509, den Pluto 5966 (Meyers Handbuch Weltall, 1984, S. 111 f.).

Der Jupiter als der größte und nächste dieser Himmelskörper wurde am genauesten erforscht. Seine Atmosphäre enthält außer Wasserstoff und Helium noch Methan, Ammoniak und Wasserdampf. Das sind genau die Gase, die wir bei einem Planeten erwarten dürfen, dessen Zusammensetzung dem Urnebel entspricht, aus dem das Sonnensystem hervorgegangen ist.

Der Pluto, der äußerste Planet unseres Sonnensystems, ist wohl ein kleines Gebilde aus Eis, das mehr einem der größeren Saturnmonde ähnelt als einem der Riesenplaneten. Die Umweltbedingungen der fünf äußeren Planeten sind für die Untersuchung einer präbiotischen Chemie äußerst geeignet. Das Ergebnis einer solchen Untersuchung besagt aber noch nichts über die tatsächliche Entstehung des Lebens. Wo ist das Leben entstanden, außerhalb unseres Planetensystems im Weltall oder auf einem unserer neun Planeten? Nach den Panspermisten hat sich das Leben im Weltall gebildet, außerhalb unseres Planetensystems.

6.2 *Die Panspermie (Kosmozoentheorie)*

Nach den Vertretern dieser Theorie waren nicht nur die anderen Planeten des Sonnensystems, sondern auch die Erde selbst nicht in der Lage, Leben auf ihrer Oberfläche zu erzeugen. Möglicherweise hat die Erde das Leben von bakterieller Befruchtung aus den Tiefen des Weltalls (D. C. Black, 1991) empfangen.

Die Idee der Panspermie ist sehr alt; ihre frühesten Anfänge liegen in der Antike. Als erster soll ANAXAGORAS (ca. 494–428 v. Chr.) ein Prinzip formuliert haben, demzufolge das Leben aus dem Kosmos kommt und überall dort Wurzeln schlägt, wo günstige Bedingungen herrschen. Einen Anstoß zum Wiederaufleben dieser Theorie gab Louis Pasteur, der 1864 den Preis der Französischen Akademie für seinen Nachweis erhielt, daß sich Leben nur aus Leben bildet. Weitere Vertreter der Panspermie waren HERMANN VON HELMHOLTZ (1821–1894) und SVANTE A. ARRHENIUS (1859–1927).

Der Nachweis Pasteurs kann nach heutigem geologischen Wissen für den

Zeitraum von vor 3,83 Milliarden Jahren bis in die Gegenwart nicht widerlegt werden. In den letzten Jahren fand der Geologe HANS-DIETRICH PFLUG (1979; 1982; 1984a; 1984b) in Westgrönland Sedimente, die vor ca. 3,83 Milliarden Jahren abgelagert wurden (Isua-Sedimente); diese enthalten nach Pflug eindeutige Spuren photosynthetischen Lebens; zu noch früheren Zeiten aber war die Erde vermutlich steril.

Die Mondforschung hat ergeben, daß Erde und Mond in diesen früheren Zeiten intensiv mit Meteoriten beschossen wurden, so daß eine stabile Erdkruste oder eine Atmosphäre um die Erde erst möglich wurde, als diese Bombardierung vor ca. 3,9 Milliarden Jahren nachließ. Bezüglich der Entstehung des Lebens bieten sich also für die Zeit vor 3,83 Milliarden Jahren zwei Möglichkeiten:

* Die chemische Evolution führte zur spontanen Erzeugung des Lebens auf der Erde;
* es gab keine spontane Lebenserzeugung auf der Erde. Nach dem Prinzip der Panspermie schlug das Leben auf der Erde Wurzeln, sobald die physikalischen Bedingungen hierfür günstig wurden (vor ca. 3,83 Milliarden Jahren).

Vertreter der Panspermie halten die erste Möglichkeit für extrem unwahrscheinlich und bringen mehr oder weniger überzeugende Argumente für ihre Theorie vor. So glaubt H.-D. Pflug, organische Reste – in der Mineralstruktur von Meteoriten eingesiegelt – gefunden zu haben, die heute lebenden Mikroorganismen gleichen, aber nur etwa ein Zehntel ihrer Größe haben. Wenn diese einzelligen Lebewesen Jahrmilliarden überdauern sollen, müssen sie noch zu Lebzeiten von einem Mineral eingeschlossen werden.

Solche Abdrücke und Eingüsse fand Pflug in Isua-Quarziten und in den »kohlige Chondrite« genannten Meteoriten. Diese Meteoriten enthalten außer den Chondren (vor allem aus Olivin, einem Magnesium-Eisen-Silikat, bestehend) Einschlüsse aus Tongestein, Wasser und kohlehaltigen Stoffen. Die kohlig-tonigen Bereiche der Meteoriten scheinen im Gegensatz zu den Chondren über 150 °C erhitzt worden zu sein; sie enthalten nämlich außer Ruß auch Kohlenwasserstoffe, die (so nahm man einst an) nur von Lebewesen gebildet wurden (Kohle, Ölschiefer etc.). Die Herkunft dieser organischen Verbindungen in den Meteoriten ist jedoch umstritten. Pflug nimmt als gesichert an, daß ihr Ursprung auf die frühe Zeit der Formation unseres Universums zurückgeht.

Seit kurzem gibt es aber Hinweise auf eine Entstehung von Kohlenwasserstoffen in Gesteinen ohne Beteiligung von Lebewesen. Es wurde entdeckt, daß Olivin reinen Kohlenstoff enthält; dieser kann sich im Kristallgitter des Olivins unter Luftabschluß mit den Sauer- und Wasserstoffmolekülen des Minerals verbinden, wobei zunächst Kohlenwasserstoff und dann viele organische Substanzen entstehen, wie sie zuvor nur von lebenden Organismen bekannt waren. Olivin ist das mengenmäßig wichtigste Mineral des Erdmantels (das ist der Bereich zwischen Erdkruste und Erdkern). Im Erdmantelgestein ist außerdem reichlich Sauerstoff vorhanden, so daß sich bei bestimmten Temperaturen auch Aminosäuren bilden. Kohlendioxid und organische Verbindungen treten aber bei hohen Temperaturen und Verwitterungsvorgängen aus der Kristalloberfläche aus.

Einige Forscher vermuten nun, daß solche nichtbiologische organische Verbindungen an die Oberfläche feinster Bläschen, die auch im Olivin vorkommen, gelangen können. Die im Hohlraum der Bläschen sich dann anreichernden Kohlenstoffsubstanzen sehen kugeligen Mikrofossilien täuschend ähnlich. Auch das sichtbarste Unterscheidungsmerkmal zwischen biologischer und nichtbiologischer Substanz, das Kohlenstoff-Isotopenverhältnis, hilft in diesem Falle nicht weiter, da sich an den organischen Verbindungen im Olivinkristall das bisher als für Lebewesen typisch geltende Phänomen der Anreicherung leichter Kohlenstoff-Isotope beobachten ließ. Ob Pflug tatsächlich Mikrofossilien gefunden hat, bleibt also umstritten; doch stützt er seine These nicht nur auf gestaltloses organisches Material, sondern auf (nach seiner Meinung) bakterienähnlich strukturierte Einschlüsse, die den Mikrofossilien im Isua-Quarzit gleichen sollen.

Abgesehen davon fand eine Gruppe von Paläontologen unter der Leitung von J. W. Schopf (1980, S. 376) im Nordwesten Australiens, in der sogenannten Warrawoona-Gruppe, die unumstritten ältesten Spuren des Lebens auf der Erde. Ihr Alter wurde mit 3,5 Milliarden Jahren bestimmt. Es handelt sich um Stromatolithen, versteinerte Formationen von Blaualgenmatten.

Stromatolithen können an sich schon als Fossilien, als versteinerte Lebensspuren, angesehen werden, da keine abiotischen Prozesse bekannt sind, durch die sie entstehen könnten. Bei der mikroskopischen Untersuchung hat man überdies auch zahlreiche Mikrofossilien gefunden, sowohl solche, die Blaualgen, als auch andere, die Bakterien ähnlich sehen. Die Vielfalt der in den Warrawoona-Stromatolithen gefundenen Mikrofossilien läßt schon ein hochentwickeltes mikrobiologisches Ökosystem erkennen und führt zu dem Schluß, daß das Leben auf der Erde beträchtlich älter sein muß als 3,5 Milliarden Jahre. Es gilt inzwischen als unumstritten, daß das Leben wesentlich älter ist, als man es vor der Entdeckung dieser Stromatolithen vermutet hatte.

Bereits knapp eine Milliarde Jahre nach Entstehung unseres Planeten hat es hochorganisierte Ökosysteme von Mikroorganismen gegeben (G. Breuer, 1981, S. 299–300). Doch selbst Bakterien einfachster Bauart setzen sich aus über 10000 verschiedenen Inhaltsstoffen zusammen, deren kompliziertes Zusammenspiel das Funktionieren des Organismus bewirkt. Die Entwicklung eines solch komplexen Apparates aber bedarf langer geologischer Zeiträume. Die einzelligen Isua-Organismen (falls es echte Organismen sind) evolvierten in mehr als 3 Milliarden Jahren zum vielzelligen Großtier. Der Übergang von unbelebter zu belebter Materie aber ist, verglichen mit dieser Evolution, ein viel größerer Entwicklungsschritt, als daß er in einem Zeitraum von weniger als einer Milliarde Jahre möglich gewesen sein könnte; daß also das Leben auf der Erde entstanden ist, erscheint den Vertretern der Panspermie zumindest extrem unwahrscheinlich. Diese Überlegung bildet auch den Ausgangspunkt für die Arbeiten von F. HOYLE und N. C. WICKRAMASINGHE (1979; 1982; 1983).

Sie führen überdies noch ein weiteres Argument ins Feld: Für lebende Organismen spielen 1000 bis 2000 Enzyme eine entscheidende Rolle. Diese Systeme bestehen aus Ketten von Aminosäuren. Vorausgesetzt, die »Ursuppe« enthielt 20 biologisch wichtige Aminosäuren, (und 10 Stellen pro Enzym sind für das biologisch richtige Funktionieren entscheidend), dann wären mehr als 20^{10} Versuche erforderlich, um ein einziges funktionsfähiges Enzym hervorzubringen. Die Versuchszahl steigt ins Unermeßliche, wenn z. B. 100 funktionsfähige Enzyme produziert werden sollen.

Hoyle und Wickramasinghe kommen deshalb zu der Schlußfolgerung, daß die steril gewesene Erde von Anfang an mit Leben »berieselt« wurde, »das sich danach mit weiteren sporadischen Beigaben kosmischer Gene gemäß der sich ständig verändernden örtlichen Bedingungen auf der Erde entfaltete« (F. Hoyle, C. Wickramasinghe, 1982, S. 42). Sie vermuten, daß das Leben an zahllosen Orten im Weltraum entstanden sein kann, und argumentieren wie folgt:

Allein in unserem Sonnensystem gibt es ca. eine Billion Kometen, deren atomare Zusammensetzung eine bemerkenswerte Übereinstimmung mit jener von Lebewesen aufweist, wogegen die chemische Zusammensetzung der Erdoberfläche von derjenigen der Lebewesen völlig verschieden ist. Das gilt besonders bezüglich der Mengenverhältnisse der lebenswichtigen Atome Wasserstoff, Kohlenstoff, Stickstoff und Sauerstoff. Nimmt man die Kometen eines Sonnensystems als Träger des Lebens an, so wird die Wahrscheinlichkeit, die für die Entstehung des Lebens in unserem Sonnensystem spricht, verschwindend klein, da es allein in unserer Milchstraße mehr als 100 Millionen sonnenähnliche Sterne gibt.

Bakterielle Zellen können nun, gleichviel woher sie stammen, in der Milchstraße explosiv von Gaswolke zu Gaswolke (bzw. von Staubwolke zu Staubwolke) befördert werden; in diesen Wolken wiederum entstehen mit ziemlich gleichmäßiger Geschwindigkeit Sterne. Für eine außerirdische Entstehung des Lebens in bakterieller Form sprechen nach Ansicht der Panspermisten Eigenschaften von Bakterien, die mit dem herkömmlichen Konzept ihres Ursprungs und ihrer Evolution auf der Erde unvereinbar sind:

* Die im Erdreich vorkommenden Bakterien sind ihrer Umgebung nie optimal angepaßt, was ihre Entstehung auf der Erde unwahrscheinlich macht;
* sie können bei niedrigen Temperaturen und geringem Druck fast unbegrenzt überleben. Solche Bedingungen gibt es aber nur im interstellaren Raum;
* sie können einem Maß an UV-Strahlung widerstehen, das weit über dem liegt, was die Erde je erreicht hat;
* einige Bakterienarten sind gegenüber Röntgen-, Gamma- und Teilchenstrahlung ausgesprochen widerstandsfähig.

Diese Eigenschaften erscheinen den Panspermisten nur sinnvoll, wenn man annimmt, »daß die Evolution die Bakterien als Raumfahrer ausgestattet hat« (F. Hoyle, N. C. Wickramasinghe, 1982, S. 43).

Vergleichsweise abenteuerlich nimmt sich dagegen die Theorie der *gelenkten Panspermie* des Nobelpreisträgers für Physiologie und Medizin von 1962 FRANCIS CRICK (geb. 1916) aus. Nach Crick (1983) könnte das Leben vor vier Milliarden Jahren dadurch entstanden sein, daß ein unbemanntes Raumschiff aus einer fernen extraterrestrischen Zivilisation auf der Erde landete und mitgebrachte Mikroorganismen aussäte. Die Hypothese der gelenkten Panspermie ist in Fachkreisen sehr umstritten und wenig anerkannt. Sie ist wissenschaftlich kaum begründbar. Schon bei den Überlegungen zur Entstehungszeit des Universums und des Lebens verwickelt sich Crick, der »Däniken« der Mikrobiologie, in Widersprüche. So muß er schließlich für die Entstehung der außerirdischen Zivilisation, welche die Bakterienrakete geschickt haben soll, einen kürzeren Zeitraum als für die irdische Evolution annehmen. Aber gerade die Kürze der Zeit, in der sich auf der Erde der Schritt vom Unbelebten zum Belebten vollzogen hat, bildet ja für die Vertreter der Panspermie den Ausgangspunkt.

Nach der Theorie von Hoyle und Wickramasinghe sowie anderer Panspermisten stammen die ersten bakteriellen Zellen der Erde nicht aus Raumschiffen. Nach ihrer Theorie kommen die Mikroben, die in der gesamten Milchstraße verteilt sind, aus den Gaswolken im Weltraum, und bakterielle Zellen, die innerhalb eines Kometen günstige Bedingungen vorfinden, vermehren sich schnell und werden in das All zurückgeschleudert.

Ein Großteil des Kohlenstoffs in der Milchstraße wäre folglich in Mikrobenzellen gebunden. Für diese Annahme scheinen astronomische Befunde von der Untersuchung interstellarer Wolken zu sprechen. Diese Wolken bestehen hauptsächlich aus molekularem Wasserstoff, der einen großen Teil der Gesamtmasse der Milchstraße ausmacht. Daneben gibt es aber auch eine große Menge organischer Moleküle (bislang wurden ca. 20 gasförmige organische Moleküle entdeckt) und winzige Staubteilchen, die auch Raumkörnchen genannt werden. Letztere lassen nur einen Teil der Strahlung von fernen Strahlenquellen durch. Der Anteil der durchgelassenen Energie läßt sich im Bereich der Infrarot- und UV-Strahlung und dem des sichtbaren Lichtes für jede Wellenlänge messen. Das so ermittelte Spektrum ist wichtig für die Erforschung der Eigenschaften der Raumkörnchen. Man kann nun für verschieden absorbierende Medien das Spektrum berechnen und es mit dem gemessenen Spektrum vergleichen.

Lange Zeit nahm man an, daß diese Staubteilchen zu einem großen Teil aus Eis bestehen; doch zwischen den errechneten und den tatsächlich gemessenen Spektren bestand eine zu große Diskrepanz.

1977 gelang Hoyle, Wickramasinghe und anderen der erste »Durchbruch« mit dem Spektrum der Zellulose; diese ist ein wichtiger Bestandteil pflanzlicher und der meisten tierischen Zellwände. Auch Bakterien bestehen aus einem Stoff, dessen Emissions- und Absorptionseigenschaften von Wärme denen der Zellulose sehr ähnlich sind. Die Übereinstimmung des errechneten mit dem gemessenen Spektrum war verblüffend. Hoyle und Wickramasinghe schlossen aus dieser Beobachtung auf eine vorwiegend biologische Zusammensetzung der Teilchen und führten weitere Indizien für die Richtigkeit ihrer Theorie an:

* Die Polarisationseigenschaften der Staubteilchen lassen den Schluß zu, daß sie stäbchenförmig sind, was auch bei zahlreichen Bakterientypen der Fall ist;
* die Durchmesser der meisten Staubteilchen liegen in einem sehr engen Bereich um 0,7 μ; in diesem Bereich liegt auch der Durchmesser einer bestimmten Klasse von Bakterien.

Wenn die Staubteilchen Bakterien sind, wäre die Gesamtmasse der bakteriellen Zellen in der Milchstraße etwa zehnmillionenmal so groß wie die Sonnenmasse. Es gäbe einen Weltraum, angefüllt mit lebenden Zellen in »schlummerndem« Zustand. Jeder für Leben in Betracht kommende Ort, der durch Verdichtung kosmischer Gaswolken und Herausbildung von Sternen, Kometen und Planeten entsteht, würde dann sehr schnell von diesem lebendigen System erfaßt. So kommen die beiden Wissenschaftler zu dem Schluß:

»Die Kometen, die auf die Erde niedergingen, brachten die Weltmeere und die Atmosphäre, sie brachten dann auch das Leben, das im Schutze des wolkigen Himmels Wurzeln schlug und gedieh.« (F. Hoyle, N. C. Wickramasinghe, 1982, S. 48)

Gegen die Panspermie-Theorie wenden die Amerikaner D. Goldsmith und T. Owen (1985, S. 186) ein, daß die Konzentrationen von Spurenelementen in lebenden Organismen und im Seewasser in verblüffendem Maße übereinstimmen. Dies läßt sich nach der Auffassung der beiden Wissenschaftler nur dadurch erklären, daß das Leben auf der Erde entstanden ist.

Außer den naturwissenschaftlichen Bedenken gegenüber der Panspermie ist grundsätzlich die Frage nach ihrem Erklärungswert zu stellen. Die Theorie beantwortet die Frage nach der Entstehung des Lebens nicht, sondern verschiebt sie in das Weltall. Sie scheint zunächst das Problem der Lebensentstehung *auf der Erde* zu lösen; damit aber ist das Phänomen als solches nicht geklärt, und das Wie seiner Entstehung bleibt im Dunkeln. »Die Entstehung des Lebens wird weder erklärt noch in mystische Regionen entrückt, sondern lediglich an einen anderen Ort im Weltall verlagert.« (A. Furthmayr-Schuh, 1983, S. 82)

7. Die Entstehung des Lebens auf der Erde

Wir haben uns zunächst mit den grundlegenden Bedingungen von Leben überhaupt beschäftigt (4.). Sodann wurde der Entstehungsprozeß unseres Sonnensystems nachgezeichnet (5.) und gefragt, ob auf den extraterrestrischen Planeten gegebenenfalls Lebensformen erzeugt wurden (6.1). Nach der Auseinandersetzung mit der Panspermie (6.2), die eine Entstehung des Lebens auf der Erde für unwahrscheinlich hält, wollen wir uns nun der naturwissenschaftlichen Darstellung jener chemischen Evolution zuwenden, die auf unserem Planeten tatsächlich zum Übergang vom Unbelebten zum Belebten geführt hat.

7.1 *Die Bildung der Erdatmosphäre*

Der privilegierte Platz der Erde im Sonnensystem, 150 Millionen Kilometer vom Zentralgestirn entfernt, stellt für die Entstehung des Lebens noch keinen ausreichenden Grund dar. Die basaltartige und granitene Gesteinsoberfläche wäre ohne Atmosphäre steril geblieben. Wie hat sich die Atmosphäre bilden können?

Die Atmosphäre wurde durch die Vulkane ausgeschwitzt.

An den Vulkanausbrüchen von heute (z. B. Stromboli) sieht man, daß große Mengen von Wasserdampf, Stickstoff, Wasserstoff, Methan und Ammoniak, eben genau jene Bestandteile, die für die Uratmosphäre notwendig waren, ausgestoßen werden. Der durch Vulkane in der Anfangszeit der Erde ausgeschleuderte Wasserdampf kühlte ab, kondensierte, fiel als Regen auf die heiße Erdoberfläche herab, verdampfte sofort wieder und kühlte dabei die Erdoberfläche ab. So beschleunigte er den Abkühlungsprozeß. Da die vulkanische Gasproduktion zu 97 % aus Wasserdampf bestand, der sich in den großen Senken der Erdoberfläche niederschlug, bestehen prinzipiell keine Schwierigkeiten, sich die Entstehung der Ozeane durch diesen Mechanismus vorzustellen.

Es mag sehr schwer denkbar sein, daß bei einer Atmosphäre dieser Zusammensetzung, unter andauernden Wolkenbrüchen und Gewittern, Leben entstehen konnte. Das besonders deshalb, da kein freier Sauerstoff vorhanden war, an dessen Gegenwart alles organische Leben unbedingt gebunden ist. Andererseits wird alle nichtbelebte organische Substanz aufgrund der hohen chemischen Aktivität des Sauerstoffs sofort zerstört (= oxidiert).

Wie konnte unter diesen Umständen Leben überhaupt entstehen, da es einerseits Sauerstoff nötig brauchte, andererseits der Sauerstoff, wenn er vorhanden war, die chemischen Bausteine zerstörte?

Die Antwort lautet: Die Atmosphäre der heutigen Erde ist nicht dieselbe wie die der Urerde. Aus der Untersuchung alter Erzlager, die durch Faltung vor 2–3 Milliarden Jahren unter Luftabschluß in die Tiefe verschoben wurden, ergab sich, daß die Uratmosphäre keinen freien Sauerstoff enthielt.

Besondere Aufmerksamkeit verdient in diesem Zusammenhang eine Entdeckung, die dem Regensburger Mikrobiologen K. Stetter im Sommer 1981 gelang. Nahe der italienischen Insel Vulcano und auf Island (1983) fand er in der Umgebung heißer Quellen urzeitliche Mikroorganismen, Archaebakterien, die bei Temperaturen über dem Siedepunkt leben. Laborversuche ergaben, daß diese Mikroorganismen nicht nur in kochendem Wasser leben können, sondern ihr optimales Wachstum erst bei 105 Grad erreichen. Die Energie zum Leben gewinnen sie durch die Umwandlung von Wasserstoff und Schwefel zu Schwefelwasserstoffgas, wobei sie ihre Biomasse aus Kohlendioxid aufbauen. Bei Sauerstoffzufuhr sterben sie binnen weniger Minuten. »Die sauerstoffempfindlichen, hitzeresistenten sowie wasserstoff- und schwefelverarbeitenden Archaebakterien sind an Bedingungen angepaßt, wie sie vermutlich vor 3–4 Milliarden Jahren auf der Erde herrschten. An den heißen Quellen des Meeresbodens haben diese Organismen offenbar ein Refugium gefunden, an dem sie dem Konkurrenzdruck der modernen Lebensformen ausweichen konnten« (F.A.Z., 8.12.1982).

Die ersten Mikroorganismen waren also an die Bedingungen der Uratmosphäre angepaßt, nicht an die heutige Lufthülle der Erde. Die Lebensformen haben im Laufe der Evolution die Atmosphäre selbst geprägt und mitverändert. So ist der größte Teil des heute in der Atmosphäre enthaltenen Sauerstoffs im Laufe der Erdgeschichte von den grünen Pflanzen erst durch Photosynthese erzeugt worden. Dies erklärt auch, warum es unmöglich ist, die Urzeugung (vgl. 3.3) nachzuahmen. Da der Uratmosphäre der freie Sauerstoff fehlte, kann aufgrund des Vorkommens von Sauerstoff in der heutigen Atmosphäre keine Wiederholung der ursprünglichen Entstehung des Lebendigen gelingen. So hat sich das Leben, als es erst einmal Fuß gefaßt hatte, die Möglichkeit zu einem Neuanfang selbst abgeschnitten!

7.2 *Die Bildung von Proteinen und Nukleinsäuren*

Da in der Uratmosphäre kein freier Sauerstoff vorhanden war, fehlte der wirksame atmosphärische Filter zur Abschirmung der von der Sonne kommenden ultravioletten Strahlung. UV-Strahlen sind für alle aus Eiweiß aufgebauten Organismen lebensgefährlich. In der Urzeit wurde aber gerade dieser Teil der Sonnenstrahlung gebraucht:

* Er war die Energiequelle, um die in der Atmosphäre enthaltenen Gase zu größeren Molekülen zusammenzuschweißen. Das spielte sich an der Oberfläche des Wassers ab. Einige dieser Moleküle sanken in Tiefen unter 10 bis 15 m ab, wohin die zerlegende Kraft des UV-Lichtes nicht mehr kam. So reicherten sich die Großmoleküle immer mehr an.
* Die UV-Strahlung bewirkte die Dissoziation des Wassers. Der freigesetzte Wasserstoff stieg als leichtestes Element in den Weltraum; der Sauerstoff blieb übrig und begann einen Filter gegen den Einfluß der UV-Strahlung zu bilden. Ließ der Sauerstoffgehalt der Luft nach, so hatten die UV-Strahlen eine größere dissoziative Wirkung, bis der Sauerstoffgehalt wieder einen bestimmten Wert erreicht hatte und die Wirkung der UV-Strahlung stoppte. Es spielte sich dabei ein bestimmter Sauerstoffgehalt der Atmosphäre ein (Urey-Effekt).

Die Geophysiker L. V. Berkner und L. C. Marshall errechneten, daß der Urey-Effekt eine Sauerstoffkonzentration in der Uratmosphäre hergestellt hat, die rund 1/1000 des heutigen Wertes ausmacht: Die Photodissoziation des Wassers ist also keine ergiebige Quelle für den Sauerstoff.

Dennoch: der entstandene Sauerstoffgehalt der Luft bildete den stärksten Schutz in einem Wellenlängenbereich zwischen 2600 und 2800 Å. Das ist aber genau der Bereich, in dem Proteine und Nukleinsäuren, die beiden entscheidenden Biopolymere, am strahlungsempfindlichsten sind. D. h., daß die beiden wichtigsten Biopolymere, lange bevor das Leben entstanden war, eindeutig vor den übrigen chemischen Verbindungen bevorzugt wurden. Die Entwicklung auf der Erde vor 4 Milliarden Jahren hatte eine Situation entstehen lassen, durch die die Bildung von Nukleinsäuren und Eiweißen begünstigt wurde. Deshalb entstanden im weiteren Verlauf diese beiden hochkomplizierten Polymere in überdurchschnittlicher Häufigkeit. Aus diesen Bausteinen konnte sich einzig deshalb das Leben bilden, weil diese Moleküle von ausreichender Kompliziertheit, d. h. Wandlungsfähigkeit waren und als einzige in genügender Menge zur Verfügung standen. Damit war aber noch nichts über den Weg vom Unbelebten zum Belebten gesagt. Erst 1953 wurde der erste entscheidende Schritt zur Lösung dieses Problems von Stanley L. Miller getan.

Die wichtigsten Ingredienzien, die in der Uratmosphäre enthalten sein sollten, wurden in einem Glaskolben gemischt und dieser dann verschlossen. An diesen Kolben schloß Miller eine Hochspannung an und erhielt nach kurzer Zeit drei der wichtigsten Aminosäuren (Glycin, Alanin, Asparaginsäure).

Der Versuch Millers wurde von Experten in mannigfaltiger Weise wiederholt und abgewandelt. Je mehr man die Ausgangsbedingungen veränderte, um so größer wurde die Zahl der Verbindungen, die dabei entstanden. Es bildeten sich mehr als 70 verschiedene Aminosäuren. Unter den entstandenen Verbindungen befand sich sogar ATP (= Adenosintriphosphat), das die wichtigste Energiequelle aller auf der Erde lebenden Zellen ist. Auch schlossen sich Aminosäuren zu Polypeptiden zusammen. Das gleiche geschah mit Nukleotiden, den Bausteinen der Nukleinsäuren, welche die Erbinformation speichern.

Kritik am Versuch Millers

1. Ausgangspunkt von Millers Experiment war die Vorstellung, daß die Erdatmosphäre bei ihrer Bildung vor über 4 Mrd. Jahren keinen Sauerstoff, aber Wasserstoff, Wasserdampf, Ammoniak und Methan enthielt und somit stark reduzierend wirkte. Die Geochemie gelangte in der Zwischenzeit jedoch zur Überzeugung, daß die Gasmischung in Millers Experiment nicht der tatsächlichen Uratmosphäre entsprach; diese scheint vielmehr – mit Ausnahme des fehlenden freien Sauerstoffs – die gleiche Zusammensetzung wie heute gehabt zu haben. Das älteste datierbare Gestein auf der Erde enthält Karbonate, deren Entstehung nur in einer Atmosphäre möglich war, die kein Methan, sondern Kohlensäure enthält, die also nicht reduzierend ist. Da es keinen Grund für eine plötzliche Änderung in dieser Epoche gibt, muß man vermuten, unsere Atmosphäre habe auch vor 4,5 Mrd. Jahren vorwiegend aus CO_2 und Stickstoff bestanden. Basis für diese abiotische Entstehung organischer Moleküle könnte eine milde reduzierende und etwas oxidierende Uratmosphäre gewesen sein (R. A. Kerr, 1980; 1982).
2. Die Versuche geschahen in einem geschlossenen System. In der Natur gab es bei der Biogenese keine abgeschlossenen Systeme.
3. Bei den Miller-Versuchen entstand ein Gemisch von L-Aminosäuren und D-Aminosäuren. Natürliche Proteine in den heutigen Lebewesen bestehen aber durchweg aus L-Aminosäuren. (Eine Aminosäure gehört dann einer L-Reihe an, wenn sie an ihrem α-C-Atom dieselbe Anordnung der Substituenten aufweist wie das L-Alanin oder das L-Serin. Wichtig dabei ist, daß der optische Drehsinn unabhängig ist von der Zugehörigkeit zu einer L- oder D-Reihe.) Aus dem Miller-Versuch folgt nur, daß die Bausteine der Biopolymere sich so hätten bilden können. Ungeklärt bleibt, warum Proteine in den heutigen Lebewesen ausschließlich aus L-Aminosäuren aufgebaut sind.

Durch die Bildung der Biopolymere (Proteine und Nukleinsäuren) waren die Voraussetzungen für die Erfüllung der drei grundlegenden – von Oparin formulierten – Lebenskriterien gegeben:

Stoffwechsel: Alle Stoffwechselvorgänge lebender Systeme werden durch Enzyme ermöglicht. Bei diesen handelt es sich um Proteine einer ganz bestimmten Aminosäuresequenz, die aufgrund eines aktiven Zentrums substrat- und wirkspezifisch reagieren. Die Wahrscheinlichkeit, daß Enzyme heutiger Form in der Ursuppe entstanden, ist äußerst gering. Wohl aber enthielt die Ursuppe Proteine, deren enzymatische Wirkung zwar nicht besonders gut, aber doch vorhanden war. Enzyme sind deshalb beim Aufbau von Makrokomplexen notwendig, weil die chemischen Reaktionen ohne sie sehr langsam ablaufen würden und durch Temperaturerhöhung nicht in die Wege geleitet werden können, da erhöhte Temperatur Eiweiß und Nukleotide zerstören würde; die Enzyme dagegen haben die katalytische Wirkung bei normaler Temperatur. Nach neueren Ergebnissen (G. Trageser, 1989) kommt auch RNA, sogenannte Ribozyme, als Enzyme für die DNA-Kettenbildung in Frage.

Identische Selbstreproduktion: Sie wird durch die Nukleinsäuren ermöglicht. (Unter »Selbst« ist hier und im folgenden nicht der philosophische Begriff, sondern nur im Sinne von »dieselbe Struktur« bzw. »dasselbe« gemeint, also eine rein naturwissenschaftliche Betrachtung.) Die Polynukleotide haben die Fähigkeit, als Matrize zum Aufbau komplementärer Polynukleotidstränge zu dienen und sich dadurch identisch zu verdoppeln. Diese Selbstvermehrung ist den Proteinen nicht möglich; von ihrer gesamten Struktur her sind sie nicht in der Lage, komplementäre oder identische Stränge zu bilden. Andererseits sind die Polynukleotide nicht fähig, als Enzyme zu fungieren. Proteine und Polynukleotide können sich daher nicht ersetzen; die Zelle braucht beide. Was jetzt noch fehlt, ist die *Verknüpfung* zwischen den potentiellen »Informationsträgern«, den Nukleinsäuren, und den »Funktionsträgern«, den katalytisch wirkenden Polypeptiden, wie wir sie heute in der lebenden Zelle finden. Nach M. Eigen genügte zunächst ein System aus Polynukleotiden und Polypeptiden, das zwar die gleichen Polynukleotide, aber nur ähnliche Polypeptide mit vergleichbar katalytischen Eigenschaften *autokatalytisch* bildete.

Dieses System müßte im Laufe der Zeit der Grund dafür sein, daß sich durch Selektion eine strenge Zuordnung zwischen den beiden Teilen, nämlich den Informationsträgern und den Funktionsträgern, im Sinne des heutigen organischen Lebens entwickeln konnte. Wie dieses System sich autokatalytisch gebildet haben könnte, soll noch dargestellt werden.

Mutagenität: Auch sie ist an die Polynukleotide gebunden, die durch Einwirkung von außen oder durch Fehler bei der Reduplikation verändert werden können.

Um die drei für das Leben charakteristischen Merkmale zu realisieren, genügen als Material im Grunde nur Proteine und Polynukleotide. Beide waren in der Ursuppe vorhanden; die stoffliche Grundlage für das Leben war gegeben.

Die Entstehung des Lebens können wir für den Moment ansetzen, als die Nukleinsäuren zum Informationsträger wurden, der den Aufbau von Proteinen regelt. An einem bestimmten Ort muß es zu einer Korrelation von Proteinen und Nukleinsäuren gekommen sein. Darum fügt G. VOLLMER (1980, S. 19) als weiteres Lebensmerkmal die Wechselwirkung von Informations- und Funktionsträgern hinzu. In diesem Zusammentreffen der Polymere müssen die Nukleinsäuren als Fundament dazu gedient haben, daß Proteine ganz bestimmter Aminosäuresequenzen entstehen. Der Informationsgehalt der ersten »biologischen Nukleinsäure« war vermutlich sehr gering, dennoch mag unter den entstandenen Proteinen eines gewesen sein, durch das die identische Reduplikation beschleunigt wurde, also eine enzymatische Wirkung hatte. Durch den Besitz einer solchen Information erhielt der Träger den Vorteil einer raschen Vermehrung.

Die ersten Gebilde, in denen Proteine und Nukleinsäuren zusammenarbeiteten, die einen Stoffwechsel besaßen und sich identisch vermehren konnten, nennt man Eobionten. Ihr Stoffwechsel wie auch ihr Informationssystem waren sicherlich sehr primitiv. Das System der identischen Selbstreduplikation machte gelegentlich Fehler und veränderte dadurch die Information. Außerdem ergaben sich Veränderungen von außen (Chemikalien, Strahlungen). Das veränderte Individuum trat mit anderen in Konkurrenz. Ein mit Nachteilen entstandenes Individuum wird mit Sicherheit schnell verschwinden. So ist man fast unbemerkt von der chemischen in die biologische Evolution eingetreten. Vermutlich liefen die biologische und die chemische Evolution eine Zeitlang parallel nebeneinander.

Ein letzter Schritt zum Leben sei noch genannt. Die organischen Substanzen, die aus der Ursuppe von Eobionten (eos gr. = Morgenröte; frühe Lebewesen) aufgenommen wurden, nahmen mit deren Vermehrung immer mehr ab. Dieser Engpaß in der Evolution wurde durch die »Erfindung« einer neuen Energiequelle, der Sonnenenergie, überwunden. Bei der Photosynthese werden mit Hilfe des Lichtes aus den anorganischen Verbindungen energiereiche organische Stoffe aufgebaut. Durch die Photosynthese waren die Organismen nicht mehr auf die abiotisch entstandenen organischen Stoffe angewiesen, sie konnten sich das notwendige Material aus anorganischen Verbindungen selbst aufbauen.

Nun tritt bei der Photosynthese (neben dem energiereichen organischen Produkt Zucker) ein gasförmiger Abfall auf, der Sauerstoff. Dadurch veränderte sich die Zusammensetzung der Atmosphäre: Sie wurde stärker sauerstoffhaltig. Die ursprünglichen Wasserstoffverbindungen wie Ammoniak, Schwefelwasserstoff und Methan wurden oxidiert und verschwanden damit. Durch diese Veränderung war es nun möglich, zur Energiegewinnung auch Reaktionen mit freiem Sauerstoff zu nutzen. Diese Reaktionen hatten einen viel höheren Wirkungsgrad als die bisher angewandten Gärungsprozesse; der größte Teil der durch Photosynthese entstandenen organischen Stoffe wird mit Hilfe von Sauerstoff wieder zu Wasser und Kohlendioxid abgebaut. Die dabei freiwerdende Energie nutzt der Organismus zum Aufbau von ATP (= Adenosintriphosphat), dem Hauptenergiespender in den Zellen.

8. Theorien über den Ort der Biogenese

An einem bestimmten Ort muß es zu einer Korrelation von Proteinen und Nukleinsäuren gekommen sein. Es gibt zwei klassische Theorien über den Entstehungsort der ersten Lebensprozesse:

8.1 Koazervattheorie

A. I. Oparin (1894–1980) wies nach, daß bei der Vermischung stark verdünnter kolloidaler (leimartiger) Lösungen verschiedener hochmolekularer Stoffe feinste tröpfchenartige Gebilde entstehen, in denen diese hochmolekularen Stoffe in erheblich höherer Konzentration vorliegen als in der sie umgebenden Lösung, von der sie durch Ausbildung einer Membran abgegrenzt sind. In solchen Nukleinsäure-Protein-Tröpfchen muß es zum ursprünglichen Zusammenwirken von Proteinen und Nukleinsäuren gekommen sein. Die geringe Anzahl notwendiger Proteine und die sicherlich große Anzahl von Tröpfchen machen es wahrscheinlich, daß die Entstehung des Lebens kein einmaliger Vorgang war (R. W. Kaplan, 1977).

8.2 Mikrosphärentheorie

S. W. Fox hat beim Abkühlen warmer Proteinlösungen ähnliche Kügelchen erhalten und sie als Mikrosphären bezeichnet. Sie sind sehr klein, aber außerordentlich formstabil. Bei einem bestimmten Säuregrad der Umgebung weisen sie eine doppelschichtige Membran auf, die semipermeabel ist (sie läßt bestimmte Moleküle durch, andere nicht). Die Mikrosphären sammeln sich oft traubenförmig an; sie entstehen auch unter Verwendung abiogen synthetisierter Proteine. Unter dem Mikroskop sehen sie ähnlich aus wie die ältesten gefundenen Mikrofossilien des Präkambriums.

Die Vorläufer lebender Systeme waren ähnliche Gebilde, wie wir sie heute als Koazervattröpfchen oder als Mikrosphären kennen.

9. Die Ursachen der Biogenese

An dem Prozeß, der zur Entstehung der uns heute bekannten Lebensformen führte, können wir drei Phasen unterscheiden:

1. Die chemische Evolution: Der Aufbau von Makromolekülen, den Polymeren.
2. Die Evolution biologischer Makromoleküle: Die Selbstorganisation von Makromolekülen zu funktionsfähigen und sich selbst reproduzierenden Einheiten. Dies ist die Phase der Ausbildung zellenähnlicher Strukturen als Urformen des Lebens.
3. Die Evolution im darwinschen Sinn: Entstehung der Arten vom Einzeller bis zum Menschen.

Eigen beschreibt die zweite Phase der Evolution, die Selbstorganisation der biologischen Makromoleküle.

9.1 Die Selbstorganisation der Materie

Der Begriff »Selbstorganisation« ist von M. Eigen selbst gewählt, aber nicht im Sinne der Chaostheorien gebraucht: Vielmehr wird im folgenden darunter nur der Ablauf der Naturgesetze verstanden. Eigens grundlegende Problemstellung besteht in der Frage, wie man es unter der alleinigen Verwendung heute bekannter physikalischer Gesetze erklären kann, daß aus unbelebter Materie von der Art bestimmter chemischer Makromoleküle primitive einzellige Lebewesen entstehen, welche die Fähigkeit besitzen, sich selbst zu vermehren. Eigen will für diese Fähigkeit der Selbstreproduktion der Lebewesen eine rein naturwissenschaftliche Erklärung geben. Die Berücksichtigung ontologischer Prinzipien wird ausdrücklich ausgeschlossen. Dabei stellt Eigen nicht den Anspruch, die Entstehung des Lebens als historisches Ereignis zu erklären. Er will nur die Naturgesetze aufzeigen, die für die präbiotische Evolution maßgebend waren. Er unterscheidet also zwischen der physikalischen Sicht der Biogenese und dieser selbst als geschichtlichem Vorgang und möglichen anderen Erklärungsprinzipien. Somit ist Eigen also in keiner Weise zu den Chaos-Theoretikern zu rechnen.

»Physikalische Prinzipien liegen zwar den realen Prozessen zugrunde, aber die Wirklichkeit mit ihren vielfältig überlagerten Einflüssen läßt sich nicht auf ein Prinzip reduzieren.« (M. Eigen, 1981, S. 229)

Die Selbstreproduktion der biologischen Makromoleküle faßt Eigen unter dem Begriff der Selbstorganisation der Materie zusammen: Chemische und biologische Makromoleküle werden als Systeme betrachtet, die sich nach physikalischen Gesetzmäßigkeiten organisieren. Die Fähigkeit zur Selbstreproduktion der biologischen Systeme erscheint dabei als höheres Niveau der Selbstorganisation der Materie. Ein Gemisch von im Laufe der chemischen Evolution gebildeten Makromolekülen organisierte sich zu einem System, das über selbstreproduzierende Mechanismen verfügte. In der physikalischen Chemie werden Selbstreproduktionsvorgänge als autokatalytische Prozesse bezeichnet.

Bei einer einfachen *katalytischen* Reaktion wird ein Substrat (S) mittels eines Enzyms (E) in ein Produkt (P) umgewandelt. Am Ende dieser Reaktion findet sich das Enzym genauso wieder wie beim Eintritt in die Reaktion, und so kann es von neuem ein Substrat in ein Produkt umwandeln. Diese katalytischen Reaktionen sind Zyklen. Bei einer entsprechenden Menge an Substrat sind sie unbegrenzt fortführbar.

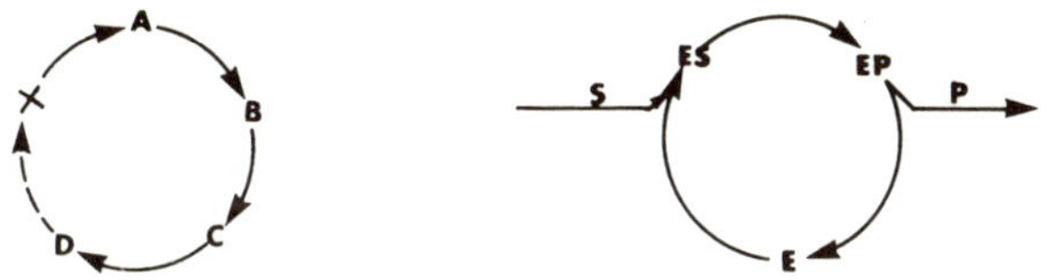

Katalytisches System E (Catalyst)

Eine weiterentwickelte Form eines katalytischen Zyklus ist der *autokatalytische Kreis.* Bei einer autokatalytischen Reaktion ist der Katalysator durch vorhergegangene Reaktionen produziert worden. Dieses System ist bei einer ausreichenden Stoffmenge in der Lage, sich selbst zu reproduzieren.

Ein solch kompliziertes Geschehen wie das der Selbstreproduktion durch autokatalytische Kreise erfordert Instruktionen auf hohem molekularen Niveau. In der Sprechweise Eigens formuliert: »Wir benötigen den Begriff der Information sowie den der Übersetzung von Information.« (W. Stegmüller, 1979, S. 662) Eigen geht es dabei nicht nur um die Weise der Übertragung von Information in Funktion, also darum, wie Nukleinsäuren als Informationsträger und Proteine als Funktionsträger zusammenwirken. Er fragt grundsätzlich nach der erstmaligen Entstehung von Information überhaupt.

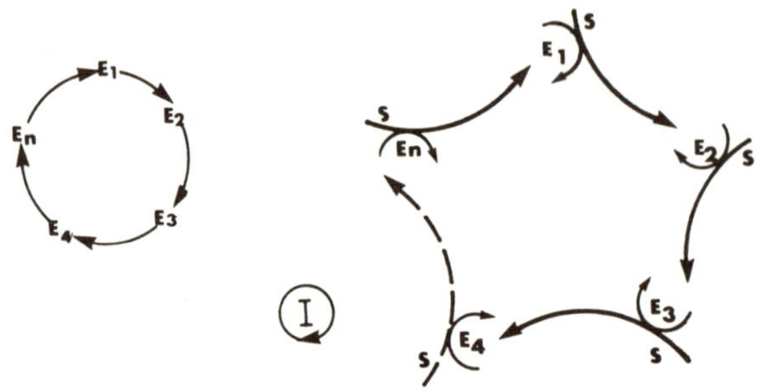

Autokatalytisches System
(Einheit mit der Fähigkeit zur Selbstreproduktion: self-replicative unit)

9.2 Der Ursprung der genetischen Information

Die autokatalytischen Prozesse der Selbstreproduktion sind nur dann voll wirksam, wenn das System weit vom Gleichgewicht entfernt ist. Die Zufuhr von Energie in Form von Nahrung, der gesamte Austausch mit der Natur in den Stoffwechselvorgängen, weist lebende Organismen als offene Systeme aus. In einem offenen System, als welches wir uns auch die Ursuppe der Erde vorstellen können, herrscht kein thermodynamisches Gleichgewicht, sondern ein Fließgleichgewicht bei ständiger Energiezufuhr. Dies veranlaßt Eigen zu der Annahme, daß das Selektionsprinzip, welches C. Darwin (1809–1882) zur Erklärung der Evolution der 3. Phase (vgl. oben 9.) entwickelt hat, auch für die Entstehung der biologischen Makromoleküle Gültigkeit besitzt.

Der physikalische Erklärungswert des Selektionsprinzips besteht nach Eigen darin, daß es zeigt, wie komplexe Strukturen mit an die Umwelt angepaßten Eigenschaften scheinbar gezielt entstehen, obwohl das Ziel erst durch den Evolutionsprozeß selbst festgelegt wird. Eigen setzt das Selektionsprinzip auf der biomolekularen Ebene zur Erklärung des Entstehens der genetischen Information ein. Bei der Selbstreproduktion im offenen System hat die für die Reproduktion des Makromoleküls jeweils optimale Nukleinsäuresequenz einen Selektionsvorteil. Die genetische Information, welche die Selbstreproduktion steuert, hat ihren Ursprung also in Selektionsprozessen.

Nach dieser Erklärung der Entstehung der ersten genetischen Information stellt sich jedoch ein neues Problem: Für die weiteren höheren Entwicklungsphasen wird mehr und kompliziertere Information verlangt. In den Zellen ist die genetische Information in Form von DNA (internationale Bezeichnung der DNS, Desoxyribonucleinsäure) gespeichert, die in Boten-RNA (= m-RNA) umgeschrieben und anschließend in Proteine übersetzt wird. Eine Verbesserung des Informationsgehaltes kann nur durch die Verlängerung der Informationsträger erzielt werden. Mit der Länge der Nukleinsäuresequenzen nimmt aber die Zahl der Abweichungen und Fehler bei der Selbstreproduktion in hohem Maße zu. In dieser Phase der präbiotischen Entwicklung kam es dadurch zu einer »Informationskrise«, die zu einem Stillstand der Evolution hätte führen können.

»Mit jeder Verlängerung aber nimmt die Genauigkeit der Reproduktion rapide ab, es sei denn, diese Genauigkeit wird durch katalysatorische Unterstützung verbessert.« (W. Stegmüller, 1979, S. 684) Auf die Funktionsweise und Bedeutung der katalytischen bzw. autokatalytischen Prozesse wurde oben bereits hingewiesen.

Der Zusammenschluß von mehreren autokatalytischen Systemen zu einem zyklisch in sich geschlossenen Netzwerk, dem *Hyperzyklus,* eröffnete nun einen Ausweg aus der Informationskrise. Denn durch die Hyperzyklen wurde die Kooperation einer Vielzahl sich selbst replizierender Gene möglich, wodurch sich dauerhaft mehr Information herstellen ließ. Die Wirkungsweise eines kombinierten Kreises autokatalytischer Prozesse oder von Hyperzyklen kann man sich etwa so vorstellen:

Ein DNA-Kreis enthält einen Informationsträger I und ein Proteinkreis den Funktionsträger F. Nun geschieht folgendes: Ein I_k vermehrt sich autokatalytisch. Damit diese Reduplikation möglichst identisch verläuft, wird es von dem Enzym F_{k-1} unterstützt, welches spezifisch auf I_k reagiert. Dieser I_k sorgt für den Aufbau des Proteins $F_{k'}$, welches durch mehrere F's unterstützt wird.

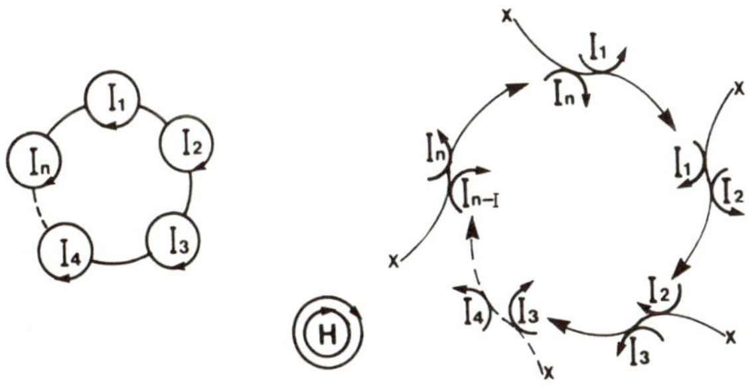

Katalytischer Hyperzyklus (Catalytic Hypercycle)

Gleichzeitig leistet ein F:

* Es kontrolliert die autokatalytische Reduplikation von I_{j+1}.
* Es kontrolliert einen bestimmten Anlagerungsprozeß, der auf Befehl von F_j hin zum Aufbau eines bestimmten Proteins führt. Wie nun schon die autokatalytischen Kreise gegenüber den katalytischen Kreisen einen Selektionsvorteil besitzen, so stellen erst recht die Hyperzyklen einen Organisationsvorteil gegenüber den autokatalytischen Kreisen dar.

In der Graphik des Hyperzyklus stellen die I's sich selbst instruierende Einheiten dar, die zweifache katalytische Funktion besitzen.

Kritik an Eigens Hyperzyklus:

Eigen muß annehmen, daß vor der Entstehung biologischer Strukturen Instruktionen für das Weiter auf molekularer Ebene vorhanden gewesen sein müssen. Ohne sie gäbe es keine Selbstorganisation von Nukleinsäuren zu sich selbst vervielfältigenden Strukturen.

Es ist fraglich, ob es möglich ist, zwei verschiedene Phänomenbereiche (Leben und Unbelebtes) mit demselben Theorieansatz zu beschreiben.

Eigen behandelt nicht die Frage nach der ontologischen Struktur der einzelnen Evolutionsschritte auf nichtorganischer Ebene. Für einen Philosophen ergibt sich aus der Veränderlichkeit bzw. aus dem Anfang und Ende eines Systems oder einer Struktur nach dem metaphysischen Kausalitätsprinzip eine nichtkontingente Ursache. Wie in der Religionsphilosophie gezeigt wird, ist diese Ursache Gott.

Was lassen die Naturwissenschaften als Probleme zur Entstehung des Lebens offen?

1. sind noch nicht alle naturwissenschaftlichen Schritte geklärt, wie aus dem Vorhergehenden an mehreren Stellen deutlich wurde. Hier müssen die Ergebnisse weiterer Forschung abgewartet werden.
2. Zum Versuch, die Entstehung des Lebens entsprechend der Chaos-Theorie und der Theorie der Selbstorganisation zu erklären: vgl. Kap. I.
3. Die ontologische Frage nach der Seinsstruktur der Lebewesen und dem letzten Grund für ihre Existenz und ihr Wirken ist nicht gestellt. Das soll jetzt geschehen.

B) PHILOSOPHISCHE ÜBERLEGUNGEN ZUR BIOGENESE

Nach der naturwissenschaftlichen Behandlung der Biogenese soll jetzt weitergefragt werden: ontologisch, philosophisch. Zuvor seien aber noch zwei Gefahren genannt, die dabei vermieden werden müssen:

1. Je exakter die von den Naturwissenschaftlern vorgelegte Kausalanalyse wird, desto leichter kann man zu der Annahme kommen, daß jetzt alles erklärt wäre. In der naturwissenschaftlichen Betrachtung ist von Gott nirgends die Rede. Falsch wäre es, daraus zu folgern, Gott habe also nichts zu tun mit dem Übergang vom Unbelebten zum Belebten.
2. In unseren naturwissenschaftlichen Überlegungen sind viele Fragen offen geblieben. Falsch wäre es gleichfalls, Gott in die bestehenden Forschungslücken einzubauen (Lückenbüßergott). Sofern eine solche Lücke dann durch erweiterte naturwissenschaftliche Erkenntnisse geschlossen werden könnte, wäre das eine Gottesfalsifikation.

Im folgenden wird als Lösung eine Synthese von innerweltlicher Kausalität und Mitwirken Gottes vorgeschlagen. Sie allein vermag das Biogeneseproblem naturwissenschaftlich und philosophisch darzustellen. Die Naturwissenschaften bewegen sich stets im Bereich der »physis« (Natur), des Meßbaren, der Zeit und des Raumes. Nur was der sinnenhaften Erfahrungswelt angehört und mit den Mitteln der Sinnesorgane prinzipiell dem menschlichen Verstand zugänglich ist, ist Gegenstand naturwissenschaftlicher Betrachtung. Insofern Gott jedoch über der Erfahrungswelt existierendes Sein ist, kann er nicht mit den Methoden und Instrumenten der Naturwissenschaft erfaßt werden.

Er entzieht sich jeder naturwissenschaftlichen Erkenntnis, insofern er jede weltliche Wirklichkeit transzendiert und deren tragender Grund ist. Falls es eine solche Wissenschaft gibt, besitzt die Metaphysik die geeignete Methode, seine Existenz zu erfassen. Die Ontologie versucht mit ihrer Methode und Fragestellung, auf Gottes Wirken zu schließen:

Beweisführung

Philosophisch gesehen sind alle Zweitursachen naturwissenschaftlicher Forschung im allgemeinen und die der uns hier interessierenden Problematik der Biogenese im besonderen *kontingent*. D. h. alles, was bei den einzelnen Entwicklungsschritten (Bildung von Atomen, Molekülen, Polymeren, etc.) herauskommt – bezeichnen wir sie in der Ursachenkette als

$A_0, A_1, A_2, A_3, \ldots A_n -,$

existiert nicht notwendig schon deshalb, weil es offenbar eine Zeit gab, in der diese einzelnen Entwicklungsprodukte, wie im naturwissenschaftlichen Teil dieses Kapitels gezeigt, nicht existierten. Es gilt der unmittelbare Schluß vom Anfang eines Seienden auf dessen Kontingenz. Was zu einer Zeit nicht existierte, hat seine Existenz deshalb nicht notwendig. Kontingentes Sein existiert in keinem Augenblick durch sich selbst, ist labil in seinem Dasein. Von daher kann es dauerhaft nur durch die *schöpferische Erhaltung* eines Nicht-Kontingenten existieren.

»Niemals eignet dem Kontingenten ein inneres Prinzip der Einheit von Wesen und Sein, und gerade diese Unmöglichkeit eines inneren Grundes der ontologischen Synthese im kontingenten Seienden fordert das Wirken der göttlichen Schöpferkraft schlechthin, nicht nur in irgendeinem Augenblick.« (H. Ogiermann, 1981, S. 87)

Die Eigenschaft der Kontingenz ist ein Grundcharakteristikum der verschiedenen Entwicklungsstufen, ein Wesenszug, den sie in keinem Moment ihrer Existenz verlieren. Sie sind kontingent, weil sie auch in jedem Augenblick ihres Da-seins nicht sein könnten. Die schöpferische Kraft bewahrt sie vor dem Rückfall in das Nichts.

Dieses Im-Sein-Erhalten von kontingentem Seienden nennen die Philosophen »creatio continua«, dauernde Schöpfung oder Erhaltung im Sein. Diese erhaltende Kraft kann aber letztlich nicht wieder kontingent sein, denn daraus ergäbe sich eine unendlich lange Kette kontingenter Ursachen, die – wie schon aufgewiesen wurde – nicht möglich ist. Die erhaltende Kraft kann letztlich nur etwas sein, das nicht selber wieder von etwas anderem im Sein erhalten wird, was also nicht auf kontingente, sondern eben auf absolute, notwendige Weise existiert. Das aber ist einzig und allein das »esse absolutum«. Dieses kann nicht materiell sein, weil dies Kontingenz impliziert. Es kann auch nicht endlich sein, da man Endlichem etwas hinzufügen kann und es damit wiederum veränderte, was ebenfalls ein Indiz für Kontingenz ist. Aus demselben Grund ist auch ausgeschlossen, daß es zeitlich ist. So ist das absolute Sein nicht-zeitlich, überzeitlich, ewig; es ist immateriell und unendlich. Als Letztursache von kontingenten Personen (Menschen) ist eine personale Urheberschaft notwendig. Diese Eigenschaften sind wesentlich für Gott.

Diese grundlegende Eigenschaft der Zweitursachen, nämlich ihre Kontingenz, betrifft nicht nur ihre Existenz, ihr Dasein, sondern logisch zwingend auch ihr Wirken. Denn »agere sequitur esse«, das Wirken folgt in seiner Qualität dem Sein des Wirkenden.

Es kann nur etwas die Sonnenenergie zur Photosynthese ausnützen, wenn es wie die Pflanzen ein dazu fähiges Sein hat;

ein fliegendes Wesen vermag nur zu fliegen, weil es ein dazu fähiges Sein hat;

ein denkendes Wesen kann eben nur darum denken, weil es ein dazu fähiges Sein hat.

Mit anderen Worten: Wenn ein Seiendes seinem Sein nach kontingent ist, dann muß es das auch notwendig in seinem Wirken, seinem Vollzug sein. Es braucht auch in seinem Wirken wegen seiner Kontingenz eine seinserhaltende Kraft. Noch anders gesagt: Nicht nur das Bewirkte, z. B. die Aktualität des Sehens, Empfindens, Wollens etc., auch das Erwirken selbst verläuft in der *Potenz-Akt-Spannung.*

Jeder Selbstvollzug, in dem das Wirkende aus einem potentiell Wirkenden zu einem aktuell Wirkenden wird, muß als ein *Seinszuwachs* verstanden werden. Nun widerspricht es dem Prinzip vom zureichenden Grunde (vgl. Einführung in die Philosophie, zu Beginn des Buches), wenn man denkt, daß sich ein endlich Seiendes diesen Seinszuwachs selbst geben könnte.

Die seinserhaltende Kraft im Wirken von kontingentem Seienden wird »concursus divinus«, das göttliche Mittun, Mitgehen, genannt. Bei dieser Übersetzung muß darauf geachtet werden, daß aus dem Mittun als seinserhaltendem Prinzip und Handeln nicht eine Zweitursache im Sinne des Lückenbüßer-Gottes gemacht wird. (Vgl. V. Naumann, Artikel »Schöpfung« in: W. Brugger 1981, S. 339.) Aus der wesentlichen Abhängigkeit des Geschöpfes von der allmächtigen Wirksamkeit Gottes im ersten Augenblick seines Daseins ergibt sich notwendig die gleiche und unmittelbare Abhängigkeit auch für die Fortdauer des Seins, da diese das Wesen der Dinge in keiner Weise verändert. Eine Vernichtung der Welt bestünde also im bloßen Aufhören des daseinserhaltenden Einflusses Gottes. Eine Tätigkeit Gottes könnte die Welt nicht vernichten, da »nichts« nicht das Ziel von Gottes Betätigung sein kann.

Die Beweisführung ist die gleiche wie bei der creatio continua, nur jetzt auf das Wirken von kontingenten Seienden angewendet: Als letzte Ursache für ein kontingentes Wirken kann nicht wieder ein Wirken, das in sich selbst kontingent ist, angenommen werden. Denn dadurch wäre philosophisch keine Antwort gegeben, sondern diese nur verschoben.

Kontingentes Wirken setzt also in jedem Augenblick seines Wirkens ein nicht-kontingentes Wirken voraus, was wiederum nur durch Gott geleistet werden kann, als *dem actus purus,* der nicht zusammengesetzt ist aus Sein und Möglichkeit, sondern beständig reines Wirken in ewiger Gegenwart ist.

Die hier vorgetragene Lösung des Problems »Schöpfung und Entstehung des Lebens« wird beiden Fragestellungen, der naturwissenschaftlichen und der philosophischen, gerecht:

Der naturwissenschaftlichen, weil Gott nicht in die Kette der Zweitursachen hineingemogelt wird; der philosophischen, weil die allgemeinen Seinsprinzipien gewahrt werden; (und, so darf man hinzufügen, den Theologen, weil der Transzendenz und Allmacht Gottes Genüge getan wird). Alles zusammen, der naturwissenschaftliche und philosophische Ansatz, ergibt erst ein vollständiges Bild und bewahrt uns vor Einseitigkeiten.

Dieses Vorgehen war ein weiteres Beispiel für naturphilosophisches Arbeiten: Man geht von naturwissenschaftlichen Fakten aus und hinterfragt diese dann philosophisch.

Die Konsequenz bzw. die Implikation der Beweisführung, daß die Wirkakte der welthaft Seienden ihr »Sein« nicht aus sich selbst empfangen, sondern von Gott, der »causa prima«, gibt Anlaß zur Kritik, daß nämlich mit dieser Vorstellung das Eigensein und Eigenwirken der Zweitursachen als solche zunichte gemacht und zur Passivität degradiert werden (Gefahr des Okkasionalismus). Darauf ist zu erwidern: Die »Mitwirkung Gottes beim und im Wirken des Geschöpfes setzt dem Geschöpf die geschöpflichen Grenzen seines Wirkens, entfremdet es keiner ihm eventuell doch noch zustehenden Möglichkeiten« (H. Ogiermann, 1974, S. 181). »Das geschöpfliche Wirken wird von Gott selbst mit-erwirkt, soweit es als Wirkakt Sein hat und vollzieht; das Sein der Wirk-akte, soweit es zugleich und notwendig washaft ist, wird vom Geschöpf miterwirkt; von ›beiden‹ daher als ganzes, obschon unter verschiedenen Aspekten.« (H. Ogiermann, 1974, S. 182). Es bedarf einer Unterscheidung zwischen Wirklichsein und Sosein der Wirkakte. »Sie meint zuletzt den … Unterschied zwischen der Begründung aller Seinsmomente in den Wirkakten, soweit sie kein ›plus realitatis‹ besagen, und der Begründung des Mehr-Seins, des ›plus entitatis‹, das in der Verwirklichung der aktiven Potenz endlicher Seiender auftaucht.« (H. Ogiermann, 1970, S. 102). Die aktive Potenz der Geschöpfe ist als »Wirkfähigkeit« zu verstehen.

C) EINWÄNDE UND FRAGEN

Was sagt der *Miller-Versuch* von 1953? Was beweist er? Was bleibt offen?

Was verstehen Sie unter *Hyperzyklen* von Manfred Eigen? Welche Bedeutung haben sie für die Biogenese?

Nehmen Sie Stellung zu folgendem Text von R. W. KAPLAN: »Nach den bisher erarbeiteten Einsichten ist die Fähigkeit der Materie, belebte Systeme zu entwickeln, allein in ihrer Struktur und ihren möglichen Wirkungen gegeben. Übernatürliche Faktoren erscheinen überflüssig, es gibt keinerlei Anzeichen für sie.« (R. W. Kaplan, 1978, S. 281).

Was sagen Sie wissenschaftstheoretisch zu diesen Behauptungen, was ist dazu ontologisch zu bemerken?

Das Kernproblem P. TEILHARD DE CHARDINS (1881–1955) war die Beziehung zwischen Gott und Universum. Letzten Endes ist das von ihm so intensiv durchlebte Problem kein anderes als das der Begegnung der modernen, vollständig von der Naturwissenschaft beherrschten Welt mit dem Christentum. Es bildet in sehr weitgehendem Maße das Problem eines jeden denkenden Christen. Bewußt oder unbewußt verspüren wir alle die Spannung zwischen diesen beiden Welten, in der die Krise der abendländischen Kultur begründet ist.

Teilhard de Chardin untersucht die Welt einfach als ein Phänomen, ohne den metaphysischen Aspekt einzubeziehen: »Nichts als die Erscheinungswelt. Aber auch die ganze Erscheinung« (P. Teilhard de Chardin, 1959, S. 1). Eine derartige Wissenschaft versucht nicht nur, die Welt in ihrer Ganzheit zu beschreiben, sondern darüber hinaus noch in dem vom Universum gebildeten Phänomen den verborgenen inneren Grund und Sinn zu entdecken.

Die Phänomenologie Teilhard de Chardins kann als ein Versuch gewertet werden, die Welt so vollkommen wie möglich in ihrer Ganzheit und in ihrer inneren Ausrichtung mittels der wissenschaftlichen Erfahrung auszudrücken.

Sehr verdienstvoll und bereichernd für Sie wäre es, wenn Sie sich die Frage überlegten, ob und wenn ja, inwiefern sich die Sicht Teilhard de Chardins von der im II. Kapitel »Biogenese« vorgetragenen unterscheidet. Zur Einführung in die Gedankenwelt Teilhard de Chardins: N. M. Wildiers, 1969.

ANDREOSE, M. (Hrsg.), Die Geheimnisse der Urzeit. Bd. 1 Der Ursprung des Lebens. Stuttgart: Fackelverlag, 1977.

ASIMOV, I., Außerirdische Zivilisationen. Köln: Kiepenheuer & Witsch, 1981.

ASIMOV, I., Die exakten Geheimnisse unserer Welt. Kosmos, Erde, Materie, Technik. München: Droemer/Knaur, 1985.

ASIMOV, I., Die exakten Geheimnisse unserer Welt. Bausteine des Lebens. München: Droemer/Knaur, 1986.

BALLAUFF, T., Das Problem des Lebendigen. Bonn: Humboldt, 1949.

BAROSS, J. A.; DEMING, J. W., Hitzerekord im Überleben: Umschau 83 (1983), 521.

BAROSS, J. A.; DEMING, J. W., Growth of ›black smoker‹ bacteria at temperatures of at least 250° C.: Nature 303 (2. 6. 1983), 423–426.

BERTALANFFY, L. v., Das biologische Weltbild. Bd. 1 Die Stellung des Lebens in Natur und Wissenschaft. Bern: Francke, 1949.

BLACK, D. C., Die Suche nach fernen Planetensystemen: Spektrum der Wissenschaft 4/1991, 114–126.

BLANDINO, G., Theories on the Nature of Life. New York: Philosophical Library, 1969.

BLASIUS, W., Problems of Life Research. Berlin, Heidelberg: Springer, 1976.

BOSCHKE, F. L., Die Herkunft des Lebens. Düsseldorf, Wien: Econ, 1970.

BOSCHKE, F. L., Das Unerforschte. Die unbekannte Welt, in der wir leben. Düsseldorf, Wien: Econ, 1975.

BOSS, A. P., Kollaps interstellarer Wolken und Sternenentstehung: Spektrum der Wissenschaft 3/1985, 62–67.

BOTSCH, W., Entwicklung zum Lebendigen. Die chemische Evolution. Stuttgart: Franckh'sche Verlagshandlung, 1975.

BREUER, G., Wie alt ist das irdische Leben?: Naturwissenschaftliche Rundschau 34 (1981), 299–300.

BREUER, R., Das anthropische Prinzip. München, Wien: Meyster, 1981a.

BRUGGER, W. (Hrsg.), Philosophisches Wörterbuch. Freiburg: Herder, 1^{6}1981.

CALVIN, M., Chemical Evolution. Molecular Evolution towards the Origin of Living Systems on the Earth and elsewhere. Oxford: Clarendon Press, 1969.

CHAMBON, P., Gestückelte Gene – ein Informationsmosaik: Spektrum der Wissenschaft 7/1981, 104–117.

CRICK, F., Das Leben selbst. Sein Ursprung, seine Natur. München: Piper, 1983.

CUDMORE, L., Der Stoff des Lebens. Frankfurt/M.: Umschau, 1978.

DOSE, K., Biochemie. Berlin, Heidelberg: Springer, 1979, S. 1–15.

DOSE, K., Prebiotic Polypeptides and the Origin of Biological Information: Naturwissenschaften 70 (1983), 378–382.

DOSE, K., Präbiotische Evolution und der Ursprung des Lebens: Chemie in unserer Zeit 21 (1987), 177–185.

DOSE, K.; RAUCHFUSS, H., Chemische Evolution und der Ursprung lebender Systeme. Stuttgart: Wissenschaftliche Verlagsgesellschaft, 1975.

DRESS, A.; HENDRICHS, H.; KÜPPERS, G. (Hrsg.), Selbstorganisation. Die Entstehung von Ordnung in Natur und Gesellschaft. München: Piper, 1986.

EIGEN, M., Selforganization of Matter and the Evolution of Biological Macromolecules: Naturwissenschaften 58 (1971), 465–523.

EIGEN, M., Manfred Eigens Theorie über die Evolution biologischer Makromoleküle: Umschau 73 (1973), 420–422.

EIGEN, M., Das Urgen: Nova Acta Leopoldina. N. Folge, Nr. 243, Band 52, 40 S., 1980.

EIGEN, M., Darwin und die Molekularbiologie: Angewandte Chemie 93 (1981), 221–229.

EIGEN, M., Rekonstruktion früher Evolutionsstadien aus »molekularen Fossilien«: Naturwissenschaftl. Rundschau 34 (1981a), 197–198.

EIGEN, M., Entstehung des Lebens: Natur, H. Sterns Umweltmagazin 3/1983, 68 – 77.

EIGEN, M., Stufen zum Leben. Die frühe Evolution im Visier der Molekularbiologie. München, Zürich: Piper, 1987.

EIGEN, M.; GARDINER, W., u. a., Der Ursprung der genetischen Information: Spektrum der Wissenschaft 6/1981, 36–56.

EIGEN, M.; SCHUSTER, P., The Hypercycle. A Principle of Natural Selforganization. Berlin, Heidelberg: Springer, 1979.

EIGEN, M.; WINKLER, R., Ludus vitalis: Mannheimer Forum 73/74 (1973), 53–139.

EIGEN, M; WINKLER-OSWATITSCH, R., Transfer-RNA: the early Adaptor: Naturwissenschaften 68 (1981), 217–228.

EUGSTER, J., Die Forschung nach außerirdischem Leben. Wissenschaftliche Grundlagen zu einer Kosmobiologie. Zürich: Orell Füssli, 1969.

FAHR, H., Im Anfang war die Sonne blau: Bild der Wissenschaft 2/1984, 77–82.

FISCHEL, W., Das Leben als göttliche Schöpfung. Eine Phänomenologie der Lebenserscheinungen. Bamberg: Meisenbach, 1949.

FLÖHL, R. (Hrsg.), Spitzenforschung in Deutschland. Stuttgart: DVA, 1983.

FRIEDMAN, H., Die Sonne. Aus der Perspektive der Erde. Heidelberg: Spektrum-der-Wissenschaft-Verlagsges., 1987.

FUCHS, W. R., Leben unter fernen Sonnen? München: Droemer/Knaur, 1978.

FURTHMAYR-SCHUH, A., Strukturen im Sternenstaub: Die Zeit, Nr. 20 (13. 5. 1983), 62.

GERWIN, R., Die Anfänge des Lebens in der Frühzeit der Erde: Universitas 34 (1979), 837–840.

GIESE, P., Ozeane und Kontinente. Heidelberg: Spektrum-der-Wissenschaft-Verlagsgesellschaft, [3]1985.

GIOVANELLI, R. G., Geheimnisvolle Sonne. Weinheim: VCH, 1987.

GOLDSMITH, D.; OWEN, T., Auf der Suche nach dem Leben im Weltall. Stuttgart: Hirzel, [2]1985.

GRASSMANN, P., Thermodynamik des Lebens aus dem Blickwinkel der technischen Thermodynamik und die Exergie: Naturwissenschaften 71 (1984), 335 – 341.

HAAS, A., Das Lebendige: Spiegel seiner selbst. Versuch einer naturphilosophischen Lebensdefinition: Theologie und Philosophie 36 (1961), 161–191.

HAAS, A., Der Präsenzakt, ein unerkannter fundamentaler Lebensakt: Theologie und Philosophie 38 (1963), 32–53.

HAAS, J., Das Lebensproblem heute. Beitrag der Zellforschung zur Philosophie des Organischen. München, Salzburg: Pustet, 1958.

HAAS, J., Woher das Leben? Biogenesis-Forschung und Schöpfungsglaube. Kevelaer: Butzon & Bercker, 1963.

HAKEN, H.; HAKEN-KRELL, M., Entstehung von biologischer Information und Ordnung. Darmstadt: Wissenschaftliche Buchgesellschaft, 1989.

HART, M., Wie viele erdähnliche Planeten gibt es?: Naturwissenschaftliche Rundschau 32 (1979), 413–414.

HARTMAN, H.; LAWLESS, J. G.; MORRISON, P. (ed.), Search for the Universal Ancestors. The Origins of Life. Palo Alto, Oxford: Blackwell, 1987.

HEITLER, W., Über die Komplementarität von lebloser und lebender Materie. Wiesbaden: Steiner, 1976.

HEMLEBEN, J., Biologie und Christentum. Stuttgart: Urachhaus, 1971.

HENBEST, N., Birth of the Planets: New Scientist 131, No 1783 (24. 8. 1991), 30- 35.

HERRLICH, P., Was ist Leben? Wien, Heidelberg: Ueberreuter, 1977.

HERRMANN, J. Astrobiologie. Organisches Leben im All? Stuttgart: Franckh'sche Verlagshandlung, 1974.

HOBOM, B., Der Ursprung des Lebens. Ribonukleinsäuren katalysieren Eiweißbiosynthese. F. A. Z. 22. 7. 1992, S. N 3.

HOLLAND, H. D.; SCHIDLOWSKI, M. (Hrsg.), Mineral Deposits and the Evolution of the Biosphere. Dahlem Konferenzen. Berlin, Heidelberg: Springer, 1982.

HOYLE, F.; WICKRAMASINGHE, C., Die Lebenswolke. So empfing die Erde das Leben von den Sternen. Frankfurt/M.: Umschau, 1979.

HOYLE, F.; WICKRAMASINGHE, C., Wie das Leben auf die Erde kam: Bild der Wissenschaft 1/1982, 39–48.

HOYLE, F.; WICKRAMASINGHE, C., Evolution aus dem Weltraum. Berlin, Frankfurt/M.: Ullstein, 1983.

HOYLE, F.; WICKRAMASINGHE, C.; PFLUG, H., Lookalikes: New Scientist 105, No. 1437 (3. 1. 1985), 43.

JACOB, F., Die Logik des Lebendigen. Von der Urzeugung zum genetischen Code. Frankfurt/M.: Fischer, 1972.

JANNASCH, H. W., Leben in der Tiefsee auf chemosynthetischer Basis: Naturwissenschaften 72 (1985), 285–290.

JONAS, D. & D., Die Außerirdischen. Leben und Intelligenz auf fremden Sternen. Zürich: Schweizer Verlagshaus, 1977.

KAPLAN, R. W., Lebensursprung, einmaliger Glücksfall oder regelmäßiges Ereignis?: Naturwissenschaftliche Rundschau 30 (1977), 197–209.

KAPLAN, R. W., Der Ursprung des Lebens. Biogenetik, ein Forschungsgebiet heutiger Naturwissenschaft. Stuttgart: Thieme, [2]1978.

KERR, R. A., Origin of Life. New Ingredients suggested: Science 210 (1980), 42 – 43. – Besprechung dieses Artikels: Naturwissenschaftl. Rundschau 35 (1982), 382–383.

KIPPENHAHN, R., Unheimliche Welten. Planeten, Monde und Kometen. Stuttgart: DVA, 1987.

KÖHLER, H. W., Die Planeten. Braunschweig, Wiesbaden: Vieweg, 1983.

KÖRNER, U., Probleme der Biogenese. Jena: Fischer, 1974.

KUHN, H., Die Entstehung der organischen Welt: Civitas. Monatsschrift für Politik und Kultur. Hrsg. Schweizerischer Studentenverein. 3/1985, 58–70.

KUHN, W., Biologischer Materialismus. Der Mensch ist keine Maschine. Osnabrück: Fromm, 1973.

KUHN, W., Das Eichhörnchen und der liebe Gott. Rätsel des Lebendigen. Trier: Spee, 1979.

KULL, U., Rekonstruktion früher Evolutionsstadien aus »molekularen« Fossilien: Naturwissenschaftl. Rundschau 34 (1981), 197–198.

KÜPPERS, B.-O., Molecular Theory of Evolution. Outline of a Physico-Chemical Theory of the Origin of Life. Berlin, Heidelberg: Springer, 1983.

KÜPPERS, B.-O., Der Ursprung biologischer Information. Zur Naturphilosophie der Lebensentstehung. München, Zürich: Piper, 1986.

LAY, R., Das Leben. Wesen und Werden. Aschaffenburg: Pattloch, 1969.

LINSER, H., Dynamismus des Lebens. Berlin, Hamburg: Parey, 1988.

LURIA, S. E., Leben – das unvollendete Experiment. München: Piper, 1974.

MEWALDT, R.; STONE, E., u. a., Proben aus der Tiefe der Milchstraße: Spektrum der Wissenschaft 2/1983, 30–39.

MEYERS HANDBUCH WELTALL (Hrsg. K. Schaifers, G. Traving). Meyers Lexikon Vlg. Bibliograph. Institut. Mannheim, Wien, 61984.

MILES, F.; BOOTH, N .(Hrsg.), Aufbruch zum Mars. Stuttgart: Franckh'sche Verlagshandlung, Keller, 1988.

MONOD, J., Zufall und Notwendigkeit. Philosophische Fragen der modernen Biologie. München: dtv, 21975.

MOORE, R., Die Lebenspirale. Die großen Entdeckungen der Naturwissenschaften. Stuttgart: Fischer, 1967.

NACHTIGALL, W., Faszination des Lebendigen. 25 biol. Essays von W. Nachtigall zu den 95 Bildern von M. P. Kage. Freiburg, Basel: Herder, 1980.

OGIERMANN, H.,‹Buchbesprechung›, Schmucker, J., Das Problem der Kontingenz: Theologie und Philosophie 45 (1970), 100–103.

OGIERMANN, H., Sein zu Gott. München: Pustet, 1974.

OGIERMANN, H., Es ist ein Gott. Zur religionsphilosophischen Grundfrage. München: Berchmans, 1981.

OPARIN, A. I., Das Leben. Seine Natur, Herkunft und Entwicklung. Stuttgart: Fischer, 1963.

ORAISON, M., Zufall und Leben. Hat die Biologie das letzte Wort? Frankfurt/M.: Knecht, 1972.

PICHLER, H., Vulkanismus. Heidelberg: Spektrum-der-Wissenschaft-Verlagsgesellschaft, 1985.

PFLUG, H. D., Fund im Kristall: Spiegel, 5. 2. 1979, 196–198.

PFLUG, H. D., Lebensspuren älter als die Erde?: Bild der Wissenschaft 1/1982, 56–62.

PFLUG, H. D., Microvesicles in Meteorites, a Model of Pre-biotic Evolution: Naturwissenschaften 71 (1984a), 531–533.

PFLUG, H. D., Die Spur des Lebens. Berlin, Heidelberg: Springer, 1984b.

PONNAMPERUMA, C.(ed.), Cosmochemistry and the Origin of Life. Dordrecht (Holland), Boston (USA), London (England): Reidel, 1983.

RAHMANN, H., Die Entstehung des Lebendigen. Stuttgart, New York: Fischer, 21980.

RANDOW, T. v., »Lern' aus den Fehlern«. Der Nobelpreisträger M. Eigen berichtet über seine Suche nach dem »Ur-Genom«: Die ZEIT, Nr. 21 (18. 5. 1979), 65–66.

REINBOTHE, H.; KRAUSS, G.-J., Entstehung und molekulare Evolution des Lebens. Jena: Fischer, 1982.

Rensch, B., Kennzeichen und wahrscheinliche Entstehungsgeschichte des Lebens. In: H. Seebaß (Hrsg.), Entstehung des Lebens. Studium generale. WS 1979/80. Münster: Aschendorff, 1980, S. 1–17.

Rétyi, A., Jupiter und Saturn. Stuttgart: Franckh'sche Verlagshandlung, 1985.

Ringwood, A. E., Origin of the Earth and Moon. New York, Heidelberg: Springer, 1979.

Rudzinski, K., »Intelligenzen« im Weltraum noch seltener. Enge »planetarische« Grenzen für die Lebensmöglichkeiten: FAZ, 25. 4. 1979, S. 33.

Sagan, C.; Agel, J., Nachbarn im Kosmos. Leben und Lebensmöglichkeiten im Universum. München: Kindler, 1975.

Schaltegger, H., Theorie der Lebenserscheinungen. Stuttgart: Hirzel, 1984.

Schaltegger, H., Über den Zustand »Leben«: Naturwissenschaftliche Rundschau 38 (1985), 7–11.

Schlüter, H., Die Wissenschaft vom Leben zwischen Physik und Metaphysik. Schriften zur Naturphilosophie Bd. 1. Hrsg. R. Löw. Weinheim: Acta Humaniora VCH, 1985.

Schmucker, J., Das Problem der Kontingenz der Welt. Versuch einer positiven Aufarbeitung d. Kritik I. Kants am kosmologischen Argument. Freiburg: Herder, 1969.

Schopf, J. W., Life is 3.5 billion years old: New Scientist, 86 (26. 6. 1980), 376.

Schopf, J. W., Alter des Lebens auf 3,5 Milliarden Jahre erhöht: Naturwissenschaftliche Rundschau 34 (1981), 390.

Schopf, J. W. (ed.), Major events in the history of life. Boston: Jones and Bartlett Publ., 1992.

Schramm, D. N.; Clayton, R. N., Löste eine Supernova die Bildung des Sonnensystems aus?: Spektrum der Wissenschaft 12/1978, 14–24.

Schröder, J., Was ist Leben? München, Zürich: Piper, ^{3}1989.

Schwartz, A. W., Chemical Evolution: The first stages: Naturwissenschaften 70 (1983), 373–377.

Scott, A., Update on Genesis: New Scientist, 106, No. 1454 (2. 5. 1985), 30–33.

Scott, A., Vital Principles. The Molecular Mechanisms of Life. London, New York: Blackwell, 1988.

Siever, R., Die Dynamik der Erde. Heidelberg: Spektrum-der-Wissenschaft-Verlagsgesellschaft, 1987.

Sippel, A. E.; Nordheim, A., Erbsubstanz DNA. Heidelberg: Spektrum-der-Wissenschaft-Verlagsgesellschaft, 1985.

Sitte, P., Die Moleküle des Lebens. Heidelberg: Spektrum-der-Wissenschaft-Verlagsgesellschaft, 1986.

Smith, A. E., Protein-Biosynthese. Stuttgart: Fischer, 1977.

Smoluchowski, R., Das Sonnensystem. Heidelberg: Spektrum-der-Wissenschaft-Verlagsgesellschaft, 1985.

Stegmüller, W., Hauptströmungen der Gegenwartsphilosophie. Stuttgart: Kröner ^{6}1979, 655–701.

Stetter, K. O., Leben über dem Siedepunkt: Tagesspiegel Nr. 11305 (2. 12. 1982), 32. – Vgl. FAZ, Nr. 184 (8. 12. 1982), 33.

Stetter, K. O., Leben über 100 °C.: Naturwissenschaftl. Rundschau 36 (1983), 307–309.

Stetter, K. O., Leben bei höchster Temperatur: Naturwissenschaftl. Rundschau 37 (1984), 108.

STETTER, K. O., Extrem thermophile Bakterien: Naturwissenschaften 72 (1985), 291–301.

STETTER, K. O.; KÖNIG, H., Leben am Siedepunkt: Spektrum der Wissenschaft 10/1983, 26–40.

STOCKHAUSEN, A. VON, Mythos – Logos – Evolution. Dialektische Verknüpfung von Geist und Materie. Stuttgart: Hänssler, 1981.

STÖFFLER, D., Neue Ergebnisse der Planetenforschung: Verh. der Ges. Dt. Naturforscher und Ärzte, 112. Vers. Mannheim 1982. Stuttgart: Wiss. Verlagsges., 1983. S. 301–327.

TEILHARD DE CHARDIN, P., Der Mensch im Kosmos. München: Beck, 1959.

TRAGESER, G., Huhn und Ei in einem: ein potentiell selbst-replizierendes RNA-Enzym: Spektrum der Wissenschaft 8/1989, 22–24.

TRINCHER, K., Natur und Geist. Zur physikalischen Eigenständigkeit des Lebens. Wien, Freiburg: Herder, 1981.

UNSÖLD, A., Evolution kosmischer, biologischer und geistiger Strukturen. Stuttgart: Wissenschaftl. Verlagsgesellschaft, 1981.

VOGT, N., Gibt es außerirdische Intelligenzen?: Naturwissenschaftliche Rundschau 36 (1983), 201–209.

VOLLMER, G., Evolutionäre Erkenntnistheorie und Leib-Seele-Problem. In: W. Böhme (Hrsg.), Wie entsteht der Geist? Herrenalber Texte 23. Karlsruhe: Dr. W. Böhme, 1980, S. 11–40.

VOLLMERT, B., Konnten die Lebewesen von selbst entstehen?: Natur (H. Sterns Umweltmagazin), 10/1982, 90–100.

VOLLMERT, B., Die Lebewesen und ihre Makromoleküle. Fortsetzung eines Disputs über die Entstehung des Lebens und der Arten im Lichte der exakten Naturwissenschaften: Mutation und Polykondensation. Karlsruhe: E. Vollmert, 1983.

VOLLMERT, B., Das Molekül und das Leben. Vom makromolekularen Ursprung des Lebens und der Arten: Was Darwin nicht wissen konnte und Darwinisten nicht wissen wollen. Reinbek: Rowohlt, 1985.

WATSON, J. D., Die Doppel-Helix. Reinbek bei Hamburg: Rowohlt, 1969.

WEIZSÄCKER, C. F. v., Über die Entstehung des Planetensystems: Z. Astrophysik 22 (1943), 319–355.

WEIZSÄCKER, C. F. v., Zur Kosmogenie: Z. f. Astrophysik 24 (1948), 181–206.

WETTER, G. A., Der Dialektische Materialismus und das Problem der Entstehung des Lebens. Zur Theorie von A. I. Oparin. München, Salzburg: Pustet, 1958.

WILDIERS, N. M., Teilhard de Chardin. Freiburg: Herder, [8]1969.

WILDER-SMITH, A. E., Gott: Sein oder Nichtsein? Eine kritische Stellungsnahme zu Monods naturwissenschaftlichem Materialismus. Neuhausen-Stuttgart: Hänssler, 1973.

WILDER-SMITH, A. E., Die Demission des wissenschaftlichen Materialismus. Neuhausen-Stuttgart: Hänssler, 1976.

WILDER-SMITH, A. E., Die Erschaffung des Lebens. Neuhausen-Stuttgart: Hänssler, [3]1977.

WILSON, E. O.; EISNER, T. (Hrsg.), Life on Earth. Sunderland (Mass.): Sinauer Associates, Inc. Publishers, [2]1978.

WUKETITS, F., Zustand und Bewußtsein. Leben als biophilosophische Synthese. Hamburg: Hoffmann & Campe, 1985.

ZELL, R. A., Genetischer Code: Die Universalität ist hin: Bild der Wissenschaft 7/1985, 22–23.

KAPITEL III

Lebensphilosophie

1. Problemstellung

In dem Kapitel Biogenese wurde die Entstehung des irdischen Lebens naturwissenschaftlich erklärt und philosophisch reflektiert. Dabei wurden die Kriterien aufgezeigt, die dem Leben notwendig zukommen.

In der Geschichte der Philosophie gab es immer wieder Strömungen, die sich von dem Phänomen Leben herausgefordert sahen und es mit ihrem Denken zu durchdringen suchten.

2. Vorphase der Lebensphilosophie

Die Vorgeschichte der Lebensphilosophie kann bis in die Romantik und in die Bewegung des *Sturm und Drang* zurückverfolgt werden. J. G. Hamann (1730–1788), J. G. Herder (1744–1803), der junge J. W. Goethe (1749–1832), Novalis (1772–1801) und vor allem F. H. Jacobi (1743–1819), der eigentliche Philosoph dieser Bewegung, gelten als wichtige Vertreter des Sturm und Drang. Gegen erstarrte Formen, gesellschaftliche Konventionen und ein künstliches, veräußerlichtes Dasein wird die Rückkehr zu neuer Ursprünglichkeit und Unmittelbarkeit gefordert.

In der aufkommenden *Romantik* sind es J. G. Fichte (1762–1814) und F. W. Schelling (1775–1854), die versuchen, das Leben philosophisch zu erfassen. Friedrich Schlegel (1772–1829) benutzt zuerst die Bezeichnung »Philosophie des Lebens«, um gegen eine abstrakte, unverständliche »Philosophie der Schule« zu opponieren.

Auch der junge Hegel (1770–1831) wendet sich in seinen Frühschriften gegen die Abstraktion und den »bloßen Verstand« und hebt dagegen Intuition, Anschauung und Erfahrung hervor.

3. Hauptphase der Lebensphilosophie

Die Geschichte der Lebensphilosophie beginnt erst dort, wo Leben als Prinzip anderen Prinzipien entgegengesetzt wird. Dies geschieht in der Spätphilosophie

Schellings, besonders aber im Werk Arthur Schopenhauers (1788–1860). Die Kritik am Rationalismus schlägt bei ihm um in eine Metaphysik des Irrationalen.

Mit seiner *Metaphysik des Irrationalen* greift Schopenhauer die Grundaussagen des absoluten Idealismus an, der die Identität von Sein und Denken behauptet und das Wahre und Gute im Absoluten gegründet sieht. Für Schopenhauer sind das Absolute und das Ding an sich Ausformungen des einen Willens zum Leben. Doch dieser Wille ist blind, sinnlos, denn er ist ewiges Begehren, das nicht befriedigt werden kann. Rationalität, Sinn, Wahrheit und das Gute erweisen sich als Epiphänomene des Willens; auch der Intellekt und der Verstand sind lediglich Werkzeuge zur Lebenserhaltung. Diese Betrachtung der Vernunft als Werkzeug im Dienste des Lebens wird vielfach rezipiert (F. Nietzsche, S. Freud, M. Heidegger) und erweist sich als Grundzug der Lebensphilosophie.

Zum zentralen Thema der Philosophie wurde der Begriff »Leben« in den Jahrzehnten zwischen 1880 und 1930.

Als *Gegenströmung* wandte sich die Lebensphilosophie einmal gegen eine mechanistische Naturwissenschaft: Dem Statischen, Mechanischen und Abgeschlossenen stellte sie das Dynamische, Lebendige und Unabschließbare gegenüber. Zugleich trat sie gegen ein idealistisches Verständnis der Wirklichkeit auf, das die Gesamtheit des Lebens als dem Verstand frei zugänglich betrachtete. Dem Begreifen durch den Verstand setzte die Lebensphilosophie ein Erleben entgegen, das sich dem diskursiven Denken entzieht.

Die Lebensphilosophie stellt keine einheitliche philosophische Strömung dar. Herbert Schnädelbach (1983) unterscheidet drei verschiedene Ansätze: die *ethische*, die *metaphysische* und die *geschichtsphilosophische* Lebensphilosophie. Im folgenden soll jeweils ein Vertreter dieser Ansätze vorgestellt werden.

3.1 *Ethische Lebensphilosophie*

Friedrich Nietzsche (1844–1900) gilt als Vertreter der *ethischen* Lebensphilosophie. Im Zentrum von Nietzsches Kritik steht die klassische Moral, die den eigentlichen Zugang zum Leben verhindere. Die Moral, die durch die abendländische Philosophie und besonders durch das Christentum geprägt sei, erweise sich als Lüge. Sie verneine das Leben und müsse deswegen beseitigt werden. Der Glaube an ein Jenseits verhindere, das diesseitige Leben ernst zu nehmen.

Was ist für Nietzsche das Leben? Er kann zunächst nur negative Antworten geben. Es ist nicht das Glück und nicht die Nächstenliebe. Ironisch distanziert er sich vom Eudämonismus der englischen Utilitaristen wie vom Christentum, deren Vertreter er als »Milchseelen« verspottet. Glück, Wohlergehen und Mitleid gelten als »pöbelhafte Instinkte«, als »grünes Weideglück« der großen Menge. Das Leben jedoch ist etwas anderes: Es ist der Wille zur Macht. Macht wird verstanden als letztes Prinzip, als letzter Grund, der die Welt und die Menschen verbindet. Gut ist, was die Macht vergrößert, schlecht, was sie schmälert. Gleichbedeutend mit dem Willen zur Macht verwendet Nietzsche den Begriff des Herrentums. Das nackte Dasein, das naturhafte Werden erhält letzte Bedeutung. Es entzieht sich jeglicher moralischen Bewertung. Vertritt Nietzsche also eine rein biologistische Sicht des Lebens? In seinem Werk finden sich auch Stellen, in denen er sich gegen reine Gewalt und für qualitativ bestimmtes Handeln ausspricht. Welche Werte es sind, die das Leben letztlich erfüllen, wie der Übermensch zu verwirklichen ist, diese Antwort bleibt Nietzsche schuldig.

Nietzsches Ansatz wurde von der Rassenphilosophie zu Beginn des 20. Jahrhunderts (A. v. Gobineau 1816–1882, H. St. Chamberlain 1855–1927, A. Rosenberg 1893–1946) aufgenommen und umgewandelt. Nicht mehr das Leben, sondern die Rasse wurde nun als Letztwirklichkeit angesehen. Sie stelle den höchsten Maßstab im Denken und Forschen dar. Nur durch sie werde Kultur und Wissenschaft zugänglich.

Der »heroische Realismus« eines A. Bäumler, E. Krieck und A. Rosenberg wurde von den Nationalsozialisten zur offiziellen Philosophie erhoben. Diese Ausprägung brachte der Lebensphilosophie den Vorwurf des Präfaschismus ein.

3.2 *Metaphysische Lebensphilosophie*

Als Vertreter der *metaphysischen Lebensphilosophie* kann Henri Bergson (1859–1941) angeführt werden. Bergson wendet sich gegen Mechanismus und Materialismus sowie gegen den Phänomenalismus. Er kritisiert, daß diese Strömungen nur das Außen der Dinge zu erkennen vermögen. Das Innere der Wirklichkeit, das Innere des Menschen, bleibe unbeachtet, doch sei gerade in ihm das eigentliche Leben zu finden. Kennzeichnend für dieses innere Leben ist die Zeit. Zeit wird jedoch nicht als homogenes Kontinuum verstanden (entgegen dem Newtonschen Zeitbegriff), sondern heterogen aufgefaßt. Jeder Augenblick ist einzig, unwiederbringbar; die Zeit ist qualitativ verschieden. Nur der Mensch erlebt diese Zeit als Dauer (durée). In seinem Erleben kann er ihrem Wesen und so dem Leben am nächsten kommen.

Für den Verstand ist dieses Leben nicht faßbar. Der Verstand kann nur starre, abstrakte Begriffe prägen, dem sich Lebendiges, Bewegtes entzieht. Leben zeichnet sich jedoch gerade dadurch aus, daß es sich nicht in Schemata pressen läßt. Wollen wir das Leben verstehen, müssen wir uns einfühlen in das, was geschieht. Nicht Begriffe können die Wirklichkeit adäquat wiedergeben, sondern Intuitionen. »So kann sie [= die Intuition] einmal den Intellekt zur Anerkennung davon bringen, daß das Leben weder in die Kategorie des Einen noch des Vielen hineingeht, und daß weder die mechanische Kausalität noch die Zweckmäßigkeit eine ausreichende Deutung des Lebensgeschehens bieten, um uns dann kraft der sympathischen Berührung, die sie zwischen uns und allem Lebendigen herstellen, kraft der Weitung, zu der sie unser Bewußtsein vermögen wird, ins eigene Bereich [sic] des Lebens einzuführen; des Lebens, das wechselseitige Durchdringung, das unendlich fortgesetzte Schöpfung ist« (1921, S. 182).

Die Mitte dessen, was wir zu fühlen vermögen, ist der Lebensschwung, der »élan vital«. Er ist die Mitte der Seele wie die Mitte des ganzen Weltsinns. Dagegen sind das Außen, die Materie, nur Verkrustungen des eigentlichen dynamischen Lebensschwunges. Sie vermögen nicht Einsicht in das Lebendige zu geben, da sie nur dessen Randerscheinungen bilden. Das Leben beschreibt Bergson als eine unendliche Woge, die sich von einem Zentrum her ausbreitet. Durch sein Bewußtsein vermag der Mensch sein Pulsieren zu vernehmen. Im Ringen mit dem Stofflichen, dem schon Erstarrten, bringt der élan vital immer wieder Neues hervor. Diese Entwicklung ist ewig, frei und schöpferisch (évolution créatrice). Da Bergson versucht, jeden Begriff dem Leben fernzuhalten, wendet er sich auch gegen eine Teleologie. Das schöpferische Leben genügt sich selbst. Es ist nicht, es wird erst (elle se fait).

3.3 *Geschichtswissenschaftliche Lebensphilosophie*

Wilhelm Dilthey (1833–1911) ist Vertreter der *geschichtsphilosophischen* Lebensphilosophie. Im Gegensatz zu Bergson betrachtet er Leben nicht in seiner kosmischen Dimension, sondern beschränkt sich bewußt auf den Erfahrungsbereich des Menschen, um nach dem Einspruch Kants jeder metaphysischen Spekulation vorzubeugen. Innerhalb der Geisteswissenschaften erhebt Dilthey das Leben zum methodischen Prinzip. Leben kann und darf nur aus sich selbst heraus verstanden werden. Jedes herangetragene äußere Verständnis ist unzulässig (z.B. Ideologien). Für Dilthey ist Leben durch folgende Merkmale bestimmt:

* Es ist eine letzte Wirklichkeit, die nicht noch einmal hinterfragt werden kann. Metaphysische Aussagen sind nicht möglich.
* Es ist der umfassende Bezug von Selbst und Welt und nicht das der Welt gegenüberstehende Subjekt. So verhindert Dilthey das cartesianische Auseinanderreißen von Subjekt und Objekt.

* Es ist die Menschen verbindende Gemeinsamkeit und nicht das individuelle Dasein des einzelnen.
* Es ist das Ganze der vom Menschen geschaffenen Lebensordnung, das sich im fortlaufenden, geschichtlichen Prozeß entfaltet, und nicht ein gestaltloses, unverständliches Etwas. So kommt für Dilthey der Geschichtswissenschaft (neben der Psychologie) entscheidende Bedeutung zu.
* Es ist das Ganze aller Zusammenhänge, die das Denken aufdeckt (in seinen Formen, Prinzipien und Kategorien).

Das verstehende Subjekt ist nicht wie bei Kant das transzendentale Subjekt (als reines Bewußtseinssubjekt), sondern es ist das von innen her, in seinem Erlebnis und in seinem Ausdruck, sich selbst verstehende Leben: daher die zentrale Position der Psychologie innerhalb der Geisteswissenschaften. Die »verstehende Psychologie« untersucht, wie der Mensch zu seinem Lebenszusammenhang kommt. Sie versucht, zu den konstitutiven Begriffen zu führen (Strukturen), mit denen der Mensch das Einzelne aus dem Allgemeinen erfassen kann. Diese Strukturen sind, da sie allgemeingültige Erkenntnis vermitteln, auch für die Geisteswissenschaften von Bedeutung. Im Menschen ist für Dilthey das Leben verstehend bei sich selbst. Dieses Verstehen kann als Urphänomen des Lebens begriffen werden. Das Leben erfaßt im Menschen sich selbst, es legt sich im Menschen selbst aus. Philosophie ist so die Explikation des dem Menschen wesenhaft zugehörigen Verstehens.

Da der Mensch sich immer schon in der Welt vorfindet, hat er ein jeder Erkenntnis vorausgehendes (Welt und Selbst umfassendes) Vorverständnis des Ganzen. Jeder Anfangspunkt einer Erkenntnis, von dem diese systematisch fortschreitet, ist immer willkürlich gewählt. Er ist immer schon getragen von einem nicht-thematisierten Vorverständnis. Das Erkennen wurzelt im Erleben. Erleben ist die kleinste, nicht mehr reduzierbare Gegebenheit des seelischen Lebens, das einen Bedeutungszusammenhang erzeugt; auf dieser Grundlage gewinnt man seine Erkenntnis.

In der Erkenntnis können sich Grundanschauungsformen des Lebens entfalten, die, jede für sich, objektive Geltung beanspruchen dürfen, sich aber so gleichzeitig wieder relativieren. So bilden in der Metaphysik der Naturalismus, der Idealismus der Freiheit und der objektive Idealismus gleichrangige Typen von geistesgeschichtlichen Erscheinungen. Sie sind Formen des Lebens selbst.

3.4 Gemeinsame Merkmale der Lebensphilosophie

Gibt es trotz der unterschiedlichen Positionen innerhalb der Lebensphilosophie einen systematischen Zusammenhang? Welche sind die gemeinsamen Merkmale innerhalb dieser philosophischen Bewegung? Einige gemeinsame Grundzüge der Lebensphilosophie seien hervorgehoben.

3.4.1 Leben als schöpferisches Werden

Die Lebensphilosophie stellt dem »starren Sein« das »lebendige Leben« gegenüber. Nur solange sich der Mensch der ständig fließenden Bewegung, dem ständigen Wechsel der Formen und Gestalten im Gegensatz zum starren und festen Sein hingibt, bleibt er lebendig. So sagt R. M. RILKE: »Was sich ins Bleiben verschließt, schon ist's das Erstarrte.« (1955, S. 758) Leben als Bewegung und Werden ist durch die Begriffe, die am statischen Sein entwickelt wurden, nicht greifbar. Dies bringt die Lebensphilosophie in Gegensatz zur klassischen Philosophie, die das Werden als eine Bewegung verstand, die sich am unbewegten Sein selbst vollzieht. Für die Lebensphilosophie ist es unmöglich, hinter das Werden zurückzugreifen. Nietzsche erklärt: »Es gibt kein Sein hinter dem Tun, Wirken, Werden ... Das Tun ist alles.« (1973, 3; VII, S. 327) Werden wird zum allgemeinsten Begriff und rückt vor das Sein. Dieses Bewußtsein des ständigen Sich-Wandelns kann sich beim Menschen bis zum Rausch des Sich-Selbst-Verzehrens steigern.

Das Schöpferische ist notwendiges Zeichen allen Lebens. In seinem Wesen ist das Leben selbst unberechenbar und nicht umkehrbar, bringt es doch ständig Neues, Unableitbares und neue Gestalten hervor, im Unterschied zum mechanischen Bereich, in dem jeder Vorgang beliebig wiederholt werden kann. Auf den Menschen angewandt, heißt das: Seine höchste Erfüllung liegt im schöpferischen Tun, im Hervorbringen immer neuer Ideen.

3.4.2 Kritik an der Erkenntnisfähigkeit des Verstandes

In ihrem Kampf gegen eine idealistische Wirklichkeitsauffassung stellt die Lebensphilosophie die Erkenntnisfähigkeit des Verstandes in Frage. Er gilt als unfähig, die Mannigfaltigkeit des Lebens in seinen Begriffen aufzufangen. Neue Wege der Erkenntnismöglichkeit werden gefordert. Sie werden in den irrationalen Kräften des Menschen gefunden, in seinem intuitiven Erfassen und dem Gefühl. Indem die Lebensphilosophie die irrationale Seite des Menschen hervorhebt, flüchtet sie sich jedoch nicht in die Absurdität. Wie Bergson deutlich machte, wird der Vernunft nicht ihre Aufgabe abgesprochen, die sie im konkreten Leben erfüllt. Doch wird die Vernunft nicht mehr als oberstes Vermögen des Menschen betrachtet. Sie hat als Instrument dem Leben zu dienen.

3.4.3 Intuition, Erleben statt Begreifen

Die Bedeutung der Intuition war von H. Bergson hervorgehoben worden. Da es nach Bergson dem Begriff unmöglich ist, die stetig fließende Veränderung des Lebens zu erfassen, müsse man sich der Wirklichkeit mit anderen Kategorien nähern: den Intuitionen, die beschreibend und unmittelbar die Vielfalt des Lebens wiederzugeben vermögen (»flüssige Begriffe«). Dem Begriff der Intuition fügt Dilthey den des Erlebens hinzu. Mit dem Begriff der Intuition hatte H. Bergson noch nicht die Beziehung zwischen der subjektiven Kraft der Intuition und dem lebendig bewegten Gegenstand thematisiert. Dies versucht Dilthey mit seinem Begriff des »Erlebens« zu erreichen: Er setzt bei der Identität des Subjekts an. Das Subjekt vermag sich in seiner Lebendigkeit selbst zu erfassen. Indem es auf eine Realität in sich stößt, kann es jedoch nicht zwischen Subjekt und Objekt unterscheiden. Beide sind in diesem Erkenntnisvorgang in einer ursprünglichen Einheit gegeben. Erleben bedeutet also nicht objektivieren (was wieder eine Verstandeskategorie wäre).

Da Dilthey nicht auf das Objekt verzichtet, ist für ihn das Erleben nicht nur ein rein subjektiver Vorgang.

3.4.4 Die Hermeneutik des Lebens

Mit ihrer Forderung, das Leben aus sich selbst heraus zu verstehen, verzichtet die Lebensphilosophie auf jeden möglichen Anfangspunkt eines systematischen Aufbaus. Die Lebensphilosophie verbietet sich ein logisches Fortschreiten von einem einmal gelegten Grund, wie es, von Descartes herkommend, das Methodenideal der Philosophie gewesen war. Jede Systematisierung einer gegebenen Lebenswirklichkeit muß für sie notwendig einen Zirkel einschließen, da jeder Anfangspunkt willkürlich gewählt ist und da jeder Teilbereich wieder auf das Ganze der Wirklichkeit hin relativiert werden muß.

Zur Auslegung der Wirklichkeit bedarf es also des Verfahrens der Hermeneutik. Dilthey hat die Bedeutung dieses Begriffes, den er der Geisteswissenschaft entlehnt, herausgestellt. Er besagt, daß wir nicht vorurteilsfrei der Wirklichkeit begegnen können. Wir haben, da wir uns schon immer in dieser Wirklichkeit vorfinden, ein unausdrückliches Vorverständnis von ihr, auf das unsere Verstehensleistung aufbaut.

3.5 Kritik an der Lebensphilosophie

3.5.1 Leben ohne Form?

Wird dem Leben vor dem ordnenden Denken und Schaffen des Menschen absoluter Vorrang eingeräumt, so wird es zum Selbstzweck erhoben. F. Nietzsche spricht auf diese Weise von der »Unschuld des Werdens«, dem jeglicher Zweck ferngehalten werden müsse. Auch am Schaffen des Menschen interessiert ihn nicht der Inhalt, sondern er mißt nur der reinen Tätigkeit Bedeutung zu. Das Werk selbst wird zur bedeutungslosen Hülle, zu einer verfestigten Kruste, die das Leben selbst wieder behindert und die deswegen immer wieder zerstört werden muß.

Nach einiger Zeit sah man ein, daß es auf Dauer unmöglich ist, allein aus dem Widerspruch gegen die beengenden Formen leben zu können. Auch der vielgeschmähte Verstand hatte seine Funktion, und zwar im Schaffen neuer Formen. Totale Ablehnung von Formen führt ins Chaos. Wenn Leben schöpferische Entwicklung sein soll, dann müssen neue Formen geschaffen werden, die aber danach wieder durch andere, neue, ersetzt werden. Zwischen Form und Leben besteht ein dauernder Widerstreit; dennoch sind beide ohne das jeweils andere nicht denkbar. G. Simmel (1858–1918) hat diesen Konflikt sehr gut beschrieben: »Indem es Leben ist, braucht es die Form. Mit diesem Widerspruch ist das Leben behaftet, daß es nur in Formen unterkommen kann und doch in Formen nicht unterkommen kann, eine jede also, die es gebildet hat, überlangt und zerbricht.« (G. Simmel, 1918, S. 22 f.)

Mit seiner Forderung, das Leben zweckfrei zu denken, übersieht Nietzsche, daß es selbst Formen braucht, um sich darin zu verwirklichen. Das Leben ist nicht der zweck- und inhaltsfreie ewige Fluß, der sich jeder Ordnung entzieht. Es verwirklicht sich in Ordnungen, die sich immer wieder ablösen. Das Trennen des Lebens von jeglicher Ordnung muß letztlich zur Zerstörung des Lebens selbst führen. Gerade im Bereich des menschlichen Zusammenlebens würde ein hemmungsloses Entfalten des eigenen Lebens zwangsläufig Zerstörung und Unterdrückung letztlich auch des eigenen Lebens zur Folge haben. (Der Einfluß Nietzsches auf rassistische Ideen und deren katastrophale Auswirkungen ist offensichtlich.)

Auf die positive Funktion des Verstandes weist Bergson hin. Der Mensch benötigt ihn, um in der gegenständlichen Welt zurechtzukommen. Das Denken erfüllt seine Funktion für das Handeln, auch wenn es sich als unbrauchbar erweist, das Lebendige selbst zu erfassen.

3.5.2 Der pantheistische Grundzug

Wird das Leben zur Letztwirklichkeit erklärt, so liegt die Versuchung nahe, ihm göttliche Züge zu verleihen. Dilthey hatte sich in seiner Beschreibung auf das menschliche Leben beschränkt und sich so bewußt jeder metaphysischen Aussage enthalten. Für Bergson, dessen élan vital letztlich mit Gott identisch ist, stellt sich die Frage, wie in seinem Entwurf die Transzendenz Gottes gewahrt bleibt. In der Rezeption wurde er allerdings nie pantheistisch, sondern theistisch verstanden. Der pantheistische Grundzug wird dagegen bei den obengenannten Dichtern des 19. und 20. Jahrhunderts deutlich. So schreibt F. HÖLDERLIN (1770–1843) im Hyperion (1958, S. 9): »Eins zu sein mit allem, was lebt, in seliger Selbstvergessenheit wiederzukehren ins All der Natur, das ist der Gipfel der Gedanken und Freuden, ... «

3.5.3 Eine zu optimistische Betrachtung der Natur

Besonders bei den Dichtern, aber auch bei den Denkern der Lebensphilosophie herrscht überwiegend eine optimistische, lebensbejahende Grundstimmung. Sie wurzelt in dem Gefühl des Getragenseins, in dem Eins-Sein mit der Natur und allem Leben, das von den Dichtern oft in rauschenden Zügen beschrieben wird. Leben wird als Glück und Lust erfahren. »Lust ist ursprünglicher als der Schmerz,« schreibt Nietzsche (XIV, S. 369). Diese optimistische Sicht des Lebens wird durch die darauffolgende Existenzphilosophie korrigiert, deren Ausgangspunkt gerade Angst und Verzweiflung des Menschen in seinen bedrängenden Lebenserfahrungen ist.

Auch die Natur kann für den Menschen feindliche Züge tragen, wenn sie ihn in seiner Existenz bedroht.

3.5.4 Perspektivismus

Wenn gefordert wird, die Erkenntnis immer wieder auf das Leben zurückzubeziehen, und dabei nur das konkrete einzelne Leben betrachtet werden soll, so ist offensichtlich, daß es nie eine gültige, sondern immer nur viele Wahrheiten geben kann. Bezeichnenderweise schreibt Nietzsche: »Es gibt vielerlei Augen ... folglich gibt es auch vielerlei Wahrheiten.« (XVI, S. 47) Erkenntnis kann es so nie abstrakt, sondern nur in der Perspektive des einzelnen geben.

Gegen die Reduzierung der Sicht des Lebens auf das Individuum hat sich Dilthey gewandt. Aber auch er kann dem Relativismus nicht entgehen, denn für ihn sind doch letztlich alle Grundanschauungsformen vom Leben selbst geprägt und so zeitlich bedingt.

4. WIRKUNGSGESCHICHTE DER LEBENSPHILOSOPHIE

Die Wirkungsgeschichte der Lebensphilosophie gilt als besonders komplex; angefangen bei der Dichtung (S. GEORGE 1868–1933, H. v. HOFFMANNSTHAL 1874 – 1929, R. M. RILKE 1875–1926, H. HESSE 1877–1962), über die Kunst (Expressionismus, Jugendstil), bis hin zu politisch-gesellschaftlichen Erscheinungen wie Jugendbewegung und Schulreform. In der Philosophie wird ihr Einfluß auf die Phänomenologie (E. HUSSERL 1859–1938, MAX SCHELER 1874–1928) und auf die entstehende Existenz-und Existenzialphilosophie deutlich (K. Jaspers 1883–1969, M. Heidegger 1889–1976). Hier sollen nur zwei Autoren herausgegriffen werden: A. Schweitzer und G. Altner.

In der Wirkungsgeschichte der Lebensphilosophie kann auch Albert Schweitzer (1875–1965) angesiedelt werden, der von J. W. v. Goethe, A. Schopenhauer und F. Nietzsche beeinflußt wurde.

Im Mittelpunkt seines Denkens steht die »*Ehrfurcht vor dem Leben*«, aus der Schweitzer ein allgemeingültiges sittliches Grundprinzip zur Erhaltung und Förderung des Lebens ableitete. In seinen kulturphilosophischen Schriften (Kultur und Ethik, 1960) untersucht A. Schweitzer die verschiedenen ethischen Ansätze der abendländischen Philosophie, der es nach seiner Meinung nicht gelang, eine optimistisch-ethische Weltanschauung zu begründen. Der ethische Optimismus habe seine Vorrangstellung eingebüßt, und die Menschen seien pessimistisch geworden. Nur der Wille zum Leben, eine »instinktive Ehrfurcht« (A. Schweitzer, 1960, S. 207) vor dem Leben halte sie vom Selbstmord zurück. Dem Willen zum Leben liege ein Drang zur Vervollkommnung zugrunde. Unsere Ehrfurcht vor dem Leben wurzele in unserem Ergriffensein von diesem unergründlichen, ständig vorwärts treibenden Willen. Es ist letztlich der Wille, der eins zu werden strebt, mit »anderen Willen« zu leben (Menschen/Natur).

In der Welt sind zunächst keine Beweggründe für ethisches Handeln offenbar. Erst in einer geistigen, mystischen Hingabe an das Sein kann der Mensch zu vollkommener Ethik gelangen. Im Denken erkennt man, daß alles, was Existenz hat, auch den Willen zum Leben bezeugt. Das Wesen der einzelnen Existenz vermag ich zu erkennen, in Analogie zu meinem eigenen Willen zu leben, den ich in mir selbst spüre.

So werde ich erfüllt von Ehrfurcht vor diesem geheimnisvollen Willen, leben zu wollen. Aufgrund dieser Erfahrung gilt für Schweitzer als umfassendste Tatsache seines Bewußtseins: »Ich bin Leben, das leben will, inmitten von Leben, das leben will.« (A. Schweitzer, 1960, S. 330) Allem Willen zu leben muß die *gleiche* Ehrfurcht entgegengebracht werden. So bedeutet Ethik grenzenlose Verantwortung gegenüber allem, was lebt.

»Wahrhaft ethisch ist der Mensch nur, wenn er der Nötigung gehorcht, allem Leben, dem er beistehen kann, zu helfen und sich scheut, irgendetwas Lebendigem Schaden zu tun.« (A. Schweitzer, 1960, S. 240). Dennoch übersieht Schweitzer nicht, daß Konflikte unvermeidbar sind. Er räumt ein, daß dem Menschen, um selbst leben zu können, die Notwendigkeit auferlegt ist, Lebendiges schädigen zu müssen, da der Mensch Tiere und Pflanzen als Nahrung aufnehmen muß. Aber Schweitzer weigert sich, seine Ethik zu relativieren. Der Mensch muß sich immer wieder von seiner Ethik in Frage stellen lassen. Jede

Lebensschädigung, aus welchen Gründen auch immer, bedeutet für ihn schuldig werden!

In einer kritischen Betrachtung des Ansatzes Schweitzers muß jedoch gefragt werden, ob diese Schuld, die der Mensch durch Verletzung anderen Lebens auf sich lädt, wirklich gegeben ist. Denn er ist zunächst schuldlos in Naturzusammenhänge hineingestellt, in denen Leben geopfert werden muß, um Leben zu erhalten. Diese Grundbefindlichkeit des Menschen hat noch gar nichts mit einer existentiellen Schulderfahrung zu tun. Zu seinem rigorosen ethischen Ansatz gelangt Schweitzer, weil er jede Wertkategorie gegenüber dem Leben ablehnt und deshalb nicht zwischen menschlichem und nichtmenschlichem Leben differenziert. Es ist aber zu fragen, ob nicht z. B. das Personsein des Menschen eine entscheidende Wertkategorie zur Beurteilung des Lebens darstellt. Trotz dieser Kritik kann die Ethik Schweitzers als berechtigter Aufruf verstanden werden, auf die hohe Verantwortung des Menschen gegenüber Natur und Welt aufmerksam zu machen.

An die fundamentalen Überlegungen A. Schweitzers knüpft GÜNTER ALTNER (geb. 1936) an. Auf dem Hintergrund der heutigen ökologischen Krise verteidigt er die Lebensansprüche auch der nicht-menschlichen Kreatur. Allerdings wird nicht klar, was er unter »diversifizierter Gleichheit« von Mensch und sonstiger Kreatur versteht. »Es geht letztlich um das Überleben des Menschengeschlechtes... Ist es doch gerade das Anliegen der Schweitzerschen Ethik, die menschliche Verantwortung für das Leben dadurch neu auf den Weg zu bringen, daß der Mensch an sein sterbliches Eingebundensein in den allgemeinen Lebensprozeß als die von ihm zu tragende schmerzvolle Bestimmung gewiesen wird« (G. Altner, 1979, S. 114).

5. ETHIK DES LEBENS – AN DEN BEREICHEN DER BIOTECHNIK UND DER TIERVERSUCHE ERLÄUTERT

Aus den vielen Bereichen, in denen die Ethik des Lebens eine Rolle spielt, wie der Beginn (vgl. Kap. VIII) und das Ende des menschlichen Lebens (vgl. Kap. XII), seien hier zwei heute kontrovers diskutierte Themenbereiche herausgegriffen, die Biotechnik (die Gentechnik und Fortpflanzungsbiologie einschließt) und die Tierversuche.

5.1 *Biotechnik: Gentechnik und Fortpflanzungsbiologie*

Eine ganze Flut von Veröffentlichungen zur Biotechnik ist in den letzten Jahren erschienen. Dabei gehen die Wogen in der Argumentationsweise hoch. Von Ablehnung bis hin zur vorbehaltlosen Bejahung dieser (neuen) Forschungsrichtung ist in der Diskussion alles vertreten.

Die Abhandlungen über die Lebensphilosophie und die in der philosophischen Reflexion zur Biogenese genannten Kriterien, die dem Leben notwendig zukommen müssen, verdeutlichen die begriffliche Offenheit der Erklärung des Lebens. Dies kann jedoch nicht bedeuten, daß wir willkürlich in den Bereich des Bios, des Lebens, eingreifen können. Die kontroverse Diskussion zur Biotechnik fordert von uns vielmehr Prinzipien, die dem Handeln im Umgang mit Leben zugrunde gelegt werden können.

Bevor man jedoch an die Ableitung ethischer Prinzipien und ihrer Begründung geht, ist es notwendig, sich über die Begriffe klar zu werden, nicht zuletzt deshalb, um Klischees zu entgehen. Wir beschränken uns hier nur auf die zwei Fragebereiche der Gentechnik und der extrakorporalen Befruchtung.

5.1.1 Begriffe und Voraussetzungen zur ethischen Urteilsbildung

Ethik (auch: Moralphilosophie) regelt als philosophische Disziplin die vernunftgemäße Begründung sittlichen Tuns. (Sie ist zu unterscheiden von der Moral-Theologie, die als theologische Disziplin ihre Begründung sittlichen Verhaltens aus der Bibel, den Aussagen der Kirche(n) oder der Theologen nimmt.) Die Ethik muß nach allgemeinen Prinzipien suchen, die ihre Begründungen nicht aus dem Glauben haben, sondern in der rationalen Einsehbarkeit gegründet sind.

Prinzipien, das sind nicht Einzelvorschriften, sondern Grundsätze des sittlichen Verhaltens, die also allgemein gelten, will der Mensch als verantwortungsbewußte Person handeln. Solche grundsätzlichen Erwägungen sind dann in einem zweiten Schritt exemplarisch auf einzelne Fragen anzuwenden.

Wir benötigen also keine spezielle Gen-Ethik oder eine spezielle Ethik für In-vitro-Fertilisation und Embryo-Transfer. Wir müssen nur die allgemeinen sittlichen Prinzipien auch für diese Sonderfälle ethischen Handelns anwenden. Eine solche Anwendung muß aber dialogisch sein, d. h. der Ethiker muß sich in die Fragestellung und Fachproblematik einweihen lassen, damit seine ethischen Antworten nicht an der Fragestellung vorbeigehen.

Gentechnik müssen wir abgrenzen von dem sprachlich nicht korrekten Gebrauch des Wortes ›Gentechnologie‹, da es hier nicht um die Lehre (-logie) von etwas geht, sondern um eine neue Technik, für die Prinzipien gefunden werden sollen, die es den Gentechnikern ermöglichen, sich ein ethisch begründetes Urteil über die Anwendung der neuen Techniken im Bereich des Lebens zu bilden.

Genmanipulation wird heutzutage meist negativ verstanden (vgl. z. B. Steuermanipulation, Manipulation durch die Werbung). Nach der lateinischen Wortwurzel dieses Ausdruckes aber bedeutet »manipulare« etwas in die Hand nehmen, Hand anlegen, etwas anpacken. Wir wollen unter Genmanipulation den allgemeinen Begriff verstehen: durch Eingriffe in das Genom etwas verändern. Eine solche Definition läßt zunächst offen, ob ein bestimmter Eingriff, ein »Hand-Anlegen« positiv oder negativ zu werten ist.

Die *erkenntnismäßigen Voraussetzungen* der Lebensethik liegen im dialogischen Moment von Einsicht in die allgemeinen sittlichen Grundsätze und detaillierter Fachkenntnis. Ein detailliertes Fachwissen wird man sich jedoch nur erarbeiten können, wenn man sich angstfrei dem Sachverhalt nähern und – in unserem Fall – sich einen Freiraum schaffen kann gegen alle Hysterie und Horrorgemälde, die uns journalistisch aufgeputschte Berichte malen wollen, oder auch gegen unkritische Euphorieverbreitung einiger nur auf Marktabsatz bedachter Firmen: Um zu einem begründeten sittlichen Urteil zu kommen und keine falschen Hoffnungen, aber auch keine unbegründete Angst aufkommen zu lassen, ist als *psychologische Voraussetzung* eine große Nüchternheit und ein umfangreiches Wissen über den zu beurteilenden Sachverhalt nötig.

5.1.2 Ethische Prinzipien zur Biotechnik (J. Reiter, 1984)

a) Das Prinzip der Verallgemeinerung, der Universalisierbarkeit

Nach der einen Version dieses Prinzips sind alle normativen Entscheidungen daraufhin zu überprüfen, ob *alle* moralisch verantwortungsbewußten Beteiligten und Betroffenen ihnen zustimmen können.

Die andere Version des Prinzips liegt der sogenannten »Goldenen Regel« zugrunde, und zwar nicht so sehr in ihrer negativen Form »Was du nicht willst, das man dir tu', das füg' auch keinem anderen zu«, sondern in positiver Formulierung: »Wie du willst, daß man deine Bedürfnisse und Interessen berücksichtigt, so berücksichtige auch du die Bedürfnisse und Interessen der anderen« (O. Höffe, 1981, S. 66).

b) Das Prinzip der Fairneß

Danach sind Handlungen oder institutionelle Ordnungen nur dann gerecht bzw. sittlich gut, wenn alle Betroffenen sowohl an den Vorteilen als auch den Lasten beteiligt werden und wenn die Lasten als auch die Vorteile auf alle Beteiligten zu gleichen Anteilen verteilt werden (John Rawls, 1977). Es fallen dem einzelnen gleiche Anteile zu, aber nur gemäß dem individuellen Vermögen der Beteiligten: Ein Arbeiter bezahlt weniger Steuern als ein Großindustrieller.

c) Das Prinzip der Menschenwürde

Die Würde des Menschen, die in seinem Personsein und damit in seiner Fähigkeit zur *freien Entscheidung* gründet, ist in allen Eingriffen und Techniken, die den Menschen direkt oder indirekt betreffen, zu wahren. Die Menschenwürde wird inhaltlich gefüllt durch die verschiedenen Menschenrechte.

d) Das Prinzip der Verantwortung

Dieses Prinzip wird heute von vielen Menschen als sittliches Prinzip anerkannt. Johannes Schwartländer (Art. »Verantwortung« in: Handbuch philosophischer Grundbegriffe, Bd. 6, 1577–1578) hält die Verantwortung für eines der neuen Grundworte unserer Sprache, weil sich darin unsere konkrete Welt- und Lebenserfahrung ausspricht. Denn jeder Mensch hat bei allen seinen freien Handlungen das unüberwindliche Bewußtsein, deren personaler Grund zu sein: Er weiß sich verantwortlich.

Im besonderen wäre nach der konkreten Ausgestaltung dieses Prinzips zu fragen angesichts konkurrierender Werte, einer ins Unermeßliche gewachsenen technischen Macht des Menschen, der Notwendigkeit, auch Handlungsfolgen in das Handeln mit einzubeziehen (auch in erkenntnistheoretischer Hinsicht: Wieweit können wir Handlungsfolgen abschätzen?) und der Frage, vor wem wir unsere Handlungen zu verantworten haben u. v. m. (vgl. hierzu Lit.-Verzeichnis, Weber, Bloch).

×Zusammenschluß

5.1.3 Moraltheologische Aussagen des Lehramtes zur Biotechnik

Dieser Punkt sei nur ergänzend zur moralphilosophischen Argumentation angefügt. Da man aus der Bibel außer den allgemeinen Grundsätzen der Menschenwürde, der Integrität und Unantastbarkeit des menschlichen Lebens und der Wahrung der freiheitlichen Entscheidung jedes einzelnen Menschen keine neuen Prinzipien aufstellen kann, haben auch die Päpste in ihren Verlautbarungen die genannten philosophischen Gedanken aufgegriffen, wie wir an einigen Beispielen zeigen wollen:

a) Papst Pius XII. (1876–1958) äußerte sich schon in einer Ansprache am 7. 9. 1953 vor Genetikern: »Die Grundtendenz der Genetik und Eugenik, den Erbgang zu beeinflussen, um das Gute zu fördern und das Schädliche auszuschalten – dieses Bestreben ist vom sittlichen Standpunkt aus einwandfrei.« Als unsittlich lehnt der Papst in dieser Ansprache Rassismus und eugenische Sterilisation ab. Der Papst mahnt die Genetiker weiterhin, daß »... sie sich bei der Wertung der Mittel und Wege zu jenen Zielen immer des grundlegenden Unterschieds zwischen Pflanzen- und Tierwelt einerseits und dem Menschen andererseits bewußt bleiben. Dort stehen ihr [= der Genetik] die Mittel und Wege zu Veredelung der Art und Rasse vollkommen frei. Hier hingegen, in der

*) Erbgesundheit

Welt des Menschen, hat sie immer persönliche Einzelwesen vor sich mit unantastbaren Rechten, Einzelwesen, die ihrerseits wieder, um in der Betätigung der Anlage neues Leben zu wecken, an unantastbare sittliche Normen gebunden sind. Damit werden im ethischen Raum vom Schöpfer selbst Schranken gezogen, die wegzuräumen keiner menschlichen Macht zusteht.« (A.-F. Utz; J. F. Groner I, 1137f; 1143)

In derselben Ansprache weist Pius XII. auch auf die Grenzen der Genetik hin, den Menschen zu definieren, und betont, daß es dazu weiterer anthropologischer Wissenschaften (Psychologie, Seinslehre/Metaphysik) bedarf.

b) Papst Johannes Paul II. greift die Gedanken Pius' XII. auf. Der Papst stimmt solchen Forschungen und Experimenten zu, die die Würde des Menschen respektieren und verwirklichen. Biologische Experimente, welche die menschliche Person achten und zum Gesamtwohl des Menschen beitragen, sind erlaubt (Der Apostolische Stuhl 1982. Köln 1984, 1392–1396).

Der Papst sieht die Anwendung auf den Menschen vorwiegend unter therapeutischer Zielsetzung. Als grundlegendes Prinzip formuliert er: »Zuerst muß jede Schädigung vermieden werden, dann kann man forschen und nach dem Guten streben.« (Oss. Rom. 5, 3. 2. 1984, S. 8)

5.1.4 Ethische Folgerungen zur Biotechnik

a) Zur Gentechnik:
Die Anwendung der Gentechnik im pflanzlichen Bereich erscheint wohl als die sittlich am wenigsten bedenkliche Weise, Erbgut zu verändern, soweit dadurch nicht der Natur als Ganzer und dem Menschen auf lange Sicht geschadet wird.

Wenn man beispielsweise mit dem Ernährungsproblem und dem Hunger in der Welt zukünftig fertig werden will, ist es als eine Maßnahme nicht nur erlaubt, sondern für Ertrags- und Qualitätssteigerung sogar geboten, die Widerstandsfähigkeit gegen Schädlinge und Krankheiten der Pflanzen zu verbessern. Dieselben Schlußfolgerungen gelten für gentechnische Versuche an Tieren (s. hierzu aber ausführlicher unter 5.2).

Bevor man das Risiko der Gentherapie am Menschen eingeht, müssen gentechnische Experimente zuerst gründlich an Tieren vorgenommen werden, damit die Gefahren soweit wie irgend möglich minimalisiert werden können.

Johannes Reiter (1984) hat bezüglich einer Anwendung der Gentechnik auf den Menschen im besonderen – aber teils auch allgemein – folgende Rahmenbedingungen formuliert, die hier leicht verändert wiedergegeben werden:

Die Freiheit der Forschung hat ihre Grenzen am Wohl der Menschheit;
die Folgen für Gegenwart und Zukunft der Menschheit sind sehr gründlich abzuschätzen;
die Forschungsergebnisse müssen der Öffentlichkeit zur kritischen Reflexion zugänglich sein;
der Gentechniker trägt die Verantwortung für seine Forschung und das, was andere daraus machen;
die Ziele der Gentechnik sollen therapeutisch ausgerichtet sein;
die Gentechnik darf nicht zur Herrschaft über den Menschen führen;
der Mensch darf niemals nur als Mittel, zu welchem Zweck auch immer, gebraucht werden;
eine Genomanalyse darf nur auf freiwilliger Basis und zum Wohl des Individuums erstellt werden;
Gentherapie ist – solange es zu keiner Änderung der psychosomatischen (geistigen und körperlichen) Struktur des Menschen kommt – ethisch erlaubt;
Züchtung und Klonierung optimierter Menschen sind grundsätzlich auszuschließen.

b) Zur Fortpflanzungsbiologie

Bei Tieren dürften von ethischer Seite her wohl kaum Schwierigkeiten beim Embryotransfer, der Frage der In-vitro-Fertilisation und von Leihmüttern, dem Einfrieren von Embryonen usw. bestehen, es sei denn, man denkt an eine Verarmung des genetischen Pools, womit die Unfähigkeit entsteht, sich an veränderte Umweltbedingungen anzupassen.

Beim Menschen muß man anders urteilen. Entsprechend der oben aufgestellten ethischen Prinzipien gilt dann:

* Keine Frau kann zu einer extrakorporalen Befruchtung mit Embryotransfer gezwungen werden;
* entsprechend der Einheit der Ehe ist ein Dritter (Samen- oder Eispender, Leihmutter) aus diesem Prozeß auszuschließen;
* es sollte eine medizinische Indikation vorliegen, daß ein Ehepaar ein Kind auf keine andere Weise bekommen kann und Kinderlosigkeit vorliegt;
* die In-vitro-Fertilisation mit anschließendem Embryotransfer ist auf Ehepaare zu beschränken, da für das Wohl des betroffenen Kindes ein Aufwachsen in der Familie erforderlich ist;
* »überzählige« befruchtete Eizellen dürfen nicht zu Forschungszwecken benützt werden, sondern müssen sukzessiv implantiert werden;
* das Institut der Leihmütter ist ethisch nicht zu rechtfertigen;

* das Kind ist zwar die natürliche Frucht einer Ehe, aber nicht ihr oberster Wert: Es darf kein öffentlicher Druck auf kinderlose Paare ausgeübt werden, zu diesen Methoden zu greifen;
* der finanzielle Aufwand einer extrakorporalen Befruchtung ist in Relation zu setzen zu anderen vielleicht wichtigeren Aufgaben in der Medizin (Güterabwägung).

5.2 *Tierversuche*

Ein weiterer Anwendungsfall der Ethik des Lebens betrifft die Tierversuche. Sie bieten ein aktuelles Beispiel für die Streitfrage, wieviel Schaden der Mensch fremdem Leben zufügen darf; dies auch, wenn solche Versuche nur als Experiment zum Wohl des Menschen verstanden werden. Kaum ein gegenwärtiges ethisches Thema wird ähnlich kontrovers diskutiert. Die Diskussion flammte erneut durch das Chemikaliengesetz von 1982 auf, das die Überprüfung neuer Chemieprodukte an Tieren verpflichtend vorschreibt. Zur Versachlichung der Diskussion hat die Pharmaindustrie konkrete Zahlen veröffentlicht: Pro Jahr werden 3,5 Millionen Tiere für Tierversuche benötigt; davon 90 % Ratten und Mäuse; 0,7 % Hunde und Katzen. Eine Emnid-Umfrage stellte einen überragenden Anteil an Befürwortern von Tierversuchen in der Bevölkerung fest (80 % pro, 18 % contra, 2 % unentschieden). Zur Begründung eines ethischen Urteils reichen Mehrheitsentscheidungen allerdings nicht aus; so soll im folgenden das Für und Wider von Tierversuchen abgewogen werden.

5.2.1 Befürworter von Tierversuchen

Die Befürworter von Tierversuchen weisen auf die zentrale Rolle hin, die solche Versuche in der bisherigen Wissenschaftsgeschichte spielten. Es ist offensichtlich, daß z. B. die Mikrobiologie in ihrer Krankheitsdiagnostik, aber auch die Physiologie, die Endokrinologie und die Pharmakologie nur mittels Tierversuchen zu ihrem heutigen Wissensstand gelangen konnten. Heute hat die weiterführende Forschung Tierversuche zum Teil überflüssig gemacht. Doch bleiben medizinische Probleme, wie z. B. der Blutdruck, die nur unter natürlichen Bedingungen am Vollorganismus geprüft werden können. Auch lassen sich Psychopharmaka, Chemikalien, Waschmittel, Düngemittel etc. nicht ohne Tierversuche überprüfen.

5.2.2 Gegner von Tierversuchen

Die Gegner von Tierversuchen stellen zunächst in Frage, daß die gewonnene Erkenntnis der Tierversuche auf den Menschen übertragbar sei. Immer wieder wird das Thalidomid (Contergan) angeführt, das, an Tieren getestet, für unschädlich befunden wurde. An Menschen angewandt, verursachte es die bekannte große Zahl von Mißbildungen (verkümmerte Extremitäten usw.). Doch auch andere ähnliche Fälle sind bekannt (R. Koltermann, 1983), in denen Medikamente, die zuvor an Tieren überprüft worden waren, sich für den Menschen als schädlich erwiesen: Orabilix (Nierenschäden), Mequalone (psychische Störungen), Chloramphenikol (Leukämie), Diethylstilbestrol (Krebs bei jungen Frauen), Trilan (Mammatumoren), Flamnil (Bewußtlosigkeit). Die meisten dieser Mittel sind inzwischen aus dem Handel gezogen.

Neben diesen wissenschaftlichen Argumenten werden aber auch menschliche Unzulänglichkeiten derer genannt, die solche Versuche durchführen. Gewinn- oder Karrieresucht, Sadismus oder schlicht naive Experimentierfreudigkeit verbergen sich hinter dem Anspruch wissenschaftlichen Forschens. Nicht nur der eigentliche Sinn der Wissenschaftsfreiheit werde verletzt, sondern auch der Verhältnismäßigkeitsgrundsatz und das Sittengesetz. Eine nicht geringe Rolle in der Ablehnung von Tierversuchen spielen auch die Emotionen von Tierliebhabern, die es für unerträglich halten, daß domestizierte Tiere wie Katzen und Hunde zu ähnlichen Versuchen herangezogen werden.

5.3 *Philosophische Positionen der Befürworter und Gegner der Tierversuche*

Welche philosophische Überzeugungen liegen den Pro- und Contra-Argumenten in der Diskussion um Tierversuche zugrunde? Schlagwortartig können sie mit den Begriffen Anthropozentrismus und Biozentrismus bezeichnet werden; das sind zwei extreme Haltungen in dem Verhältnis des Menschen zu nichtmenschlichen Organismen.

5.3.1 Radikaler Anthropozentrismus (J. Passmore)

Als Vertreter eines radikalen *Anthropozentrismus* soll John Passmore (1980) angeführt werden, der für seine Position den Vorrang der Person und die Bedeutung der wissenschaftlich-technischen Rationalität in der abendländischen Tradition geltend macht. Passmore kann sich auf Kant berufen, für den der Mensch einziges Subjekt und Objekt der Sittlichkeit darstellt. Nur Personen sind Zwecke an sich, alle anderen Naturwesen werden als bloße Mittel betrachtet und können als solche benutzt werden. Folgerichtig schreibt er: »Wüßten wir mit Gewißheit, daß der Planet Erde vom Jahr 2000 an bis in alle Ewigkeit für Menschen unbewohnbar wäre, so gäbe es keinerlei ethischen oder ästhetischen Grund, warum wir die Welt nicht als Müllhalde hinterlassen sollten« (D. Birnbacher, 1980, S. 132).

5.3.2 Biozentrismus (P. W. Taylor)

Dem entgegen stellt sich der radikale *Biozentrismus* eines Paul W. Taylor (1983). Nach seiner Überzeugung ist jeder Überlegenheitsanspruch des Menschen gegenüber der Natur unbegründet und irrational. Dem Menschen ist eine Sonderstellung innerhalb der Natur abzusprechen. (Vgl. dagegen Kap. V.) Dadurch wird aber auch, denkt man diesen Ansatz konsequent weiter, dem Menschen jede Verantwortlichkeit gegenüber der Natur entzogen. Denn in seiner Sorge um die Natur macht sich der Mensch zu ihrem Sprecher und stellt sich über sie.

5.3.3 Mittlere Positionen (Ricken/Schmitz)

Neben solchen extremen Haltungen, die nicht stellvertretend für eine allgemeine Meinung in dieser Frage stehen können, werden auch gemäßigte, d.h. vermittelnde Positionen vertreten. Friedo Ricken (1987) setzt sich für einen gemäßigten Biozentrismus ein, indem er an eine (biozentrische) Norm anknüpft, über die ein allgemeiner Konsens besteht: Tieren darf nicht unnötig Schmerz zugefügt werden. Der Gedanke, Tiere aufgrund ihrer Leidensfähigkeit als Objekt des moralischen Verhaltens zu betrachten, wurde zuerst von dem Utilitaristen Jeremy Bentham (1789) formuliert.

Die Leidensfähigkeit des Tieres deutet Ricken in einer dreifachen Argumentation:

Das intuitionistische Argument: Erkennt man den Schmerz allgemein als ein Übel an, so ist die Leidensfreiheit eines jeden Wesens – auch des Tieres – anzustreben.

Das Gleichheitsargument: Das Schmerzverhalten der Tiere läßt sie durch die offensichtliche Möglichkeit des Vergleichs mit dem menschlichen Schmerzempfinden in die Nähe des Menschen rücken. Durch diese »Familienähnlichkeit« des Tieres mit dem Menschen haben Tiere das gleiche »Interesse«, schmerzfrei zu leben, das auf gleiche Weise berücksichtigt werden muß.

Das Selbstzweckargument: Aufgrund der Schmerzfähigkeit des Tieres kann es analog als Subjekt von Zwecken, nämlich der Schmerzfreiheit, und als Subjekt mit einem praktischen Selbstverhältnis betrachtet werden. Es darf also nicht bloßes Mittel im Dienst des Menschen sein.

Alle empfindenden Wesen sind für Ricken in diesem Sinn »Subjekte von Zwecken«. Als Selbstzweck dürfen sie nie der Willkür des Menschen unterworfen werden, sondern dieser hat die außermenschliche Natur in den Entwurf seines ethischen Handelns miteinzubeziehen.

Wenn F. Ricken auch das Tier analog als »Subjekt von Zwecken« betrachtet, nivelliert er nicht jeden Unterschied zwischen Tier und Mensch, sondern unterscheidet zunächst im Sinne von G. J. WARNOCK (1971) Subjekt und Objekt der Sittlichkeit (moral agent/moral patient). Objekt der Sittlichkeit ist »ein Wesen, das der Handelnde um dessen selbst willen in seinen moralischen Überlegungen zu berücksichtigen, d. h. dessen Interessen, Bedürfnisse, Güter, Rechte usw. er *um dieses Wesens selbst willen* in seine Abwägungen einzubeziehen hat« (F. Ricken, 1987, S. 3). Da aufgezeigt wurde, daß auch das Tier im analogen Sinn Interessensträger ist, wird es zum moralischen Objekt des sittlichen Handelns. Subjekt des sittlichen Handelns bleibt allein der Mensch, weil nur er die Bedingungen, die an verantwortliches Handeln geknüpft sind, erfüllt (Vernunftbegabung).

Dennoch muß erneut gefragt werden, was das Tier als Objekt der Sittlichkeit für das Handeln des Menschen bedeutet. Vom Tier wurde in analoger Weise als von einem Selbstzweck gesprochen. Als Kriterium für ein nur analoges Reden nennt F. Ricken die unterschiedliche Stellung von Tier und Mensch in der scala naturae. Sie beruht auf dem unterschiedlichen Selbstverhältnis beider Organismenarten, das nur beim Menschen als Selbstbewußtsein ausgeprägt ist.

Eine Abwägung gemäß der scala naturae bedeutet jedoch keinen absoluten Speziesismus (= jedes menschliche Interesse wiegt schwerer als außermenschliches). Als Objekt der Sittlichkeit bleibt das Tier Gegenstand einer Güterabwägung. Sie darf zugunsten des Menschen nur dann ausfallen, so Ricken im Blick auf Tierversuche, wenn das Übel, das Tieren zugefügt wird, vergleichbar ist mit dem Übel, das dadurch dem Menschen erspart werden kann.

Zu einer ähnlich differenzierten Haltung in der Frage der Tierversuche gelangt PHILIPP SCHMITZ (1985). Für jedes Handeln des Menschen, das auch die Natur betrifft, gilt als zentraler Abwägungswert das »Leben in seiner Ganzheit«. Auch er vertritt einen gemäßigten Biozentrismus, indem er der Natur Selbstzweck zuschreibt (Begründung aus der Mitgeschöpflichkeit der Tiere). Jede Schädigung der Natur bedeutet eine Schädigung des Lebens in seiner Ganzheit und muß so zum Schaden des Menschen gereichen.

In seinem Entwurf für ein sittliches Urteil zu Tierversuchen weist P. Schmitz auf die Bedeutung des Tieres hin

* für die Gestaltung des bewußten Selbst (Tiere als Gradmesser für die Humanität einer Generation);
* für die Gestaltung der Kommunikation (Tiere als Medien der Kommunikation);
* für die Gestaltung des sittlichen Handelns (nur proportionale Inanspruchnahme tierischen Lebens aufgrund ihrer Eigenwertigkeit).

Vor dem Hintergrund der angeführten Diskussion (Tier als Objekt der Sittlichkeit, als Subjekt von Zwecken, als Mitgeschöpf, als Mitglied einer Gemeinschaft des Lebens) erscheint die Frage nach der Erlaubtheit von Tierversuchen in einem anderen Licht: Hat unter dieser Hinsicht das Grundgesetzpostulat der Freiheit in Forschung und Lehre wirklich schrankenlose Gültigkeit? Die Überzeugung drängt sich auf, daß Tierversuche auf das wirklich not-wendige Maß (wenn wirklich die Not des Menschen verhindert bzw. gelindert werden kann) zu beschränken sind. Es ist zu fragen, ob die Verwendung von Tieren zu Lehr- und Demonstrationszwecken diesem hohen Anspruch genügt. Die Notwendigkeit für Tierversuche in der Tabak- und Kosmetikindustrie scheint sicher nicht gegeben zu sein. (Noch absurder ist die Verwendung von abgetriebenen Embryonen zur Herstellung von Kosmetika.)

Man kann feststellen, daß die naturwissenschaftlich-medizinische Forschung von sich aus bestrebt ist, von einem komplexen Ansatz am Ganztier wegzukommen, und einen Versuchsansatz bevorzugt, der Subsysteme verwendet, um präzisere Aussagen zu erhalten. Solche Subsysteme sind z. B. Zellkulturen, isolierte Organe, Enzymsysteme und Computer. In dem Maß, in dem auf solche Alternativmethoden zurückgegriffen wird (D. H. Smyth, 1982; D. Schuppan, W. Hardegg, 1988), kann auf Tierversuche verzichtet werden.

Ziel ethischer Fragen im Umgang mit Tieren oder allgemein mit der Natur muß sein, das gestörte Verhältnis zwischen Mensch und Natur aufzudecken und auf den gemeinsamen Grund des Lebens zu verweisen.

Literatur

Altner, G., Wahrnehmung der Interessen der Natur. In: K. M. Meyer-Abich (Hrsg.), Frieden mit der Natur. Freiburg: Herder, 1979, S. 112–130.

Anderson, W. F., Human Gene Therapy: Science 256 (8. 5. 1992), 808–813.

Apostolische Stuhl, Der, 1982. Köln 1984, S. 1392–1396.

Bähr, H. W., Die Lehre von der Ehrfurcht vor dem Leben. In: ders. (Hrsg.) Albert Schweitzer. Freiburg: Herder, 1966, 130–139.

Bateson, P., Do animals feel pain?: New Scientist 134, No. 1818 (15. 4. 1992), 30–33.

Bentham, J., An introduction to the principles of morals and legislation. London, 1789.

Bergson, H., Schöpferische Entwicklung. Jena: Diederichs, 1921.

Birnbacher, D. (Hrsg.), Ökologie und Ethik. Stuttgart: Reclam, 1980.

Birnbacher, D., Ökologische Ethik: Allgemeine Zeitschrift f. Philosophie 11 (1986), 57–64.

Bollnow, O. F., Die Lebensphilosophie. Berlin, Göttingen: Springer, 1958.

Bollnow, O. F., Aspekte der Lebensphilosophie: Universitas 34 (1979), 625–630.

Brandstetter, W.; Huber, J.; Janisch, H.; Laun, A., Künstliche Befruchtung. Versuch einer Standortbestimmung in medizinischer, strafrechtlicher und moraltheologischer Sicht. Wien: Facultas Universitätsverlag, 1985.

Brugger, W. (Hrsg.), Philosophisches Wörterbuch: Stichwort »Lebensphilosophie«. Freiburg: Herder, 161981.

Bundesverband der Pharmazeutischen Industrie e. V., Tiere in der Arzneimittelforschung. Nutzen und Grenzen von Tierversuchen und anderen experimentellen Modellen. Frankfurt/M.: Abteilung Presse und Öffentlichkeitsarbeit, 31986.

Cramer, F., Chaos und Ordnung. Die komplexe Struktur des Lebendigen. Stuttgart: DVA, 1988.

Gesellschaft Gesundheit und Forschung (Hrsg.), Ethik und Tierversuche. Frankfurt/M, 1986.

Händel, U. M. (Hrsg.), Tierschutz. Testfall unserer Menschlichkeit. Frankfurt/M.: Fischer TB, 1984.

Hirsch, G.; Schmidt-Didczuhn, A., Gentechnikgesetz (Gen TG) mit Gentechnik-Verordnungen. Kommentar von G. Hirsch, A. Schmidt-Didczuhn unter Mitarbeit von E.-L. Winnacker. München: Beck, 1991.

Hirschberger, J., Geschichte der Philosophie, Bd. II, Freiburg: Herder, 61963.

Höffe, O., Sittlich-politische Diskurse. Philosophische Grundlagen. Politische Ethik. Biomedizinische Ethik. Frankfurt/M.: Suhrkamp, 1981.

Hölderlin, F., Sämtliche Werke, Stuttgarter Höderlinausgabe. Kleine Ausgabe von Fr. Beissner. Stuttgart: Kohlhammer, 1958 (3. Bd., Hyperion).

Kant, I., Die Metaphysik der Sitten. Werkausgabe. Hrsgg. von W. Weischedel. Bd. 8. Frankfurt/M.: Suhrkamp TB, 1982.

Keller, R.; Günther, H.-L; Kaiser, P., Embryonenschutzgesetz. Kommentar zum Embryonenschutzgesetz. Stuttgart, Berlin: Kohlhammer, 1992.

Koltermann, R., Ethische Grundsätze zu Tierversuchen: Pharma-Technologie-Journal; memo-script 3/83 (1983), Anhang, S. 1–3.

Kroth, E., Das Tierbuch. Frankfurt/M.: Zweitausendeins, 1985.

Löw, R., Philosophie des Lebendigen. Der Begriff des Organischen bei Kant, sein Grund und seine Aktualität. Frankfurt/M.: Suhrkamp, 1980.

McMahon, T. A.; Bonner, J. T., Form und Leben. Konstruktionen vom Reißbrett der Natur. Heidelberg: Spektrum-der-Wissenschaft-Verlagsgesellschaft, 1985.

Markl, H., Natur als Kulturaufgabe. Über die Beziehung des Menschen zur lebendigen Natur. Stuttgart: DVA, 1986.

Meyer-Abich, K. M., Wege zum Frieden mit der Natur. Praktische Naturphilosophie für die Umweltpolitik. München: dtv, 1986.

Nietzsche, F., Fröhliche Wissenschaft. Gesammelte Werke, Colli Montinari. Berlin: De Gruyter, KSA Bd. 3, 1973.

Osservatore Romano Nr. 5 (3. 2. 1984), S. 8.

Passmore, J., Man's Responsibility for Nature. London, 21980.

Randow, T., Ein Tierleben, damit Menschen leben: ZEITmagazin, 14. 5. 1982, 6–13.

Rawls, J., Gerechtigkeit als Fairneß. Freiburg, München: Alber, 1977.

Reiter, J, Ethische Implikationen der Gen-Forschung: Stimmen der Zeit 202 (1984), 435–447.

RICKEN, F., Allgemeine Ethik. Stuttgart, Berlin, Mainz: Kohlhammer, 1983.
RICKEN, F., Anthropozentrismus oder Biozentrismus: Theologie und Philosophie 62 (1987), 1–21.
RILKE, R. M., Sonette an Orpheus: Bd. 1, sämtliche Werke. Frankfurt/M.: Insel Vlg., 1955.
RUESCH, H., Nackte Herrscherin. Entkleidung der medizinischen Wissenschaft. München: Hirthammer, ²1978.
SCHMITZ, P., Ist die Schöpfung noch zu retten? Würzburg: Echter, 1985.
SCHNÄDELBACH, H., Philosophie in Deutschland 1831–1933. Frankfurt/M: Suhrkamp, 1983.
SCHUPPAN, D.; HARDEGG, W., Tierschutz durch Alternativen. Stuttgart, New York: Fischer, 1988.
SCHWEITZER, A., Kultur und Ethik. München: Beck, 1960.
SCHWEITZER, A., Leben, Werk und Denken 1905–1965, mitgeteilt in seinen Briefen. Heidelberg: Schneider, 1987.
SEKRETARIAT DER DEUTSCHEN BISCHOFSKONFERENZ (Hrsg.), Die Verantwortung des Menschen für das Tier. Positionen – Überlegungen – Anregungen. Bonn, 1993.
SIMMEL, G., Lebensanschauung. Vier metaphysische Kapitel. München, Leipzig: Duncker & Humblot, 1918.
SMYTH, D. H., Alternativen zu Tierversuchen. Stuttgart, New York: Fischer, 1982.
STERN, H., Tierversuche in der Pharmaforschung. München: Kindler, 1979.
STILLER, H. & M., Tierversuch und Tierexperimentator. München: Hirthammer, 1977.
TAYLOR, P. W., In Defence of Biocentrism: Environmental Ethics 5 (1983), 237 – 243.
TAYLOR, P. W., Are humans superior to animals and plants? In: Environmental Ethics 6 (1984), 149–160.
TEUTSCH, G. M., Tierschutz. Texte zur Ethik der Beziehung zwischen Mensch und Tier. Arbeitstexte Nr. 27 (VII/1988). Evangelische Zentralstelle für Weltanschauungsfragen: Stuttgart, 1988.
ULLRICH, K. J.; CREUTZFELDT, O. D., Gesundheit und Tierschutz. Wissenschaftler melden sich zu Wort. Düsseldorf, Wien: Econ, 1985.
UTZ, A.-F.; GRONER, J. F., Pius XII. (Werke, Auszug dt.), Aufbau und Entfaltung des gesellschaftlichen Lebens. Soziale Summe Pius XII., Bd. I-III. Freiburg (Schweiz): Paulus, 1954–1961.
WARNOCK, G. J., The object of morality. London, 1971.
WILK, W.; GAUDICH, C.; BULLING, E. (Hrsg.), Tierversuche in der Arzneimittelforschung. Möglichkeiten ihrer Einschränkung. Bundesgesundheits-Amt, Berichte 1/1983. Berlin: Reimer, 1983.

KAPITEL IV

Phylogenese: die Entfaltung des Lebendigen – Evolutionstheorie und philosophische Implikationen

1. Problemstellung

Unser Kosmos ist kontingent und ist daher geschaffen (Kap.I). Auf unserer Erde, einem kleinen Planeten in diesem Kosmos, hat sich Leben gebildet (Kap. II). Das Leben kommt aber nicht nur in einer einzigen Form, sondern in einer Formenfülle unterschiedlichster Art vor. Wie entstanden diese mannigfaltigen Lebensformen? Durch Erschaffung? Durch Evolution? Schließt eines das andere aus? Wenn nicht, wie sind Schöpfung und Evolution aufeinander bezogen? Welche Beweise gibt es für die Tatsächlichkeit der Evolution? Welche Theorien für die Ursachen des Evolutionsgeschehens wurden vorgelegt, und wie wurden sie bewiesen? Können wir ein Ziel der Evolution angeben?

2. Problemgeschichte: Darstellung historischer Erklärungsmodelle

Schon früh hat man sich Gedanken über die Entstehung der verschiedenen Lebewesen und auch des Menschen gemacht: (E. Mayr, 1984, 240–504).

Anaximander (610–547 v. C.) glaubte, der Mensch sei ursprünglich ein Fisch gewesen, den die Urkraft der Sonne im Laufe der Jahrtausende zum Lebewesen auf dem Land verwandelt habe.

Aristoteles (384–322 v. C.) war ebenfalls von einer weitläufigen Verwandtschaft von Menschen und Tieren überzeugt.

Bis zum Beginn des 19. Jahrhunderts hielt man jedoch auch unter Biologen an der Lehre von der Artenkonstanz fest. Die Arten sind unveränderlich im Laufe der Erdgeschichte geblieben.

Carl von Linné (1707–1778), der als erster die damals bekannten Pflanzen- und Tierarten in einem künstlichen System ordnete, hielt in seinem »Systema naturae« (1737) an der Artenkonstanz fest: »Tot species quot ab initio infinitum ens produxit.« Es gibt soviel Arten, wie von Anfang an das unendliche Sein erschaffen hat (H.K. Erben, 1975, S.164). In der »Philosophia botanica« (1751) versucht Linné aber auch »Fragmente eines natürlichen Systems darzustellen«. Sie müsse »ein Botaniker als Erstes und Letztes wünschen. Die Natur macht keinen Sprung. Die Pflanzen zeigen alle eine beiderseitige Verwandtschaft, so wie das Gelände auf einer geographischen Karte ... « (B. Flad-Schnorrenberg, 1978, S. 117). Man kann durch die verschiedenen Auflagen des »Systema naturae« deutlich feststellen, daß Linné vorsichtig immer häufiger und deutlicher sich der Überzeugung eines Artenwandels nähert.

Jean-Baptiste Lamarck (1744–1829) versuchte als erster zu begründen, daß die rezenten (= gegenwärtig lebenden) Arten aus ausgestorbenen Spezies einer früheren Zeit entstanden sind, daß also ein Abstammungszusammenhang zwischen den Arten besteht. Nach Lamarck paßten sich Lebewesen durch *Gebrauch oder Nichtgebrauch ihrer Organe* unmittelbar an die Erfordernisse der Umwelt an. Die so erworbenen Eigenschaften eines Individuums wurden dann auf die Nachkommen vererbt. Bei solchen Umbildungen sollte ein inneres Bedürfnis (ein psychischer Trieb) mitwirken, das die Umbildung auf die jeweiligen Erfordernisse ausrichtete. Sein Erklärungsmodell für die Ursachen der Evolution war folgendes: Wenn eine Umweltveränderung eintritt, entsteht im Lebewesen ein Bedürfnis, sich dieser Veränderung anzupassen. Die Glieder würden dementsprechend gebraucht (z. B. der Hals der Giraffe). Der Hals würde durch das Strecken länger (Vervollkommnung). Der so durch Übung längere Hals würde dann an die Nachkommen vererbt (Vererbung erworbener Eigenschaften). Bei Nichtgebrauch der Organe hingegen verkümmern diese, und das Lebewesen stirbt wegen mangelnder Angepaßtheit an die veränderte Umwelt aus.

George Cuvier (1769–1832), Begründer der Versteinerungskunde (Paläontologie), hielt starr an der Lehre von der Artenkonstanz fest und lehnte es ab, Baupläne einzelner Arten voneinander abzuleiten. Das Auftreten völlig unterschiedlicher, heute ausgestorbener Tierarten in der Folge der geologischen

Epochen erklärte er mit einer Katastrophentheorie, derzufolge mehrmals Naturkatastrophen über die Erde hereingebrochen waren. In der darauffolgenden Zeit wurden dann jeweils neue Arten von Gott geschaffen. Charles Lyell (1797–1875) widerlegte diese Theorie, indem er nachwies, daß die Geschichte der Erde keine Naturkatastrophen von solchen Ausmaßen wie die Sintflut kennt (vgl. auch S. M. Stanley, 1988).

Etienne Geoffroy de St. Hilaire (1772–1844) vertrat die Ansicht, daß ein einheitlicher Grundbauplan verschiedener Tiergruppen Beweis für ihre gemeinsame Abstammung sei.

Leopold von Buch (1774–1853) war Anhänger von Lamarcks Theorie. Er behauptete, daß neue Arten durch geographische Isolation entstehen (E. Mayr, 1984, S. 328).

Charles Darwin (1809–1882) entwarf aufgrund von ausgiebigen Beobachtungen in der Tier- und Pflanzenwelt auf einer fünfjährigen Reise um die Welt eine Evolutionslehre, nach der die heutigen Lebewesen von früheren einfacheren Formen abstammen. Gleichzeitig gab er die Ursachen für diesen evolutiven Prozeß an: für die Veränderlichkeit der Arten war die natürliche Auslese im »Kampf ums Dasein« die Ursache. Seine Sammlung von vorgelegten Beweisen stammte aus der Paläontologie, der vergleichenden Anatomie, der Embryologie und der Tier- und Pflanzengeographie und ist niedergeschrieben in seinem Werk »The origin of species by means of natural selection or the preservation of favoured races in the struggle for life« (1859).

Alfred Russel Wallace (1823–1913) entdeckte vor Darwin das Prinzip der natürlichen Auslese als Ursache der Evolution. Im Februar 1855 schrieb er seinen berühmten Aufsatz »Über das Gesetz, welches das Entstehen neuer Arten reguliert.« Diese Veröffentlichung zusammen mit seinem an Darwin gesandten Manuskript »Über die Tendenz der Varietäten, unbegrenzt von dem Originaltypus abzuweichen« gaben Darwin den Anstoß zur schnellen Veröffentlichung seines eigenen Buches »The origin of species… « (1859).

Thomas Henry Huxley (1825–1895) diskutierte in einer berühmten Sitzung der British Association for the Advancement of Science am 20. 6. 1860 mit Bischof S. Wilberforce (1805–1873) über die Evolutionstheorie. Der Morphologe Huxley (1863) wandte als erster die Theorie Darwins auf den Menschen an.

Ernst Haeckel (1834–1919) zeigte, daß eine Art (Species) durch Mutation in eine andere übergehen kann. Er baute die Abstammungslehre weiter aus und entwickelte Stammbäume von Pflanzen, Tieren und auch vom Menschen (1866; 1868).

Julian Huxley (1887–1975), Ronald A. Fisher (1890–1962), George G. Simpson (1902–1984), Ernst Mayr (geb. 1904), Bernhard Rensch (1900–1989) und Theodor Dobzhansky (1900–1975) entdeckten, daß genetische Vorgänge die Grundlage der Evolution sind und daß die Population mit ihrem spezifischen Genpool das ›Ausgangsmaterial‹ der Evolution ist.

3. Der aktuelle Stand der Diskussion

Unter Evolution (von lat. evolvere = auswickeln, entwickeln) verstehen wir den genetischen Zusammenhang aller Lebewesen, so daß die komplexeren Formen aus den einfacheren hervorgegangen sind, im Idealfall von einer einzigen lebenden Zelle. Evolution ist ein zeitlicher Vorgang. Deshalb können an dieses biologische Phänomen in Analogie zu einem historischen Prozeß folgende vier Fragen gestellt werden (D. Starck, 1981; P. Overhage, 1963; 1965):

A) Hat Evolution überhaupt stattgefunden? (Frage nach der Tatsächlichkeit von Evolution.)
B) Welche Ursachen werden für das Zustandekommen des Phänomens Evolution angegeben? Reichen diese zur Erklärung aus? (Frage nach den Ursachen.)
C) Wie war der Verlauf der Evolution im einzelnen? (Frage nach der speziellen Evolutionslehre.)
D) Was ist das Ergebnis oder das Ziel des Evolutionsvorganges?

Die Fragen A, B und D sollen in diesem Kapitel, Frage C paradigmatisch im Kapitel Anthropogenese beantwortet werden.

3.1 Die Tatsächlichkeit der Evolution

Die Evolutionstheorie erklärt die Entstehung der Vielfalt der Arten durch den Abstammungszusammenhang aller Lebewesen: Nicht nur innerhalb der einzelnen Arten besteht ein genetischer Zusammenhang, sondern über die Artgrenzen hinaus sind alle Lebewesen erblich miteinander verbunden. Das Argument für die Tatsächlichkeit der Evolution lautet: Bei allen heute lebenden Organismen, bei denen man einen genetischen bzw. Zeugungszusammenhang beobachten kann, stellt man immer wieder fest, daß die Nachkommen den Eltern ähnlich sind, nicht gleich, und zwar in abgestufter Ähnlichkeit: je näher verwandt, um so ähnlicher, je weiter verwandt, um so unähnlicher. Dazu vergleiche man Zuchttafeln von Pflanzen und Tieren, Ähnlichkeiten zwischen Eltern und Kindern, Ahnenreihen, die fotografisch oder durch Gemälde belegt sind. Also ist zu vermuten, daß auch bei ausgestorbenen Arten, die einander ähnlich sind, ein Abstammungszusammenhang vorliegt. Abgestufte Ähnlichkeit läßt sich in folgenden Bereichen feststellen:

1. *Stufenweise Abänderung* im Laufe der *Erdgeschichte* (geologische Schichten mit abgewandelten Fossilienformen): Auch die ausgestorbenen Lebewesen lassen sich in abgestufter Ähnlichkeit anordnen, wie die Systematik in Botanik und Zoologie zeigt, und zwar über die Artgrenzen hinaus.
2. *In der Ethologie*: Auch im Bereich des Verhaltens läßt sich eine abgestufte Ähnlichkeit feststellen (z. B. Scheinputzbewegungen im Paarungsvorspiel verschiedener Entenarten: G. Osche, 1974, S. 17.).
3. *Im Bauplan*: Es besteht eine abgestufte Ähnlichkeit beispielsweise im Bauplan aller Wirbeltiere.
4. In der *biochemischen Zusammensetzung* von Biopolymeren quer durch alle verschiedenen Arten der Lebewesen hindurch: In allen Lebewesen befinden sich die gleichen Grundbausteine (Proteine mit den gleichen 20 Aminosäuren, Nukleinsäuren mit den gleichen vier Basen in der DNA – in der RNA ist Thymin durch Uracil ersetzt –, Enzyme wie das Atmungsferment Cytochrom C, das in der gleichen Grundstruktur von der Bäckerhefe über die Pflanzen und Tiere bis zum Menschen zu finden ist).

Direkt wahrnehmbar ist also nur eine abgestufte Ähnlichkeit. Die bisher plausibelste Erklärung hierfür ist die Annahme eines zugrundeliegenden Abstammungszusammenhanges aller Lebewesen. Dies ist aber nur ein indirektes Argument für die Tatsächlichkeit der Evolution. Direkte Beweise sind nicht zu erbringen, da das Auseinanderhervorgehen der Arten in den ca. 3,5 Milliarden Jahren der Erdgeschichte seit Entstehung des Lebens nicht direkt beobachtbar ist.

3.2 Die Ursachen der Evolution

Wenn man den Abstammungszusammenhang aller Lebewesen als zur Zeit am meisten nachvollziehbare Erklärung für die beobachtbare abgestufte Ähnlichkeit unter den Lebewesen annimmt, ergibt sich sofort die Frage: Durch welche biologischen Ursachen ist es zur Evolution gekommen? An dieser Stelle ist darauf hinzuweisen, daß Ähnlichkeit auch anders begründet werden kann als durch einen Abstammungszusammenhang. Es ist zu unterscheiden zwischen ähnlichen Bildungen, die

konvergent sind, also auf Parallelentwicklungen beruhen, z. B. das Linsenauge beim Tintenfisch und bei Wirbeltieren, die Stromliniengestalt bei Fischen, Sauriern und Säugern (Delphine und Wale) im Wasser;

homolog sind und damit auf eine Abstammung hinweisen, z. B. die Vorderextremitäten bei Maulwurf, Vogel, Fledermaus, Pferd, Känguruh, Mensch; die entsprechenden Organe sind oft funktionsverschieden;

analog sind, also nur ähnliche Funktion, jedoch Abstammungsverschiedenheit haben, z. B. die Flügel bei Insekten und bei Vögeln, die Vorderextremitäten beim Maulwurf und der Maulwurfsgrille.

Um diese verschiedenen Ähnlichkeiten zu unterscheiden, bedarf es der sogenannten Homologiekriterien:

1. Kriterium der Lage (ein Organ ist homotop = am selben Ort, z. B. Flügel von Vögeln und Vorderextremitäten von Pferden),
2. Kriterium der speziellen Qualität (homomorphe Organe, der Aufbau der Organe ist von gleicher Grundstruktur, z. B. Extremitäten der Wirbeltiere),
3. Stetigkeitskriterium (Verknüpfung durch Zwischenformen: Verknüpfung in Fossilienfunden).

Während alle bisher genannten Ähnlichkeitsformen im Erbgut fundiert sind, gibt es *sogenannte Modifikationen* (z. B. unterschiedliche Wuchsformen des Löwenzahns derselben Art im Gebirge und im Flachland), die allein auf dem Einfluß der Umwelt beruhen.

Hauptsächlich zwei Theorien sind im Laufe der Geschichte als Ursachenerklärung angegeben worden, wenn man die Tatsächlichkeit der Evolution als plausibelste Erklärung für die abgestufte homologe Ähnlichkeit angenommen hat: der Lamarckismus und die synthetische Evolutionstheorie (= Neodarwinismus).

Lamarckismus

Nach Jean-Baptiste de Lamarck (1744–1829) passen sich die Lebewesen durch Gebrauch oder Nichtgebrauch der Organe unmittelbar an die Bedürfnisse an, die aus der Umwelt an die Organismen herangetragen werden. Die so erworbenen Eigenschaften eines Individuums werden dann auf die Nachkommen vererbt (Vererbung erworbener Eigenschaften). Paradebeispiel ist die Giraffe: Die unteren Zweige der Bäume wurden von den ursprünglich kurzhalsigen Giraffen abgefressen; dadurch entstand eine Umweltveränderung. In der Giraffe bildete sich das Bedürfnis nach einem längeren Hals; durch ständiges Strecken wurde er immer länger. Die so erworbene Eigenschaft des längeren Halses ging schließlich in das Erbgut über und damit auf die Nachkommen.

Der deutsche Biologe August Weismann (1834–1914) schnitt Generationen von Mäusen die Schwänze ab. Da trotzdem alle Nachkommen wieder mit Schwänzen geboren wurden, bewies er damit, daß es keine Vererbung erworbener Eigenschaften gibt, wie wir es schon längst vom Kupieren der Schwänze bei Pferden und Hunden wissen. Weismanns Erklärung lautete, man müsse zwischen Körperplasma und Keimplasma unterscheiden. Es bestehe nur ein Einfluß vom Keimplasma auf das Körperplasma, aber nicht umgekehrt.

Der Lamarckismus ist heute nicht mehr ernstlich als Ursachenerklärung für die Evolution akzeptiert (M. Robertson, 1982; C. Tudje, 1982; R. Dawkins, 1982). Eigenartigerweise war nach neueren Forschungen Darwin zwar nicht Lamarckist, hatte jedoch zumindest lamarckistische Tendenzen in seinen Schriften (R. Riedl, 1982).

Synthetische Evolutionstheorie

Die heute am weitesten verbreitete naturwissenschaftliche Theorie, die Antwort auf die Frage nach den Ursachen der Evolution zu geben versucht, ist der Neodarwinismus, auch synthetische Evolutionstheorie genannt, weil sie die Ergebnisse der modernen Populationsgenetik mit dem Darwinschen Selektionsprinzip zu einer Synthese verbindet.

Als Ursachen werden von dieser Theorie hauptsächlich angegeben:
1. *Mutation* (= zufällige Erbgutänderung);
2. *Neukombination von Genen* bei der nachfolgenden Generation;
3. *Selektion* durch die Umwelt (= natürliche Ausmerzung des an die Umwelt nicht Angepaßten);
4. *Isolation* (= geographische Isolation oder auch Verhaltensabsonderung etc.), so daß sich Erbgutänderungen leichter durchsetzen können und sich nicht wieder im Genpool verwischen.

3.3 Naturwissenschaftliche Begründung und Kritik der synthetischen Evolutionstheorie

Will der Neodarwinismus als wissenschaftliche Theorie anerkannt werden, so muß er aufgrund seines wissenschaftlichen Selbstverständnisses in der Lage sein nachzuweisen, daß die angegebenen Hauptursachen der Evolution, nämlich Mutation und Selektion, tatsächlich vorhanden sind und wirken und daß sie zudem allein ausreichen (notwendige und ausreichende Ursache nach dem Prinzip des zureichenden Grundes von G. W. Leibniz). Für die Biologie als experimentelle Wissenschaft ist ein experimenteller Nachweis der angeführten Ursachen der Evolution notwendig. Da man aber für historisch vergangene Ereignisse heute keine Experimente mehr durchführen kann, sind nur Modellversuche möglich.

Evolutionsfaktoren Mutation und Selektion (Laborversuch)
Die Voraussetzungen für einen experimentellen Nachweis zur Wirkungsweise von Mutation und Selektion sind folgende:

1. Eine *sehr große Zahl* lebender Organismen, da der Prozentsatz der Mutationen außerordentlich gering ist; es wird unter günstigen Bedingungen eine Zahl von 1 : 100000 pro Generationseinheit angenommen. Bei dieser Zahl muß beachtet werden, daß weniger als 1 % der auftretenden Mutationen sich vorteilhaft für den Organismus auswirken; die meisten sind Letalmutationen;
2. *ein Zeitraum von mehreren Generationen,* weil Mutationen nur bei Vermehrung, d. h. Zellteilung, sichtbar werden. Erst der Vergleich zwischen mindestens zwei Generationen kann zeigen, ob Mutationen aufgetreten und wie sie beschaffen sind. Durch Vergleich muß dann festgestellt werden, ob die Mutanten besser an die Umwelt angepaßt sind als die »Ursprungsart«.

Bakterien erfüllen am besten diese Voraussetzungen zur experimentellen Erforschung der Evolutionsfaktoren. Sie lassen sich bequem zu vielen Millionen auf dem Nährboden einer Petrischale (Durchmesser 10 cm) unterbringen. Ihre durchschnittliche Generationsdauer beträgt etwa 20 Minuten. Der Nobelpreisträger für Physiologie von 1958, Joshua Lederberg (geb. 1925), bediente sich der Bakterien zum Nachweis von Mutation und Selektion, der beiden Hauptursachen für die Evolution gemäß der Darwinschen Evolutionstheorie, in dem nach ihm benannten Lederbergschen Stempelversuch:

Kolonien von Escherichia coli wurden mit einem Samtstempel von einem normalen Nährboden auf einen mit Penizillin geimpften Nährboden übertragen. Dabei erwiesen sich einige wenige gegen Penizillin als *resistent* . Die Mutation der Resistenz gegen Penizillin war schon *vor* der Berührung mit dem penizillinhaltigen Nährboden vorhanden, entstand also nicht erst, als die Bakterien durch die Hand des Experimentators mit der neuen Umwelt konfrontiert wurden. Die Zahl der angepaßten Mutanten war dabei außerordentlich gering (4 von 100000). Die aufgetretene Mutation ist ungerichtet, d. h. nicht auf ein bestimmtes Ziel ausgerichtet, und die Mutanten sind »zufällig« (was hier nichts anderes heißt als: tatsächlich) an die neue Umwelt angepaßt.

Was ist damit aufgezeigt? Daß Mutationen tatsächlich in dem vorhin angegebenen geringen Prozentsatz von 1 : 100000 stattfinden und sich als an die Umwelt angepaßt erweisen können. Alle an die neue Umwelt nicht angepaßten Bakterien wurden ausgemerzt, selektiert. Dieser Modellversuch scheint eindeutig zu beweisen, daß die Entstehung von Ordnung (d. h. zweckmäßiger Anpassung) und der Erwerb neuer, überlegener Lebensfunktionen durch ungerichtete Mutationen möglich sind.

Kritik: Für den Lederbergschen Stempelversuch wie für alle in dieser Richtung erfolgten Modellversuche gilt:

Er beweist eindeutig das Auftreten spontaner Erbgutänderungen (Mutationen) auf intraspezifischer Ebene (innerhalb der Artgrenzen); er beweist aber nicht das Auftreten transspezifischer Mutationen (= über die Artgrenzen hinausreichend).

Daraus folgt: Alle bisher durchgeführten Versuche zur Bestätigung von Mutationen als einem ›Hauptmotor‹ der Evolution konnten nicht beweisen, daß eine spontane Erbgutänderung über Artgrenzen hinaus stattfindet, daß also eine Art durch Mutation aus einer anderen Art entstehen kann. Aber gerade ein solcher Beweis wäre erforderlich, um Mutationen als eine Ursache für die evolutive Höherentwicklung der Lebewesen plausibel zu machen.

Obwohl die neodarwinistische Theorie das Zusammenspiel von Mutation und Selektion betont, sei an dieser Stelle die Mutation separat in den Vordergrund der Untersuchung gestellt; nicht unberechtigterweise, wie ich meine, da sie gleichsam das Material liefert, an dem die Selektion und die anderen Faktoren oder Ursachen der Evolution ansetzen können. Damit etwas selektiert werden kann, müssen zunächst Lebewesen mit unterschiedlichen Eigenschaften zur Auswahl stehen, die eben nach neodarwinistischer Theorie nur durch Mutationen und Neukombination von Genen entstanden sind.

Der amerikanische Genetiker BOLTON DAVIDHEISER (1969) ist der Auffassung, daß Mutationen weder zu neuen Merkmalen noch zu neuen Organbildungen führen, sondern daß sie größtenteils Änderungen an bereits vorhandenen Organen und Merkmalen induzieren. Das heißt also, daß die für die Mikroevolution (intraspezifische Erbgutänderung) erbrachten experimentellen Beweise bislang eine Makroevolution (transspezifische Mutation) nicht belegen können.

Hinzu kommt, daß der größte Teil der Mutationen die von ihnen betroffenen Organismen schädigt, schlimmstenfalls sogar zerstört. Auch positive Mutationen stellen letztendlich einen Strukturverlust dar, der jedoch unter gewissen Umweltbedingungen einen Selektionsvorteil bieten kann. HENNING KAHLE (1980, S. 20) schreibt dazu: »... eine Mutation ist eine zufällige Änderung eines hochorganisierten und ziemlich reibungslos funktionierenden Lebewesens. Eine zufällige Änderung in einem hochorganisierten System chemischer Prozesse, auf denen das Leben beruht, muß dieses fast zwangsläufig schädigen.«

Außerdem ist als Kritikpunkt noch anzuführen, daß die bereits 1893 von dem belgischen Paläontologen LOUIS DOLLO (1857–1931) aufgestellte allgemeine Regel der Irreversibilität der Evolutionsrichtung mittlerweile durch das Auftreten von Rückmutationen im Rahmen etlicher Versuchsreihen einige bedeutsame Einschränkungen erfahren hat. »Rückmutationen sind Genmutationen, in deren Verlauf die Wildtypfunktion eines mutierten Genotypswiederhergestellt wird.« (H. Kahle, 1980, S. 28) Man könnte die Rückmutationen als Indiz für das ›Bestreben‹ eines Organismus werten, seine ursprünglichen Erbanlagen unverfälscht zu erhalten.

Beträchtliche Schwierigkeiten für die Erklärung durch die Mutationstheorie bieten auch die Phänomene der Koaptation (auch Koadaptation = gegenseitiges Angepaßtsein zweier unabhängiger Teile eines Organismus) und deren Synorganisation (= zusammengesetztes Funktionsgefüge, deren Teile allein nicht funktionsfähig sind).

Als Beispiele führt H. Kahle (1980, S. 49–67) das Wirbeltierauge, die Nesselkapseln bei der Hydra, die Fangmechanismen einiger insektenfressender Pflanzen, Symbiosen verschiedenster Art und auch das Problem der Koevolution von Pflanzen und Tieren (L. E. Gilbert; P. H. Raven, 1975) an. Schon C. Darwin scheint dieses Problem erkannt zu haben: »Wenn ich an das menschliche Auge denke, bekomme ich Fieber.« (Zitiert nach G. Vollmer, 1986, S. 21.) Vgl. auch das Buch von R. Wesson, »Die unberechenbare Ordnung«, 1993.

G. Vollmer (1986) hat auf das Prinzip der Doppel- und Mehrfachfunktionen hingewiesen, um die Entstehung solcher Synorganisationen, wie z. B. das Wirbeltierauge, zu erklären. So diente die Augengrube zunächst als Schutz, und auch die darüber sich bildende Hautfalte verbesserte den Schutz, indem sie verhinderte, daß Schmutz in die Augengrube hineinkam. Die Hautfalte konnte sich dann in Kleinmutationen zur Linse umbilden und übernahm zusätzlich zur Schutzfunktion die Funktion des Lichtsammelns. Ähnlich erklärt G. Vollmer auch das Entstehen der Lunge, die aus einer Ausbuchtung der Speiseröhre für wasserlebende Tiere zunächst als Auftriebsorgan diente, dann beim Anlandgehen der Tiere zur Lunge umfunktioniert wurde. Ebenso soll auch der Flügel beim Pro-Avis, einem Urvogel, dem Gleiten oder Fangen gedient haben und brauchte daher noch nicht so vollkommen zu sein; bei ständiger Verbesserung soll der Flügel sich allmählich zu einem funktionierenden Flugorgan entwickelt haben.

Was das Entstehen von neuen Systemen betrifft, so haben I. Prigogine (1980) und I. Prigogine und I. Stengers (1981) darauf zu antworten gesucht. Wie verschiedene Ursachen zur Entstehung eines komplexen Systems zusammenwirken, hat H. Haken (1978; 1981) durch die Synergetik zu lösen versucht. Haken und Prigogine möchten dadurch den Grundeinwand von A. Locker (1983) widerlegen, daß die synthetische Evolutionstheorie nicht erklärt, wie wirklich Neues entstehen kann. Trotzdem scheint auch hier das letzte Wort noch nicht gesprochen zu sein, und viel Denkarbeit bleibt noch übrig, damit die Evolutionstheorie eine rational befriedigende Antwort geben kann. Zu Selbstorganisation und Synergetik vgl. das im Kap. Kosmogenese Gesagte.

Mutation als transspezifisch wirkende Ursache ist nach H. Jonas (1973, S. 68) nur »ein methodologisches Postulat«. Die Methode der Ursachenerforschung, die für den Bereich der intraspezifischen Evolution gilt, wird einfach auf die transspezifische übertragen. Man nimmt es an, solange keine bessere Lösung vorliegt. Ob aber ungerichtete Kleinmutationen auch für die großen Systemeigenschaften ausreichen, ist nach H. Jonas noch nicht einmal theoretisch klar.

Neuerdings ergeben sich Denkmöglichkeiten dadurch, daß sich in der DNA von Eukaryoten lange Introns (= Zwischenstücke) befinden, die nicht als Proteine ausgedruckt werden, sondern vor Translation und Transskription durch Restriktionsenzyme herausgeschnitten werden. Die Introns machen bei höheren Pflanzen und Tieren bis zu 90 % des DNA-Fadens aus (W. Nagl et al., 1983). Es ließe sich nun denken, daß in diesen Introns gleichsam ein Experimentierfeld für Mutationen vorhanden ist. Da die Introns ja nicht zu Proteinen ausgedruckt werden, können sie auch den Organismus nicht schädigen. Wenn eine passende Mutation erreicht ist, könnte sie ausgedruckt (exprimiert) werden. Doch was bestimmt den Zeitpunkt des Ausdruckens des Introns? (R. Knippers; P. Philippsen et al., 1990, S. 363.)

Als Hilfen zur Beschleunigung der Evolution könnten sogenannte Transposons (= »springende Gene«) dienen, das sind DNA-Stücke, die von einem DNA-Molekül auf ein anderes übertragen (transponiert) werden können (R. Knippers; P. Philippsen et al., 1990, S.246–249). Dasselbe leisten auch Viren, die DNA-Stücke von einem Organismus auf einen anderen derselben Art oder von einer Art sogar auf eine andere übertragen können (New Scientist 105, No.1444, 21. 2. 1985, S. 19).

Evolutionsfaktoren Mutation und Selektion (Freilandversuch)

Selektion wird von der synthetischen Evolutionstheorie als entscheidender, lenkender und richtungsgebender Faktor der Evolution betrachtet, da diese Rolle den richtungslosen Mutationen ja nicht zukommen kann, andererseits aber eine Höherentwicklung im Sinne von größerer Komplexität z. B. der Hirnstrukturen und des ganzen Organismus im Laufe der Evolution tatsächlich festzustellen ist. »Die Richtung der Selektionswirkung schließlich wird durch die Umwelt mit ihren Veränderungen bestimmt. Daher wird die Evolution praktisch als ›außengesteuert‹ betrachtet. Bezüglich der betroffenen Organismen haben die Umweltfaktoren Zufallscharakter.« (H. Kahle, 1980, S. 30)

Als klassisches Beispiel für die Selektionswirkung in freier Natur (nicht nur im Laborversuch wie beim Lederberg'schen Stempelversuch) wird der Birkenspanner (Biston betularia L.) oder ganz allgemein der *Industriemelanismus* angeführt, der bisher bei mehr als 70 Schmetterlingsarten (G. Osche, 1974, S. 58) nachgewiesen ist:

Die Flügel des Birkenspanners waren seit jeher silbrigweiß mit feiner grünlichgrauer Zeichnung; sie gleichen damit einem Stückchen Birkenrinde, so daß die Falter von Vögeln kaum zu entdecken waren. Infolge der Luftverschmutzung durch die Industrialisierung wurde die Birkenrinde immer dunkler; die ehemalige Tarnfarbe der Schmetterlinge wurde zu einer deutlich sich abhebenden Zielscheibe für die Vögel. In der Folgezeit trat verstärkt eine dunkle Form (f. carbonaria) auf (Industriemelanismus; melas = gr. schwarz), wodurch diese Falter vor den Vögeln besser geschützt waren und das Überleben der Art garantiert wurde.

Schon lange vor der Industrialisierung – das zeigten alte Schmetterlingssammlungen – hatte es in dem betreffenden Gebiet einen kleinen Prozentsatz dunkelgefärbter Birkenspanner gegeben. Ihr Anteil wechselte stark, betrug aber nie mehr als 1 %. Sie konnten sich zu keiner Zeit behaupten. Das wurde anders, als ein Umweltfaktor sich änderte. Von jetzt an konnten sie überleben; aber nur, weil – ähnlich wie bei den Bakterien – eine Mutation schon zuvor existierte, die an die veränderte Umwelt angepaßt war. Es geschah das, was wir ›Selektion‹ nennen, eine durch die Umwelt erfolgte Ausmerzung der mutativ nicht angepaßten weißen Varianten.

Kritik: Die Existenz von dunkelgefärbten Schmetterlingen vor der Industrialisierung läßt darauf schließen, daß es sich bei dem Industriemelanismus (mißdeutender Name! Die dunkle Form entstand durch Mutation, nicht durch Industrieverschmutzung) um eine Ausschöpfung des im Bereich des genetischen Programms Vorhandenen handelt. Die Selektion bringt also qualitativ nichts Neues hervor. Innerhalb festgelegter Grenzen bietet sie die Möglichkeit zur Verstärkung gewisser, bereits vorhandener Merkmale. Die Selektionswirkung endet dann, wenn ein Merkmal homozygot (= reinerbig) geworden ist. Der bei vorliegendem Beispiel wirksame Selektionsdruck stellt mehr einen Aussonderungsmechanismus denn eine schöpferische Evolutionskraft dar.

Aufgrund der abnehmenden Luftverschmutzung bilden sich jetzt wieder die Populationen zu vorwiegend weißen Formen (R. C. Lewontin, 1982). In diesem Zusammenhang stellt sich die Frage, in welchem Ausmaß die Selektion überhaupt wirksam sein kann, da sie ja eine gewisse Ausgangsmannigfaltigkeit von Merkmalen immer mehr reduziert. Um der Selektion eine anhaltende Evolutionswirkung zu gewährleisten, muß also durch immer wieder auftretende Mutationen und Neukombinationen von Genen im Erbgut eine Regeneration der Variabilität erfolgen. Die Mutationen tendieren jedoch wegen ihres Defektcharakters eher dazu, Variabilität und Anpassungsmöglichkeiten eines Organismus einzuschränken. Nach H. Kahle (1980) entsteht neue Variabilität vornehmlich durch die hohe Rekombinationsfähigkeit (= Bildung neuer Genkombinationen bei Mitose und Meiose) von vorhandenem genetischen Material.

Bei den Birkenspannern handelt es sich so wie bei den Bakterien nur um eine Variation innerhalb derselben Art, und es gelten dieselben Schwierigkeiten, wie sie schon bei den Mutanten der Bakterien genannt wurden. Eine transspezifische Evolution ist auch durch diesen Freilandversuch nicht bewiesen.

Außerdem besteht eine Ambivalenz der Selektionswirkung: »Je strenger, intensiver die Selektionswirkung ist, desto geringer wird die Gesamtvariabilität der Population. Je weniger intensiv die Selektion wirksam ist, desto größer bleibt die Anpassungsfähigkeit der Population.« (H. Kahle, 1980, S. 47)

Die Selektion, die einerseits gewisse Merkmale bevorzugt, ist andererseits auch Ursache für den Verlust von Merkmalen und Genkombinationen. Durch Anpassung an die gerade herrschenden Umweltbedingungen wird auf genetischer Ebene die Möglichkeit für die Anpassung an veränderte Umweltbedingungen reduziert. Strenge Selektion kann die Anpassungsfähigkeit einer Population so stark reduzieren, daß schon kleinste Änderungen der Umweltbedingungen zu ihrem Aussterben führen.

Außerdem erklärt die Selektion keinesfalls die Herkunft gewisser Phänotypen, sondern bietet lediglich ein Explikationsmodell für die Tatsache, daß von vielen möglichen Phänotypen einige noch vorhanden sind, andere hingegen nicht mehr; und noch nicht einmal dies kann Selektion in allen Fällen leisten (vgl. H. Kahle, 1980, S. 49–67 mit den dort angeführten Beispielen).

Auch die Höherentwicklung kann nicht durch Selektionswirkung erklärt werden, da die Differenzierungshöhe eines Organismus nicht zwingend mit seinen Selektionsvorteilen korreliert. Die primitiven Einzeller hätten sonst längst ausgestorben sein müssen.

NILES ELDREDGE und STEPHEN J. GOULD haben 1972 gegen die Theorie des allmählichen Übergangs (Gradualismus) von einer Art in eine neue durch Kleinschritte die Gegenthese der Entwicklung in Sprüngen (*punctuated equilibrium*) vorgetragen und später erneut verteidigt (S. J. Gould, 1982; E. S. Vrba, N. Eldredge, 1984). Danach schreitet die Evolution nicht in kontinuierlichen Kleinschritten voran, vielmehr gibt es nach einer relativ langen Phase des Gleichgewichts (Stase), in der sich die Arten wenig verändern, eine, paläontologisch gesehen, plötzliche Entfaltung von neuen Typen (Typogenese). Geologisch gesehen treten explosionsartig neue Tiergruppen auf (Fische, Vögel, Säuger), die sich verhältnismäßig schnell in Untergruppen aufspalten.

UWE GEORGE hat in GEO (7/1984) diesen Gedanken aufgegriffen und daraus gefolgert, daß durch diesen *Punktualismus* die Darwinsche Theorie hinfällig sei. Dabei hat George aber übersehen, daß es sich nur um eine Variante der Darwinschen Evolutionstheorie handelt, denn auch für die schnelleren Veränderungen (Sprünge) werden weiterhin Mutation (allerdings in gehäufter Zahl) und Selektion als Ursachen angesehen.

Schon GAYLORD G. SIMPSON (1902–1984) hat das verhältnismäßig plötzliche Auftreten von Tiergruppen als »inadequacy« (= Unzulänglichkeit) der Stammesgeschichte bezeichnet.

KLAUS VOGEL (geb. 1931) ist auf diese neue Theorie des Punktualismus in einer kleinen Schrift (1983) »Macht die biologische Evolution Sprünge?« eingegangen und weist nach, daß neue Typen sich zwar in geologisch verhältnismäßig kurzer Zeit nach dem paläontologischen Befund gebildet haben, daß aber diese »kurzen« Zeiten 50000 und mehr Jahre umfassen (K. Vogel, 1983, S. 220). Nach K. Vogel (1983, S. 221) gibt es »lediglich wechselnde Evolutionsgeschwindigkeiten gradueller Entwicklung«. Michael J. Benton (1987, S. 116) schätzt den »Anteil dieser evolutionären Schübe an der Gesamtlebenszeit einer Art... auf höchstens 5 %«. Es ist nicht auszuschließen, daß Mutationen zu bestimmten Zeiten aufgrund von intensiveren Sonnenstrahlen oder anderen Ursachen verstärkt auftreten.

Eine ganze Reihe von Naturwissenschaftlern scheint also begründete Zweifel zu hegen, ob die neodarwinistischen Erklärungsmodelle für die Evolution des Lebendigen ausreichend sind. – Zu ihnen zählen WOLFGANG F. GUTMANN (geb. 1935) und KLAUS BONIK (geb. 1952) mit ihrem Buch »Kritische Evolutionstheorie – ein Beitrag zur Überwindung altdarwinistischer Dogmen« (1981). Sie betonen besonders neben der Außenselektion die interne Selektion für das Ausmerzen von lebensuntüchtigen Organismen. Auch ist das Prinzip der sparsamsten Verwendung von Material in den Gesamtprozeß einzubeziehen. Die Verfasser wagen es jedenfalls, an den scheinbar unantastbaren Aussagen des Neodarwinismus begründete, nicht polemische Kritik zu üben. (Zur Kritik an diesem Buch vgl. P. Erbrich, 1983.)

Eine gründliche Kritik ist in MICHAEL DENTONS Buch »Evolution: A Theory in Crisis« (1986) zu finden. Der Molekularbiologe, dessen Werk in Deutschland überhaupt nicht beachtet worden ist, kommt zu dem Schluß, daß man nach T. S. Kuhns Lehre vom Paradigmenwechsel an der Evolutionstheorie nur deshalb festhält, weil keine andere vorhanden ist, nicht aber, weil sie in sich gut begründet sei (a.a.O. S. 356). Besonders die kontinuierlichen Übergänge zwischen den großen systematischen Gruppen und auch in vielen Einzelübergängen sind fossil nicht belegt.

BRUNO VOLLMERT (geb. 1920), em. Professor für Polymerchemie in Karlsruhe, hat naturwissenschaftliche Einwände sowohl gegen die Entstehung des Lebens durch Selbstorganisation (Natur 10/1982) als auch gegen die Evolution (Natur 11/1982) erhoben. Nach Vollmerts Auffassung widerspricht es den Gesetzen der Polymerchemie, daß sich lange Ketten von biologischen Polymeren unter den Bedingungen der Ursuppe bilden und daß so hochkomplizierte Lebewesen mit einem so langen DNA-Faden, wie wir sie heute vorfinden, bei der

Evolution entstehen konnten (vgl. auch B. Vollmert, 1985). Hiermit greift er das alte Argument der Unwahrscheinlichkeit der Bildung von Lebewesen und des Zufalls wieder auf. Auf die beiden Artikel von B. Vollmert haben R. Winkler-Oswatitsch und M. Eigen schon vorwegnehmend geantwortet (1982). Eigen hat sich aber 1983 mit diesen Einwänden auseinandergesetzt und gezeigt, wie sich das Darwinsche Selektionsprinzip bei Erfüllung bestimmter Voraussetzungen begründen und durch Laborversuche belegen läßt. B. Vollmert hat darauf erneut Erwiderungen geschrieben (1983; 1985).

Zum Begriff des Zufalls vgl.W. Brugger, 1981: Stichwort »Zufall«. K. Brücker-Steinkuhl, 1980. B. Rensch, 1980. K. Henning, S. Kutscha, 1984. E. Schoffeniels, 1984. P. Erbrich, 1988.

Das Problem des Zufalls in der Evolution bleibt allerdings ein Hauptanlaß für kontroverse naturwissenschaftliche und philosophische Diskussionen. Bernd-Olaf Küppers (1984) bezeichnet den Antagonismus zwischen der Zufälligkeit der durch Mutation und Selektion gesteuerten Evolutionsprozesse einerseits und der Planmäßigkeit der vollkommenen Umweltanpassung der Organismen andererseits als das Paradoxon der Evolution (vgl. E. Mayr, 1979; 1984: Die Zeit, Nr. 46 und zur philosophischen Diskussion: P. Erbrich, 1988).

Das Wirbeltierauge ist nur eines von vielen Beispielen aus der belebten Natur, bei dem Planmäßigkeit deutlich in Erscheinung tritt. Das Phänomen der *Plan- bzw. Zweckmäßigkeit* ist nicht nur eine Einzelerscheinung, eine zufällige Koinzidenz von spezifischer Struktur und sinnvoller Funktion, sondern ein charakteristisches Merkmal aller Lebewesen. Die komplizierten Stoffwechselvorgänge der Zellen sind informationsgesteuert; ihnen liegt ein bis in alle Einzelheiten festgelegter Plan zugrunde, der in bestimmten Nukleinsäuresequenzen gespeichert ist. Planmäßigkeit in der belebten Natur läßt sich somit auf die Existenz molekularer Baupläne zurückführen.

Diese biologische Information, welche die Planmäßigkeit des Aufbaues der Lebewesen steuert, ist nach Küppers weder durch bloßen Zufall noch durch ein teleologisches Prinzip entstanden. Leben ist vielmehr das Ergebnis eines materiellen Lernprozesses, wie Küppers das Darwinsche Selektionsprinzip interpretiert; die definierten Baupläne lebender Organismen sind bereits in einer vorbiologischen Evolutionsphase durch Mutation und Selektion entstanden. Die Ziele der Evolution, die durch die Umweltbedingungen definiert sind, werden durch die Evolution selbst festgelegt. Die Darwinsche Theorie kann nach Küppers a priori zwar die Entstehung der Planmäßigkeit überhaupt erklären, nicht aber die Entstehung eines Planes in seiner Detailstruktur.

Diese erkenntnistheoretischen Erörterungen verweisen bereits auf die ausdrücklich philosophische Auseinandersetzung mit dem Neodarwinismus. Für die naturwissenschaftliche Betrachtung gilt es festzuhalten, daß auf dem Feld der Biologie das Argument der Unwahrscheinlichkeit der Entstehung des Lebens und des Evolutionsprozesses durch Zufall keine unwiderlegbare Kritik an der synthetischen Evolutionstheorie darstellt. Wir können also dabei bleiben: die plausibelste Erklärung für die abgestufte (homologe) Ähnlichkeit unter den Lebewesen ist die Annahme eines allen zugrunde liegenden Abstammungszusammenhangs, auch wenn die Ursachenfrage bisher nicht bis ins letzte geklärt ist.

Abschließend müssen zwei wichtige Bemerkungen zum Problemfeld Evolution und Schöpfung aus naturwissenschaftlicher und philosophischer Sicht gemacht werden:

Erstens ist es nicht erforderlich, daß jemand eine bessere Theorie vorlegt, wenn er Schwachstellen an einer bestehenden Theorie aufzeigt. G. Vollmer (1986) hat allerdings eine Verbesserung des Neodarwinismus mit seiner Idee der Doppelfunktion versucht. Ob das in allem ausreicht, bedarf sicher der weiteren Diskussion.

Zweitens muß man sich bei der Aufdeckung der Unvollständigkeit der synthetischen Evolutionstheorie (G. Vollmer, a.a.O.) vor der Gefahr hüten, in die entstehenden Lücken der naturwissenschaftlichen Forschung Gott einzufügen. Gott wird dann zum Lückenbüßergott. Das aber ist gegen die Transzendenz Gottes, der in dieser Welt durch Zweitursachen wirkt, nicht aber sie einfach ersetzt. Diese Grenzüberschreitung fürchten viele Naturwissenschaftler, wenn man an dem Neodarwinismus Kritik übt, als wolle man dann Gott in die Diskussion einbringen. Die Befürchtung ist auch so unbegründet nicht, wie man bei den Kreationisten fundamentalistischer Prägung und bei manchen Freikirchen sieht.

Auch Joachim Illies scheint in seinem posthum erschienenen Buch »Der Jahrhundertirrtum (Würdigung und Kritik des Darwinismus)«, 1983, dieser Gefahr erlegen zu sein. »Den Zufall für all dies verantwortlich zu machen, heißt doch einfach nur, ein ›Wir wissen es nicht‹ mit einem neuen passenden Namen zu belegen. Wenn es aber um Namen geht, könnte man dort auch wieder ›Gott‹ sagen, denn darunter können wir uns wenigstens etwas vorstellen, nämlich eine ›ordnende Absicht‹, wie es der Philosoph Immanuel Kant nannte.« (J. Illies, 1983, S. 189) – Es ist sicher schlechte Philosophie und Theologie, wenn ein naturwissenschaftliches »Wir wissen es nicht« mit dem Namen Gott belegt wird. Naturwissenschaftliche Unklarheiten müssen naturwissenschaftlich geklärt werden, das erfordert die Logik wie auch die Wissenschaftsphilosophie.

Nach M. J. Benton könnte es sich als »notwendig herausstellen, die neodarwinistische Theorie der Evolution zu einer *hierarchisch strukturierten Theorie* zu erweitern, die zwischen verschiedenen Evolutionsebenen mit je eigenen Selektionsmechanismen oberhalb und unterhalb der Ebene des einzelnen

Organismus unterscheidet«. Allerdings meint Benton, daß der Gedanke zwar faszinierend, aber zur Zeit noch umstritten sei (a.a.O., S. 165).

Ein hierarchisches Evolutionsmodell zeigt folgendes Schema: Die Selektion wirkt getrennt auf jeder Ebene der Hierarchie, jedoch gibt es zwischen den verschiedenen Ebenen wechselseitige Beziehungen (vgl. Schema unten). »Molekularer Schub« besagt, daß Veränderungen innerhalb des Genoms auftreten, welche den Erscheinungstyp des Organismus als Ganzen betreffen, also: molekulare Evolution als »Motor« der Evolution des Individuums. »Auswirkungs-Hypothese« soll besagen, daß adaptive Veränderungen individueller Organismen auch die Art-Selektion beeinflussen, indem sie nebenher auch Merkmale entstehen lassen, die für die Art-Auslese bedeutsam sind – dies ebenfalls ein Beispiel für einen evolutionären Prozeß, der sich auf einer bestimmten Ebene abspielt, sich aber auch auf die darüberliegende auswirkt (E. S. Vrba, N. Eldredge, 1984; M. J. Benton, 1987).

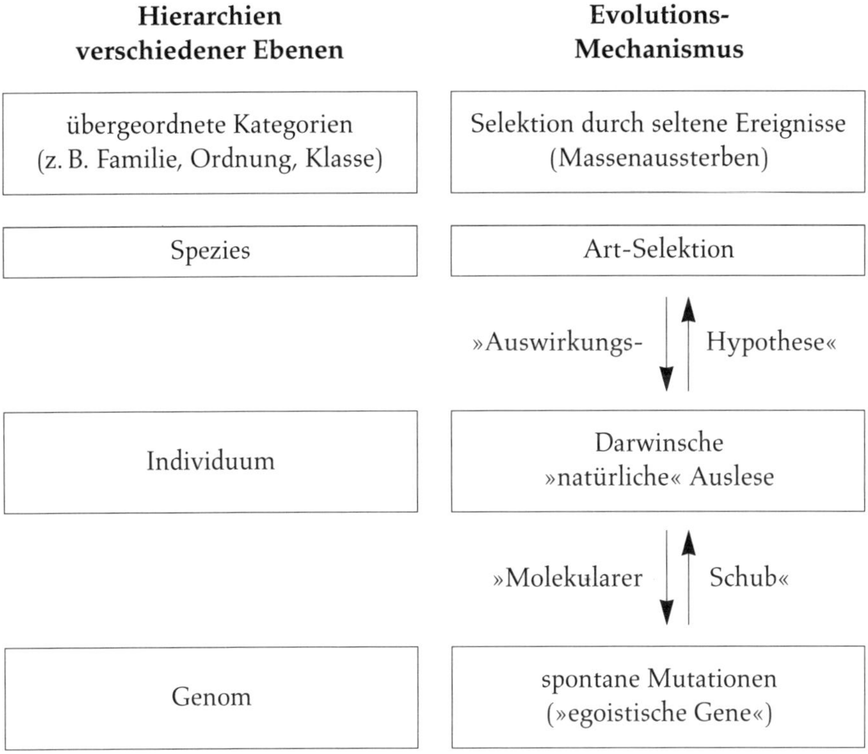

Wir wollen im folgenden Teil das naturwissenschaftlich dargestellte Phänomen der Evolution nach den zugrunde liegenden Seinsgründen, ihrer logischen und ontologischen Beschaffenheit hinterfragen. Das aber ist nicht mehr naturwissenschaftliches, sondern präzise philosophisches Fragen, das die naturwissenschaftliche Forschung weder antastet noch ersetzt, sondern sich auf einer völlig anderen Ebene bewegt.

4. Philosophische Aussagen über Evolution und Schöpfung

Die Überschrift ist um einen Begriff erweitert worden: den der Schöpfung. Dies ist kein naturwissenschaftlicher, sondern ein philosophisch-theologischer Begriff. Deshalb konnte er im naturwissenschaftlichen Teil auch gar nicht vorkommen. Er wird weiter unten noch genau definiert werden.

4.1 Die Frage nach der Tatsächlichkeit der Evolution

Ein Philosoph kann von sich aus nichts zu der Frage beitragen, ob tatsächlich eine Evolution stattgefunden hat oder nicht; das muß er sich von den entsprechenden Einzelwissenschaften wie Biologie, Paläontologie, Geologie usw. sagen lassen. Er kann nur die naturwissenschaftlichen Aussagen und ihre Beweise auf ihre Logik und Stringenz hin untersuchen, falls er als Naturphilosoph auch genügend Sachkenntnis mitbringt. Immerhin weiß der Philosoph aus seinen ontologischen Analysen, daß das Sein in dieser Welt sich immer als Werden, als in Veränderung befindlich (= kontingent), zeigt, also ist er von daher offen für die Tatsächlichkeit der Evolution. Aufgabe des Philosophen ist es, die Glieder in der Kette der Evolution auf ihre Seinsstruktur hin zu untersuchen und sie auf den letzten Grund (ultimum cur) zurückzuführen, der die Begründung für seine Existenz in sich selber hat.

4.2 Die Frage nach den Ursachen der Evolution

Auch in der Ursachenfrage der Abstammung kann der Philosoph nur sein Prinzip des hinreichenden Grundes und sein metaphysisches Kausalitätsprinzip an die naturwissenschaftlichen Phänomene prüfend anlegen.

Bevor wir auf einen positiven Gesamtentwurf eingehen, der den Naturwissenschaftler in seiner Eigenständigkeit unangetastet läßt, zugleich aber philosophisches Weiterfragen ermöglicht und zu Ende denkt, wollen wir wenigstens kurz auf vorgeschlagene ungenügende Lösungsversuche eingehen und sie als solche aufweisen.

4.2.1 Ungenügende Lösungsversuche

a) *Kreationismus:* Besonders A. E. Wilder-Smith ist mit seinen Schriften hier zu nennen. Er greift nicht nur die Tatsächlichkeit der Evolution an, sondern läuft vor allem gegen die Darwinsche Ursachenerklärung Sturm (A. E. Wilder-Smith, 1978; 1983; W. Gitt, 1983; W. Gitt; M. Wermke, 1981). Wilder-Smith ist der Wortführer einer fest geschlossenen protestantischen Bewegung, die »in der Traditionsfolge der baptistischen und presbyterianischen Evolutionskritik« steht (J. Illies, 1979, S. 100).

1963 wurde von Naturwissenschaftlern, zumeist aus den Ingenieurwissenschaften und der Technik, die Creation Research Society (Schöpfungs-Forschungsgesellschaft) gegründet. Diese religiös-fundamentalistischen Akademiker wollten wissenschaftliche Gründe erbringen, »um den Glauben an eine göttliche Schöpfung im Sinne von 1 Mose Kap. 1 wieder lebendig werden zu lassen und ihn der Evolutionstheorie entgegenzustellen« (W. Klausewitz, 1983, S. 25; R. Koltermann, 1990). Sie wollten der Schöpfungslehre, so wie sie diese verstanden, den Charakter einer wahren Wissenschaft geben. Dabei waren ihr Kampfesziel nicht nur die Evolutionstheorie, sondern auch die Theologen, die der Überzeugung sind, Evolutionstheorie und Schöpfungsbericht würden sich nicht widersprechen. In den über 30 Jahren seit der Gründung der Creation Research Society sind rund 2500 Tochter- und Schwesterorganisationen entstanden.

Es wurde ein Biologielehrbuch mit dem Titel »*Creation Science*« (Schöpfungswissenschaft) herausgegeben, und es erscheint eine Vierteljahresschrift mit »Beweisen« für die wörtlich zu nehmende Richtigkeit des biblischen Schöpfungsberichts. Absicht von Wilder-Smith und den sogenannten *Kreationisten* ist es, den Glauben nicht durch Aussagen der Naturwissenschaften Schaden nehmen zu lassen. Dabei unterlaufen den Kreationisten drei fundamentale Mißverständnisse:

Erstens ist ihre Bibelauslegung fundamentalistisch, d. h. wortwörtlich, ohne die literarischen Gattungen der verschiedenen Erzählungen der Bibel zu berücksichtigen. Die Bibelauslegung entspricht also nicht der heutigen wissenschaftlichen Exegese, wie sie auch von katholischer Seite vertreten wird.

Zweitens fehlt es den Kreationisten an philosophischem Rüstzeug, so daß für sie Evolution und Schöpfung zwei unvereinbare Begriffe sind. (Wie beide zu vereinbaren sind, werden wir weiter unten aufzeigen.)

Drittens verwechselt Wilder-Smith eine atheistische Evolutionstheorie, wie sie von manchen Naturwissenschaftlern zu Unrecht vorgetragen wird (z. B.

vom Dialektischen Materialismus im Osten und auch von einigen Evolutionstheoretikern im Westen) mit einer Evolutionstheorie, die wissenschaftstheoretisch korrekt bei den naturwissenschaftlichen Aussagen bleibt und der Philosophie bzw. Theologie ihr weiteres Fragen und Forschen überläßt.

L. R. Godfrey hat deshalb von den Kreationisten gesagt: »Wissenschaft ist nicht das Geschäft der wissenschaftlichen Kreationisten, vielmehr ist die Zerstörung der öffentlichen Glaubwürdigkeit der Evolutionslehre deren wahres Ziel... Wissenschaftliche Schöpfungslehre mag eine schlechte Wissenschaft sein, sie ist aber eine bedeutende und erfolgreiche politische Macht.« (W. Klausewitz, 1983, S. 25) Die angeblich menschlichen Fußspuren aus der Zeit der Dinosaurier (A. E. Wilder-Smith, 1972) erwiesen sich als »Fährten zweibeiniger Saurier, gelegentlich (handelt es sich) auch um falsch gedeutete Erosionserscheinungen... Manche Funde sind schlichtweg Fälschungen« (W. Klausewitz, 1986, S. 25; R. Jeßberger, 1989).

b) Differenzierter und wirklich lesenswerter sind die Bücher von Joachim Illies (1925–1982) zur Evolutionsproblematik. Illies versucht in seinem Buch »Schöpfung oder Evolution« (1979) die Komplementarität der naturwissenschaftlichen und biblischen Aussagen aufzuzeigen. Von daher wäre eher ein Titel »Evolution *und* Schöpfung« angebracht gewesen, da das »oder« einen vom Autor nicht beabsichtigten Gegensatz im Sinne von Wilder-Smith nahelegt. (Nach einer mündlichen Mitteilung seines Sohnes wurde J. Illies der nicht zum Inhalt passende Titel vom Verlag aufgezwungen.)

Sicher hat Illies darin recht, daß zum naturwissenschaftlichen auch der philosophisch-theologische Aspekt hinzukommen muß, um das Phänomen Evolution richtig und umfassend zu deuten. Leider fehlt Illies ein echter philosophischer Ansatz, um darzutun, *wie* denn Evolution und Schöpfung im *Ineinander* zu verstehen sind. Darüber ist nämlich aus der Bibel nichts zu entnehmen, wie wir noch sehen werden. Deshalb ist bei Illies nicht ersichtlich, wie beides zu verbinden ist. »Im komplementären Denken des Sowohl-als-auch« (J. Illies, 1979, S. 99f) allein scheint mir keine echte Lösung zu liegen.

4.2.2 Positiver Lösungsentwurf

Nach den bisher genannten ungenügenden Lösungen zu Evolution und Schöpfung soll nun ein positiver Entwurf vorgetragen werden, bei dem (1) die naturwissenschaftlichen Aussagen unangetastet bleiben und (2) die Schöpfertätigkeit Gottes im Evolutionsgeschehen klar ausgesagt wird, ohne in den Irrtum der »creational science« zu verfallen und – das geht über Illies hinaus – (3) das Ineinander beider Aussagen aufzuzeigen.

Dabei handelt es sich nicht um einen Rückgriff auf Offenbarungsquellen (Bibel) oder Lehräußerungen der Kirche. Das wird erst im dritten Teil dieses Kapitels behandelt werden. Hier geht es allein um den *philosophischen* Entwurf, um das also, was mit dem natürlichen Verstand erkannt werden kann.

Alle Lebewesen auf der Erde – von der ersten lebenden Zelle bis hin zu allen ausgestorbenen oder noch lebenden Organismen einschließlich des Menschen – *erweisen sich als kontingent. Kontingentes* aber kann letztlich nicht aus sich heraus existieren, sondern *bedarf* als hinreichender Ursache *eines nicht-kontingenten Seins.* Diese nicht-kontingente Ursache ist das *absolute Sein,* dem *Personalstruktur* zukommen muß.

Absolutes Sein mit Personalstruktur nennt die Religionsphilosophie Gott. Die *Hervorbringung des kontingenten Seins durch Gott wird als Schöpfung bezeichnet.*

Diese den Gedankengang in gedrängter Form wiedergebenden Sätze müssen nun Schritt für Schritt erklärt und bewiesen werden. Das soll hier wegen der aktuellen Diskussion um Evolution und Schöpfung ausführlicher als in Kapitel II geschehen.

Kontingent ist etwas, dem das Sein tatsächlich und im Augenblick zukommt, das aber auch nicht existieren kann oder einmal nicht existiert hat bzw. einmal nicht mehr existieren wird; oder anders ausgedrückt, das *nicht wesensnotwendig* existiert, sondern der Existenz gegenüber labil ist.

Als Indiz für Kontingentes (= Nicht-Wesensnotwendiges) gilt, wenn etwas einen Anfang oder ein Ende oder beides hat. Trifft dies nämlich zu, so ist unmittelbar einsichtig, daß es auch nicht sein kann. Denn vor dem Anfang seiner Existenz existierte es noch nicht, nach dem Ende seiner Existenz existiert es nicht mehr. »Contingere« heißt im Lateinischen »glücken«, »gelingen«, »zufallen«. »Kontingent« heißt dann positiv: Es kann tatsächlich existieren, etwas hat tatsächlich Existenz oder Sein. Negativ heißt »kontingent« dann aber auch: Es existiert nicht wesensnotwendig.

Wie die Biologie lehrt, gab es aber eine Zeit, da noch keine Lebewesen existierten. Die ältesten Lebewesen auf der Erde werden heute mit einem Alter von höchstens 3,8 Milliarden Jahren angegeben, die meisten Tierstämme sind erst im Kambrium (Beginn vor ca. 600 Millionen Jahren) und noch später entstanden, der Mensch in seinem frühesten Vertreter Homo erectus WT 15000 vor ca. 1,5 Millionen Jahren. Alle Lebewesen haben also einen Anfang gehabt. Über 99 % aller Organismen, die bisher gelebt haben, sind ausgestorben.

Was von den Arten gesagt wurde, gilt auch für die Individuen der Organismen. Sie haben einmal einen Anfang gehabt (Geburt, Schlüpfen aus dem Ei etc.) und werden einmal sterben. Auch die Einzeller können sterben (Austrocknung, Nahrungsmangel, oder wenn sie gefressen werden), auch wenn sie sich prinzipiell immer wieder teilen können. Also können alle Lebewesen auch nicht existieren, sie sind kontingent.

Kontingent heißt: nicht wesensnotwendig im Sein. Etwas existiert nicht aus seinem eigenen Wesen heraus, weil das Wesen ja gerade labil zur Existenz ist. Wenn etwas aber nicht kraft seines eigenen Wesens existiert, verdankt es seine Existenz einem anderen Seienden.

Dieses andere Seiende kann natürlich wieder kontingent sein. Das ist das Normale in unserer Erfahrung, daß die hervorbringende Ursache für Kontingentes in dieser Welt wieder etwas Kontingentes ist. Besonders deutlich ist das im Reich der Lebewesen: Die Nachkommen eines Lebewesens sind kontingent ebenso wie die Eltern, Großeltern, Urgroßeltern usw. oder allgemein seine Vorfahren. Jedes der Lebewesen in dieser Generationsfolge hat das Prädikat kontingent, denn es hat einmal einen Anfang gehabt und (fallweise) auch ein Ende. Es war einmal noch nicht und ist jetzt nicht mehr. Es kann also auch nicht sein, d. h. es ist kontingent.

Wenn wir nun antworten, die Wirkursache für ein kontingentes Lebewesen sei ein anderes kontingentes Lebewesen, so ist die Frage offensichtlich nur verschoben, aber nicht beantwortet. Sie kehrt bei jedem Schritt sofort wieder. Denn die zurückliegende kontingente Wirkursache braucht ja wieder eine Möglichkeitsbedingung für ihre Existenz.

Man käme auf diese Weise zu einer immer längeren Kette von kontingenten Ursachen oder von Bedingungen der Möglichkeit für die Existenz eines kontingenten Lebewesens. Man käme aber nie zur eigentlichen Bedingung, da jedes Lebewesen ja immer nur bedingt, d. h. nicht-wesensnotwendig existiert, also in Abhängigkeit von einem anderen. Das Fragen fände keine Antwort. Letztlich hieße das, alles würde nur bedingt existieren, aber zur eigentlichen Bedingung, die nicht mehr durch ein anderes Seiendes bedingt wäre, kämen wir nicht. Mit anderen Worten: Jedes kontingente Lebewesen hätte das Sein empfangen, ohne daß ersichtlich wäre, woher oder von wem.

Noch anders formuliert: Es ist unmöglich, daß nur Kontingentes existiert; es muß etwas existieren, das seine Existenz nicht empfangen, sondern sie aufgrund seines Wesens selber hat. Es existiert damit nicht bedingt, sondern bedingungslos, absolut. *Was aufgrund seines Wesens, unabhängig von anderem existiert, ist das absolute Sein.* Dieses absolute Sein ist also die Möglichkeitsbedingung dafür, daß kontingentes Sein überhaupt existieren kann.

Von diesem absoluten Sein behaupten wir: Ihm kommt *personale* Struktur zu. Wie ist das verständlich zu machen? Wir gehen wieder von kontingenten Lebewesen aus, diesmal vom Menschen, der höchsten Lebensform, die in der Evolution entstanden ist.

Menschen sind Personen, darin stimmen alle Philosophen überein. Eine Person wird an zwei Merkmalen erkannt: an ihrer Fähigkeit zur Selbstreflexion, zum Selbstbewußtsein, und an der Fähigkeit zur freien Entscheidung. Immer wieder erfahren wir uns als solche, die über sich selbst nachdenken, die ein Selbstbewußtsein (conscientia reflexa), ein Wissen über sich selber haben. Immer wieder sind wir auch vor die freie Entscheidung gestellt, zu etwas oder einem anderen Menschen ja oder nein zu sagen, etwas zu tun oder nicht zu tun, diese philosophischen Überlegungen nachzuvollziehen oder es zu lassen. Unsere Überlegung über uns selber (Selbstreflexion) sagt uns auch, daß wir kontingente Personen sind, die also ihr Personsein nicht aus sich selber, aus ihrem eigenen Wesen haben, sondern es einem anderen Sein, einer anderen Person verdanken.

Nach dem Prinzip des zureichenden Grundes von GOTTFRIED W. LEIBNIZ (1646–1716) (vgl. Monadologie, 1714; Essais de Théodicée, 1710; G. Kahl-Furthmann, 1976) muß ja die Ursache mindestens die gleiche Seinshöhe wie das Bewirkte haben. Da wir auf diese Weise aber wieder nur zu einer Kette von bedingten Personen kommen, nie aber zur Bedingung selber, ist es erforderlich, daß die Bedingung der Möglichkeit für real existierende, kontingente Personen ein Wesen ist, das nicht mehr bedingt, nicht mehr in Abhängigkeit von anderen Personen existiert, sondern absolut, aus sich heraus, kraft des eigenen Wesens. Dieses absolute Sein mit Personalstruktur ist damit nicht eigentlich Ur*sache*, sondern Ur*heber*.

Absolutes Sein mit Personalstruktur, das also aus seinem Wesen heraus notwendig existiert und sich daher keinem anderen verdankt, nennt die Religionsphilosophie GOTT.

Was nun für die Existenz der kontingenten Lebewesen gilt, trifft auch für ihr *Wirken* zu; denn auch dieses kann nicht anders als ihr Wesen sein, nämlich kontingent. Das Wirken, das uns in unserem Zusammenhang interessiert, ist der Übergang von einer Art in die andere, also Abstammungszusammenhang oder Evolution. Auch hier gilt derselbe Zusammenhang wie vorhin:

Letzte Bedingung der Möglichkeit für kontingentes Wirken kann nicht wieder kontingentes Wirken sein, sondern es erfordert ein nicht-kontingentes Wirken, das – als Bedingung der Möglichkeit für personales Wirken – absolutes Wirken mit Personalstruktur sein muß.

Lebewesen als kontingente Seiende sind sowohl in ihrer Existenz als auch in ihrem Wirken labil. Sie können sein und können auch nicht sein, sie können wirken, sie können auch nicht wirken. Lebewesen, die kontingent sind, brauchen also in jedem Augenblick ihrer Existenz und für jedes Wirken die erhaltende Kraft des absoluten Seins, Gottes. Die Philosophie spricht, was die Existenz angeht, von der creatio continua, was das Wirken von Kontingentem angeht, vom concursus divinus. Beides ist ein und derselbe Akt Gottes, der von seinem Sein und Wesen nicht getrennt ist, sondern nur in der Zeit seine Auswirkung hat. Wir können creatio continua und concursus divinus nur deshalb begrifflich trennen, weil Kontingentes in seiner Existenz und in seinem Wirken unterschieden werden kann. Gott ist also Wirk-Ursache oder besser Wirk-Urheber für die Existenz und für das Wirken von kontingentem Seienden.

Dieses Wirken Gottes nennen wir Erschaffung oder Schöpfung. Dabei unterscheiden wir die creatio directa, das Erschaffen von etwas noch nicht Existierendem, von der creatio continua, dem erschaffenden Erhalten im Sein eines schon existierenden kontingenten Seienden. In dem kontinuierlichen Erhalten im Sein ist der Zeitfaktor der Evolution mit ausgedrückt. Schöpfung kann also nicht nur das Hervorbringen aus nichts besagen, sondern auch das Bewahren vor dem Rückfall in nichts. Da die meisten Naturwissenschaftler nur den ersten Begriff der creatio directa kennen, haben sie natürlich Schwierigkeiten, Schöpfung und Evolution in Einklang zu bringen.

Im uneigentlichen Sinn sprechen wir von einem Künstler als schöpferischem Menschen. Denn ein Künstler hat immer ein Material, aus dem er etwas schafft, z. B. einen Marmorblock, aus dem er eine Statue »schafft«. Wenn wir bei Gott vom Erschaffen sprechen, dann versteht die Philosophie darunter das Hervorbringen eines Seienden seinem ganzen Sein nach durch Gott aus nichts, oder, wie oben abgeleitet, die Bewahrung vor dem Rückfall in nichts.

»Nichts« besagt hier: ohne vorliegendes Seiendes. Im vorhin angeführten Beispiel heißt das: Wenn Gott eine Statue schaffte, brächte er nicht nur die Form aus dem Marmor hervor, sondern auch den Marmor, und zwar ohne irgendeine vorliegende Materie oder einfach: ohne vorliegendes Seiendes. Auch besagt das Wörtchen »nichts«, daß das Geschaffene nicht aus Gott kommt (Emanation), oder als Teil Gottes, oder als identisch mit ihm zu betrachten ist. Sonst hätte das Geschaffene formal göttliches Sein: Das wäre unvereinbar mit der Einmaligkeit, Transzendenz, letztlich mit der Göttlichkeit Gottes. Ein weiteres wichtiges Moment ist: Gott schafft aus nichts in *Freiheit*, d. h. er brauchte nicht zu schaffen. Sonst ginge das Wesensmoment von Person verloren, nämlich die Freiheit. Als vollkommenes Wesen bedarf er keines anderen Seienden. Er schafft in voller Freiheit, und er tut es, um sein Gutsein den Geschöpfen mitzuteilen.

Was ist durch diese Überlegungen gewonnen? Erstens folgt daraus, daß alle Lebewesen als kontingente Seiende in keinem Augenblick ihrer Existenz aus ihrem eigenen Wesen existieren, sondern dauernd von Gott in ihrem Sein erhalten werden müssen. Denn sie existieren ja gerade nicht notwendig, sondern könnten auch nicht sein. Die zweite Konsequenz ist, daß auch das Wirken der Lebewesen kontingent ist und ebenfalls der erhaltenden, mitwirkenden Kraft Gottes bedarf. Gott ist also der innere Ermöglichungsgrund für die Existenz und das Wirken aller Lebewesen. Damit ist eine der Naturwissenschaft nicht zugängliche Seite aller Lebewesen aufgedeckt: die Immanenz Gottes in der Welt, die Innenseite aller Dinge nach Teilhard de Chardin, die gleichzeitig Transzendenz ist, weil Gott nur Ermöglichungsgrund, Bedingung der Möglichkeit, nicht aber innerweltliche Ursache der Lebewesen ist.

Auf diese Weise gestaltet sich ein Bild von Evolution und Schöpfung, worin beides in dem ganzen von uns zu untersuchenden Phänomen zu seinem Recht kommt. Der alte Gegensatz »entweder Schöpfung oder Evolution«, wobei eines das andere ausschließt, ist aufgehoben und als unsinnig erwiesen.

Der Naturwissenschaftler braucht nicht zu fürchten, daß sich der Philosoph in sein naturwissenschaftliches Forschen einmischen würde, wenn der Philosoph von Schöpfung redet. Umgekehrt braucht der Philosoph auch nicht um seinen Schöpfungsbegriff zu bangen, wenn der Naturwissenschaftler von Evolution redet; denn beide Begriffe befinden sich auf verschiedenen Ebenen und können sich nicht ausschließen. Das wäre nur möglich durch Mißverständnisse der fundamentalistischen Kreationisten einerseits oder durch falsche Deutung des Schöpfungsbegriffs andererseits.

Unser philosophischer Entwurf geht über J. Illies hinaus, weil er nicht nur das »sowohl Evolution als auch Schöpfung« behauptet, also sich nicht mit der Komplementarität beider Sichtweisen begnügt wie Illies, sondern weil wir aufzeigen, wie beides ineinandergreift: Gott schafft dauernd, und, indem er die lebenden Wesen im Sein erhält (= creatio continua) und mit ihnen mitwirkt (concursus divinus), geschieht Evolution. Umgekehrt ausgedrückt: Die Lebewesen sind dauernd in Evolution, weil Gott ihr Ermöglichungsgrund, die Bedingung der Möglichkeit für ihre Existenz und ihr Wirken ist. Oder in einer Formel: *Schöpfung geschieht in der sichtbaren Weise der Evolution*, also nicht mehr »entweder Schöpfung oder Evolution« (fundamentalistischer Kreationismus, atheistische Evolutionstheorie), auch nicht nur »sowohl Schöpfung als auch Evolution« (J. Illies und viele Protestanten, die nur ein Nebeneinander bzw. Komplementarität bezeugen), sondern »Schöpfung in Evolution«, wodurch das Bezogensein aufeinander und das Ineinander deutlich zum Ausdruck kommt.

Damit ist eine Lösung gefunden, die den Naturwissenschaftlern ihren weiteren Forschungsraum läßt und zugleich der kritischen Vernunft, die über die Naturwissenschaften hinaus fragt, Genüge tut.

Gibt es nun darüber hinaus noch etwas zu sagen? Welche Fragen sind offengeblieben? Was läßt sich von theologischen Aussagen zu dem Thema ›Evolution und Schöpfung‹ erwarten? Bestätigt der christliche Glaube die philosophischen Überlegungen? Läßt er andererseits Raum für eine naturwissenschaftlich vorgetragene Evolution?

Eine Frage ist bei allen bisherigen Überlegungen noch unbeantwortet geblieben: Welches ist das Ergebnis, welches ist das Ziel der Evolution (vgl. oben

Frage D)? Wenn ein Machthaber einen Krieg beginnt, hat er ein bestimmtes Ziel (télos) vor Augen, das aber verfehlt werden kann. Dann stimmen Absicht, Ziel und Ergebnis des beendeten Krieges nicht überein. Biologisch können wir kein Ziel der Evolution angeben, weil wir biologisch nicht von der Absicht des Schöpfergottes reden können. Gott ist kein Gegenstand biologischer Erkenntnis. Biologisch können wir nur vom Ergebnis der Evolution sprechen: Tatsächlich ist der Mensch bei der Evolution herausgekommen (vgl. C. Bresch, Zwischenstufe Leben. Evolution ohne Ziel?, 1979). Ob der Mensch das Ziel von Anfang an war oder Zufallsprodukt der Entwicklung ist, läßt sich biologisch nicht entscheiden, ja, die meisten Evolutionstheoretiker würden eher zur Antwort »Zufallsprodukt« neigen. Philosophisch kann man zumindest sagen, daß der Schöpfergott eine Absicht gehabt hat, denn Gott tut nichts absichtslos, noch mißlingen ihm seine Absichten wie etwa dem Menschen. Allerdings läßt sich philosophisch nicht entscheiden, ob der Mensch für Gott das beabsichtigte Ziel der Evolution ist. Ein höheres Lebewesen als der Mensch wäre auch philosophisch und nicht nur biologisch denkbar. Vielleicht gibt aber der christliche Glaube noch eine andere Antwort, vielleicht nennt er ein ganz anderes Ziel der Schöpfung und damit auch des Menschen (R. Spaemann, R. Löw, 1981. R. Isak, 1992).

Wie die Bibel dazu Stellung nimmt und welche Aussagen zu Evolution und Schöpfung von der Kirche gemacht wurden, soll der letzte Teil darlegen.

5. Theologische Aussagen zu Evolution und Schöpfung

5.1 Biblische Aussagen über Evolution und Schöpfung

5.1.1 Im Alten Testament

Die klassischen Aussagen über die Erschaffung finden sich in Gen 1,1–2,4a »Im Anfang schuf Gott Himmel und Erde...« Erschaffen ist Ausdruck für die Art und Weise, in der nach biblischer Offenbarung die Welt und alles Weltliche in Gott seinen Urgrund, Ursprung und sein Endziel hat. Wenn wir auch in der Bibel eine streng philosophische Definition des Begriffs Schöpfung, wie er im philosophischen Teil (4. 2. 2) entwickelt wurde, nicht finden, so gibt es im Alten Testament doch ein hebräisches Sonderwort (bara'), das mit Sicherheit erst im babylonischen Exil (586–536 v. Chr.) nachweisbar ist. Von der Etymologie her bedeutet es »schneiden«, dann auch »schnitzen«, »Figuren anfertigen«. Diese ursprüngliche Bedeutung hat das Wort bara' in der Bibel ganz verloren. Es ist stets mit dem Gott Israels als Subjekt verbunden. Nie wird ein Ausgangsstoff für das damit verbundene Handeln Gottes genannt.

Was durch das Schaffen hervorgebracht wird, ist meistens etwas Außergewöhnliches, Neues. Auch die Aussagen im Buch der Weisheit, etwa Weish 1,14 »Hat er doch alles zum Sein erschaffen...« sagen über das Wie der Hervorbringung nicht mehr aus. Am ehesten gibt es noch Ähnlichkeiten mit dem philosophischen Schöpfungsbegriff in 2 Makk 7,28: »Ich bitte dich, mein Kind, schau auf zum Himmel und blicke hin auf die Erde und auf alles, was darin ist! Bedenke, daß Gott dies *nicht aus schon Bestehendem gebildet hat* und daß das Menschengeschlecht so entstanden ist.« (Jerusalemer Bibel). In der Einheitsübersetzung lautet die entsprechende Stelle: »... Gott hat das *aus dem Nichts erschaffen*, und so entstehen auch die Menschen.«

In den Genesiskapiteln 1–2 geht es aber nicht primär um die Erschaffung der Welt mit Pflanzen, Tieren und Menschen, sondern dieser Schöpfungsbericht ist nur ein Prolog zur Heilsgeschichte. Unter den Exegeten herrscht heute allgemein die Ansicht, daß Gen 1 nicht primär eine Beschreibung der Weltentstehung geben will. Außerdem werden in den beiden Schöpfungsberichten im Buch Genesis zwei unterschiedliche Weltbilder vorausgesetzt. Die Aussageabsicht kann thesenartig zusammengefaßt werden:

1. Alles, was uns in dieser Welt begegnet, einschließlich des Menschen, ist durch Gottes Freiheit und Allmacht hervorgebracht. Das Schaffen geschieht durch das Wort Gottes, nicht durch irgendwelche physische Anstrengungen. Das ist in bewußter Parallelität zu der Weise gesehen, wie Gott sein Bundesvolk schafft. Einen Bund schließt man durch das Wort, Anrede und Antwort. Israel wird durch das Bundeswort geschaffen, indem es von Gott angesprochen wird.
2. Die Schöpfung ist gut. Das wird gesagt im Gegensatz zu dualistischen Kosmologien der Umwelt Israels (Persischer Dualismus, ein absolut gutes und ein absolut böses Prinzip). Es gibt in der biblischen Schöpfungsgeschichte keinen Kampf zwischen den Mächten der Finsternis und denen des Lichtes, sondern alles gehorcht vorbehaltlos dem Befehl Gottes. Gott wird aus der Exoduserfahrung heraus als der gute Gott vorausgesetzt, deshalb kann auch die Welt als sein Geschöpf nur gut sein.
3. Die Welt ist auf den Menschen hin geschaffen. Er ist der eigentliche Dialogpartner Gottes in seiner Welt, sein Bild und sein Stellvertreter. Der Mensch hat die Welt für sich zur Verfügung erhalten, aber er soll sich ihrer bedienen in Übereinstimmung mit Gottes Willen und im Gehorsam.
4. Es besteht eine Analogie zwischen Schöpfung und Bund: Beide sind Bestandteil der Geschichte. Geschichte aber ist nichts Statisches, sondern in Entwicklung Befindliches. Schon Gerhard von Rad (1901–1971) hat darauf hingewiesen, daß der Kosmos und alles, was darin ist, »viel weniger ein Sein

als ein Geschehen« ist (G. v. Rad, 1982, S. 165). Schöpfung ist daher ausgerichtet auf eine Verheißung und Erfüllung in der Heilsgeschichte. Wegen der Parallelität zwischen der Schöpfungs- und Erlösungsgeschichte ist Gottes schöpferisches Tun keineswegs nur etwas, das einmal in der Vergangenheit stattgefunden hat, sondern das in die Gegenwart hinein dauert und in die Zukunft hineinragt. Hier sind die offenen Räume für das, was wir als creatio continua in der Evolution bezeichnet haben.

5.1.2 Im Neuen Testament

Begreiflicherweise steht im N. T. das Heilsgeschehen und -handeln Gottes noch mehr im Vordergrund des Interesses der Verfasser der einzelnen Schriften, da ja das Heil im Erlöser Jesus Christus endgültig angekommen ist: Er ist primär der Herr des Heils. Das aber kann er nur sein, wenn gleichzeitig von ihm gilt: »Und das Wort war Gott« (Joh 1,1b). »Alles ist durch das Wort geworden, und ohne das Wort wurde nichts, was geworden ist.« (Joh 1,3)

Also ist der Heilsbringer auch gleichzeitig Herr der Schöpfung. Aber dieser Herr Jesus Christus, vor dem sich jedes Knie beugen muß im Himmel und auf Erden (vgl. Phil 2,10), »wurde den Menschen gleich. Sein Leben war das eines Menschen« (Phil 2,7). Er ist das wahre Geschöpf schlechthin, der »Erstgeborene der ganzen Schöpfung« (Kol 1,15b). »Alles ist durch ihn und auf ihn hin geschaffen« (Kol 1,16). Jesus Christus ist also das Ziel aller Schöpfung. »Er ist das Haupt« der Schöpfung (Kol 1,18), weil er das »Ebenbild des unsichtbaren Gottes« ist (Kol 1,15a). In Jesus wird deutlich, daß die Schöpfung durch Gehorsam ihrem Schöpfer gegenüber zur Vollendung gelangt: »Er war gehorsam bis zum Tod, bis zum Tod am Kreuze. Darum hat Gott ihn über alle erhöht...« (Phil 2,8f) In Christus ist die Vollendung schon geschehen, und da er das Haupt der ganzen Schöpfung ist, hat in dem Haupt die ganze Schöpfung ihr Ziel schon erreicht.

Diese Linie läßt sich nach der Aussage des Neuen Testamentes noch weiter ziehen. Jesus Christus ist ja nicht nur das vollkommenste Geschöpf (»der Erstgeborene der ganzen Schöpfung«, Kol 1,15b), sondern er ist auch Gottes Sohn (»das Ebenbild des unsichtbaren Gottes«, Kol 1,15a). Von Gott geht eine Bewegung auf uns zu: Er beschenkt uns mit der Kindschaft, wir werden teilhaft der göttlichen Natur in Glaube und Taufe. Kinder Gottes sind wir nicht wie der Logos von Natur, sondern durch Annahme an Kindes Statt. Doch »wir heißen nicht nur Kinder Gottes, sondern sind es« (1 Joh 3,1). Unsere Gotteskindschaft ist nicht nur etwas Juristisches wie eine Adoption unter Menschen, sondern ist ontologisch. Sie ist gnadenhaftes Geschenk, während die Gottessohnschaft Jesu Christi von Natur aus ihm eigen ist. In aller Verborgenheit der Geschöpflichkeit des Menschen leuchtet der göttliche Adel der Herkunft und des Zieles auf. Der Gott-Mensch Jesus Christus ist der Punkt Omega, auf den zu die ganze Schöpfung seufzt und in Wehen liegt (Röm 8, 22).

P. Teilhard de Chardin (1881–1955) wurde in seinen Schriften nicht müde, in immer neuen Gedankengängen diesen Entwurf des hl. Paulus und des ganzen Neuen Testamentes auszufalten: Christus als der Punkt Omega, auf den die ganze Schöpfung zugeht. Wenn wir diese Idee weiter entfalten, dann ergibt sich eine Antwort auf die Frage nach dem Ziel der Schöpfung. Diese Antwort blieb uns die Biologie und auch die Philosophie schuldig. Ziel der Schöpfung ist nicht einfach der Mensch, wie er bisher tatsächlich in der Evolution herausgekommen ist. Das Ziel der Schöpfung ist Jesus Christus. Was Menschsein im eigentlichen bedeutet, ist an seiner Güte, seiner Wahrhaftigkeit, seinem Erbarmen, seiner Liebe und Hingabefähigkeit und seinem Starkmut im Leiden abzulesen. Das Ziel der personalen Schöpfung ist nach den Aussagen des Neuen Testamentes, *christusförmig* zu werden, die Gestalt, das Gewand Christi anzuziehen (Eph 4,24).

Eine solche Entwicklung (Evolution) ist selbstverständlich nicht mehr mit biologischen Mechanismen und Ursachen (Mutation, Selektion, Isolation) zu vollziehen, sondern liegt im personalen Bereich der freien Entscheidung: Ohne das volle Ja zu Jesus Christus kann der Gläubige auch nicht christusförmig werden.

Zusammenfassend können wir von der Schöpfung neutestamentlich sagen: Alles ist aus Gott und hält Ausschau nach seiner Herrschaft, »damit Gott herrscht über alles und in allem« (1 Kor 15,28). Die Grenzen der biologischen Evolution werden durch die kulturelle (G. Osche, 1973; R. Wesson, 1993, S. 339–346) Evolution beim Menschen gesprengt, und der Bereich der menschlichen Natur wird durch die gnadenhafte Anteilnahme an der göttlichen Natur als Kinder Gottes noch einmal transzendiert. Darin kommt jegliches Werden in der Schöpfung (Genese des Weltalls, Biogenese, biologische Evolution, Anthropogenese) zu seiner nur aus der biblischen Offenbarung ableitbaren, gnadenhaften Vollendung.

5.2 *Aussagen des Lehramtes der Kirche und der Theologen zu Evolution und Schöpfung*

Zu diesem Fragenkreis sind besonders zwei kirchliche Lehramtsäußerungen zu nennen. Die eine ist die Antwort der Bibelkommission von 1909 zur Genesisinterpretation (DS 3514). Darin wurden die »besondere Erschaffung des Menschen« und »die Formung der ersten Frau aus dem ersten Mann« als »Tatsachen, die die Grundsätze des christlichen Glaubens berühren«, bezeichnet.

Dadurch war de facto die denkerische, theologische Durchdringung des Problems Evolution und Schöpfung für Jahrzehnte unterbunden.

Eine Wende trat durch die Enzyklika »Humani Generis« von Pius XII. im Jahre 1950 (DS 3896) ein. Trotz sehr vorsichtiger Formulierungen wurde die Evolutionslehre, falls sie Gottes Schöpfertätigkeit nicht tangiert, für die philsophische und theologische Durchdringung praktisch freigegeben. Deshalb konnte innerhalb der Theologen eine Auseinandersetzung beginnen, wie denn nun eigentlich die Schöpfertätigkeit Gottes in dem Phänomen der Evolution zu verstehen sei. Dabei war es von vornherein klar, daß es sich bei den Aussagen der Naturwissenschaften um kategoriale, innerweltliche Ursachen handelt, daß aber Schöpfung (Erschaffung) als Tun Gottes niemals kategorial erfaßbar sein wird.

Es würde im Rahmen dieser Ausführungen zu weit führen, wollte man die Geschichte der theologischen Auseinandersetzungen im einzelnen darlegen. Es ist auch an anderer Stelle (B. Weissmahr, 1973, S. 11–39) schon ausführlich geschehen.

Abschließend seien einige neuere Äußerungen aus Rom zu unserem Problemfeld zitiert.

Vom 24.–27. 5. 1982 tagte im Vatikan eine Kommission der Päpstlichen Akademie der Wissenschaften unter Vorsitz ihres Präsidenten Carlos Chagas. Diskutiert wurde über den Wissenschaftsstreit zwischen Paläontologen und Molekulargenetikern über den Zeitpunkt der Ablösung der menschlichen Linie aus derjenigen der Affen im Laufe der Evolution. Nach den meisten Paläontologen ist diese Trennung vor rund 20 Millionen Jahren erfolgt, während molekulare Ergebnisse (Vergleich der Sequenzen in Proteinen und DNA) für nur 5 bis 7 Millionen Jahre sprechen. In der abschließenden Erklärung der päpstlichen Kommission heißt es, bezogen auf unseren Zusammenhang:

»Wir geben freimütig zu, daß Raum für Meinungsdifferenzen besteht in Fragen wie der Neubildung von Arten und der Mechanismen evolutionärer Veränderung. Dennoch sind wir überzeugt, daß eine Fülle von Beweismaterial die Anwendung des Evolutionskonzepts auf den Menschen und andere Primaten gegen jeden ernsten Zweifel absichert.« (C. Bresch, 1982. S. 16)

Hier wird also die Tatsache der Evolution auch der höheren Primaten und des Menschen als bewiesen zugegeben, wenn auch über die Ursachen der Evolution und einzelne Punkte der speziellen Evolutionstheorie noch offene Fragen bestehen.

Am 29. 1. 1986 sagte Johannes Paul II. bei der Generalaudienz in deutscher Sprache (Osservatore Romano, deutsch, 7. 2. 1986): »Zu den bekanntesten Seiten der Heiligen Schrift gehört sicher die Darstellung von der Erschaffung der Welt. Ihr erinnert euch: Dort wird das schöpferische Werk Gottes in strenger, feierlicher Form auf die sieben Tage einer Woche aufgeteilt. ›Gott sprach: Es werde... und so geschah es.‹ (Gen 1,3ff.) So schuf er Himmel und Erde, den ganzen Kosmos, und am sechsten Tage schließlich auch den Menschen. Am siebten Tage ruhte Gott, nachdem er das ganze Werk der Schöpfung vollendet hatte. Die meisten kennen diese Texte: Aber nicht alle verstehen, daß hier tiefe geistige, religiöse Aussagen in einer für uns Menschen zugänglichen Form gemacht werden. Diese Aussagen widersprechen darum in keiner Weise der Theorie einer allgemeinen *Weltevolution*, wenn diese sich auf naturwissenschaftlich beweisbare Ergebnisse beschränkt. Der christliche Glaubenssatz von der Erschaffung der Dinge durch Gott reicht tiefer, ist grundsätzlicher Art, spricht vom Sein der Dinge, nicht von ihrer sichtbaren Oberfläche. Wir dürfen im Glauben bekennen, daß alle Dinge ihre Existenz letztlich Gott selber verdanken, der unendlichen Fülle des Seins. So tragen die Dinge an ihrer Wurzel das Zeichen der Abhängigkeit; alle sind sie im Kern auf Gott *zugeordnet*. Zugleich aber dürfen wir im Schöpfungsglauben bekennen, daß alle Dinge von Gott her ›gut‹ sind, ja sogar ›sehr gut‹, wie der Genesistext am Ende betont. Die Verunstaltung der geschaffenen Dinge zum Bösen und Üblen stammt nicht aus der guten Schöpferhand Gottes.«

Am 26. 4. 1985 sagte Johannes Paul II.: »Gemäß diesen Ausführungen meines Vorgängers (Pius XII., 1950) stehen sich recht verstandener Schöpfungsglaube und recht verstandene Evolutionslehre nicht im Wege. Evolution setzt Schöpfung voraus; Schöpfung stellt sich im Licht der Evolution als ein zeitlich erstrecktes Geschehen – als ›creatio continua‹ – dar, in dem Gott als der ›Schöpfer des Himmels und der Erde‹ den Augen des Glaubens sichtbar wird.« (L'Osservatore Romano, 24. 5. 1985)

Aus diesen und vielen ähnlichen Texten folgt, daß man als Christ auch bei Annahme der Evolutionstheorie nicht gezwungen ist, die von manchen Autoren mit der Abstammungslehre zu Unrecht verbundenen materialistischen oder sogar atheistischen Schlußfolgerungen zu ziehen. Das Evolutionsgeschehen als Ganzes bedarf der schöpferischen Kraft der Erstursache und der Erhaltung im Sein (creatio continua).

Von den Theologen seien zwei exemplarisch zitiert. P. Schoonenberg hat in seinem Buch »Bund und Schöpfung« (1970) das Verhältnis von Gottes Tätigkeit und dem Tun des Geschöpfes in der Evolution klar ausgedrückt: »Obwohl es für das Verhältnis zwischen der Tätigkeit zweier Geschöpfe, zumindest soweit sie physischer Natur sind, zutreffen mag, daß, was das eine tut, das andere nicht zu tun braucht, und somit was das eine mehr tut, das andere weniger zu tun braucht, kann davon, wenn es sich um das Verhältnis zwischen Gott und Geschöpf handelt, keine Rede sein. Vielmehr tritt dann der Fall ein, daß, was Gott tut, das Geschöpf auch tut, was Gott nicht tut, auch das Geschöpf nicht tut;

daß, was Gott mehr tut, das Geschöpf auch mehr tut, und was Gott weniger tut, das Geschöpf auch weniger tut.« (A.a.O., S. 108)

Wie aber das zugleich ganze Tun Gottes und das ganze Tun des Geschöpfes zu verstehen ist, dazu hat Karl Rahner (P. Overhage, K. Rahner, 1961, S. 43–84) einen bedeutenden Denkfortschritt geleistet. Rahner entwickelt in einer philosophischen Analyse des Werdebegriffs in allem Geschaffenen den Begriff der aktiven Selbsttranszendenz, des Selbstüberstiegs dessen, was wird.

Der Ausgangspunkt von Rahners Überlegungen ist der in der Enzyklika »Humani Generis« (1950) noch geforderte unmittelbare Schöpfungseingriff Gottes zur Entstehung der menschlichen Seele im Evolutionsgeschehen. Die Anschauung, der Mensch stamme dem Leibe nach aus dem Tierreich durch Evolution, seinem Geiste nach aber unmittelbar von Gott, ist nach Rahner als dualistische und platonische Dichotomie nicht zu halten.

Gott ist der transzendente Grund aller Wirklichkeit in ihrem Sein und Werden, nie jedoch ein innerweltliches Teilmoment der Wirklichkeit. Gottes Tätigkeit ist »immer nur durch das Endliche vermittelt anwesend« (a.a.O., S. 58). Nach Rahner muß man also fragen: »Ist die Erschaffung der Seele des Menschen ... ein exzeptionelles, außergewöhnliches Vorkommnis, dessen ontologische Eigenart allem, was man sonst über das Verhältnis der ersten Ursache zu den Zweitursachen begreift, widerspricht« (a. a.O, S. 60), oder geschieht darin nur ein Werden, wie es sonst auch im Werden des Geschöpflichen sich vollzieht? Dieses Werden ist nach Rahner nicht nur ein Anderswerden, sondern auch ein Neuwerden.

Wenn man diesem Werdebegriff folgen kann – und philosophisch spricht vieles dafür –, dann kann man mit Rahner auch sagen, »daß die Eltern Ursache des einen und ganzen Menschen nur sein können, insofern sie den neuen Menschen entstehen lassen durch die ihre Selbstüberbietung ermöglichende Kraft Gottes, die ihnen wirklich innerlich ist, ohne zu den Konstitutiven ihres Wesens zu gehören« (a.a.O., S. 82).

So kann nach Rahner die unmittelbare Erschaffung der Seele durch Gott durchaus als ein Fall des Werdens durch Selbstüberbietung aufgefaßt werden. Durch diese These wird nach K. Rahner das unmittelbare Wirken Gottes nicht geleugnet. Dabei ist es wichtig, darauf zu achten, daß man sich das göttliche Wirken nicht so vorstellt, als würde er etwas hervorbringen, was das Geschöpf nicht auch selber aufgrund eben dieses ihm innerlichen und ihm Selbständigkeit gebenden göttlichen Wirkens hervorbringt. Im Kapitel Anthropogenese werden wir auf den speziellen Fall der Entstehung der Seele noch einmal eingehen. Hier braucht nur der allgemeine Gedanke der Selbstüberbietung bei jedem Werden von Geschaffenem festgehalten zu werden.

Zusammenfassend kann man sagen: Durch die naturwissenschaftliche Entwicklungslehre (Evolution) angestoßen, mußten sich die theologischen Wissenschaftler genauer mit der schöpferischen Tätigkeit Gottes in der Welt befassen. Zunächst wurde die buchstäbliche Interpretation der Genesistexte aufgegeben, als die Bibelwissenschaften ihre Fortschritte machten, die verschiedenen genera litteraria entdeckten und die Aussageabsichten der ersten Genesiskapitel genauer bestimmten.

Hinzu kam die Einsicht, »daß die besondere Erschaffung des innerhalb der Welt neu Entstehenden ein Vorkommnis ist, das auf der Ebene der Erscheinungen nicht erfaßt werden kann, sondern nur der metaphysischen Betrachtungsweise zugänglich ist« (B. Weissmahr, 1973, S. 39).

Die Arbeit von K. Rahner brachte die zusätzliche Erkenntnis, daß das neuerschaffende Wirken Gottes in Einheit mit seinem durch Zweitursachen zu vollziehenden Wirken zu verstehen ist. Diese Sicht des Verhältnisses von Evolution und Schöpfung hat sich im theologischen Bereich fast überall durchgesetzt und gilt als allgemein beste denkerische Lösung.

Gott schafft also eine werdende Welt, die sich selbst verwirklicht. Gott ist der innere Kern der geschöpflichen Eigentätigkeit, und auch in meiner eigenen Tätigkeit ist Gott mir innerlicher, als ich mir selbst bin. Gott als Schöpfer ist »nicht kategoriale Ursache neben anderen in der Welt, sondern der lebendig dauernde transzendentale Grund der Eigenbewegung der Welt« (K. Rahner, 1973, Bd. 6, S. 350). Diese neue Sicht von Evolution und Schöpfung wird auch am besten dem Phänomen des Lebens, das ja ein Abbild göttlichen Lebens ist, gerecht als einer inneren Dynamik und nicht einer äußerlichen Mechanik.

Aus den naturwissenschaftlichen, philosophischen und theologischen Überlegungen zum Problem Evolution und Schöpfung ist deutlich geworden, daß zwischen den verschiedenen Betrachtungsweisen kein Gegensatz besteht, sondern alle zusammen ein reiches Gesamtbild ergeben. Allerdings müssen die wissenschaftstheoretischen Grundsätze über die Grenzen der einzelnen Disziplinen gewahrt werden.

6. Einwände

Max Scheler (1874–1928) stellt im folgenden Text einige Fragen, die die Gedankenführung dieses Kapitels präzisieren:

»Hier aber erhebt sich nun die für unser ganzes Problem entscheidende Frage: Besteht dann, wenn dem Tier bereits Intelligenz zukommt, überhaupt noch mehr als ein nur gradueller Unterschied zwischen Mensch und Tier – besteht dann noch ein Wesensunterschied? Oder gibt es über die bisher behandelten Wesensstufen hinaus noch etwas ganz anderes im Menschen, ihm spezifisch

Zukommendes, was durch Wahl und Intelligenz überhaupt noch nicht getroffen oder erschöpft ist? Hier scheiden sich die Wege am schärfsten. Die einen wollen dem Menschen Intelligenz und Wahl vorbehalten und sie dem Tier absprechen: Sie erkennen zwar einen überquantitativen Unterschied, einen Wesensunterschied, an, behaupten ihn aber, wo er nach meiner Ansicht nicht vorliegt. Die anderen, insbesondere alle Evolutionisten der Darwin- und Lamarckschule, lehnen mit Darwin, G. Schwalbe und auch mit W. Köhler, einen letzten Unterschied zwischen Mensch und Tier ab, eben weil das Tier auch bereits Intelligenz besitze; sie hängen damit in irgendeiner Form der großen Einheitslehre vom Menschen an, die ich als Theorie des »homo faber« bezeichne, und kennen selbstverständlich dann auch kein metaphysisches Sein, keine Metaphysik des Menschen, d.h. kein ausgezeichnetes Verhältnis, das der Mensch als solcher zum Weltgrund besäße.« (Zitiert aus: K. Holzamer, 1990, S. 367f.)

Literatur

Altner, G. (Hrsg.), Der Darwinismus. Die Geschichte einer Theorie. Darmstadt: Wissenschaftliche Buchgesellschaft, 1981.

Altner, G., Schöpfung im Werden: Natur (H. Sterns Umweltmagazin) Nr. 5/1982, 100–103.

Andersen, S.; Peacocke, A. (ed.), Evolution and Creation. Aarhus: Aarhus University Press, 1987.

Attenborough, D., Das Leben auf unserer Erde. Vom Einzeller zum Menschen; Wunder der Evolution. Hamburg, Berlin: Parey, 1979.

Ax, P., Das Phylogenetische System. Stuttgart, New York: Fischer, 1984.

Ayala, F. H., Mechanismen der Evolution: Spektrum der Wissenschaft 5/1979, 8–18.

Benton, M. J., Aktuelle Probleme der Evolutionsforschung aus der Sicht des Paläontologen: Mannheimer Forum 87/88, 1987, 105–165.

Berra, T., Evolution and the Myth of Creationism: A Basic Guide to the Facts in the Evolution Debate. Stanford: Stanford University Press, 1990.

Böhme, W. (Hrsg.), Evolution und Gottesglaube. Ein Lese- und Arbeitsbuch zum Gespräch zwischen Naturwissenschaft und Theologie. Göttingen: Vandenhoeck & Ruprecht, 1988.

Boné, E., La vérité de Darwin et Teilhard de Chardin: Revue des Questions Scientifiques 154 (1983), 145–171.

Bonner, J. T., (ed), Evolution and Development. Dahlem Konferenzen. Berlin, Heidelberg: Springer, 1982.

Bonner, J. T., Kultur-Evolution bei Tieren. Berlin, Hamburg: Parey, 1983.

Boschke, F. L., Wahrheitssucher. Forscher gegen Phantasten. Eine Abrechnung. Düsseldorf, Wien: Econ, 1984.

BRECHTKEN, J., Evolution und Transzendenz. Europäische Hochschulschriften. Reihe XXIII Theologie, Bd. 210. Frankfurt/M., Bern: Lang, 1983.

BRESCH, C., Zwischenstufe Leben. Evolution ohne Ziel? Frankfurt/M.: Fischer, 1979.

BRESCH, C., Bedeutendes Ereignis in Rom: Agemus 4/1982, 16.

BRÜCKER-STEINKUHL, K., Die Analyse des Zufallsgeschehens. Wiesbaden: Akademische Verlagsgesellschaft, 1980.

BRUGGER, W., Die ontologische Problematik der Entwicklung und der dialektische Materialismus: Scholastik 35 (1960), 321–341.

BRUGGER, W. (Hrsg.), Philosophisches Wörterbuch. Freiburg, Basel: Herder, [16]1981.

CALDER, N., Das Lebensspiel. Bern, Stuttgart: Hallwag, 1973.

CARROL, R. L., Vertebrate paleontology and evolution. New York: Freeman, 1988.

CHARLESWORTH, B., Neo-Darwinism – the plain truth: New Scientist 94, No. 1301 (15. 4. 1982), 133–137.

CHARLESWORTH, B., Evolution and the giraffe's neck: New Scientist 104, No. 1426 (18. 10. 1984), 59–61.

CHERFAS, J., Evolution, survival of creationists: New Scientist 89, No. 1236 (15. 1. 1981), 128–129.

CHERFAS, J.(ed.), Darwin up to date. New Scientist Guide, London: IPC Magazine Ltd., 1982.

CHERFAS, J., The difficulties of Darwinism: New Scientist 102, No. 1410 (17. 5. 1984), 28–30.

CLARK, R. W., Charles Darwin. Biographie eines Mannes und einer Idee. Frankfurt/M.: Fischer, 1985.

COBB, J. B. JR.; GRIFFIN, D. R., Prozess-Theologie. Göttingen: Vandenhoeck & Ruprecht, 1979.

COLLIN, R., L'Évolution. Hypothèses et Problèmes. Paris: Librairie Arthème Fayard, 1958.

COOK, L. M.; MANI, G. S.; VARLEY, M. E., Postindustrial melanism in the peppered moth: Science 231 (1986), 611–613.

CONRAD-MARTIUS, H., Abstammungslehre. München: Kösel, [2]1949.

DARWIN, C., On the origin of species by means of natural selection, or the preservation of favoured races in the struggle for life. London: John Murray, [1]1859 (November).

DAVIDHEISER, B., Evolution and the Christian Faith. Nutley, 1969.

DAWKINS, R., Das egoistische Gen. Berlin, Heidelberg: Springer, 1978.

DAWKINS, R., The necessity of Darwinism. In: J. Cherfas (ed.), Darwin up to date. London: IPC Magazine Ltd, 1982, 61–63.

DAWKINS, R., Der blinde Uhrmacher. Ein neues Plädoyer für den Darwinismus. München: Kindler, 1987.

DENTON, M., Evolution: A Theory in Crisis. London: Burnett, 1985. Bethesda: Adler & Adler, 1986.

DENZINGER, H.; SCHÖNMETZER, A., Enchiridion symbolorum definitionum et declarationum de rebus fidei et morum. Barcelona, Freiburg: Herder, [36]1976.

DIETRICH, O., Kognitive, organische und gesellschaftliche Evolution. Berlin, Hamburg: Parey, 1989.

DITFURTH, H. v. (Hrsg.), Evolution. Ein Querschnitt der Forschung. Hamburg: Hoffmann & Campe, 1975.

Ditfurth, H. v.; Arzt, V., Dimensionen des Lebens. Stuttgart: DVA, 1974.
Ditfurth, H. v.; Arzt, V., Hatte Darwin recht? Vorurteile gegen die Evolutionstheorie. In: dies., Querschnitt (Dimensionen des Lebens II). Hamburg: Hoffmann & Campe, 1978, S. 157–181.
Ebel, P., Darwinismus: Irrtum des Jahrhunderts?: DIE ZEIT, Nr. 34 (17. 8. 1984), S. 11.
Ebeling, W.; Feistel, R., Physik der Selbstorganisation und Evolution. Berlin: Akademie, [2]1986.
Eigen, M., Entstehung des Lebens. Ein Ereignis zwischen naturgesetzlichem Zwang und historischer Einzigartigkeit: Natur (H. Sterns Umweltmagazin), 3/1983, 68–77. 98.
Eigen, M., Evolution und Zeitlichkeit: In: Die Zeit. Schriften der Carl Friedrich von Siemens Stiftung, herausgegeben von A. Peisl und A. Mohler. Bd. 6. München, Wien: Oldenbourg, 1983, S. 35–57.
Eigen, M.; Winkler, R., Ludus vitalis: Mannheimer Forum 73/74. Mannheim: Boehringer, 1973, S. 53–139.
Eigen, M.; Winkler, R., Das Spiel. München, Zürich: Piper, 1975.
Eldredge, N.; Gould, S. J., Punctuated equilibria: an alternative to phyletic gradualism. In: T. J. M. Schopf, J. M. Thomas (eds.), Models in Paleobiology. San Francisco: Freeman, Cooper, 1972, S. 82–115.
Engagement, Zeitschrift für Erziehung und Schule, Heft 4, 1985: Evolutionstheorie und Schöpfungsglaube.
Erben, H. K., Die Entwicklung der Lebewesen. München, Zürich: Piper, 1975.
Erben, H. K., Leben heißt Sterben. Hamburg: Hoffmann & Campe, 1981.
Erben, H. K., Evolution. Eine Übersicht sieben Jahrzehnte nach Haeckel. Stuttgart: Enke, 1990.
Erbrich, P., Kritische Evolutionstheorie: Theologie u. Philosophie 58 (1983), 556–565.
Erbrich, P., Zufall. Eine naturwissenschaftlich-philosophische Untersuchung. Stuttgart, Berlin: Kohlhammer, 1988.
Flad-Schnorrenberg, B., Die Entdeckung des Lebendigen. Weinheim: Chemie, 1978.
Fothergill, P. G., Evolution and Christians. London: Longmans, 1961.
Freytag, W., Dem Weltengeistigen auf der Spur. Das geistige Prinzip der Evolution. Köln: Fischer, 1984.
Furthmayer-Schuh, A.; Haaf, G., Als das Leben laufen lernte: DIE ZEIT, Nr. 21 (21. 5. 1982), S. 62.
Gebser, J., Der unsichtbare Ursprung. Olten, Freiburg i.Br.: Walter, 1970.
George, U., Darwinismus – der Irrtum des Jahrhunderts: GEO (Das neue Bild der Erde). Nr. 7/1984, 74–112.
Gilbert, L. E., Koevolution: Wie ein Falter seine Wirtspflanze formt: Spektrum der Wissenschaft 10/1982, 72–82.
Gilbert, L. E.; Raven, P. H., Coevolution of Animals and Plants. Austin & London: University of Texas Press, 1975.
Gitt, W. (Hrsg.), Struktur und Information in Technik und Natur. Vorträge des 37. PTB-Seminars. Braunschweig: Physikalisch-Technische Bundesanstalt, 1981.
Gitt, W., Das biblische Zeugnis der Schöpfung. Neuhausen-Stuttgart: Hänssler, 1983.
Gitt, W.; Wermke, M., Schöpfung oder Evolution. Seewis/Uhldingen: Stephanus Edition, [2]1981.

GLÄSSER, A., Evolutive Welt und christlicher Glaube (Pierre Teilhard de Chardin 1881–1955). Regensburg: Pustet, 1984.

GOULD, S. J., Punctuated equilibrium – a different way of seeing: New Scientist 94, No. 1301 (15. 4. 1982), 137–141.

GOULD, S. J., Darwinism and the expansion of evolutionary theory: Science 216 (1982), 380–387.

GOULD, S. J., Wie das Zebra zu seinen Streifen kommt. Essays zur Naturgeschichte. Basel: Birkhäuser, 1986.

GRASSÉ, P.-P., Evolution (Allgemeine Biologie, Bd. 5). Stuttgart: Fischer, 1973.

GUTMANN, W. F.; BONIK, K., Kritische Evolutionstheorie. Ein Beitrag zur Überwindung altdarwinistischer Dogmen. Hildesheim: Gerstenberg, 1981.

GUTSCHE, E.; HÄGELE, P. C.; HAFNER, H., Zur Diskussion um Schöpfung und Evolution. Gesichtspunkte und Materialien zum Gespräch. Porta-Studien. Marburg: Studentenmission in Deutschland, [2]1984.

HAAF, G., Irrtum des Monats: DIE ZEIT, Nr. 30 (20. 7. 1984), S. 37.

HAAG, H.; HAAS, A.; HÜRZELER, J., Evolution und Bibel. Luzern, München: Rex, 1962.

HAAS, A. (Hrsg.), Das stammesgeschichtliche Werden der Organismen und des Menschen. Bd. 1: Deutung und Bedeutung der Abstammungslehre. Basel, Freiburg: Herder, 1959.

HABER, H., Die Zeit. Geheimnis des Lebens. München, Wien: Langen, Müller, 1987.

HAECKEL, E., Generelle Morphologie der Organismen: Allgemeine Grundzüge der organischen Formenwissenschaft, mechanisch begründet durch die von Charles Darwin reformierte Descendenz-Theorie. 2 Bde. Berlin: Reimer, 1866.

HAECKEL, E., Natürliche Schöpfungsgeschichte. 3 Bde. Berlin: Reimer, 1868.

HAKEN, H., Synergetics. Berlin, Heidelberg: Springer, [2]1978.

HAKEN, H., Erfolgsgeheimnisse der Natur. Synergetik: Die Lehre vom Zusammenwirken. Stuttgart: DVA, 1981.

HAKEN, H., Entwicklungslinien der Synergetik: Naturwissenschaften 75 (1988), 163–172; 225–234.

HASS, H.; LANGE-PROLLIUS, H., Die Schöpfung geht weiter. Station Mensch im Strom des Lebens. Stuttgart-Degerloch: Seewald, 1978.

HEBERER, G. (Hrsg.), Die Evolution der Organismen. Stuttgart: Fischer, 3 Bde., [3]1967–1974.

HEBERER, G., Allgemeine Abstammungslehre. Göttingen, Zürich: Muster-Schmidt, [2]1980.

HEBERER, G.; WENDT, H., Entwicklungsgeschichte der Lebewesen. Ergänzungsband zu Grzimeks Tierleben. Zürich: Kindler, 1972.

HEMMINGER, H., Der Mensch eine Marionette der Evolution. Eine Kritik an der Soziobiologie. Frankfurt/M.: Fischer TB, 1983.

HENNING, K.; KUTSCHA, S., Mangelnde Ursache oder mangelndes Wissen? Zum Begriff Zufall in Philosophie und Naturwissenschaften: Naturwissenschaften 71 (1984), 493–499.

HÖLDER, H., Zur gegenwärtigen Problematik der Evolutionsforschung: Paläontologische Zeitschrift 57 (1983), 177–188.

HOFBAUER, J.; SIGMUND, K., Evolutionstheorie und dynamische Systeme. Mathematische Aspekte der Evolution. Berlin, Hamburg: Parey, 1984.

HOLZ, H., Evolution und Geist. Frankfurt/M.: Lang, 1981.
HOLZAMER, K., Philosophie. Einführung in die Welt des Denkens. Augsburg: Weltbild, 1990.
HOYLE, F., Das intelligente Universum. Eine neue Sicht von Entstehung und Evolution. Frankfurt/M: Umschau Vlg., 1984.
HUXLEY, J., Entfaltung des Lebens. Frankfurt/M., Hamburg: Fischer, 1954.
HUXLEY, T. H., Evidences as to man's place in nature. 1863. Zeugnisse für die Stellung des Menschen in der Natur. Eingeleitet und übersetzt von G. Heberer. Stuttgart: Fischer, 1963.
ILLIES, J., Nicht Tier, nicht Engel – Der Mensch zwischen Natur und Kultur. Zürich: Edition Interfrom, 1975.
ILLIES, J., Der Mensch in der Schöpfung. Ein Naturwissenschaftler liest die Bibel. Zürich: Edition Interfrom, 1977.
ILLIES, J., Schöpfung oder Evolution. Zürich: Edition Interfrom, 1979.
ILLIES, J., Die Welt ist Gottes Schöpfung. Freiburg, Basel, Wien: Herder, 1981.
ILLIES, J., Die biologische Evolution als bleibende Herausforderung des Denkens: Universitas 36 (1981), 959–966.
ILLIES, J., Der Jahrhundertirrtum – Würdigung und Kritik des Darwinismus. Frankfurt/M: Umschau Vlg., 1983.
ISAK, R., Evolution ohne Ziel? Ein interdisziplinärer Forschungsbeitrag. Freiburg, Basel, Wien: Herder, 1992.
JARMANN, C., Die Entwicklung des Lebens. Stuttgart, Zürich: Delphin, 1971.
JESSBERGER, R., Kreationismus – kritisch betrachtet: Universitas 44 (1989), 342–353.
JESSBERGER, R., Kreationismus – Kritik des modernen Antievolutionismus. Berlin, Hamburg: Parey, 1990.
JONAS, H., Philosophische Aspekte des Darwinismus. In: ders., Organismus und Freiheit. Göttingen: Vandenhoeck & Ruprecht, 1973, S. 60–91.
KÄMPFE, L. (Hrsg.), Evolution und Stammesgeschichte der Organismen. Stuttgart, New York: Fischer, ^{3}1992.
KAHLE, H., Evolution. Irrweg moderner Naturwissenschaft? Bielefeld: Moderner Buchservice, 1980.
KAHL-FURTHMANN, G., Der Satz vom zureichenden Grunde: Z. für philosophische Forschung 30 (1976), 107–122.
KAISER, P.; PETERS, D. S. (Hrsg.), Evolutionstheorie und Schöpfungsverständnis. Regensburg: Pustet, 1984.
KALTENBRUNNER, G.-K. (Hrsg.), Wir sind Evolution. Die kopernikanische Wende der Biologie. Initiative 40. Freiburg, Basel: Herder, 1981.
KAPLAN, R. W., Mutationen für die Evolution: Naturwissenschaftliche Rundschau 37 (1984), 125–134.
KATECHISMUS DER KATHOLISCHEN KIRCHE, Stichwort »Schöpfung«, Nr. 290–301. München: Oldenbourg, 1993.
KATTMANN, U., Evolution und Geschichte – Erinnerung an C. Darwin: Unterricht Biologie Magazin Nr. 68 (6. Jhrg.), April 1982, 45–47.
KATTMANN, U.; WAHLERT, G. v.; WENINGER, J., Evolutionsbiologie. Köln: Aulis, Deubner & Co, ^{2}1981.

KIMURA, M. (ed.), Molecular Evolution, Protein Polymorphism and the Neutral Theory. Berlin, Heidelberg: Springer, 1982.

KIMURA, M., Die Neutralitätstheorie der molekularen Evolution. Hamburg: Parey, 1987.

KLAUSEWITZ, W., Kampf um die Schöpfung: F. A. Z. Nr. 273 (24. 11. 1983), S. 25.

KLAUSEWITZ, W., Mensch und Dinosaurier: Waren sie doch Zeitgenossen? Der Kampf der amerikanischen Kreationisten gegen die Evolution: Frankfurter Allgemeine Zeitung, Nr. 259, 7. 11. 1986, S. 25.

KNIPPERS, R.; PHILIPPSEN, P.; SCHÄFER, K. P.; FANNING, E., Molekulare Genetik. Stuttgart, New York: Thieme, ^{5}1990.

KOLTERMANN, R., Grenzen biologischer Aussagen und ihr Überstieg in Philosophie und Theologie – aufgezeigt am Beispiel von Evolution und Schöpfung: Information. Mitteilungsblatt für die Katholischen Schulen in freier Trägerschaft in den Diözesen Fulda, Limburg, Mainz. 1/1983, 15–25.

KOLTERMANN, R., Das Phänomen Leben: Zufall, Entwicklung, Schöpfung? KFS im Erzbistum Köln 60/1984, 1–59.

KOLTERMANN, R., Schöpfung in Evolution: Lebendiges Zeugnis, 41 (1986), H.1, 52 – 67.

KOLTERMANN, R., Entwicklung/Evolution. In: Lexikon der Religionen. Hrsg.: F. König, H. Waldenfels. Freiburg, Basel: Herder, 1987, 142–145.

KOLTERMANN, R., Die moderne Biologie und ihre Aussagen zum Selbstverständnis des Menschen. Evolution und Schöpfung: Engagement. Zeitschrift für Erziehung und Schule 4/1989, 353–366.

KOLTERMANN, R., Kreationismus. In: Lexikon der Sekten, Sondergruppen und Weltanschauungen. Hrsg. H. Gasper, J. Müller, F. Valentin. Freiburg, Basel: Herder, 1990, 570–573.

KOLTERMANN, R., Das Verhältnis von Evolution und Schöpfung in der Sicht der katholischen Kirche. In: K. Müller (Hrsg.), Naturwissenschaftliches Weltbild und Evangelisierung. Nettetal: Steyler Verlag, 1993, 193–209.

KOSLOWSKI, P., Evolution und Gesellschaft. Eine Auseinandersetzung mit der Soziobiologie. Tübingen: Mohr (Paul Siebeck), 1984.

KOSLOWSKI, P.; KREUZER, P.; LÖW, R. (Hrsg.), Evolution und Freiheit. Zum Spannungsfeld von Naturgeschichte und Mensch. Civitas Resultate Bd. 5. Stuttgart: Hirzel, 1984.

KREUZER, F., Der Gottheit lebendiges Kleid. Evolutionstheorie und Glaube. Franz Kreuzer im Gespräch mit H. v. Ditfurth, Kardinal Franz König u. A. Keyserling. Wien: Deuticke, 1982.

KRUEGER, F. R., Physik und Evolution. Physikalische Ansätze zu einer Einheit der Naturwissenschaften auf evolutiver Grundlage. Berlin, Hamburg: Parey, 1984.

KÜPPERS, B.-O., Das »Paradoxon« der Evolution (Erkenntnistheoretische Überlegungen zum Ursprung des Lebens). In: B. Kanitscheider (Hrsg.), Moderne Naturphilosophie. Würzburg: Königshausen & Neumann, 1984, 317 – 335.

KÜPPERS, B.-O., Molecular Theory of Evolution. Berlin, Heidelberg: Springer, 1983.

KUHN, H., Die Entstehung der organischen Welt: Civitas. Monatsschrift f. Politik u. Kultur. Hrsg. Schweizerischer Studentenverein. 3/1985, 58–70.

KUHN, O., Die Deszendenztheorie. München: Kösel, ^{2}1951.

KUHN, W., Darwins Evolutionstheorie. Eine bleibende Herausforderung. Köln: Bachem, 1985.

KUHN, W., Stolpersteine des Darwinismus. Berneck: Schwengeler, Bd. 1: ²1987; Bd. 2: ¹1985.

KULL, U., Evolution. Stuttgart: Metzler, 1984.

KUMMER, C., Evolution als Höherentwicklung des Bewußtseins. Über die intentionalen Voraussetzungen der materiellen Selbstorganisation. Freiburg, München: Alber, 1987.

KUMMER, C., Selbstorganisation und Entwicklung. Zur Bedeutung eines physikalischen Paradigmas in der Biologie. Theologie und Philosophie 66 (1991), 547–556.

KURT, F., Kein Kampf ums Dasein: Natur (H. Sterns Umweltmagazin) 2/1984, 79.– 87.

LEFÈVRE, W., Die Entstehung der biologischen Evolutionstheorie. Frankfurt a. M., Berlin: Ullstein, 1984.

LEVINTON, J. S., Die explosive Entfaltung der Tierwelt im Kambrium: Spektrum der Wissenschaft 1/1993, 54–62.

LEWONTIN, R., Anpassung. In: E. Mayr (Hrsg.), Evolution. Heidelberg: Spektrum-der-Wissenschaft-Verlagsges., 1982, 32–40.

LOCKER, A. (Hrsg.), Biogenesis, Evolution, Homeostasis. Berlin, Heidelberg: Springer, 1973.

LOCKER, A. (Hrsg.), Evolution – kritisch gesehen. Salzburg, München: Pustet, 1983.

LÖNNIG, W.-E., Artbegriff und Ursprung der Arten (Dokumentation u. Diskussion der verschiedenen Auffassungen). Köln: Selbstverlag, ²1987.

LOESCHKE, V.; WÖHRMANN, K., Populationsbiologie: Naturwissenschaftliche Rundschau 37 (1984), 305–308.

LORENZ, K., Der Abbau des Menschlichen. München, Zürich: Piper, 1983.

LØVTRUP, S., Darwinism: The refutation of a Myth. London, New York: Croom Helm, 1987.

MARKL, H., Anpassung und Fortschritt – Evolution aus dem Widerspruch. Zum 100. Todesjahr von C. R. Darwin: Verh. d. Ges. Dt. Naturf. u. Ärzte. 112. Vers. Mannheim 1982. Stuttgart: Wiss. Verlagsgesellschaft, 1983, 41–58.

MAYR, E., Artbegriff und Evolution. Hamburg, Berlin: Parey, 1967.

MAYR, E., Evolution und die Vielfalt des Lebens. Berlin, Heidelberg: Springer, 1979.

MAYR, E. (Hrsg.), Evolution. Heidelberg: Spektrum-der-Wissenschaft-Verlagsgesellschaft, 1982.

MAYR, E., Die Entwicklung der biologischen Gedankenwelt. Vielfalt, Evolution, Vererbung. Berlin, Heidelberg: Springer, 1984.

MAYR, E., Kein Zufall. Evolutionsbiologie: ein Kommentar zum angeblichen »Irrtum des Jahrhunderts«: DIE ZEIT, 9. 11. 1984, 84.

MAYR, E., Natürliche Auslese: Naturwissenschaften 72 (1985), 231–236.

MAYR, E., Eine neue Philosophie der Biologie (Vorwort von H. Markl). München, Zürich: Piper, 1991.

MAYR, E., One Long Argument. Charles Darwin and the Genesis of Modern Evolutionary Thought. Cambridge (Mass.) : Havard University Press, 1991.

MELSEN, A. G. M., Evolution und Philosophie. Köln: Bachem, 1966.

MEYER, H.; DAUMER, K., Evolution. München: Bayerischer Schulbuchverlag, ²1981.

MEYER, P., Evolution und Gewalt. Ansätze zu einer biosoziologischen Synthese. Berlin, Hamburg: Parey, 1981.

Moore, R., Die Evolution. TIME-LIFE International, 1969.

Moorehead, A., Darwins große Reise. Köln-Lövenich: Hohenheim, 1982.

Morrison, A. C., Zufall oder Schöpfung? Stuttgart: Kilpper, 1951.

Müller, H. M., Evolution, Kognition und Sprache. Berlin, Hamburg: Parey, 1987.

Nagl, W. et al., Genome and Chromatin Organization in Higher Plants: Biologisches Zentralblatt 102 (1983), 129–148.

Natur (H. Sterns Umweltmagazin) 3/1983, 78–81. 105: Hundert Jahre nach Darwin. Der Streit zwischen Evolutionswissenschaftlern und Kreationisten hält an (= Leserzuschriften).

Nemesszeghy, E.; Russel, J., The Theology of Evolution. Cork: The Mercier Press, 1972.

New Scientist 105, No. 1444 (21. 2. 1985), 19: Gene-swapping breaks barriers in evolutionary theory.

Oparin, A. I., Das Leben – seine Natur, Herkunft und Entwicklung. Jena: Fischer, 1963.

Osche, G., Das »Wesen« der biologischen Evolution: Mannheimer Forum 73/74. Mannheim: Boehringer, 1973, 9–50.

Osche, G., Evolution. Grundlagen, Erkenntnisse, Entwicklungen der Abstammungslehre. Freiburg, Basel: Herder, ³1974.

Osche, G., Evolution. In: G. Czihak, H. Langer, H. Ziegler (Hrsg.), Biologie. Berlin, Heidelberg: Springer ⁵1992, S. 855–930.

Ostermann, E., Unsere Erde – ein junger Planet. Das Ende einer Legende. Neuhausen-Stuttgart: Hänssler, 1978.

Ott, J. A.; Wagner, G. P.; Wuketits, F. M. (Hrsg.), Evolution, Ordnung und Erkenntnis. Hamburg, Berlin: Parey, 1985.

Ouweneel, W. J., Schöpfung oder Evolution? Neustadt: Paulus, ³1976.

Overhage, P., Die Evolution des Lebendigen. Das Phänomen. Quaestiones disputatae 20/21. Freiburg, Basel: Herder, 1963.

Overhage, P., Die Evolution des Lebendigen. Die Kausalität. Quaestiones disputatae 26/27. Freiburg, Basel: Herder, 1965.

Overhage, P.; Rahner, K., Das Problem der Hominisation. Quaestiones disputatae 12/13. Freiburg, Basel: Herder, 1961.

Paläontologische Zeitschrift Bd. 57, Heft 3/4 (1983). Evolutionsproblematik aus paläontologischer Sicht.

Pius XII., Enzyklika »Humani generis« (deutsch), 12. 8. 1950.

Pflug, H. D., Die neue Evolutionstheorie – Kosmische Kräfte steuern das Leben: Bild der Wissenschaft 5/1985, 60–67.

Pflug, H. D., Die Spur des Lebens. Berlin, Heidelberg: Springer, 1984.

Preuss, F., Der Aufbau des Menschlichen. Die Mitschöpfung der Lebewesen an ihrer Gestaltung. Hamburg, Berlin: Parey, 1987.

Prigogine, I., Vom Sein zum Werden. Zeit und Komplexität in den Naturwissenschaften. München, Zürich: Piper, ²1980.

Prigogine, I.; Stengers, I., Dialog mit der Natur. Neue Wege naturwissenschaftlichen Denkens. München, Zürich: Piper, 1981.

Probst, E., Deutschland in der Urzeit. München: Bertelsmann, 1986.

Probst, G. J. B., Selbst-Organisation. Ordnungsprozesse in sozialen Systemen aus ganzheitlicher Sicht. Berlin, Hamburg: Parey, 1987.

Querner, H.; Hölder, H.; Egelhaaf, A., u. a., Vom Ursprung der Arten. Neue Erkenntnisse und Perspektiven der Abstammungslehre. Reinbek b. Hamburg: Rowohlt, 1969.

Rad, G. v., Theologie des Alten Testamentes. Bd. 1. München: Kaiser, [8]1982.

Rahner, K. (Hrsg.), Herders Theologisches Taschenlexikon. 8 Bde. Freiburg, Basel: Herder, 1972–1973.

Rechenberg, I., Evolutionsstrategie. Optimierung technischer Systeme nach Prinzipien der biologischen Evolution. Stuttgart, Bad Cannstatt: Frommann, Holzboog, 1973.

Rehder, H., Evolution anders gesehen. Ein Beitrag zur Überwindung des Materialismus und zur Rechtfertigung des Vitalismus. München: Pfeil, 1986.

Reid, R. G. B., Evolutionary Theory. The unfinished Synthesis. London, Sydney: Croom Helm, 1985.

Remane, A.; Storch, V.; Welsch, U., Evolution. Tatsachen und Probleme der Abstammungslehre. München: dtv, 1973.

Rensch, B., Neuere Probleme der Abstammungslehre. Die transspezifische Evolution. Stuttgart: Enke, [3]1972.

Rensch, B., Drei heterogene Bedeutungen des Begriffs »Zufall«: Philosophia naturalis 18 (1980), 197–208.

Rensch, B., Evolution: Zelle als Organismus, Erregbarkeit, Hirngeschehen. Festschrift für B. Rensch. Schriftenreihe der Westf. Wilhelms-Universität Münster NF H. 4. Münster: Aschendorff, 1985.

Ridley, M., Selfish DNA comes of age: New Scientist 106, No. 1456 (16. 5. 1985), 34–37.

Ridley, M., Evolution and Classification. The Reformation of Cladism. London, New York: Longman, 1986.

Riedl, R., Die Ordnung des Lebendigen. Systembedingungen der Evolution. Hamburg, Berlin: Parey, 1975.

Riedl, R., Die Strategie der Genesis. München, Zürich: Piper, 1976.

Riedl, R., Biologie der Erkenntnis. Berlin, Hamburg: Parey, [2]1980.

Riedl, R., Darwin – ein schlechter Darwinist?: Naturwissenschaftliche Rundschau 35 (1982), 365–368.

Riedl, R., Die Spaltung des Weltbildes. Biologische Grundlagen des Erklärens und Verstehens. Berlin, Hamburg: Parey, 1985.

Riedl, R. J.; Kreuzer, F. (Hrsg.), Evolution und Menschenbild. Hamburg: Hoffmann & Campe, 1983.

Rieppel, O., Kladismus oder die Legende vom Stammbaum. Basel, Boston, Stuttgart: Birkhäuser, 1983.

Robertson, M., Lamarck revisited – the debate goes on. In: J. Cherfas (ed.), Darwin up to date. New Scientist Guide, IPC Magazine Ltd. London, 1982, 59–61.

Savage, J., Evolution. Serie Moderne Biologie. München, Bern: BLV-Verlagsgesellschaft, [2]1973.

Schaltegger, H., Theorie der Lebenserscheinungen: Steuerung chemischer, biologischer, sozialer Prozesse und der Evolution. Stuttgart: Hirzel, 1984.

Scharf, J.-H., Evolution. Nova Acta Leopoldina. Abhandlungen der deutschen Akademie der Naturforscher Leopoldina. N. F. 218, Bd. 42. Leipzig: J. A. Barth, 1975.

Scheven, J., Daten zur Evolutionslehre im Biologieunterricht. Neuhausen-Stuttgart: Hänssler, 1979.

SCHILCHER, F. v.,; TENNANT, N., Philosophy, Evolution and Human Nature. London: Routledge & Kegan Paul, 1984.

SCHMIDT, F., Grundlagen der kybernetischen Evolution. Eine neue Evolutionstheorie. Krefeld: Goecke & Evers, 1985.

SCHMITZ, S., Charles Darwin. Leben, Werk, Wirkung. Hermes Handlexikon. Düsseldorf: Econ, 1983.

SCHOFFENIELS, E., Anti-Zufall. Die Gesetzmäßigkeit der Evolution biologischer Systeme. Stuttgart: Hirzel, 1984.

SCHOONENBERG, P., Bund und Schöpfung. Einsiedeln, Zürich, Köln: Benzinger, 1970.

SCHUSTER, H. G., Deterministic Chaos. Weinheim: Physik-Vlg., 1984.

SCHWEMMLER, W., Symbiogenese als Motor der Evolution. Grundriß einer theoretischen Biologie. Berlin, Hamburg: Parey, 1991.

SCIENTIFIC AMERICAN, Evolution. Vol.239, No. 3, September 1978.

SENCKENBERGISCHE NATURFORSCHENDE GESELLSCHAFT (Hrsg.), Organismus und Selektion – Probleme der Evolutionsbiologie. Frankfurt: Kramer, 1985.

SHELDRAKE, R., Das schöpferische Universum. Die Theorie des morphogenetischen Feldes. München: Meyster, 1983.

SIEWING, R. (Hrsg.), Evolution. Bedingungen, Resultate, Konsequenzen. Stuttgart, New York: Fischer, [3]1987.

SIMON, K., Evolutionssprünge auch beim Artentod: Naturwissenschaftliche Rundschau 37 (1984), 511–512.

SIMPSON, G. G., Fossilien. Mosaiksteine zur Geschichte des Lebens. Heidelberg: Spektrum-der-Wissenschaft-Verlagsges., 1984.

SMITH, J. M., Evolutionsgenetik. Stuttgart, New York: Thieme, 1992.

SPAEMANN, R.; KOSLOWSKI, P.; LÖW, R., Evolutionstheorie und menschliches Selbstverständnis. Civitas Resultate Bd. 6. Weinheim: Acta humaniora, 1984.

SPAEMANN, R.; LÖW, R., Die Frage wozu? Geschichte und Wiederentdeckung des teleologischen Denkens. München, Zürich: Piper, 1981.

SPAEMANN, R.; LÖW, R.; KOSLOWSKI, P., Evolutionismus und Christentum. Civitas Resultate Bd. 9. Weinheim: Acta humaniora, 1986.

STANLEY, S. M., Der neue Fahrplan der Evolution. Fossilien, Gene und der Ursprung der Arten. München: Harnack, 1983.

STANLEY, S. M., Krisen der Evolution. Artensterben in der Erdgeschichte. Heidelberg: Spektrum-der-Wissenschaft-Verlagsgesellschaft, 1988.

STARCK, D., Die Evolution. In: D. Starck, K. Fiedler, P. Harth, J. Richter, Biologie. Weinheim: Vlg. Chemie, 1981, 55–78.

STEBBINS, G. L., Evolutionsprozesse. Grundbegriffe der modernen Biologie, Bd. 2. Stuttgart: Fischer, [2]1980.

STOCKHAUSEN, A. v., Mythos, Logos, Evolution. Dialektische Verknüpfung von Geist und Materie. Neuhausen-Stuttgart: Hänssler, 1981.

STONE, I., Der Schöpfung wunderbare Wege. Das Leben des C. Darwin. München, Zürich: Droemer/Knaur, 1981.

TAUBE, M., Evolution of Matter and Energy on a Cosmic and Planetary Scale. New York, Berlin: Springer, 1985.

TAYLOR, G. R., Das Geheimnis der Evolution. Frankfurt/M.: Fischer, 1983.

Teilhard de Chardin, P., Der Mensch im Kosmos. München: Beck, 1959.
Theissen, G., Biblischer Glaube in evolutionärer Sicht. München: Kaiser, 1984.
Thenius, E., Die Evolution der Säugetiere. Stuttgart: Fischer, 1979.
Time-Magazine, Did comets kill the dinosaurs? A bold new theory about mass extinction: Time-Magazine 6. 5. 1985, 42–49.
Timofeeff-Ressovsky, N. V.; Voroncov, N. N.; Jablokov, A. N., Kurzer Grundriß der Evolutionstheorie. Jena: Fischer, 1975.
Tudge, C., Lamarck lives in the immune system. In: J. Cherfas (ed.), Darwin up to date. New Scientist Guide. London: IPC Magazine Ltd., 1982, 56–59.
Turner, J., Why we need evolution by jerks: New Scientist 101, (9. 2. 1984), 34–35.
Vogel, K., Macht die biologische Evolution Sprünge? Sitzungsberichte der Wiss. Ges. an der J. W. Goethe-Universität Frankfurt a. M. Bd. XIX, Nr. 4. Wiesbaden: Steiner, 1983.
Volk, H., Schöpfungsglaube und Entwicklung. Schriften der Ges. zur Förderung der Westf. Wilhelms-Universität zu Münster, H. 33. Münster: Aschendorff, 1955.
Vollmer, G., Die Unvollständigkeit der Evolutionstheorie. In: ders. Was können wir wissen? Bd. 2, Die Erkenntnis der Natur. Stuttgart: Hirzel, 1986, 1–38.
Vollmert, B., Konnten die Lebewesen von selbst entstehen?: Natur (H. Sterns Umweltmagazin), 10/1982, 90–100.
Vollmert, B., Vom Bakterium zum Säugetier – zur Entstehung der Arten: Natur (H. Sterns Umweltmagazin), 11/1982, 92–98.
Vollmert, B., Polykondensation in Natur und Technik. Karlsruhe: E. Vollmert, 1983.
Vollmert, B., Die Lebewesen und ihre Makromoleküle. Fortsetzung eines Disputs über die Entstehung der Arten im Lichte der exakten Naturwissenschaften: Mutation und Polykondensation. Karlsruhe: E. Vollmert Vlg., 1983.
Vollmert, B., Das Molekül und das Leben. Vom makromolekularen Ursprung des Lebens und der Arten: Was Darwin nicht wissen konnte und Darwinisten nicht wissen wollen. Reinbek: Rowohlt, 1985.
Vrba, E. S.; Eldredge, N., Individuals, hierarchies and processes: towards a more complete evolutionary theory: Paleobiology 10 (1984), 146–171.
Wahlert, G. & H., Was Darwin noch nicht wissen konnte. Stuttgart: DVA, 1977.
Wasmann, E., Die moderne Biologie und die Entwicklungstheorie. Freiburg: Herdersche Verlagshandlung, [3]1906.
Weissmahr, B., Gottes Wirken in der Welt. Ein Diskussionsbeitrag zur Frage der Evolution und des Wunders. Frankfurt/M: Knecht, 1973.
Wesson, R., Die unberechenbare Ordnung. Chaos, Zufall und Auslese in der Natur. München: Artemis & Winkler, 1993.
Wilder-Smith, A. E., Herkunft und Zukunft des Menschen. Neuhausen-Stuttgart: Hänssler, 1972.
Wilder-Smith, A. E., Die Naturwissenschaften kennen keine Evolution. Basel, Stuttgart: Schwabe, [2]1978.
Wilder-Smith, A. E., Evolution im Kreuzverhör. Neuhausen-Stuttgart: Hänssler, 1983.
Wilder-Smith, A. E., Planender Geist gegen planlose Entwicklung. Genetische Programmierung als Alternative zu Darwins Evolutionslehre. Basel, Stuttgart: Schwabe, 1983.
Wilhelm, F. (Hrsg.), Der Gang der Evolution. Die Geschichte des Kosmos, der Erde und des Menschen. München: Beck, 1987.

Willmann, R., Die Art in Raum und Zeit. Berlin, Hamburg: Parey, 1985.

Winkler-Oswatitsch, R.; Eigen, M., Glasperlenspiele mit dem Zufall: Natur (H. Sterns Umweltmagazin), 8/1982, 91–99.104.

Wolff, F., Trialismus der Evolution. Freiburg: Naturwissenschaftliche Verlagsgesellschaft, 1986.

Wuketits, F. M., Gesetz und Freiheit der Evolution der Organismen: Umschau 79 (1979), 268–275.

Wuketits, F. M., Biologie und Kausalität. Biologische Ansätze zur Kausalität, Determination und Freiheit. Berlin, Hamburg: Parey, 1981.

Wuketits, F. M., Grundriß der Evolutionstheorie. Darmstadt: Wissenschaftliche Buchgesellschaft, 1982.

Wuketits, F. M., Biologische Erkenntnis: Grundlagen und Probleme. Stuttgart: Fischer, 1983.

Wuketits, F. M., Evolution, Erkenntnis, Ethik. Folgerungen aus der modernen Biologie. Darmstadt: Wissenschaftliche Buchgesellschaft, 1984.

Wuketits, F. M., Zustand und Bewußtsein. Leben als biophilosophische Synthese. Hamburg: Hoffmann & Campe, 1985.

Wuketits, F. M., Evolutionstheorien. Historische Voraussetzungen, Positionen, Kritik. Darmstadt: Wissenschaftliche Buchgesellschaft, 1988.

Ziegler, W. (Hrsg.), Organismus und Selektion – Probleme der Evolutionsbiologie. FrankfurtM.: Kramer, 1985.

KAPITEL V

Anthropogenese: Der Mensch als Evolutionsprodukt und Geschöpf Gottes

1. Problemstellung

In diesem Kapitel fragen wir nach dem Werden des Menschen. Wie ist er zu begreifen? Sind naturwissenschaftliche Aussagen hinreichend (sein Abstammungszusammenhang mit den höheren Primaten), oder ist er wesentlich mehr?

2. Problemgeschichte

Bis in die erste Hälfte des 19. Jahrhunderts herrschte allgemein die Anschauung, das Menschengeschlecht sei nur wenige tausend Jahre alt.

Nach George Cuvier (1769–1832), einem großen französischen Paläontologen und Zoologen, ist der Mensch nach einer der letzten Erdkatastrophen, dem *Diluvium* (Sintflut), vor ca. 5000–6000 Jahren entstanden. Andere Forscher sprachen von einem antediluvialen Menschen. Schließlich entdeckte man, daß das Diluvium keine schnell vorübergehende Katastrophe war, sondern sich über einen längeren Zeitraum erstreckte, innerhalb dessen der Mensch entstanden war. Heute spricht man statt vom Diluvium vom Eiszeitalter, dem *Pleistozän*, das mit Ausnahme der letzten 10000–12000 Jahre die letzten zwei bis drei Millionen Jahre umfaßt. Die Entstehung des Menschen kann jedenfalls nicht vor dem Tertiär (Beginn vor ca. 65 Millionen Jahren) angenommen werden, da ja zunächst die einfachen Primatenformen gebildet werden mußten, die es zu Anfang des Tertiärs noch nicht gab.

3. Abstammungsgeschichte des Menschen

Aus dem über 35 Millionen Jahre alten Stammbaum der Hominoidea bildeten sich im Laufe des Tertiär-Abschnitts Miozän (vor ca. 25–13 Millionen Jahren; vgl. geologische Zeittafel am Ende dieses Kapitels) der Pongiden- und der Hominidenast heraus (pongid = menschenaffenartig; hominid = menschenartig). Beide haben als ursprüngliches Merkmal das charakteristische Dryopithecus-

Muster, die Form der Unterkiefermahlzähne, wodurch die gemeinsame Wurzel angedeutet ist.

Der gemeinsame Ahn der Familie der Pongidae und der Familie der Hominidae geht aus dem Kreis der Dryopithecinen hervor. Nahe der Abzweigstelle der Menschenartigen steht der *Ramapithecus.* Dabei sind mehrere Forscher heute der Auffassung, der Ramapithecus gehöre nicht zur Hominidenlinie (P. Andrews, 1982; H. Meyer, 1982; M. Wolpoff, 1982; R.G. Klein, 1989; S. Jones, R. Martin, D. Pilbeam, 1992). Einige Funde der Ramapithecinen seien genannt:

Kenyapithecus wickeri, 1962, Fort Ternan, Ostafrika, 14 Millionen Jahre; Ramapithecus punjabicus, 1910 und 1934, Siwaliks/Indien, 13–8,5 Millionen Jahre; Ramapithecus lufengensis, 1980, Lufeng/China, 8 Millionen Jahre alt.

Als nächste Stufe erscheint der *Australopithecus,* der in mehreren Arten gefunden wurde:

A. afarensis: der bisher älteste Fund ist ein UK-Bruchstück mit 2 Molaren, 5 Millionen Jahre alt (D. Pilbeam, 1985); ferner das Mädchen »Lucy«, 1974, Afarsenke/Ostafrika, 3,1–2,9 Millionen Jahre, und die Funde von Laetoli in Tansania (Afrika), 3,7–3,5 Millionen Jahre. A. afarensis ist wahrscheinlich die Abzweigstelle für den

Australopithecus africanus (graziler Typ) und den *Australopithecus robustus/boisei* (robuster Typ) sowie für den Homo habilis.

Die Australopithecinen besitzen – mit Ausnahme von A. afarensis – im Unterschied zu den Menschenaffen keine Affenlücke im Unterkiefer für den Eckzahn. Sie gingen als Dauerhaltung aufrecht, und ihre Gehirnkapazität lag zwischen 435–562 ccm. Sie sind vor ca. 600000 Jahren ausgestorben. Die Australopithecinen bilden als eine Unterfamilie zusammen mit der Unterfamilie der Homininae (echte Menschen) die Familie der Hominidae (Menschenartige).

Der *Homo habilis* trat vor 1,9 Millionen Jahren auf und starb vor etwa 900000 Jahren aus; seine Gehirnkapazität betrug 634–667 ccm, in einigen Vertretern mehr. Fundort: Ostafrika; ältester Fund: KNM-ER 1470, Turkana-See (Ostafrika), 1,82 Millionen Jahre, Gehirnvolumen: 770 ccm. Werkzeuggebrauch wahrscheinlich. Werkzeugherstellung fraglich. Ob der H. habilis schon Mensch im philosophischen Sinn war, ist sehr umstritten.

Der *Homo erectus* findet sich in Afrika und Asien in zahlreichen Subspezies (= Unterarten); einige Funde aus Europa, die früher auch dazu gerechnet wurden (z. B. H. e. heidelbergensis, H. e. palaehungaricus), werden heute nicht mehr in diese Spezies eingeordnet (R. G. Klein, 1989; S. Jones, R. Martin, D. Pilbeam, 1992). Zum Homo erectus gehören folgende Funde:

a) H. erectus ssp. (= Subspezies): KNM-ER 15000, männlich, 12 Jahre, 168 cm groß, ca. 55 kg schwer, 90 % des Skeletts erhalten, Turkana-See; 1,6 Mill. Jahre alt.
b) H. erectus ssp.: KNM-ER 3733, Turkana-See (Ostafrika), Gehirnvolumen: ca. 850 ccm; 1,5 Millionen Jahre alt.
c) H. erectus modjokertensis: ca. 1,2 Millionen Jahre alt; Gehirnvolumen: 750 ccm. Modjokerto/Java.
d) H. erectus leakeyi: Olduvai (Ostafrika); sehr dicke Schädeldecke; Gehirnvolumen: 1067 ccm; ca. 1,1 Millionen Jahre alt.
e) H. erectus erectus: Trinil/Java, Gehirnvolumen: 850 ccm; 830000 Jahre alt.
f) H. erectus lantianensis: Lantian/China, Gehirnvolumen: 780 ccm; 700000 Jahre alt.
g) H. erectus pekinensis: 300000–400000 Jahre alt; Chou-kou-tien bei Peking (China); verschiedene Funde von Gehirnschädeln; Gehirnvolumen: 915–1225 ccm.
h) H. erectus (sive sapiens) soloensis: ca. 100000 Jahre alt; Ngandong/Java; Gehirnvolumen: 1100–1225 ccm.

Der Homo erectus ist gegenüber dem Australopithecus eindeutig höher evolviert. Progressive Merkmale sind z. B.:

* ein dem Homo sapiens nahezu identisches Extremitätenskelett,
* gegenüber dem Australopithecus entschieden höhere Schädelkapazität.

Es bestehen aber noch eine ganze Reihe von Unterschieden gegenüber dem Homo sapiens, z. B.:

* massige Überaugenwülste; flache, fliehende Stirn;
* extrem dicke Schädelknochen; Fehlen eines Kinnvorsprungs.

Unter Berücksichtigung aller Merkmale ergibt sich jedoch eine stärkere Ähnlichkeit des Homo erectus mit dem Homo sapiens als mit dem Australopithecus. Heute nimmt man an, daß vom Homo erectus eine (bzw. mehrere) Linie(n) zum *Homo sapiens* abgezweigt ist (sind).

Homo sapiens steinheimensis: ca. 200000–230000 Jahre alt; Steinheim bei Stuttgart, 1933; Gehirnvolumen: 1130 ccm. Dicke Überaugenwülste. Heute als Anteneandertaler eingestuft (W. Henke, 1991). Wahrscheinlich hat der Übergang vom Homo erectus zum Homo sapiens mehrmals und an verschiedenen Orten (multiregional) und nicht in einer Gegend (uniregional), und zwar in Afrika, stattgefunden.

Die Subspezies-Differenzierung innerhalb der Spezies Homo erectus läßt sich in allen drei Kontinenten (Afrika, Asien, Europa) von primitiveren zu evolvierteren H. erectus-Formen erkennen, wobei die Ausläufer bereits fließende Übergänge zum Homo sapiens aufweisen, aber dennoch als Eigenentwicklung dargestellt werden müssen; sie besitzen zwar Sapiens-Niveau, sind aber nicht als direkte Vorläufer der rezenten Menschen zu betrachten.

Ausgehend von archaischen Sapiens-Formen hat sich der moderne Homo sapiens herausgebildet. Wahrscheinlich wurden die klassischen Neandertaler in Europa durch einwandernde moderne Sapiens-Formen verdrängt (Replacement-Theorie, mit oder ohne Hybridisierung).

Homo sapiens neanderthalensis (70000–30000 Jahre)

Innerhalb des Zweiges der Neandertaler können sogenannte Anteneandertaler von Präneandertalern und diese von klassischen Neandertalern morphologisch und zeitlich abgegrenzt werden. Die Präneandertaler, die als direkte Vorläufer des Homo sapiens neanderthalensis aufzufassen sind, traten vor etwa 100000 bis 70000 Jahren auf. Charakteristische morphologische Merkmale weisen darauf hin, daß sie in direkter Vorfahrenslinie zu den klassischen Neandertalern stehen. Die Funde (1992) von Atapuerca, Spanien (J.-L. Arsuaga, I. Martinez u. a. 1993), mit ca. 300000 Jahren haben die ganze Diskussion um den Neandertaler neu entfacht. Wahrscheinlich gehören sie zu den Anteneandertalern. Vom Zweig des *Homo sapiens sapiens* lassen sich die Neandertaler durch mehrere Merkmale abgrenzen, z. B. langgestreckter, relativ flach wirkender Gehirnschädel, flache Stirn, großes Nackenmuskelfeld, kräftige Überaugenwülste, starkes Nasenskelett, große Nasen- und Augenöffnungen, sowie mächtige Unterkiefer mit leicht fliehendem Kinn.

Der Homo sapiens neanderthalensis stellt gegenüber dem Homo sapiens sapiens eine eigene Entwicklungslinie dar. Er starb vor etwa 35000 bis 28000 Jahren aus. Der Neandertaler besaß neben hochdifferenzierter Geräteherstellung auch schon eine hohe Kulturstufe (Tieropfer, Bestattung, Bekleidung, Malerei).

Der *Homo sapiens sapiens* trat vor etwa 40000 Jahren in Europa auf, wahrscheinlich aus Afrika kommend. Sein Erscheinen ist mit dem abrupten Verschwinden des Neandertalers signifikant zu korrelieren. Das plötzliche Auftreten des Homo sapiens sapiens läßt vermuten, daß die klassischen Neandertaler weitgehend nachkommenlos ausgestorben sind bzw. genetisch in geringem Maße absorbiert wurden. Der rezente Mensch muß sich aus weniger spezialisierten Sapiens-Formen entwickelt haben.

4. Zwischenergebnis

Die Hominisation erfolgte nicht durch einen einmaligen, zeitlich eng begrenzten großen Schritt, sondern stellt einen langen, allmählichen Vorgang dar. Bei den einzelnen Organsystemen ist die Entwicklung zum Menschen durchaus unterschiedlich und ungleichmäßig verlaufen. So ist z. B. der aufrechte Gang der Ausbildung des Gehirnapparates zeitlich vorausgegangen (aufrechter Gang voll ausgebildet während des oberen Pliozäns: Fußspuren 3,7 Millionen Jahre alt; das Gehirn war zu dieser Zeit noch auf dem Pongidenniveau). Auch innerhalb der Entwicklung eines jeden Merkmalkomplexes ist ein ungleiches Tempo festzustellen. So sind an den aufrechten Gang bestimmte Körperabschnitte vielleicht früher angepaßt worden als andere. Das gleiche gilt für die Schädelumformung im Zuge der Gehirnzunahme und der Reduktion des Gesichts (Schnauzenform; die Zähne wurden vor den Kiefern umgeformt).

5. Zeit der Menschwerdung (Hominisation)

Die Hominisation erstreckte sich über eine sehr lange Zeit. Sie begann mindestens im Pliozän, vielleicht schon im oberen Miozän, mit der Aufrichtung des Körpers und wurde bis ins Pleistozän hinein mit der dauernden Gehirnzunahme und Spezialisation einzelner Gehirnteile fortgesetzt. (Der naturwissenschaftliche Begriff der Menschwerdung muß hier von dem philosophischen und erst recht von dem theologischen unterschieden werden.)

6. Ort der Menschwerdung

Menschenaffen und Menschen unterscheiden sich von allen anderen Primaten durch die Form der Unterkiefermahlzähne. Schon die *Dryopithecinen* (drys = Baum; pithecos = Affe), vor 30–25 Millionen Jahren in Afrika entstanden, hatten diese typische Form. Vor etwa 15–10 Millionen Jahren hatten die Dryopithecinen sich bereits über ein Gebiet verbreitet, das von Mitteleuropa im Norden bis nach China im Osten und mindestens bis nach Ostafrika im Süden reichte. Irgendwo innerhalb dieses Raumes muß aus der Dryopithecusgruppe über Australopithecus afarensis und Homo habilis der Mensch hervorgegangen sein. Dieser Raum läßt sich eventuell einengen auf die äquatorialen Hochländer von Südasien bis Ostafrika, in denen sich die offene Savanne auf Kosten des Urwaldes ausdehnte; hier erwies sich der aufrechte Gang als nützlich, weil sich dadurch das Blickfeld erweiterte, so daß ein Feind früher erkannt werden konnte.

Dieser Umweltwechsel läßt sich durch eine Klimaveränderung im Laufe der letzten 50 Millionen Jahre erklären, bei der die Jahresdurchschnittstemperaturen niedriger wurden. Infolge dieses Temperaturabfalls in Europa starb der Dryopithecus dort bald aus und/oder zog sich in wärmere Gebiete zurück.

Von den ursprünglichen Gebieten des Homo sind immer wieder einzelne Gruppen in neue, andere Gebiete vorgedrungen, meist aufgrund veränderter Klimaverhältnisse. Als Beispiel dafür gilt der Homo erectus, der sowohl nach Ost- und Südafrika als auch (als dort ein milderes Klima herrschte) nach Europa (?) und Südostasien gelangte. Die Australopithecinen waren vermutlich nicht so klimaanpassungsfähig; dementsprechend gering war ihr Ausbreitungsvermögen; nach Europa sind sie offenbar nicht gekommen.

Europa und der gesamte mediterrane Raum sind höchstwahrscheinlich nicht das Entstehungsgebiet des Homo sapiens sapiens, da sich hier der Neandertaler aus Übergangsformen des Homo erectus zum Homo sapiens entwickelt hatte und wohnte. Afrika südlich des Äquators und die südostasiatische Inselwelt wurden jedoch bis in die Neandertalerzeit, als Homo sapiens sapiens schon lange existierte, noch von Nachfolgegruppen des Homo erectus (Ngandong-Funde; Rhodesier) bevölkert. So vermutet J. L. Franzen (1974) das Entstehungszentrum des Homo sapiens sapiens im südwestlichen Asien; nach G. Bräuer (1985; 1987) aber ist Homo sapiens sapiens in Ostafrika entstanden und von dort vor ca. 50 000 Jahren nach Asien und Europa ausgewandert, wo er die archaischeren Menschenformen ablöste (»out of Africa«: G. Bräuer, 1987; A. C. Wilson; R. L. Cann, 1992. »multiregional«: A. G. Thorne; M. H. Wolpoff, 1992.).

7. Die drei Grossrassen

Von der Entstehung des Homo sapiens sapiens muß deutlich die erst viel später erfolgte Differenzierung in die drei Großrassen (Europide, Mongolide und Negride) unterschieden werden.

7.1 Die europide Rasse

Die älteste der drei Großrassen stellt die europide Rasse dar. Schädelfunde (Cromagnon, Combe Capelle, Kelsterbach) datieren aus einer Zeit vor ca. 32 000–30 000 Jahren. Das reliefartige Gesicht und der relativ langgliedrige Körper sprechen gegen eine Entstehung unter extrem kalten, die Hellhäutigkeit gegen eine Entstehung in besonders heißem Klima. So spricht manches dafür, daß die *europäische Rasse* einst unter den *gemäßigten Klimaverhältnissen* im *südöstlichen Rußland* am Übergang zum *südwestlichen Asien* entstanden sein dürfte.

7.2 Die mongolide Rasse

Die Mongoliden sind erst recht spät als eine besondere Anpassungsform entstanden. Wahrscheinlich bildete sich diese Rasse in ihrer typischen Gestalt während des ausgehenden Eiszeitalters. Ihr gedrungener Körperbau mit kurzen Extremitäten, das flache, stark fettgepolsterte Gesicht, in dem Augen, Nase, Stirn- und Kieferhöhlen besonders gut geschützt sind, läßt auf eine Anpassung an ein kaltes Klima schließen. Ihr Entstehungsort dürfte in den *Kältesteppen Innerasiens* (Wüste Gobi) mit dem von hohen Gebirgszügen relativ abgeschlossenen Raum gelegen haben. Von dort breitete sich die mongolide Rasse in andere Regionen aus. So sind die Indianer zweifelsohne mongolider Abstammung. Ihre Vorfahren wanderten vermutlich vor 20000–28000 oder sogar schon vor 32000–36000 Jahren in Nordamerika ein. – Die Einwanderung der Eskimos, die ebenfalls zur mongoliden Rasse gehören, fand dagegen erst vor über 4000 Jahren statt, als die Formung der mongoliden Rasse bereits abgeschlossen war.

7.3 Die negride Rasse

Der langgestreckte Körperbau der Negriden sowie ihre dunkle Hautfarbe, die große Zahl der Schweißdrüsen auf der Haut und das dichte Kraushaar weisen auf eine Entstehung unter trockenheißem Klima hin, wie es gegen Ende der Eiszeit in der *südlichen Sahara* gegeben war. Erst später stießen die Negriden von hier aus in den Urwald und in das südliche Afrika vor.

Diese Darstellung der Ausbreitung des Menschen über die Erde schließt mit dem Ende der Eiszeit vor ungefähr 10000–12000 Jahren. Zu dieser Zeit hatte der Mensch mit Ausnahme der Antarktis sämtliche Kontinente der Erde erreicht, auch Australien. Damit waren die Bevölkerungsbewegungen natürlich nicht abgeschlossen; man denke nur an die Völkerwanderungen oder an die gewaltsame Verschleppung der Negriden als Sklaven durch die Weißen auf den amerikanischen Kontinent, auf dem zuvor die Mongoliden in Gestalt der Indianer von den Europiden nahezu ausgerottet worden waren.

8. Die Sonderstellung des Menschen

»Der Mensch kann sich nicht vollständig schauen außerhalb der Menschheit, noch die Menschheit außerhalb des Lebens, noch das Leben außerhalb des Universums.« (P. Teilhard de Chardin, 1959, S. 7) Die Wahrheit dieses Satzes galt es im bisherigen Verlauf der Darstellung, angefangen von der Kosmogenese, aufzuweisen. Doch stellt sich die Frage, ob der Mensch als Teil der übrigen Lebewesen voll begriffen ist. Gibt es zu seinen tierischen Vorfahren grundlegende Unterschiede? Zur Beantwortung dieser Frage kann man zwei unterschiedlich akzentuierte Forschungsperioden unterscheiden:

a) 1895–1924
Forscher wie Charles Darwin (1809–1882), Thomas Henry Huxley (1825–1895), Charles Lyell (1797–1875), Ernst Haeckel (1834–1919) und Karl Vogt (1817–1894) gehören dieser Periode an. Sie wollten nachweisen, daß der Mensch ein von subhumanen Formen abstammender Primat ist, was nur durch ausreichendes Fossilmaterial belegt werden konnte.

b) 1925 bis heute
Nachdem ein verhältnismäßig reiches fossiles Belegmaterial vorhanden war, änderte sich die Fragestellung; sie lautet jetzt, nachdem die biologische Einordnung des Menschen in die Ordnung der Primaten feststeht: Was hat es für die Interpretation und das Selbstverständnis des Menschen zu bedeuten, daß er von subhumanen Primaten abstammt, deren stammesgeschichtliches Erbe er in sich trägt? Heute wird von den Biologen betont, daß der Mensch aufgrund seiner *intellektuellen Leistung* eine Stellung in der Welt der Organismen habe, die nicht hinreichend erfaßt wäre, bezeichnete man ihn ausschließlich als Primaten. Zur Entstehung der menschlichen Erkenntnisfähigkeit vgl. weiter unten in diesem Kapitel: Evolutionäre Erkenntnistheorie.

Zur Klärung des Begriffs »Sonderstellung«
Mit dem Begriff »Sonderstellung des Menschen« ist keine isolierte Stellung des Menschen im zoologischen System gemeint (wie z. B. die des Schnabeltieres), sondern die Tatsache, daß sich der Mensch durch seinen Intellekt eine Form animalischen Lebens erschließt, die einzigartig ist. (Zum Menschen als Freiheitswesen und als Person: vgl. J. Splett, 1974; 1978.)

Anhand zweier Merkmalsgruppen soll die Sonderstellung des Menschen als Endprodukt der Entwicklung verdeutlicht werden: anatomische und Verhaltensmerkmale.

8.1 Anatomische Merkmale

8.1.1 Gehirngröße und Struktur des Zentralnervensystems

Die Evolution des Gehirns ist keineswegs nur mit dessen Volumenzunahme gleichzusetzen. Neben die quantitative Zunahme tritt dessen qualitative Veränderung. Vor diesem Hintergrund müssen die folgenden Daten gelesen werden:

* Die Werte der Schädelkapazität (sie sind nicht gleichzusetzen mit denen des Gehirnvolumens, sondern liegen um etwa 10–15 % höher) haben sich vom Australopithecus (435–562 ccm) über den Homo habilis bis zum Homo erectus (700–1200 ccm) knapp verdoppelt, bis zum Homo sapiens sapiens (1000–1700 ccm) knapp verdreifacht.
* Mit der kontinuierlichen Vergrößerung des Gehirnvolumens wurden gleichzeitig bestimmte Gehirnpartien stärker ausgebildet, was Voraussetzung für höhere Denkfunktionen, für Planen und Sprechen ist. Zeichnete man den Schaltplan des Gehirns auf, benötigte man einen Bogen Papier von mehreren km^2.
* Bis heute ist noch ungeklärt, wie durch dieses Instrument Selbstbewußtsein entstehen konnte. In genauen Untersuchungen wurde festgestellt, daß die stammesgeschichtlich jüngsten Abschnitte der Hirnrinde für die dem Menschen spezifisch zukommenden Eigenschaften verantwortlich sind, wie z. B. gesteigerte Lernfähigkeit, formale Intelligenz, ethische Eigenschaften (die Freiheit des Willens betreffend; vgl. dazu auch die Postulate der Soziobiologie: D. P. Barash, 1980; H. Hemminger, 1983), Eigenschaften, die das Zusammenleben der Menschen und damit Zivilisations- und Kulturfähigkeit im weitesten Sinne ermöglichen.
* Diese letzten Schritte der Evolution des Großhirns sind erst innerhalb der Gattung Homo (seit dem H. erectus) vollzogen worden. Hinsichtlich des Sprechvermögens hat man aufgrund anatomischer Gegebenheiten behauptet, daß der Neandertaler nur zu lallenden Lauten fähig gewesen sei. Diese These wird aber von anderen bestritten.

8.1.2 Der aufrechte Gang

Als entscheidend für die Sonderstellung des Menschen wird oftmals der aufrechte Gang als Dauerform der Fortbewegung angesehen. Durch den aufrechten Gang stehen die Vorderextremitäten nicht mehr im Dienste der Fortbewegung, sondern werden frei zum Kultur schaffenden Instrumentarium. Nach Portmann ist die Hand das Kulturorgan des Menschen. Das Mädchen »Lucy« (Australopithecus afarensis, etwa 3 Millionen Jahre alt), und Trittspuren im Alter von ca. 3,5–3,7 Millionen Jahren beweisen, daß die Entstehung des aufrechten Ganges schon in diese Zeit oder kurz davor zu legen ist.

Mit der Ausbildung des aufrechten Ganges entwickelten sich andere anatomische Merkmale, die typisch für den Menschen sind:

* Indem das Becken zum Tragkorb der Eingeweide wurde, erfolgte eine Einengung des durch das weibliche Becken hindurchführenden Geburtskanals. Andererseits wurde eine Vergrößerung des Schädels möglich, weil dieser infolge des aufrechten Ganges die Spitze der Wirbelsäule darstellte und so leichter zu balancieren war und besser geschützt werden konnte. Daraus ergaben sich für die Geburt erhebliche Schwierigkeiten: Der Schädel war für den eingeengten Geburtskanal zu groß. Als Lösung des Dilemmas wurde ein Kompromiß gefunden: Der Mensch wird als Embryo geboren, bevor das Gehirn voll ausgewachsen ist (A. Portmann, 1969).
* Konsequenz davon ist das unterschiedliche Wachstumstempo, das sich z. B. in dem Vergleich von Mensch und Menschenaffe beobachten läßt: Im ersten Lebensjahr entwickeln sich die Organe und ihre Funktionen beim menschlichen Embryo beschleunigt (fötales Tempo), d. h. in einem Tempo, das bei Tieren nur vor der Geburt gegeben ist. Zu Beginn des zweiten Lebensjahres geht das menschliche Kind aufrecht, beginnt mit den ersten Sprechäußerungen und läßt Anzeichen einsichtigen Handelns erkennen.
* Mit der Ausbildung des aufrechten Ganges verstärkte sich die Gesäßmuskulatur. Sie verhinderte das Einknicken des Rumpfes und diente dazu, das Becken nach hinten zu kippen;
* die Beine sind im Verhältnis zum Rumpf und zu den Armen stark verlängert;
* die Wadenmuskulatur ist sehr ausgeprägt;
* die menschliche Wirbelsäule weist eine typische S-Form auf;
* der menschliche Schädel zeigt gegenüber einem Tierschädel einen Stockwerkbau;

Es gibt zahlreiche *Hypothesen zur Genese des aufrechten Ganges* (W. Henke; H. Rothe, 1980, S. 113 ff., dort auch weitere Literaturangaben). Diese Hypothesen können in zwei Ursachenkomplexen zusammengefaßt werden:

* Morphologisch-anatomische: z.B. Körpergrößenzunahme (B. Rensch, 1972), Verkürzung und Krümmung der Darmbeine mit den daraus resultierenden Änderungen im Beckenbereich (L. W. Mednick, 1954; 1955);
* ökologische: z. B. Klimaverschiebungen (G. Heberer, 1956).

Die morphologisch-anatomischen Erklärungsversuche bleiben unbefriedigend, um so mehr, als es keine Fossilfunde gibt, die die sukzessive Entwicklung des Aufrichtungsprozesses belegen könnten; ebenso unzureichend sind aber auch Hypothesen, die die Entwicklung des aufrechten Ganges in Beziehung setzen zu Änderungen des Biotops, die von Klimaverschiebungen verursacht wurden.

Untersuchungen von R. H. Tuttle (1969) legen es nahe, Knöchelgänger (rezente knuckle walker sind Schimpanse und Gorilla) zwar aus der Vorfahrenlinie der Hominiden auszuschließen, sie jedoch als rezente Modelle für das Studium des Übergangs von einer vierfüßigen zu einer bipeden Fortbewegungsform für bedeutsam zu erachten. C. E. Oxnard (1975) konnte hingegen nachweisen, daß die bipeden Hominiden funktionell-morphologische Merkmale aufweisen, die denen des Orang-Utans vergleichbar sind; das legt den Schluß nahe, daß die Vertreter des basalen Hominidenstocks in gewissem Grad einer hangelnd-kletternden Lebensweise angepaßt waren.

Für die Entstehung von vollbipeden Formen aus so angepaßten Hominidenvorläufern müssen massive Selektionsvorteile verantwortlich sein, welche die Nachteile überwogen haben, die z. B. eine Umkonstruktion des Beckens für den Geburtsvorgang mit sich brachte. Ein solcher Vorteil kann in den freiwerdenden Händen gesehen werden. Dadurch wurden Werkzeugbenutzung und -herstellung ermöglicht, ebenso Futtertransport und vieles andere mehr. Die geistig-kulturelle Entwicklung ist damit jedoch noch nicht erklärt, da derartige Fähigkeiten auch bei Pongiden in einigen Situationen nachweisbar sind. Für die geistig-kulturelle Entwicklung muß als Triebkraft eine im Laufe der Phylogenese immer komplexer werdende Sozialstruktur der frühen Hominiden-Population betrachtet werden; sie ist nicht einseitig durch Erwerb der Bipedie und Befreiung der Hände zu erklären, sondern setzt die Entstehung des Geistes der Frühmenschen (H. erectus) voraus.

8.2 Verhaltensmerkmale

Vier Verhaltensmerkmale sind kennzeichnend für die Sonderstellung des Menschen: Feuergebrauch, Traditionsbildung, Werkzeugherstellung und Besitz einer Lautsymbolsprache.

8.2.1 Feuergebrauch

Der Gebrauch des Feuers wird immer wieder als Beweismittel für die Sonderstellung des Menschen herangezogen: Irgendwo im weiten Übergangsfeld vom Tier zum Menschen (ältester Feuergebrauch in Ostafrika vor 1,42 Millionen Jahren: J. A. J. Gowlett et al., 1981) ist das Feuer domestiziert worden. Der Feuergebrauch als solcher ist jedoch kein notwendiges Kriterium für die Sonderstellung des Menschen. Ein frühmenschlicher Jägertrupp im eiszeitlichen Europa konnte in seiner Höhle ohne Feuer zwar nicht existieren, eine Gruppe früchteessender Frühmenschen mußte in der afrikanischen Savanne jedoch das Feuer fürchten. Neuere Belege für Feuergebrauch von vor mehr als einer Million Jahren in Höhlen bei Swartkrans, Südafrika: R. von Lucius: FAZ, 14. 12. 1988, S. N 2; C. K. Brain, A. Sillen, 1988; S. Bunney, 1989.

So hängt es vom Klima ab, ob überhaupt das Feuer notwendig war. Daraus folgt: Auch wenn kein Feuergebrauch nachgewiesen werden kann, können bestimmte Fossilien trotzdem menschlich sein. Liegt hingegen Feuergebrauch vor, so ist mit Sicherheit Menschsein gegeben, weil bei allen Tieren auch heute noch eine panische Angst vor Feuer besteht, die nur über die Einsicht in einen Zweckzusammenhang des nützlichen Gebrauchs des Feuers überwunden werden kann. Eine kritische Prüfung der Feuerstellen aus dem Unter- und Mittelpleistozän findet sich bei S. R. James (1989).

8.2.2 Traditionsbildung

Definition: Mit Traditionsbildung bezeichnen wir in einem Vorverständnis ein Verhalten, das nicht angeboren ist, sondern von zumeist älteren Mitgliedern erlernt und an jüngere Individuen derselben Spezies oder Gruppe weitergegeben wird. Gibt es auch schon bei Tieren Traditionsbildung?

Versuch

a) Darstellung: Imo, ein 1,5 Jahre altes Weibchen der Rotgesichtsmakaken (Macaca fuscata), begann eine vom Versuchsleiter in den Sand vergrabene Süßkartoffel hervorzuholen und im Wasser eines Baches zu säubern. Die Süßkartoffel wurde in der einen Hand gehalten, wobei die andere an der eingetauchten Frucht reibende Bewegungen ausführte. Vier Jahre später hatten 15 der 60 Mitglieder umfassenden Makaken-Gruppe, zu der Imo gehörte, dieses Verhalten zu ihrer Gewohnheit gemacht. Zunächst wurde das Säubern der Süßkartoffel nur von jungen Rotgesichtsaffen übernommen, dann auch von den älteren weiblichen Tieren, die aufgrund der Mutter-Kind-Beziehung engeren sozialen Kontakt mit den Jugendlichen hatten als die älteren männlichen Mitglieder der Horde. Die Männchen lernten nur in Ausnahmefällen.

Ähnlich bildeten sich andere ›Traditionen‹, z. B. das Waschen der Süßkartoffeln im Salzwasser des Meeres, was die Knollen wohl schmackhafter machte. Auch das Baden im Meer und die Trennung von mit Sand vermischtem Weizen, indem die Mischung ins Wasser geworfen und der oben schwimmende Weizen mit den Händen abgefischt wurde, entstand durch Tradition.

b) Stellungnahme: Um die Frage beantworten zu können, ob es bei den Tieren Traditionsbildung gibt, muß zunächst analysiert werden, um was es sich bei diesen Fallbeispielen handelt. Bei der Traditionsbildung lassen sich drei Elemente unterscheiden:

* das tradierende Subjekt;
* das empfangende oder lernende Subjekt;
* dasjenige, das tradiert bzw. empfangen wird (Objekt der Tradition);

Anhand der unterschiedlichen Notwendigkeit der Präsenz dieser Elemente lassen sich verschiedene Stufen der Traditionsbildung aufzeigen:

* *Ein Lernen am Objekt* liegt vor, wenn Imo die Kartoffel zum ersten Mal reinigt (noch keine Tradition!).
* *Ein Lernen durch Nachahmung* liegt vor, wenn ein erfahrener Artgenosse eine bestimmte Handlung vormacht, die andere Mitglieder derselben Gruppe wahrnehmen und zu imitieren versuchen. Hier sind die drei obengenannten Elemente gleichzeitig gegeben, so daß man von Tradition sprechen kann, ähnlich dem Verhalten bei Kindern, dem »Nachäffen«.
* *Lernen durch Gelehrtwerden am Objekt* ist eine weitere Stufe der Traditionsbildung; es setzt ein aktives Tun des tradierenden Subjekts voraus. Im Unterschied zu einem nur absichtslosen Vor-sich-hin-Tun des tradierenden Subjekts oder einem instinktiven Tun bei Tieren ist in dieser Form der Tradition die *Absicht*, etwas *lehren zu wollen*, enthalten. Von einer Absicht eines Handelnden sprechen wir, wenn er um die Folgen weiß und sie willentlich herbeiführt. Es ist stark zu bezweifeln, daß diese Stufe der absichtlichen Traditionsbildung von Tieren erreicht wird.
* *Tradition ohne Gegenwart des Objekts*: Durch die Symbolsprache ist es dem Menschen möglich, ohne physische Gegenwart Erfahrungsinhalte zu tradieren. Das Ersetzen des Objekts durch ein Symbol bedeutet eine ungeheuere Entwicklungsbeschleunigung. G. Osche (1973) nannte dies die kulturelle Evolution im Unterschied zur biologischen (vgl. auch: R. Wesson, 1993, S. 339–346).

Hier kann der Begriff der »Kommunikationseinheit« eingeführt werden zur Bezeichnung einer Anzahl unterschiedlicher Gruppen von Individuen (Generationen), unter denen Tradition möglich ist. Beim Menschen umfaßt die Kommunikationseinheit gewöhnlich 3–4 Generationen; bei Tieren, die ihre Nachkommen gar nicht sehen (Insekten, Tintenfische etc.), ist sie überhaupt nicht vorhanden.

Folgende Faktoren begünstigen eine Traditionsbildung beim Menschen:
a) Verlängerung der Jugendzeit (ca. 20 Jahre);
b) Verlängerung des Lebensalters;
c) größere Gehirnkapazität, die ein erhöhtes Aufnehmen von Informationen und Traditionsinhalten ermöglicht.

* *Tradition ohne physische Gegenwart des Objekts sowie des tradierenden Subjekts*: Neben dem Gegenstand der Tradition, der beim Menschen durch ein Wort ersetzt werden kann, ist hier auch das tradierende Subjekt nicht real gegenwärtig; es wird durch die Schrift ersetzt, die vor etwa 5000 Jahren er-

funden wurde (P. Damerow; R. K. Englund; H. J. Nissen, 1988). Die Kommunikationseinheit erstreckt sich in diesem Fall auf alle Menschen seit Erfindung der Schrift, sofern diese entziffert ist. In moderner Zeit kamen noch Tonband, Schallplatte, Film und Videoband hinzu. Auf diese Weise ist ein Abstraktionsgrad der Tradition vom Objekt und vom tradierenden Subjekt erreicht, der bei Tieren nicht vorkommt.

c) *Ergebnis*: Schon beim Tier gibt es Vorformen der Traditionsbildung; jedoch ist nur der Mensch fähig, Traditionen auf einer hohen Stufe und im Vollsinn zu entwickeln.

8.2.3 Werkzeuggebrauch/Werkzeugherstellung

Lange Zeit wurde unterschieden zwischen dem Menschen als »tool-maker« und dem Tier als »tool-user«. Diese Differenzierung erweist sich angesichts der Tatsache, daß auch bei Tieren einfache Werkzeugherstellung beobachtbar ist, als wenig hilfreich. Auch der Hinweis auf die heutige Überlegenheit der menschlichen Technik (von der Dampfmaschine bis zum Computer) gegenüber den heute lebenden nicht-menschlichen Primaten ist nicht sachdienlich, da unsere Frage darauf zielt, zu welchem Zeitpunkt im Evolutionsprozeß erstmals Spuren des »homo faber« als geistbegabtem Wesen nachzuweisen sind.

Nach K. J. Narr (1984) sind drei Kriterien zu nennen, die es erlauben, von Werkzeugen im menschlichen Sinne zu sprechen:

1. *Die nicht vorgegebene Form*: Die Form des Werkzeuges darf nicht durch die Form des Rohstückes (z. B. ein Stock, der lediglich von störenden Verästelungen befreit wird) vorgegeben sein. Vielmehr muß die Werkzeuggestalt gezielt aus dem Rohmaterial herausgearbeitet sein.
2. *Die nicht vorgegebene Herstellungsweise*: Die Werkzeuge dürfen nicht allein mit Hilfe vorgegebener Körperorgane (Hände, Gebiß) hergestellt werden. Zu ihrer Bearbeitung müssen Hilfsmittel herangezogen werden, seien dies auch einfache, ihrerseits nicht bearbeitete Schlagsteine.
3. *Die nicht vorgegebene Funktion*: Echte Werkzeuge sind keine Organprojektionen, d. h. Hilfsmittel, die lediglich Körperorgane verstärken, verlängern oder steigern. Sie müssen eine in den Körperorganen nicht vorgebildete Funktion neuer Art besitzen.

Durch diese Definition wird deutlich, daß von menschlicher Werkzeugherstellung erst dann zu sprechen ist, wenn es sich um Ergebnisse echter Erfindung im Sinne der Schaffung einer neuen qualitativen Funktion handelt.

8.2.4 Menschliche Begriffssprache

Unter Begriffssprache verstehen wir verbale Kommunikationssymbole mit grammatischer Kompetenz. Auch Tiere haben Kommunikationsmittel (chemische, akustische, optische, taktile), jedoch keine grammatische Kompetenz. So ist die Begriffssprache ein weiteres entscheidendes Merkmal, das die Sonderstellung des Menschen begründet. Analog zu den Versuchen zum Nachweis der Traditionsbildung bei Tieren wurden Experimente mit dem Ziel durchgeführt, Tieren (in erster Linie Menschenaffen) das Sprechen beizubringen. Innerhalb dieser Versuchsreihen lassen sich drei Klassen in bezug auf das verwendete Kommunikationsmedium unterscheiden. Unter Kommunikation verstehen wir Informationsvermittlung von einem Sender zum Empfänger. Wir unterscheiden zwischen nonverbaler Kommunikation (R. A. Hinde, 1972): Gestik, Mimik, Laute etc. – und verbaler Kommunikation: Sprache im eigentlichen Sinn (J. C. Eccles, 1973; P. Overhage, 1978; H. Gipper, 1979; J. T. Laitman, 1987).

1. Versuche, bei denen mit einer Laut-Symbolsprache gearbeitet wurde (H. Hediger, 1981);
2. Versuche, bei denen Objekte mit Zeichencharakter verwendet wurden (z. B. Metall- oder Plastikplättchen, die in Form und Farbe differieren); bekannt wurden die Versuche von D. Premack mit der Schimpansin Sarah.
3. Versuche, bei denen AMESLAN (American sign language = die Zeichensprache taubstummer Amerikaner) als Kommunikationsmedium diente; so z. B. bei den Versuchen von A. und B. Gardener und H. S. Terrace.

Zu 1.: Die Versuche mit der Laut-Symbolsprache waren zum Scheitern verurteilt, da sich sehr bald herausstellte, daß Affen aufgrund anatomischer Gegebenheiten zu keiner artikulierten Lautsprache fähig sind. Um so verblüffender erscheinen demgegenüber die Erfolge, die in den beiden anderen Versuchsklassen erzielt wurden. Stellvertretend für zahlreiche langjährige Versuchsreihen seien drei im folgenden kurz dargestellt und bewertet.

Zu 2.: Versuche mit Plastikplättchen

Vorbemerkung: Zu der zweiten Kategorie von Versuchen zählen die Arbeiten von David Premack mit der Schimpansin Sarah; die Versuchsergebnisse wurden 1970/71 veröffentlicht (vgl. D. Premack, 1973). Premack arbeitete mit Plastikplättchen in verschiedenen Farben und Formen. Die Plättchen mußten von Sarah an eine Magnettafel geheftet werden. Sätze wurden in der Vertikalen geschrieben. In dieser Sprache gibt es keine Phoneme, Grundeinheit ist das Wortsymbol. Es fehlt die Grammatik (Deklination, Konjugation).

Darstellung: (A. J. Premack & D. Premack, 1973). Voraussetzung für einen Lernerfolg war die soziale Kontaktaufnahme zwischen Sarah und ihrem Lehrer. Nachdem der Kontakt sich stabilisiert hatte, wurde Sarah dazu veranlaßt, ein Wortsymbol an die Tafel zu heften, wofür sie eine Belohnung erhielt. Dann wurde das Darbieten einer Frucht mit einem bestimmten Plastikplättchen kombiniert; einer anderen Frucht wurde entsprechend ein anderes Plastikplättchen zugeordnet. Wenn Sarah das neben dem Obst liegende Plastikstück an die Tafel heftete, erhielt sie das dazugehörige Obst.

Bereits zu diesem Zeitpunkt erfolgte ein Test, der klären sollte, ob Sarah zwischen den Elementen der Objektklasse und den entsprechenden Elementen der Sprachklasse eine Assoziation hergestellt hatte. Dazu wurden ihr zwei »Wörter«, aber nur ein Stück Obst gegeben. Sarah vermochte nicht nur der Frucht das richtige »Wort« zuzuordnen, sie konnte auch – war sie an der dargebotenen Frucht weniger interessiert – ein »falsches« Wort als Bitte um die gewünschte Frucht benutzen. Die nächste Begriffsklasse behandelte man analog: Jeder Austausch des Obstes erfolgte mit gleichzeitigem Ersetzen eines zweiten Sprachelementes durch die Versuchsperson. Sarah wurde bereits zu diesem Zeitpunkt angehalten, die Plastikplättchen in einer bestimmten Reihenfolge anzuheften.

Premack faßte die Anfangsergebnisse wie folgt zusammen: »Wenn auch noch viele Variationen des Versuchs durchgespielt werden müssen, so hat sich doch das Grundverfahren, einem naiven Lebewesen Wörter beizubringen, als einfach erwiesen: Zwischen Schüler und Lehrer wurde eine Transaktion eingeübt. Daraufhin wurde festgelegt, in welche Hauptbegriffsklassen die Transaktion aufgeteilt werden sollte, was sich als bemerkenswert einfach herausstellte. Jede Klasse wurde dann einer Reihe von Veränderungen unterzogen, wie Apfel-Banane, Mary-Randy, geben-legen, Sarah-Jane, wobei die anderen Klassen jeweils konstant gehalten wurden. Gleichzeitig mit dieser Abwandlung in der Begriffsklasse wurde auch das zugeordnete Sprachelement ausgetauscht; und im Zuge der schriftlichen Festlegung jeder neuen Klasse erhöhten sich die sprachlichen Anforderungen.« (D. Premack, 1973, S. 95f.)

Sarah lernte in der folgenden Zeit Elemente wie ›gleich-verschieden‹, das Fragewort, die Ja-Nein-Frage und Klassenbegriffe wie Farbe, Form und Größe. Nach Premack gelangen Sarah sogar »metasprachliche« Konstruktionen, indem sie Sätze wie »›Apfel‹ ist der Name von Apfel« und »›Banane‹ ist nicht der Name von Apfel« zu bilden lernte. Sarah schien also die Plastikobjekte und die von ihnen bezeichneten Nicht-Plastikobjekte als Glieder von Klassen identifiziert zu haben, die durch die Beziehung »Name von« miteinander verbunden waren. Immer war das Plastikstückchen Name eines Dinges, nie umgekehrt, und ›Name von‹ war die einzige Beziehung, die zwischen den Gliedern beider Klassen bestand.

Nach Premack ist aufgrund von zahlreichen Tests Sarahs Wortverständnis nicht auf den syntaktischen Zusammenhang eingeschränkt, in dem das Wort ursprünglich erlernt wurde. Sarah lernte auch Objektklassen wie »Frucht«, »Gebäck« und »Süßigkeiten«, die Mehrzahlbildung von Wörtern und Zahlwörtern wie alle, kein(e), ein(e), mehrere. Unter großen Schwierigkeiten lernte Sarah auch den Begriff »ist« und die logische Verknüpfung »wenn-dann«.

Abschließend sei Premacks Unterrichtsverfahren noch einmal zusammengefaßt; es ist von großer Bedeutung, weil alle anderen Versuche sich im Prinzip dieses Verfahrens bedienen bzw. es geringfügig modifizieren: »Die grundlegende Operation bei dem Übungsverfahren war der Ersatz eines Teiles durch einen anderen. Jedes neue Wort oder jede neue Partikel wurde an einer ganz bestimmten Stelle als das einzig unbekannte Element eingeführt. Die Elemente selbst reichten von einem Extrem zum anderen. Sie konnten tatsächliche Objekte sein, wie z. B. beim Erlernen von ›gleich-verschieden‹. Auf der anderen Seite bestanden sie aus ganzen Satzgefügen, so bei der Einübung von ›wenn-dann‹. Natürlich waren alle durch den Akt der Vervollständigung gebildeten Wortreihen in dieser Sprache zulässig. Substitution eines Teils durch einen anderen dürfte das einfachste Unterrichtsverfahren darstellen. Lautet die Aufgabe, es sei eine Reihe zu vervollständigen, so schließt diese einfache Form der Substitution folgende Fehlerquellen aus:

1. die Frage, welche Wörter und wie viele von ihnen zu benutzen sind;
2. die Frage, an welche Stelle der Reihe die Wörter gehören;
3. die Frage, welche Operationen angewandt werden müssen, einfache Anfügung oder Neuordnung oder auch Streichung.

Bei einer weiteren Verwendung der Sprache treten die anderen Operationen – Neuordnung eines Satzes, Substitution mehrerer Teile, Weglassung usw. – auf. Sie können entweder als solche gelehrt werden oder, wie es bei Sarah eher geschah, spontan auftreten, aber für den Anfangsunterricht scheinen sie nicht geeignet zu sein. Dort benötigen wir die geringstmögliche Zahl von Operationen, die dem Lehrgang angemessen ist.

Was gehört zu einem optimalen Unterrichtsverfahren? Im Grunde wissen wir das nicht, sollten es aber herauszufinden versuchen. Ohne diese Kenntnis sind nämlich Fehler nicht eindeutig zu interpretieren. Sie könnten auf ein Unvermögen der Spezies hindeuten, aber auch auf eine ungeeignete Form der Unterweisung. Erst wenn wir wissen, wie ein richtiger Unterricht geartet sein muß, können wir sicher erkennen, wer versagt hat – der Lehrer oder der Schüler.« (D. Premack, 1973, S. 130)

Ergebnis:
Sarah, D. Premacks Musterschülerin, beherrschte in ihrer besten Zeit 120 Wortsymbole (H. v. Ditfurth; V. Arzt, 1978, S. 209). Während Sarah die Puber-

tät durchlief und den damit verbundenen emotionellen Aufbruch durchmachte, sind alle Kenntnisse wieder verlorengegangen (H. v. Ditfurth; V. Arzt, 1974, S. 136). Während der Pubertät Sarahs hat das Triebhafte die dünne Schicht der hohen Hirnleistung im Cortex überwältigt. Das volumenmäßige Verhältnis von Hirnstamm und Hirnrinde, das beim Menschen etwa 20 % zu 80 % beträgt, ist beim Schimpansen zugunsten des Hirnstammes verschoben; die hohen Denkleistungen des Menschen finden aber in der Hirnrinde statt. Der Mensch vermag im Gegensatz zum Tier seine Gefühlswelt durch seinen Intellekt in seine Gesamtpersönlichkeit zu integrieren.

H. Hediger (1981) hat an diesen Versuchen kritisiert, daß eine Dressur vorliegen kann, wenn Menschenaffen die Zeichensprache erlernen (wie bei Hunden »Sitz« oder »Platz«). Viele scheinbar sinnvolle Sätze, die von Schimpansen gebildet wurden, hielten einer strengen Prüfung auf ihren Sinngehalt nicht stand; auch sei eine freie Verständigung mit dem Menschen nicht möglich.

Zu 3: Versuch a): Gardener & Gardener
Darstellung: Die Arbeiten von Beatrice und Allen Gardener zählen zu der dritten Kategorie von Versuchen (vgl. P. Watson; D. E. Zimmer 1980). 1969 begannen beide Wissenschaftler die Schimpansin Washoe Ameslan zu lehren. Die ersten Zeichen wurden ihr durch »Formen« beigebracht; z. B. wurde Washoe ein Hut gezeigt, dann ihre Hand auf den Kopf gelegt, was das Ameslan-Zeichen für »Hut« ist.

Die Schimpansin machte schnelle Fortschritte. Indem sie die »Wörter« nicht auf die Dinge beschränkte, an denen sie diese gelernt hatte, zeigte sie sehr bald, daß sie die Begriffe »verstand«. So wandte sie das Zeichen für »Baby« nicht nur auf menschliche Babys, sondern auch auf junge Hunde und Katzen an; hingegen bediente sie sich des »Hund«-Zeichens, wenn ihr das Bild eines adulten Hundes gezeigt wurde, selbst wenn dieses kleiner war als größere Abbildungen mit jungen Hunden.

Washoe bildete auch eigene Kombinationen; z. B. bezeichnete sie ein Feuerzeug als »Heiß-Metall« und Alka-Seltzer als »Horchen-Wasser«. Sie wandte das Zeichen »offen«, das ihr anhand von offenen Türen und Schubladen beigebracht worden war, u. a. auch auf den Wasserhahn an. Am Ende ihres dritten Lebensjahres beherrschte Washoe 85 Zeichen; zwar gebrauchte sie viele mehr, aber die Gardeners zählten nur solche, die sie von sich aus an 15 aufeinanderfolgenden Tagen mindestens einmal gebraucht hatte.

Im Alter zwischen 18 und 24 Monaten gebrauchte Washoe ihre ersten Wörterverbindungen und signalisierte z. B.: »Gib mir Süßes«. In diesem Alter verwenden auch menschliche Kinder erstmals Zwei-Wörter-Verbindungen.

Die Versuche der Gardeners stießen auf vielfache *Kritik*; zum Teil wurde behauptet, daß Washoe nie Fragen stelle und auch keine Verneinungen bilde, folglich die Sprache gar nicht beherrsche. Andere gingen von nicht genügend belegten Annahmen über die Kleinkindersprache aus und folgerten, daß Washoe überhaupt nicht an die Fähigkeiten von Kleinkindern heranreiche. In weiteren Experimenten versuchten die Gardeners, diese Einwände zu widerlegen (1975).

Da die Versuchsergebnisse der Gardeners denen von Terrace vergleichbar sind, seien sie erst nach der Darstellung der Arbeiten von H. Terrace behandelt, dessen Kritik an seinen eigenen Versuchen auch auf die der Gardeners zutrifft.

Versuch b: H. Terrace
Darstellung: Wie die Gardeners, arbeitete auch der New Yorker Psychologe Herbert Terrace (1979) mit Ameslan und ging bei seinen Versuchen auch analog vor. In zeitaufwendigen Versuchen mit dem männlichen Schimpansen Nim gelang es Terrace zu bestätigen, »... daß Schimpansen Zeichen für Wörter lernen und von sich aus richtig gebrauchen können« (D. E. Zimmer, 1980, S. 3). Voraussetzung dafür ist ein hohes Klassifikations- und Abstraktionsvermögen. Darüber hinaus müssen die Affen in der Lage sein, für den vorsprachlich gebildeten Begriff ein willkürliches »Symbol« einzusetzen, wobei sie hier jedoch weit hinter der menschlichen Kapazität zurückbleiben. Die Experimente von Terrace (die Auswertung erfolgte 1980) stellten jedoch die grammatische Kompetenz der Affen in Frage; es bleibt strittig, ob »... Schimpansen immer nur einzelne Symbole zusammenfügen oder ob ihre Sprachintelligenz ausreicht, auch zeichenübergreifende Bedeutungen zu erfassen und zu schaffen, kurz, ob sie eine wenn auch noch so rudimentäre Grammatik beherrschen« (D. E. Zimmer, 1980, S. 3).

Ergebnis: Nach Abschluß seiner Versuche bestimmte Terrace folgende Unterschiede für den Sprachgebrauch bei Schimpansen und Kleinkindern:

* Bei der Kombination von drei oder mehreren Zeichen durch Schimpansen handelt es sich meistens um Wiederholungen.
* Die über zwei Elemente hinausgehenden Sätze bringen nur sehr selten eine neue Information; bei der Kleinkindersprache sind diese Wiederholungen fast unbekannt.
* Die durchschnittliche Äußerungslänge, die mit zwei Jahren bei Menschen und Schimpansen noch ungefähr vergleichbar ist, entwickelt sich nach diesem Zeitraum bei Kindern sehr schnell weiter, bei Schimpansen dagegen stagniert sie nahezu völlig.
* Die »Semantik« der Schimpansen, die keinen einsehbaren Regeln zu folgen scheint, weicht von der regelbeherrschten kindlichen Semantik ab.
* Die »Kommunikationsformen« scheinen von Schimpansen nicht in der gleichen Weise beherrscht zu werden wie von Menschen; Nim fiel z. B. mit

der Hälfte seiner Äußerungen seinem menschlichen Gesprächspartner ins Wort.

* Auch im Gesprächsverlauf ergeben sich Unterschiede: »Es gibt drei Arten, den Faden eines Gespräches aufzunehmen, wenn der andere gesprochen hat: Man kann den anderen imitieren; man kann das Voraufgegangene teilweise wiederholen und selbst erweitern; oder man kann etwas ganz Neues hervorbringen. Kinder bis zum vollendeten zweiten Lebensjahr imitieren ihre Eltern bei etwa 20% ihrer Äußerungen. Im nächsten Jahr sinkt der Anteil der Imitationen auf etwa 2%. Nim jedoch imitierte seine Betreuer zu 40% während des ganzen dritten Lebensjahres. Kinder erweitern das Voraufgegangene um die Zeit ihres zweiten Geburtstages zu etwa 20%. Mit drei Jahren machen die Erweiterungen etwa 50% aus. Bei Nim überschritten die Erweiterungen niemals 10%.« (P. Watson; D.E. Zimmer, 1980, S.23)

Gerade die Arbeiten von Terrace machen deutlich, daß Sprache im Vollsinn mehr voraussetzt als die Fähigkeit zur Begriffsbildung; wesentlich für Sprachleistungen ist eine gewisse grammatische Kompetenz, d. h. die Fähigkeit, Grammatik zu erkennen und richtig anzuwenden.

Nach Noam Chomsky benutzen die meisten der bisher bekannten tierischen Kommunikationssysteme eines von zwei Grundprinzipien: »... entweder besteht es aus einer festen, endlichen Anzahl von Signalen, von denen jedes mit einem spezifischen Verhaltensbereich oder emotionalen Zustand assoziiert ist, ...; oder es besteht aus einer festen endlichen Anzahl von sprachlichen Dimensionen (d. h. Lautäußerungen; Anmerkung des Verf.), von denen jede mit einer besonderen nicht-sprachlichen Dimension in der Art verbunden ist, daß die Auswahl eines bestimmten Punktes in der sprachlichen Dimension einen bestimmten Punkt in der assoziierten nicht-sprachlichen Dimension determiniert und signalisiert.« (N. Chomsky, 1980, S. 115)

Chomsky betont die Unmöglichkeit einer Evolution der menschlichen Sprache aus tierischen Lautsystemen, da diesen ein völlig anderes Organisationsprinzip zugrunde liege: »Wenn wir fragen, was die menschliche Sprache ist, so finden wir keine auffallende Ähnlichkeit mit tierischen Kommunikationssystemen. Auf der Abstraktionsebene, auf der menschliche und tierische Kommunikation zusammenfallen, kann man nichts Sinnvolles über das Verhalten oder Denken sagen.« (N. Chomsky, 1980, S. 117)

Bezüglich des menschlichen Gestensystems hält Chomsky jedoch eine Genese (Evolution) aus tierischen Kommunikationssystemen für denkbar, da beiden nach seiner Meinung analoge Organisationsprinzipien zugrunde liegen.

Menschliche Sprache aber ist »... mit einem spezifischen Typ von mentaler Organisation verbunden (und) nicht einfach ein höherer Grad von Intelligenz«

(N. Chomsky, 1980, S. 117). »Es scheint klar zu sein, daß wir die Sprachkompetenz, die Kenntnis einer Sprache, als ein abstraktes System betrachten müssen, das dem Verhalten zugrunde liegt, ein System, das aus Regeln konstruiert ist, die zusammenwirken, um die Form und die spezifische Bedeutung einer potentiell unendlichen Anzahl von Sätzen zu determinieren.« (N. Chomsky, 1980, S. 118)

Aufgrund des heutigen Standes der Wissenschaft kann man sagen, daß sich die Kommunikationsmittel der Tiere (einschließlich der von Menschen erdachten und ihnen beigebrachten Zeichensysteme) durch folgende Eigenschaften von der menschlichen Sprache unterscheiden:

* Die Kommunikation bei Schimpansen ist keine artikulierte Symbolsprache;
* Zeichen (bzw. Symbole) mit überzeichenmäßigem Charakter im Sinne der Sprachphilosophie kommen nicht vor; die begriffsschöpferische Potenz menschlicher Sprache bleibt unerreicht;
* metasprachlicher Zeichengebrauch (bzw. Symbolgebrauch) ist in den seltensten Fällen, und dann auch nur als vermutlich vorhanden, gegeben (D. Premack, 1973);
* vom Aufbau eines sprachlich-geistigen Weltbildes kann bei Schimpansen nicht die Rede sein, während die Sprache des Menschen die Totalität seiner Welterfahrung repräsentiert;
* die erlernten künstlichen Zeichen- bzw. Symbolsysteme konnten bisher nicht eigenständig tradiert werden;
* die Raum-Zeit-Grenze, beim Tier nur begrenzt in Richtung auf Zukunft und Vergangenheit zu öffnen, kann beim Menschen mit Hilfe der Sprache überwunden werden, so daß sich menschlichem Denken ungeahnte Möglichkeiten eröffnen;
* für die nicht zu erreichende sprachliche Artikulation sind beim Menschenaffen die anatomischen Unterschiede ursächlich und gravierend (Kehlkopf, Artikulationsorgane, Sprechregionen im Gehirn).

(Nach H. Gipper, 1979, S. 915)

Tiere – besonders Menschenaffen – verfügen mit Sicherheit über Zeichen- bzw. Kommunikationssysteme, die sich jedoch von der menschlichen Sprache so wesentlich unterscheiden, daß eine Genese (Evolution) der letzteren aus tierischen Kommunikationssystemen extrem unwahrscheinlich, ja sogar unmöglich erscheint.

Angesichts dieses Sachverhaltes bleibt es fraglich, ob die Kommunikation zwischen Menschen und Affen einer intrahumanen Kommunikation äquivalent ist. Die mangelnde grammatische Kompetenz der Affen läßt darauf schließen, daß dies eher zu verneinen ist. Solange es nicht gelingt, den Affen beizubringen, daß sie kreativ und spontan eigene Sätze bilden, sie in Kommunikation mit Artgenossen anwenden, ggf. Sprechhandlungen auch tradieren und begriffsschöpferisch tätig werden, so lange ist der Verdacht, daß Sprachhandlungen der Affen als andressiertes Verhalten gelten müssen, nicht von der Hand zu weisen.

Für das menschliche Leben in der Gemeinschaft ergaben sich aufgrund der Erfindung der Sprache eine Reihe von Vorteilen:

* Der Mensch konnte zahlreiche visuelle Erinnerungsbilder mit einem Wort zusammenfassen »und bei gedanklicher Verknüpfung die Vorstellung des entsprechenden Wortklanges einsetzen« (B. Rensch, 1977, S. 142);
* durch bereits vorhandene Wörter war es möglich, neue abstrakte Begriffe zu bilden; des weiteren entstanden Wörter und Bezeichnungen für kausale und logische Zusammenhänge;
* durch die Sprache wird es leichter, anderen etwas mitzuteilen, wodurch sie in der Lage sind, ihr Verhalten vorteilhafter zu gestalten;
* die Sprache beschleunigt die Entwicklung von Kultur.

Die Entwicklung von Sprache und Tradition hat im Laufe der Menschheitsgeschichte verschiedene Kulturen geschaffen, so daß sich die Artbildung hier auf ein anderes Gebiet verlagert hat (»Kulturarten«).

9. Exkurs: Kommunikationssysteme im Vergleich

Einen interessanten Ansatz zur Unterscheidung von menschlicher Sprache und anderen (nicht-sprachlichen) Kommunikationssystemen entwickelt C. F. Hockett in seinem Aufsatz: »Der Ursprung der Sprache« (1973). Er beschreibt dreizehn allgemeine Sprachmerkmale, die alle Sprachen dieser Welt besitzen, aber partiell in tierischen und nicht-sprachlichen menschlichen Kommunikationssystemen fehlen. Dabei legt Hockett einen sehr weit gefaßten Sprachbegriff zugrunde, der alle lautlichen Äußerungen umfaßt, die der Kommunikation im weitesten Sinne dienen. Die dreizehn Merkmale sind:

1. *Stimm-Hör-Kanal*: Gegenüber Kommunikationssystemen, die andere Kanäle wie z. B. Gesten benutzen, besitzt ein Kommunikationssystem, das auf dem Stimm-Hör-Kanal aufbaut, den Vorteil, die meisten anderen Körperteile für gleichzeitig ausführbare Aktivitäten freizustellen.
2. *Breitbandübertragung und Richtungsempfang*: Ein akustisches (bzw. lin-

guistisches Signal) kann von jedem hörfähigen System innerhalb der Hörweite erfaßt werden; das zweiohrige Hören gewährleistet meist die Bestimmung der Richtung, von der aus das Signal abgegeben wurde.

3. *Vergänglichkeit*: Der Hörer vermag nicht über unbegrenzte Zeit hinweg das Signal aufzunehmen.
4. *Austauschbarkeit*: Normalerweise ist jeder Sprecher einer Sprache fähig, eine verstandene linguistische Botschaft zu reproduzieren.
5. *Totale Rückkoppelung*: Der Sprecher hat die Möglichkeit, alles linguistisch Bedeutsame seiner eigenen Äußerung zu hören.
6. *Spezialisation*: Die Sprache hat ausschließlich die Funktion der Signalgebung (im weitesten Sinne); die Signalgebung ist kein unbewußter Nebeneffekt, sondern intendiertes Ziel des Sprechaktes.
7. *Semantizität*: Das Signal dient der bewußten Mitteilung einer Botschaft. »In der Sprache ... löst eine Botschaft ein bestimmtes Ergebnis aus, weil zwischen den Elementen der Botschaft (z. B. den Wörtern) und immer wiederkehrenden Merkmalen oder Situationen der Umwelt relativ feste Assoziationen bestehen ...« (C. F. Hockett, 1973, S. 141)
8. *Willkürlichkeit*: Die Elemente einer Botschaft sind ihrer Bedeutung meist nicht »ähnlich«; die Bindung zwischen Elementen und Bedeutungen sind in der Regel willkürlich. Das Beispiel von Hockett (S. 141): »Das Wort ›Salz‹ ist nicht salzig oder körnig ... «
9. *Diskretheit*: Die Signale sind nicht kontinuierlich; der Übergang von einem Element zum anderen ist scharf abgegrenzt; undeutliche oder fremdartige Aussprache eines Elementes wandelt nicht dessen Bedeutung. Kontinuierlich hingegen sind z. B. die Toneffekte der Stimmgebärden beim Anheben der Stimme im Zorn.
10. *Raum-Zeit-Unabhängigkeit*: Sprache ist nicht auf aktuelles Geschehen fixiert; es ist möglich, über zeitlich und/oder räumlich entfernte Dinge zu sprechen.
11. *Produktivität*: Ein Signal, das nie zuvor gehört oder gesagt worden war, kann so gegeben werden, daß die anderen Sprecher der Sprache in der Lage sind, das Signal zu verstehen.
12. *Übermittlung durch Tradition*: Die Konventionen einer Sprache sind nicht genetisch verankert, sondern werden durch Lehren und Lernen weitervermittelt.
13. *Dualität der Musterbildung*: Der unermeßliche Bestand sinntragender Elemente einer Sprache beruht auf geringfügigen Umordnungen einer relativ kleinen Anzahl von unterscheidbaren, für sich allein aber völlig bedeutungslosen Lauten.

	Bienentänze	Werbung der Stichlinge	Lerchengesang	Gibbonrufe	Sprache	abendländische Instrumentalmusik
1. Stimm-Hör-Kanal	nein	nein	ja	ja	ja	auditorisch, nicht vokal
2. Breitbandübertragung u. Richtungsempfang	ja	ja	ja	ja	ja	ja
3. Vergänglichkeit	?	?	ja	ja, wiederholt	ja	ja
4. Austauschbarkeit	begrenzt	nein	?	ja	ja	?
5. Totale Rückkopplung	?	nein	ja	ja	ja	ja
6. Spezialisation	?	zum Teil	ja (?)	ja	ja	ja
7. Semantizität	ja	nein	zum Teil	ja	ja	nein, im allgemeinen
8. Willkürlichkeit	nein		wenn semantisch, ja	ja	ja	
9. Diskretheit	nein	?	?	ja	ja	zum Teil
10. Raum-Zeit-Unabhängigkeit	ja, immer		?	nein	ja, oft	
11. Produktivität	ja	nein	?	nein	ja	ja
12. Übermittlung durch Tradition	wahrscheinlich nein	nein (?)	?	?	ja	ja
13. Dualität der Musterbildung	nein		?	nein	ja	

Ein Fragezeichen zeigt an, daß Unsicherheit darüber besteht, ob das betreffende System über das jeweilige Merkmal verfügt; ein Leerraum bedeutet, daß ein Merkmal nicht bestimmt werden kann, weil ein anderes Merkmal fehlt oder unbestimmbar ist (nach C. F. Hockett, 1973, S. 146).

Diese Aufstellung enthält nicht alle möglichen Merkmale verschiedener Kommunikationssysteme, sondern nur die für die Sprache relevanten; nicht alle Merkmale sind unabhängig voneinander. Anhand der dreizehn Kriterien kann man die verschiedenen Kommunikationssysteme miteinander vergleichen; Sprache im Vollsinn ist erst menschliche Sprache, die alle dreizehn Merkmale besitzt (vgl. die Tabelle nach Hockett).

10. Ergebnis

Als Ergebnis unserer bisherigen Überlegungen zeichnet sich ein Bild vom Menschen ab, das seine Sonderstellung auch bei einem naturwissenschaftlichen Ansatz deutlich werden läßt. Vom Nicht-Belebten zum Belebten, von der Pflanze zum Tier und vom Tier zum Menschen – jede dieser Stufen gewinnt an Seinsqualität. Es handelt sich aber nicht um eine additive Zunahme, sondern um Durchformung oder Integration niederer Seinsbereiche durch höhere.

10.1 Der Mensch als Person

Die Abstufung zwischen Pflanze und Tier bleibt aber ausschließlich auf biologischer Ebene und ist daher nicht so kraß wie der Unterschied zwischen Tier und Mensch, da beim Menschen etwas Außerbiologisches hinzutritt und sein ganzes Wesen verändert: der Geist. Daher ist für die Sonderstellung des Menschen sein Personsein ausschlaggebend. Aufgrund seiner Geistseele besitzt der Mensch Entscheidungsfreiheit und die Fähigkeit zur Selbsterkenntnis (Selbstreflexion). Das Wissen um die Verantwortung, die dem einzelnen aufgrund seiner Entscheidungsfreiheit für sein Handeln zukommt, begründet seine Personwürde. Personalität ist nicht nur Voraussetzung für menschliche Freiheit, sondern deren sich in ihr auswirkender Grund (J. Splett, 1978).

In der Philosophiegeschichte hat man sich über die Deutung des Personbegriffs immer wieder Gedanken gemacht. Auf einige Interpretationen sei an dieser Stelle kurz eingegangen:

Person ist das »Einzelne der geistigen Ordnung. Sie ist also ein mit einer geistigen Natur ausgestattetes Einzelwesen in seiner nicht-mitteilbaren Besonderheit, daher nicht Es, sondern Er. In der sichtbaren Welt erscheint nur der Mensch als Person; sie wird mit dem Eigennamen bezeichnet und tritt als Subjekt, als Träger aller Eigenschaften auf: Paul ist Mensch, ist Künstler, ist gesund usw.« (W. Brugger, 1981). Boethius (480–525) hat als erster eine philosophische Definition von Person gegeben: persona est naturae rationalis individua substantia, Person ist der unteilbare Selbstand eines geistigen Wesens.

Nicolai Hartmann (1882–1950) versteht den Menschen aus seinem Gegenüber; zu jedem Ich gehört ein Du. Die menschlichen Individuen erfahren sich gegenseitig als Personen, indem sie aufeinander bezogen sind, aber denoch kritisch Stellung zueinander nehmen können.

Andere Philosophen oder auch Psychologen beschreiben Personalität als Selbst-Bewußtsein: Person ist ein ich-bewußtes Wesen. Wieder andere meinen, daß Personen nicht durch Begriffe festzumachen sind, da sie sich in steter Veränderung befinden.

Rupert Lay (1980, S. 25) beschreibt Person durch ein Begriffsfeld; dieses wird durch bestimmte Pole aufgespannt, die Elemente der kollektiven symbolischen Sinnwelt sind: Individualität, Gesellschaftlichkeit, Geschichtlichkeit, Weltlichkeit und Grenzhaftigkeit. Die einzelnen Elemente sind alle gleich ursprünglich und dialektisch aufeinander bezogen.

Eine andere Theorie der Person wird von Jörg Splett (1974; 1978) entwickelt: Als Freiheitswesen bedarf der Mensch der Gestalt; im Leib symbolisiert sich Freiheit. Der Mensch als »leibhaftige Freiheit« findet sich in eine Pluralität von Lebensbezügen hineingestellt. In diesen Relationen, aber auch in der Absetzung und Unterscheidung vom Gegenüber, erfaßt der Mensch sich selbst; im Umgang mit anderen Personen und mit seiner Umwelt erfährt er seine Endlichkeit, seine Begrenztheit; er nimmt sich nicht nur sinnlich wahr, sondern erfährt sich zusammenhängend, und so weiß er, im Unterschied zum Tier, um sich.

Kultur als sichtbares Zeichen von Menschsein manifestiert sich in der menschlichen Fähigkeit zur Sachlichkeit, die ein bloß vitales Interesse an den Dingen übersteigt. Die den Menschen umgebende Umwelt ist Mitwelt, weil er sie als wesentlich personbestimmt erfährt. Durch die Begegnung mit anderen findet der Mensch zu sich selbst; das Du ist transzendentale Bedingung der Ich-Identität. »Konkrete Freiheit ist möglich und wirklich nur als Interpersonalität, als Freiheitsvielheit. Freiheit als wirkliche bedarf der Gestalt, Gestalt heißt Kontur, Kontur besagt Grenze, Grenze besagt das Aneinander-Grenzen von mindestens zweien.« (J. Splett, 1974, S. 71f)

Der Mensch vollzieht im Beziehungsgeflecht von Ich und Du seine Freiheit, indem er bewußte Akte aus sich heraus setzt.

Im Gegensatz zum Tier weiß der Mensch um sich, ist nicht einfach im Dunkel der Zeiten, sondern »hat« sich noch einmal, worin er erfährt, daß er sich zur Aufgabe gegeben ist. Das Tier erfährt dies nicht; es lebt, ohne darum zu wissen; bei ihm fehlt die reflexe Selbsthabe.

10.2 Die Erschaffung der Seele

Die Sonderstellung des Menschen ist also letztlich in seiner Personalität, seinem Personsein, begründet. Die Implikationen dieser Personalität werden ausführlicher in der philosophischen Anthropologie (J. Splett, 1974; 1978) dargestellt. Es ergibt sich nun folgendes Problem, das an dieser Stelle nur kurz angesprochen werden kann: Die Weitergabe von intellektuellen Fähigkeiten und Charaktereigenschaften von Eltern auf ihre Kinder ist durch vielfältiges Tatsachenmaterial belegt und kann nicht geleugnet werden; man denke etwa an die Musikerfamilien Bach oder Strauß. Ähnliches gilt z. B. auch für sanguinische oder melancholische Veranlagungen. Zum anderen aber erfährt sich der Mensch als unverwechselbares Ich, in seinem Personsein nicht Teil, sondern nur Abkömmling seiner Eltern. Hat dieses Bewußtsein von sich selbst nun eine ontologische Grundlage, oder beruht es auf einer Selbsttäuschung?

10.2.1 Verschiedene Auffassungen zur Entstehung der Seele

Im Laufe der Philosophiegeschichte kristallisierten sich zwei grundlegende Auffassungen zum Problem der Entstehung des Personseins, dem Ursprung der individuellen menschlichen Geistseele, heraus:

1. *Generationismus*: Die menschliche Seele wird von den Eltern gezeugt; Gottes Einfluß entspricht dabei dem seines allgemeinen Mitwirkens bei der »creatio continua« und der Evolution. Die Zeugung der Seele versteht man dann entweder
   * *biologisch* (= durch den Samen, da man der Meinung war, im Samen allein sei menschliches Leben enthalten), also durch körperliche Weitergabe (Traduzianismus; z. B. bei TERTULLIAN), oder
   * *geistig*; diese Meinung stand unter den Kirchenvätern und Kirchenschriftstellern der ersten Jahrhunderte zur Diskussion; sie glaubten, so die Erbsünde erklären zu können (z. B. AUGUSTINUS).

2. *Kreationismus*: Er lehrt die Erschaffung jeder individuellen menschlichen Seele durch Gott. Die Zeugung der Seele durch die Eltern als zureichende Ursache ist ausgeschlossen. Sie sind nur conditio sine qua non (Bedingung, ohne die die Erschaffung der Seele nicht erfolgt). Diese Ansicht wurde schon früh durch christliche Philosophen verteidigt; seit PETRUS LOMBARDUS (ca. 1095–1160) und THOMAS v. AQUIN (1225–1274) ist sie allgemeine Anschauung unter diesen Philosophen geworden.

Wir stellen gegen den Generationismus folgende These auf:

> Jede individuelle menschliche Seele wird durch unmittelbaren Schöpfungsakt von Gott hervorgebracht, nicht aber von den Eltern gezeugt.

Begriffsklärung:

Unter »creatio« (Erschaffung) verstehen wir wie in Kapitel I das Entstehen eines Seienden »ex nihilo sui et subiecti«, d. h. es entsteht weder aus einem vorliegenden Seienden (z. B. von den Eltern her) noch aus dem Sein des erschaffenden Subjektes (d. h. Gottes).

(Es sei daran erinnert, daß wir die Begriffe in Beziehung auf Gott nur analog benutzen, so daß nicht der Eindruck zu entstehen braucht, wir wüßten genau, wann, wo und wie Gott handelt. Wir müssen uns bewußt bleiben, daß Gottes »An-sich« nicht unter unsere Begriffe fällt!)

Der *Sinn der These* ist: Gott schafft eine jede menschliche Seele nicht nur so, wie er zu Beginn die ganze Welt erschaffen hat; auch ist nicht nur die erste menschliche Seele von Gott erschaffen worden; ferner hängt die Seele nicht so von Gott ab wie alle übrigen endlichen Seienden, bei deren Hervorbringung auch Zweitursachen mitwirken können, sondern jede menschliche Seele wird durch einen unmittelbaren Schöpfungsakt von Gott so geschaffen, daß sie im Beginn ihres Seins von keiner anderen zeugenden oder hervorbringenden Ursache abhängt. Auf diese Weise unterscheidet sich die menschliche Seele in ihrer Entstehung von allen anderen Seienden dieser Welt (W. Brugger, 1958, S. 286 f.).

10.2.2 Beweisführung nach Thomas von Aquin

Es gibt nur drei Möglichkeiten, die Entstehung der menschlichen Seele zu erklären:

* durch Wesensverwandlung,
* durch Veränderung,
* durch Erschaffung.

Da die menschliche Seele aber weder durch Wesensverwandlung noch durch Veränderung entsteht,wird sie also durch Erschaffung hervorgebracht.

Zum Obersatz: Die Aufzählung der Möglichkeiten ist erschöpfend; andere gibt es nicht.

Zum Untersatz: Wesensverwandlung besagt die völlige Umwandlung des Ausgangszustandes in den neuen Zustand, d. h. die Eltern dürften nach der Geburt des Kindes nicht mehr existieren; die Unmöglichkeit dessen ist evident. Die menschliche Seele entsteht auch nicht durch Veränderung, weder durch Evolution aus einem wesentlich niederen materiellen Lebensprinzip, noch aus einem körperlichen Samen, weil die Seele geistig ist, noch aus einem geistigen Samen, denn die Geistseele des Menschen ist einfach und unteilbar.

Es scheint sinnvoll anzunehmen, daß die Seele im Augenblick der Zeugung eingeschaffen wird. Manche Theologen nehmen bei der Entstehung eineiiger Zwillinge die Einschaffung erst nach der Trennung im Zweizellenstadium an, weil zum Personsein die Individualität gehört. Die Teilung in zwei getrennte Embryonen erfolgt einen Tag nach der Befruchtung (C. Wood, 1970), nach anderen (K. L. Moore, 1990) im Zeitraum von der Befruchtung bis zur Einnistung. Von allen geborenen Kindern sind nur 1 % Zwillinge und von diesen nur 20 % eineiige (D. Starck, 1975, S. 153). Nur bei eineiigen Zwillingen wäre eine Einschaffung der Seele nach der Teilung erforderlich. Die Einnistung beginnt nach neueren Forschungen (G. Vines, 1987) schon am 6. Tag nach der Befruchtung und ist am 12. Tag abgeschlossen. Im Laufe der Evolution hat Gott vermutlich zum ersten Mal eine Geistseele eingeschaffen, als bei dem zu entwickelnden Wesen das materielle Substrat des Denkens, das Gehirn, ausreichend gebildet war.

So können wir wieder zum Ausgangspunkt zurückkehren: Das sich durchtragende Ich eines jeden Menschen ist unersetzbar und kann in seiner Verantwortlichkeit für seine Taten nicht etwa Teil eines anderen sein. Im Ich-Bewußtsein erfährt der Mensch sich tatsächlich als unverwechselbare Person, die wegen ihrer Geistigkeit nicht von den Eltern hervorgebracht werden kann.

Nach J. Splett (1978) wird der einzelne gegenüber der Gesellschaft nur deshalb als Selbstzweck möglich, weil er sich auf den absoluten Personwillen eines persönlichen Gottes berufen kann. Die Erschaffung der Seele durch Gott ist Voraussetzung für den Selbstzweck des einzelnen in der Natur und in der Gesellschaft.

10.2.3 Der Neuansatz von Karl Rahner

Nach Rahner ist die Beweisführung des klassischen Ansatzes zu mirakulös. Der 1984 verstorbene große Theologe versucht einen neuen Ansatz vom Werdebegriff her. Werden ist nach ihm immer Selbsttranszendenz (= Selbstüberbietung), nicht Selbstreplikation. Das absolute Sein ist Ursache dieser Selbstbewegung, die den Urgrund als inneres Moment in sich hat und somit Selbstüberbietung und nicht bloß passives Überbotenwerden ist. Rahner meint: »... unter der Voraussetzung eines solchen allgemeinen Werde- und Wirkensbegriffs (kann) unbefangen gesagt werden, daß die Eltern die Ursache eines ganzen Menschen sind, also auch seiner Seele, weil ... damit nicht nur ausgeschlossen, sondern positiv eingeschlossen ist, daß die Eltern die Ursache des Menschen nur sein können, insofern sie den neuen Menschen entstehen lassen durch die ihre Selbstüberbietung ermöglichende Kraft Gottes, die ihrem Wirken innerlich ist, ohne zu den Konstitutiven ihres Wesens zu gehören.« (P. Overhage; K. Rahner, 1961, S. 82)

B. Weissmahr (1973, S. 39) faßt den heutigen Diskussionsstand wie folgt zusammen: »Die Meinung, Gott wirkt zumindest im ›natürlichen Bereich‹ stets durch Zweitursachen, dürfte heute allgemein verbreitet sein. Vielleicht kann sie sogar schon als ›allgemeine Lehre‹ im theologischen Sinn (als ›sententia communis‹) bezeichnet werden.«

10.2.4 Zur Kritik an Rahners Ansatz:
Positiv: In der Selbsttranszendenz innerweltlicher Kausalität kraft göttlichen Mitwirkens wird das Außergewöhnliche der Entstehung der menschlichen Seele vermieden.

Negativ: Viele Naturwissenschaftler erliegen der Gefahr, nur die Selbsttranszendenz beim Werden zu sehen, ohne Gottes notwendigen Einfluß dabei einzuschließen, den Rahner durchaus nennt. Wenn man strikt logisch bei dem Ansatz von Rahner über die Selbstüberbietung im Werden bleibt, dann transzendieren sich nicht die Eltern auf das neue Sein des Kindes, sondern das eigentlich Werdende, d. h. die befruchtete Eizelle überbietet sich auf die Geistigkeit hin, sein Personsein, seine Geistseele.

11. Die Anfechtung der Sonderstellung des Menschen durch den Evolutionismus

Gegen die im Personsein sich zeigende Sonderstellung des Menschen werden Erklärungen vorgetragen, die sowohl die geistige Erkenntnisfähigkeit des Menschen als auch seine Fähigkeit zur freien Entscheidung evolutionär abzuleiten versuchen. Die Evolutionäre Erkenntnistheorie versucht die Entstehung der typisch menschlichen Erkenntnisfähigkeit naturwissenschaftlich zu beweisen, die Evolutionäre Ethik auf gleiche Weise die Entstehung der Fähigkeit zur freien Entscheidung.

11.1 Evolutionäre Erkenntnistheorie (EE)

Der Mensch ist gekennzeichnet durch die Fähigkeit, sich in Freiheit zu entscheiden, über sich selbst nachzudenken (Selbstreflexion), abstrakte Begriffe zu bilden, Kausalzusammenhänge zu erkennen und – als Grundlage der Naturwissenschaften – das Induktionsprinzip zu erkennen und anzuwenden, indem er von einer begrenzten Anzahl beobachtbarer Fälle auf alle ähnlich strukturierten Fälle schließt. Von diesen Fähigkeiten wurde die Sonderstellung des Menschen abgeleitet, die letztlich in seiner Geistigkeit (Seele), in seinem Personsein gründet.

11.1.1 Problemstellung

Das Paradigma Evolution ist in der Biologie zum alles Bestimmenden dieser Wissenschaft geworden. Schwierigkeiten bis in die jüngste Zeit hinein macht u. a. die aus diesem Paradigma erfolgende Ableitung, die Entstehung des menschlichen Geistes in der Evolution menschlicher Erkenntnisfähigkeit zu erklären.

Die Evolutionäre Erkenntnistheorie ist vom Namen her mißverständlich, da es um keine Erkenntnistheorie geht, sondern um eine Theorie der evolutionären Entstehung der menschlichen Erkenntnis*fähigkeit*. Der Name hat sich aber leider eingebürgert. Die EE versucht nun, auch das bewußte geistige Denken und Erkennen des Menschen aus der Stammesgeschichte abzuleiten. Das gilt nach den genannten Autoren zunächst von der Bildung von abstrakten und Allgemeinbegriffen, die auf allgemeine Schemata im subhumanen Bereich zurückgeführt werden. Dasselbe trifft für das Kausalitätsprinzip zu (Verknüpfung von zwei aufeinanderfolgenden Ereignissen durch das Begriffspaar »Ursache – Wirkung«). Ebenso leiten diese Autoren auch das Induktionsprinzip stammesgeschichtlich ab.

(K. Lorenz, 1977; K. Lorenz, F. M. Wuketits, 1983; H. Mohr, 1983; R. Riedl, 1978, 1980, 1982, 1985; R. Riedl, F. Kreuzer, 1983; G. Vollmer, 1975, 1985; F. M. Wuketits, 1981, 1984, 1985)

11.1.2 Kritik an der Evolutionären Erkenntnistheorie

a) *Wissenschaftstheoretisch* scheint es unmöglich, das Denken des Menschen biologisch-evolutionär abzuleiten. Der Mensch ist nicht adäquat von der Biologie allein zu erfassen. Viele verschiedene Wissenschaften handeln vom Menschen (Biologie, Medizin, Psychologie, philosophische Anthropologie, Soziologie etc.). Deshalb ist die Evolutionäre Erkenntnistheorie, der Versuch einer Totalerklärung des Menschen allein aus der Stammesgeschichte, als Biologismus abzulehnen.

Von vielen Vertretern der EE werden unbefangen Begriffe aus der geistigen Erkenntnis des Menschen auf jeglichen Informationsgewinn im subhumanen Bereich übertragen. Dieses Verfahren ist in der vergleichenden Verhaltensforschung als Anthropomorphismus verworfen worden. Deshalb sollte man denselben Fehler in der Frage der Entstehung der typisch menschlichen Erkenntnis nicht wiederholen. Zuzugeben ist, daß der Mensch in seiner sinnenhaften Erkenntnis vieles mit dem Tier gemeinsam hat.

b) Philosophisch erweist sich die menschliche Erkenntnis in ihren typisch geistigen Vollzügen (das zeigt die Selbsterfahrung) als gerade nicht parallelisierbar mit anderen stammesgeschichtlichen Erkenntnisweisen. Die spezifisch menschliche Erkenntnis besteht in einem bewußten Entdecken der Gesetze des Gegenstandes, in einer Einsicht in seine innere Struktur und die damit gegebenen notwendigen Sachverhalte, wie dies z. B. in der *Mathematik* besonders deutlich ist. Der Mensch erkennt am Satz des Pythagoras nicht nur, *daß* die Summe der Kathetenquadrate in einem rechtwinkligen Dreieck gleich dem Hypotenusenquadrat ist, sondern auch, *warum* es unter den gegebenen Voraussetzungen im euklidischen Dreieck notwendig so ist, also gar nicht anders sein kann.

Ebenso beruht die Erkenntnis des *Kausalitätsprinzips* (vgl. Einführung: metaphysisches Kausalitätsprinzip) auf der *Einsicht,* daß alles, was vorhanden ist, einen zureichenden Grund hat, der bei bestimmter Aufeinanderfolge von Ereignissen Ursache genannt wird.

Desgleichen gründet auch die Erkenntnis der *Induktion* nicht auf einem in der Stammesgeschichte erworbenen Mechanismus, der uns immer wieder das gleiche erwarten läßt. Auch die Induktion beruht auf dem einsichtigen Prinzip vom zureichenden Grund. Zur Beurteilung der EE kommt es darauf an, worin letztlich die so weitgehende Übereinstimmung von menschlicher Erkenntnis und Wirklichkeit gründet. Diese Übereinstimmung gründet doch offensichtlich darin, daß wir uns nach der Logik der Erkenntnis richten und ihre Gesetze in der Wirklichkeit zu entdecken vermögen, nicht aber darin, daß wir durch eine Reihe von Zufällen die Logik, die Denkmuster und die Erwartungshorizonte mitbekommen haben, die zufällig passend sind. Die Wahrheit unserer Erkenntnis beruht auf Erkenntnis und nicht auf biologischen Anpassungsprozessen.

Zur ausführlichen Kritik aus sprachanalytischer, wissenschaftstheoretischer, transzendentalphilosophischer und ontologischer Sicht vgl.: P. KOSLOWSKI, F. KREUZER, R. LÖW, 1984; R. SPAEMANN, P. KOSLOWSKI, R. LÖW, 1984; W. HOERES, 1985; E.-M. ENGELS, 1983, 1985, 1987, 1989; M. Busse, 1988. G. PÖLTNER, 1993.

11.2 Die Evolutionäre Ethik

Eine weitere Ableitung vom Paradigma Evolution in der Biologie bereitet Schwierigkeiten: die Ableitung hinsichtlich der Entscheidungsfreiheit des Menschen, die Behauptung einer Genese unseres Verhaltens und unserer Neigungsstruktur im sittlichen Bereich ebenfalls aus der evolutionären Anpassung an die spätpleistozäne (Sammler und Jäger) und neolithische Lebenswelt des Menschen (H. Mohr, 1986, 1987, 1987a, 1989).

11.2.1 Problemstellung

Was ist nun der Hauptansatzpunkt der Evolutionären Ethik? Die Evolutionäre Ethik versucht vor allem das, was besonders für den Menschen typisch zu sein scheint, nämlich seinen Altruismus, evolutionsbiologisch zu erklären. Unter Altruismus versteht man normalerweise eine bewußte und freigewählte Handlung, wodurch dem anderen Nutzen, mir aber kein Vorteil, ja sogar Nachteil oder Schaden entsteht. Da die Biologen nun aber weder von Freiheit noch von (Selbst-)Bewußtsein bei Tieren reden, muß man diese Anteile bei einem Vergleich mit den Tieren aus der Definition streichen. Was dann übrigbleibt, ist das äußere Schema einer Handlung (nach den Behavioristen ist sowieso das handelnde oder besser sich verhaltende Tier eine Black-Box, über deren Innen man nichts sagen kann), die so aussieht, als ob sie altruistisch, selbstlos sei. Nun bleibt man aber bei diesem »als ob« nicht stehen, sondern versucht ein solches Verhalten zurückzuführen auf das egoistische Gen (R. Dawkins, 1978). David P. Barash (1980) hat diesen Ansatz dann auch im deutschen Sprachgebiet bekannt gemacht. 1977 war auch schon von W. Wickler und U. Seibt »Das Prinzip Eigennutz« (Ursachen und Konsequenzen sozialen Verhaltens) erschienen. Nach diesen Autoren ist der Organismus für das Fortdauern der Gene vorhanden, und das, was vordergründig als altruistisch erscheint, ist letztlich egoistisch für das Gen. Altruismus wird rein funktional erklärt, er dient dazu, die eigenen Gene zu verbreiten, sei es durch die kin-selection (Sippenselektion), dadurch daß die Verwandten auch prozentual einen Teil der eigenen Gene haben, dadurch, daß ich ihnen helfe zu überleben und so ein Teil meiner eigenen Gene, die mit diesen übereinstimmen, an die nächste Generation weitergegeben wird. Ebenfalls regiert unter den Tieren das Prinzip »tit for tat«, wie du mir, so ich dir, oder das Prinzip des reziproken Altruismus (R. Axelrod, 1988). Wenn ein Tier sich einsetzt für ein anderes und es in einer Gruppe verteidigt, so tut es das, weil es seinerseits in einer ähnlichen Situation auch wieder von den anderen Tieren Hilfe erfahren wird.

In der abschließenden kritischen Würdigung solcher und ähnlicher Erklärungsansätze ist zu fragen, inwieweit ein solches Verständnis von Altruismus unseren Erfahrungen entspricht.

11.2.2 Mohr: Der doppelte Aspekt der Evolutionären Ethik

Die von E. O. Wilson, R. Dawkins, D. P. Barash u. a. vorgetragene Evolutionäre Ethik wird in ihren extremen Behauptungen vermieden durch H. Mohr (1987a). Da Ethik die philosophische Reflexion auf das sittlich Gute ist, das der Mensch verantwortlich tun soll, um sittlich gut zu handeln, hat nach Mohr (1987, S. 239. 242) die Evolutionäre Ethik einen doppelten Aspekt: einen kognitiven und einen ethischen.

Die *kognitive* Seite erklärt nach Mohr in Anlehnung an die Evolutionäre Erkenntnistheorie, daß es erkenntnismäßige Defizite in der Erkenntnis des zu Sollenden gibt. Damit ist das sittlich Gute gemeint, das zu tun ist, bzw. das sittlich Böse, das unterlassen werden muß. Da der Mensch auch ein Produkt der Evolution ist, sind nicht nur seine Körperlichkeit, sondern auch seine kognitiven Dispositionen (Denkstrukturen und Erkenntnisstrukturen) im Zuge der Evolution entstanden. »Die Art, wie wir denken, und die Reichweite unseres Denkens sind in unseren Genen festgelegt« (H. Mohr, 1987, S. 240) und sind ein Ergebnis der evolutionären Anpassung an unseren Mesokosmos. Im Bereich des Mikro- oder Makrokosmos dagegen versagen unsere Denkstrukturen oft (Heisenbergsche Unschärferelation, Relativitätstheorie). Die Leistungsfähigkeit unserer Sinnesorgane bestimmt unsere »kognitive Nische«. Diese Theorie, angewendet auf unsere Fragestellung, lautet: Unsere angeborenen kognitiven Strukturen sind im wesentlichen entstanden als Anpassung an die Umwelt des späten Pleistozäns. Die Welt unserer Cro-Magnon-Vorfahren war in ihren mittleren Dimensionen eine stabile, geordnete, kohärente Welt mit Sippenselektion (kin-selection) und K-Strategie (K = Tragekapazität eines Biotops), eine Welt, in der keine abrupten Wechsel, kein exponentielles Wachstum, keine Sprünge vorkamen, eine Welt, in der sich lineare Kausalität, monokausales Denken in kurzen Kausalketten bewährte, weil das eigene Handeln kaum Rückkoppelungen im System verursachte. Dieser an die mittlere Dimension des Pleistozäns angepaßte Menschenverstand ist nicht dazu geschaffen, die moderne Welt und ihre Gefährdung zu begreifen, um so zu einem sittlichen Urteil darüber zu kommen, was heute zu tun ist. Die zur Zeit mehr als 5 Milliarden Menschen auf der Erde übersteigen die Tragekapazität (K) unseres Planeten schon seit langem, und trotzdem vermehren wir uns in großer Sorglosigkeit unsinnigerweise weiter, um dadurch den Planeten immer mehr auszuplündern. Unser biologisches Erbe macht es uns schwer einzusehen, was wir tun.

Nach Konrad Lorenz (1983) ist die Annahme, daß die Entwicklung einer Kultur von Einsicht und geistigem Wissen gesteuert werde und in weiser Sicherheit den Pfad zum Höheren verfolge, ein Irrtum. Nach Mohr (1987a, S. 30) reicht das erworbene Vorwissen des heutigen Menschen nicht aus, »die geänderte, durch menschliche Aktivität bestimmte Welt zu *verstehen* und aus diesem Verstehen heraus eine Überlebensstrategie zu schaffen«. Der Mensch ist zu sehr auf lokale Gruppen hin evolviert, globale Strategien fallen ihm schwer. Als sittliches Ziel des Menschen wird von Mohr, aber auch von den anderen vorhin genannten Soziobiologen das Überleben des Menschen genannt. Das ist aber ein rein biologisches Ziel und noch keineswegs ein sittliches.

Neben der kognitiven Seite der Evolutionären Ethik gibt es nach Mohr noch eine ethische Seite. Die *ethische* Seite will die Genese unserer moralischen

Mängel erklären (H. Mohr, 1986). Das ist aber ein genetischer Fehlschluß und keine Begründung von sittlicher Verpflichtung. Nach dem Konzept von Mohr sind auch unsere angeborenen Verhaltens- und Handlungsstrukturen (ähnlich wie die Erkenntnisstrukturen) im Laufe der Evolution entstanden. So unterliegt die Neigungsstruktur (propensity structure) wie die Handlungsstruktur genetischen Determinaten. Diese Strukturen können nicht beliebig durch Erziehung und soziale Konditionierung überspielt werden. So kann man nur von engen Grenzen der Formbarkeit sprechen. Auch die Belastbarkeit durch moralische Vorschriften ist beschränkt. Diese Grenzen der Kulturfähigkeit sind darauf zurückzuführen, daß unsere unbewußte »erste Natur« (D. Zimmer, 1979) im wesentlichen eine Anpassung an die Lebensverhältnisse des Pleistozäns (Sammler und Jäger) und des postglazialen Neolithikums (Anfänge von Ackerbau und Viehzucht) darstellt.

Wie wird nun der Pluralismus der moralischen Systeme erklärt, wenn man doch alles auf die Lebensverhältnisse des Menschen im Pleistozän zurückführen kann? Mohrs Antwort lautet: Der Pluralismus moralischer Systeme (bzw. moralischer Überzeugungen) ist zwar ein Charakteristikum der *kulturellen* Evolution, aber die *Wurzeln*, die uns in der biologischen Basis verankern, sind geblieben. Der Mensch kann seine verhaltensbestimmende Mitgift nicht leugnen. Die Evolutionäre Ethik will unsere angeborenen Verhaltens- und Handlungsstrukturen, kooperatives Verhalten und Altruismus eingeschlossen, als Darwinische Anpassung an unsere evolutionäre Vergangenheit, vor allem an die Umwelt des späten Pleistozäns und des postglazialen Neolithikums erklären. Das soziobiologische Konzept der Gesamtfitness (inclusive fitness) und der Sippenselektion (kin-selection) spielen dabei eine entscheidende Rolle.

Wenn auch die Evolutionäre Ethik die Verhaltensstruktur des modernen Menschen als Folge einer evolutionär entstandenen, auch im rezenten Menschen genetisch verankerten Neigungsstruktur erklären kann, so bedeutet das auch in den Augen der Soziobiologen keine Legitimation für unser *kulturelles* Fehlverhalten. Auch nach Mohr gilt: Aus dem Sein folgt nicht das Sollen, wohl aber eine Einsicht in die *Grenzen* des Sollens. Unser Verhalten ist nicht im präzisen Detail determiniert, wir sind nicht Marionetten eines genetischen Verhaltensprogramms; wohl aber sind »moralische Universalien in uns, eine genetisch bedingte Neigungsstruktur, die unser Verhalten disponiert, den Spielraum und die Grenzen *möglichen* Verhaltens einengt und uns damit auf das Leben in einer menschlichen Gemeinschaft vorbereitet. Wir sind also von Natur aus moralfähig, normativ anpassungsfähig, so wie wir im kognitiven Bereich lernfähig sind, aber wir sind es nicht *unbegrenzt.* Daraus ergibt sich das ethische Dilemma unserer Zeit: Einerseits läßt sich unsere evolutionär entstandene Neigungsstruktur (propensity structure) nicht beliebig überspielen. Andererseits kann kultiviertes Ethos in unserer Zeit nicht mehr konform mit unseren Genen sein. Vielmehr wird die Zukunft des Menschen entscheidend davon abhängen, inwieweit es uns gelingt, die in der modernen Welt obsolet gewordenen biologischen Determinismen unserer Neigungsstruktur bei unserem tatsächlichen Handeln *durch Vernunft* zu modifizieren. Natürlich können (und wollen) wir an unseren Genen nichts ändern, aber könnten (und müßten) die *Expression* unserer verhaltensbestimmenden Gene durch Vernunft und Moral stärker zügeln und kanalisieren, als dies in den vergangenen Epochen der kulturellen Evolution geschah.« (H. Mohr, 1987, S. 245) Nach Mohr (1987, S. 246) gibt es in unserer gefährdeten Welt keine Alternative zur *Herrschaft der Vernunft*, die er auffaßt als Übereinstimmung von Tugend und Wissen. (Vgl. dazu auch die interessante Diskussion im Anschluß an Mohrs Referat in: R. Riedl, F. M. Wuketits, 1987.)

11.2.3 Kritik an der Evolutionären Ethik

Zu den dargestellten extremen Positionen der Ansätze von Wilson, Dawkins und Barash wäre zu sagen, daß hier der Begriff des Altruismus vollständig mißverstanden wird: Denn dieser sogenannte und so beschriebene reziproke Altruismus ist gerade nicht das, was wir im menschlichen Bereich Altruismus nennen. Man springt nicht ins Wasser, um einen Ertrinkenden zu retten, weil man hofft, daß man in seiner Gemeinschaft, der engeren oder der ganzen Menschheit, gegebenenfalls auch vor dem Ertrinken gerettet wird, sondern menschlicher Altruismus besagt gerade die Seite des Umsonst (= gratis) und nicht das Hoffen auf Belohnung.

Auch wenn viele Soziobiologen und evolutionäre Ethiker es abstreiten, so wird doch immer wieder der *naturalistische Fehlschluß* gezogen: Vom Sein, der Natur, der Deskription der Verhaltensweisen, wird fälschlicherweise auf ein Sollen geschlossen.

Des weiteren implizieren diese Ansätze den *genetischen Fehlschluß*: Von der Genese, der Entstehung eines Verhaltens wird auf die innere Begründung der Geltung eines sittlichen Gebotes, auf seine sittliche Gutheit geschlossen.

Neben diesen methodischen Einwänden ist der soziobiologische Ansatz der Evolutionären Ethik auch deshalb als ungenügend zurückzuweisen, weil eine nicht zulässige Reduktion des menschlichen Verhaltens auf die äußerlich wahrnehmbare Handlung ohne dessen Intentionalität und Motivation geschieht. Dadurch verliert die sittliche Handlung des Menschen gerade ihre ethische Seite, ist außerhalb des Bereiches der Ethik (nach F. Ricken, 1983, S. 15: »außermoralisch«, »außersittlich«). Nach W. Wickler (1989) sollte man deshalb auch den Begriff »moralanaloges« Verhalten der Tiere nicht mehr verwenden. Gegen die früheren Soziobiologen (Wilson, aber auch Dawkins und Barash) ist einzuwenden, daß sie von einem monistisch-materialistischen Menschenbild ausgehen und deshalb der eigentlichen Sachlage nicht gerecht werden, sondern eine große Verarmung mit sich bringen. Der Schlüsselbegriff des Altruismus wird seiner typisch menschlichen Komponente (Intentionalität, Vernünftigkeit und freier Entscheidung) und des eigentlich Selbstlosen beraubt.

Schon gar nicht handelt es sich beim reziproken Altruismus um Selbstlosigkeit. »Es zeigt sich bei vielen Soziobiologen die mangelnde Kenntnis der ethischen Traditionen auch darin, daß sie ethisches Verhalten mit Altruismus gleichsetzen.« (A. Knapp, 1990, S. 255)

Nach alledem ist zu sagen: Die Bezeichnung »Evolutionäre Ethik« ist unbegründet, weil es sich gar nicht um eine Ethik handelt im Sinne einer philosophischen Disziplin über das in Freiheit zu tuende sittlich Gute. Alle Aussagen der Evolutionären Ethik liegen im Vorfeld der Ethik (Neigungsstruktur) im Sinne von »ultra posse nemo tenetur« (Grenzen der Natur). Um diese Grenzen genauer zu finden, haben Biologie und Soziobiologie durchaus ihre Bedeutung, auch für die Findung eines sittlichen Urteils. Aber es gibt ja auch im Menschen sittliche Entscheidungen durchaus gegen die Neigungsstruktur (z. B. Beschränkung der Kinderzahl, Zölibat, Ordensgelübde, Martyrium, Ehelosigkeit wegen einer Forschertätigkeit, Fasten aus gesundheitlichen Gründen u. a.).

Das alles überragende Ziel des Menschen kann nicht sein Überleben sein, der Mensch kann nicht nur als Überlebensmaschine für die Gene hingestellt werden. Das ist Biologismus, aber sittlich viel zu reduktionistisch. Es gibt im Bereich des Sittlichen auch Rechte und Pflichten, von denen so gut wie nichts in den soziobiologischen Abhandlungen zu finden ist.

(Eine ausgezeichnete und ausführliche Auseinandersetzung mit der Soziobiologie, ihren philosophischen Implikationen und ihrem Menschenbild ist die von A. Knapp, 1990.) Zur Kritik vgl. auch: W. Lütterfelds, 1993.

12. Einwände

Bitte setzen Sie sich mit folgenden Argumentationen auseinander:

a) Tiere können doch sprechen; es sei an die »Bienensprache« erinnert: Durch ein Symbol, nämlich den Schwänzeltanz, wird die Entfernung und Richtung der Futterquelle vom Stock mitgeteilt.

b) Wenn die *Laut*symbolsprache ein typisches Merkmal des Menschen ist, das ihn aus seiner tierischen Umwelt aussondert, erhebt sich die Frage, ob Taubstumme, die über keine *Laut*symbolsprache verfügen, »Menschen zweiter Klasse« sind. Antwort: Sie haben zwar keine Lautsymbolsprache, trotzdem ist echte Begriffssprache mit grammatischer Kompetenz vorhanden.

c) Wir haben den Menschen als Person beschrieben, welche sich freiheitlich im Gegenüber zu einem Du gestaltet. Vergleichen Sie dazu den historisch zwar überholten, aber sachlich wichtigen Text:
»Auf der Grundlage... (der) materialistischen Geschichtsauffassung konnten Marx und Engels die Menschheitsgeschichte erstmals als einen ›naturgeschichtlichen‹, d. h. objektiven Gesetzmäßigkeiten unterworfenen Prozeß wissenschaftlich erklären. Die bis heute von bürgerlichen Ideologen immer wieder strapazierte, angeblich ewige und unveränderliche ›Natur des Menschen‹, das ›menschliche Wesen‹, wurde sichtbar als das Ensemble der gesellschaftlichen Verhältnisse. Diese sind geprägt durch einen jeweils konkret-historischen Entwicklungszustand der Produktivkräfte und der darauf beruhenden Klassen und Machtverhältnisse. Nur so konnten auch alle jene Konzeptionen theoretisch endgültig überwunden werden, nach denen die Geschichte ihrem Wesen nach nichts anderes darstellt, als daß vorgegebene ›ewige‹ Grundwerte, Prinzipien oder Ideen schrittweise begriffen oder verwirklicht werden!« (Institut für Gesellschaftswissenschaften beim Zentralkomitee der SED, Lebensweise und Moral im Sozialismus. Berlin-Ost, 1974). – Welches Menschenbild stand hinter diesem Text? Wie unterschied es sich von unserer Darstellung?
d) Zum Problem der *Selbsterkenntnis bei Affen*:
G. G. Gallup jr. wurde Ende der sechziger Jahre mit seinen Spiegelversuchen bekannt. Bei seinen ersten Versuchsreihen arbeitete er mit Makaken, Schimpansen und Rhesusaffen; seit 1970 bezog er auch Gorillas und Orang-Utans in seine Experimente ein, die er zu dieser Zeit in Zusammenarbeit mit Susan D. Suarez durchführte. Ausgangspunkt dieser Versuche war die Erfahrung, daß mit adäquatem Sehvermögen ausgestattete Tiere bei der Konfrontation mit ihrem eigenen Spiegelbild dieses wie einen Artgenossen behandeln. Gallup vermutete aber, daß bei anhaltender Konfrontation mit ihrem eigenen Spiegelbild zumindest Menschenaffen in der Lage sein müßten, dieses als ein Abbild ihrer selbst zu erkennen.
Die Versuchstiere (= Schimpansen) wurden in einem kleinen Käfig, der sich in einem sonst leeren Raum befand, für zwei Tage isoliert. Nach dieser Frist wurde ein großer Spiegel in 3,5 m Entfernung vor dem Käfig installiert und blieb an dieser Stelle für zwei Tage zu je acht Stunden. Danach wurde er für acht Tage bis auf 60 cm an den Käfig herangeschoben. Zwei für die Tiere unsichtbare Beobachter protokollierten in bestimmten Zeitabständen die einzelnen Verhaltensweisen der Affen.
Es ergab sich, daß die zu Beginn des Versuchs sehr hohe Rate sozialer Verhaltensmuster, wie sie die Affen gegenüber Artgenossen zeigen, bei allen Versuchstieren relativ rasch zurückging und daß dafür Verhaltensweisen

zunahmen, die eine zumindest anfanghafte ›Selbsterkenntnis‹ nahelegten. Zu diesen Verhaltensweisen zählte u. a. das Entfernen von Speiseresten zwischen den Zähnen während ausgiebiger Betrachtung im Spiegel und das Schneiden von Grimassen. Auf diese Erfolge hin wurde der Versuch erweitert: Nach 10 Tagen der ›Spiegel-Konfrontation‹ wurden die Schimpansen betäubt und aus dem Käfig gebracht; dann wurden ein Teil einer Augenbraue und das gegenüberliegende Ohr mit einer roten, geruchlosen Flüssigkeit eingefärbt, die, nachdem sie getrocknet war, auch durch keinerlei taktile Reize ihre voraufgegangene Applikation mehr hätte vermuten lassen.
Während die Schimpansen noch betäubt waren, wurden sie in ihren Käfig zurückgebracht, ohne daß jedoch auch der Spiegel installiert worden wäre. Nachdem die Tiere aus der Narkose erwacht waren, wurden sie 30 Minuten lang beobachtet, um festzustellen, wie oft sie in diesem Zeitraum die eingefärbten Partien ihres Körpers berührten. Nichts deutete darauf hin, daß die Schimpansen das Vorhandensein der Flecken bemerkt hatten. Daraufhin wurde der Spiegel wieder in 60 cm Entfernung vor dem Käfig plaziert, und die Tiere wurden erneut beobachtet. Die Schimpansen berührten im Gegenüber zu ihrem Spiegelbild die eingefärbten Stellen unverhältnismäßig häufiger. Nach der Berührung inspizierten sie bisweilen sogar ihre Finger, um festzustellen, ob die rote Farbe daran haften geblieben war. Der gleiche Versuch wurde auch noch mit anderen Schimpansen durchgeführt, die zuvor keine Erfahrung mit Spiegeln gemacht hatten. Die Affen, die nach ihrer Betäubung erstmalig mit ihrem Spiegelbild konfrontiert wurden, zeigten keinerlei Verhaltensweisen, die auf eine ›Selbsterkenntnis‹ hätten schließen lassen. Dieser Sachverhalt legt nach Gallup die Annahme nahe, daß die ›Selbsterkenntnis‹ erlernt werden kann.
Analoge Experimente, die mit Makaken, Rhesusaffen und Gorillas durchgeführt wurden, verliefen ausnahmslos negativ. Dieses Ergebnis ist besonders bezüglich der Gorillas verwunderlich, die eng mit den Schimpansen verwandt sind. Eine allgemein anerkannte Theorie, die das Fehlen von ›Selbsterkenntnis‹ bei dieser Menschenaffenart erklärt, gibt es noch nicht. Das Problem scheint um so schwieriger lösbar, als in weiteren Versuchen für Orang-Utans das Vorhandensein von ›Selbsterkenntnis‹ erwiesen wurde.
In neueren Experimenten wurde der Zeitraum der Spiegelkonfrontation auf acht Tage reduziert, ohne daß dadurch die Ergebnisse negativ beeinflußt worden wären.
Zusammenfassend meint Gallup: »Die Erkenntnis des eigenen Spiegelbildes scheint eine fortgeschrittene Form des Intellekts zu erfordern; so ist es z. B. bekannt, daß zumindest einige geistig zurückgebliebene Kinder offensichtlich nicht die Fähigkeit besitzen, sich selbst im Spiegel zu erkennen. Mehr

noch: Insofern das Erkennen des Spiegelbildes irgendeine Konzeption des Ich impliziert, sind diese Versuche als erster experimenteller Nachweis einer Ich-Konzeption bei subhumanen Formen zu betrachten.« (Eigene Übersetzung von: G. G. Gallup, 1970.)

Gallup definiert Selbsterkenntnis als »... die Fähigkeit, selbst das Objekt seiner eigenen Aufmerksamkeit (bzw. Wahrnehmung) zu werden.« (S. D. Suarez, G. G. Gallup, 1981; eigene Übersetzung.) – In ähnlicher Weise hat man auch von »Selbst-Bewußtsein« bei Tauben gesprochen: R. Epstein, R. Lanza, B. F. Skinner, 1980; K.Simon, 1982.

Versuchen Sie, die Frage zu beantworten, ob es sich bei der Erkenntnis der eigenen Gestalt im Spiegel tatsächlich um das handelt, was wir gewöhnlich als »Selbstreflexion« und »Selbstbewußtsein« des Menschen bezeichnen. Unterscheidet sich die beschriebene Selbsterkenntnis der Affen (self-recognition) von der menschlichen Selbsterkenntnis (self-consciousness)? Wenn ja, wie? (Vgl. dazu: J. C. Eccles, 1973, 1981, 1982. D. R. Griffin, 1981.)

Literatur

Altmann, S. A.(ed.), Social Communication among Primates. Chicago, London: University of Chicago Press, 1967.

Altner, G. (Hrsg.), Kreatur Mensch (Moderne Wissenschaft auf der Suche nach dem Humanum). München: Moos, 1969.

Andrews, P., Hominoid evolution: Nature 295 (21. 1. 1982), 185 f.

Andrews, P., The descent of man: New Scientist 102, No. 1408 (3. 5. 1984), 24–25.

Arsuaga, J.-L; Martinez, I., u. a., The new human skulls from the Sima de los Huesos Middle Pleistocene site in Sierra de Atapuerca, Spain: Nature 362 (1993), 532–537.

Autrum, H.; Dijkgraaf, S,. u. a., Mensch und Tier. München: dtv, 1968.

Autrum, H.; Wolf, U. (Hrsg.), Humanbiologie. Berlin, Heidelberg: Springer, [2]1983.

Axelrod, R., Die Evolution der Kooperation. München: Oldenbourg, 1988.

Bamm, P., Adam und der Affe. München, Zürich: Knaur, 1974.

Barash, D. P., Soziobiologie und Verhalten. Berlin, Hamburg: Parey, 1980.

Bar-Yosef, O.; Vandermeersch, B., et al., The Excavations in Kebara Cave, Mt. Carmel: Current Anthropology 33 (1992), 497–550.

Bateson, G., Geist und Natur. Frankfurt/M.: Suhrkamp, 1982.

Bateson, G., Ökologie des Geistes. Frankfurt/M.: Suhrkamp, [4]1983.

Bauer, K. H; Pannenberg, W., u. a., Was ist das – der Mensch? (Beiträge zu einer modernen Anthropologie) München: Piper, 1968.

Benesch, H., Der Ursprung des Geistes. Wie entstand unser Bewußtsein – wie wird Psychisches in uns hergestellt? Stuttgart: DVA, 1977.

Bertalanffy, L. v., ... aber vom Menschen wissen wir nichts (Robots, Men and Minds). Düsseldorf, Wien: Econ, 1970.

Bieri, P., Was macht Bewußtsein zu einem Rätsel?: Spektrum 10/1992, 48–56.

Boakes, R., From Darwin to behaviourism. Psychology and the minds of animals. Cambridge (G. B.): Cambridge University Press, 1984.

Bodmer, F., Die Sprachen der Welt. Köln, Berlin: Kiepenheuer & Witsch, 5. Aufl. o. J.

Böhme, W. (Hrsg.), Wie entsteht der Geist? Herrenalber Texte, Band 22. Karlsruhe: W. Böhme, 1980.

Brain, C. K.; Sillen, A., Evidence from the Swartkrans cave for the earliest use of fire: Nature 336 (1988), 464–466.

Bräuer, G., Afrika – die Wiege des modernen Menschen: Umschau 85 (1985), 309 – 312.

Bräuer, G., Adam kam aus Afrika: Bild d. Wissenschaft 11/1987, 38–45.

Breuer, G., Der sogenannte Mensch. Was wir mit den Tieren gemeinsam haben und was nicht. München: Kösel, 1981.

Breuer, G., Spiegelversuche mit Gorillas – ergebnislos: Naturwissenschaftliche Rundschau 35 (1982), 462.

Breuer, G., Neues zur Abstammung des Menschen: Naturwissenschaftliche Rundschau 38 (1985), 105.

Brown, F.; Harris, J.; Leakey, R.; Walker, A., Early Homo erectus skeleton from west Lake Turkana, Kenya: Nature 316 (29. 8. 1985), 788–792.

Brugger, W., Tractatus philosophicus de anima humana. Pullach bei München: Vlg. Berchmanskolleg, 1958.

Brugger, W., (Hrsg.), Philosophisches Wörterbuch. Freiburg: Herder, [16]1981.

Brüning, W., Philosophische Anthropologie. Stuttgart: Klett, 1960.

Bühler, K., Sprachtheorie. Stuttgart, New York: Fischer, 1982.

Bunney, S., When humans first came home to a real fire: New Scientist 121, No. 1647 (14. 1. 1989), 35.

Burling, R., Primate Calls, Human Language, and Nonverbal Communication: Current Anthropology 34 (1993), 25–53.

Busse, M., Platon und evolutionäre Erkenntnistheorie: Naturwissenschaftliche Rundschau 41 (1988), 141–146.

Buytendijk, F. J. J., Mensch und Tier. Hamburg: Rowohlt, 1958.

Changeux, J.-P., Der neuronale Mensch. Wie die Seele funktioniert – die Entdeckung der neuen Gehirnforschung. Reinbek bei Hamburg: Rowohlt, 1984.

Charon, J. E., Der Geist der Materie. Wien, Hamburg: P. Zsolnay, 1979.

Chomsky, N., Sprache und Geist. Frankfurt/M.: Suhrkamp, [2]1980.

Comfort, A., Natur und menschliche Natur. Die Selbstbefreiung des Menschen aus den Zwängen der Instinkte. Reinbek bei Hamburg: Rowohlt, 1970.

Craemer-Ruegenberg, I., Was leistet die Evolutionäre Erkenntnistheorie?: Allgemeine Z. für Philosophie 10 (1985), Heft 2, 61–71.

Cramer, F. (Hrsg.), Erkennen als geistiger und molekularer Prozeß. Weinheim, New York: VCH Verlagsgesellschaft, 1991.

Damerow, P.; Englund, R. K.; Nissen, H. J., Die Entstehung der Schrift: Spektrum der Wissenschaft 2/1988, 74–85.

Dawkins, R., Das egoistische Gen. Berlin: Springer, 1978.

Delbrück, M., Wahrheit und Wirklichkeit. Über die Evolution des Erkennens. (Englisch: Mind from Matter?) Hamburg, Zürich: Rasch & Röhring, 1986.

Ditfurth, H. v., Der Geist fiel nicht vom Himmel. Die Evolution unseres Bewußtseins. Hamburg: Hoffmann & Campe, 1976.
Ditfurth, H. v., Wir sind nicht nur von dieser Welt. Naturwissenschaft, Religion und die Zukunft des Menschen. Hamburg: Hoffmann & Campe, 1981.
Ditfurth, H. v.; Arzt, V., Dimensionen des Lebens I. Stuttgart: DVA, 1974.
Ditfurth, H. v.; Arzt, V., Querschnitt. Dimensionen des Lebens II. Hamburg: Hoffmann & Campe, 1978.
Dreher, E., Die Willensfreiheit. Ein zentrales Problem mit vielen Seiten. München: Beck, 1987.
Dunbar, R., Ever since Descartes: New Scientist 103 (16. 8. 1984), 32–34.
Eccles, J. C., Brain, Speech and Consciousness: Naturwissenschaften 60 (1973), 167–196.
Eccles, J. C., Wahrheit und Wirklichkeit. Mensch und Wissenschaft. Berlin, Heidelberg: Springer, 1975.
Eccles, J. C., Das Gehirn des Menschen. München, Zürich: Piper, [4]1979.
Eccles, J. C., Die menschliche Persönlichkeit. Ein wissenschaftliches und ein philosophisches Problem: Naturwissenschaftliche Rundschau 34 (1981), 227–237.
Eccles, J. C., Das Rätsel Mensch. München, Basel: Reinhardt, 1982.
Eccles, J. C., Die Psyche des Menschen. München, Basel: Reinhardt, 1984.
Eccles, J. C.; Robinson, D. N., Das Wunder des Menschseins – Gehirn und Geist. München, Zürich: Piper, 1985.
Eccles, J. C.; Zeier, H., Gehirn und Geist. Biologische Erkenntnisse über Vorgeschichte, Wesen und Zukunft des Menschen. München: Kindler, 1980.
Eibl-Eibesfeldt, I., Die Biologie des menschlichen Verhaltens. München, Zürich: Piper, 1984.
Eibl-Eibesfeldt, I., Der Mensch – das riskierte Wesen. Zur Naturgeschichte menschlicher Unvernunft. München, Zürich: Piper, 1988.
Engels, E.-M., Evolutionäre Erkenntnistheorie – ein biologischer Ausverkauf der Philosophie?: Z. f. allgemeine Wissenschaftstheorie XIV/1 (1983), 138–166.
Engels, E.-M., Was leistet die evolutionäre Erkenntnistheorie? Eine Kritik und Würdigung: Z. für allgemeine Wissenschaftstheorie XVI/1 (1985), 113–146.
Engels, E.-M., Die Evolutionäre Erkenntnistheorie in der Diskussion: Information Philosophie 13 (1985), Heft 1, 56–68; Heft 2, 49–68.
Engels, E.-M., Die Grenzen der Evolutionären Erkenntnistheorie: Information Philosophie 15 (1987), Heft 2, 32–34.
Engels, E.-M., Erkenntnis als Anpassung? Frankfurt/M., Suhrkamp, 1989.
Epstein, R.; Lanza, R. P.; Skinner, B. F., Symbolic communication between two pigeons (Columba livia domestica): Science 207 (1980), 543–545.
Erben, H. K., Intelligenzen im Kosmos? München, Zürich: Piper, 1984.
Facchini, F., Der Mensch. Ursprung und Entwicklung. Augsburg: Weltbild, 1991.
Fast, J., Körpersprache. Reinbek bei Hamburg: Rowohlt, 1979.
Faulmann, C., Das Buch der Schrift (enthaltend die Schriftzeichen und Alphabete aller Zeiten und aller Völker des Erdkreises). Nördlingen: F. Greno, 1985.
Fester, R., Die Eiszeit war ganz anders. München: Piper, 1973.
Fester, R., Sprache der Eiszeit. Die ersten sechs Worte der Menschheit. München, Berlin: Herbig, 1980.

FLOHR, H.; TÖNNESMANN, W., Politik und Biologie. Beiträge zur Life-Sciences-Orientierung der Sozialwissenschaften. Berlin, Hamburg: Parey, 1983.

FRANZEN, J. L., Die Ausbreitung des Menschen über die Erde (Rassenbildung). In: B. Rensch, J. L. Franzen, Theoretische Aspekte der Menschwerdung. Frankfurt/M.: Kramer, 1974, 41–59.

FREY, C., Arbeitsbuch Anthropologie. Christliche Lehre vom Menschen und humanwissenschaftliche Forschung. Stuttgart, Berlin: Kreuz, 1979.

FREY, G., Theorie des Bewußtseins. Freiburg: Alber, 1980.

GADAMER, H. G.; VOGLER, P. (Hrsg.), Neue Anthropologie, Bd. 2, Biologische Anthropologie, 2. Teil. Stuttgart: dtv, 1972.

GALLUP, G. G.,JR., Chimpanzees: Self-Recognition: Science 167 (1970), 86–87.

GARDENER, B. T.; GARDENER, R. A., Evidence for sentence constituents in the early utterances of child and chimpanzee: Journal of Experimental Psychology 104 (1975), 244–267.

GARDENER, R. A.; GARDENER, B. T., Teaching Sign Language to a Chimpanzee: Science 165 (1969), 664–672.

GEHLEN, A., Der Mensch. Seine Natur und seine Stellung in der Welt. Frankfurt/M.: Athenäum, [9]1971.

GEHLEN, A., Studien zur Anthropologie und Soziologie. Soziologische Texte. Bd 17. Neuwied, Berlin: Luchterhand, [2]1971.

GEHIRN UND NERVENSYSTEM. Verständliche Forschung. Weinheim: Spektrum- der-Wissenschaft-Verlagsgesellschaft, 1980.

GERKE, P. R., Wie denkt der Mensch? München: Bergmann, 1987.

GIERER, A., Die Physik, das Leben und die Seele. München, Zürich: Piper, [2]1985.

GIPPER, H., Die Sonderstellung der menschlichen Sprache gegenüber den Verständigungsmitteln der Tiere: Anthropos 74 (1979), 915.

GIPPER, H., Das Sprachapriori. Sprache als Voraussetzung menschlichen Denkens und Erkennens. Stuttgart: Fromman-Holzboog, 1987.

GLEES, P., Das menschliche Gehirn. Evolution, Bau und Arbeitsweise. Stuttgart: Hippokrates, [2]1971.

GOLDSMITH, D.; OWEN, T., Suche nach außerirdischen Kulturen: Naturwissenschaftliche Rundschau 38 (1985), 91–97.

GOLEMAN, D.; DAVIDSON, R. J. (Hrsg.), Consciousness: The brain, states of awareness, and alternate realities. New York: Irvington Publ., 1979.

GOULD, S. J., Der falsch vermessene Mensch. Basel, Boston, Stuttgart: Birkhäuser, 1983.

GOWLETT, J. A. J.; HARRIS, J. W. K., ET AL., Early archeological sites, hominid remains and traces of fire from Chesowanja, Kenya: Nature 294 (12. 11. 1981), 125–129.

GRIFFIN, D. R., The question of animal awareness. New York: The Rockefeller University Press, [2]1981.

GRIFFIN, D. R.(ed.), Animal mind – human mind. Dahlem Konferenzen. Berlin, Heidelberg: Springer, 1982.

GRIFFIN, D. R., Wie Tiere denken. Ein Vorstoß ins Bewußtsein der Tiere. München, Wien: BLV Verlagsgesellschaft, 1985.

GULIAN, C., Versuch einer marxistischen philosophischen Anthropologie. Darmstadt, Neuwied: Luchterhand, 1973.

HAEFFNER, G., Philosophische Anthropologie. Stuttgart, Mainz: Kohlhammer, 1982.

HAMPDEN-TURNER, C., Modelle des Menschen. Ein Handbuch des menschlichen Bewußtseins. Weinheim, Basel: Beltz, 1982.

HARRÉ, R.; REYNOLDS, V., The meaning of primate signals. Cambridge, London: Cambridge University Press, 1984.

HEBERER, G., Die Fossilgeschichte der Hominoidea. In: H. Hofer, A. H. Schultz, D. Starck (Hrsg.), Primatologia I, S.379–560. Basel: Karger, 1956.

HEDIGER, H., Mit Affen sprechen. Ist die Kommunikation mit Tieren Konversation oder Dressur?: Umschau 81 (1981), 175–178.

HEINTZELER, W., Der Mensch im Kosmos – Krone der Schöpfung oder Zufallsprodukt? Ein Gespräch über das Selbstverständnis des Menschen im Spannungsfeld zwischen Naturwissenschaft und Religion. Stuttgart: Seewald, 1981.

HEMMINGER, H., Der Mensch – eine Marionette der Evolution? Eine Kritik an der Soziobiologie. Frankfurt/M.: Fischer Tb., 1983.

HENGSTENBERG, H. E., Der Wesensunterschied zwischen Mensch und Tier. Essen: Fredebeul & Koenen, 1962.

HENKE, W., Der stammesgeschichtliche Weg zum modernen Menschen. Mainz: Johannes Gutenberg-Universität, 1991.

HENKE, W.; ROTHE, H., Der Ursprung des Menschen. Stuttgart: Fischer, [5]1980.

HERBIG, J.; VERTUT, J., Die Magie der Bilder und Zeichen. Wie die Kunst zum evolutionären Erfolg des Menschen beitrug: Bild der Wissenschaft 6/1985, 108–120.

HINDE, R. A. (ed.), Non-verbal communication. Cambridge: University Press, 1972.

Hockett, C. F., Der Ursprung der Sprache. In: I. Schwidetzky (Hrsg.), Über die Evolution der Sprache. Frankfurt/M.: Fischer, 1973, 135–150.

HOCKETT, C. F.; ASCHER, R., The human revolution: Current Anthropology 5 (1964), 135–168.

HOERES, W., Tierische und menschliche Intelligenz. Die Antwort der philosophischen Anthropologie: Katholische Bildung 76 (1975), 387–406.

HOERES, W., Der Geist kam nicht von unten. Die evolutionäre Erkenntnistheorie: Katholische Bildung 86 (1985), 283–292. 337–346.

HOFER, H.; ALTNER, G., Die Sonderstellung des Menschen. Stuttgart: Fischer, 1972.

HOLZ, H., Evolution und Geist. Frankfurt/M., Bern: Lang, 1981.

HOLZHEY, H., Kritik der Evolutionären Erkenntnistheorie: Information Philosophie 13 (1985), Heft 4, 46–51.

HOOPER, J.; TERESI, D., Das Drei-Pfund-Universum. Das Gehirn als Zentrum des Denkens und Fühlens. Düsseldorf: Econ, 1988.

ILLIES, J., Zoologie des Menschen. Entwurf einer Anthropologie. München: dtv, 1977.

ILLIES, J.(Hrsg.), Die Sache mit dem Apfel. Freiburg: Herder, 1972.

ILLIES, J., Anthropologie des Tieres. München: Piper, 1973.

ILLIES, J., Schöpfung, Scham und Menschenwürde. Kassel: Weißes Kreuz, [2]1980.

JAECKLE, E., Vom sichtbaren Geist. Naturphilosophie. Stuttgart: Klett-Cotta, 1984.

JAMES, S. R., Hominid Use of Fire in the Lower and Middle Pleistocene: Current Anthropology 30 (No. 1, 1989), 1–26.

JOHANSON, D. C., Ethiopia yields first »family« of early man: National Geographic, 150, No. 6 (December 1976), 791–811.

Johanson, D. C.; Edey, M., Lucy. Die Anfänge der Menschheit. München: Piper, [4]1992.

Johanson, D. C.; Shreeve, J., Lucys Kind. Auf der Suche nach dem ersten Menschen. München: Piper [2]1992.

Jolly, A., Die Entwicklung des Primatenverhaltens. Stuttgart: Fischer, 1975.

Jonas, D. F.; Jonas, A. D., Das erste Wort. Hamburg: Hoffmann & Campe, 1979.

Kahle, H., Evolution – Irrweg moderner Naturwissenschaft? Bielefeld: Moderner Buchservice, 1980.

Kail, R.; Pellegrino, J. W., Menschliche Intelligenz. Heidelberg: Spektrum-der-Wissenschaft-Verlagsges., 1988.

Kaiser, P.; Peters, D. S., Evolutionstheorie und ethische Fragestellung. Regensburg: Pustet, 1981.

Karlson, P.; Bettendorf, G., u. a. (Hrsg.), Information und Kommunikation. Naturwissenschaftliche, medizinische und technische Aspekte. Verh. d. Ges. Deutsch. Naturforscher und Ärzte, 113. Vers., Nürnberg, 1984. Stuttgart: Wiss. Verlagsgesellschaft, 1985.

Kindlers Enzyklopädie, Der Mensch. Bd. IV: Die Sonderstellung des Menschen. Zürich: Kindler, 1981.

Klein, R. G., The human career. Human biological and cultural origins. Chicago, London: The University of Chicago Press, 1989

Klement, H.-W. (Hrsg.), Bewußtsein. Ein Zentralproblem der Wissenschaften. Baden-Baden: Agis, 1975.

Knapp, A., Soziobiologie und Moraltheologie. Kritik der ethischen Folgerungen moderner Biologie. Weinheim: VCH, 1989.

Koch, H. J., Der zwecklose Mensch oder das Ebenbild Gottes. Fellbach: Bonz, 1980.

Köhler, W., Intelligenzprüfungen an Menschenaffen. Berlin, Heidelberg: Springer, [3]1973.

Koestler, A., Der Mensch – Irrläufer der Evolution. Bern, München: Scherz, 1978.

Konner, M., Die unvollkommene Gattung. Biologische Grundlagen und die Natur des Menschen. Basel, Stuttgart: Birkhäuser, 1984.

Koslowski, P.; Kreuzer, P.; Löw, R.(Hrsg.), Evolution und Freiheit. Zum Spannungsfeld von Naturgeschichte und Mensch. Civitas Resultate Bd. 5. Stuttgart: Hirzel, 1984.

Kremer, K., Seele. Ihre Wirklichkeit, ihr Verhältnis zum Leib und zur menschlichen Person. Leiden, Köln: Brill, 1984.

Kuhlenbeck, H., Gehirn, Bewußtsein und Wirklichkeit. Darmstadt: Steinkopff, 1986.

Kuhn, W., Der Mensch – Gottes Geschöpf oder Zufallsprodukt? Köln: Bachem, 1985.

Kunert, G., Im Anfang war das Wort. Was nicht zur Sprache kommt, kommt nicht zur Welt. Dortmund: Hoesch-Werke, 1983.

Kurtén, B., Nicht von den Affen. Die Stammesgeschichte des Menschen. Berlin: Universitas, 1971.

Kurth, G.; Eibl-Eibesfeldt, I. (Hrsg.), Hominisation und Verhalten. Stuttgart: Fischer, 1975.

Laitman, J. T., Konnte unser Urahn sprechen?: Bild der Wissenschaft, 5/1987, 38–57.

Lay, R., Krisen und Konflikte. München: Langen-Müller, 1980.

Leakey, R. E., Die Suche nach dem Menschen. Frankfurt/M.: Umschau, 1981.

Leakey, R. E.; Lewin, R., Wie der Mensch zum Menschen wurde. Hamburg: Hoffmann & Campe, 1978.

LEAKEY, R. E.; LEWIN, R., Die Menschen vom See. München: Bertelsmann, 1980.
LENNEBERG, E. H., Biologische Grundlagen der Sprache. Frankfurt/M.: Suhrkamp, 1972.
LÉROI-GOURHAN, A., Hand und Wort. Die Evolution von Technik, Sprache und Kunst. Frankfurt/M.: Suhrkamp, 1980.
LEWIN, R., Surprise findings in the Taung child's face: Science 228 (5. 4. 1985), 42–44.
LEWONTIN, R., Menschen. Genetische, kulturelle und soziale Gemeinsamkeiten. Heidelberg: Spektrum-der-Wissenschaft-Verlagsgesellschaft, 1986.
LIEBERMANN, P., More on Hominoid Evolution, Speech and Language: Current Anthropology, 18 (1977), 550–551.
LINDAUER, M.; SCHÖPF, A. (Hrsg.), Wie erkennt der Mensch die Welt? Grundlagen des Erkennens, Fühlens und Handelns. Geistes- und Naturwissenschaften im Dialog. Stuttgart: Klett, 1984.
LORENZ, K., Die Rückseite des Spiegels. Versuch einer Naturgeschichte menschlichen Erkennens. München: dtv, 1977.
LORENZ, K., Der Abbau des Menschlichen. München: Piper, ²1983.
LORENZ, K.; WUKETITS, F. M. (Hrsg.), Die Evolution des Denkens. München, Zürich: Piper, 1983.
LOVEJOY, C. O., Die Evolution des aufrechten Gangs: Spektrum der Wissenschaft 1/1989, 92–100.
LUCE, J. DE; WILDER, H. T.(ed.), Language in primates. New York, Berlin: Springer, 1983.
LUCIUS, R. v., Feuer vor mehr als einer Million Jahren: FAZ, 14. 12. 1988, S.N 2.
LÜKE, U., Evolutionäre Erkenntnistheorie und Theologie. Eine kritische Auseinandersetzung aus fundamentaltheologischer Perspektive. Stuttgart: Hirzel, 1990.
LÜTH, P., Der Mensch ist kein Zufall. Umrisse einer modernen Anthropologie. Stuttgart: DVA, 1981.
LÜTTERFELDS, W. (Hrsg.), Evolutionäre Ethik zwischen Naturalismus und Idealismus. Beiträge zu einer modernen Theorie der Moral. Darmstadt: Wissenschaftliche Buchgesellschaft, 1993
LUMSDEN, C. J.; WILSON, E. O., Das Feuer des Prometheus. Wie das menschliche Denken entstand. München, Zürich: Piper, 1984.
LYONS, J., Die Sprache. München: Beck, 1983.
MACHENS, B., Das Werden der Menschheit im Spiegel der Gegenwart. Hildesheim: Selbstverlag, 1970.
MANIA, D.; DIETZEL, A., Begegnung mit dem Urmenschen. Hanau: Dausien, 1980.
MARKL, H., Die kulturelle Evolution – Risiko und Chance: FAZ, 31. 12. 1980, Nr. 303, N 1.
MARKL, H., Wie unfrei ist der Mensch? Von der Natur in der Geschichte. In: ders. (Hrsg.), Natur und Geschichte. München: Oldenbourg, 1983, S. 11–50.
MATURANA, H. R.; VARELA, F. J., Der Baum der Erkenntnis. Die biologischen Wurzeln des menschlichen Erkennens. Bern, München: Scherz, 1987.
MAXWELL, M., Human evolution. A philosophical anthropology. London: Croom Helm, 1984.
MCCRONE, J., Als der Affe sprechen lernte. Frankfurt/M.: Fischer, 1992.
MCINTRE, J., Der Geist in den Wassern. Ein Buch zu Ehren des Bewußtseins der Wale und Delphine. Frankfurt/M.: Zweitausendeins, ²1982.

Mecacci, L., Das einzigartige Gehirn. Über den Zusammenhang von Hirnstruktur u. Individualität. Frankfurt/M., New York: Campus, 1986.

Mednick, L. W., The evolution of the human ilium: Am. J. Phys. Anthrop. 12 (1954), 286–287; 13 (1955), 213–216.

Metzinger, T., Neuere Beiträge zur Diskussion des Leib-Seele-Problems. Frankfurt/M., Bern: Lang, 1985.

Meyer, H., Unterschiedliche Beurteilung des Ramapithecus: FAZ, 22. 12. 1982. Natur und Wissenschaft, II.

Mohr, H., Biologische Erkenntnis. Stuttgart: Teubner, 1981.

Mohr, H., Biologische Wurzeln der Ethik? Heidelberg: Müller, 1983.

Mohr, H., Evolutionäre Erkenntnistheorie. Sitzungsberichte der Heidelberger Akademie d. Wiss. Mathem.-naturwiss. Klasse. Berlin, Heidelberg: Springer, 1983a, Nr. 6, 223–232.

Mohr, H., Evolutionäre Ethik. In: B. Stoeckle (Hrsg.), Wörterbuch der ökologischen Ethik. Freiburg: Herder, 1986.

Mohr, H., Evolutionäre Ethik: Information Philosophie 4/1986a, 4–16.

Mohr, H., Evolutionäre Erkenntnistheorie, Ethik und Moral. In: R. Riedl, F. M. Wuketits (Hrsg.), Die Evolutionäre Erkenntnistheorie. Hamburg: Parey, 1987, S. 238–257.

Mohr, H., Natur und Moral. Ethik in der Biologie. Darmstadt: Wissenschaftliche Buchgesellschaft, 1987a.

Mohr, H., Biologische und kulturelle Evolution der Moral: Naturwissenschaftliche Rundschau 42 (1989), 127–132.

Montagu, J. F. Ashley, Culture and the evolution of man. New York: Oxford University Press, 1962.

Moore, K. L., Embryologie. Lehrbuch und Atlas der Entwicklungsgeschichte des Menschen. Stuttgart, New York: Schattauer, ^{3}1990.

Müller, H. M., Evolution, Kognition und Sprache. Die Evolution des Menschen und die biologischen Grundlagen der Sprachfähigkeit. Berlin, Hamburg: Parey, 1987.

Narr, K. J., Von der Natur der frühesten Menschheit. In: W. Böhme (Hrsg.), Freiheit in der Evolution. Herrenalber Texte 57. Karlsruhe: Tron, 1984, 9-35.

Niemitz, C. (Hrsg.), Erbe und Umwelt. Zur Natur von Anlage und Selbstbestimmung des Menschen. Frankfurt/M.: Suhrkamp, 1987.

Noten, F. van, De Evolutie van de Mens. Mastricht, Brüssel: Centrale Uitgeverij en Adviesbureau B. V., 1981.

Oeser, E., Psychozoikum. Evolution und Mechanismus der menschlichen Erkenntnisfähigkeit. Berlin, Hamburg: Parey, 1987.

Oeser, E.; Seitelberger, F., Gehirn, Bewußtsein und Erkenntnis. Darmstadt: Wissenschaftl. Buchgesellschaft, 1988.

Osche, G., Biologische und kulturelle Evolution – die zweifache Geschichte des Menschen und seine Sonderstellung. Verhandlungen d. Ges. Deutscher Naturforscher u. Ärzte, 1972. Berlin: Springer, 1973, 62–73.

Ott, J. A.; Wagner, G. P.; Wuketits, F. M. (Hrsg.), Evolution, Ordnung und Erkenntnis. Berlin, Hamburg: Parey, 1985.

Overhage, P., Sprachexperimente mit Schimpansen: Stimmen der Zeit 196 (1978), 325–332.

Overhage, P.; Rahner, K., Das Problem der Hominisation. Quaestiones disputatae 12/13. Freiburg, Basel: Herder, 1961.

Oxnard, C. E., Uniqueness and diversity in human evolution; morphometric studies in australopithecines. Chicago: University Chicago Press, 1975.

Paz, O., Der sprachgelehrte Affe. Frankfurt/M: Suhrkamp, 1982.

Pelletier, K. R., Unser Wissen vom Bewußtsein. München: Kösel, 1982.

Pilbeam, D., Die Abstammung von Hominoiden und Hominiden: Spektrum der Wissenschaft 5/1984, 98–108.

Pilbeam, D., Fossiler Kiefer – 5 Millionen Jahre alt: Naturwissenschaftliche Rundschau 38 (1985), 31.

Plankensteiner, M., Homo cerebralisatus. Die Evolution des menschlichen Gehirns. Essen: Verlag Die Blaue Eule, 1992.

Plankensteiner, M., Von Neuronen über Ganglien zu Gehirnen. Die phylogenetische Entwicklung des Gehirns bis zu den ersten Säugetieren. Essen: Verlag Die Blaue Eule, 1992.

Plessner, H., Die Stufen des Organischen und der Mensch. Berlin: de Gruyter, ²1965.

Ploog, D., Die Sprache der Affen und ihre Bedeutung für die Verständigungsweisen des Menschen. München: Kindler, 1974.

Pond, C., The great ape debate: New Scientist 116, No. 1586 (2. 11. 1987), 39–42.

Pöltner, G., Evolutionäre Vernunft. Eine Auseinandersetzung mit der Evolutionären Erkenntnistheorie. Stuttgart, Berlin: Kohlhammer, 1993.

Pöppel, E., Grenzen des Bewußtseins. Über Wirklichkeit und Welterfahrung. Stuttgart: DVA, 1985.

Pope, M., Die Rätsel alter Schriften. Hieroglyphen, Keilschrift, Linear B. Bergisch Gladbach: Lübbe, 1978.

Poppelbaum, H., Mensch und Tier. Fünf Einblicke in ihren Wesensunterschied. Frankfurt/M.: Fischer, 1981.

Popper, K. R.; Eccles, J. C., Das Ich und sein Gehirn. München: Piper, ²1982.

Portmann, A., Biologische Fragmente zu einer Lehre vom Menschen. Basel, Stuttgart: Schwabe, ³1969.

Premack, A. J.; Premack, D., Sprachunterricht für einen Schimpansen. In: W. Wickler, U. Seibt, Vergleichende Verhaltensforschung. Hamburg: Hoffmann & Campe, 1973, 414–430.

Premack, D., Sprache bei Schimpansen? In: I. Schwidetzky (Hrsg.), Über die Evolution der Sprache. Frankfurt/M.: Fischer, 1973, 91–131.

Promp, D. W., Sozialisation und Ontogenese – ein biosoziologischer Ansatz. Berlin, Hamburg: Parey, 1990.

Rensch, B., Die stammesgeschichtliche Sonderstellung des Menschen. Arbeitsgemeinschaft f. Forschung d. Landes Nordrhein-Westfalen. Heft 64. Köln, Opladen: Westdeutscher Vlg., 1957.

Rensch, B., Gedächtnis, Abstraktion und Generalisation bei Tieren. Arbeitsgemeinschaft f. Forschung des Landes Nordrhein-Westfalen. Heft 114. Köln, Opladen: Westdeutscher Vlg., 1962.

Rensch, B. (Hrsg.), Handgebrauch und Verständigung bei Affen und Frühmenschen. Bern: Huber, 1968.

Rensch, B., Homo sapiens. Vom Tier zum Halbgott. Göttingen: Vandenhoeck & Ruprecht, [3]1970.

Rensch, B., Neuere Probleme der Abstammungslehre. Stuttgart: Enke, [3]1972.

Rensch, B., Gedächtnis, Begriffsbildung und Planhandlungen bei Tieren. Berlin, Hamburg: Parey, 1973.

Rensch, B., Das universale Weltbild. Evolution und Naturphilosophie. Darmstadt: Wissenschaftl. Buchgesellschaft: [2]1991.(Frankfurt: Fischer, 1977).

Restak, R. M., Geist, Gehirn, Psyche. Psychobiologie: Die letzte Herausforderung. Frankfurt/M.: Umschau, 1981.

Révész, G., Ursprung und Vorgeschichte der Sprache. Bern: Francke, 1946.

Ricken, F., Allgemeine Ethik. Stuttgart, Berlin: Kohlhammer, 1983.

Riedl, R., Über die Biologie des Ursachen-Denkens – ein evolutionistischer, systemtheoretischer Versuch: Mannheimer Forum 78/79. Mannheim: Boehringer, 1978, S. 9–70.

Riedl, R., Biologie der Erkenntnis. Die stammesgeschichtlichen Grundlagen der Vernunft. Berlin, Hamburg: Parey, [2]1980.

Riedl, R., Evolution und Erkenntnis. Antworten auf Fragen unserer Zeit. München, Zürich: Piper, [2]1985.

Riedl, R., Die Spaltung des Weltbildes. Biologische Grundlagen des Erklärens und Verstehens. Berlin, Hamburg: Parey, 1985.

Riedl, R., Kultur – Spätzündung der Evolution? Antworten auf Fragen an die Evolutions- und Erkenntnistheorie. München, Zürich: Piper, 1987.

Riedl, R., Begriff und Welt. Biologische Grundlagen des Erkennens und Begreifens. Berlin, Hamburg: Parey, 1987.

Riedl, R.; Kreuzer, F. (Hrsg.), Evolution und Menschenbild. Hamburg: Hoffmann & Campe, 1983.

Riedl, R.; Wuketits, F. M. (Hrsg.), Die Evolutionäre Erkenntnistheorie. Bedingungen, Lösungen, Kontroversen. Berlin, Hamburg: Parey, 1987.

Rindos, D., Darwinian selection, symbolic variation and the evolution of culture: Current Anthropology 26 (1985), 65–88.

Rumbaugh, D.E. (ed.), Language learning by a chimpanzee. New York: Plenum Press, 1977.

Ruse, M.; Wilson, E. O., The evolution of ethics: New Scientist 108, No. 1478 (17.10.1985), 50–52.

Ryle, G., Der Begriff des Geistes (The Concept of Mind). Stuttgart: Reclam, 1969.

Sandermann, W., Der lange Weg zum Papier: Naturwissenschaftliche Rundschau 40 (1987), 339–352.

Schilcher, F. v.; Tennant, N., Philosophy, evolution and human nature. London, Boston: Routledge & Kegan Paul, 1984.

Scholich, B., Wurzeln und Besonderheiten der menschlichen Sprache. In: G. Kurth, I. Eibl-Eibesfeldt (Hrsg.), Hominisation und Verhalten. Stuttgart: Fischer, 1975, S. 262–279.

Schuler, B., Pflanze – Tier – Mensch. Wesensart und Wesensunterschiede. Paderborn: Schöningh, 1969.

Schurig, V., Naturgeschichte des Psychischen. Bd. 1: Psychogenese und elementare Formen der Tierkommunikation. Bd. 2: Lernen und Abstraktionsleistungen bei Tieren. Frankfurt/M., New York: Campus, 1975.

Schwartz, J. H., Hominoid evolution, a review and a reassessment: Current Anthropology 25 (1984), 655–672.

Schwidetzky, I. (Hrsg.), Über die Evolution der Sprache. Frankfurt/M.: Fischer, 1973.

Searle, J. R., Geist, Hirn und Wissenschaft. Frankfurt/M.: Suhrkamp, 1986.

Searle, J. R., Intentionalität. Eine Abhandlung zur Philosophie des Geistes. Frankfurt/M.: Suhrkamp, 1991.

Sebeok, T. A.; Umiker-Sebeok, J.(ed.), Speaking of apes. A critical anthology of two-way communication with man. London: Plenum Press, 1980.

Seifert, J., Das Leib-Seele-Problem in der gegenwärtigen philosophischen Diskussion. Darmstadt: Wissenschaftl. Buchgesellschaft, ^{2}1989.

Siegmund, G., Tier und Mensch. Frankfurt/M.: Knecht, 1958.

Siegmund, G., Neue Beobachtungen zum Leib-Seele-Problem: Atti dell VIII Congresso tomistico internationale. Vol. VII: L'uomo e il mondo nella luce dell'Aquinate (Studi tomistici 16). Città del Vaticano: Pontificia Academia de S. Tomaso e di Religione Cattolica, 1982, S. 140–157.

Simon, K., »Selbst-Bewußtsein« bei Tauben: Naturwissenschaftliche Rundschau 35 (1982), 378.

Simons, D., Problemverständnis und Problemlöseverhalten bei Primaten. Göttingen, Toronto: Vlg. f. Psychologie Dr. C. J. Hogrefe, 1984.

Snyder, S. H., Chemie der Psyche. Drogenwirkungen im Gehirn. Heidelberg: Spektrum-der-Wissenschaft-Verlagsgesellschaft, 1988.

Spaemann, R., Sein und Gewordensein. Was erklärt die Evolutionstheorie? In: R. Spaemann, P. Koslowski, R. Löw (Hrsg.), Evolutionstheorie und menschliches Selbstverständnis. Weinheim: VCH, 1984, S. 73–91.

Spaemann, R.; Koslowski, P; Löw, R. (Hrsg.), Evolutionstheorie und menschliches Selbstverständnis. Zur philos. Kritik eines Paradigmas moderner Wissenschaft. Weinheim: Acta humaniora VCH, 1984.

Splett, J., Konturen der Freiheit. Zum christlichen Sprechen vom Menschen. Frankfurt/M.: Knecht, 1974.

Splett, J., Der Mensch ist Person. Zur christlichen Rechtfertigung des Menschen. Frankfurt/M.: Knecht, 1978.

Springer, S. P.; Deutsch, G., Linkes, rechtes Gehirn. Funktionelle Asymmetrien. Heidelberg: Spektrum-d.-Wiss.-Verlagsgesellschaft, 1987.

Stachowiak, H., Denken und Erkennen im kybernetischen Modell. Wien, New York: Springer, ^{2}1969.

Stahnke, A., Neandertaler – sprachbegabt wie der moderne Mensch?: Spektrum der Wissenschaft 7/1989, 34.

Starck, D., Embryologie. Stuttgart: Thieme, ^{3}1975.

Stegmüller, W., Thesen zur »Evolutionären Erkenntnistheorie«: Information Philosophie 13 (1985), Heft 3, 26–32.

Steinbuch, K., Information, Computer und künstliche Intelligenz. Frankfurt/M.: Umschau, 1967.

Steitz, E., Die Evolution des Menschen. Weinheim: Vlg. Chemie, ^{2}1979.

Stent, G. S., Die Autonomie des Menschen. Komplexität u. Komplementarität des Geistes: Mannheimer Forum 92/93. München: Piper, 1993, S. 59–79.

STRAUSS, J.; GOETHALS, G. R., The Self: Interdisciplinary approaches. New York, Berlin, Heidelberg: Springer, 1991.

SUAREZ, S. D.; GALLUP, G. G., JR., Self-recognition in chimpanzees and orang-utans, but not gorillas: J. of Human Evolution: 10 (1981), 175–188 (dort dazu auch weitere Literatur).

SWINBURNE, R., The evolution of the soul. Oxford: Clarendon Press, 1986.

SZASZ, S., Körpersprache der Kinder. Bergisch-Gladbach: Lübbe, 1979.

TAYLOR, G. R., Die Geburt des Geistes. Frankfurt/M.: Fischer, 1982.

TEILHARD DE CHARDIN, P., Der Mensch im Kosmos. München: Beck, 1959.

TEMBROCK, G., Biokommunikation. Informationsübertragung im biologischen Bereich (2 Bde). Braunschweig: Vieweg & Sohn, 1971.

TERRACE, H. S., Nim. New York: Alfred A. Knopf, 1979.

THORNE, A. G.; WOLPOFF, M. H., Multiregionaler Ursprung der modernen Menschen: Spektrum der Wissenschaft 6/1992, 80–87.

THORPE, W. H., Der Mensch in der Evolution. Naturwissenschaft und Religion. München: Nymphenburger Verlagsbuchhandlung, 1969.

TONNER, N.; RIHLMANN, A., The evolution of human communication – What can primates tell us?: Annals of the New York Academy of Sciences 280 (1976), 468–480.

TÜRK, H. J.; TRUTWIN, W., Anthropologie. Philosophisches Kolleg, Heft 4. Düsseldorf: Patmos, [5]1982.

TUTTLE, R. H., Knuckle walking and the problem of human origins: Science 166 (1969), 953–961.

VARELA, F. J.; THOMPSON, E.; ROSCH, E., Der mittlere Weg der Erkenntnis. Die Beziehung von Ich und Welt in der Kognitionswissenschaft Bern, München: Scherz, 1991.

VESTER, F., Denken, Lernen, Vergessen. Stuttgart: dtv, 1978.

VINES, G., Test-tube embryos: New Scientist 116, No. 1587 (19. 11. 1987), Inside science, S. 1–4.

VOGEL, C., Vom Töten zum Mord. Das wirklich Böse in der Evolutionsgeschichte. München: Hanser, 1989.

VOIGT, J.; GERICKE, F. E.; GENTH, D., Sprache der Zeichen. Köln: Verlagsgesellschaft Schulfernsehen, 1973.

VOLLMER, G., Evolutionäre Erkenntnistheorie. Angeborene Erkenntnisstrukturen im Kontext von Biologie, Psychologie, Linguistik, Philosophie und Wissenschaftstheorie. Stuttgart: Hirzel, [1]1975, [5]1990.

VOLLMER, G., Zur evolutionären Erkenntnistheorie (eine kurze Antwort auf die Kritik): Information Philosophie 13 (1985), Heft 5, 40–45.

VOLLMER, G., Was können wir wissen? Bd. 1: Die Natur der Erkenntnis. Beiträge zur Evolutionären Erkenntnistheorie. Bd. 2: Die Erkenntnis der Natur. Beiträge zur modernen Naturphilosophie. Stuttgart: Hirzel, 1985 u. 1986.

VORTRÄGE ZUM THEMA MENSCH UND TIER BD. III/IV. WS 1984/85 und 1985/86. Tierärztliche Hochschule Hannover. Hannover: Schaper, 1986.

VRIES, J. DE, Materie und Geist. München, Salzburg: Pustet, 1970.

WADRUSZKA, M., Die Mehrsprachigkeit des Menschen. München, Zürich: Piper, 1979.

WAGENSCHEIN, M., Die Sprache zwischen Natur und Naturwissenschaft. Marburg: Jonas, 1986.

WATSON, P., ZIMMER, D. E., Die Ranch der sprechenden Affen: ZEITmagazin Nr. 17 (18. 4. 1980), 16–23.
WEAVER, K. F., The search for our ancestors: National Geographic 168, (No. 5, Nov. 1985), 560–623.
WEISSMAHR, B., Gottes Wirken in der Welt. Frankfurter Theologische Studien, Bd. 15. Frankfurt/M.: Knecht, 1973.
WESSON, R. Die unberechenbare Ordnung. Chaos, Zufall und Auslese in der Natur. München: Artemis & Winkler, 1993.
WICKLER, W., Die Irrlehre vom moral-analogen Verhalten der Tiere: Universitas 44 (1989), 644–653.
WICKLER, W.; SEIBT, U., Das Prinzip Eigennutz. Ursachen und Konsequenzen des sozialen Verhaltens. München: dtv, 1981.
WIESER, W., Genom und Gehirn. München: dtv, 1970.
WILDER-SMITH, A. E., Herkunft und Zukunft des Menschen. Ein kritischer Überblick über die dem Darwinismus und Christentum zugrundeliegenden naturwissenschaftlichen und geistlichen Prinzipien. Neuhausen-Stuttgart: Hänssler, 1972.
WILDER-SMITH, A. E., Planender Geist gegen planlose Entwicklung. Genetische Programmierung als Alternative zu Darwins Evolutionslehre. Basel, Stuttgart: Schwabe, 1983.
WILLS, F. H., Schrift und Zeichen der Völker von der Urzeit bis heute. Düsseldorf, Wien: Econ, 1977.
WILSON, A. C.; CANN, R. L., Afrikanischer Ursprung des modernen Menschen: Spektrum der Wissenschaft 6/1992, 72–79.
WILSON, E. O., Sociobiology. The New Synthesis. Cambridge (Mass.): Belknap Press of Harvard University Press, 1975.
WILSON, E. O., Biologie als Schicksal. Die soziobiologischen Grundlagen des menschlichen Verhaltens. Berlin: Ullstein, 1980.
WINKLER, E.,; Schweikhardt, J., Expedition Mensch. Streifzüge durch die Anthropologie. Wien, Heidelberg: Überreuter, 1982.
WOLPOFF, M. H., Ramapithecus and hominid origins: Current Anthropology 23 (1982), 501–522.
WOOD, C., Geschlecht und Fruchtbarkeit. Wien, München: Molden, 1970.
WUKETITS, F. M., Biologie und Kausalität. Biologische Ansätze zur Kausalität, Determination und Freiheit. Berlin, Hamburg: Parey, 1981.
WUKETITS, F. M., Evolution, Erkenntnis, Ethik. Folgerungen aus der modernen Biologie. Darmstadt: Wissenschaftl. Buchgesellschaft, 1984.
WUKETITS, F. M., Zustand und Bewußtsein. Leben als biophilosophische Synthese. Hamburg: Hoffmann & Campe, 1985.
ZIHLMAN, A. L., Die Rekonstruktion der Evolution des Menschen: Mannheimer Forum 85/86. Mannheim: Boehringer, 1985, 141–209.
ZIMMER, D. E., Unsere erste Natur. Die biologischen Ursprünge menschlichen Verhaltens. München: Kösel, 1979.
ZIMMER, D. E., Affen aufs Maul geschaut: ZEITmagazin Nr. 17 (18. 4. 1980), 3.
ZIMMER, D. E., Wie weit können Affen das Sprechen lernen?: ZEITmagazin Nr. 44 (28. 10. 1988), 41–48. 57–58.

Zimmerli, W. C., Die Gene sind selbst-los. Nicht-biologistische Relativität und Absolutheit der Geltung moralischer Normen. In: Irrgang, B.; Lutz-Bachmann, M. (Hrsg.), Begründung von Ethik. Beiträge zur philosophischen Ethik-Diskussion heute. Würzburg: Königshausen & Neumann, 1990, S. 7–24.

Zeitalter	Formation	Abteilung	Zeit: Millionen Jahre
Känozoikum	Quartär	Holozän Pleistozän	2
	Tertiär	Pliozän Miozän Oligozän Eozän Paläozän	70
Mesozoikum	Kreide	Senon Emscher Turon Cenoman Gault Neokom	140
	Jura	Malm Dogger Lias	185
	Trias	Keuper Muschelkalk Buntsandstein	225
Paläozoikum	Perm	Zechstein Rotliegendes	270
	Karbon	Oberkarbon Unterkarbon	320
	Devon	Oberdevon Mitteldevon Unterdevon	400
	Silur	Gotlandium Ordovicium	480
	Kambrium		570
Algonikum			2000
Archaikum			

(Verändert nach H. Kahle, 1980, S. 111)

KAPITEL VI

Der Punkt Omega oder die Zukunft des Menschen

1. Problemstellung

Wir haben bisher die Entstehung des Weltalls, des Lebens und seine Entwicklung bis zum Menschen naturwissenschaftlich untersucht und philosophisch reflektiert. Lassen sich auch Aussagen über die zukünftige Entwicklung der Menschheit machen? In diesem Kapitel sollen zunächst allgemein Aussagen über die Zukunft untersucht, dann speziell die Prognosen hinsichtlich der Überbevölkerung und der Ernährungssituation geprüft und schließlich Methoden zur Regelung des Bevölkerungswachstums auf ihre ethischen Implikationen hinterfragt werden.

(Für eine theologische Deutung der zukünftigen Entwicklung sei auf Teilhard de Chardin verwiesen, der das gesamte Evolutionsgeschehen auf den kosmischen Christus als den Zielpunkt Omega hin interpretiert; vgl. Kap. IV.)

2. Allgemeine Aussagen über die Zukunft des Menschen

2.1 *Wissenschaftstheoretische Überlegungen*

Mit den überaus komplexen Problemen der Zukunft des Menschen beschäftigt sich die Futurologie als ernst zu nehmende naturwissenschaftliche und soziologisch-ökonomische Disziplin. Sie arbeitet mit Entwicklungstrends, statistischen Modellen und mathematischer Wahrscheinlichkeitsrechnung. Von besonderer Bedeutung sind dabei Computersimulationsmodelle, mit deren Hilfe die Erstellung differenzierter kybernetischer Modelle sowie die Erhebung umfangreichen prognostischen Materials möglich ist. Zu einer angemessenen Einschätzung der beschriebenen Methoden sind folgende wissenschaftstheoretische Gesichtspunkte zu bedenken:

* Wie alle Modelle, sind auch Computermodelle *theoretische* Systeme, deren Elemente und Relationen sich zwar vom »realen System Welt« ableiten, diesem aber nur bedingt entsprechen. Die Verläßlichkeit der Voraussagen ist stets abhängig davon, inwieweit die zugrundeliegende Theorie an die Realität angepaßt ist, was zumeist nur hypothetisch angenommen werden kann.

* Es ist vermutlich unmöglich, die *hochkomplexe Vielfalt und Interdependenz* des »realen Systems Welt« im Modell vollständig zu rekonstruieren. Zudem ist die prognostische Gültigkeit eingeschränkt, weil man nicht vorhersehen kann, wie der Mensch sich in Freiheit entscheiden wird. Es ist kaum sicher voraussehbar, wie sich der Mensch bezüglich seiner Fortpflanzung verhalten oder zukünftig mit den knapper werdenden Ressourcen umgehen wird. Es wäre unwissenschaftlich, kreatives menschliches Handeln in der Zukunft schlicht aus gegenwärtigem Können und Wissen extrapolieren zu wollen.
* Damit zusammenhängend ist es kaum möglich, technische und agrarische *Innovationen* angemessen zu berücksichtigen. In »Krisenprognosen« wird meist nicht in Betracht gezogen, daß gerade der durch sie entstehende Handlungsdruck oftmals Neuerungen und alternative Lösungen erzeugt. So veranlaßte z. B. die Ölpreisexplosion zu Beginn der 70er Jahre die Industrieländer zu drastischen Energieeinsparungen. Die Folge: In den Jahren 1974–1984 stieg der Energieverbrauch in der Bundesrepublik Deutschland nicht, wie prognostiziert, um jährlich 3 % bis 4 % an, sondern nahm ab (M. Jänicke, 1984).
* Das *spezifische Erkenntnisinteresse* der Auftraggeber für eine Prognose ist bei einer umfassenden Würdigung ebenfalls von Bedeutung. Die Voraussagen werden in der Regel im Auftrag von Staat und Großindustrie durchgeführt. Deren Realitätswahrnehmung wird oft verzerrt, weil die Bürokratie leicht der Selbsttäuschung erliegt und geschäftliche Interessen vorgefaßte Erwartungen haben. Dies wirkt sich auf die Tendenz der Prognosen aus.

Zusammenfassend ist zu sagen, daß prognostische Aussagen lediglich einen *heuristischen Wert* besitzen. Sie können angemessen nur unter Voraussetzung von Konditionalsätzen wie: »Wenn erstens die Menschheit sich weiter so verhält wie bisher, und wenn zweitens von außen keine neuen, bislang unbekannten Faktoren hinzukommen, dann ... « getroffen werden. Es sollen exemplarisch drei prognostische Entwürfe vorgestellt werden.

2.2 Der Malthusianismus

Der anglikanische Geistliche Thomas Robert Malthus (1766–1834) untersuchte 1798 in seiner Schrift »An Essay on the Principle of Population« die Interdependenzen von Bevölkerungsentwicklung und Nahrungsmittelproduktion. Seine prinzipielle These behauptet, die Bevölkerung wachse in geometrischer Progression (2, 4, 8, 16 ...), während die Nahrungsmittel nur in arithmetischer Reihe (2, 3, 4, 5, 6 ...) zunehmen. In seiner kritischen Haltung gegenüber einem sozialen Utopismus, der in unrealistischer Weise eine Gesellschaft in

Wohlstand und Muße propagierte, wies Malthus auf die natürlichen Grenzen des Systems Erde hin. Auch die assistenzialistische Armengesetzgebung seiner Zeit wollte er durch strukturelle Reformen ersetzt sehen, die eine stärkere staatliche Förderung der Landwirtschaft anzielten. Bei einem unregelmäßigen Bevölkerungswachstum bilde ansonsten wirtschaftliches Elend das einzige Mittel der Natur, eine Überbevölkerung wirksam zu verhindern.

Abgesehen von der wirtschaftsliberalistischen Überzeugung von Malthus, die das Problem des Elends in seiner ethischen Dimension eher vernachlässigt, scheinen folgende kritische Anmerkungen sachlich unerläßlich:

* Es ist bis heute nicht exakt nachweisbar, daß das Bevölkerungswachstum tatsächlich gesetzmäßig in geometrischer Reihe verläuft. Zuzugeben ist allerdings auch, daß sich jede weitere Steigerung der landwirtschaftlichen Erträge nur durch einen verstärkten Energie- und Düngemittelverbrauch erreichen läßt. Insbesondere unterentwickelten Ländern fehlen die hierzu nötigen Mittel.
  Im Sinne des ökologischen Begriffs der endlichen Belastbarkeit eines Systems ist der prinzipiellen These von Malthus zuzustimmen. Sie läßt sich so formulieren: Wenn eine Population bestimmte Ressourcen im Verhältnis zu ihrer Größe benötigt und die Ressourcen beschränkt sind, kann diese Population nicht über diese Größe hinauswachsen, die durch das Ressourcenlimit festgelegt ist. Die von Malthus darüber hinaus geforderten mathematischen Gesetzmäßigkeiten sind allerdings statistisch nicht zu belegen.

* Malthus berücksichtigt nicht, daß nicht nur wirtschaftliches Elend, sondern auch eine Zunahme des wirtschaftlichen Wohlstandes das Bevölkerungswachstum bremst. Es gilt als sicher, daß Wohlstand und Bildung in allen Bevölkerungsschichten die Kinderzahl absinken lassen: »In dem Maße, wie einzelne Familien aus bitterer Armut zu einem gewissen Wohlstand gelangen, wächst ihre Neigung, aber auch ihre Fähigkeit zu einer verständigen Familienplanung. Dasselbe gilt auch für ganze Völker« (F. Baade, 1961, S. 26).

* Die vom Neomalthusianismus propagierten empfängnisverhütenden Mittel (vgl. unten 5.2 Methoden der Empfängnisverhütung), insbesondere die unbegrenzte Freigabe des Schwangerschaftsabbruchs, sind in ihrer ethischen Relevanz zu prüfen bzw. als unsittlich abzulehnen. Zudem kann die Favorisierung solcher »positive checks« nicht davon dispensieren, auch die sozio-ökonomischen Strukturen dahingehend zu ändern, daß alle Menschen gerecht am Volkseinkommen beteiligt werden. Während Schwangerschaftsabbruch ein bloßes Kurieren der Symptome bedeutet und zudem ein ethisch unerlaubtes Mittel ist, stellt die Schaffung einer Gesellschaft, die Bil-

dung und materielle Sicherung für alle ihre Mitglieder ermöglicht, eine auf Dauer erfolgreiche und menschenwürdige Weise dar, das Problem des Bevölkerungswachstums zu lösen.

* Auch unterschätzte Malthus die immer wieder neu entdeckten und zu entdeckenden technischen Möglichkeiten (vgl. heute besonders Gentechnik bei Pflanzen und Tieren), die bei Überlegungen bezüglich der Nahrungsmittelgewinnung eine entscheidende Rolle spielen.

2.3 Die Berichte an den Club of Rome

2.3.1 »Die Grenzen des Wachstums«

Der Club of Rome, von Aurelio Peccei 1968 gegründet, befaßt sich als Diskussionsforum bedeutender Wissenschaftler, Industrieller und Politiker mit den langfristigen Problemen der Weltentwicklung. Er initiierte eine Reihe von kritischen Analysen globaler Entwicklungstrends. Der erste Forschungsbericht an den Club of Rome erschien 1972 unter dem Titel: »The Limits to Growth«, »Die Grenzen des Wachstums«. Dennis Meadows und sein Team vom Massachusetts Institute of Technology erstellten ihren Bericht mit dem Ziel, die ökologischen und sozio-ökonomischen Grenzen des »Weltsystems« zu beschreiben. Zu diesem Zweck wurde ein computersimuliertes Weltmodell konstruiert, das sich aus einer Vielzahl von Regelkreisen mit den Hauptgrößen *Bevölkerung, Nahrungsmittelproduktion, Industrialisierung, Umweltverschmutzung* und *Ausbeutung der Rohstoffe* zusammensetzt (vgl. Graphik auf der folgenden Seite).

Am Regelkreisausschnitt »Industriekapital« läßt sich das Modell Meadows' paradigmatisch erläutern:

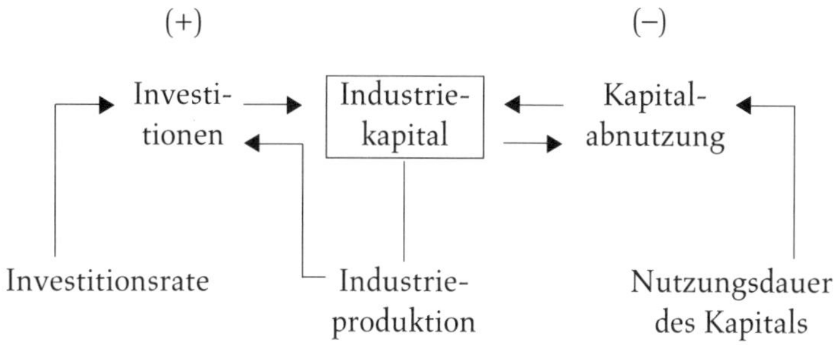

Der positive Regelkreis würde zu einer stetig wachsenden Industrieproduktion führen, träte nicht auch die begrenzende Funktion des negativen Regelkreises hinzu. Aus den Ergebnissen der verschiedenen Modelldurchläufe prognostizierte Meadows den dominanten Einfluß der positiven Regelkreise, der zu fortgesetztem exponentiellen Wachstum führe. Damit seien in den nächsten hundert Jahren die absoluten Wachstumsgrenzen der Erde erreicht. Um der Gefahr des drohenden Systemzusammenbruchs entgegenzuwirken, plädiert Meadows für die Herstellung eines weltweiten Gleichgewichtszustandes.

Das Weltmodell der Studie »Die Grenzen des Wachstums«

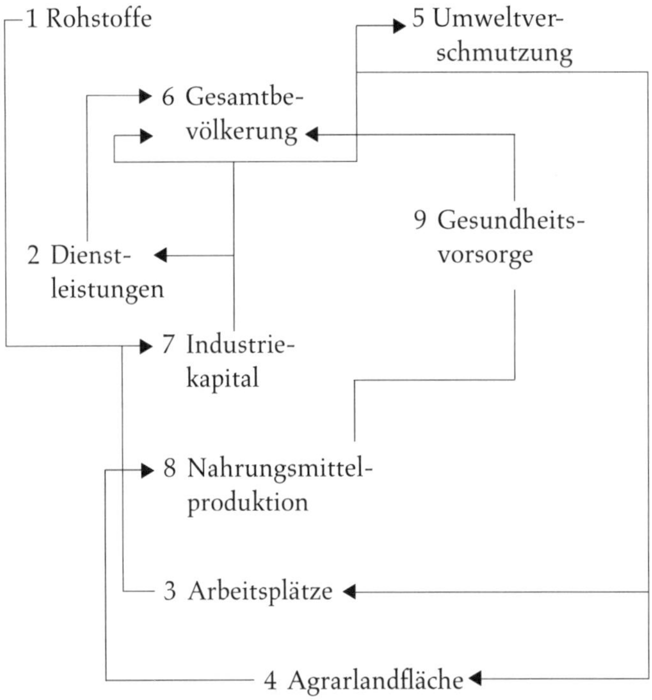

Vereinfachte Darstellung von World 3 nach D. Meadows, 1972, 88ff. als Flußdiagramm mit ausgewählten Regelgrößen. Die Veränderung einer Regelstelle verursacht vielfältige Folgewirkungen.

Für unser Beispiel Industriekapital bedeutete dies, daß Investitionsrate und Kapitalabnutzungsrate in ein konstantes Gleichgewicht auf möglichst niedrigem Niveau zu bringen wären. Diese These brachte der Studie den Vorwurf von seiten der Ökonomie ein, man plädiere für ein utopisches *Nullwachstum.*

In Meadows' Bericht findet sich dieser Begriff zwar nicht explizit, er spricht vielmehr von einem »Wachstum im Stadium des Gleichgewichtes«. Für die beiden Regelgrößen Bevölkerung und Kapital allerdings formuliert die Studie tatsächlich die Forderung nach einem quantitativen Wachstumsstop.

Dagegen empfiehlt Meadows eine Wachstumssteigerung auf Gebieten wie Dienstleistungssektor, Wissenschaft und Erziehung sowie Kultur: »Jede menschliche Tätigkeit, die keine großen Mengen unersetzbarer Rohstoffe benötigt oder Schadstoffmengen freisetzt und den Lebensraum schädigt, könnte ohne Beschränkung und praktisch unendlich zunehmen.« (D. Meadows, 1972, S. 157)

Da die von Meadows erhobenen Forderungen nach einem ökonomischen Paradigmenwechsel ein Abrücken von der gängigen Wachstumsrationalität der Wirtschaft bedeuteten, rief die Studie beim Erscheinen heftigen Widerspruch hervor.

Man muß nicht einer so gelagerten Kritik folgen, um zu erkennen, daß das Verfahren, das für Meadows' Bericht angewandt wurde, problematisch ist:

* Das hier entwickelte Weltsystem »World 3« basiert einseitig auf *mathematisch-statistischen Modellen.* Dabei bleiben sowohl Theorien als auch empirische Erkenntnisse aus Soziologie, Ökonomie und Politologie unberücksichtigt. Damit aber stellt »World 3« ein auf Gleichungen reduziertes mathematisches System dar, welches – bei den postulierten absoluten Ressourcengrenzen – zwangsläufig zusammenbrechen muß, wenn nur der Berechnungszeitraum zureichend groß gewählt wird.
* »World 3« repräsentiert eine *homogenisierte* Welt, d. h. regionale Unterschiede und Konflikte werden weitgehend ignoriert. Dies ist aus systemtheoretischer Sicht zu kritisieren, da die verschiedenen Subsysteme, die gemeinsam das Gesamtsystem »Welt« bilden, durchaus unterschiedlich, gegebenenfalls sogar konträr agieren. Die globale Ebene »Welt« besteht nur als Ergebnis der Interaktionen der Untersysteme des Modells. Ein so hochkomplexes Globalmodell läßt kaum die Entwicklung differenzierter Lösungen zu.

2.3.2 »Jenseits der Grenzen des Wachstums«

Der zweite Bericht an den Club of Rome wurde 1974 von M. Mesarovič und E. Pestel unter Berücksichtiung der erwähnten Kritikpunkte verfaßt. So stellt »Menschheit am Wendepunkt« ein zehn regionale Subsysteme umfassendes Globalmodell dar, das sich zudem in fünf Modellebenen differenziert: Umwelt (geophysikalische und ökologische Prozesse), Technologie, regionale, demographische und ökonomische Entwicklung sowie sozio-politische Prozesse und schließlich die Ebene der individuellen psychischen und biologischen Existenzbedingungen. Zu einer differenzierten Behandlung des Wachstumsproblems wird der Begriff des »*organischen Wachstums*« eingeführt. Damit grenzen sich die Autoren vom herrschenden expansiven Wirtschaftswachstum ab. Organisches Wachstum ist in Analogie zu einem spezifischen Typ biologischer Wachstumsprozesse definiert, wie sie beispielsweise im menschlichen Körper stattfinden: Im Laufe von sieben Jahren erneuern sich sämtliche Körperzellen, ohne daß insgesamt eine Zunahme der Zellenmenge erfolgt.

Die Herstellung eines ähnlich gearteten dynamischen Gleichgewichtes auf ökonomischer Ebene stellt nach Mesarovič und Pestel die einzige Möglichkeit dar, den bedrohlichen globalen Krisen zu begegnen (vgl. H. Mohr, 1985).

Unter den von der Studie prognostizierten Krisenentwicklungen sind die folgenden besonders alarmierend:

* Im Lauf der nächsten 40 Jahre wird die Kluft zwischen dem durchschnittlichen *Pro-Kopf-Einkommen* der Industrienationen und dem der unterentwickelten Länder weiter zunehmen. Im Vergleich zu Südamerika wird das Pro-Kopf-Einkommen in den Industrieländern das Achtfache, zu Südasien sogar das Zwanzigfache betragen.
* Bei einer Fortsetzung der bisherigen Entwicklungsmuster wird sich die *Ernährungslage* in katastrophaler Weise verschlechtern. Insbesondere in Südasien drohen unerträgliche Verhältnisse. Das Eiweißdefizit wird hier bis zum Jahr 2025 auf mehr als 50 Mio. t im Jahr ansteigen. Der Bedarf an Getreideimporten (500 Mio. t/Jahr) ist durch den Weltmarkt nur unter größten Problemen zu decken.

Das von Mesarovič/Pestel konstruierte WIM (World Integrated Model) ist als hochdifferenziertes und regionalisiertes Modell dem Modell »World 3« von Meadows zweifellos überlegen. Dennoch darf eine *kritische Würdigung* folgende Sachverhalte nicht übersehen:

* Auswahl und Struktur der verschiedenen Modellebenen werden nicht begründet. So erscheint die Abgrenzung der Schichten voneinander und deren hierarchisches Relationsgefüge miteinander bisweilen nicht zwingend.
* Die hochspezialisierte Konstruktion von WIM erschwert eine Überprüfung der Resultate. Es besteht die Gefahr absichtlicher oder zufälliger Manipulation: »In Mankind at the Turning Point [Menschheit am Wendepunkt] ist sehr schwer zu sagen, welche Schlußfolgerungen ins Modell eingebaut und welche daraus abgeleitet werden.« (R. Kaiser, 1981, S. 1196)

* Die zu einer umfassenden Analyse notwendige dokumentarische Nachbereitung wurde nur unzureichend geleistet. Somit ist bislang die Validität der WIM-Prognosen nicht abschließend beurteilbar.

2.4 *Die Studie »Global 2000«*

Die Studie Global 2000, die 1977 vom amerikanischen Präsidenten in Auftrag gegeben und in Kooperation verschiedener Ministerien, Regierungsstellen und wissenschaftlicher Experten erstellt wurde, war der erste Versuch der US-Regierung, die Entwicklung von Bevölkerungswachstum, Ressourcen- und Umweltverhältnissen aus einer langfristigen Globalperspektive zu betrachten. Obwohl seit ihrem Erscheinen 1980 zahlreiche Korrekturen vorgenommen werden mußten, scheint sich das Gesamtszenario zumindest tendenziell zu bestätigen:

* Im Zeitraum von 1975 bis 2000 werden fast doppelt so viele Menschen zur *Weltbevölkerung* hinzukommen wie in den Jahren von 1950 bis 1975.
* Der weltweite Pro-Kopf-Verbrauch an *Nahrungsmitteln* wird trotz steigender landwirtschaftlicher Investitionen nicht signifikant zunehmen.
* Zu erwartende *Klimaveränderungen* (Veränderungen der örtlichen Durchschnittstemperatur, der Niederschläge etc.) werden sich am ungünstigsten in den gemäßigten Regionen auswirken, wo sich die Hauptexportländer der Welt für Nahrungsmittel befinden.
* Die realen *Preise* für Nahrungsmittel, Holz, Wasser und Energie werden steigen.
* Die ökologischen Systeme auf der ganzen Welt werden übermäßig beansprucht werden. Die daraus resultierende beträchtliche Verschlechterung der *Umwelt,* d. h. von Land, Wasser und Atmosphäre, wird sich nachteilig auf die ökonomische Gesamtentwicklung auswirken.

Die Belastungen insgesamt werden für die ärmsten Nationen der Welt am deutlichsten spürbar werden, betreffen aber auch die Industrieländer in wachsendem Maße.

Von seiten unabhängiger Berater wurde Kritik an »Global 2000« geübt, die als spezifische Ergänzung der wissenschaftstheoretischen Überlegung (2.1) zu beachten ist:

* Die prognostizierten Trends gehen in keinem Fall *über das Jahr 2000* hinaus. Die nach diesem Zeitraum zu erwartenden ökologischen und sozio-ökono-

mischen Veränderungen bleiben gänzlich unberücksichtigt. Ohne eine über das Jahr 2000 hinausreichende Perspektive können somit bestimmte Veränderungen in ihrer Bedeutung nicht adäquat bewertet werden.

* Global 2000 zieht das plötzliche Auftreten *unvorhersehbarer Erschütterungen* nicht in Betracht. So bleiben gänzlich unberücksichtigt:

1. das Auftreten von *Naturkatastrophen* sowie die unerwartete Neuentdeckung natürlicher Ressourcen,
2. *technologische Überraschungen* (Verteilungsausfälle, nukleare Unfälle, aber auch Fortschritte in Umwelt- und Gesundheitstechnologie) sowie
3. *soziale Umwälzungen*: Revolutionen, Kriege, neue weltpolitische Bündnisse u. ä.

2.5 Zusammenfassung

Obwohl ökonomische Theorien zumeist von einer ständig steigenden Warenproduktion ausgehen, muß aus ökologischer Perspektive auf die »Grenzen des Wachstums« (D. Meadows, 1972) hingewiesen werden. Die weitaus meisten verfügbaren Ressourcen unserer Erde sind nur begrenzt vorhanden und keineswegs unbegrenzt reproduzierbar. So läßt sich für jedes biologische System ein Grenzwert ermitteln (biologische oder logistische Wachstumskurve), bei dessen Überschreiten das System zusammenbrechen wird. Bekanntes Beispiel ist das »Umkippen« eutrophierter Gewässer. Wie sich das komplexe Wirkungsgeflecht von Bevölkerungswachstum und Ressourcenverbrauch weiter entwickeln wird, ist wegen der Fülle von Rückkopplungen und Rückmeldeverzögerungen schwer voraussehbar. Vereinfacht lassen sich abschließend drei mögliche Wachstumskurven unterscheiden:

1. *Logistisches Wachstum*: Eine Stabilisierung der Bevölkerungszahl an oder unterhalb der Belastbarkeit.

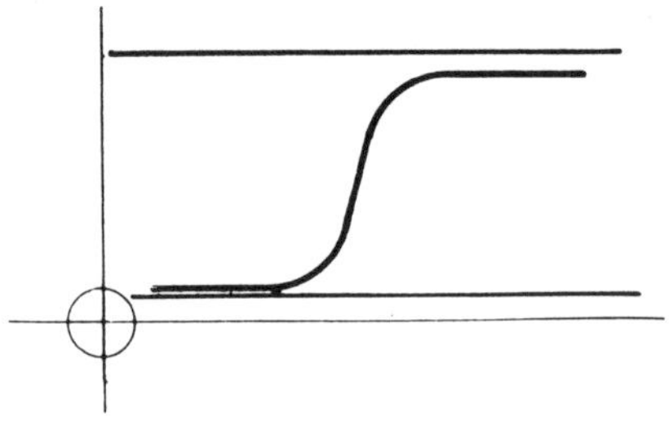

2. *Zyklisches Wachstum*: Die Größe der Weltbevölkerung pendelt im kritischen Bereich der Belastbarkeit, wobei die Pendelausschläge vermutlich von Hungerkatastrophen u. ä. begleitet werden.

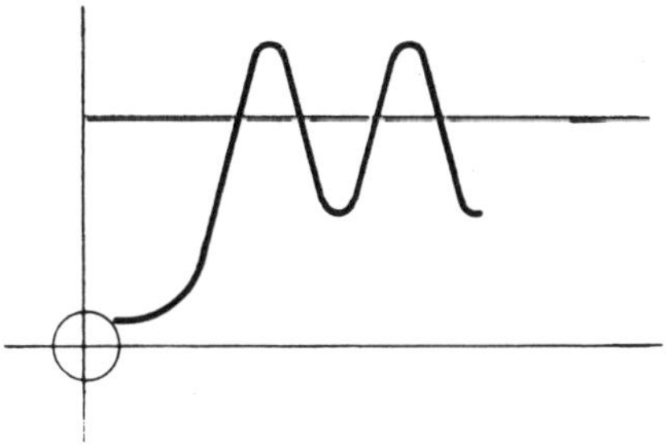

3. *Überschießendes Wachstum*: Die Belastbarkeitsgrenze wird überschritten, das System bricht zusammen. Ein Aussterben der Spezies Mensch oder zumindest eine nur unvollständige Wiederherstellung wäre die Folge.

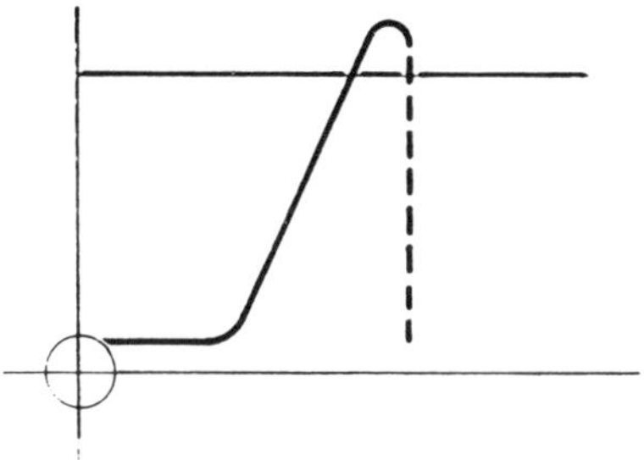

Nach heutigem Wissensstand ist keine der beschriebenen Möglichkeiten sicher auszuschließen. Es erscheint allerdings nach dem Dargestellten denkbar, daß die Nahrungsmittelmenge, die produziert werden kann, bei gerechter Verteilung durchaus den Bedürfnissen der Menschheit in den nächsten Jahrzehnten entsprechen wird. Um dies auch langfristig zu sichern, ist es dringend notwendig, politische Alternativstrategien zu entwickeln:

* Statt kurzfristig angelegter Technologie, die nur die Anfangssignale bevorstehender Grenzen verschleiert und weiteres Wachstum anregt, müssen weltweit *langfristige technologische Programme* entworfen werden, die beispielsweise zu intensiverem Recycling und der besseren Konstruktion der Produkte (längere Nutzungsdauer, größere Reparaturfähigkeit...) führen. Diese erbringen unter Umständen keine unternehmerische Profitsteigerung, sichern aber eine lebenswerte Welt für alle.

* Durch Bildung und Aufklärung der Bevölkerung ist eine *Veränderung des sozialen Wertebewußtseins* anzustreben, welches die globale Verantwortung für das Überleben der Menschheit höher einschätzt als unbegrenzte Steigerung der Konsummöglichkeiten.
* Ein Großteil menschlicher Intelligenz und gesellschaftlichen Vermögens wird in die Entwicklung neuer *Rüstungsgüter* investiert (die Ausgaben für den Rüstungshaushalt betrugen 1986 in der SU 15 %, in den USA 10 % des Bruttosozialproduktes: SIPRI, 1987, S. 251). Die Regierungen haben die Verpflichtung, das hierfür aufgewandte Kapital zukünftig zu beschneiden, um Mittel zur Sicherung der globalen Nahrungsmittelproduktion bereitzustellen.
* Insbesondere die Industrieländer in West und Ost sind aufgefordert, die unterentwickelten Länder in ihrem Bemühen um eine höhere Nahrungsmittelproduktion durch eine *gerechte Gestaltung des Weltmarktes* (Weltwirtschaftsordnung!) zu unterstützen.

3. Das Problem der Überbevölkerung

3.1 Das Wachstum der Erdbevölkerung in der Vergangenheit

Die Faktoren, die zum Ansteigen der Erdbevölkerung auf 5,84 Milliarden Menschen im Jahre 1992 (1979: 4,3 Mrd.; 1984: 4,7 Mrd.; 1986: 4,9 Mrd.; 1987: 5,0 Mrd.; 1990: 5,3 Mrd.; 1992: 5,84 Mrd.) führten, sind nur schwer rekonstruierbar. Volkszählungen aus vergangenen Jahrhunderten wurden nicht überliefert. Trotz des Mangels an exakten Zahlen lassen sich dennoch einige wahrscheinliche Angaben machen, die Einblicke in das Wachstum der Erdbevölkerung erlauben.

* Nach Berechnungen aus dem Jahre 1980 wurden seit Beginn der Menschheitsgeschichte etwa 60–80 Mrd. Menschen geboren; die heutige (1993) Bevölkerung von 5,9 Mrd. machte dann ca. 10 % bzw. ca. 8 % davon aus.
* In der Zeit von 6000 v. Chr. bis 1650 n. Chr. hat sich die Erdbevölkerung schätzungsweise verhundertfacht von fünf auf 500 Millionen. Um Christi Geburt lag ihre Zahl nach einer Schätzung der Vereinten Nationen bei 200–300 Millionen Menschen. Als sich die Überlebenschancen der ersten Menschen nach der langen Periode der Eiszeit durch Seßhaftwerden und gezielte Erzeugung von Nahrungsmitteln wesentlich verbessert hatten, konnte eine größere Bevölkerung auf dichter besiedelter Fläche ernährt werden.

* In der Zeit von 1650 bis 1993 ist die Erdbevölkerung von 500 Millionen auf 5,9 Mrd. angewachsen. (Betrachtet man die Zeit seit dem Homo erectus von Java vor ca. 830000 Jahren bis heute als einen Tag, so stellt die Periode von 1650–1993 etwa eine Minute dar; dennoch hat ein Drittel aller Menschen, die je geboren wurden, in dieser kurzen Zeitspanne gelebt)

3.2 Das Wachstum der Erdbevölkerung in der Zukunft

Zwar scheint sich die Verdoppelungsgeschwindigkeit der Erdbevölkerung entgegen dem früheren Trend jetzt verlangsamt zu haben, aber die Zukunft sieht dennoch bedenklich aus. Nach Berechnungen von 1980 vermehrt sich die Erdbevölkerung in zwei Sekunden um 5 Menschen oder alle fünf Tage um eine Million. Trotz der Verlangsamung sind von 1980 bis 1993 noch 1,3 Mrd. Menschen hinzugekommen. Für das Jahr 1998 rechnet die UNO mit einer Erdbevölkerung von 6,0 Mrd.; davon werden 5 Mrd. in den Ländern der Dritten Welt leben. 2025 sollen es 8,5 Mrd., 2050 hingegen 10 Mrd. sein (Fischer Weltalmanach '93, S. 819).

Der aktuelle Trend der Verlangsamung der Bevölkerungszunahme kann aufgrund unvorhersehbarer Faktoren, wie Schwankungen bezüglich der Anzahl der Eheschließungen, des Heiratsalters, des Familienaufbaues, der Kinderzahl oder der wirtschaftlichen Lage, nicht mit voller Sicherheit auf die Zukunft projiziert werden. Hinzu kommt, daß aus bestimmten Teilen der Erde (China, Lateinamerika, Afrika) demographische Angaben – wenn überhaupt – nur unvollständig vorhanden sind. Nach Schätzungen der Vereinten Nationen sind nur 42 % der tatsächlichen Geburten und nur 35 % der tatsächlichen Sterbefälle registriert. (Zu den Schwierigkeiten, die sich für eine genaue Volkszählung ergeben, vgl. Der Spiegel vom 1. 11. 1982)

Die Entscheidungen des freien menschlichen Willens beeinflussen auch das Fortpflanzungsverhalten. Deshalb ist es sehr schwer, genaue Prognosen des Bevölkerungswachstums zu stellen. Auch sind relevante Faktoren für exakte Voraussagen, wie z. B. der Zusammenhang zwischen Bevölkerungswachstum und Nahrungsmittelproduktion, bislang kaum berechnet.

Nicht zuletzt aus diesem Grund sind die Angaben der UNO-Berichte – entgegen anderslautenden Prognosen, die ein stetiges geometrisches Wachstum annehmen – vorsichtiger. Gesunken ist die Durchschnittszahl der von jeder Frau geborenen Kinder. Lag sie im Zeitraum von 1970–1980 bei 4,5 pro gebärfähiger Frau, so betrug sie 1984 nur noch 3,6 Kinder. In den Ländern der Dritten Welt hat sich die Kinderzahl von 5,5 auf 4,1 verringert. Als Grund dafür werden Bevölkerungsprogramme in China und in einigen anderen Ländern genannt. Die UNO rechnet infolgedessen mit der Möglichkeit des Einsetzens eines Nullwachstums, das in den verschiedenen Regionen der Erde zu unterschiedlichen Zeitpunkten beginnen soll. Der UNO-Prognose zufolge wird sich die Erdbevölkerung im Jahr 2100 beim Stand von 10,2 Mrd. Menschen stabilisieren. »Es wird jedoch immer wahrscheinlicher, daß die 10-Mrd.-Grenze bereits im Jahre 2050 erreicht sein wird und daß die Bevölkerung voraussichtlich noch während des ganzen nächsten Jahrhunderts weiter wächst.« (Fischer Weltalmanach 1992, S. 771) Aber auch dieser Prognose gegenüber gelten die unter 2.1 genannten Vorbehalte.

3.3 Die Ursachen des Wachstums der Erdbevölkerung

Eine der Hauptursachen für das bedrängende Wachstum der Erdbevölkerung stellt der *Rückgang der Kindersterblichkeit* dar; die überlebenden Kinder vermehren die Menschen nicht nur durch ihr eigenes Dasein, sondern auch durch ihre Fruchtbarkeit. Von 1000 lebend geborenen Kindern sterben in der BRD 8,9 (Statist. Jahrbuch der BRD 1987, S. 78), in Dänemark 8,7; EG-Durchschnitt ist 14,3).

Im vergangenen Jahrhundert starben durch Kriege, Seuchen, Hungersnöte etc. noch über die Hälfte der Kinder vor Erreichen der Reife. Durch physiologische Höchstbelastung der Frau (oft bis zu 15 Schwangerschaften) wurden diese Verluste ausgeglichen. Diese Situation änderte sich durch die großen Fortschritte, welche die naturwissenschaftliche und exakte Medizin machte.

Der *Rückgang der Sterbeziffer* im allgemeinen ist eine weitere Ursache für das Bevölkerungswachstum. Die Sterbeziffer ist definiert als Zahl der Todesfälle pro Jahr und pro 1000 Einwohner. Auch dieser Sachverhalt ist zu einem großen Teil auf die außergewöhnlichen Fortschritte der modernen Medizin in allen Bereichen zurückzuführen. Ursache für den Rückgang der Sterbeziffer sind aber darüber hinaus auch die immensen Verbesserungen in der Hygiene, die zur weitgehenden Ausrottung gefährlicher Seuchen, wie z. B. Pest, Cholera, Typhus, Pocken und Tuberkulose, geführt haben.

Zwischen Geburtenhäufigkeit, verminderter Sterbeziffer und Bevölkerungswachstum besteht ein Wechselverhältnis: Je zahlreicher die Geburten und je niedriger die Sterbeziffer, desto größer der Zuwachs. Die Wachstumsgeschwindigkeit der Bevölkerung eines Landes wird in erster Linie aus der Differenz zwischen Geburtenzahl und Sterbefällen errechnet. (Berechnet werden müssen eventuell auch Einwanderer bzw. Auswanderer.) Zwar nimmt die Zahl der Geburten in vielen Ländern ab, doch ist diese Abnahme geringer als die der Sterbeziffer, so daß sich insgesamt (verglichen mit früheren Zeiten) eine größere Differenz ergibt. (In Chile ist hingegen das Wachstum doppelt gestiegen: durch Abnahme der Sterbefälle und Anwachsen der Geburtenzahl.)

Ein wichtiger theoretischer Begriff im Verständnis der Ursachen des Wachstums der Erdbevölkerung ist der des »exponentiellen Wachstums«. Von linearem Wachstum spricht man, wenn eine wachsende Größe sich in gleichen Zeitabständen immer um den gleichen Betrag erhöht (z.B.: 2, 4, 6, 8, 10, usw.). Exponentielles Wachstum meint dagegen, wenn der Zuwachsfaktor als Exponent einer Zahl angegeben ist (z. B. 2^1, 2^2, 2^3, 2^4, 2^5, d. i. 2, 4, 8, 16, 32, usw.).

Ein solches Wachstum stellt sich stets dann ein, wenn eine wachsende Größe sich selbst reproduziert. Das ist bei der Menschheit der Fall. Die stets raschere Zunahme der Erdbevölkerung seit 1650 zeigt uns immer kürzere Verdoppelungszeiten der Gesamtzahl lebender Menschen, wie sie für exponentielles Wachstum charakteristisch sind. Nach Beobachtungen der UNO ist zwar in den letzten 20 Jahren ein Absinken der Sterbeziffer zu beobachten und ein im Vergleich dazu schwächeres Absinken der Geburtenrate, aber noch immer wächst die Erdbevölkerung exponentiell. 1971 nahm die Bevölkerung von 3,6 Mrd. Menschen mit einer Wachstumsrate von 2,1 % pro Jahr zu. 1991 nahm die Bevölkerung von 5,4 Mrd. Menschen mit einer Wachstumsrate von 1,7 % pro Jahr zu. In absoluten Zahlen ausgedrückt, bedeutet dies aber immer noch einen Mehrzuwachs, obwohl die Wachstumsrate sinkt. 1971 wuchs die Erdbevölkerung so um 76 Mio. Menschen, 1991 wuchs sie um 92 Mio. Menschen: ein Effekt positiver Rückkopplung. Je größer die Bevölkerung, desto mehr Babys werden geboren; nach einer gewissen Zeit werden von den dann Erwachsenen noch mehr Babys geboren und vergrößern die Bevölkerung weiter (D. Meadows, D. Meadows, J. Randers 1992, S. 46 f.).

Dennoch bleibt die Annahme der UNO, die Erdbevölkerung werde sich im Jahr 2100 stabilisieren, also nicht wesentlich weiter wachsen, sondern ein dynamisches Gleichgewicht von Geburten- und Sterberate erreichen, realistisch, da sich die Bedingungen für ein Nullwachstum, ja sogar für einen Bevölkerungsrückgang an den Entwicklungen in den Industrieländern ablesen und bedingt auf die Länder der sogenannten 2. und 3. Welt übertragen lassen. D. R. Gwatkin und S. K. Brandel (1982, S. 17) beschreiben den gegenwärtig sich vollziehenden Prozeß als »*demographischen Übergang*«; für diesen Übergang ist das Auseinanderklaffen von Geburten- und Sterbeziffern in der Bevölkerung entscheidend. Der Prozeß beginnt nach Gwatkin und Brandel damit, daß »die Sterbeziffer… schneller absinkt als die Zahl der Geburten… Dadurch entsteht ein hoher Geburtenüberschuß, der ein entsprechend rasantes Bevölkerungswachstum auslöst… Wenn nun auch die Geburtenziffer sinkt und sich wieder der Sterbeziffer annähert, verlangsamt sich die Bevölkerungszunahme und kommt schließlich nach einiger Zeit zum Stillstand, sobald sich beide Ziffern – auf einem niederen Niveau – die Waage halten. In Europa setzte der demographische Übergang bereits am Anfang der Industrialisierung ein und ist inzwischen längst abgeschlossen«. (Vgl. auch: H. Birg, 1989.)

»In den Entwicklungsländern jedoch begann er erst nach dem Zweiten Weltkrieg, als man viele todbringende Seuchen mit neuen Medikamenten und Insektiziden erfolgreich eindämmen konnte. Die Lebenserwartung (vor allem die der Kinder) stieg rasch an, und entsprechend stark ging die Sterbeziffer in den fünfziger Jahren zurück. Seit Mitte der sechziger Jahre zeigten sich die ersten Erfolge einer zunehmenden Familienplanung: Die Zahl der Kinder, die eine Frau im Laufe ihres Lebens durchschnittlich zur Welt bringt, verringerte sich um etwa 20 %. Langfristig ist daher auch in der Dritten Welt eine Stabilisierung zu erwarten ... « (D. R. Gwatkin; S. K. Brandel, 1982, S. 17; vgl. auch die aufschlußreiche Darstellung der Beziehungen von Lebenserwartung, Sterbealter und Kinderzahl zueinander, die dieser Artikel sorgfältig untersucht.)

4. Das Problem der Ernährung der Erdbevölkerung

4.1. Notwendige Steigerung der Nahrungsmittelproduktion

Aus dem Wachstum der Erdbevölkerung ergibt sich als logische Konsequenz die Notwendigkeit einer Steigerung der Nahrungsmittelproduktion, und zwar weil

1. die Zunahme der Erdbevölkerung in absehbarer Zeit nicht zu stoppen ist und
2. selbst ein Wachstumsstop nichts an der Tatsache ändert, daß heute 50 % der Erdbevölkerung schlecht oder unterernährt ist. Setzt man für das Existenzminimum den niedrigen Wert von nur 1600 Kalorien an – physische Anstrengungen sind dabei unmöglich (Landarbeiter können täglich 3555 Kalorien zu sich nehmen, ohne daß dies eine Gewichtszunahme zur Folge hätte) – müssen nach Schätzungen der Weltbank (1987) etwa 450–600 Millionen Menschen als unterernährt gelten.

Die Steigerung der Nahrungsmittelproduktion ist dabei eine notwendige, wenn auch allein nicht hinreichende Voraussetzung für die Lösung des Ernährungsproblems. Durch soziale und ökonomische Reformen muß gewährleistet werden, daß die heute Mangelernährten die Kaufkraft erhalten, die ihnen den Erwerb der benötigten Nahrungsmittel ermöglicht.

Solange in den unterentwickelten Ländern selbst eine Steigerung der Nahrungsmittelproduktion noch nicht im notwendigen Maße möglich ist, muß eine solche in den entwickelten Ländern forciert werden. Das größte Getreideanbaugebiet der Erde befindet sich im Weizengürtel des mittleren Westens der USA, die 75 % des für den Export verfügbaren Getreides auf der Welt bereitstellen. Eine weitere Steigerung der Getreideproduktion wäre möglich. Dabei dürfen jedoch keine *kontraproduktiven* Maßnahmen angewandt werden, d. h. Maßnahmen, die auf »Dauer und im ganzen« das Gut zerstören, das sie kurzfristig zu erlangen vermögen (P. Knauer, 1991, S. 98–101). Zum Problem der Welternährung vergleiche die allzu optimistische Darstellung von K. Simon (1981), worin der Artikel von J. L. Simon (1980) unkritisch referiert wird. An beiden Autoren haben G. Steiner, J. Tamm, H. Heise und V. Kaminske (1981) Kritik geübt.

4.2 Möglichkeiten von größerer Nahrungsmittelproduktion

Rechnet man für das Jahr 2050 mit einer Überschreitung der 10-Mrd.-Grenze der Weltbevölkerung (Fischer Weltalmanach 93, S. 819) bzw. mit 11,6 Mrd. im Jahre 2150, so stellen sich drängende Fragen nach den Ernährungsmöglichkeiten. »The Hunger Report 1990« beziffert nach D. & D. Meadows, J. Randers, (1992, S. 77) die Jahresproduktion von Getreide im Jahr 1985 auf global 2200 Mio. Tonnen insgesamt (1950: 700 Mio. Tonnen). Das bedeutet einen jährlichen Produktionszuwachs von 2,7 %, der damit um ein geringes höher liegt als die Wachstumsrate der Bevölkerung im gleichen Zeitraum. »Mit der gesamten 1989/90 produzierten Menge an Nahrung könnte man – bei angemessener Verteilung – 5,9 Milliarden ausreichend, 3,9 Milliarden mittelmäßig und 2,9 Milliarden üppig wie in Europa ernähren (die Bevölkerung betrug 1989 rund 5,2 Milliarden)« (D. & D. Meadows, J. Randers, 1992, S. 72). Trotz dieser rechnerischen Möglichkeit hat sich eine Praxis der gesteigerten Nahrungsmittelproduktion und -verteilung mit spezifischen Problemfeldern auseinanderzusetzen.

4.2.1 Ackerbau und Viehzucht

Der für Landwirtschaft zur Verfügung stehende Anteil der Erdoberfläche beläuft sich auf etwa 10 % für Getreideanbau und 20 % für Viehzucht. Diese geographisch unterschiedlich verteilten Flächen reichen aus, den Nahrungsmittelbedarf der wachsenden Bevölkerung bis zum Jahr 2000 (und wahrscheinlich noch weit länger) zu sichern.

Nach Untersuchungen der Welternährungsorganisation FAO der UNO ist zu erwarten, daß insbesondere in den Entwicklungsländern Afrikas und Asiens die Differenz zwischen Nahrungsnachfrage und Nahrungsangebot bzw. -produktion sich vergrößern wird. In den Jahren 1961–1980 nahm der Nahrungsbedarf jährlich im Durchschnitt um 3,0 % zu, während die Produktion Wachstumsraten von nur 2,8 % im Jahr erreichen konnte. Eine realistische Trendprojektion für das Jahr 2000 wird eine Änderung dieser Situation aus eigenen Kräften in den betroffenen Ländern nicht annehmen (F. Heidhues, 1985, S. 8f.).

Die ackerbaulich nutzbare Fläche in den Ländern der Dritten Welt schätzt die FAO auf 1250 Mio. Hektar (ha). Tatsächlich wurden Mitte der siebziger Jahre aber nur 800 Mio. ha genutzt, was also die Möglichkeit einer Flächenexpansion von 56 % bedeutet. Der Club of Rome schätzt eine höhere Expansionsrate von 67 % und die Beraterkommission der USA-Präsidenten sogar von 155 % (Angaben nach F. Heidhues, 1985, S. 18). Neben der Flächenexpansion bietet sich die Möglichkeit einer Steigerung der Produktionsintensität durch effektivere Bodennutzung. Allerdings wird diese durch klimatische (hydrische und thermische) Bedingungen in regenfeuchten tropischen Lebensräumen ökologisch eingeschränkt, da der Boden solcher Länder die zur Produktionsintensität notwendigen Nährstoffe nur in geringen Mengen aufnehmen und bei hohen Niederschlagsmengen auch nur schwer halten kann. Hinzu kommt die gravierende Gefahr der ständigen Waldrodung, da die Brache nicht verbessert werden kann und der Boden verödet. Denselben Effekt hat intensive Beweidung auf gerodeten ehemaligen Waldflächen, die bleibende Versteppung nach sich zieht (W. Weischet, 1985).

Da in den Industrienationen immer mehr landwirtschaftlich nutzbarer Boden verlorengeht (Ausbau von Autobahnen, Flughäfen etc. und zunehmende Besiedelung), muß eine *Intensivierung der Landwirtschaft* durch Technisierung und Automatisierung angestrebt werden. Darüber hinaus ist die *Anwendung von Kunstdüngern, Schädlingsbekämpfungsmitteln* und *Wachstumsbeschleunigern* zur Erhöhung der Eier- und Milchproduktion und *Mittel zur Mästung* von Tieren und zur *Gesunderhaltung* des Viehbestandes ratsam. Jedoch sind Umweltschäden und Gefährdung der Gesundheit zu vermeiden.

Bei allen Maßnahmen muß aber die Kontraproduktivitätsregel (s. oben) beachtet werden:

* Die genannten Mittel dürfen auch langfristig der Gesundheit der Menschen nicht abträglich sein (z. B. Erkrankung der Menschen durch Hormone im Fleisch von Kälbern etc.);
* sie dürfen die ohnehin schon stark geschädigte Umwelt und das mittlerweile sehr labile ökologische Gleichgewicht der Natur (sofern es überhaupt noch besteht) nicht noch weiter zerstören.

4.2.2 Massenproduktion von Organismen

92,7 Mio. Tonnen Fisch wurden 1987 als Weltfangertrag errechnet (Fischer Weltalmanach '92, S. 829). 1990 sank dieser Ertrag um über 4 Mio. Tonnen. Nach dem kurzzeitigen Rückgang der Fischerei-Erträge im Jahre 1972 stellt dies zum ersten Mal wieder einen Rückgang dar. Ob er nur als ein momentaner Rückgang in einem sonst stetig steigenden Fangertrag anzusehen ist oder ob er als Ankündigung eines generellen Rückgangs wegen Überfischung der Meere zu interpretieren ist, wird diskutiert. Der Fischereiausschuß der FAO der UNO für das Mittelmeer konstatiert gravierende Beeinträchtigung der Fischerei (D. & D. Meadows, J. Randers, 1992, S.225). Inwieweit die Fischerei in Binnen-, Küsten- und Hochseegewässern zur Ernährung der Weltbevölkerung beitragen kann, wird nicht zuletzt von einer Regeneration der massiv abgefischten und dezimierten Artenvielfalt der Weltmeere abhängen.

Bisher überhaupt nicht genutzt sind die *Planktonfelder*, die einen ebenso bedeutsamen Speicher an Sonnenenergie im Wasser wie die Weizenfelder und Weiden auf dem Lande darstellen. Auch der *Krill* (reiskorngroße Krabben mit hohem Eiweißgehalt, die in unvorstellbaren Massen in der Antarktis vorkommen) stellt ein Nahrungmittel der Zukunft dar. Eine gezielte *Züchtung von Meeresfischen und der sehr vitaminreichen Meeresalgen* (das Algeneiweiß enthält auch alle essentiellen Aminosäuren; 100 g getrocknete Meeresalgen könnten den täglichen Eiweißbedarf eines Menschen decken) – würde zu einer weiteren Steigerung der Nahrungsmittelproduktion führen.

Auch den *Mikroorganismen* (Hefe, Schimmel, Einzellern) wird in Zukunft eine große Bedeutung für die Ernährung der Menschheit zukommen. Heute schon verwendet man sie für die Herstellung von Brot, Käse, Bier, Joghurt etc. Sie lassen sich in unterirdischen Tanks auf Nährböden aus Kohlehydraten und Erdölabfallprodukten züchten und bieten ganzjährig eine gleichbleibende Ernte. Die Verwendung von *Süßwasseralgen* (z. B. Chlorella) als Nahrungsmittel für den Menschen ist, obwohl sie heute schon als Hühner- oder Schweinefutter mit Erfolg genutzt werden, noch größtenteils unerforscht.

4.2.3 Synthetische Nahrung

Die *Photosynthese* stellt den größten chemischen Prozeß im Stickstoff- und Energiehaushalt der gesamten organischen Welt dar. Sollte dieser Prozeß in allen Teilen erforscht und aufgeklärt werden, bestünde die Möglichkeit einer künstlichen und industriellen Nahrungsmittelerzeugung. Analoges gilt für die *Eiweißsynthese*, die aufgrund der Gentechnik jetzt möglich geworden ist. Der Mensch synthetisiert nur etwa die Hälfte der 20 Aminosäuren, die er für seinen Stoffwechsel braucht; die übrigen (die sogenannten essentiellen Aminosäuren) muß er mit der Nahrung aufnehmen. Nach G. Weitzel (1965) ist es möglich, unter Verwendung synthetischer Polypeptide ein Nahrungsgemisch zusammenzustellen, das etwa einem Fleischtrockenpulver entspricht. Einige Wissenschaftler betrachten diese künstlichen Produkte jedoch eher skeptisch (vermutlich zu Recht, denn wer zieht schon, außer im äußersten Notfall, eine Tablette mit allen erforderlichen Ingredienzen einem saftigen Stück Fleisch vor?!).

4.3 Gezielte Hilfe in den Entwicklungsländern

Bereits 1964 wies J. Huxley auf die bedrängende Lage in den unterentwickelten Ländern hin. Die Hälfte der Weltbevölkerung ist »... underfed, under-healthy, under-housed, under-wealthy, under-educated and in general under-privileged...« (unterernährt, ungesund, in schlechten Wohnungen, wenig besitzend, schlecht gebildet und im allgemeinen unterprivilegiert. J. Huxley, 1964, S. 8). Angesichts dieser auch heute noch unveränderten Situation scheint eine Reihe von Maßnahmen unerläßlich:

4.3.1. Kontrolle des Bevölkerungswachstums

Da die Weltbevölkerung derzeit noch schneller wächst als die Steigerungsrate der Nahrungsmittelproduktion, ist die Kontrolle des Bevölkerungswachstums Grundvoraussetzung einer humanen Zukunft auch in der Dritten Welt. Nur wenn es gelingt, das schnelle Bevölkerungswachstum zu stoppen, kann die Gefahr ständiger Hungerkatastrophen gebannt werden (vgl. D. Beisel, 1984). Darüber hinaus wird sich gerade in den Entwicklungsländern das Problem der *Verstädterung* verschärfen. Es wird angenommen, daß im Jahre 2000 folgende Städte die 20-Millionen-Grenze erreicht bzw. überschritten haben werden: Mexiko City (31 Mio.!), Sao Paulo (25,8), Shanghai (23,7), Tokio-Yokohama (23,1), New York (22,4) und Peking (20,9) (J. Feick, 1989. Naturwiss. Rundschau 1990, S. 275). Die Folgen werden riesige Slumgebiete und Massenarbeitslosigkeit sein. Das explosive Bevölkerungswachstum hat schließlich zur Folge, daß die natürlichen Lebensgrundlagen schneller verbraucht werden, als sie sich regenerieren können.

In einigen afrikanischen und asiatischen Ländern sind die Wälder verschwunden, weil täglich mehr Feuerholz verbraucht wurde, als die Wälder bieten konnten, ohne dezimiert zu werden. Je mehr Wälder gerodet wurden, desto mehr Ackerboden wurde in Flüsse und Meere abgeschwemmt oder durch Wind weggetragen.

Beisel führt ökologische Studien an, wonach die Zahl aussterbender Tier- und Pflanzenarten in die Hunderte oder Tausende pro Jahr gehen wird, wenn die

Zerstörung natürlicher Lebensräume immer größere Ausmaße annimmt. Bei fortgesetztem Bevölkerungswachstum mit den derzeitigen Steigerungsraten werden diese Zerstörungen unausweichlich sein.

4.3.2. Steigerung der Nahrungsmittelproduktion

Um die Nahrungsmittelproduktion in den Entwicklungsländern zu steigern, müssen Anbaumethoden für Kleinbauern entwickelt werden, die mehrere Ernten im Jahr erlauben. Eine Steigerung der Erträge, die nicht zu einer Verschlechterung der Bodenqualität führt, kann ohne den Einsatz von Mineraldüngern und Schädlingsbekämpfungsmitteln durch eine geeignete Fruchtwahl erzielt werden. Da solche Neuerungen arbeitsintensiv sind, beeinflussen sie auch die Beschäftigungssituation auf dem Lande positiv. Geeignete Lagerungsmethoden für Getreide, die verhindern, daß auch weiterhin oft mehr als 20 % der Ernte (bei Obst und Gemüse in tropischen Ländern mehr als 40 %) verlorengehen, müssen entwickelt werden. Durch Subventionierung bestimmter Nahrungsmittel oder Durchführung von staatlichen Arbeitsprogrammen könnte die Wirtschaftspolitik eines Landes insbesondere die ländlichen Armen, die ca. 2/3 der Mangelernährten insgesamt ausmachen, wirksam unterstützen. Produktionsanreize und importierte Technologien müßten so eingesetzt werden, daß sie kleinen Landbesitzern, Pächtern und Landarbeitern zugute kommen.

Und schließlich: »Die Belange der Kleinbauern sowie der kleinen Nahrungsmittel erzeugenden Betriebe dürfen nicht hinter den Rücksichten auf die gesamtwirtschaftliche Entwicklung, die Industrialisierung, den technologischen Fortschritt und die weltweiten Investitionen zurückstehen.« (N. S. Scrimshaw; L. Taylor, 1980, S. 73)

4.3.3. Schaffung von mehr sozialer Gerechtigkeit

Zur Sicherung einer ausreichenden Ernährung der Bevölkerung bedarf es jedoch nicht nur der Kontrolle des Bevölkerungswachstums und der Steigerung der Nahrungsmittelproduktion. Es muß zudem mehr soziale Gleichheit und eine gerechtere Einkommensverteilung erreicht werden. Versorgungsbilanzen für Nahrungsmittel geben noch keinen Aufschluß darüber, wie die Nahrungsmittel auf die einzelnen sozialen Schichten eines Landes verteilt sind, so daß damit zu rechnen ist, daß der größte Teil der Bevölkerung weniger erhält, als es diese Bilanzen vermuten lassen.

Zu den vordringlichsten Veränderungen auf der politischen und strukturellen Ebene zählen:

* Die Durchsetzung einer umfassenden *Landreform,* die eine Umverteilung des Bodens zugunsten der Kleinbauern sichert und der verhängnisvollen Landflucht entgegenwirkt. »Die wichtigste Ursache für die Mangelernährung auf dem Lande ist die Beschränkung des Zugangs zu produktiven Ressourcen.« (W. v. Urff, 1982, S. 846)
* In den unterentwickelten Ländern ist das Kapital meist auf wenige Wohlhabende konzentriert. Diese nutzen es zur Aufrechterhaltung oder Steigerung ihres Lebensstandards und bereichern sich durch Zahlung geringer Löhne weiter an den armen Bevölkerungsschichten. Ihr Kapital ist so dem Einsatz zur Förderung der ökonomischen, sozialen und intellektuellen Entwicklung ihres Landes durch den Aufbau von Industrien, Schulen etc. langfristig entzogen. Durch eine gerechtere Steuer- und Finanzpolitik muß eine *Einkommensumverteilung* angestrebt werden, die die Kaufkraft der ärmeren Schichten erhöht. Die städtischen Armen, also die zum allergrößten Teil arbeitslosen Slumbewohner, sind in den Wirtschaftsprozeß zu integrieren.
* Bereits die erste »Weltbevölkerungskonferenz« (Bukarest, 1974) diskutierte auf Regierungsebene den Zusammenhang von Bevölkerungswachstum und sozio-ökonomischen Gegebenheiten, und es wurden Vorschläge zur Behebung der Umweltzerstörung und zur Förderung der Lebensqualität erarbeitet. *Frieden und Sicherheit* (so lautete das Ergebnis der Konferenz) müssen als unabdingbare Voraussetzungen für die Bewältigung der demographischen Probleme angesehen werden. Besonders aber der Friede erscheint gefährdet, betrachtet man das Anwachsen der Rüstungsexporte in die Dritte Welt. So betrugen die Rüstungsexporte in Länder der Dritten Welt von 1982 bis 1986 insgesamt 160000 Mio. US-Dollar, davon 34 % aus den USA, 30,5 % aus der ehemaligen SU, 4,4 % aus der BR Deutschland (SIPRI Jahrbuch 7, 1987, S. 83). Eine *Senkung der Rüstungsausgaben* ist unerläßlich. Am 3. 1. 1993 haben Jelzin und Bush das Start-II-Abkommen in Moskau unterzeichnet. Es sieht eine Verringerung der strategischen Atomwaffen auf ein Drittel bis zum Jahre 2003 vor. Viele Regierungen der Entwicklungsländer ziehen allerdings noch immer den Waffenimport der Ausweitung ihrer Bildungsinstitute, der Bekämpfung des Analphabetentums (oft über 80 %) und der Sicherung der Nahrungsmittelversorgung vor. Sie werden dabei noch durch die Industrienationen unterstützt, die durch Rüstungsexporte ihre Wirtschaft sanieren. Es ist daher zu fordern, daß die Industrieländer zukünftig ihre Verantwortung für Weltfrieden und Welternährung höher bewerten als die Steigerungsraten ihrer heimischen Rüstungsunternehmen.

5. Das Problem der Regelung des Bevölkerungswachstums

5.1 Notwendigkeit einer solchen Regelung

Eine Geburtenkontrolle beim Menschen ist deshalb notwendig, weil er – im Unterschied zum Tier – praktisch das ganze Jahr über empfängnisbereit bzw. zeugungsfähig ist. Von daher ist es kaum verantwortbar, so viele Kinder zu haben, wie die Natur an Empfängnismöglichkeiten bietet. Die Eltern wären weder finanziell noch psychisch oder physisch in der Lage, diese Kinder großzuziehen. Der Mensch in seiner Bestimmung durch Individualität und Sozialität handelt nur verantwortlich, wenn er diesem doppelten Seinsbezug gerecht wird, der die volle menschliche Natur ausmacht. Bei der Lösung des Problems sind also sowohl die Konsequenzen für die Gemeinschaft, in welcher der einzelne lebt, als auch das Wohl des einzelnen zu bedenken. Eine Einschränkung der Kinderzahl muß durch eine regelnde Lenkung der Fruchtbarkeit des Menschen erfolgen, die eine gesundheitliche Schädigung möglichst vermeidet.

5.2 Methoden der Empfängnisverhütung

Die folgende Darstellung schwangerschaftsverhütender Methoden stützt sich weitgehend auf G. K. Döring (1986). Nach Döring läßt sich die Wirksamkeit, d. h. die Zuverlässigkeit einer Methode der Empfängnisverhütung, mit einer von Pearl entwickelten Formel beurteilen. Dabei wird die Zahl ungewollter Schwangerschaften pro 1200 Anwendungsmonate (100 sogenannte »Frauenjahre«) berechnet. Die Sicherheit einer bestimmten Methode hängt dabei nicht nur von der Qualität der Methode selbst ab, sondern ganz entscheidend von der Zuverlässigkeit der Anwendung durch die betreffende Person.

5.2.1 Methoden zur Verhinderung der Befruchtung

5.2.1.1 Natürliche Methoden

5.2.1.1.1 Coitus interruptus

Diese Methode besitzt eine geringe Wirksamkeit (Versagerquote nach Pearl 25). Darüber hinaus ist diese Methode menschlich unzumutbar. Mann und Frau werden gehindert, wirklich aufeinander einzugehen und angstfrei den Geschlechtsverkehr zu vollziehen.

5.2.1.1.2 Periodische Enthaltsamkeit. Dazu zählen:

* Die *Kalender-Methode nach Ogino-Knaus*: In dem Zeitraum, in dem die Frau empfängnisfähig ist, wird auf den Geschlechtsverkehr verzichtet. Bei regelmäßigem Zyklus handelt es sich um die Zeit zwischen dem 12. und 16. Tag vor der nächsten Monatsblutung; dabei muß die Lebensdauer der Spermien (ca. 72 Stunden) berücksichtigt werden, so daß sich insgesamt ein Zeitraum von 7 Tagen ergibt (vom 10. bis einschließlich 17. Tag nach Beginn der letzten Monatsblutung). Da aber der Menstruationszyklus nur sehr selten regelmäßig und ein Eisprung außerhalb der normalen Zeit durch vielfältige Einflüsse möglich ist, kann man die Ogino-Knaus-Methode nur als sehr unzuverlässig bezeichnen. Die Versagerquote bei dieser Zeitwahlmethode liegt bei 14 bis 40 ungewollten Schwangerschaften in 100 Anwendungsjahren.
* Die *Temperaturmethode*: Biologische Grundlage ist der Anstieg der Körpertemperatur um 0,5–0,7 °C, der durch die Wirkung des Gelbkörperhormons verursacht wird; dieses Hormon wird in der zweiten Zyklushälfte nach dem Eisprung vermehrt gebildet. Eine Empfängnis kann vom 3. Tag des Temperaturanstiegs bis zur nächsten Periodenblutung ausgeschlossen werden. Die Sicherheit der Temperaturmethode kann noch durch folgende Selbstbeobachtung der Frau erhöht werden: Nach *Billings* (E. Billings; A. Westmore, 1982) ist nur an den Tagen, an denen ein Abgang von Cervixschleim feststellbar ist, die Temperaturerhöhung ein Zeichen dafür, daß die fruchtbaren Tage vorüber sind. Bei einer ausschließlichen Anwendung der von Billings vertretenen »Ovulationsmethode« liegt die Versagerquote bei 25,5–32,1.
  Die Temperaturmethode (Versagerquote 3) ist zwar zuverlässiger als die Kalendermethode, sie erfordert allerdings eine sorgfältige Messung der allmorgendlichen Aufwachtemperatur zur annähernd gleichen Zeit. Darin liegt die Problematik der Temperaturmethode begründet.

Auch in Kombination miteinander erweisen sich beide Zeitwahlmethoden nicht selten als unzureichend, da unvorhersehbare Faktoren, die die Empfängnisbereitschaft der Frau betreffen, kaum oder gar nicht berücksichtigt werden können.

5.2.1.2 Künstliche Methoden

5.2.1.2.1 Präservativ
Die Anwendung des Präservativs oder Kondoms ist eines der am weitesten verbreiteten empfängnisverhütenden Mittel. Trotz neuerer und zuverlässigerer Methoden stieg der Verbrauch auch in den letzten Jahren weiter an. Die Versagerquote des Kondoms beträgt etwa 7 nach dem Pearl-Index. Damit ist die Zu-

verlässigkeit des Präservativs nicht nur mit anderen mechanischen oder chemischen Mitteln gut vergleichbar, sie liegt in manchen Statistiken sogar an der Spitze. Die Gefahr des Zerreißens oder Undichtwerdens ist bei neueren Produkten verringert worden. Wegen der absoluten Ungefährlichkeit bei relativ hoher Sicherheit gehören Präservative zu den empfängnisverhütenden Mitteln, die häufig ärztlich empfohlen werden.

5.2.1.2.2 Scheidendiaphragma

Es verhindert das Aufwärtswandern des Samens in die Gebärmutter. Der Arzt muß die richtige Größe feststellen und die erste Einlage vornehmen. Da das Scheidendiaphragma im allgemeinen abends eingeführt und morgens herausgenommen wird, muß die betreffende Frau die Handhabung selbst erlernen. Die Anwendung des Scheidendiaphragmas, dessen Sicherheitsgrad dem des Präservativs entspricht, hat in den letzten Jahren stark nachgelassen.

5.2.1.2.3 Portiokappe

Sie muß vom Arzt nach jeder Monatsblutung dem äußeren Uterusmund fest aufgesetzt und vor der nächsten Monatsblutung wieder entfernt werden. Nachteilig ist die große Abhängigkeit vom Arzt; außerdem können sich Entzündungen am äußeren Muttermund einstellen. Die Portiokappe hat keine weite Verbreitung gefunden.

5.2.1.2.4 Chemische Verhütungsmittel

Als chemische Verhütungsmittel werden hier samenabtötende Mittel bezeichnet, die intravaginal angewendet werden. Man unterscheidet Tabletten, Zäpfchen, Ovula, Crèmes und Sprays, die vor oder unmittelbar nach dem Geschlechtsverkehr in die Scheide eingeführt werden. Ihre Wirkungsweise ist eine doppelte:

1. ein mechanischer Verschluß des äußeren Muttermundes und
2. die möglichst rasch erfolgende Abtötung der Spermien.

Der Sicherheitsgrad liegt je nach Produktart zwischen 3 und 7 Schwangerschaften in hundert Jahren.

5.2.1.2.5 Hormonelle Verhütungsmittel

Die Mittel der hormonellen Empfängnisverhütung wirken als Ovulationshemmer. Dazu zählen die »Antibabypille« und die Dreimonatsspritze. Die Empfängnis wird verhütet durch Zufuhr weiblicher Geschlechtshormone, die einen Eisprung verhindern. Hinsichtlich ihrer Wirksamkeit ist die hormonelle Empfängnisverhütung allen anderen Methoden vorzuziehen. Nur Intrauterinpessare und die strenge Form der Temperaturmethode kommen der Zuverlässigkeit hormoneller Kontrazeptiva gleich. Der Pearl-Index für Ovulationshemmer beträgt 0,5. Die hormonelle Empfängnisverhütung hat deshalb eine rasche Verbreitung gefunden. Bei der Pilleneinnahme sind jedoch Nebenwirkungen wie leichte Übelkeit, Kopfschmerzen, Gewichtsveränderungen, Zyklusstörungen und Kreislauf- bzw. Gefäßveränderungen nicht ausgeschlossen. Insofern in den natürlichen Hormonhaushalt der Frau eingegriffen wird, kann es zu Veränderungen der psychischen Befindlichkeit kommen (B. Seaman, 1970).

Nach K. G. Döring haben sich hingegen Befürchtungen, wonach die Einnahme von Ovulationshemmern die Fruchtbarkeit der Frau dauerhaft schädigt, sowie der Verdacht auf Krebserregung nicht bestätigt.

Als Nebenwirkungen der Dreimonatsspritze sind Störungen der menstruellen Blutungen, Erbrechen, Schwindelgefühle, Kopfschmerzen usw. festgestellt worden. Es können auch Blutgerinnungskrankheiten auftreten oder dauerhafte Unfruchtbarkeit.

Schließlich kann man bei diesen und auch einigen anderen der angeführten Verhütungsmethoden nicht von einer *gemeinsamen* Familienplanung sprechen, da die Frau gegebenenfalls auftretende Nebenwirkungen allein tragen muß.

Zu den hormonellen Verhütungsmitteln ist auch die *aktive Immunisierung* zu rechnen. Tierversuche von P. Primakoff belegen die grundsätzliche Möglichkeit einer Empfängnisverhütung durch die Aktivierung von Antikörpern, welche die Samenzellen daran hindern, sich mit der Eizelle zu verbinden (P. Primakoff et al., 1988). Allerdings ist diese Methode bisher für den humanen Anwendungsbereich nicht erprobt.

5.2.1.2.6 Sterilisation von Mann und Frau

Die Sterilisation des Mannes erfolgt durch Unterbrechung der Samenleiter, die der Frau durch Unterbrechung oder Unterbindung der Durchgängigkeit der Eileiter. Die operativen Maßnahmen als Methode der Empfängnisverhütung sind in der Bundesrepublik nicht verbreitet – im Gegensatz zu Ländern wie den USA, England, Indien, Japan, der Schweiz und anderen. Dies liegt vermutlich zum großen Teil an der Rechtsunsicherheit, die für den Arzt besteht, der Sterilisationen durchführt: Die Frage der Legalität freiwilliger Sterilisation ist noch weitgehend ungeklärt.

5.2.2. Ethische Bewertung

Zwar ist im Rahmen unserer naturphilosophischen Untersuchung eine umfassende ethische Beurteilung nicht geboten, jedoch erscheinen einige Bemerkungen zum Begriff »Natur«, der in dieser Diskussion eine wichtige Rolle spielt, angemessen. Für eine philosophische Stellungnahme ist eine *rationale Be-*

gründung der vertretenen Normen unerläßlich (F. Ricken, 1983, S. 126ff.). Um kommunikabel zu bleiben, sollten ethische Theorien zudem das in steter Veränderung begriffene naturwissenschaftliche Weltbild berücksichtigen. Eine Begriffsbestimmung beispielsweise, die »Natur« als die Gesamtheit aller Naturphänomene bestimmt, überschreitet den Erklärungshorizont der heute üblichen naturwissenschaftlichen Modelle und wird als unbrauchbar verworfen.

Auch der Versuch, »Natur« als einen Begriff einzuführen, der für menschliches Handeln normative Geltung hat, ist aus drei Gründen problematisch (F. Böckle, 1987):

1. Es ist vermutlich unangemessen, Naturprozesse in Analogie zur menschlichen Wertewelt zu interpretieren. Dies nämlich bedeutete eine »Moralisierung« der Natur. Nach einem solchen anthropomorphen Verständnis müßte zum Beispiel das überlebenssichernde Phänomen der Mimikry bestimmter Insektenarten (so »imitiert« der wehrlose Hornissenschwärmer die Warntracht der Hornissen) analog zu menschlichem Lügen verstanden werden. Es empfiehlt sich daher, Naturprozesse im allgemeinen als moralisch indifferent anzusehen.
2. Der Mensch untersucht bei seiner Normenfindung die Natur mit bestimmten subjektiven Erkenntniszielen. So steht für die allermeisten Menschen fest, daß die Weiterexistenz der Spezies Mensch »besser« sei als deren Untergang. Diese Überzeugung, die sicherlich erkenntnisleitend wirkt, hat aus wissenschaftstheoretischer Sicht den Charakter eines Vorurteils. Es ist bei Begründungsverfahren, welche die Naturvorgänge als ethisch normierend postulieren, streng darauf zu achten, daß Vorurteile eliminiert werden. Sonst setzen sie sich dem Vorwurf einer petitio principii aus, da nicht exakt zwischen den (oft unbewußten) Voraussetzungen und den tatsächlichen Ergebnissen unterschieden werden kann. Dann aber wäre die universelle Gültigkeit solcher Normen fraglich.
3. Berücksichtigt man weiterhin den Bedeutungswandel, den der Naturbegriff innerhalb der langen philosophiegeschichtlichen Entwicklung erfuhr (von der platonischen Wesenslehre bis hin zu heutigen informationstheoretischen Entwürfen), ist B. Caspar zuzustimmen: »Wer die Geschichte... des Wortes »Natur« in den über zweitausend Jahren seines Gebrauches überschaut, wird jedenfalls zur Vorsicht gemahnt sein und einem unreflektierten Gebrauch dieses Wortes gegenüber skeptisch werden. Denn die Gefahr der Mißverständnisse und Äquivokationen ist bei diesem Wort so groß wie bei kaum einem anderen.« (F. Böckle, 1987, S. 41)

F. Böckle trägt den obengenannten Schwierigkeiten Rechnung, indem er einerseits einen naturrechtlichen Positivismus ablehnt, andererseits aber auch die ethische Relevanz der naturalen Dimension bei der Normenfindung berücksichtigt. Er begreift den Menschen als eine untrennbare Einheit von personaler Freiheit und naturaler Begrenzung. Die biologische Natur sei dabei dem Menschen nicht etwas schlechthin Vorgegebenes, sondern ihm vielmehr zur kreativen Gestaltung aufgegeben. Eine ethische Position, die menschliche Sexualität primär aus biologischer Perspektive interpretiert und damit beispielsweise die biologische Zeugung ontologisch höher stellt als personale Liebe, kritisiert Böckle als »Ontologie unter Vorherrschaft des Dinges« (F. Böckle, 1987, S. 68). Demgegenüber plädiert er für eine »Ontologie der Freiheit unter der Vorherrschaft der Person«, die den Ausschluß der Zeugung aus einem einzelnen Liebesakt als durchaus sittlich erlaubt ansieht, sofern nicht ein prinzipieller und permanenter Ausschluß der Fruchtbarkeit intendiert sei.

Sofern also Verhütungsmethoden angewandt werden, die die Verschmelzung von Samen und Eizelle verhindern, ist bei Abwägung aller relevanten Umstände im Sinne einer verantwortlichen Elternschaft deren ethische Erlaubtheit schwerlich zu bezweifeln.

Folgender ethischer Grund spricht gegen die Sterilisation zum Zwecke der Empfängnisverhütung: Da Sterilisation einer freiwilligen Verstümmelung entspricht, gelten bei ihr die ethischen Prinzipien der Erlaubtheit oder Nichterlaubtheit einer Verstümmelung: Sie ist nur zur Erhaltung des ganzen Leibes bzw. Lebens erlaubt (z. B. Amputation einer Brust, damit der Krebs nicht den übrigen Körper befällt). Darüber hinaus ist die Methode der Sterilisation nicht hundertprozentig sicher, da es aufgrund von Operationsfehlern oder spontaner Rekanalisation doch zu einer Empfängnis kommen kann.

5.2.3 Methoden zur Verhinderung der Nidation

In Kapitel VIII wird nachgewiesen, daß man philosophisch ab dem Zeitpunkt der Befruchtung von menschlichem Leben sprechen muß. Die im folgenden vorgestellten Methoden verhindern die Einnistung (Nidation) des bereits befruchteten Eies in der Gebärmutterwand. Es handelt sich hierbei nicht mehr um empfängnisverhütende Methoden im strengen Sinne. Vielmehr ist die Anwendung dieser Mittel als Abtreibung anzusehen, obgleich dies von juristischer Seite bestritten wird, da nach § 218 StGB von Schwangerschaftsabbruch erst bei Eingriffen nach dem Ende der Nidation gesprochen wird.

5.2.3.1 Hormonale Mittel der Empfängnisverhütung mit Verhindern der Einnistung

Die neueren hormonalen Empfängnisverhütungsmittel sind in ihrer Hormondosis wegen der schädlichen Nebenwirkungen heruntergesetzt. Dadurch wird der Eisprung aber nicht mehr in allen Fällen verhindert, sondern zuweilen findet ein solcher statt. Man nahm daher an, daß eine Befruchtung stattfinde, eine Einnistung aber wegen der Hormonwirkung dieser Mittel nicht. So meinte man, diese neueren Verhütungsmittel wirkten im Falle des Eisprungs wie Abortiva. Nach A. W. von Eiff (1991) hingegen findet keine Befruchtung statt, weil die neueren hormonalen Mittel den Zervikalschleim derart versteifen, daß die Spermien in den Eileitern nicht hochwandern können. Nach R. Ehmann (1990, S. 11) jedoch wird der Aufstieg der Spermien nicht hunderprozentig verhindert, so daß es doch (allerdings selten) zur Befruchtung kommt. Die nidationshemmende Wirkung dieser neuen hormonalen Mittel aber bleibt bestehen.

5.2.3.2 Morning-after-Pill

Eine Schwangerschaft kann auch nach der Befruchtung durch die Verabreichung hoher Hormondosen verhindert werden. Seit 1975 ist ein Medikament auf dem Markt, das in 99 % der Fälle eine Nidation verhindert, indem es die gleichzeitige Entwicklung von Eizelle und Gebärmutterwand unterbindet. Döring berichtet von seltenen, geringfügigen Nebenwirkungen wie Übelkeit oder Spannungsgefühl in der Brust.

5.2.3.3 Die Abtreibungspille RU 486

Seit 1988 ist es in Frankreich legal möglich, ohne chirurgischen Eingriff, also rein medikamentös, mit RU 486 abzutreiben (A. Ulmann, G. Teutsch, D. Philibert, 1990). Nachdem dieses Mittel erfolgreich bei Kaninchen, Ratten und Affen getestet wurde, begann man 1981 mit Versuchen an abtreibungswilligen Frauen: Die Erfolge stellten sich auch ein, allerdings mit einer Quote von nur 80 %, und dies auch nur in der Frühestphase der Schwangerschaft. Dies lag daran, daß RU 486 die Uterus-Kontraktion nicht stark genug bewirkte. Doch dieser Mangel wird seitdem durch eine geringe Dosis von Prostaglandin ausgeglichen, so daß die Erfolgsquote auf 96 % stieg. Das Prostaglandin hat allerdings den Nachteil von z. T. gravierenden Nebenwirkungen (starker Blutverlust, Schmerzen im Bauchbereich, schwere Störungen der Herzfunktion).

5.2.3.4 Intrauterinpessar

Es handelt sich um verschiedenartig geformte Gebilde, die vom Arzt in den Uterus der Frau eingeführt werden müssen. Bei den alten Intrauterinpessaren, die heute allerdings nicht mehr im Gebrauch sind, kam es durch eingedrungene Bakterien zu Entzündungen. Auch bei der Anwendung von Pessaren neueren Typs können erhebliche Nebenwirkungen eintreten, wie verlängerte bzw. verstärkte Monatsblutungen oder krampfartige Unterleibsschmerzen. Bei 16 % der IUP-Benutzerinnen kommt es zu Spontan-Ausstoßungen des Pessars.

Die Vorzüge des IUP liegen in seiner hohen Zuverlässigkeit (Pearl-Index 2) und in seiner »Wartungsfreiheit«. Plastikpessare müssen gar nicht mehr, kupferhaltige Pessare nur alle zwei Jahre entfernt werden. Aus diesem Grund und wegen des niedrigen Preises werden IUP vor allem in Ländern der Dritten Welt verwendet. Nach Döring (1986, S. 38) ist bis heute unbekannt, wie die kontrazeptive Wirkung des IUP genau zustande kommt. Die Verwendung des IUP als »morning-after«-Maßnahme seit 1976 läßt aber darauf schließen, daß es sich um eine auch abortive Methode handelt. Bei 100 % der Testpatientinnen verhinderte die Einsetzung des IUP (Kupfer-T) in den ersten fünf Tagen nach dem Geschlechtsverkehr die Schwangerschaft.

5.3 *Schwangerschaftsabbruch*

Dieser geschieht durch chemische Mittel (vgl. oben z. B. RU 486) oder durch chirurgische Eingriffe (Absaugmethode u. ä.).

Zum rechtlichen Aspekt vgl. Kap. VIII, 3.

5.3.1 Medizinische Einwände gegen die Abtreibung

Schon durch den Hippokrates-Eid ist der Mediziner verpflichtet, Leben, auch das ungeborene, zu erhalten. Aber es bestehen auch aus rein medizinischen Gründen Bedenken (H. Kirchhoff, 1975):

1. In 5–20 % der Fälle kommt es zu *Frühkomplikationen*:

* Während des Eingriffs können Gebärmutterhalskanal oder Muttermund aufplatzen oder einreißen;
* der Uterus kann durch die Instrumente durchbohrt werden;
* in den ersten Tagen nach der Abtreibung kommt es häufig zu Entzündungen oder Blutvergiftungen.

2. Zu den *Spätkomplikationen* zählen:

* für die Organe selbst: Narben und Verklebungen am Innenrohr der Eileiter, Verwachsungen der Gebärmutteranhänge usw.;
* für nachfolgende Schwangerschaften: Fehl- oder Frühgeburten, häufigere Kaiserschnittgeburten, Totgeburten oder Unfruchtbarkeit.

5.3.2 Ethische Beurteilung

Menschliches Leben beginnt mit der Vereinigung von männlichem Samen und weiblicher Eizelle. (Zur differenzierteren Diskussion vgl. Kap. VIII, 2. Ein Mensch von Anfang an?) Mit der Verschmelzung liegt ein neues, individuell bestimmtes Lebewesen vor. Menschsein ist kein Endresultat der Ontogenese, sondern eine Wirklichkeit schon zu Beginn der Entwicklung. Das Ergebnis der Diskussion von Kap. VIII, 2 vorwegnehmend, daß es nämlich keinen hinreichenden Grund für eine bestimmte Zäsur (z. B. Einnistung oder später) gibt, muß man nicht nur das biologische Menschsein von Anfang an annehmen, sondern auch das personale. Auch die biologische Tatsache, daß 40–60 % der befruchteten Eier unter natürlichen Bedingungen sich nicht einnisten, sondern abgehen, ist kein Grund, für eine Erlaubtheit der Abtreibung oder abtreibender bzw. die Einnistung verhütender Mittel zu plädieren. Denn das würde einen naturalistischen Fehlschluß bedeuten, der nämlich von der Ordnung der Natur einfachhin auf ein Sollen schließt. Daß das positive Recht in der Bundesrepublik den Embryo erst vom Augenblick der Nidation rechtlich schützt, ist ebenfalls kein Grund, philosophisch nicht bei der Auffassung zu bleiben, daß das sich entwickelnde Lebewesen von Anfang an Mensch ist. Das Recht wollte zwar durch die Festsetzung, daß der Embryo vom Augenblick der Nidation an ein Mensch ist, die Anwendung der nidationshemmenden Mittel von dem Stigma der Abtreibung befreien; aber daraus folgt trotzdem nicht, daß der Embryo vorher noch kein Mensch ist.

Aus all dem ergibt sich, daß der sich entwickelnde Mensch das Recht auf Schutz seines Lebens hat und die Abtreibung deshalb ethisch nicht zu rechtfertigen ist. Unter ethischer Rücksicht darf das Problem des Schwangerschaftsabbruchs weder ausschließlich vom Lebensrecht des ungeborenen Kindes noch ausschließlich vom Recht der schwangeren Frau auf Leben, Gesundheit und Wohl aus betrachtet werden. Das Lebensrecht des Schwächeren, der sich nicht selber wehren kann, ist zu schützen.

Gegenüber dem Neomalthusianismus, der Schwangerschaftsabbruch als erlaubtes Mittel zur Geburtenkontrolle vorschlägt und dessen uneingeschränkte Freigabe fordert, lassen sich folgende Einwände formulieren:

Die Abtreibung stellt ein sittlich unerlaubtes Mittel der Geburtenkontrolle dar. Hierunter fällt nicht die »indirekte Tötung« des Kindes im Mutterschoß durch einen operativen Eingriff, der zur Erhaltung des Lebens der Mutter notwendig ist. Unter »indirekter Tötung« versteht man die durch einen »entsprechenden« Grund gerechtfertigte Zulassung oder Verursachung eines Schadens, die nur »indirekt« gewollt ist, so deutlich sie auch im Bewußtsein des Handelnden sein mag (vgl. P. Knauer, 1991, S. 105 f.)

Wenn die Abtreibung rechtlich wegen bestimmter Indikationen nicht unter Strafe steht (sanktioniert ist), dann folgt daraus keineswegs, daß sie sittlich erlaubt ist. Wird die Abtreibung rechtlich und gesellschaftlich sanktioniert, sollte nicht die Bestrafung der Mutter Zweck der Sanktionen sein, sondern allein die Feststellung der Unsittlichkeit bzw. Unrechtmäßigkeit einer Tötung ungeborenen Lebens (vgl. D. Sölle, 1980. A. W. v. Eiff, 1982). Seit Inkrafttreten der Reform des § 218 im Juni 1976 bis einschließlich Dezember 1989 sind beim Statistischen Bundesamt in Wiesbaden 1780250 Schwangerschaftsabbrüche gemeldet worden. Normalerweise geht man davon aus, daß dies nur gut ein Drittel der Gesamtzahl ausmacht. (E. T. Mayer, 1990). Die jährlichen legalen Abtreibungen in der BRD schwanken zwischen 85000 und 90000. Weltweit geschehen jährlich über 50 Millionen Abtreibungen. Über die psychologischen Probleme beim Arzt, der den Schwangerschaftsabbruch durchführt, vgl.: P. Petersen, 1991.

Literatur

Gesamtdarstellungen

Atteslander, P., Die Grenzen des Wohlstands. An der Schwelle zum Zuteilungsstaat. Stuttgart: DVA, 1981.

Baade, F., Der Wettlauf zum Jahr 2000. Unsere Zukunft ein Paradies oder die Selbstvernichtung der Menschheit. Oldenburg, Hamburg: Stalling, [4]1961.

Berry, A., Die große Vision. Von der Zukunft der Menschheit im Universum. Düsseldorf, Wien: Econ, 1975.

Born, M.; König, R. u. a., Ausblick auf die Zukunft. Gütersloh: Bertelsmann Sachbuchverlag R. Mohn, 1968.

Brown, L., Zur Lage der Welt – 88/89. Daten für das Überleben unseres Planeten. Worldwatch Institute Report. Frankfurt/M.: Fischer, 1988.

Capra, F., Wendezeit. Bausteine für ein neues Weltbild. Bern, München: Scherz, [7]1984.

Cramer, F., Fortschritt durch Verzicht. Ist das biologische Wesen Mensch seiner Zukunft gewachsen?. Frankfurt/M: Fischer, 1978.

Die Deutschen Bischöfe, Zukunft der Schöpfung – Zukunft der Menschheit. Erklärung der Deutschen Bischofskonferenz zu Fragen der Umwelt und der Energieversorgung. Hrsg.: Sekretariat der Deutschen Bischofskonferenz. Bonn, 1980.

Döpfner, J., Zur Zukunft der Menschheit. Eröffnungsansprache zur Herbstvollversammlung der Deutschen Bischofskonferenz vom 23.–26. 9. 1974 in Salzburg. Hrsg.: Sekretariat der Dt. Bischofskonferenz. Bonn, 1974.

Dubarle, D., Scientific Humanism and Christian Thought. London: Aquin Press, 1956.

Dubos, R., Mirage of health. Utopias, progress and biological change. World perspectives 18. London: Allen & Unwin, 1959.

Emmert, A., Programmierte Zukunft. Die Herausforderung an Religion, Philosophie und Wissenschaft. Wiesbaden: Limes, 1973.

Erbrich, P.; Remmert, G., Im Wettlauf mit der Zukunft. Ein Materialbuch zur Umwelt- und Energiekrise. Stuttgart: KBW, 1978.

FISCHER WELTALMANACH. Frankfurt/M.: Fischer, 1980–1993.
FRANK, P.; RAITH, E., Natürliche Familienplanung. Physiologische Grundlagen, Methodenvergleich, Wirksamkeit. Eine Einführung für Ärzte und Berater. Berlin: Springer, 1985.
FRISCH, K. V., Du und das Leben. Frankfurt/M.: Ullstein, [19]1974.
GABOR, D.; COLOMBO, U., U. A., Das Ende der Verschwendung. Zur materiellen Lage der Menschheit. Ein Tatsachenbericht an den Club of Rome. Stuttgart: DVA, 1976.
GRAUL, E. H.; FRANKE, H. W., Die unbewältigte Zukunft. München: Kindler, 1970.
HABER, H., Stirbt unser blauer Planet? Reinbek: Rowohlt, 1975.
HAMMEL, P., Unsere Zukunft: die Stadt. Frankfurt/M.: Suhrkamp, 1972.
HEILBRONNER, R. L., Die Zukunft der Menschheit. Frankfurt/M.: Suhrkamp, 1976.
HEISENBERG, W.; MITSCHERLICH, A., Die Evolution ist kein Betriebsunfall. Neue Städte, Utopie oder Wirklichkeit? Zürich: Die Arche, 1972.
HÖFFNER, J.; INCIARTE, F.; LEJEUNE, J., Die Herausforderung der Vierten Welt. Lindenthal-Institut. Köln: Adamas, 1973.
ILLIES, J., Für eine menschenwürdige Zukunft. Die gemeinsame Verantwortung von Biologie und Theologie. Freiburg, Basel, Wien: Herder, [2]1973.
JÄNICKE, M., Zukunftsforschung: Natur, H. Sterns Umweltmagazin 7/1984, 38–42.
JONAS, H., Das Prinzip Verantwortung. Versuch einer Ethik für die technologische Zivilisation. Frankfurt/M.: Insel, [5]1984.
JUNGK, R. (Hrsg.), Menschen im Jahr 2000. Frankfurt/M.: Umschau, 1969.
JUNGK, R.; MUNDT, H. J. (Hrsg.), Unsere Welt 1985. Entwürfe von 100 Wissenschaftlern und Technikern aus 5 Kontinenten. München, Wien: Desch, 1965.
JUNGK, R.; MUNDT, H. J. (Hrsg.), Das umstrittene Experiment: Der Mensch. Elemente einer biologischen Revolution. Frankfurt am Main, Campus [2]1988.
KAHN, H., Angriff auf die Zukunft. Die 70er und 80er Jahre: So werden wir leben. Reinbek bei Hamburg: Rowohlt, 1975.
KAHN, H., Die Zukunft der Welt. Gütersloh: Moewig, 1981.
KAHN, H; REDEPENNING, M., Die Zukunft Deutschlands. Niedergang oder neuer Aufstieg der Bundesrepublik. Stuttgart: Edition Dräger-Stiftung bei Poller, 1982.
KAHN, H.; WIENER, A. J., Ihr werdet es erleben. Voraussagen der Wissenschaft bis zum Jahre 2000. Reinbek bei Hamburg: Rowohlt, 1971.
KAISER, R. (Hrsg.), Global 2000. Der Bericht an den Präsidenten. Frankfurt/M.: Zweitausendeins, [14]1981.
KASPER, H., Christsein zwischen gestern und morgen. Aktuelle Information 12. Hrsg.: Abt. f. Öffentlichkeitsarbeit im Bischöfl. Ordinariat Mainz. Mainz, 1979.
KOPP, J. V., Entstehung und Zukunft des Menschen. P. Teilhard de Chardin und sein Weltbild. Luzern, München: Rex, [5]1964.
KRAMER, W.; SPANGENBERGER, M. (Hrsg.), Gemeinsam für die Zukunft. Kirchen und Wirtschaft im Gespräch. Köln: Deutscher Instituts-Vlg., 1984.
KURTH, G. (Hrsg.), Technische Zivilisation – Möglichkeiten und Grenzen. Stuttgart: Fischer, 1969.
LAMBERT, W. U. A., Damit alle leben können. Mainz: Grünewald, 1973.
LAY, R., Grundzüge einer komplexen Wissenschaftstheorie. Frankfurt/M: Knecht, Bd. [1]1971, Bd. [2]1973.

Ledergerber, K., Geburt der Menschheit. Ein neues Bewußtsein entwickelt sich. München: Pfeiffer, 1978.

Löbsack, T., Die letzten Jahre der Menschheit. Vom Anfang und Ende des Homo sapiens. München: Bertelsmann, 1983.

Meadows, D.; Meadows, D., Das globale Gleichgewicht. Reinbek bei Hamburg: Rowohlt, 1976.

Meadows, D.; Meadows, D.; Randers, J., Die neuen Grenzen des Wachstums. Stuttgart: DVA, 1992.

Meadows, D.; Meadows, D.; Zahn, E.; Milling, P., Die Grenzen des Wachstums Bericht des Club of Rome zur Lage der Menschheit. 1. Bericht des Club of Rome. Stuttgart: DVA, 1972.

Meadows, D.; Nussbaum, H. v.; Rihaczek, K.; Senghaas, D.,u. a., Wachstum bis zur Katastrophe? Pro und contra zum Weltmodell. Stuttgart: dtv, 1974.

Medawar, P. B., Die Zukunft des Menschen. Frankfurt/M.: Fischer, 1959.

Mesarovi, M.; Pestel, E., Menschheit am Wendepunkt. 2. Bericht an den Club of Rome zur Weltlage. Stuttgart: DVA, 1974.

Mohr, H., Quantitatives Wachstum in Biologie und Ökonomie: Naturwissenschaftliche Rundschau 38 (1985), 267–274.

Myrdal, G., Asiatisches Drama. Eine Untersuchung über die Armut der Nationen. Frankfurt/M.: Suhrkamp, 1973.

Niehl, F., Chancengleichheit ohne Chance? Stuttgart: Klett, 1975.

Nitsche, R., Der Weg aus der Krise. Bewältigte Zivilisation. München, Wien: Langen-Müller, 1974.

Opaschowski, H. W., Wie leben wir nach dem Jahr 2000? In: Der Arbeit ewiger Strom. Jahresgabe 1989 der Hoesch AG. 261–265.

Oltmans, W. L., »Die Grenzen des Wachstums« pro und contra. Reinbek bei Hamburg: Rowohlt, 1974.

Overhage, P., Experiment Menschheit. Die Steuerung der menschlichen Evolution. Frankfurt/M.: Knecht, [3]1969.

Overhage, P., Die biologische Zukunft der Menschheit. Frankfurt/M.: Knecht, 1977.

Peccei, A. (Hrsg.), Bericht für die achtziger Jahre. Zukunftschance Lernen. 4. Bericht des Club of Rome. Gütersloh: Goldmann, 1980.

Peccei, A., Die Zukunft in unserer Hand. Analyse und Reflexion. Gütersloh: Goldmann, 1982.

Peccei, A. (Hrsg.), Berichte an den Club of Rome. Der Weg ins 21. Jahrhundert. Alternative Strategien f. die Industriegesellschaft. Gütersloh: Goldmann, 1984.

Peccei, A.; Siebker, M., »Die Grenzen des Wachstums«. Fazit und Folgestudien. Reinbek bei Hamburg: Rowohlt, 1974.

Proske, R; Klamroth, J.; Thoemen, H., Modelle und Elemente künftiger Gesellschaften. Auf der Suche nach der Welt von morgen. Reinbek bei Hamburg: Rowohlt, 1971.

Rosenfeld, A., Die zweite Schöpfung. Neue Aspekte des menschlichen Lebens. München: Knaur, 1973.

Rosnay, J. de, Das Makroskop. Systemdenken als Werkzeug der Ökogesellschaft. Reinbek bei Hamburg: Rowohlt, 1979.

Schippke, U., Das Bild der Zukunft. Gütersloh: Bertelsmann, 1974.

Schneider, W. (Hrsg.), Arbeitsfeld Entwicklungshilfe. Wuppertal: Jugenddienst-Vlg., 1974.

Schultze, H. (Hrsg.), Die biologische Zukunft des Menschen. Frankfurt/M.: Umschau, 1971.

Simon, J. L., Resources, Population, Environment – an Oversupply of False Bad News: Science 208 (1980), 1431–1437.

Simon, K., Statistische Lügen über Umwelt, Bevölkerung und Ernährung: Naturwissenschaftl. Rundschau 34 (1981), 244–246.

SIPRI = Stockholm International Peace Research Institute. Hrsg. Rüstungsjahrbuch ›80/81. Reinbek b. Hamburg: Rowohlt, 1980.

SIPRI (Hrsg.), Rüstungsjahrbuch ›81/82. Reinbek: Rowohlt, 1981.

SIPRI (Hrsg.), Rüstungsjahrbuch ›87/88. Reinbek: Rowohlt, 1987.

Skinner, B. F., Futurum Zwei, »Walden Two«. Die Vision einer aggressionsfreien Gesellschaft. Reinbek: Rowohlt, 1972.

Skinner, B. F., Jenseits von Freiheit und Würde. Reinbek: Rowohlt, 1973.

Sonnemann, T., Die Menschheit hat noch eine Chance. Alternativen für die Welt von morgen. Hamburg: Hoffmann & Campe, 1977.

Statistisches Bundesamt (Hrsg.), Statistisches Jahrbuch für die Bundesrepublik Deutschland 1987. Stuttgart, Mainz: Kohlhammer, 1987.

Statistisches Jahrbuch für die Bundesrepublik Deutschland 1992. Wiesbaden: Statistisches Bundesamt, 1992.

Steinbuch, K., Falsch programmiert. Über das Versagen unserer Gesellschaft in der Gegenwart und vor der Zukunft. Stuttgart: DVA, 1968.

Steinbuch, K., Kurskorrektur. Stuttgart-Degerloch: Seewald, ^{3}1973.

Steinbuch, K., u. a., Die humane Gesellschaft. Jenseits von Kapitalismus und Kommunismus. Stuttgart-Degerloch: Seewald, ^{2}1974.

Steinbuch, K., Ja zur Wirklichkeit. München: Heyne, 1976.

Steiner, G.; Tamm, J.; Heise, H.; Kaminske, V., Zuschriften zu dem Referat von K. Simon »Statistische Lügen … «: Naturwissenschaftl. Rundschau 34 (1981), 508–513.

Taylor, G. R., Das Experiment Glück. Entwürfe zu einer Neuordnung der Gesellschaft. Frankfurt/M.: Fischer, 1978.

Teilhard de Chardin, P., Die Zukunft des Menschen. Olten: Walter, 1963.

Toffler, A., Der Zukunftsschock. München: Droemer-Knaur, 1974.

Toffler, A., Kursbuch ins dritte Jahrtausend. Frankfurt/M., Berlin: Ullstein, 1975.

Toffler, A., Die Grenzen der Krise. Der globale Wirtschaftsinfarkt: Risikofaktoren und Gegenstrategien. Reinbek: Rowohlt, 1976.

Vester, F., Unsere Welt – ein vernetztes System. Stuttgart: DVA, 1978.

Vester, F., Neuland des Denkens. Vom technokratischen zum kybernetischen Zeitalter. Stuttgart: DVA, 1980.

Wilder-Smith, A. E., Herkunft und Zukunft des Menschen. Stuttgart-Neuhausen: Hänssler, 1972.

Wolstenholme, G. (ed.), Man and his Future. A Ciba Foundation Volume. London: Churchill, 1963.

Wulf, H. (Hrsg.), Aufrüstung und Unterentwicklung. Aus den Berichten der Vereinten Nationen. Reinbek: Rowohlt, 1983.

Ernährungssituation der Menschheit

Baade, F., … denn sie sollen satt werden. Strategie des Weltkampfes gegen den Hunger. Oldenburg: Stalling, 1964.

Batie, S.; Healy, R. G., Amerikas Landwirtschaft – Ressourcen erschöpft?: Spektrum der Wissenschaft 4/1983, 112–123.

Deutsch, K.; Bremer, S., Berliner Wissenschaftler stellen ein neues Weltmodell vor: GLOBUS: Bild der Wissenschaft, 7/1985, 100–106.

Donaldson, L. R.; Joyner, T., Lachse und Forellen als Zuchtfische: Spektrum der Wissenschaft 9/1983, 82–91.

Duwe, F., Welthungerkatastrophe und Agrarpolitik. Reinbek: Rowohlt, 1975.

Duwe, F. (Hrsg.), Weizen als Waffe. Die neue Getreidestrategie der amerikanischen Außenpolitik. Eine Studie des North American Congress on Latin America. Reinbek: Rowohlt, 1976.

Elster, H.-J. (Hrsg.), Aktuelle Probleme der Welternährungslage. Erfolge und Grenzen der Grünen Revolution, ihre ökologischen Grundlagen und Auswirkungen. Stuttgart: Schweizerbartsche Verlagsbuchhandlung, 1985.

Heidhues, F., Die Welternährungslage und ihre Konsequenzen für die Entwicklungspolitik in den Ländern der Dritten Welt. In: H.-J. Elster (Hrsg.), Aktuelle Probleme der Welternährungslage. Stuttgart: Schweizerbart'sche Verlagsbuchhandlung, 1985, S. 5–25.

Holenstein, A. M.; Power, J., Hunger. Welternährung zwischen Hoffnung und Skandal. Frankfurt/M.: Fischer, 1976.

Knauer, P., Der Glaube kommt vom Hören. Freiburg, Basel: Herder, [6]1991.

Novak, J., A New Perception of World Hunger: America 138 (No.18,1978), 378–381.

Rehbinder, M., Hauptprobleme der Welternährung und die gegenwärtige Situation: Universitas 35 (1980), 703–708.

Scrimshaw, N. S.; Taylor, L., Welternährung: Spektrum der Wissenschaft 11/1980, 63–75.

Smil, V., Chinas Ernährung: Spektrum der Wissenschaft 2/1986, 112–121.

Swaminathan, M. S., Reis: Spektrum der Wissenschaft 3/1984, 24–34.

Urff, W. v., Ansatzpunkte zur Verbesserung der Ernährungssituation in der Dritten Welt: Universitas 37 (1982), 843–849.

Weischet, W., Ökologische Überlegungen über die unbefriedigende agrarhistorische Entwicklung in den Tropen. In: H.-J. Elster (Hrsg.), Aktuelle Probleme der Welternährungslage. Stuttgart: Schweizerbartsche Verlagsbuchhandlung, 1985, S. 59–91.

Weitzel, G., Eiweißernährung und 5. Gebot: Naturwissenschaftliche Rundschau 18 (1965), 405–406.

Bevölkerungswachstum und seine Regelung

Aldous, P., Birth rate shows sign of decline: Nature 352 (15. 8. 1991), 557.

Anderson, I., How IUDs cause infertility: New Scientist 106, No.1452 (18. 4. 1985), 6.

Beckmann, R. u. a., Abtreibung in der Diskussion. Fünfzig Behauptungen und ihre Widerlegung. Krefeld: Sinus, [2]1991.

BEISEL, D., Bevölkerungsexplosion; menschlicher Weg zu weniger Menschen: Natur. (H. Sterns Umweltmagazin) 7/1984, 43–66.

BELLER, F. K., Ethische Probleme am Beginn des Lebens. In: H. Seebaß (Hrsg.), Entstehung des Lebens. Studium generale WS 1979/80. Münster: Aschendorff, 1980, 33–46.

BILLINGS, E.; WESTMORE, A., Schluß mit der Pille. Empfängnisverhütung mit der Billings-Methode. Frankfurt/M., Berlin: Ullstein, 1982.

BIRG, H., Die demographische Zeitenwende: Spektrum der Wissenschaft 1/1989, 40–49.

BLUME, A., Verhüten oder Schwangerwerden. Reinbek bei Hamburg: Rowohlt, 1989.

BÖCKLE, F. (Hrsg.), Der umstrittene Naturbegriff. Person, Natur, Sexualität in der kirchlichen Morallehre. Düsseldorf: Patmos, 1987.

BOGEN, H. J., Knaurs Buch der Biotechnik. Gezähmt für die Zukunft. München, Zürich: Droemer-Knaur, 1976.

BROW, L. R., Die Bevölkerungsexplosion: Europa-Archiv, Folge 15, 1977, 487–498.

BROX, H., »Recht« auf Leben?: Rheinischer Merkur Nr. 27 (6. 7. 1979), S. 4.

DÖRING, G. K., Empfängnisverhütung. In: Klinik der Frauenheilkunde und Geburtshilfe. 35. Ergänzungslieferung, Juli 1983, 557–612.

DÖRING, G. K., Empfängnisverhütung. Ein Leitfaden für Ärzte und Studenten. Stuttgart: Thieme, [10]1986.

EHMANN, R., Probleme der Geburtenregelung. Ulm: Europäische Ärzteaktion, 1990.

EHRLICH, P., Die Bevölkerungsbombe. München: Hanser, 1971.

EHRLICH, P. R. & A. H., Bevölkerungswachstum und Umweltkrise. Die Ökologie des Menschen. Frankfurt/M.: Fischer, 1972.

EIFF, A. W. v., Schutz des Lebens und personale Würde des Menschen als Grundlage der Geburtenkontrolle: Stimmen der Zeit 200 (1982), 507–520.

EIFF, A. W. v. (Hrsg.), Verantwortung für das menschliche Leben. Düsseldorf: Patmos, 1991.

ERNST, S., Das größte Wunder ist der Mensch. Antwort auf die sexuelle Konter-Evolution. Buxheim: Martin, 1974.

EUROPÄISCHE ÄRZTEAKTION (Hrsg.), Alarm um die Abtreibung. Neuhausen-Stuttgart: Hänssler, 2 Bde., 1980.

FEICK, J., (Buchbesprechung von): H. Kaelble: Auf dem Weg zu einer europäischen Gesellschaft. München: Beck, 1987. In: Spektrum der Wissenschaft 6/1989, 130 f.

FOGG, E., Revival of the male pill: New Scientist 104, No. 1434/1435 (20./27. 12. 1984), 25.

FRANK, P.; RAITH, E., Natürliche Familienplanung. Berlin, Heidelberg: Springer, 1985.

GANTE, M., § 218 in der Diskussion. Meinungs- und Willensbildung 1945–1976. Düsseldorf: Droste, 1991.

GLASS, C., Bevölkerungswachstum als Katastrophe. Die ideologische Kontinuität in der demographischen und ökologischen Diskussion. Frankfurt/M.: Campus, 1978.

GWATKIN, D. R., Indications of Change in Developing Country Mortality Trends. The End of an Era?: Population and Development Review 6 (1980), 615–644.

GWATKIN, D. R., How many die? A Set of Demographic Estimates of the Annual Number of Infant and Child Deaths in the World: American J. of Public Health 70 (1980), 1286–1289.

GWATKIN, D. R.; BRANDEL, S. K., Bevölkerungsexplosion – ein Ende in Sicht?: Spektrum der Wissenschaft 7/1982, 16–24.

Häussler, A., Die Pille, das Unheil des 20. Jahrhunderts. Jestetten: Miriam, 1991.
Handler, J., Das Buch der Gesundheit, Bd. 20: Die Bevölkerungsexplosion. Die Zukunft des Menschen. Monte Carlo: Sauret, 1969.
Hauser, J. A., Bevölkerungsprobleme der Dritten Welt. Ein Vademecum mit Tatsachen, Beziehungen und Prognosen. Bern: Haupt, 1974.
Hoerster, N., Abtreibung im säkularen Staat. Argumente gegen den § 218. Frankfurt/M.: Suhrkamp, 1991.
Huber, J., Fragen der Kontrazeption. Stuttgart: Enke, 1988.
Huxley, J., The Impending Crisis. In: S. Mudd (ed.), The population crisis and the use of world resources. The Hague: Junk, 1964, 6–11.
Jacobi, C., Uns bleiben 100 Jahre. Ursachen und Auswirkungen der Bevölkerungsexplosion. Frankfurt/M., Berlin: Ullstein, ^{3}1986.
Jamison, E., Die Erdbevölkerung wächst langsamer: Braunschweiger Zeitung, 4. 11. 1980.
Jentzsch, K., Sterben wir aus? Der Geburtenrückgang in d. Bundesrepublik. Freiburg, Würzburg: Ploetz, 1979.
Jörger, G., Leitfaden der Schwangerschaftsverhütung. Stuttgart: Fischer, 1974.
Jungk, R., Der Jahrtausendmensch. Berichte aus den Werkstätten der neuen Gesellschaft. Reinbek: Rowohlt, 1976.
Keyfitz, N., Die Bevölkerung Chinas: Spektrum der Wissenschaft 4/1984, 104–114.
Keyfitz, N., Probleme des Bevölkerungswachstums: Spektrum d. Wissenschaft 11/1989, 98–106
Kiefner, H., Beginn des Lebens – ein Tatbestand des Rechts. In: H. Seebaß (Hrsg.), Entstehung des Lebens. Studium generale WS 1979/80. Münster: Aschendorff, 1980, 83–104.
Kirchhoff, H., Risiken des legalen Schwangerschaftsabbruchs: Umschau 75 (1975), 608–609.
Koch, E. R.; Kessler, W., Menschen nach Maß. Reinbek: Rowohlt, 1976.
Kurth, G., Die Bevölkerungsgeschichte des Menschen. Eine Kombination aus biologischer Kapazität und humaner Leistungsfähigkeit. Frankfurt/M.: Akademische Verlagsges. Athenaion, 1965.
Löbsack, T., Nur noch Wunschkinder? Geburtenkontrolle – Gebot der Vernunft. Düsseldorf, Wien: Econ, 1963.
Loesch, H. v., Stehplatz für Milliarden? Das Problem der Überbevölkerung. Stuttgart: DVA, 1974.
Mahler, H., Weltbevölkerung: Spektrum der Wissenschaft 11/1980, 74–89.
Malthus, T. R., Das Bevölkerungsgesetz. München: dtv, 1977.
Marshall, A., Africa faces up to overpopulation: New Scientist 101, No. 1395 (2. 2. 1984), 10–11.
Mayer, E. T., Der Arzt ist kein Erfüllungsgehilfe: Dt. Ärzteblatt 87 (Heft 50, 13. 12. 1990), B-2776–2777.
Medawar, P. B., Die Zukunft des Menschen. Frankfurt/M.: Fischer, 1962.
Mudd, S. (ed.), The Population Crisis and the Use of World Resources. The Hague: Junk, 1964.
Nathanson, B., Ich habe 5000mal abgetrieben – nie wieder!: Bildzeitung, 11. 10. 1984, S. 16.

Naturwissenschaftliche Rundschau 43 (1990), 275: Riesenstädte.
New Scientist, Study shows that IUDs pose a long term risk: New Scientist 103, No. 1422 (20. 9. 1984), 22.
Paz, G., Die Pille für den Mann: Allgemeine Zeitung Mainz, Nr. 100 (3. 5. 1984), 6.
Pearce, F., In defence of population growth: New Scientist, 104, No. 1426 (18. 10. 1984), 42–47.
Petersen, P., Schwangerschaftsabbruch im Erleben des durchführenden Arztes: Dt. Ärzteblatt 88 (Heft 4, 24. 1. 1991), B-126–128.
Primakoff, P.; Lathrop, W.; Woolman, L.; Cowan, A.; Myles, D., Fully effective contraception in male and female guinea pigs immunized with the sperm protein PH-20: Nature 335 (1988), 543–546.
Ricken, F., Allgemeine Ethik. Stuttgart, Mainz: Kohlhammer, 1983.
Rosenfeld, A., Die zweite Schöpfung. Neue Aspekte des menschlichen Lebens. München, Zürich: Droemer-Knaur, 1973.
Schäfer, W., Der kritische Raum. Über den Bevölkerungsdruck bei Mensch und Tier. Frankfurt/M.: Kramer, 1971.
Schrader, H. L., Der Mensch wird umgebaut. Report aus den Laboratorien der Lebensforschung. Frankfurt/M.: Ullstein, 1970.
Schultz, H. (Hrsg.), Die biologische Zukunft des Menschen. Frankfurt/M.: Umschau, 1971.
Seaman, B., Ärzte contra »Pille«. Argumente der Wissenschaft. Frankfurt/M., Berlin: Ullstein, 1970.
Sekretariat der Deutschen Bischofskonferenz (Hrsg.), Mensch von Anfang an. Stufen des Lebens. Bonn, o. J.
Sölle, D., Für die Bejahung des Lebens – gegen die Bestrafung der Mutter. In: S. v. Paczensky (Hrsg.), Wir sind keine Mörderinnen. Reinbek: Rowohlt, 1980.
Sonntag, Der, Weiter gestiegen. Zahl der Abtreibungen in BRD: Der Sonntag (Kirchenzeitung f. d. Bistum Limburg). Nr. 21 (26. 5. 1985), S. 32.
Spiegel, China – voller Monde (Eine Volkszählung ergab die Zahl der Chinesen 1 008 175 288): Der Spiegel, 1. 11. 1982, S. 164.
Taylor, G. R., Die biologische Zeitbombe. Revolution der modernen Biologie. Frankfurt/M.: Fischer, 1969.
Ulmann, A.; Teutsch, G.; Philibert, D., RU 486: die Abtreibungspille: Spektrum der Wissenschaft 4/1990, 46–53.
Vining, D. R., jr., Die Dynamik von Kernregionen in Entwicklungsländern: Spektrum der Wissenschaft 6/1985, 34–41.
Welt, Die, 6,1 Milliarden Menschen im Jahr 2000: Die Welt, 14.6. 1984. S. 1.
Willke, B. & J., Handbook on Abortion. Buch, Tonband und Dias. Cincinnati: Hayes, 1979.

KAPITEL VII

Die Zukunft der Welt – Das Ende der Welt

1. Problemstellung

Wir haben unsere naturphilosophischen Überlegungen mit dem Anfang des Weltalls begonnen, dessen Entwicklung bis in die Gegenwart verfolgt (Kap. II–V) und für die nähere Zukunft des Menschen extrapoliert (Kap. VI). Wie wird es in Zukunft aber in kosmischen Dimensionen weitergehen?

Immer mehr Forscher haben sich in den vergangenen Jahren den Problemen zugewandt, die im Universum in ferner Zukunft zu erwarten sind (R. Breuer, 1981; H. Frisch, 1983; F. Close, 1989; F. Dyson, 1989). Die Zukunft des Kosmos soll Gegenstand einer respektablen naturwissenschaftlichen Disziplin werden. Dieses Anliegen wird von vielen nicht ernst genommen, da wir weder erleben noch sonstwie überprüfen können, was die Physiker aus ihren Gleichungen für die Zukunft des Weltalls voraussagen. Aber die Extrapolation bekannter Gesetze in unbekanntes Territorium hat in der Wissenschaftsgeschichte nicht nur einmal zu verblüffenden Ergebnissen geführt. (Z. B. kombinierte G. Gamow 1948 die bekanntgewordene Tatsache der Galaxienflucht mit einigen physikalischen Gesetzen, extrapolierte dies in die Vergangenheit und kam zu der Theorie vom Urknall als dem Beginn des Universums. Er postulierte eine sogenannte Reststrahlung, die schließlich 17 Jahre später zufällig von A. Penzias und R. W. Wilson entdeckt wurde: vgl. Kap. I.) Die Frage, wie nach heutigem Wissensstand das Ende der Welt aussieht, ist also nicht müßig und sollte deswegen gestellt werden.

2. Problemgeschichte

Bis zum 19. Jahrhundert waren für das christlich geprägte Abendland bezüglich des Endes der Welt die Vorstellungen von Himmel, Hölle und Fegfeuer maßgeblich. Diese theologische Eschatologie (= Lehre von den letzten Dingen) sagt aber nichts über naturwissenschaftliche Vorausberechnungen des Endes unseres Sonnensystems oder des Weltalls insgesamt.

Im 19. Jahrhundert nahmen die Physiker an, daß die Welt auf lange Sicht im »Wärmetod« erstarren würde. Die Fortschritte in der Thermodynamik z. B. durch S. Carnot (1829), W. T. Kelvin (1852) u. a. bestärkten die Naturwissenschaftler in der Annahme, daß ein thermodynamisches Gleichgewicht der Endzustand des Universums sei. Diese lange Zeit gültige Theorie wurde ergänzt durch die Strahlungstheorie Maxwells und durch Einsteins Formel $E = m \times c^2$ und überdauerte so auch noch die ersten Jahre der Quantenmechanik. Doch in den letzten zwei Jahrzehnten konnte das relativ simple Bild vom Wärmetod des Kosmos den zahlreichen Entdeckungen und Ergebnissen der Astro- und Elementarteilchenphysik nicht standhalten: Diese These von der »ewigen Ruhe«, dem Stillstand am Ende der Welt, mußte aufgegeben werden. Unter Berücksichtigung der Gravitation, die als treibender Motor aller Bewegungsabläufe im Universum anzusehen ist, kam man zu der Vorstellung von einem ohne Ende expandierenden Universum ohne »Ruhetod«.

3. Methodische Grundvoraussetzungen

Zur ungefähren Beschreibung der in einem offenen Universum langfristig ablaufenden Vorgänge müssen zwei (in erster Linie pragmatische) Grundannahmen getroffen werden:

* Die Naturgesetze verändern sich weder zeitlich noch räumlich;
* alle wesentlichen Naturgesetze sind uns bereits bekannt.

4. Vorgänge in einem dauernd expandierenden Universum

4.1 Sterne verlöschen: Die Sterne mit den größten Massen haben die kürzeste Existenzdauer, da sie ihre Wasserstoffvorräte durch Kernfusionen am schnellsten verbrauchen. Je nach Masse gibt es drei verschiedene Arten des Untergangs für Sterne:

* als »weißer Zwerg«: Bei einem etwa erdballgroßen »weißen Zwerg« bringen die Elektronen genügend Gegenkraft auf, um die Schwerkraft der Sternmaterie auszugleichen, so daß die Schrumpfung bei einem bestimmten Radius stoppt;
* als »Neutronenstern«: Wie beim »weißen Zwerg«, wird auch hier durch die Neutronen genügend Gegenkraft zur Gravitation aufgebracht;
* als »Schwarzes Loch«: Bei dem Kollaps eines Körpers von mehr als zwei Sonnenmassen schreitet die Schwerkraftimplosion ungehindert zu einem Schwarzen Loch fort; übrig bleibt ein Bereich des Raumes mit einem extrem starken Gravitationsfeld.

Durchschnittssterne wie die Sonne brauchen noch ca. 5 Mrd. Jahre bis zu ihrer Abkühlung, masseärmere Sterne bis zu 10^{14} Jahre. Das Ende aller Sterne würde dann voraussichtlich nach dem Fünftausendfachen der bisherigen Dauer des Universums (2 x 10^{10} Jahre) erfolgen.

4.2 *Sterne verlieren ihre Planeten*: In den galaktischen Zentren, wo die meisten Sterne konzentriert sind, kann es durch Beinahe-Kollisionen mit anderen Sternen häufig dazu kommen, daß Planeten von ihren Umlaufbahnen um die bereits erkalteten Sterne weggerissen werden. Im relativ dünn mit Sternen besiedelten Teil unserer Milchstraße ereignet sich ein solcher Beinahe-Zusammenstoß im zeitlichen Mittel alle 10^{15} Jahre.

4.3 *Galaxien verlieren ihre Sterne*: Im zeitlichen Mittel von 10^{19} Jahren können zwei Sterne bei einem solchen Beinahe-Zusammenstoß aus der Milchstraße geschleudert werden. Einen ähnlichen Effekt haben nahe Begegnungen von drei Sternen. Während die getroffenen Sterne davontreiben, schrumpft die zentrale Region, in der immer mehr Sterne auf engem Raum zusammengedrängt werden, bis sie zu einem riesigen Schwarzen Loch verschmelzen. In 10^{19} Jahren würde die Milchstraße auf diese Weise mehr als 90 % ihrer Masse verlieren.

4.4 *Planeten stürzen in ihre Muttersterne*: Den auf ihren Umlaufbahnen verbliebenen Planeten wird durch ihre eigenen Gravitationswellen die Bahnenergie entzogen, so daß sie in ca. 10^{20} Jahren in ihre Sonne stürzen. Zu diesem Zeitpunkt wäre das Universum erfüllt mit Strahlung, deren Energie abnimmt, mit erkalteten Sternen und Schwarzen Löchern (bis zu supermassiven Schwarzen Löchern mit mehr als einer Million Sonnenmassen). Dann beginnt die »quantenmechanische Ära« des Universums. Während man früher überzeugt war, daß Schwarze Löcher nicht vergehen, weiß man seit 1975 aus Berechnungen der theoretischen Physik, daß sie lediglich eine Übergangsphase im Dasein eines Sternes darstellen. Schwarze Löcher geben nämlich aufgrund von Quantenfluktuationen im Gravitationsfeld vor allem elektromagnetische Strahlung ab und verlieren so an Masse. Je kleiner ein Schwarzes Loch ist, desto höher ist seine Temperatur und somit auch sein Strahlungs- und Masseverlust. Am Ende verdampft es in einer mittleren Explosion.

4.5 *Protonen zerfallen*: Für das weitere Schicksal des Universums sind zwei Fragen relevant, die bisher nur spekulativ beantwortet werden können, nämlich »ob 1. das Proton ein stabiles Teilchen ist; und was 2. die kleinstmögliche Masse eines Schwarzen Loches ist« (R. Breuer, 1981, S. 52). Neue Versionen der »großen vereinheitlichten Feldtheorie« gehen für Protonen von einer Halbwertzeit von 10^{33} Jahren aus.

4.6 *Protonen zerfallen durch Schwerkraftkollaps*: Auch die Beantwortung der zweiten Frage ist von Bedeutung, da Körper, die weniger als zwei Sonnenmassen schwer sind, zwar nicht durch einen Schwerkraftkollaps, aber durch einen quantenmechanischen Effekt (Tunnel-Effekt) zu einem Schwarzen Loch werden können. Das Proton könnte sich innerhalb von 10^{45} Jahren auf diese Weise in ein Schwarzes Loch verwandeln, was aber nur möglich ist, wenn es nicht zuvor auf andere Art zerfiel. Sollte das Proton jedoch tatsächlich die obengenannte Halbwertzeit haben, dann spielt der viel langsamere Zerfall über die Zwischenstufe des Schwarzen Loches keine Rolle mehr.

4.7 *Stellare Schwarze Löcher zerstrahlen*: Nach 10^{64} Jahren sind alle Sterne erloschen und alle Galaxien aufgelöst. Die Strahlung kühlt sich auf Temperaturen um den absoluten Nullpunkt ab; nur gelegentlich verdampft noch ein Schwarzes Loch. Die verbleibende Materie (sie ist auch auf Temperaturen nahe dem Nullpunkt abgekühlt) friert jedoch nicht fest; durch Quantenfluktuationen kann sie sich weiter verändern, auch wenn ihr alle thermische Energie entzogen ist.

4.8 *Materie schmilzt am absoluten Nullpunkt*: Nach 10^{65} Jahren wird alle Materie wie eine quasi-starre Flüssigkeit schmelzen und unter dem Einfluß der eigenen Schwerkraft Kugelgestalt annehmen.

4.9 *Supermassive Schwarze Löcher zerstrahlen*: Bei supermassive Schwarzen Löchern dauert der Zerstrahlungsprozeß aufgrund ihrer größeren Masse länger als bei kleineren. Nach 10^{100} Jahren sind aber auch die supermassiven Schwarzen Löcher zerstrahlt.

4.10 *Alle Materie verwandelt sich in Eisen*: Eisen stellt das stabilste Element dar. Die leichteren Elemente verschmelzen mit der Zeit durch Kernfusionen zu schwereren Atomen, bis die »Endstufe Eisen« erreicht ist. Die schwereren Elemente sind radioaktiv und strahlen Alpha-Teilchen ab oder spalten sich, bis nur noch Eisen übrigbleibt. Nach 10^{1500} Jahren wird alle Materie in kalte Kugeln aus blankem Eisen verwandelt sein.

4.11 *Eisensterne kollabieren zu Schwarzen Löchern*: Auch die Eisenkugeln stellen noch keinen völlig stabilen Energiezustand dar. Ein Teil eines »Eisensterns« – z. B. sein Kern – kann zu einem Schwarzen Loch kollabieren, das sich mit der Zeit auch die restliche Sternhülle einverleiben würde. Es ist jedoch noch ungeklärt, ob es tatsächlich solche kleine im Sternkern entstehenden Schwarze Löcher geben kann. Nach einigen Theorien wäre die kleinstmögliche Masse eines Schwarzen Loches die »Planck-Masse« (ein hunderttausendstel Gramm); trifft das zu, so wird ein Eisenstern über das Stadium eines winzigen Schwarzen Loches in ein stellares Schwarzes Loch verwandelt, welches wiederum zerstrahlt wird:

Das wird nach $10^{10^{26}}$ Jahren der Fall sein.

4.12 Sternkollaps von Eisensternen zu Neutronensternen: Wird ein Eisenstern nicht zu einem Schwarzen Loch, so kann er nach etwa

$$10^{10^{76}} \text{ Jahren}$$

noch durch Energieabgabe im Ausmaß einer Supernova zu einem Neutronenstern zusammenschrumpfen. Ob es bei diesem Neutronenstern zu supernovaartigen Ausbrüchen kommen wird, ist schwer vorauszusagen; wahrscheinlich sind jedoch große Explosionsschauer in Form von Neutrinos und die Abgabe geringerer Energiemengen als Röntgenstrahlen oder sichtbares Licht. Am Ende blieben lediglich Staubteilchen mit weniger als 100 Mikron Durchmesser, da nur sie genügend Stabilität aufbrächten, um nicht zu kollabieren.

In dieser Darstellung ist der mögliche Einfluß intelligenten Lebens – technologischer Superzivilisationen – auf die kosmische Entwicklung außer acht gelassen. Unbeantwortet blieb auch die Frage, wie lange sich Leben (J. N. Islam, 1984) in irgendeiner Form in einem solchen Kosmos behaupten kann.

Es steht fest, daß unsere Sonne in etwa 5 Milliarden Jahren ausgebrannt sein wird und damit die Erdbevölkerung keine Lebensbedingungen mehr hat. F. J. Dyson (1979; 1989) ist der Ansicht, daß – soweit wir uns die Zukunft vorstellen können – sich immerfort Dinge ereignen, da in einem offenen Kosmos Geschichte kein Ende hat. Die naturwissenschaftlichen Aussagen treffen natürlich nur dann zu, wenn Gott auch die Welt als ganze im Dasein erhalten wird (creatio continua). Hält Gott die Welt nicht mehr im Sein, versinkt sie ins Nichts. Darüber kann aber naturwissenschaftlich nichts gesagt werden, schon allein deshalb, weil Gott kein Gegenstand der Naturwissenschaft ist. Auch philosophisch ist über die Zukunftsabsichten Gottes keine begründete Aussage möglich.

Literatur

Bludman, S. A., Das Ende des Universums: Bild der Wissenschaft 7/1984, 37.

Breuer, R., Vom Ende der Welt: Bild der Wissenschaft 1/1981, 46–55.

Breuer, R., Mensch und Kosmos. Expeditionen an die Grenzen von Raum und Zeit. Hamburg: Gruner + Jahr, 1990.

Breuer, R., Das Ende der Welt: GEO 10/1990, 30–46.

Close, F., Das Ende. Vom Schicksal des Weltalls. Frankfurt/M.: Umschau, 1989.

Dicus, D. A., et al., Die Zukunft des Universums: Spektrum 5/1983, 118–130.

Dyson, F. J., Time without end. Physics and biology in an open universe: Reviews of Modern Physics 51 (1979), 447–460.

DYSON, F. J., Zeit ohne Ende. Physik und Biologie in einem offenen Universum. Berlin: Brinkmann & Bose, 1989.

FRITZSCH, H., Vom Urknall zum Zerfall. Die Welt zwischen Anfang und Ende. München, Zürich: Piper, 1983.

ISLAM, J. N., Die ferne Zukunft des Universums. Kann Leben im Universum unbegrenzt existieren?: Umschau 84 (1984), 441–443.

PFLEIDERER, J., Ursprung und Zukunft des Weltalls. Innsbruck: Pinguin. Frankfurt/M.: Umschau, 1983.

WEINBERG, S., Die ersten drei Minuten. Der Ursprung des Universums. München, Zürich: Piper, 1977.

WEINBERG, S., Der Traum von der Einheit des Universums. München: Bertelsmann, 1993.

Dritter Teil

Der kleine anthropologische Bogen

In diesem zweiten Teil der Naturphilosophie soll das Bild vom Menschen konkreter gezeichnet werden, indem einige Problemkreise des individuellen Lebens vom Beginn menschlicher Existenz über Jugend und Erwachsensein bis hin zu Altern und Tod angesprochen werden.

KAPITEL VIII

Der Beginn des individuellen menschlichen Lebens

Ab wann ist der Mensch Mensch? Diese Frage zu beantworten ist zunächst Aufgabe der Naturphilosophie. Ihr stehen die notwendigen naturwissenschaftlichen und philosophischen Einsichten zur Verfügung.

Aus den naturphilosophischen Erkenntnissen gibt es Schlußfolgerungen für die ethische Beurteilung von Verhütungsmitteln verschiedenster Art. Beide Fragen sollen aber unabhängig untersucht und in ihrer je eigenen Methodik unterschieden werden.

1. Die naturwissenschaftliche Frage nach dem Beginn menschlichen Lebens

1.1 Allgemeine naturwissenschaftliche Beobachtungen

Um biologisch eine Spezies (Art) eines Tieres von einer anderen zu unterscheiden, sind makroskopische Merkmale zunächst ausschlaggebend, die aber letztlich in den Chromosomen und darin in den Genen begründet sind. Als allgemeine Regel spricht man *dann* von einem Individuum einer Art, wenn es mit Individuen derselben Spezies kreuzbar ist *und* fruchtbare Nachkommen hat bzw. im Prinzip haben kann. Biologisch ist der Mensch ein höherer Primat, mit aufrechtem Gang als Dauerhaltung, einem Gehirnvolumen, das mindestens 780 ccm hat (haben muß?), mit der Fähigkeit zu einer spezifischen Traditionsbildung (mit Intentionalität, Sprache und Schrift), mit den weiteren Fähigkeiten, Werkzeuge in spezifischer Weise herzustellen (die Form ist nicht vorgegeben, und zur Herstellung benötigt man nicht körpereigene Hilfsmittel) und der Fähigkeit zur Herstellung und zum Gebrauch von Feuer.

Phylogenetisch gibt es den Menschen, soweit auch der Homo erectus damit gemeint ist, seit knapp 2 Millionen Jahren. Hält man auch den Homo habilis für einen Menschen, müßte man vielleicht bis 2,5 Millionen Jahre zurückgehen (B. Wood, 1992). Einige Forscher (z.B.R. Feustel, 1986) ordnen den Homo habilis in die Gattung Australopithecus ein. Feuergebrauch, ein wesentliches Merkmal für Menschsein auch im naturphilosophischen Sinn, ist bis 1,42 Millionen Jahre (J. A. J. Gowlett u. a., 1981) in Ostafrika nachgewiesen (d. h. für den Homo erectus). Die ältesten (sicheren?) Werkzeuge, Geröllgeräte (= pebble tools), werden auf ca. 2,5 Millionen Jahre datiert.

Ontogenetisch ist das biologische Wesen Mensch konstituiert durch die Verschmelzung des weiblichen Kerns mit dem männlichen, wodurch aus zwei einfachen (haploiden) Chromosomensätzen wieder ein doppelter (diploider) wird, der eine Gensatz vom Vater, der andere von der Mutter. Die Geschlechtsbestimmung des neuen biologischen Individuums ist durch die Geschlechtschromosomen XX (= weiblich), XY (= männlich), bzw. genauer durch ein geschlechtsdeterminierendes Gen auf den Geschlechtschromosomen festgelegt (Hoefer, I., 1988; A. Brennicke, 1990).

Fragt man nach dem Beginn des *biologisch* menschlichen Individuums, so gibt es drei Möglichkeiten:

a) Es liegt ein einziger Eisprung vor, und das dann befruchtete Ei (Zygote) teilt sich nicht mehr (Einling).
b) Es liegen zwei (drei) Eisprünge relativ kontemporär vor; die Keime teilen sich nach der Befruchtung nicht (zweieiige, bzw. dreieiige Mehrlinge).
c) Das eine befruchtete Ei teilt sich nach der Befruchtung. Diese Teilung geschieht zwischen dem 2. und 6. Tag nach der Befruchtung, vor dem Beginn der Einnistung in die Gebärmutter. Eineiige Zwillinge sind genetisch identisch und gleichgeschlechtlich. »Die Teilung des Keims kann in jeder Entwicklungsphase zwischen dem Zwei-Zellen-Stadium und der Morula erfolgen, wodurch immer gleichartige Blastozysten entstehen. Die Embryonen entwickeln dann stets ihr eigenes Amnion und Chorion, während die Plazenten entweder getrennt bleiben oder verschmelzen.« (K.L. Moore, 1990, S.147)

Meist kommt die Zwillingsbildung am Ende der ersten Woche durch Teilung des Embryoblasten in zwei Embryonenanlagen zustande. Es entwickeln sich zwei Embryonen in derselben Chorionhöhle (Chorion = Zottenhaut, Teil der äußeren embryonalen Eihaut), allerdings jedes in seinem eigenen Amnionsack (Amnion = innerste Embryonalhülle der höheren Wirbeltiere, der Amnioten). Eineiige Zwillinge haben aber stets eine gemeinsame Plazenta.

Selten kommt es auch durch eine frühzeitige Teilung der Furchungszellen

(Blastomeren) zur Entstehung eineiiger Zwillinge, die dann zwei Amnien, zwei Chorien und zwei Plazenten besitzen.

Auch eine spätere Spaltung der Furchungszellen kann – was selten vorkommt – zur Bildung eineiiger Zwillinge führen. Diese entwickeln sich dann in einem gemeinsamen Amnion- und Chorionsack. Solche Zwillinge werden selten lebend zur Welt gebracht, weil sich die beiden Nabelschnüre meist verschlingen und damit die Blutzirkulation beeinträchtigen, so daß eine oder beide Feten absterben. Man schätzt, daß monoamniotische Zwillinge in einer Häufigkeit von etwa 4 % unter den eineiigen Zwillingen vorkommen.

In 80–90 Schwangerschaften tritt einmal Zwillingsbildung auf; etwa zwei Drittel aller Zwillinge sind zweieiig.

Drillinge kommen in einer Häufigkeit von 1: 7600 vor. Sie können von

a) einer Zygote stammen und genetisch identisch sein;
b) von einer Zygote stammen und aus zweieiigen Zwillingen und einem Einzelkind bestehen oder
c) aus drei Zygoten hervorgehen und gleichen oder verschiedenen Geschlechts sein.

Ähnliche Kombinationsmöglichkeiten treten bei *Vierlingen, Fünflingen, Sechslingen oder Siebenlingen* auf. Mehrlingsgeburten mit mehr als drei Kindern sind sehr selten, allerdings kamen sie in den letzten Jahren durch die Verabreichung von Gonadotropinen an Frauen mit Ovulationsstörungen häufiger vor.

1.2 Die Entwicklung der Eizelle vor der Befruchtung

Die Eireifung im Ovar (Eierstock) geschieht in regelmäßigen Zyklen von 28 Tagen. Bei der Geburt eines Mädchens sind die Oogonien (Ureizellen) in den Ovarien schon ausgebildet. Da ungefähr 400 Menstruationszyklen während der Fruchtbarkeitsperiode einer Frau stattfinden, reift nur ein Bruchteil dieser Zellen (nicht einmal ein Tausendstel) zum befruchtungsfähigen Ei heran.

Der Menstruationszyklus ereignet sich aufgrund vielfältiger Wechselwirkungen zwischen Hormonen aus der Hypophyse (Hirnanhangdrüse) und den Ovarien. Der Zyklus beginnt mit der Reifung eines Follikels (Eibläschen) in einem der beiden Ovarien, angeregt durch ein follikelstimulierendes Hormon der Hypophyse. Das innerhalb von 14 Tagen herangereifte Follikel platzt und entläßt die Eizelle in den Trichter (Ovulation).

Nach dem Eisprung sinkt das Follikel in sich zusammen und bildet den Gelbkörper, der für die Produktion des Progesterons sorgt. Zusammen mit dem Östrogen bewirkt es den Aufbau der Gebärmutterschleimhaut, in die sich das befruchtete Ei einnisten wird. Die Hormone Östradiol und das Progesteron hemmen die Reifung weiterer Follikel. Die große Zelle, die aus dem Follikel ausgestoßen wird, ist eigentlich noch kein Ei, sondern eine eibildende Zelle. In zwei besonderen Teilungen mischt und verteilt sie die Erbmasse.

Die Lebensdauer des Eies beträgt nur 12–14 Stunden, die der Spermien nur einen bis zwei Tage. So wird der Zeitraum für eine mögliche Empfängnis ungefähr auf drei Tage angesetzt.

Von mehr als 300 Millionen Spermien erreichen nur einige tausend das Ei. Zwei oder drei dringen zur ersten Membran vor. Nur ein einziges erreicht den Kern. Nach dem Eindringen des Spermiums erfolgt eine sofortige Änderung der Zellmembran, die nun für andere Spermien undurchlässig ist.

1.3 Die embryonale Entwicklung

1.3.1 Die erste Woche

Das befruchtete Ei ist ungefähr 1/10 mm groß. Die ersten drei Tage befindet es sich in der Tube. Nach 40–50 Stunden ist das Ei zweizellig, äußerlich erkennbar durch die Furchung. Es bilden sich Tochterzellen (Blastomeren). Dieser Vorgang vollzieht sich durch Umstrukturierung der Moleküle.E. Blechschmidt konnte aufzeigen, daß schon in den ersten Zellen ein interzellulärer Kreislauf stattfindet. Am dritten Tag nimmt die Zahl der Zellen rasch zu; am vierten Tag besteht das Ei schon aus mehr als 100 Blastomeren. Trotz der Vermehrung der Zellen hat eine Volumenvergrößerung noch nicht stattgefunden.

Ein gegenseitiger Stoffaustausch hält den Zellverband zusammen. Er läßt auf die Verschiedenheit schon dieser ersten Zellen schließen. Sie besitzen eine wesentliche Gestaltungsfunktion. Durch die Zellvermehrung fällt eine immer größere Menge an Abbaustoffen an. Als flüssige Zwischenzellsubstanz wird sie im Inneren des Eies gelagert; es entsteht das einkammerige Ei: der Blastocyst.

Die Eiwand entwickelt sich in unterschiedlicher Stärke. Es bilden sich ein Assimilations- und ein Dissimilationspol. Durch zusammenziehende Bewegungen des Eileiters und transportiert von Flimmerhärchen, gelangt das Ei allmählich in die Gebärmutter.

Am vierten Tag legt sich das Ei mit seinem dickwandigen Pol an die Uterusschleimhaut an (Adplantation). Nun nimmt die Zelle auch von außen Nahrung auf. Erst jetzt beginnt sie langsam zu wachsen.

1.3.2 Die zweite Woche

In der ersten Hälfte der 2. Woche nistet sich die Eizelle in die Gebärmutterschleimhaut ein. Die Nidation ist am 12. Tag abgeschlossen.

Die Wandzellen, die sich immer schneller vermehren, greifen die Blutgefäße der Schleimhaut an. Das Blut der Mutter rinnt in eine dicke, schwammartige Zellschicht, die die Nährstoffe für das neue Lebewesen aufnimmt; der Mutterkuchen entsteht. An der Innenwand des Assimilationspols bildet sich das Amnion, eine Zellwölbung in Richtung des Eizentrums. Die Flüssigkeit in dem dadurch entstehenden Spalt (Amnionhöhle) ist Anlage für das Fruchtwasser.

Diese Zellwölbung ist die sogenannte Entocystscheibe, Anlage des Embryos. Sie ist zweischichtig, bestehend aus Ektoderm und Entoderm. Am 15. Tag ist das zukünftige Kind ein ovales Scheibchen mit einem Durchmesser von ca. 1 mm.

1.3.3 Die dritte Woche

Die Entocystscheibe wird zu einem dreischichtigen Gewebe und rollt sich um eine Achse. Die drei Schichten erfüllen je verschiedene Aufgaben:

* Das innere Gewebe bildet alle inneren Organe aus, die für den Stoffwechsel zuständig sind: Verdauungstrakt, Leber, Lunge, etc.;
* Das mittlere Gewebe ermöglicht Stützstrukturen: Skelett, Muskeln, Blutgefäße;
* das äußere Gewebe ist Ausgangspunkt aller Organe, die Kommunikation ermöglichen: Haut, Sinne, Nervensystem.

Kopf-, Hals- und Rumpfregionen werden sichtbar. Die schon entstandenen Organe induzieren durch bestimmte Moleküle die Bildung der zugehörigen Anhänge. Am Ende der dritten Woche hat das Kind die Größe eines Weizenkorns erreicht.

1.3.4 Die vierte Woche

In der Kopfregion ist das Wachstum des Embryos am stärksten. Gleichzeitig entsteht die Leibeshöhle, und an der Hinterwand der Leibeshöhle bildet sich das Herz. Die Entwicklung des Herzens steht im Dienst der Blutversorgung des jungen Gehirns. Mit Beginn der vierten Woche fängt es an zu schlagen. Als Vorfilter des Herzens entwickelt sich die Leber. Das Ektoderm bildet das Neuralrohr aus.

1.3.5 Die fünfte Woche

Der Embryo hat nun die Größe von 1 cm. Hirnbläschen, Augen, Hände, Arme, Beine und ein kurzer Schwanzfortsatz sind erkennbar.

1.3.6 Die siebte Woche

Die Größe des Embryos hat sich verdoppelt (2 cm). Sein Gewicht beträgt 2 g.

Die charakteristischen menschlichen Körperformen haben sich ausgebildet (Milchzahnanlagen, Knochenbildung in den Händen, Beginn der Muskulaturbildung; auch die Nähte der Schädelknochen sind bereits erkennbar).

1.3.7 Der dritte Monat
Der Fötus ist 8 cm lang und 25 g schwer. Er zeigt typisch menschliche Gesichtszüge. Augen, Ohren, Hände, Arme, Finger und Zehen sind in ihrer äußeren Form nahezu voll entwickelt. In der Fruchtblase kann sich das werdende Kind frei bewegen.

1.3.8 Der vierte Monat
Das Kind ist bereits 16 cm lang, etwa 200 g schwer und kann sich schon kräftig bewegen. Die Organbildung ist zu diesem Zeitpunkt fast abgeschlossen.

1.4 Die Bedeutung der Gene in dem Entwicklungsprozeß

Geht die Entwicklung des Lebens allein aus den Chromosomen hervor? Bilden sie das Leitungszentrum der Zelle, das den Entwicklungsfortgang dirigiert und kontrolliert? In den neugebildeten Zellen wird die DNA durch Anlagerung von Molekülen vermehrt, die von außen kommen. Die Information der DNA muß von außen abgefragt werden. Denn die Gene sind nicht der aktive Teil, sondern wirken nur indirekt mit; sie haben eine passive Funktion.

Die Entwicklung selbst wird angeregt durch die Stoffwechselfelder. Durch die Dynamik der Teilchenbewegung in diesen Feldern, die schon in der befruchteten Eizelle zu beobachten sind, werden die Differenzierungen vorangetrieben. Die Gene sind das stabile Substrat, das die Erhaltung der Individualität garantiert.

2. Die naturphilosophische Frage nach dem Beginn menschlichen Lebens

Nach der Definition von Person durch Boethius (480–525) »Persona est rationalis naturae individua substantia«, (Person ist ein individueller Selbstand einer vernunftbegabten Natur), gibt es Probleme, die Individualität und damit das Personsein von eineiigen Zwillingen und Drillingen vor bzw. nach der Teilung zu bestimmen. Diese Schwierigkeiten bestehen selbstverständlich nicht bei Einlingen, zweieiigen Zwillingen, dreieiigen Drillingen etc. Hier hält sich das Individuum ja von Anfang an durch und geht kontinuierlich über in den Embryo und Fetus bis zum Kind bei der Geburt und zum Erwachsenen.

Wie läßt sich der Vorgang der Individuation, die ontologische Identität bei den erwähnten Zwillingen und Drillingen denken, wenn man von der Verschmelzung von Eizelle und Spermium sowohl als dem Beginn der genetischen wie auch der ontologischen Existenz eines menschlichen Individuums ausgeht?

Im Pflanzenreich kann der Gärtner Zweige von einem Strauch abschneiden und Stecklinge daraus machen, die wieder zu einer genetisch identischen, aber neuen individuellen Pflanze heranwachsen. So könnte man es sich auch beim eineiigen Zwilling denken. Eine Person hält sich durch, eine neue kommt hinzu.

Ein zweiter Vorschlag kommt aus der Protozoologie. Ein Einzeller (z. B. eine Amöbe) ist vor der Teilung ein Individuum, so daß dieses Mutter-Individuum aufhört und zwei neue Tochter-Individuen durch die Teilung beginnen. Für die menschliche Zygote bedeutet das: sie ist aktuell ein menschliches Individuum, potentiell aber sind es zwei.

2.1. Das Biogenetische Grundgesetz von Ernst Haeckel

Vor ungefähr einem Jahrhundert hatte Ernst Haeckel (1834–1919) das Biogenetische Grundgesetz aufgestellt. Es behauptete, daß der Mensch in seiner Individualentwicklung noch einmal die ganze Stammesgeschichte auf den werdenden Menschen hin durchlaufe. Die Ontogenese wiederhole im Zeitrafferprinzip die verschiedenen Phasen der Phylogenese. Demnach müßte sich z. B. die menschliche Genstruktur aus den verschiedenen Stadien der Tierarten entwickeln. E. Blechschmidt (1904–1992) konnte dagegen (1980) aufzeigen, daß die Entwicklung des Embryos von Anfang an typisch menschlich ist. Dies betrifft einmal die Genstruktur des Menschen, die mit der Befruchtung von Ei- und Samenzelle gegeben ist. Es gilt auch für die folgende Entwicklung des Embryos, welche gleichermaßen getragen wird von der einmaligen Genstruktur wie von dem individualspezifischen Stoffwechsel.

Mit der Verschmelzung liegt also ein neues, individuell bestimmtes Lebewesen vor. Menschsein ist kein Endresultat der Ontogenese, sondern eine Wirklichkeit schon zu Beginn der Entwicklung.

Biologisch ist heute unbestritten, daß der Keim von Anfang an menschlich ist. Philosophisch läßt sich jedoch fragen, ob dieses werdende Leben auch von Anfang an als personales Geist- und Freiheitswesen betrachtet werden kann.

Die Sonderstellung des Menschen, sein Personsein, hatten wir damit begründet, daß er eine Geistseele und somit Entscheidungsfreiheit besitzt und zur Selbsterkenntnis fähig ist. Ist das Beseelungsgeschehen, d. h. die Geistseele, schon mit der Befruchtung gegeben?

2.2 *Antworten der Tradition*

THOMAS VON AQUIN (1225–1274) unterschied in der Entwicklung des menschlichen Lebens eine vegetativ-lebendige, eine sinnlich-seelische und schließlich eine geistig-personale Phase (S.th. II-II 64,1). Das Beseelungsgeschehen konnte sich für ihn erst in der dritten Phase ereignen, wenn der Organismus die entsprechende Entwicklungsstufe erreicht hat. Er verstand es als einen direkten kreativen Akt Gottes. Mit dieser kreationistischen Auffassung wehrte sich Thomas gegen ein generationistisches Verständnis des Zeugungsaktes (die Seele wird von den Eltern gezeugt).

In der Lehre der Kirche setzte sich jedoch die Meinung von ALBERTUS MAGNUS (1200–1280) durch, der die Geistbeseelung schon im Augenblick der Befruchtung annahm. Er hatte die dreiteilige Wesensform abgelehnt (De animalibus, 1093).

2.3 *Heutige Antwortversuche*

Heute haben wir exakte biologische Daten über die Entwicklungsschritte des Embryos. Die Frage, ab wann der Embryo als geistbegabtes Wesen betrachtet werden kann, das ihm die Würde der Person zukommen läßt, wird unterschiedlich beantwortet. Die verschiedenen Antwortversuche sollen im folgenden überprüft werden.

2.3.1 Eine unzureichende Antwort: Die einmalige Genstruktur als Anfang des Individuums

Durch das Verschmelzen der beiden haploiden Chromosomensätze entsteht eine vollkommen neue, einmalige Genstruktur. Ist mit dieser Genstruktur schon die Individualität gegeben? Gegen eine solche Auffassung steht die Tatsache, daß bei eineiigen Zwillingen eine identische Genstruktur vorliegt. Dennoch sind sie natürlich verschiedene Menschen mit eigenem Willen und eigenem Charakter. Auch der Hinweis auf die passive Funktion der Gene und die aktive Funktion des Stoffwechsels reicht als Begründung für die Entstehung eines geistbegabten Wesens nicht aus. E. Blechschmidt (1985, S. 50) selbst sieht hier die Grenze des naturwissenschaftlichen Befundes.

2.3.2 Die Möglichkeit der Zwillingsbildung gegen Personsein von Anfang an

Gegen das Personsein vom Zeitpunkt der Befruchtung an wird der Einwand einer möglichen Zwillingsbildung bis spätestens zum 12. Tag vorgebracht. Die Wahrscheinlichkeit der eineiigen Zwillingsbildung beträgt 0,2–0,4 % (W. Ruff,

1971a, S. 134). Ein Drittel der Eizellen teilen sich im Zeitraum bis zum Acht-Zellen-Stadium, der größte Teil noch vor der Implantation. Nur wenige Keime teilen sich noch bis zum 12. Tag. Für Blechschmidt (1980, S. 74) beginnt mit der Mehrlingsbildung eine neue Generation. Bedeutet ein solcher »Generationswechsel« innerhalb der Eizelle, daß das erste Individuum abstirbt, um den folgenden Individuen Raum zu geben? Was vom biologischen Standpunkt aus vielleicht noch als sinnvolle Unterscheidung erscheint, ist für die philosophische Betrachtung nicht akzeptabel.

Auch eine Abspaltung eines zweiten Individuums vom ursprünglichen zum Zeitpunkt der Teilung ist philosophisch nicht vorstellbar, handelt es sich beim Individuum doch gerade um eine unteilbare, letzte Einheit.

Drittens könnte man eine Zwillingsbildung als Präformation denken. Schon von Anfang an wäre dann die Bildung von zwei Individuen in der Zelle vorprogrammiert. Es stellt sich jedoch rein biologisch die Frage, ob die Ontogenese des Menschen allein nach einer präformativen Vorgabe abläuft, oder ob von einer epigenetischen Entwicklung gesprochen werden muß.

Gegen das Denkmodell der Präformation kann W. Ruff (1971a, S. 132–134) anführen, daß sich bei eineiigen Zwillingen gerade keine familiäre Häufung (im Gegensatz zu zweieiigen Zwillingen) feststellen läßt. Eine Präformation scheint bezüglich der eineiigen Mehrlingsbildung ausgeschlossen.

Sind wir aufgrund der möglichen Zwillingsbildung gezwungen, erst ab dem 12. Tag von einer Person zu sprechen?

2.3.3 Das Argument der Epigenese

Wie kann man bei einem Embryo, bei dem die Anlage des Gehirns noch nicht grundgelegt ist, von einem personalen Leben sprechen, wenn man bei einem Gehirntod das personale Leben als beendet ansieht, fragt Ruff. Auch hier argumentiert er mit der epigenetischen Entwicklung des Embryos. Nur wenn mit der Befruchtung präformativ alle weiteren Schritte der Entwicklung feststünden und so die Entstehung des Gehirns von Anfang an festgelegt wäre, sei es berechtigt, schon zu Beginn von einem geistbegabten Wesen zu sprechen.

Gegen eine solche präformative Entwicklung führt Ruff (1971a, S. 136) die hohe Keimsterblichkeit ohne äußere Einwirkung (von den befruchteten Eizellen gehen mehr als ein Drittel zugrunde) und das Phänomen der Anenzephalie (= Mißbildung des Embryos: das Gehirn wird nicht ausgebildet) an.

Beide Phänomene lassen eher auf eine epigenetische Entwicklung des Embryos schließen. Dieser epigenetische Prozeß besagt, daß in einer Entwicklung wirklich Neues entsteht und daß sie fehllaufen kann. Dennoch ist der Prozeß keine Aneinanderreihung willkürlich sich ablösender Einzelzustände, sondern auf ein sinnvolles Ganzes ausgerichtet. Das bedeutet, daß die Möglichkeit der

Entwicklung des Gehirns allgemein auch bei einem epigenetischen Prozeß gegeben ist, selbst wenn er im Einzelfall anders ablaufen kann.

Das Phänomen der Epigenese, die nicht notwendig zur Entwicklung des Gehirns führt, hebt Ruff hervor, da er im menschlichen Gehirn die Voraussetzung zur Möglichkeit des Personseins sieht. Den Embryo vor seiner Ausbildung betrachtet er lediglich als mit einem Lebensprinzip begabt. Entsteht mit der Ausbildung des Gehirns ein Wesenswechsel in der Eizelle?

2.3.4 Die Anlage des Gehirns als Voraussetzung für personales Leben

F. Böckle (1978, S. 43) sieht mit dem menschlichen Keim die *Möglichkeit* zu personalem Dasein grundgelegt, die sich allerdings erst mit der Ausbildung des Gehirns realisiert. Böckle hält die Individuation erst ab dem 14. Tag für möglich. Zu diesem Zeitpunkt kann die axiale Differenzierung in der Keimscheibe mit der Bildung des Kopfansatzes angenommen werden.

Wie Böckle sieht auch J. Splett die Sache. Nachdem er 1981 (S. 415) in nicht ganz klarer Weise obendrein auch noch eine weitere Differenzierung bezüglich des 6-Wochen-Termins erwogen hatte, bringt er ihn 1989, S. 41 f. nicht mehr zur Sprache.

2.3.5 Ab wann kann man von einer menschlichen Person sprechen?

Die verschiedenen Abschnitte der Entwicklung, von deren Zeitpunkt an das neue Leben als Person betrachtet wird, sind aufgezeigt. Bei diesen Abschnitten handelt es sich aber nie um absolute Neuanfänge, sondern um Momente innerhalb einer kontinuierlichen Entwicklung.

Gerade bezüglich der Entstehung des Gehirns konnte E. Blechschmidt beweisen, daß es nicht erst von einem bestimmten Augenblick an spezifisch menschlich ist; seine Entwicklung vollzieht sich stetig. Es bleibt schwierig, die Gehirnbildung zu einem bestimmten Zeitpunkt »anzuhalten« und an diesem Zeitpunkt die Selbsttranszendenz des Wesens festzumachen.

Bei dem Einwand der Zwillingsbildung ist zu fragen, welchen Unterschied es macht, am Ende des 12. Tages eine oder zwei Personen vorzufinden. Eineiige Drillinge gibt es offensichtlich nicht. Fest steht, daß die Qualität der Person schon von Anfang an in der wachsenden Zelle grundgelegt ist.

»Menschsein ist Menschsein-im-Werden, und zwar in einem kontinuierlichen Prozeß« (P. Sporken, 1981, S. 113). Aufgrund dieses kontinuierlich ablaufenden Prozesses scheint es überzeugender, von einer menschlichen Person von Anfang an zu sprechen.

2.3.6 Die Nidation als Beginn der ontologischen Existenz

Norman M. Ford (1989, S. 116–131) widerspricht der Auffassung, der Zeitpunkt der Befruchtung sei als Beginn des menschlich-personalen Lebens anzusetzen. Vielmehr sei von einem menschlichen Individuum im ontologischen Sinne ernsthaft erst ab der Nidation zu sprechen. Wesentliche Argumente für seine These sind folgende:

* Die Existenz der eineiigen Zwillinge zeigt, daß genetische und ontologische Identität keineswegs dasselbe bedeuten. Beide Menschen haben, obwohl ontologisch klar getrennt, dasselbe Genom (= Gesamtheit aller Gene eines Organismus) aus der ursprünglich gemeinsamen befruchteten Eizelle.
* das außerembryonale Membrangewebe hat genau dieselbe genetische Zusammensetzung wie der Embryo. Trotzdem käme niemand auf die Idee, dieses Membrangewebe als Menschen zu bezeichnen.
* Die Unterscheidung von Potenz und Akt: Der einfache Chromosomensatz muß zuvor aktualisiert werden, was erst mit dem Zweizellenstadium beginnt. Vorher kann man zwar von einem menschlichen Leben in potentia, nicht aber in actu sprechen.
* Das Argument der Totipotenz der ersten Tochterzellen, das nach Ford ein entscheidendes Kriterium für ontologische Individualität ist. Es besagt, daß die ersten Tochterzellen alle ›totipotent‹ sind, d. h. jede einzelne kann zu allen Zellen mit unterschiedlicher Funktion werden. Jede der Zellen ist zu Anfang also autark und damit im ontologischen Sinne nicht einer übergreifenden Individualität zugehörig: Jede einzelne Zelle ist selbst Individuum. Jede der ersten Tochterzellen reicht in sich als Ursprung für ein neues menschliches Leben aus. Das gilt auf jeden Fall für die ersten drei Teilungen.

Eine normale Körperzelle hingegen ist notwendig an ein größeres Gesamtgefüge gebunden, sie ist abhängig.

Gegen die dargestellten Argumente läßt sich folgendes einwenden:

* Ford beruft sich auf Ergebnisse wissenschaftlicher Forschung. Für diese gilt generell, daß sie überholbar sind. Solange man den Grund für das Entstehen eineiiger Zwillinge nicht kennt, muß man die Möglichkeit offenhalten, daß die Konstitution der Mutterzelle für den Ausgang der Mitose Mitursache ist. Es ist so nicht möglich, bezüglich der Zygoten, die nur *ein* Lebewesen hervorbringen, sich auf die Zwillingsbildung zu berufen, um ihnen ontologisch die menschliche Individualität abzusprechen. Die genetische und ontologische Identität läßt sich wissenschaftlich nicht eindeutig zeitlich trennen, bei aller Notwendigkeit der Unterscheidung dieser Denkkategorien hinsichtlich der Frage des Beginns menschlichen Lebens.
  Erst bei dem wissenschaftlich bewiesenen Gegenteil und damit anderer Faktenlage wäre zu anderen Urteilen zu kommen. Natürlich gilt auch dann der Vorbehalt, daß auch ein solches Ergebnis prinzipiell falsifizierbar ist.

* Es ist eine Tatsache, daß der Mensch sich nicht auf das außerembryonale, sondern nur auf das innerembryonale Gewebe zurückführt. Es dürfte philosophisch somit legitim sein, das innerembryonale Gewebe als Menschen zu bezeichnen, das außerembryonale aber nicht.

* Das Totipotenz-Argument ist nur für die Finalität der einzelnen Zellen brauchbar. Aus der Perspektive der Finalität des Gesamtprozesses erscheint eine Verbindung totipotenter Zellen im gleichen Maße als ontologisch zusammengehörig wie ein aus spezialisierten Zellen bestehendes Lebewesen. Dies ergibt sich einfach aus dem schlichten Grund des Zusammen-Seins dieser Zellen. Der Grund dafür spielt dabei nur eine sekundäre, aber nicht, wie Ford meint, eine primäre Rolle. Eine primäre Rolle könnte er nur spielen, wenn man die aus dem Leben selbst herrührende Finalität als die eigentliche ansehe, wie Ford es auch tut. Dies erscheint aber fraglich, denn die Finalität des Gesamtprozesses speist sich nicht allein aus dem neuen Menschen, auch nicht aus der biologischen Umwelt im Mutterleib; die Existenz dieses Gesamtprozesses gründet nicht in sich selbst, sondern verdankt sich der Intention von zwei anderen Menschen, nämlich der der Eltern.
  Die Potenz der befruchteten Zelle ist folglich nicht mit der Potenz jeder der sogenannten totipotenten Zellen zu vergleichen, sondern nur mit der Potenz des Zellaggregates. Es ist ein ontologisch äußerer Zwischenzustand zwischen zwei innerlich-ontologischen Zuständen anzunehmen. Das Gemeinsame der Zustände darf nicht zugunsten des Unterschiedenen vernachlässigt werden.

Auf jeden Fall zeigt die Zwillingsbildung beim Menschen, daß man unterscheiden muß: die genetische oder biologische Identität einerseits und die philosophische oder ontologische Identität andererseits. Eineiige Zwillinge sind biologisch identisch (= dasselbe Genom), aber niemand wird abstreiten, daß sie zwei Personen sind.

Andererseits besteht kein Grund, nicht anzunehmen, daß zweieiige Zwillinge und dreieiige Drillinge bzw. die Einlinge von Anfang an beseelt und von daher je eine Person sind. Im Sinne des Tutiorismus, zwischen zwei Möglichkeiten bei Fragen nach Leben und Tod die sichere zu wählen, ist gerade wegen aller Unsicherheiten in unseren Antwortversuchen auf die naturphilosophischen Fragen nach dem Beginn des Personseins ein solches von Anfang an anzunehmen, was unser Handeln ethisch leiten muß.

Ein Einwand von Jörg Splett sei noch erwähnt: Er meint (so auch N. M. Ford, 1989, S. 124), daß die befruchtete menschliche Eizelle (= Zygote) mit einer Eichel zu vergleichen sei, und keinem würde einfallen, diese schon eine Eiche zu nennen. Es sei auf den Unterschied zwischen Eichel und befruchteter menschlicher Eizelle hingewiesen. Die Eichel fängt erst dann an, sich zu entwickeln, wenn sie in geeigneten Boden bei günstigen Temperaturen gelangt. Die menschliche Zygote aber beginnt sofort nach der Befruchtung, da sie sich in geeignetem Milieu befindet, sich zu teilen und zu entwickeln.

3. Ethische Schlussfolgerungen aus den naturphilosophischen Überlegungen

Wenn auch im Falle der Zwillingsbildung (eineiig) und auch der Drillingsbildung (eineiig, falls es sie gibt) der Zeitpunkt der Personalisierung sicher erst nach der Teilung in zwei (drei) Individuen angenommen werden kann, sofern man nicht eine der oben angegebenen Überlegungen durchhalten will, so muß man doch von der Möglichkeit ausgehen, daß die Einlinge von Beginn der Befruchtung personal sind. Wenn aber die Gefahr oder die Möglichkeit besteht, daß diese personale Wesen sind, muß man, da es bei Abtreibung um Leben oder Tod geht, dem Tutiorismus folgen. Auch wenn in den naturphilosophischen Fragen eine Grauzone der Erkenntnis besteht, so trifft das doch für das ethische Handeln nicht zu.

Gemäß der Ontogenese vom Ei bis zum fertigen Menschen lassen sich folgende Stadien hinsichtlich des Beginns der ontologischen Existenz unterscheiden, und dementsprechend lassen sich auf der Basis des Tutiorismus-Prinzips ethische Antworten bezüglich der Verhütung von Schwangerschaften entwickeln:

3.1 Verhinderung des Eisprungs

Der Eisprung wird verhindert (frühere Antibabypille). Dann kann man nicht von der Entstehung eines menschlichen Individuums sprechen, weder biologisch noch philosophisch-personal. Hier ist ethisch zu prüfen, ob hinreichende Gründe vorhanden sind, den Eisprung zu verhindern.

3.2 Verhinderung der Befruchtung

Der Eisprung wird nicht zu 100 % verhindert, aber die befruchtungsfähigen Eier werden nicht befruchtet (Kondom, Mikropille, Minipille, neuere Antibabypille; die letztere verhindert durch Versteifung des Zervikalschleims das Hinaufwandern der Spermien und damit die Befruchtung, es wird aber auch die

Einnistung unterbunden: A. W. v. Eiff, 1991, S. 30). Nach R. Ehmann (1990, S. 11) dagegen ist die Verhinderung des Aufstiegs der Spermien durch die neueren Antibabypillen nicht 100 %, so daß es doch selten zur Befruchtung kommt, aber die andere Wirkung der Nidationshemmung bestehen bleibt. Josef Ratzinger und einige Moraltheologen behaupteten undifferenziert, daß die neueren Verhütungsmittel die Nidation verhindern, wobei stillschweigend supponiert wird, das Ei würde grundsätzlich befruchtet. Die geringe Wahrscheinlichkeit einer Befruchtung (R. Ehmann, a.a.O.) darf jedoch nicht verschwiegen werden, wenn an der Notwendigkeit festgehalten wird, daß die Naturwissenschaft und ihre Erkenntnisse als Grundlage für eine naturphilosophische Reflexion dienen, und wenn damit eine auf den heutigen Erkenntnissen beruhende einwandfreie sittliche Beurteilung erreicht werden soll. Nach heutigem Kenntnisstand ist die Begründung des Urteils dieser Kritiker lückenhaft, ihrer letztlichen Beurteilung dieser Verhütungsmittel jedoch zuzustimmen, wie das Folgende verdeutlicht.

3.3 Verhinderung der Nidation

Der Eisprung und die Befruchtung werden nicht verhindert, sondern die Einnistung. Dazu gehören die »Pille danach«, manche Minipillen, die Intrauterinpessare, und ähnliche Mittel. Nach dem Gesetz der Bundesrepublik Deutschland ist diese Art von Geburtenregelung noch keine Abtreibung, da das Gesetz erst ab Einnistung, und zwar 14 Tage nach der Befruchtung, den so entwickelten Embryo als Menschen und zu schützendes Rechtsgut ansieht.

Das einleitend zugrunde gelegte Prinzip des Tutiorismus ist hinsichtlich der ethischen Beurteilung dieser Verhütungsmittel entsprechend anzuwenden: Da die Gefahr besteht oder zumindest die Möglichkeit, daß es sich um einen Einling handelt und somit Individualität (und Personsein) anzunehmen ist, darf man ethischer Verantwortlichkeit zufolge das sich entwickelnde menschliche Wesen nicht an der Weiterentwicklung hindern, indem die Einnistung unmöglich gemacht wird.

3.4 Verhinderung der Weiterentwicklung einer eingenisteten Zygote

Der Eisprung, die Befruchtung und die Einnistung werden nicht verhindert, aber die Weiterentwicklung des eingenisteten Embryos wird abgebrochen: Abtreibung, RU 486. Die Abtreibungspille RU 486 (A. Ulman; G. Teutsch; D. Philibert, 1990) bewirkt entweder, daß die Einnistung verhindert wird, oder daß der

Embryo sich von der Gebärmutter löst, je nach dem Zeitpunkt seiner Anwendung (vgl. zur genaueren Wirkweise Kap. VI,5). Es handelt sich hier um die Tötung eines Menschen auch im philosophischen Sinne, da eine Weiterentwicklung eines bereits existierenden Personseins und einer Individualität verhindert wird.

4. Juristische Aspekte zum Lebensbeginn des Menschen

Im Grundgesetz hat sich unsere Gesellschaft dazu verpflichtet, das Lebensrecht eines jeden Menschen zu schützen. In Art. 2, Abs. 2, S. 1 GG heißt es:»Jeder hat das Recht auf Leben und körperliche Unversehrtheit.« Und Art. 1, Abs. 1 lautet:»Die Würde des Menschen ist unantastbar. Sie zu achten und zu schützen, ist Verpflichtung aller staatlichen Gewalt.«

Das Bundesverfassungsgericht, das die Verfassungsmäßigkeit des 5. Gesetzes zur Reform des Strafrechts vom 18. Juni 1974 verneinte – in diesem Gesetz wurde die sogenannte Fristenregelung festgeschrieben, die einen Schwangerschaftsabbruch vor Ablauf der 12. Woche als nicht strafbar bezeichnete –, hielt diese neue Regelung des Strafrechts als mit dem Grundgesetz nicht vereinbar. Das Gericht verstand unter dem Begriff »jeder« nicht nur den geborenen Menschen, sondern auch das noch nicht geborene, erst sich entwickelnde Leben. Nun stellte sich die Frage, ab wann menschliches Leben beginnt, d. h. ab wann es strafrechtlich ein zu schützendes Rechtsgut ist. Die neue Entscheidung des Bundesverfassungsgerichtes von 1993 hat die Gesetzesnovelle zum § 218 als mit dem Grundgesetz unvereinbar erklärt (J. Röser, 1993). Durch das vom Bundestag und vom Bundesrat verabschiedete neue Gesetz zum § 218 sollte das unterschiedliche Recht in den alten und neuen Bundesländern vereinheitlicht werden. Das Gesetz sah eine Fristenlösung bis zum dritten Monat mit Beratungspflicht vor.

Das Bundesverfassungsgericht hat den Beginn des menschlichen Lebens 1974 wie folgt definiert: »Leben im Sinne der geschichtlichen Existenz eines menschlichen Individuums besteht nach gesicherter biologisch-physiologischer Erkenntnis jedenfalls vom 14. Tag nach der Empfängnis (Nidation, Individuation) an.« (H. Kiefner, 1980, S. 92/93) Nidation wird mit Individuation gleichgesetzt. Die Nidation ist aber eigentlich, wie oben erklärt, schon mit dem 12. Tag abgeschlossen.

Von medizinischer Seite aus wurde der Prozeß der Individuation nicht mit der Nidation begründet, sondern mit der Bildung des Kopfansatzes in der Embryoanlage am 14. Tage nach der Empfängnis. Aus Gründen der Praktikabilität schlugen Experten nun vor, nicht die Ausbildung des Kopfansatzes, sondern die Nidation als Beginn des Individuums anzusetzen.

Da die Ausbildung des Kopfansatzes klinisch nicht feststellbar ist, wohl aber die hormonale Rückwirkung der Nidation, definierte das Bundesverfassungsgericht, weil beide Entwicklungen zeitlich beieinanderliegen, die Nidation als Beginn der Individualentwicklung.

Das Vorgehen des Bundesverfassungsgerichts zeigt noch einmal, wie schwer es ist, in einer kontinuierlichen Entwicklung Abschnitte qualitativ zu unterscheiden (geschichtliche Existenz!). Mit Recht fragt Kiefner, wie überzeugend eine Rechtsdefinition sein kann, die sich nach einer Konvention eines Fachbereichs richtet, die sich im Laufe der Jahre ändert. Nach dem bis heute geltenden § 219 d StGB gilt: »Handlungen, deren Wirkung vor Abschluß der Einnistung des befruchteten Eies in der Gebärmutter eintritt, gelten nicht als Schwangerschaftsabbruch im Sinne des Gesetzes.«

Noch vor 30 Jahren wurde übereinstimmend die Befruchtung als Beginn menschlichen Lebens betrachtet. Wäre es da nicht hilfreicher, die Kontinuität des Lebensprozesses zu betonen, der mit der Befruchtung beginnt? (H. Kiefner, 1980, S. 96).

Interessant ist in diesem Zusammenhang, daß nach dem Embryonenschutzgesetz § 8 der Beginn menschlichen Lebens schon von der Kernverschmelzung an festgesetzt ist: »Als Embryo im Sinne dieses Gesetzes gilt bereits die befruchtete, entwicklungsfähige Eizelle vom Zeitpunkt der Kernverschmelzung an, ...« (R. Keller, H-L. Günther, P. Kaiser, 1992).

Literatur

Albertus Magnus, Opera omnia (ed. P. Hessfeld). Münster: Aschendorff, 1987.

Bandlow, E., Philosophische Aspekte in der Entwicklungsphysiologie der Tiere. Jena: Fischer, 1970.

Becker, R., Die Entstehung des Lebens. Gesundheit durch Aufklärung Bd 10. Eine Gemeinschaftsaktion der Apotheker. Wort und Bild, 1983.

Beller, F. K., Ethische Probleme am Beginn des Lebens. In: H. Seebaß (Hrsg.), Entstehung des Lebens. Studium generale WS 1979/80. Münster: Aschendorff, 1980, S. 33–46.

Blechschmidt, E., Vom Ei zum Embryo. Die Gestaltungskraft des menschlichen Keims. Reinbek: Rowohlt, 1970.

Blechschmidt, E., Mensch von Anfang an: Arzt und Christ 21 (1975), H. 1, 1–4.

Blechschmidt, E., Wie beginnt das menschliche Leben? Stein: Christiana, [4]1976.

Blechschmidt, E., Anatomie und Ontogenese des Menschen. Heidelberg: Quelle & Meyer, 1978.

Blechschmidt, E., Der Irrtum Haeckels. Ohne Individualität keine Entwicklung: Paderborner Studien 1980, 1/2, 69–74.

Blechschmidt, E., Die Leistungsfähigkeit des Menschen vor der Geburt. In: H. Huber; O. Schatz (Hrsg.), Glaube und Wissen. Wien, Freiburg: Herder, 1980a, S. 210–225.

Blechschmidt, E., Der Mensch als Individuum von Anfang an. In: Ein neues Bewußtsein vom Wert des Lebens. Handreichung für die Bildungsarbeit. Hrsg. Sekretariat der Dt. Bischofskonferenz. Bonn, 1982, S. 29–34.

Blechschmidt, E., Die Erhaltung der Individualität. Fakten zur Human-Embryologie. Neuhausen-Stuttgart: Hänssler, [2]1985.

Böckle, F., Um den Beginn des Lebens: Arzt und Christ 14 (1968), 65.

Böckle, F., Der Beginn der konkreten geschichtlichen Existenz des einzelnen Menschen. In: Handbuch d. Christlichen Ethik. Bd. 2. Freiburg, Basel: Herder, 1978, 36–45.

Brennicke, A., Was Männer – nun wirklich? – zu Männern macht: Spektrum der Wissenschaft 11/1990, 33–34.

Coreth, E., Das ungeborene Kind als Person: Arzt und Christ 27 (1981), 76–80.

Coughlan, M. J., The Vatican, the Law and the Human Embryo. Iowa City: University of Iowa Press, 1990.

Cyran, W., Verantwortete Elternschaft. Kritische Anmerkungen zur Enzyklika »Humanae vitae«. Frankfurt/M.: Knecht, 1981.

Döring, G. K., Empfängnisverhütung. Klinik der Frauenheilkunde. Ein Handbuch für die Praxis. 35. Ergänzungslieferung, Juli 1983.

Döring, G. K., Empfängnisverhütung. Stuttgart, New York: Thieme, [10]1986.

Dulitz, B.; Kattmann, U., Bioethik. Fallstudien für den Unterricht. Stuttgart: Metzlersche Verlagsbuchhandlung, 1990.

Edelmann, C., Die ersten Lebenstage. Düsseldorf: GEO-Vlg., 1975.

Ehmann, R., Probleme der Geburtenregelung. Internationaler Kongreß der World Federation of Doctors who respect Human Life in Dresden vom 20.– 23. 9. 1990.

Eiff, A. W. v. (Hrsg), Verantwortung für das menschliche Leben. Die Zeugung des Lebens, das ungeborene Leben, das verlöschende Leben. Düsseldorf: Patmos, 1991.

Eiff, A. W. v., Empfängnisverhütung als wirksame Vorbeugung gegen Abtreibung. In: Ders. (Hrsg.), Verantwortung für das menschliche Leben. Düsseldorf: Patmos, 1991, S. 10–32.

Entwicklung und Gene. Mit einer Einführung von W. J. Gehring. Heidelberg, Berlin: Spektrum Akademischer Verlag, 1992.

Ernst, S., Die Unverfügbarkeit des menschlichen Lebens: Pädagogik und freie Schule. Heft 36. Köln; Adamas, 1988.

Faller, A., Zur menschlichen Frühentwicklung nebst einigen daraus sich ergebenden Folgerungen: Arzt und Christ 22 (1976), Heft 2, 77–86.

Faller, A., Der Beginn menschlichen Lebens und seiner Individualität: Arzt und Christ 27 (1981), Heft 2, 73–75.

Ferner, H., Entwicklungsgeschichte des Menschen. München: Reinhardt, [11]1970.

Feustel, R., Abstammungsgeschichte des Menschen. Wiesbaden: Aula, 1986.

Fioroni, P., Allgemeine und vergleichende Embryologie der Tiere. Berlin, Heidelberg: Springer, 1992.

Ford, N. M., When did I begin? Conception of the human individual in history, philosophy and science. Cambridge, Melbourne: Cambridge University Press, 1991.

Frank, P.; Raith, E., Natürliche Familienplanung. Berlin, Heidelberg: Springer, 1985.

Gowlett, J. A. J.; Harris, J. W. K.; Walton, D.; Wood, B. A., Early archeological sites, hominid remains and traces of fire from Chesowanja, Kenya: Nature 294 (1981), 125–129.

Hinrichsen, K., Embryologische Aspekte eines Schwangerschaftsabbruches: Theol. prakt. Quartalschrift (Linz) 120 (1972), 224–230.

Hoefer, I., Was Männer zu Männern macht: Spektrum der Wissenschaft 3/1988, 24.

Huber, J., Fragen der Kontrazeption. Stuttgart: Enke, 1988.

Inciarte, F., Die Seele aus begriffsanalytischer Sicht. In: H. Seebaß (Hrsg.), Entstehung des Lebens. Studium generale WS 1979/80. Münster: Aschendorff, 1980, S. 47–70.

Keller, R.; Günther, H-L.; Kaiser, P., Embryonenschutzgesetz. Kommentar zum Embryonenschutzgesetz. Stuttgart, Berlin: Kohlhammer, 1992.

Kiefner, H., Beginn des Lebens – ein Tatbestand des Rechts? In: H. Seebaß (Hrsg.), Entstehung des Lebens. Münster: Aschendorff, 1980, S. 83–104.

Lejeune, J., Über den Beginn des menschlichen Lebens: Deutsches Ärzteblatt 75 (1974), Heft 4, 209–212.

Lejeune, J., Wann beginnt das Leben des Menschen?: Arzt und Christ 27 (1981), Heft 2, 104–112.

Life Educational Reprint 27: Life before birth. Photographed by L. Nilson. Reprint from LIFE, 30. 4. 1965. Time-Life-Education.

Marquard, O.; Staudinger, H. (Hrsg.), Anfang und Ende des menschlichen Lebens. Medizinethische Probleme. Paderborn: Schöningh, 1987.

Mitterer, A., Die Zeugung der Organismen, insbesondere des Menschen, nach dem Weltbild des hl. Thomas von Aquin und dem der Gegenwart. Wien: Herder, 1947.

Mitterer, A., Die Beseelung des menschlichen Embryos nach dem Weltbild des hl. Thomas und der Gegenwart: Arzt und Christ 3 (1957), 15.

Moore, K. L., Embryologie. Lehrbuch und Atlas der Entwicklungsgeschichte des Menschen. Stuttgart: Schattauer, [3]1990.

Nilsson, L., Unser Körper neu gesehen. Freiburg: Herder, [4]1976.

Nilsson, L., Ein Kind entsteht. München: Mosaik, 1977.

Plesse, W., Philosophische Probleme der ontogenetischen Entwicklung. Jena: Fischer, 1967.

Röser, J., Menschenrecht Gewissen. Nach dem Abtreibungs-Urteil des Bundesverfassungsgerichts: Christ in der Gegenwart 45 (1993), 195–196.

Ruff, W., Das embryonale Werden des Individuums: Stimmen der Zeit 181 (1968), 107–119; 329–337.

Ruff, W., Individualität und Personalität im embryonalen Werden: Theologie und Philosophie 45 (1971), 24–59.

Ruff, W., Die Menschwerdung menschlichen Lebens: Arzt und Christ 17 (1971a), Heft 3–4, 129–138.

Schmidt-Gollwitzer, M. & K., Schwangerschaftsabbruch. In: K.-H. Wulf; H. Schmidt-Matthiesen, Klinik der Frauenheilkunde und Geburtshilfe, Bd. 3, Reproduktion. Störungen in der Frühgravität (hrsgg. von D. Krebs). München, Wien: Urban & Schwarzenberg, 1985, S. 161–220.

Schmitz, P., Moraltheologische Aspekte: Wert des Lebens und Tötungsverbot. In: Ein neues Bewußtsein vom Wert des Lebens. Handreichung für die Bildungsarbeit. Hrsg. Sekretariat der Dt. Bischofskonferenz. Bonn, 1982, S. 9–17.

SCHREIBER, H., Der Mensch. Eine phantastische Reise durch den Kosmos in uns. Hamburg: GEO im Vlg. Gruner + Jahr, 1987.

SCHUMACHER, G. H., Embryonale Entwicklung des Menschen. Stuttgart: Fischer, ^{2}1974.

SEEBASS, H. (Hrsg.), Entstehung des Lebens. Studium generale WS 1979/80. Münster: Aschendorff, 1980.

SEKRETARIAT D. DEUTSCHEN BISCHOFSKONFERENZ (Hrsg.), Ein neues Bewußtsein vom Wert des Lebens. Handreichung für die Bildungsarbeit. Bonn, 1982.

SPLETT, J., Wann beginnt der Mensch – Philosophische Überlegungen zum Lebensanfang: Theologie und Philosophie 56 (1981), 407–419.

SPLETT, J., Wann beginnt der Mensch – und welche Verpflichtungen haben wir ihm gegenüber. In: Kinder aus der Retorte? Fortpflanzung beim Menschen. Hrsg.: Familienbund der Deutschen Katholiken. Bonn, 1989, 35–55.

SPORKEN, P., Der Beginn des menschlichen Lebens. In: Ders., Die Sorge um den kranken Menschen. Grundlagen einer neuen medizinischen Ethik. Aschaffenburg: Patmos, ^{2}1981, 110–118.

STARCK, D., Embryologie. Ein Lehrbuch auf allgemein biologischer Grundlage. Stuttgart: Thieme, ^{3}1975.

TAUBERT, H.-D.; KUHL, H., Kontrazeption mit Hormonen. Ein Leitfaden für die Praxis. Stuttgart: Thieme, 1981.

THEILE-SCHLÜTER, R., Das ungeborene Kind. Reinbek: Rowohlt, 1975.

THOMAS V. AQUIN, SUMMA THEOLOGICA (Hrsg. Kathol. Akademikerverband). Salzburg, Leipzig: Pustet, 1934.

TOELLNER, R., Die Frage nach Beginn und Ende des Menschenlebens in der Medizin gestern und heute. In: H. Seebaß (Hrsg.), Entstehung des Lebens. Studium generale WS 1979/80. Münster: Aschendorff, 1980, S. 19–31.

ULMAN, A.; TEUTSCH, G.; PHILOBERT, D., RU 486: die Abtreibungspille: Spektrum der Wissenschaft 8/1990, 46–53.

VIEFHUES, L., Modelle zur Rechtfertigung des Schwangerschaftsabbruchs. Ein Überblick über gängige Argumente mit und gegen Thesen von Peter Singer: Goltdammer's Archiv für Strafrecht 138 (1991), 455–466.

VIEFHUES, L., Lebensrecht und Überlebensinteresse. Darstellung und Kritik einiger Thesen von Norbert Hoerster: Theologie und Philosophie 68 (1993), 89–94.

WOLBERT, W., Wann ist der Mensch ein Mensch? Zur Frage nach Beginn und Ende personalen Lebens. In: Moraltheologisches Jahrbuch 1. Bioethische Probleme. Hrsg. V. Eid, A. Elsässer, G. W. Hunold. Mainz: Grünewald, 1989, S. 15–33.

WOOD, B., Origin and evolution of the genus Homo: Nature 355 (1992), 783–790.

ZIMMER, K., Das Leben vor dem Leben: ZEITmagazin Nr. 48 (25. 11. 1983), S. 26–32. 36–43.

ZIMMER, K., Das Leben vor der Geburt. Die seelische und körperliche Entwicklung des Kindes im Mutterleib. München: Kösel, 1984.

KAPITEL IX

Prägungserscheinungen in der Jugendzeit

1. Problemstellung

Man hat beobachtet, daß es bei vielen Tieren und offensichtlich auch beim Menschen gewisse Zeitabschnitte der individuellen Entwicklung gibt, in denen bestimmte Lernerfahrungen bevorzugt oder sogar ausschließlich gemacht werden; außerhalb dieser Zeitabschnitte spielt das gleiche Ausmaß an Erfahrung nur eine geringe oder gar keine Rolle mehr (sogenanntes »biologisches Phasenkonzept«). Inwieweit sind die Phänomene der Prägung bei Mensch und Tier gleich, oder worin unterscheiden sie sich voneinander? Welche Bedeutung haben sie für die Persönlichkeitsbildung des Menschen?

2. Problemgeschichte

Das Phänomen der Prägung ist bereits bei den Griechen beobachtet worden (E. H. Hess, 1975, S. 95–99). 27 v. Chr. beschrieb z. B. Plinius d. Ä. eine Gans, die seinem Freund Lacydes treu folgte. Der Mönch Cuthbert (635–687) machte wilde Eiderenten zu Haustieren, indem er Entenküken auf sich prägte. Thomas Morus (1480–1535) stellt in seinem Buch Utopia (1516) das Phänomen der Prägung bei künstlich erbrüteten Küken dar. Der englische Naturforscher Douglas A. Spalding (1840–1877) beschrieb 1873 den Vorgang der Prägung, ohne ihn als Lernprozeß erkannt zu haben. Spalding wollte instinktive Bewegungskoordinationen an Hühnerküken nachweisen. Er beobachtete, daß die Küken ihm nachfolgten, wenn sie im Verlauf von zehn Tagen nach dem Schlüpfen keine Glucke rufen hörten. Innerhalb der ersten drei Tage schlossen sie sich bereits dem Menschen an. Der deutsche Zoologe Oskar Heinroth (1871–1945) »entdeckte« erneut das Phänomen der Prägung und deutete es 1910 richtig. Er beschrieb das Nachfolgeverhalten im Brutschrank geschlüpfter Graugansküken. Doch erst Konrad Lorenz brachte 1935 den Begriff der »Prägung« (in Anlehnung an den von Heinroth verwendeten Begriff »Einprägung«, engl. imprinting) in die wissenschaftliche Forschung ein. Lorenz fand Prägungsvorgänge bei sogenannten »objektlos angeborenen« Verhaltensweisen; dabei handelt es sich um Bewegungen, deren Ablauf im Erbgut weitgehend vorprogrammiert ist, die Kenntnis des Objektes aber, auf das sie gerichtet werden, individuell erworben bzw. gelernt werden muß. Nach Lorenz ist Prägung ein Lernvorgang, der

a) in einer *sensiblen* Phase stattfindet und
b) dessen Ergebnis irreversibel ist.

Zu a): Prägungsvorgänge sind nur während eines ganz bestimmten, meist sehr frühen und eng umgrenzten Zeitabschnittes möglich; diesen Zeitabschnitt nennt man »sensible Phase« (in der älteren Literatur oft: »kritische Periode«).

Zu b): Erfahrungen außerhalb dieser Zeit sind ohne prägenden Einfluß. Eine während der sensiblen Phase erworbene Objektkenntnis aber kann später nicht mehr verändert werden (d. h. sie ist irreversibel).

Diese beiden Haupteigenschaften von Prägungsvorgängen sind in der experimentellen Analyse von Tierversuchen zugänglich. Bei diesen Versuchen stellte sich heraus, daß der Zeitabschnitt der sensiblen Phase artspezifisch ist und innerhalb einer Art sogar objektspezifisch (d. h. die zeitliche Lage der sensiblen Phase differiert, je nachdem, um welchen konkreten Prägungsvorgang es sich handelt). Dabei ist zu beachten, »daß durch Prägungsvorgänge stets nur die *Bevorzugung* eines bestimmten Objektes festgelegt wird; bei dessen Fehlen aber kann die betreffende Verhaltensweise selbstverständlich auch auf ein anderes Objekt gerichtet werden. Derartige ›Handlungen am Ersatzobjekt‹ sind auch aus anderen Verhaltensbereichen bekannt und stellen keine Besonderheit prägungsbedingter Objektfixierung dar.« (K. Immelmann, K. E. Grossmann, 1981, S. 137).

Auch das Ergebnis eines Prägungsvorgangs ist nicht von Anfang an irreversibel; vielmehr gibt es eine Zeitspanne, in der die Prägungserfahrung zwar bereits stattgefunden hat, deren Ergebnis aber dennoch durch andere Erfahrungen modifiziert oder völlig überdeckt werden kann. Besonders bezüglich der menschlichen Entwicklung ist festzuhalten, daß Beginn und Ende sensibler Phasen keine fixen, sondern umweltabhängige Werte sind und daß es innerhalb der sensiblen Phase selbst wiederum Abschnitte erhöhter Sensibilität gibt, die eine Prägung besonders rasch und leicht ermöglichen.

Bei Tierversuchen wurde bezüglich der Überdeckung von früheren Präferenzen durch spätere gefunden: »Je älter das Tier wird, desto mehr Erfahrung ist nötig, um eine in frühester Kindheit erfolgte Prägung nachträglich zu überdecken … Das zeigt, daß die sensible Phase eben nicht abrupt abbricht, sondern daß die Sensibilität gegenüber neuen sozialen Eindrücken ganz allmählich abnimmt … « (a.a.O., S. 139). Es gibt jedoch einen je nach Tier und Prägungsart unterschiedlich gelagerten Zeitpunkt, an dem eine völlige Irreversibilität einsetzt, so daß von diesem Zeitpunkt an selbst unter größtem ›sozialen Aufwand‹ eine Modifikation oder Löschung der erfolgten Prägung unmöglich ist.

Ein *weiteres Charakteristikum* der Prägung ist auf den sexuellen Bereich bezogen: In allen bislang unternommenen Versuchen stellte sich heraus, daß die sensible Phase für die sexuelle Prägung vor Einsetzen der Geschlechtsreife bereits abgeschlossen ist.

Die Komplexität der als »Prägung« bezeichneten Phänomene läßt nur schwerlich eine genaue Definition dieser Vorgänge zu. Charakteristisch für alle diese Phänomene ist lediglich das Vorhandensein bevorzugter Lernphasen; deren Lage, Dauer und auch die Art des Lernvorgangs sind jedoch unterschiedlich. Nach Immelmann ist es sinnvoll, immer dann von Prägung zu sprechen, wenn ein »bestimmtes Ausmaß an Erfahrung in einem bestimmten Lebensabschnitt zu einem dauerhafteren Verhalten führt als das gleiche oder ein größeres Ausmaß an Erfahrungen zu einem anderen Zeitpunkt« (a.a.O., S. 140).

Zwischen Ethologen und Humanpsychologen ist die Frage, ob und inwieweit die im Tierexperiment gewonnenen Erkenntnisse auf den Menschen übertragbar sind, bislang ungeklärt. Die folgende Darstellung will versuchen, an Einzelbeispielen die Möglichkeiten und Grenzen der Übertragbarkeit aufzuweisen. Dabei soll der Hauptakzent auf den beiden Bereichen liegen, in denen die Prägungserscheinungen am besten erforscht sind: die Eltern-Kind- und die sexuellen Beziehungen.

3. Die Mutter-Kind-Beziehung

3.1 Nachlaufprägung beim Tier

Die Nachlaufprägung wurde von K. Lorenz bei den Nestflüchtern untersucht; als Nestflüchter bezeichnet man Vogelgruppen (Enten, Gänse, Hühnervögel usw.), deren Junge mit voll entwickelten Sinnesorganen schlüpfen und sofort in der Lage sind, der Mutter bzw. den Eltern zu folgen. Nesthocker hingegen sind die Jungen, deren Sinnesorgane bei der Geburt noch nicht voll entwickelt sind, die deshalb auch nicht in der Lage sind, den Eltern sofort nachzufolgen. Dazu gehören die meisten Singvögel, Kaninchen, Mäuse, Ratten usw.

Die Nestflüchter besitzen vielfach keine oder eine nur sehr unvollständige angeborene Kenntnis der erwachsenen Artgenossen. Sie folgen daher zunächst jedem sich bewegenden Gegenstand, prägen sich dessen Merkmale rasch ein und beschränken ihre Nachfolgeaktionen anschließend nur noch auf dieses eine Objekt. Unter natürlichen Verhältnissen ist das erste sich bewegende Objekt, das die Küken zu sehen bekommen, ein Elternteil. Unter experimentellen Bedingungen kann dieses erste Objekt ein Mensch, eine andere Vogelart oder eine künstlich bewegte Attrappe sein. Für die Stockente ist die sensible Phase nach 28 Stunden beendet; am erfolgreichsten ist die Prägung zwischen der 12. und der 17. Stunde nach dem Schlüpfen aus dem Ei; der Prägungsvorgang ist in 8 Minuten abgeschlossen (E. H. Hess, 1964, 1967, 1975).

3.2 *»Nachlaufprägung« beim Menschen*

In der Psychopathologie gewonnene Erfahrungen haben bestätigt, daß es auch beim Menschen prägungsähnliche Vorgänge gibt. Adoptiv- und Pflegekinder, die erst nach dem Säuglingsalter aus Heimen in Familien übersiedeln, zeigen im Grundschulalter und in der Pubertät oft große Schwierigkeiten bezüglich verantwortlicher Bindung (J. Bowlby, 1975, 1976), rücksichtsvollen Taktes und genauer Konzentration. Ihre Gemeinschaftsfähigkeit ist oft erheblich herabgesetzt; darüber hinaus konnten auch physische Störungen festgestellt werden. Nach einer Untersuchung des amerikanischen Kinderarztes und Psychiaters René Spitz (1969) zeigten alle zweijährigen Kinder, die in einem optimal geführten Heim aufwuchsen, sowohl psychische als auch physische Symptome des Hospitalismus. Darunter versteht man das Deprivationssyndrom (deprivare = entziehen, berauben) beim Menschen, als die Folgen des totalen Entzugs affektiver Zufuhr von der Geburt an. Natürlich vorgesehen ist in dieser Zeit nach der Geburt die Prägung des Säuglings durch die Mutter, die kindliche Erfahrung von Geborgenheit und Zuwendung durch eine Bezugsperson. Ein partieller Entzug, bei dem anfangs eine gute Mutter-Kind-Beziehung bestanden hat, die dann aber z. B. durch den Tod der Mutter abgebrochen wurde, führt nicht zum Hospitalismus, sondern zur anaklytischen Depression.

Genauso wie Tiere, die sich in analoger Situation, d. h. infolge des totalen Entzugs dauerhaft als unruhig, aggressiv, apathisch, paarungsunfähig etc. erweisen, versucht auch der Mensch, wenn er direkt nach der Geburt getrennt (J. Bowlby, 1976) von der Mutter in einem Heim (daher das Wort »Hospitalismus«) leben mußte, die Spannung, die durch das Fehlen der »natürlichen Situation« (nicht eine, sondern mehrere Bezugspersonen) hervorgerufen wird, durch Selbstbeschwichtigung zu entlasten. Das Kind entwickelt dann häufig eine »iactatio capitis« (= Hin- und Herwerfen des Kopfes, u. U. einschließlich des Rumpfes). Dieses Verhalten setzt vornehmlich dann ein, wenn die Kinder schlafen gelegt werden; in Fällen schwerer Spannung kann es aber auch am Tage aus der Sitzhaltung heraus geschehen, indem sich der Oberkörper vor- und zurückwiegt, oder auch im Stehen durch ein Wiegen von einem Bein auf das andere. Es gibt auch Heimkinder, die Locken drehen, sich Haare ausreißen und sie gar essen, an den Fingernägeln kauen, lecken, am Körper kratzen oder an den Genitalien manipulieren. Vom dritten Monat an treten häufig Anfälligkeiten für

Infektionen und Erkrankungen aller Art auf (R. A. Spitz, 1969). Weitere Folgen können sein die mangelnde bzw. fehlende Bereitschaft zum Erkunden und zum Spielen: Denn nur wo durch Beziehung die Grundangst bewältigt und das Urvertrauen geweckt wurde, ist das Kind auch bereit und in der Lage, die Mimik des menschlichen Gesichtes der Mutter oder Bezugsperson und deren Mund beim Sprechen zu beobachten. Somit fehlen Heimkindern bisweilen die »emotionalen Voraussetzungen für das Aufnehmenkönnen entwicklungsnotwendiger Information« (B. Hassenstein, 1987, S. 174). Dies kann z. B. verzögertes Eintreten der Schulreife zur Folge haben.

Historisch ist der Fall von Kaspar Hauser (geb. 1812) besonders bekannt geworden, eines Mannes, der 1828 in Nürnberg völlig verwahrlost auftauchte, weitgehend zum Gehen und teilweise auch zum Sprechen kaum fähig. Er führte einen Brief mit sich, worin stand, er habe als Findling 16 Jahre lang in einem dunklen Kerker zugebracht. Über Ursache und Urheber dieser Dunkelhaft rätseln seither Gelehrte und Dichter (A. v. Artin, 1983). Kaspar Hauser starb (bzw. wurde ermordet) am 17. 12. 1833 in Ansbach. 1974 wurde von Werner Herzog ein Film über Kaspar Hauser gedreht: »Jeder für sich und Gott gegen alle«.

Heute nimmt allerdings die Zahl solcher Deprivationssyndrome auch bei sogenannten Familienkindern außerordentlich stark zu, und zwar in dem Maße, in dem die Mütter nicht bei ihren Säuglingen bleiben, sie nicht stillen und ihre Motorik, ihren Erkundungsdrang und ihre schöpferischen Selbständigkeitsbestrebungen durch verwöhnende Ersatzpräparate und Überreizung behindern.

Dies alles weitet sich leider schnell zu einer Generationsneurose aus: Harlows Beobachtungen (H. F. Harlow und M. K. Harlow, 1962, 1965), daß sogenannte Kaspar-Hauser-Affen später in ihrer Aufgabe als Mütter versagen, finden ihre Parallele in der Humanpsychologie: Mütter, die in Heimen aufwuchsen, bringen für ihre kleinen Kinder in ihren ersten Lebensjahren viel schwerer die notwendigen Opfer, vernachlässigen sie oder geben sie ihrerseits in ein Heim. So kann man P. Matusseks (1979) Zeitdiagnose verstehen: »Vor einem halben Jahrhundert wurden bei psychischen Störungen in den Krankengeschichten für das Drama der frühkindlichen Entwicklung oft Armut, die äußeren Verhältnisse, große Anzahl der Kinder, Überarbeitung des Vaters oder Krankheit der Mutter verantwortlich gemacht, also die äußeren, kaum vom einzelnen verschuldeten Schicksale. Die heutigen Krankengeschichten weisen demgegenüber ganz andere Bedrohungen der frühkindlichen Entwicklung auf: Gleichgültigkeit der Eltern untereinander, Nebeneinander-Herleben, Ausschauhalten nach Bequemlichkeit und Lust, Trennung und Scheidung, Prestige und Ansehen sowie eine Gefühlssklerose den eigenen Kindern gegenüber, die statt mit Gemüt und Gefühl mit Geschenken für den Lebenskampf gerüstet werden.«

Die Zeit der sozialen Prägung liegt zwischen dem 3. und dem 18. Monat; nach Klaus Immelmann und Christa Meves (1974) beträgt die sensible Phase nur etwa 4 Monate. Bei ständig wechselnden Bezugspersonen wird die Sozialisationsfähigkeit deutlich herabgesetzt. Das Kind bindet sich in dieser Phase an die Person, die es betreut. Dadurch wird das Urvertrauen grundgelegt. Wird diese Phase verpaßt oder ist ein Überangebot an Bezugspersonen vorhanden, wird damit ein nachhaltiges und nur schwer zu therapierendes Fehlverhalten der Kinder herbeigeführt.

Im Gegensatz zur Ente, bei der die Fähigkeit des Erkennens ihres Nachfolgeobjektes während weniger Stunden kurz nach dem Schlüpfen erworben wird, muß beim Säugling der Vorgang des »Kennenlernens« in den Prägungswochen mehrfach wiederholt werden. Infolgedessen ist die Prägung beim Menschen nicht so starr und auch nicht sofort irreversibel, unterliegt gerade so aber auch vielen zusätzlichen Störungsmöglichkeiten.

4. Die sexuelle Prägung

4.1 Sexuelle Prägung bei Tieren

Zahlreiche Versuche mit verschiedenen Vogelarten haben ergeben, daß viele Balzbewegungen erfahrungsunabhängig sind, d. h. sie laufen auch bei jenen Individuen artgemäß ab, die aufgrund unnatürlicher Umstände (z. B. im Experiment) niemals über entsprechende Lernmöglichkeiten verfügten; wie aber der artgleiche Geschlechtspartner aussieht, sich bewegt etc., ist hingegen ohne entsprechende Erfahrung nicht oder nur sehr unvollständig bekannt.

Läßt man Jungvögel einer Vogelart im Experiment von einer anderen Art aufziehen, so verpaaren sich die Tiere später bei freier Auswahl vorzugsweise mit Angehörigen der Stiefart und lehnen Artgenossen fast völlig ab. Handaufgezogene Vögel balzen sogar ihren Pfleger an. Die sexuelle Prägung ist im Gegensatz zur Nachlaufprägung nicht auf die Nestflüchter beschränkt. Die Zeiten der Prägung sind von Art zu Art verschieden; bei der Stockente findet die sexuelle Prägung im Alter von 5 bis 19 Tagen statt. Nach Ende der sensiblen Phase können die Tiere nicht mehr »umlernen« und sich kein anderes Bild des späteren Geschlechtspartners mehr einprägen.

4.2 *Sexuelle Prägung beim Menschen*

Da sich ein Experimentieren beim Menschen aus ethischen Gründen verbietet und daher eine systematische Erforschung der sexuellen Prägung nicht möglich ist, können nur Zufallsbeschreibungen oder Beschreibungen zahlreicher Einzelfälle gegeben werden.

Nach Ansicht einiger Autoren sprechen Beobachtungen bei Homosexuellen dafür, daß auch beim Menschen Prägungsvorgänge sexueller Art stattfinden. Als ersten vorbereitenden Schritt zur Homosexualität nimmt man die Hemmung und Verdrängung der allgemeinen Gefühlsbezogenheit zum anderen Geschlecht an. (Beispiel: Ein kleiner Junge lernt wegen einer Erfahrung mit einer harten und überfordernden Mutter das weibliche Geschlecht fürchten.) Ein zweiter Schritt ist die Hemmung und Verdrängung der gegengeschlechtlich gerichteten Sexualimpulse. (Beispiel: Die ersten sexuellen Impulse oder Sexualhandlungen mit dem gegengeschlechtlichen Partner werden hart bestraft.) Die auftretenden sexuellen Impulse knüpfen sich dabei allmählich dauerhaft an vertraute und liebenswerte gleichgeschlechtliche Partner. Auch Vorerlebnisse sexueller Verführung können eine Rolle spielen.

Ausfallserscheinungen in den Beziehungen zu den Eltern legen es nahe, daß in Analogie zu den Tierversuchen auch beim Menschen im Alter zwischen 4 und 7 Jahren eine sexuelle Prägung auf den gegengeschlechtlichen und gleichgeschlechtlichen Elternteil stattfindet. Dabei wird auf den Elternteil aber nicht als Individuum, sondern als Typus geprägt. Ist die Beziehung zum gegengeschlechtlichen Elternteil normal, so wird später auch leichter eine normale Beziehung zum Liebespartner aufgebaut. Ist die Beziehung gestört, entstehen leicht Schwierigkeiten in der Beziehung zum gegengeschlechtlichen Partner. Dasselbe trifft zu für die Beziehung zum gleichgeschlechtlichen Elternteil.

Von dieser sexuellen Prägung auf den Typus Frau oder den Typus Mann ist scharf zu unterscheiden, was Freud und die Psychoanalytiker als den *Ödipus-Komplex* bezeichnen. Als ödipale Phase bezeichnen die Psychoanalytiker einen Entwicklungsabschnitt, der etwa im Alter von fünf Jahren liegt, also innerhalb der vorhin beschriebenen sexuellen Prägungszeit. Bei Freud handelt es sich jedoch im Unterschied zur sexuellen Prägung um eine *individuelle* Prägung auf diesen Elternteil, während es sich bei der sexuellen Prägung von Tieren um *Artprägung* und bei der zuvor angesprochenen sexuellen Prägung des Menschen zwischen seinem 4. und 7. Lebensjahr um *Typus-Prägung* handelt.

Ein prägungsanaloger Vorgang ist auch das sogenannte »Übertragungsphänomen«; hierbei werden im Erwachsenenalter andere Personen in unrealistischer Weise so behandelt, wie es sich in der ödipalen Phase gegenüber den Eltern ausgeprägt hatte. Es ist eine der vordringlichsten Aufgaben der Psychoanalytiker, das starre Schema der Ödipussituation durch Bewußtmachen und »Umkonditionieren« zu durchbrechen.

Diese Beobachtungen sprechen dafür, daß auch beim Menschen ähnliche Prägungsvorgänge sexueller Art stattfinden, wie sie bei Tieren beobachtet wurden. Die praktische Erfahrung bestätigt, daß jenseits des vierten Lebensjahres (andere Autoren: zwischen dem 4. und 7. Lebensjahr) die elterlichen Vorbilder, besonders die gefühlsmäßige Zu- oder Abneigung zum gegengeschlechtlichen Elternteil, einen präformierenden Einfluß auf das spätere gegengeschlechtliche Verhalten des Menschen haben. Das Kennenlernen eines generalisierten Objektes erfolgt danach in einem eigentlich dafür nicht bestimmten Funktionskreis: an den Eltern. Durch ungünstige Vorbilder können diese Muster ver- oder entstellt werden. Ist bei einem Kind die Grundlage für eine gegengeschlechtliche Objektwahl nicht oder nur sehr reduziert vorhanden, kann es zu zufälligen Verknüpfungen zwischen genitalen Empfindungen und ungeeigneten Objekten kommen. Auf diese Weise können auch Fetischismus, Pädophilie und Sodomie entstehen.

Neuere Untersuchungen des Kinsey-Instituts in Bloomington zum Phänomen der Homosexualität haben anhand eingehender Studien der persönlichen Entwicklungsgeschichte zahlreicher homosexueller und (zur Kontrolle) heterosexueller Probanden jedoch zu folgenden Ergebnissen geführt:

* Homosexualität im engeren Sinn (= die ausschließliche Fixierung auf das eigene Geschlecht) ist in der Persönlichkeit genauso tief eingewurzelt wie die Heterosexualität und ist mithin von Umweltfaktoren weitgehend unabhängig.
* Bisexualität hingegen (= eine zwischen Homo- und Heterosexualität schwankende Einstellung) scheint offensichtlich eher dem Einfluß sozialen und sexuellen Lernens zu unterliegen. Die bisherige Annahme, daß Homosexualität von atypischen sexuellen Erfahrungen herrührt, wurde dabei nicht bestätigt. Die meisten Homosexuellen erinnerten sich an eher ausgewogene Familienverhältnisse in ihrer Kindheit.

Die Kinsey-Forscher kritisierten an den bisherigen Erklärungsmodellen, daß sie sich auf ausschließlich untypische Probanden gestützt hätten, die zuvor bereits in psychiatrischer Behandlung gewesen seien. Eine solche Behandlung aber impliziere oft eine »Erziehung« des Patienten zu einer bestimmten Sicht seiner Probleme und Lebensumstände.

Ob durch diese neuen Erkenntnisse die Ergebnisse langjähriger Tierversuche, verbunden mit analogen Beobachtungen beim Menschen, hinfällig werden, ist jedoch fraglich.

5. Unterschiede zwischen tierischer und menschlicher Entwicklung

Eine einfache Übertragung tierischer Entwicklungsvorgänge auf den Menschen ist unzulässig. Bereits die längere Dauer der jeweiligen sensiblen Phase beim Menschen und die Tatsache, daß die Therapieresistenz sogar bei neurotischer Perversion durch langfristige psychotherapeutische Bemühungen oftmals durchbrochen werden kann, sprechen gegen eine vorbehaltlose Übertragung des Prägungsbegriffes auf den Menschen. Es ist jedoch unbestreitbar, daß vor allem die Qualität frühkindlicher Beziehungen beim Menschen einen prägenden Einfluß hat; zwar ist die Irreversibilität nicht so stark ausgeprägt wie beim Tier, und auch eine Immunität gegenüber späterer Erfahrung besteht nicht in dem gleichen Maße, doch machen es die betreffenden prägenden Einflüsse dem Menschen deutlich leichter oder schwerer, soziales Verhalten zu entwickeln. Angesichts dieser Sachverhalte erscheint es angeraten, zwischen einem ethologischen und einem psychologischen Prägungsbegriff zu unterscheiden:

5.1 Ethologischer Prägungsbegriff

Der ethologische Prägungsbegriff bezeichnet eine Vielzahl von Prozessen, »die darin übereinstimmen, daß sie in einem bestimmten Lebensabschnitt auftreten und danach keine oder nur geringe Veränderbarkeit aufweisen« (K. Immelmann, K. E. Grossmann, 1981, S. 180). Charakteristisch für diese zahlreichen Prozesse ist demnach das Vorhandensein bevorzugter Lernphasen, deren zeitliches Auftreten, Dauer oder Art aber stark differieren können. Prägung wäre folglich zu verstehen als eine »besondere ›bevorzugte‹ Veränderung der Gedächtnisdauer während der Ontogenese« (a.a.O., S. 180; vgl. auch das unter »1. Problemstellung« Gesagte!).

5.2 Psychologischer Prägungsbegriff

Nach der Psychologie ist die Prägung vor allem durch ihre Auswirkung auf die sich entwickelnde Persönlichkeit erkennbar. Man unterscheidet Erfahrungen vorübergehender Natur von solchen mit traumatisierenden oder chronischen Auswirkungen. Jedoch ist eine *eindeutige* Auswirkung phasenbedingter Erfahrungen beim Menschen im frühen Kindesalter nicht erkennbar; individuelle Unterschiede wirken sich hier nachhaltig aus. Zwar muß auch das Kind »bestimmte Erfahrungen von bestimmter Qualität innerhalb bestimmter Zeiträume während der Ontogenese machen« (a.a.O., S. 182), um ein in jeder Hinsicht

›kompetenter‹ Mensch mit eindeutiger Geschlechtsidentität zu werden, doch ist das krasse Beispiel der Nachlaufprägung bei Nestflüchtern, wie Lorenz (1935) es beobachtet und dargestellt hat, ein auf den Menschen nicht übertragbares Sonderphänomen. Es erscheint also angemessener, bezüglich des Menschen von prägungsähnlichen Erfahrungen zu sprechen, die für das spätere soziale Verhalten von großer Bedeutung sind.

5.3 Die Therapierbarkeit als der Unterschied aufgrund des menschlichen Bewußtseins

Gerade die Tatsache, daß der Mensch einen Geist besitzt und ihm Personalität zukommt, daß er ein echtes Bewußtsein seiner selbst hat, ist der Grund für zwei Unterschiede zwischen tierischer und menschlicher Prägung:

* Zum einen sind beim Menschen die Prägungsphasen länger: Es muß eben nicht nur, wie beim Tier, der natürliche Instinkt in eine Richtung gelenkt werden, sondern menschliche Prägung ist immer auch – und vornehmlich – ein geistiger Prozeß.
* Des weiteren sind Schäden, die in der Prägungsphase aufgetreten sind, beim Menschen, im Gegensatz zum Tier, therapierbar: Dem Menschen kann, wenn auch bisweilen in mühevoller Kleinarbeit, seine schlechte Situation bewußt gemacht werden, und er kann, zumindest als Folge eines Lernprozesses, in Freiheit dazu Stellung nehmen. In Ermangelung der Geistigkeit ist das Tier dagegen prinzipiell nie in der Lage, Herr über seinen eigenen Horizont zu werden: Damit fehlt jede Grundlage für eine Therapierbarkeit.

6. Weitere Formen der Prägung

Neben den ›klassischen‹ Prägungsvorgängen gibt es auch noch solche anderer Art:

6.1 Nahrungsprägung

Die Aufzuchtsnahrung bewirkt bei bestimmten Tiergruppen eine spätere Nahrungsbevorzugung, die auch nach zwischenzeitlich abweichender Ernährung bestehen bleibt (G. M. Burghardt; E. Hess, 1966).

6.2 *Heimat- oder geographische Prägung*

Besonders bei Zugvögeln (z. B. Störchen) läßt sich die Festlegung auf einen bestimmten geographischen Ort oft auf Erfahrungen in der frühen Jugend zurückführen. Vielleicht kann man auch von einer Landschaftsprägung beim Menschen sprechen, die sich in der Literatur niederschlägt (Adalbert Stifter, Annette v. Droste-Hülshoff).

6.3 *Prägung bezüglich des aggressiven Verhaltens*

Für das Tierreich sei als Beispiel der australische Zebrafink genannt. Bei ihm gibt es sowohl aggressive als auch friedliche Männchen, die diese Eigenschaft auf ihre Nachkommen übertragen. Diese Übertragung ist nicht genetisch bedingt, da auch friedliche Zebrafinken eine hohe Aggressivität zeigen, wenn sie von aggressiven Stiefeltern aufgezogen werden. Daraus folgt, daß das Maß des späteren Aggressionsverhaltens des Jungen durch das Ausmaß der eigenen aggressiven Erfahrungen mit dem Vater bzw. dem Stiefvater bestimmt wird, wenn er die Jungen beim Erreichen der Selbständigkeit aus dem Nest vertreibt.

Auch beim Menschen entstehen aggressive Handlungen gelegentlich als Reaktionen auf frühkindliche Frustrationserlebnisse (vgl. das folgende Kapitel). Kinder, die unter gewalttätigen Erziehungsmethoden aufwuchsen, aber auch Kinder, denen die Eltern niemals als Widerpart gegenübertraten, zeigen vermehrt aggressives Verhalten.

6.4 *Prägung bezüglich des Geselligkeitsbedürfnisses bzw. der Kontaktfähigkeit*

Australische Zebrafinken, die in den ersten entscheidenden Lebenswochen isoliert gehalten worden waren, standen später in der Gemeinschaftsvoliere abseits von der Gruppe und beteiligten sich nicht oder kaum an sozialen Handlungen. Handaufgezogene Vögel, die vor dem Erreichen der Selbständigkeit keine Gelegenheit zur sozialen Kontaktaufnahme hatten, waren in so hohem Maße desozialisiert, daß sie beim Einsetzen in die Gemeinschaftsvoliere starben. Offenbar waren sie dem durch die Begegnung mit Artgenossen gegebenen sozialen Streß nicht gewachsen.

Auch beim Menschen kann es nach dem Säuglingsalter aufgrund einer zu starken Isolation zu späteren Sozialisationsschwierigkeiten kommen (vgl. oben

Kaspar Hauser). Zwar wird die Kontaktfähigkeit des Menschen am stärksten durch eine unzureichende Mutter-Kind-Beziehung in den ersten Lebensmonaten geschädigt, doch kann auch später eine Entwicklung zum ängstlich-schüchternen Eigenbrötler eintreten, z. B. wenn im 2. bis 6. Lebensjahr nicht durch Hineinwachsen in eine Gemeinschaft die nötige Anpassungs- und Durchsetzungsfähigkeit erworben wird (A. v. Artin, A. Wiesinger, L. Lütkehaus, 1983).

6.5 *Lernbereitschaftsprägung*

Versuche mit verschiedenen Tiergruppen haben ergeben, daß ein Mangel an Sinnesreizen im frühen Leben das spätere Lernvermögen der Tiere verringert.

Auch beim Menschen ist die Lernbereitschaft und Lernfähigkeit von einer angemessenen Stimulation in den ersten Lebensjahren abhängig. (Beispiel: Wenn ein Kind ohne Bindung an einen Menschen aufwächst, kann es zu einer Verzögerung in der Sprachentwicklung und einer Einschränkung des Wortschatzes kommen.) Aber auch Reizüberflutung und Überhäufung mit mechanischen Ersatzbefriedigungen, die an die Stelle der Zuwendung treten, können zu späteren unbewußten Leistungsprotesten, Stereotypien und Gleichgültigkeit führen.

Das Fehlen mütterlicher Zuwendung in der frühen Kindheit bewirkt eine Störung des Urvertrauens. Daraus folgt, daß für Mensch und Tier eine normale Mutter-Kind-Beziehung die Voraussetzung für eine gesunde Entwicklung in allen sozialen Verhaltenssystemen ist. Jede Störung dieser Beziehungen hat weitreichende Auswirkungen auf das spätere Sozial-, Sexual- und Brutpflegeverhalten.

7. Einwände und Fragen

In diesem Kapitel sind Ursachen für eine homosexuelle Entwicklung aufgezeigt worden. Vergleichen Sie mit dieser Auffassung bitte den folgenden Text:

Das Evangelisch-katholische Handbuch der christlichen Ethik stellt fest: »Bis heute ist die Frage nach der Entstehung der Homosexualität noch nicht geklärt. Es gibt Dutzende von Theorien, die alle auf drei Grundtheorien und deren Kombination hinauslaufen: vererbt, erworben, erlernt. Keine Theorie hat bisher die Ätiologie [Entstehung] der Homosexualität erhellt, sondern nur neue Verwirrung geschaffen. Wahrscheinlich ist die Fragestellung falsch. Wenn wir nach der Entstehung der Heterosexualität fragen, sind wir ebenso ratlos. Meist wird heute eine bisexuelle Anlage angenommen, die durch die Einwirkung der

Erziehung und der Kultur des betreffenden Volkes in Richtung Heterosexualität geprägt wird.« (D. Faßnacht, 1979, S. 179)

Wir haben im vorliegenden Kapitel Gründe für das Erwerben oder Lernen der Homosexualität durch Prägung vorgetragen. Sie könnte auch eine hormonale Basis haben und damit angeboren sein. Neuere Ergebnisse (J. Maddox, 1991; M. Simm, 1991) führen die Homosexualität auf anatomische Veränderungen im Gehirn zurück. Aber eine einzige Ursache dürfte beim heutigen Stand der Forschung nicht nachweisbar sein.

Wenn man nach der Herkunft der Homosexualität fragt, könnte das nicht von dem Vorurteil bestimmt sein, es handle sich um eine »Krankheit« oder »Fehlentwicklung«? Wer von dieser Meinung ausgeht, wird nach Entstehungsursachen fragen mit der Begründung, »heilen« zu wollen. – Abgesehen vom Sinn dieser Fragestellung, erlauben es auch ihre »Ergebnisse« nicht, von *einer* Entstehungsursache zu sprechen. Sowohl von den Theorien einer Veranlagung als auch von den Theorien eines Erworbenseins von Homosexualität muß es heißen: »Keine einzige Theorie ist in sich überzeugend.« (G. Kockott vom M. Planck-Institut für Psychiatrie) Diese Ergebnislosigkeit verwundert natürlich nicht, wenn von den ursprünglich offenen Möglichkeiten des Menschen ausgegangen werden muß. Die einzig sinnvolle Antwort auf die Frage nach der Herkunft von Homosexualität kann nur heißen: sie ist Teil unserer ganzheitlichen vielgestaltigen Sexualität, die zu unserem Personsein gehört. In welchem Maße sie vom einzelnen auch realisiert werden kann, hängt von vielen Faktoren ab: vor allem von der Wirksamkeit der heterosexuellen Norm, die seine Erziehung bestimmt hat, aber auch vom Charakter seiner Persönlichkeit, seinem Mut und seiner inneren Unabhängigkeit (H.-G. Wiedemann, Christliches ABC – Heute und Morgen, Emmendingen (Kesselring)).

Welche von beiden Auffassungen scheint Ihnen plausibler und sachgemäßer zu sein? Zur moraltheologischen und pastoralpsychologischen modernen Diskussion vergleiche W. Müller, 1987, 1988, worin ausführlich die damit verbundenen Probleme erörtert werden. – Im Kapitel IX sollte nur eine Ursache für die Entstehung von Homosexualität gegeben werden, wodurch keineswegs andere Ursachen ausgeschlossen sind.

Artin, A. v., Kaspar Hauser. Seine mysteriöse Ermordung. Sein hartnäckiges Weiterleben. Zusammengetragen und herausgegeben von Alfons Wiesinger, mit einem Essay von Ludger Lütkehaus und einer Darstellung des Criminalfalles durch Baron Alexander von Artin. Freiburg: Dreisam, 1983.

Bischof, N., Das Rätsel Ödipus. Die biologischen Wurzeln des Urkonflikts von Intimität und Autonomie. München, Zürich: Piper, 1985.

Bowlby, J., Bindung. Eine Analyse der Mutter-Kind-Beziehung. München: Piper, [1]1975.

Bowlby, J., Trennung. Psychische Schäden als Folge der Trennung von Mutter und Kind. München: Kindler, 1976.

Bowlby, J., Absage an Freud. Londoner Psychiater: wie lebensnotwendig für Kinder feste »Bezugspersonen« sind: ZEITmagazin Nr. 10 (27. 2. 1981), 14–22.

Bowlby, J., Verlust, Trauer und Depression. Frankfurt/M.: Fischer, 1983.

Breuer, G., Prägung als Lernprozeß und ihre neuronalen Grundlagen: Naturwissenschaftliche Rundschau 37 (1984), 106–107.

Burghardt, G. M.; Hess, E. H., Food Imprinting in the Snapping Turtle, Chelydra serpentina: Science 151 (1966), 108–109.

Fassnacht, D., Sexuelle Abweichungen. In: Handbuch der christlichen Ethik. Herausgegeben von A. Hertz, W. Korff u. a. Freiburg: Herder, [2]1979. Bd. 2, S. 177–194.

Frith, Uta. Autismus. Ein kognitionspsychologisches Puzzle. Heidelberg, Berlin: Spektrum Akademischer Verlag, 1992.

Fthenakis, W. E.; Merz, H., Schon das Kleinkind braucht den Vater: Bild der Wissenschaft 5/1978, 96–99.

Harlow, H. F.; Harlow, M. K., Social deprivation in monkeys: Scientific American 207 (1962), 136–146.

Harlow, H. F.; Harlow, M. K., The affectional systems. In: A. M. Schrier, H. F. Harlow, F. Stollnitz (Ed.), Behavior of non-human primates. Vol. II. New York, London: Academic Press, 1965, 287–334.

Hassenstein, B., Verhaltensbiologie des Kindes. München: Piper, [4]1987.

Hellbrügge, T.; Wimpffen, J. H. v. (Hrsg.), Die ersten 365 Tage im Leben eines Kindes. München, Zürich: Droemer/Knaur, 1976.

Hemminger, H., Kindheit als Schicksal? Die Frage nach den Langzeitfolgen frühkindlicher seelischer Verletzungen. Reinbek: Rowohlt, 1982.

Hess, E. H., Imprinting in animals: Scientific American, March 1958, Reprinted in: Psychobiology. San Francisco: Freeman, 1967, 107–111.

Hess, E. H., Imprinting in Birds: Science 146 (1964), 1128–1139.

Hess, E. H., Prägung. München: Kindler, 1975

Hinde, R. A., Some Aspects of the Imprinting Problem: Symposium of the Zoological Society of London, 8 (1962), 129–138.

Immelmann, K., Zur ökologischen Bedeutung prägungsbedingter Isolationsmechanismen: Verhandlungen der Deutschen Zool. Gesellschaft. Stuttgart: Fischer, 1970, 304–314.

IMMELMANN, K., Der Zebrafink. Wittenberg: Ziemsen, [4]1973.
IMMELMANN, K.; BARLOW, G.; PETRINOVICH, L.; MAIN, M. (Hrsg.), Verhaltensentwicklung bei Mensch und Tier (Das Bielefelder Projekt). Hamburg: Parey, 1982.
IMMELMANN, K.; GROSSMANN K. E., Phasen kindlicher Entwicklung (Prägung). In: Kindlers Enzyklopädie: Der Mensch, Bd. IV, München: Kindler 1981, 130–188.
IMMELMANN, K.; MEVES, C., Prägung als frühkindliches Lernen. In: Grzimeks Tierleben, Verhaltensforschung. München: Kindler, 1974, 337–353.
JUST, R.; KOELBL, H., Die mütterlichen Väter: ZEITmagazin Nr. 38 (16. 9. 1983), 50–58.
LORENZ, K., Der Kumpan in der Umwelt des Vogels: Journal f. Ornithologie 83 (1935), 137–213 und 289–413. Dasselbe in: Ders., Über tierisches und menschliches Verhalten. Bd. I. München: Piper, 1966, S. 115–282.
MADDOX, J., Is homosexuality hard-wired?: Nature 353 (5. 9. 1991), 13.
MATUSSEK, P., Entfremdung statt Selbstverwirklichung: FAZ, 27. 12. 1979.
MEERMANN, H., Der Säugling braucht nicht nur die Mutter: Kosmos 75 (1979), S. 316 f.
MULDWORF, B., Von Beruf Vater. Köln: Benzinger, 1975.
MÜLLER, W., Homosexualität eine Herausforderung für Theologie und Seelsorge. Mainz: Grünewald, [2]1987.
MÜLLER, W., Homosexuelle Menschen. Mainz: Grünewald, 1988.
NICOLAI, J., Elternbeziehung und Partnerwahl im Leben der Vögel. München: Piper, 1970.
PFAFFELHUBER, E.; DAMLE, P. S., Learning and Imprinting in Stationary and Non-Stationary Environment: Kybernetik, Heft 9/1973, 1–9.
PIAGET, J., Biologie und Erkenntnis. Über die Beziehungen zwischen organischen Regulationen und kognitiven Prozessen. Frankfurt/M.: Fischer, 1983.
PROMP, D. W., Sozialisation und Ontogenese – ein biosoziologischer Ansatz. Berlin, Hamburg: Parey, 1990.
REHMANN, R., Eltern und Kinder. München: Bruckmann, 1979.
SALZEN, E. A., Imprinting in Birds and Primates: Behaviour 28 (1967), 232–251.
SHAW, E.; DARLING, J., Maternalism – the fathering of a myth: New Scientist 105, No. 1443 (14. 2. 1985), 10–13.
SIEGMUND, G., Homosexualität ein »Tabu«? Leutesdorf: Johannes, 1983.
SIMM, M., Hat die Homosexualität eine biologische Ursache?: Die Welt, 12. 9. 1991, S. 19.
SLUCKIN, W., Imprinting and early Learning, London: Methuen, [2]1966.
SPITZ, R. A., Vom Säugling zum Kleinkind. Stuttgart: Klett, [2]1969.
STEINER, G., Autistische Kinder: Naturwissenschaftliche Rundschau 36 (1983), 276–277.
TINBERGEN, N. UND E. A., Autismus bei Kindern. Fortschritte im Verständnis und neue Heilbehandlungen lassen hoffen. Berlin, Hamburg: Parey, 1984.

KAPITEL X

Eingliederung in die Gesellschaft und Selbständigkeit (Prüfung verschiedener Aggressionsmodelle)

1. Problemstellung

Die Eingliederung in die Gemeinschaft und die Gesellschaft, die geistige und örtliche Abnabelung vom Elternhaus, das Lebenlernen und die Bildung eines eigenen Persönlichkeitsraumes, das Finden des eigenen Platzes in der Rangordnung von Konkurrenten sind von großer Bedeutung für den Menschen. Im Zusammenhang mit dieser Persönlichkeitsreifung tritt immer wieder auf, was »Aggression« oder »aggressives Verhalten« genannt wird. Die Hauptrichtungen der Aggressionstheorien sollen im folgenden einer kritischen Analyse unterzogen werden.

2. Begriffe

Unter Aggression versteht man ein Verhalten, das entweder die Eroberung eines Platzes (= Revier oder Stellung in einer Rangordnung) zum Ziele hat oder dessen Verteidigung. Diese Handlungen können physischer oder verbaler Art sein oder auch nur Drohhandlungen. Neben der unten vorgenommenen Einteilung aggressiven Verhaltens (dem Lorenz-Freudschen Trieb-Modell, dem Frustrations-Aggressions-Modell von J. Dollard 1939, dem lernpsychologischen Modell von A. Bandura und R. H. Walters 1963) hat K. E. Moyer (1968) in differenzierter Form aggressives Verhalten aufgegliedert (vgl. A. Heymer, 1977):

a) Aggression zum Beuteerwerb (Jäger und Beute), transspezifisch.
b) Aggressionsverhalten zwischen Männchen bzw. Weibchen derselben Art wird in vielen Fällen durch Demutsverhalten gehemmt.
c) Angst-Aggression kommt in einigen Fällen vor, in denen keine Flucht mehr möglich ist.
d) Irritative Aggression kann durch Frustration, Entbehrung und Schmerz verstärkt werden.
e) Territoriale Aggression – maternelle Aggression: Verteidigung des Reviers und Nestes tritt in Abhängigkeit von Fortpflanzungshormonen auf.

f) Instrumentale Aggression besteht in der Tendenz eines Lebewesens, sich aggressiv zu verhalten, wenn dieses Verhalten in der Vergangenheit gefördert und verstärkt wurde.
g) Innergruppenaggression: Aggressivität in einer Gruppe, ein sich zur Zeit ausbreitendes Phänomen innerhalb unserer anonymen Gesellschaft, wohl eine Zivilisationserscheinung.
h) Zwischengruppenaggression: Kämpfe zwischen verschiedenen Gruppen, Populationen oder Klans einer Art, wie das vor allem bei Hyänen gut nachgewiesen wurde (H. Kruug, 1966).

Im ethologischen Sinne sind auch Auseinandersetzungen zwischen Völkern oder Nationen, im Ernstfall Kriege (destruktive Aggressionen), nichts anderes als Zwischengruppenaggressionen, bedingt durch die Entwicklung zur kulturellen Pseudospeziation. Diese Ansicht von I. Eibl-Eibesfeldt (1975) ist von hohem Erklärungswert angesichts des eindeutig monospezifischen Status des Menschen. Natürlich können Kriege auch verschiedene andere Ursachen haben, z. B. ökonomische, Eroberungswillen eines Machthabers, religiöse usw.

Der Ausdruck »agonistisches Verhalten« (griech. agón = Kampf) sollte als generelle Bezeichnung vorgezogen werden, wenn nicht bekannt ist, um welche spezifische Art der Aggression es sich handelt. Dieser Ausdruck ist neutral und bezeichnet genau das Gemeinte.

3. Prüfung verschiedener Aggressionsmodelle

3.1 Das Aggressionskonzept von Sigmund Freud (1856–1939)

Freud betrachtet Aggression als spontanen Trieb; sie ist in seinem Konzept Teil des Todestriebes (der nach außen gewendete Todestrieb). Jedes Verhalten ist aus dem Antriebsdualismus von *Eros* (Selbsterhaltungs- oder Lebenstrieb) und *Thanatos* (Destruktions- oder Todestrieb) zu verstehen. Von diesen beiden Grundtrieben geht die menschliche Aktivität aus. Beim psychisch gesunden Menschen treten beide Triebe immer vermischt auf. Der Eros hat die Aufgabe, den Todestrieb nach außen abzuwenden; die selbstzerstörerischen Neigungen des Menschen werden so durch den Lebenstrieb abgelenkt und in Form von Aggressionen über den Apparat der Muskulatur nach außen verlegt. Nach Freuds Konzept besitzt also jeder Mensch eine *angeborene Neigung zum Bösen*, zur Aggression, und damit zur Selbstzerstörung und Grausamkeit. Die Aggression kann folglich nie völlig unterdrückt werden; ihr Maß hängt von der Stärke des Eros ab, der sich gegen den Todestrieb behaupten muß. Ein ›Mittel‹ dieser Behauptung ist die Introjizierung (Verinnerlichung), die zur Folge hat, daß die Aggression zum eigenen Ich-Zentrum strebt. Diese Verinnerlichung übt nach Freud die gleiche Aggressionsbereitschaft aus, die das Ich gerne an anderen Personen befriedigt hätte; die innere destruktive Energie kann nur partiell nach außen abfließen; der verbleibende Teil äußert sich als Schuldgefühl oder Strafbedürfnis.

Bereits zu Lebzeiten Freuds führte der letzte Teil seiner Trieblehre zu einer Spaltung im psychoanalytischen Lager. Alfred Adler (1870–1937), der als erster den Begriff des Aggressionstriebes geprägt hatte, löste sich bereits 1910 von seinem ursprünglichen Konzept und verstand Aggression nunmehr als übersteigertes krankhaftes Verhalten. Heute scheinen sich in der Psychoanalyse drei Richtungen in bezug auf das Verständnis der Aggression herausgebildet zu haben:

* Es wird an der Lehre vom Todestrieb festgehalten (K. Menninger, M. Klein, z. T. auch A. Mitscherlich).
* Es wird ein dem Eros entgegenstehender selbständiger Aggressionstrieb angenommen, der nicht mehr vom Todestrieb abgeleitet wird (H. Hartmann, E. Kris, R. Loewenstein, A. Mitscherlich).
* Freuds These von der Existenz eines Aggressionstriebes wird völlig verworfen (O. Fenichel, E. Fromm, G. Ammon).

Fromm (1900–1980) unterscheidet zwischen »gutartiger« und »destruktiver« Aggression. Die gutartige definiert er als »eine Reaktion auf eine Bedrohung der vitalen Interessen; sie ist phylogenetisch programmiert; sie ist Tieren und Menschen gemeinsam; sie ist nicht spontan und steigert sich nicht selbst, sondern sie ist reaktiv und defensiv; sie zielt darauf ab, die Bedrohung zu beseitigen, indem sie sie entweder vernichtet oder ihre Ursache beseitigt« (E. Fromm, 1981, S. 209). Während diese gutartige Aggression angeboren ist und dem Leben dient, stellt der bösartige Teil der menschlichen Aggression eine nicht angeborene, sozial und biologisch schädliche Aggressionsform dar. Die bösartige Aggression ist für den Menschen spezifisch. Sie gehört zu den menschlichen Leidenschaften, die Antworten auf die spezifisch psychischen, existentiellen Bedürfnisse des Menschen darstellen und in dem menschlichen Charakter verwurzelt sind. Ob die lebensfeindliche bösartige Aggression bestimmendes Element des Charakters wird, ist davon abhängig, in welcher Weise diese Bedürfnisse des Menschen von der Umwelt befriedigt werden. Die bösartige Aggression mit ihren Hauptspielarten Sadismus und Nekrophilie resultiert aus einer behinderten Persönlichkeitsentfaltung.

3.2 Der Aggressions-Instinkt-Begriff von Konrad Lorenz (1903–1989)

Aufgrund ethologischer Überlegungen postulierte Lorenz einen Aggressionstrieb auf instinktiver Basis, der sich unter natürlichen Bedingungen ohne Nachteile in die Lebensgeschichte aller lebenden Wesen einfügt. Der Aggressionstrieb ist kein rein reaktives Geschehen auf Reize von außen; er hat eine innere Erregungsproduktion, die auch anhält, wenn die Außensituation den Trieb nicht beansprucht; er lädt sich allmählich auf und drängt regelmäßig nach Entladung; ein *auslösender Reiz* kann dann die Aggressionshandlung in Gang setzen. Das Aggressionsverhalten ist nur auf innerartliche Individuen bezogen und ist in dieser Hinsicht ein Kampftrieb, der bei Mensch und Tier vorhanden ist.

Lorenz betrachtet Frustration als eine Kategorie von Auslösereizen für aggressives Verhalten. Eine Frustration entsteht, wenn ein von einem Menschen als berechtigt angesehenes Bedürfnis nicht befriedigt wird; als auslösender Reiz verhindert sie einen Erregungsstau. Je dynamischer eine Person ist, desto öfter muß sie den Aggressionsstau ableiten. Ist kein Auslösereiz vorhanden, begibt sich der Organismus aktiv auf die Suche nach einem solchen Reiz (*Appetenzverhalten*).

Nach Lorenz kann die Aggression nur entstanden sein und bis heute noch bestehen, weil sie *arterhaltende Funktion* hat. Sie besitzt

* eine soziale Wirkung, indem sie ein gegenseitiges Abstoßen der verschiedenen Individuen einer Art und dadurch deren räumliche Verteilung bewirkt (Revierverteilung). So wird der bestehende Lebensraum optimal genutzt und auch dem Schwächeren eine Existenzmöglichkeit gewährt, da er sich durch Flucht oder räumliche Entfernung vor dem Stärkeren sichern kann;
* eine Wirkung auf das Erstellen einer Rangordnung, einer hierarchischen Struktur von hohem arterhaltenden Wert, die nach Lorenz Voraussetzung für das Auftreten von Kultur und Zivilisation ist;
* eine Wirkung auf die Zuchtauslese, da das stärkste und beste Individuum ausgewählt wird und für Nachkommen sorgt.

Der tiefere Sinn der Aggression ist beim Tier also immer die Arterhaltung. Auch beim Menschen ist das nach Lorenz der Normalfall, aber gewisse Zivilisationserscheinungen pervertieren diese Normalfunktion (Krieg). Diese Perversion ist nach Lorenz in der sozialen und zivilisatorischen Umwelt begründet, wogegen der Aggressionstrieb als gut supponiert wird.

Neben individueller gibt es auch *überindividuelle Aggression*, die sich z. B. im Fanatismus äußert. Es handelt sich um eine Form kommunaler, gemeinsamer Aggression, die meist gegen eine soziale Ordnung oder eine externe gesellschaftliche Einheit gerichtet ist.

Die sogenannte *Tötungshemmung* beim Tier (der unterlegene Wolf z. B. hält dem Sieger die Halsschlagader hin) verhindert negative soziale Folgen des angeborenen Aggressionstriebes. Beim Menschen jedoch ist dieser ›Sicherungsmechanismus‹ kaum mehr an den Aggressionstrieb gekoppelt (das gilt besonders für die überindividuelle Aggression), so daß Fehlleitungen dieses Triebes katastrophale Folgen haben. Deshalb muß der Mensch lernen, seine Aggressionen auf Ersatzobjekte umzuorientieren. Unter den ›reinigenden‹ Abreagierungsmechanismen, bei denen in bewußter Reaktion der muskuläre und nervöse Aufwand eine Erregungsverminderung erreichen soll, nimmt nach Lorenz der Sport eine hervorragende Stelle ein. Da für Lorenz die Aggression angeboren ist, ist es auch nicht möglich, sie ganz auszuschalten. Um zu verhindern, daß es durch ein Fehlverhalten von auslösenden Reizen zu einem Aggressionsstau kommt, muß die Aggression ausgelebt werden. Dieses Ausleben verhindert nicht nur Stauungen, sondern ist für die Erhaltung der Art im weitesten Sinne notwendig.

In der Nachfolge von Lorenz modifizierten Wickler, Tinbergen, Hinde und Eibl-Eibesfeldt dessen Lehre:

Wolfgang Wickler (geb. 1931) kritisiert die Annahme, daß Aggression ein echter Instinkt sei, da Instinkt die phylogenetische Grundlage einer Handlungsfolge beschreibe, aggressive Handlungen aber zu einem großen Teil erlernt werden.

Robert A. Hinde (geb. 1923) mißt der Lerntheorie noch mehr Bedeutung zu, wobei jedoch der Lerneffekt oft strukturell bedingte Grenzen hat (z. B. Grenzen der Wahrnehmung). Auch Umwelteinflüsse können den Aggressionstrieb modifizieren.

Nikolaas Tinbergen (1907–1988) ersetzt den Aggressionstrieb durch ein komplexeres Angst-Flucht-Aggressions-System und stellt so den arterhaltenden Effekt der reinen Aggression in Frage.

Irenäus Eibl-Eibesfeldt (geb.1928) postuliert als Grundlage aggressiver Disposition eine genetische Vorbestimmtheit. Er nimmt als ›Gegenspieler‹ des Aggressionstriebes einen Bindetrieb an. Nach Eibl-Eibesfeldt kann aggressives Verhalten durch Lernen beeinflußt werden; in den angeborenen Anlagen zur Geselligkeit (Bindetrieb) sieht er eine Chance zur Aggressionsbewältigung.

3.3 Die Frustrations-Aggressions-Hypothese

Grundthese dieser Richtung, die auf eine Arbeitsgruppe unter Führung von J. Dollard und N. Miller zurückgeht, ist:

* Das Auftreten von Aggressionen setzt immer die Existenz von Frustration voraus;
* Frustration führt immer zu einer Form der Aggression.

Frustration ist definiert als Behinderung (bzw. Verhinderung) einer bestehenden, auf ein Ziel gerichteten Aktivität, Aggression als ein Verhalten, das von der Absicht zur Schädigung einer anderen Person oder eines Ersatzes für diese Person geleitet wird. Diese Hypothese ist nur auf den Menschen anwendbar, da nur bei ihm sinnvoll von Absicht gesprochen werden kann.

Die strikte Bindung von Aggression an Frustration wurde in der Folgezeit u. a. durch N. E. Miller (1941) modifiziert. Nach Miller können auf Frustrationen verschiedene Verhaltensweisen folgen, von denen die Aggression jedoch die wichtigste ist. Das Ausmaß der Frustration steht zu der Stärke der Aggression in direkt proportionalem Verhältnis; je stärker die Frustration, desto größer ist die Aggression. Darüber hinaus hängt die Aggressionsneigung von der Anzahl der Störungen in einem bestimmten Zeitraum ab.

Nach N. E. Miller richtet sich die durch Frustration erzeugte Aggression primär immer gegen die Ursache der Frustration; die Hemmung wächst jedoch direkt proportional mit der Bestrafungserwartung für eine aggressive Handlung.

3.4 Die lernpsychologische Aggressionstheorie

Nach den Lernpsychologen wird aggressives Verhalten größtenteils gelernt oder erworben; die soziale Umwelt und deren Bedingungen bringen es hervor oder verändern es. 1938 wies Burrhus Frederic Skinner (1904–1990) nach, daß Menschen und Tiere durch *operantes Konditionieren* (Lernen durch Tätigkeit), Bekräftigungslernen oder Lernen am Erfolg geformt werden; so kann z. B. ein bestimmtes Verhalten durch andauernde Belohnung zur Gewohnheit werden; jedes Lob führt dazu, ein bestimmtes Verhalten zu wiederholen, wogegen negative Sanktionen (Strafe, Tadel) eine Löschung der betreffenden Verhalteneinstellung bewirken.

Skinner und andere Lernpsychologen gingen fälschlicherweise von einer *unendlichen* Plastizität des Menschen aus; dieser sei bei seiner Geburt völlig ungeformt und unbeeinflußt und werde erst im Laufe der Erziehungsprozesse und seiner Sozialisationserfahrung durch das Lernen geformt. Die Handlungsweise der einzelnen hängt somit letztlich von seinen sozialen Erfahrungen ab; es handelt sich also um ein Lernen aus Erfahrung (vgl. jedoch I. Eibl-Eibesfeldt, Der vorprogrammierte Mensch, 1973).

Andere Lernpsychologen (A. Bandura, R.H. Walters, 1963) messen neben dem Bekräftigungslernen auch dem *Beobachtungslernen* (Lernen am Modell, Imitationslernen) große Bedeutung zu. Geht man von dem Bekräftigungslernen aus, dann gilt für die Aggression:

* Je mehr Erfolg ein Individuum mit aggressiven Handlungen hat, desto größer ist die Wahrscheinlichkeit, daß es auch weiterhin aggressiv handeln wird.
* Bleibt die Aggression hingegen erfolglos, so wird sein aggressives Verhalten in der Folgezeit reduziert.

Nach der Theorie des Beobachtungslernens dient das Verhalten eines ›Modells‹ als Reiz, um zwischen diesem und dem Beobachter eine größere Ähnlichkeit zu erstreben. Bezüglich der körperlichen Bestrafung entsteht dann der sogenannte Bumerang-Effekt, da körperliche Strafe als aggressives Modell angenommen werden muß. Nach diesem Konzept entstehen Aggressionen folglich aus der Nachahmung aggressiven Verhaltens.

4. Kritik der verschiedenen Modelle

Die Aggression ist ein zu komplexes Phänomen, als daß sie in ihrer Totalität von einer einzigen Theorie erklärt werden könnte, zumal sich die vorgetragenen Theorien auf einen partikulären Aspekt dieses Phänomens beschränken. Aggressives Verhalten kann verschiedene Ursachen haben, auf verschiedene Ziele gerichtet und unterschiedlichen Einflüssen unterworfen sein. Genetische oder hormonale Grundlagen sind ebenso zu berücksichtigen wie Frustration oder Lernerfahrungen; darüber hinaus ist in jedem Falle der soziokulturelle Kontext zu bedenken.

5. Pluralistischer Ansatz zur Erfassung der Aggression

Es gibt eine gewisse biologisch-genetische Vorprogrammierung, die jedoch kulturell-anthropologisch überformt und ausgestaltet wird. Frustrationen können oftmals die Ursache aggressiven Verhaltens sein, doch ist nicht jede Aggression auf diese zurückzuführen. Aggressionen können zum Teil lerntheoretisch erklärt oder auf die soziale Umwelt zurückgeführt werden. Politisch-ökonomische Verhältnisse können der Auslöser für Aggressionen zwischen Völkern sein.

Alle verschiedenen Ansätze zur Aggressionserklärung sind voneinander abhängig und beeinflussen sich gegenseitig. Solange es noch nicht möglich ist, eine Hierarchie der einzelnen Faktoren zu ermitteln, darf auf ein Nebeneinander im pluralistischen Modell nicht verzichtet werden. Die Interdependenzen dieses Modells können vereinfacht in vier Dimensionen aufgeteilt werden (nach G. Pilz, H. Moesch, 1975, S. 225):

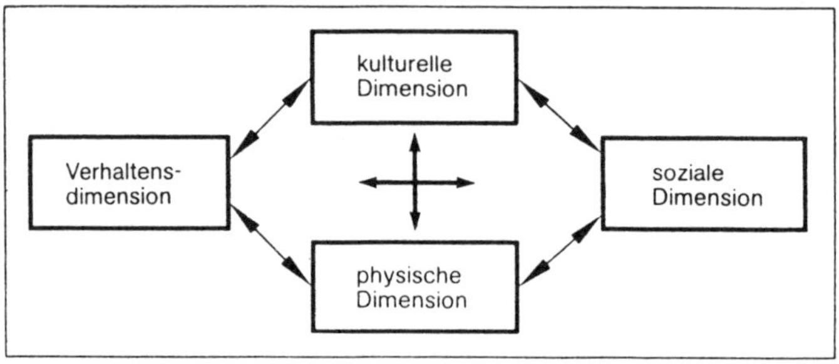

Für jedes Aggressionsmodell gilt:
Es darf nicht bei der Ursachenforschung stehenbleiben, sondern muß Möglichkeiten aufzeigen, Aggressionshandlungen in ihrem Ausmaß und ihrer Häufigkeit einzuschränken, sie umzuwandeln oder zu sublimieren (R. Ruthe, 1973; C. Meves, J. Illies, 1975; H.-P. Nolting, 1981).

6. Der pluralistische Ansatz von Fritz Rauh (1969) unter besonderer Berücksichtigung der vergleichenden Verhaltensforschung

Im Vordergrund der nachfolgenden Darlegung steht die intraspezifische individuelle Aggression, da diese besonders beim Menschen ein immer größer werdendes Problem darstellt.

Nach Rauh finden sich aggressive Komponenten bereits in der Verteidigung und der Durchsetzung gegenüber der Umwelt. Sehr oft führt nämlich erfolgreiche Verteidigung zur Durchsetzung innerhalb der Umwelt, die dann in aktiver Selbstbehauptung gewahrt und gesichert werden muß. Solange die destruktiven Tendenzen nicht überwiegen, können die aggressiven Komponenten, die oftmals in selbständigem Handeln und aktiver Selbstbehauptung vorhanden sind, ein positives Gesamtverhalten bewirken.

Intraspezifische Aggression hat ja an sich arterhaltende Funktion; beim Tier hat sie die Aufgabe, gleichartige Lebewesen über den verfügbaren Lebensraum zu verteilen und eine Selektion zwischen den Männchen durch Rivalenkämpfe vorzunehmen; darüber hinaus dient sie der Verteidigung der Nachkommenschaft. Charakteristisch ist dabei, daß nicht das Töten des Gegners, sondern die

Ermittlung des Stärkeren die triebverzehrende Endhandlung darstellt; diesem Zweck der Lebenserhaltung des Gegners dienen die verschiedenen Hemmungsmechanismen. Beim Menschen jedoch wird die intraspezifische Aggression problematisch; ihm allein ist die Möglichkeit zum Mißbrauch bis hin zur Selbstvernichtung gegeben, da die beim Tier problemlos funktionierenden Hemmungsmechanismen weitgehend abgebaut wurden.

6.1 Intraspezifische Aggression beim Menschen

Der Ursprung der intraspezifischen Aggression beim Menschen ist umstritten; folgende Aspekte müssen jedoch beachtet werden:

* Es ist möglich, daß die frühesten Wurzeln einer auf Zerstörung gerichteten Aggression in Frustrationen liegen. Frustrationen können aber auch sinnvoll sein oder durch Erklärung sinnvoll gemacht werden.
* Es scheint eine Beziehung zwischen Aggression und dem Konstitutionstyp sowie den verschiedenen Altersphasen zu bestehen.
* Das Aggressionsverhalten kann »... einer Stauwirkung und damit einem Appetenzverhalten unterliegen, wenn die Möglichkeit zur triebverzehrenden Endhandlung fehlt« (F. Rauh, 1969, S. 204). Eine dann erfolgende periodische Aggressionsabfuhr wird bedrohlich, wenn die humanen Kontrollmöglichkeiten versagen. Es kann sogar zum völligen Verlust der intraspezifischen Tötungshemmungen kommen.

»Als Massenphänomen wird die Aggression vielfach zur Wurzel der Verfolgung und Vernichtung ganzer Gruppen und Völker mit politischen, rassischen und religiösen Parolen, wobei von demagogisch begabten Anführern in geschickter Weise die vorhandenen Aggressionstendenzen innerhalb der eigenen Gruppe gegen einen Sündenbock ausgespielt werden« (a.a.O., S. 204f). Diese ambivalente geistige Macht zur Kanalisierung der Aggression, die hier allerdings in negativer Weise erscheint, ist ein Spezifikum des Menschen. Zwar besteht auch beim Tier die Möglichkeit zu umgeleiteter Aggressionsabfuhr, z. B. in Form von Ritualisierungen oder Übersprungshandlungen, doch sind auch dies wiederum instinktgebundene Verhaltensweisen; es ist dem Tier unmöglich, Aggression bewußt in eine bestimmte Richtung zu steuern. Auch beim Menschen finden wir kaum bewußte Aggressionsableitungen (z. B. das Schlagen mit der Faust auf den Tisch und nicht auf das Gegenüber, das die Aggression auslöste); darüber hinaus aber hat der Mensch im Gegensatz zum Tier noch einmal die Möglichkeit, sowohl die Aggression als auch deren Umleitung zu reflektieren, die Aggression willentlich in die eine oder die andere Richtung zu lenken oder aber sie auszuleben. Dem Tier ist weder die positive geistige Beherrschung noch die zerstörerische Pervertierung der Aggression möglich.

* Zwischen Angst und Aggression besteht eine Verbindung: Da bei einem feindseligen Angriff mit Vergeltung gerechnet werden muß, ist die feindselige Handlung oftmals mit Angstgefühlen besetzt. A. Mitscherlich spricht von »Vergeltungsangst«. (G. Hennenhofer, K. D. Heil, 1975; H. v. Ditfurth, 1977)
* In der Neurose spielt die Aggression vielfach eine bedeutende Rolle; für einen Neurotiker kann maß- und ziellose Aggressivität Mittel zur Angstbewältigung sein.

6.2 Chancen zur Meisterung der Aggression

Es ist Aufgabe des Menschen, die Aggression sinnvoll zu beherrschen (C. Meves; J. Illies, 1975; H.-P. Nolting, 1981). Diese Aufgabe wird erschwert durch die mit der Hominisation gegebene Lockerung des Instinktgefüges, was auch einen Abbau stammesgeschichtlich alter Hemmungsmechanismen bewirkte. Diese Hemmungsmechanismen gibt es bei Tieren in vielgestaltiger Form; unter natürlichen Umständen funktionieren sie perfekt. Viele Vogel- und Säugetierarten besitzen z. B. einen Hemmungsmechanismus, der den Angriff männlicher Tiere auf weibliche Artgenossen verhindert. Weitverbreitet im Tierreich ist die sogenannte »Demutsstellung«, die Darbietung der verwundbarsten Stelle des Körpers, die den Hemmungsmechanismus auslöst. Für das Inkrafttreten der Aggressionshemmung ist also der direkte Kontakt zwischen den Gegnern bedeutsam.

Die »natürlich-instinktive Insuffizienz« des Menschen läßt nun aber auf rein naturhafter Basis keine ausreichende Aggressionshemmung zu. Mit der Erfindung der ersten Waffe wurde zudem das Gleichgewicht zwischen Tötungsfähigkeit und instinktiver Tötungshemmung gestört. Im Tierreich besteht dieses Gleichgewicht. So ist zu beobachten, daß bei Arten, die im Normalfall die Möglichkeit haben, ausreichend weit voreinander zu fliehen (problematisch wird es erst, wenn man diese Tiere in einen Käfig sperrt!) oder die sich nicht ernsthaft beschädigen können, die Tötungshemmungen geringer sind als bei Arten, bei denen das nicht der Fall ist. Die Menschen haben nun von Natur aus wenig Möglichkeiten, einander ernsthaft zu verletzen (kein Raubtiergebiß, keine Pranken, keine spitzen Schnäbel etc.), so daß die Tötungshemmung ohnehin entsprechend gering ist; mit der ersten Waffe aber wuchsen die Tötungsmöglichkeiten an, ohne daß zugleich die Hemmungen stärker wurden; ganz im Gegenteil: der sich von den Instinkten emanzipierende Mensch verlor auch zusehends seine Hemmungsmechanismen.

Im modernen Krieg ist das Töten nun zusätzlich so anonym geworden, daß Signale, die die verbliebene Tötungshemmung auslösen könnten, den Angreifer gar nicht mehr erreichen.

Drei Komponenten sind es also, die die intraspezifische Aggression beim Menschen im Gegensatz zum Tier so gefährlich machen:

* die Lockerung des Instinktgefüges, die sich natürlich auch auf die Hemmungsmechanismen auswirkte,
* die Störung des Gleichgewichtes zwischen Tötungsfähigkeit und Tötungshemmung,
* die Möglichkeit, den Gegner zu töten, ohne ihm direkt zu begegnen.

Zwar gelang der Menschheit in den Anfängen ein geistiger Ausgleich für den Ausfall natürlicher Hemmungsfunktionen, der ihr Weiterleben überhaupt erst ermöglichte, doch bieten geistige Verhaltensnormen (du sollst nicht töten) keine instinktive Sicherheit, so daß dem Menschen immer wieder neu die Verantwortung zukommt, Konsequenzen des Aggressionsverhaltens zu erkennen und zu vermeiden.

Aber anstatt ein System sittlich motivierter Hemmungsmechanismen zu festigen, werden oftmals verantwortungslos vorhandene Aggressionen auf irgendwelche Opfer geleitet, wozu ganz bewußt Tötungshemmungen abgebaut werden; ein solches Vorgehen kann man als negative Kanalisierung der Aggression bezeichnen; sie ist besonders problematisch, da es dem zivilisierten Menschen oftmals nur ungenügend möglich ist, aggressive Handlungen abzureagieren. Vielfach mündet die Suche nach einem Ersatzobjekt nicht in eine Aufarbeitung der Aggression, sondern sie entlädt sich in Verhaltensweisen, die sittlich abzulehnen sind.

Über die Stabilisierung der noch vorhandenen natürlichen Hemmungsmechanismen hinaus ist folglich eine positive Kananalisierung der Aggression notwendig, d. h., es muß eine Methode gefunden werden, die »... bei aggressivem Triebstau eine triebverzehrende Endhandlung herbeizuführen (in der Lage ist), die keinen Schaden stiftet und die sittlich gesehen wenigstens wertneutral ist« (F. Rauh, 1969, S. 209). K. Lorenz empfiehlt z. B. Sport als »ritualisierte Sonderform des Kampfes«.

Da Anonymität Aggressionsauslösung erleichtert, ist persönliches Sich-Kennen ein wirksamer Hemmungsmechanismus. Auch Begeisterung für geeignete gemeinsame Ideale (nach Lorenz: Musik, Poesie, Kunst, Wissenschaft) ist ein hilfreiches Mittel zur Meisterung aggressiver Tendenzen.

Die Möglichkeit einer einfachen Aggressionsableitung im Spiel wird jedoch von A. Storr (1964) bestritten, weil im Spiel die grundsätzliche Einstellung bestehe, der Gegner sei ein Mensch gleicher Art, wogegen in der Realität oft mit ideologischen Konflikten zu rechnen sei, in denen das Gegenüber als völlig verschiedenes Wesen gesehen werde. Aus Storrs Einwand ergibt sich, daß als aggressionsdämpfende Komponente die Bereitschaft zur Entideologisierung hinzukommen muß. Gegenüber dem Tier hat der Mensch also die Chance, im geistigen Wettkampf eine Umorientierung der Aggression zu vollziehen; er kann sie durch Sublimation zu Antrieben kultureller Art umgestalten; er kann die Aggressivität nicht nur abschwächen, sondern sie auch unschädlich machen.

»Auch der Umschlag in symbolisches Verhalten, verbale Entladung und Phantasievorstellungen erlauben eine Ableitung der Aggression ebenso wie Spott, Sarkasmus und Neckerei. Freilich vollzieht sich hier die geistige Kanalisierung sehr oft in sittlich unwertigen Formen« (F. Rauh, 1969, S. 211).

Des weiteren sind Lektüre und Film beliebte Elemente der Umwandlung aggressiver Tendenzen in Phantasieprodukte. Nach K. Heinrich (1961) bewirken Filme mit besonders klarer und vordergründiger Aggressionsthematik eine Zunahme der Aggresion, wogegen die Identifikation mit friedfertigen Gestalten im allgemeinen aggressionshemmend wirkt; auch Filme mit konfliktlos harmonischer Lösung des Aggressionsproblems bewirken eine Minderung der Aggressivität, wobei mit höherem Alter und mit höherer Schulbildung die Tendenz zu friedfertigen Reaktionen verstärkt auftritt. Als aggressionsableitendes Instrument zeichnet den Film also eine deutliche Ambivalenz aus: je nach Thematik und Ausführung sind sowohl Abnahme als auch Steigerung aggressiver Tendenzen möglich.

Auch im Bereich der Aggression erweist sich somit die Sonderstellung des Menschen gegenüber dem Tier: Dem Menschen allein ist ein humaner Umgang mit seiner Aggression ebenso möglich wie deren zerstörerische Pervertierung; er ist seiner Aggressivität nicht einfach ausgeliefert; damit ist er aber auch verantwortlich für die Kanalisierung seiner Aggression und für die Weise, wie diese nach außen wirkt.

6.3 Kritik an der ethologischen Verabsolutierung der Aggression

Die instraspezifische Aggressivität ist beim Menschen in starkem Maße abhängig von der jeweiligen Kultur und den ihr zugrunde liegenden Wertesystemen. Die Aggressionstendenz wird außerdem entscheidend durch unvermeidliche Milieufaktoren (in erster Linie durch Erziehung) mitgeprägt; oftmals bewirkt Liebesentzug Aggressivität.

Da soziale Faktoren und Erziehung die Intensität der Aggression stark beeinflussen können, hält M. E. SOLOMON (1964) eine Reduktion aggressiver Tendenzen und Handlungen durch genaues Studium dieser Faktoren für möglich. Die Stärke der Aggressivität könnte dann herabgesetzt werden, indem auf die verursachenden Milieubedingungen Einfluß genommen wird und aggressivitätssteigernde Faktoren eliminiert werden. Daraus läßt sich schließen, daß die mitunter bei Lorenz zu beobachtende Überbetonung der erblichen Fixierung des Aggressionstriebes, den er als spontanen Instinkt betrachtet, unangemessen ist. Zwar trifft es zu, daß beim Menschen ein angeborener intraspezifischer Aggressionstrieb vorhanden ist, so daß die Beseitigung aggressionsauslösender Bedingungen die Aggressivität nicht völlig ausschalten kann, doch unterschätzt Lorenz oftmals das reaktive Element, den Einfluß des Lernens und der Erziehung.

Eine angemessene Sichtweise des menschlichen Aggressionsverhaltens ist erst dann gegeben, wenn man es als »angeborenen Trieb mit allen seinen Konsequenzen« betrachtet, dabei aber »Milieueinflüsse bei der Regulierung der Gesamttriebstärke« (F. Rauh, 1969, S. 216) anerkennt. Mit Hilfe einer Orientierung und Regelung aggressiver Tendenzen und einer Reduktion der Triebenergien durch planmäßige Umweltgestaltung kann der Mensch seine Aggressivität beherrschen.

LITERATUR

ALBRECHT, U., Rüstung und Sicherheit. Heidelberg: Spektrum der Wissenschaft-Verlagsgesellschaft, 1985.

ARAK, A., Playing games is a serious business: New Scientist 101 (2. 2. 1984), 31–34.

ARDREY, R., The Territorial Imperative. London: Collins, 1969.

ARDREY, R., Der Wolf in uns. Die Jagd als Urmotiv menschlichen Verhaltens. Frankfurt/M.: Krüger, 1977.

ARDREY, R., Adam kam aus Afrika. Wien, München: Molden, 1978.

BACH, G. R.; GOLDBERG, H., Keine Angst vor Aggression. Die Kunst der Selbstbehauptung. Frankfurt/M.: Fischer, 1990.

BÄUMER-SCHLEINKOFER, Ä., Aggressionstheorie antik oder modern. Bestie Mensch statt Bestie Tier?: Universitas 46 (1991), 440–450.

BANDURA, A.; WALTHERS, R. H., Social Learning and Personality Development. New York: Holt, Rinehard & Winston, 1963.

BIGELOW, R., Und willst du nicht mein Bruder sein ... Stuttgart: DVA, 1970.

CARTHY, J. D.; EBELING, F. J. (ed.), The Natural History of Aggression. London, New York: Academic Press, 1964.

DEUTSCHE BISCHOFSKONFERENZ, Ursachen des Terrorismus und Voraussetzung seiner Überwindung. Hrsg. Sekretariat der Deutschen Bischofskonferenz, Bonn, 1978.

DITFURTH, H. v. (Hrsg.), Aspekte der Angst. München: Kindler, ²1977.

DOLLARD, J.; DOOB, L.; MILLER, N.; SEARS, R., Frustration and Aggression. New Haven: Yale University Press, 1939. Dt. Frustration und Aggression. Basel, 1971.

EIBL-EIBESFELDT, I., Der vorprogrammierte Mensch. Wien, München: Molden, 1973.

EIBL-EIBESFELDT, I., Krieg und Frieden. München, Zürich: Piper, 1975.

EIBL-EIBESFELDT, I., Aggressionen und Aggressionstrieb. Erkenntnisse und Stand der Verhaltensforschung: Universitas 35 (1980), 723–729.

FRANK, F., APO und Establishment aus biologischer Sicht. Oldenburg, Hamburg: Stalling, 1969.

FROMM, E., Anatomie der menschlichen Destruktivität. Reinbek bei Hamburg: Rowohlt, ⁷1981.

GERHARD, K., Aggression und Rassismus – elementare Verhaltensweisen. München: Kösel, 1973.

GUHA, A.-A., Die Neutronenbombe. Frankfurt/M.: Fischer, 1977.

HACKER, F., Aggression. Die Brutalisierung der modernen Welt. Wien, München: Molden, ³1971.

HACKER, F., Materialien zum Thema Aggression (Gespräche mit Adalbert Reif und Bettina Schattat). Wien, München: Molden, 1972.

HACKER, F., Terror. Wien, München: Molden, 1973.

HEINRICH, K., Filmerleben, Filmwirkung, Filmerziehung. Der Einfluß des Films auf die Aggressivität bei Jugendlichen. Berlin, Hannover: Schroedel, 1961.

HENNENHOFER, G.; HEIL, K. D., Angst überwinden. Selbstbefreiung durch Verhaltenstraining. Reinbek: Rowohlt, 1975.

HEYMER, A., Ethologisches Wörterbuch. Berlin, Hamburg: Parey, 1977.

KEMPF, W., Mut zum Leben. Antwort der Christen auf die Herausforderung der Angst. Fastenhirtenbrief. Bischöfliches Ordinariat. Limburg, 1975.

KRUUG, H., Clan-system and Feeding Habits of Spotted Hyenas, Crocuta, crocuta Erxleben: Nature 209 (1966), 1257–1258.

LACKNER, S., Die friedfertige Natur. Symbiose statt Kampf. München: Kösel, 1982.

LORENZ, K., Das sogenannte Böse. Wien: Borothra-Schoeler, 1963.

LORENZ, K., Der Mensch biologisch gesehen. Eine Antwort an Wolfgang Schmidbauer: Studium Generale 24 (1971), 495–515.

LORENZ, K., Die acht Todsünden der zivilisierten Menschheit. München: Piper, 1973, ¹²1980.

LORENZ, K., Tiere sind Gefühlsmenschen: Spiegel (17. 11. 1980), 251–264.

MACLAY, G.; KNIPE, H., Adam im Hühnerhof. Dominanzverhalten am Beispiel der menschlichen Hackordnung. Frankfurt/M.: Fischer, 1972.

MEVES, C.; ILLIES, J., Mit der Aggression leben. Freiburg: Herder, 1975.

MILLER, N. E., The frustration-aggression-hypothesis: Psychological Review 1941, 337–342.

MOYER, K. E., International Impulses to Aggression: Transactions of the New Academy of Sciences. 1968, Ser. II 31, 104–114.

NOLTING, H.-P., Lernfall Aggression. Wie sie entsteht – wie sie zu vermindern ist. Theorie und Empirie aggressiven Verhaltens und seiner Alternativen. Reinbek: Rowohlt, 1981.

Pilz, G.; Moesch, H., Der Mensch und die Graugans. Eine Kritik an Konrad Lorenz. Frankfurt/M.: Umschau Vlg., 1975.
Plack, A. (Hrsg.), Der Mythos vom Aggressionstrieb. Frankfurt/M., Berlin: Ullstein, 1980.
Plack, A., Die Gesellschaft und das Böse. Eine Kritik der herrschenden Moral. Frankfurt/M.: Ullstein, 1979.
Rauh, F., Das sittliche Leben des Menschen im Licht der vergleichenden Verhaltensforschung. Kevelaer: Butzon & Bercker, 1969.
Reyer, H. U., Der Mensch und die Graugans. Eine Kritik an K. Lorenz (Buchbesprechung): Umschau 75 (1975), 582.
Ruloff, D., Wie Kriege beginnen. München: Beck, 1985.
Ruthe, R., Erziehung zur Aggressionsbewältigung. München: Claudius, 1973.
Schmidbauer, W., Methodenprobleme der Human-Ethologie: Studium Generale 24 (1971), 462–494.
Schmidbauer, W., Der Mensch biologisch gesehen: Studium Generale 24 (1971), 516–522.
Schmidbauer, W., Die sogenannte Aggression. Die kulturelle Evolution und das Böse. Hamburg: Hoffmann & Campe, 1972.
Scott, J. P., Aggression. Chicago, London: The University of Chicago Press, ^{3}1967.
Skinner, B. F., The behavior of organisms. New York: Appleton-Century, 1938.
Skinner, B. F., Futurum Zwei »Walden Two«. Die Vision einer aggressionsfreien Gesellschaft. Reinbek bei Hamburg: Rowohlt, 1972.
Skinner, B. F., Jenseits von Freiheit und Würde. Reinbek bei Hamburg: Rowohlt, 1973.
Skinner, B. F., Die Funktion der Verstärkung in der Verhaltenswissenschaft. München: Kindler, 1974.
Solomon, M. E., Discussion, S. 156. In: D. J. Carthy; F. J. Ebling (ed.), The Natural History of Aggression. London, New York: Academic Press, 1964.
Stern, H., Familienkrach der Verhaltensforscher: Spiegel (4. 8. 1980), 50–58.
Storr, A., Possibile Substitutes for War. In: D. J. Carthy; F. J. Ebling (ed.), Natural history of Aggression. London, New York: Academic Press, 1964, S. 137–144.
Tiger, L.; Fox, R., Das Herrentier. Steinzeitjäger im Spätkapitalismus. Gütersloh: Bertelsmann, 1973.
Weizsäcker, C. F. v., Wege in der Gefahr. Eine Studie der Wirtschaft, Gesellschaft und Kriegsverhütung. München, Wien: Hanser, ^{2}1976.
Wieser, W., Konrad Lorenz und seine Kritiker. München: Piper, 1976.

KAPITEL XI

Das Altern: Die Endphase des menschlichen Lebens

1. Problemstellung

Das Altern ist die Endphase des menschlichen Lebens. Doch schon ein Kind weiß, was es bedeutet, wenn man zu ihm sagt, für irgend etwas sei es noch nicht alt genug oder aber zu alt. Schon ein Kind kann also für etwas zu alt sein, weil das Leben des Menschen Fristen hat, die verstreichen. Im Deutschen (und in vielen anderen Sprachen) hat das Adjektiv »alt« eine doppelte Bedeutung. Erstens gibt man dadurch an, wie lange Zeit etwas oder jemand existiert (wie alt bist du? wie alt ist der Baum?). Zweitens bedeutet Alt-Sein die letzte Phase eines niederen Lebewesens oder des Menschen. In diesem Kapitel verwenden wir das Wort im zweiten Sinn.

Trotz der berechtigten Rede, daß Altern zum Leben des Menschen dazugehört und deshalb gefragt werden kann, wie in jeder Lebensphase das Altwerden gelebt wird, soll im folgenden das Altern als die letzte Phase des Lebens untersucht werden. Dieser Gesichtspunkt hat seine Berechtigung schon allein aus der sozial-politischen Brisanz, die sich aus dem Altersaufbau der Bevölkerung in unserem Land ergibt: Heute sind 15 % der Menschen der Bundesrepublik Deutschland älter als 65 Jahre; dieser Prozentsatz wird sich bis 2040 verdoppelt haben; der Vergleichswert von 1910 ist 5 % (K. U. Mayer, U. M. Staudinger, 1992, S. 103).

Altern ist aber nicht erst durch die heutigen gesellschaftlichen Verteilungsprobleme zu einem diskutierten Thema geworden. Die Möglichkeit der Verlängerung der Lebensdauer ist eine uralte Frage der Medizin.

Das unausweichliche Altwerden ist auch eine Anfrage an das Gelingen menschlicher Identität.

Für das Altern gilt also, was für jeden Vollzug der menschlichen Wirklichkeit gilt: Es gehört in ein Koordinatensystem, das von vier Dimensionen aufgespannt wird: der körperlichen, der psychischen (Denken, Fühlen, Wollen), der sozialen und der finalen (Gesamtorientierung) (U. Niemann, 1990).

Entsprechend diesen vier Dimensionen erfolgt auch die Gliederung der folgenden Analyse. Sie will über den wissenschaftlichen Stand berichten und besonders gegen geringschätzige Meinungen über das Altsein angehen, die durch den Maßstab des Leistungsvergleichs gebildet werden.

2. Historischer Rückblick (D. Platt, 1976)

Schon Hippokrates (460–377 v. Chr.) macht in seinen Aphorismen und in den Schriften »corpus hippocraticum« exakte Angaben über das Älterwerden des Menschen und dessen Auswirkungen wie z. B. Abnahme des Nahrungsbedarfs, Atembeschwerden, Gliederschmerzen, Kräfteverfall, Grauer Star, Schwerhörigkeit.

Aristoteles (384–322 v. Chr.) bezeichnet das Alter als eine natürliche Krankheit. Die innere Wärme ist Voraussetzung des Lebens; das Altern kommt einem Erkalten gleich.

Claudius Galenos (129–199) hielt Altern und Tod für natürliche Vorgänge; den Alterungsprozeß verstand er als Verschiebung des Gleichgewichts der vier Elemente Wärme, Kälte, Trockenheit und Feuchtigkeit. Mit der Entdeckung des Feuchtigkeitsverlustes (K. U. Mayer, U. M. Staudinger, 1992, S. 102) von Knochen, Muskeln, Bändern und Gefäßen im Alter tat er den ersten Schritt zur modernen Altersmedizin.

Von Roger Bacon (ca. 1214–1294) wurde für Papst Innozenz IV. (1243–54) eine »Gesundheitslehre des Alters« verfaßt, worin das Alter als eine Krankheit bezeichnet wird.

Nach Paracelsus (= *Theophrastus von Hohenheim;* 1493–1541) beruht das Altern auf Selbstvergiftung.

D. Pomis befaßte sich im 16. Jh. erstmals mit diagnostischen und therapeutischen Problemen; von seinen Beschreibungen der Erkrankungen des hohen Alters ist die der Altershypertonie (altersbedingter Bluthochdruck) besonders wichtig.

Giovanni Baptista Morgagni (1682–1771) stellte 1761 in seinem bedeutsamen Werk erstmals zwischen klinischen Symptomen und pathologisch-anatomischen Befunden eine Beziehung her und befaßte sich speziell mit Befunden im höheren Lebensalter.

Gerhard van Swieten (1700–1772) beschreibt Altersveränderungen an den Gefäßen sowie das Schrumpfen der Zwischenwirbelscheiben (Bandscheiben), sucht jedoch die Ursache dieser Phänomene in der bereits von Galenos aufgestellten Säftelehre.

Albrecht v. Haller (1708–1778) untersucht das Alter 1766 in seinem Buch »Elementa physiologiae corporis humani«. Es ist gekennzeichnet durch ein Härterwerden der Muskulatur und der Organe, eine Abnahme der Sinnesschärfe, eine Verengung der Arterienlumina sowie eine Verhärtung der Gefäßwände. A. v. Haller stellte auch vergleichende Untersuchungen bei Mensch und Tier an. Bereits zu Ende des 16. Jhs. waren Bücher erschienen über die Kunst, das menschliche Leben zu verlängern. Aber die Entwicklung einer speziellen Geriatrie (Lehre von den Alterskrankheiten) wurde erst durch den Bau großer Alten- und Pflegeheime sowie von Krankenhäusern begünstigt, die den Wissenschaftlern die notwendigen Forschungsmöglichkeiten boten. Ein Beispiel dafür ist die Salpétrière, eine in ein Krankenhaus umgebaute Salpeterfabrik in Paris, wo 1886 JEAN MARTIN CHARCOT (1825–1893) die ersten Vorlesungen über das Altern hielt.

Ende des 19. Jhs. waren Wissenschaftler wie BROWN-SÉQUARD, VORONOFF und A. BOGOMOLETZ (1881–1945) der Auffassung, Altern beruhe auf der Rückbildung der Geschlechtsdrüsen. Deshalb führten sie zahlreiche Verjüngungsversuche auf hormonaler Basis durch. In ähnlicher Weise versuchte PAUL NIEHANS (1882-1971) mit Frischzellen von ungeborenen Lämmern, den Alterungsprozeß aufzuhalten. Behandeln ließen sich z. B. WINSTON CHURCHILL, DWIGHT D. EISENHOWER, KONRAD ADENAUER und auch PIUS XII. (S. Block, 1978). Der Nutzen dieses Verfahrens ist umstritten, manche Mediziner halten es sogar für schädlich.

Während sich in der folgenden Zeit das Fachgebiet der Geriatrie vor allem durch die Initiative von J. L. NASCHER sehr schnell weiterentwickelte, schien das Interesse an der Grundlagenforschung durch die Mißerfolge der verschiedenen Versuchsreihen zu erlahmen. Erst zwischen 1920 und 1940 erlebte die Grundlagenforschung des Alterns einen neuen Aufschwung. Zu nennen ist hier vor allem MAX BÜRGER (1885–1966), der die Bedeutung der theoretischen Grundlagenforschung für das Verständnis klinischer Veränderungen beim Altern herausstellte. 1938 wurde von ihm und dem Physiologen EMIL ABDERHALDEN (1877–1950) die erste Zeitschrift über dieses Gebiet (»Zeitschrift für Altersforschung«) herausgegeben. 1947 erschien das Buch von M. Bürger »Altern und Krankheit«. Auch der Physiologe FRITZ VERZÁR hat mit seinen grundlegenden Arbeiten einen wesentlichen Beitrag zur Entwicklung der experimentellen Gerontologie geleistet. In den USA erschien 1938 das Buch »Problems of Ageing« von E. V. COWDRY (^{2}1942), und 1951 wurde von N. W. SCHOCK eine Bibliographie der bis dahin existierenden gerontologischen Literatur (18000 Titel!) publiziert. 1954 führte das Symposion in Basel über »Experimentelle Alternsforschung« zur Gründung der Zeitschrift »Gerontologia« für experimentelle, biologische und medizinische Altersforschung. Hauptthema der 59. Verhandlungen der Deutschen Gesellschaft für Pathologie 1975 war »Biologie des Alterns« (G. Dhom, 1976). Neuere Forschungsergebnisse finden sich in den Büchern von MICHAEL ROSE (1991), ROBERT ARKING (1991) und PAUL B. BALTES und JÜRGEN MITTELSTRASS (1992).

Während bis vor kurzem die Pathologie und Physiologie im Zentrum der Alternsforschung standen, liegt heute der Schwerpunkt der Grundlagenforschung auf dem Gebiet der Molekularbiologie und Genetik (vgl. Berliner

Altersstudie: Spektrum der Wissenschaft 1/1992, S. 101–116), in der Humanisierung des Alterns und der Verlangsamung des Alternsprozesses.

3. Naturwissenschaftliche Theorien

Altern kann naturwissenschaftlich nicht exakt definiert werden. Die Kindesentwicklung etwa wird durch den Einschnitt der Pubertät von der Adoleszenz klar unterschieden. Für das Altern gibt es keine solche markante Veränderung, an der man seinen Beginn exakt feststellen könnte. Es endet zwar mit dem sicheren Tod, doch ist es selbst keine Todesursache, da der Organismus immer einem bestimmten organischen Defekt erliegt. Trotzdem können Biologie und Medizin Vorgänge benennen, die charakteristisch sind für zunehmendes Alter, nämlich Leistungseinbußen in der Organtätigkeit und Veränderungen besonders im Zellstoffwechsel.

3.1 Alterssymptome

3.1.1 Funktionsfähigkeit der Organe

In der Graphik (vgl. Hugo P. v. Hahn, 1980) ist die Leistungsfähigkeit einzelner Organe eines Dreißigjährigen als Bezugswert genommen und als 100 %ig gesetzt (linke Linie). Die Säulen geben die Werte wieder, die sich aus dem Vergleich mit der Leistung eines Fünfundsiebzigjährigen ergeben. Die Funktionsfähigkeit aller beobachteten Organe nimmt ab. Die Leistungseinbußen sind allerdings sehr unterschiedlich; sie reichen von einem zehnprozentigen Verlust der Geschwindigkeit, Nervenimpulse zu leiten, bis zu einem mehr als achtzigprozentigen Verlust der Fähigkeit, den Säuregehalt des Blutes zu regulieren. Diese Werte sind Durchschnittswerte. Vergleicht man den Zustand der Organe einzelner gleichaltriger Menschen miteinander, so ergibt sich kein einheitliches Bild ihres Leistungsabbaus (M. Steinhardt 1990, S. 52). Nicht jede Verminderung der Funktionsfähigkeit eines Organs ist lebensbedrohend.

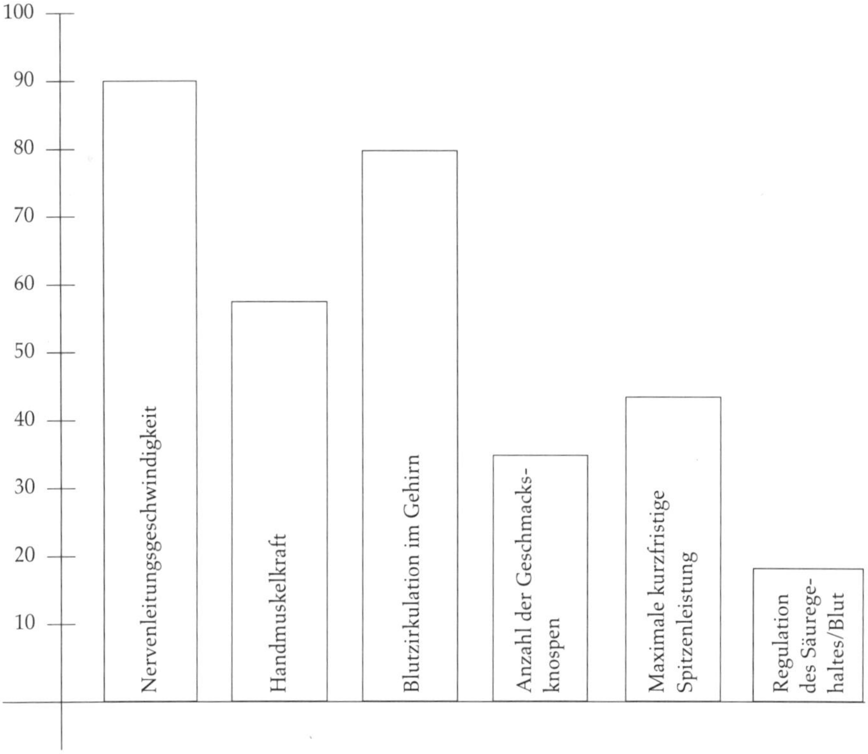

3.1.2 Alterserscheinungen einzelner Organe (exemplarisch)

* Augen: Die Elastizität der Linse nimmt ab (Altersweitsichtigkeit); die Linsen verdicken sich durch Eindringen fremder Zellen, was zur Linsentrübung des »Grauen Star« führt.
* Haut: Feuchtigkeitsverlust und der gestörte Stoffwechsel der Hautzellen, besonders der verzögerte Abbau des langfasrigen Proteins Kollagen, führen zur Faltenbildung. Der Gesamtwassergehalt des menschlichen Organismus geht im Alter von vorher 65 % auf 55 % zurück (K. U. Mayer, U. M. Staudinger 1992, S. 102). Enzyme aus bestimmten Zellorganellen (nämlich den Lyosomen) treten vorzeitig aus und sammeln sich zu braunen Pigment- oder Altersflecken (Lipofuszingranula).
* Herz-Blutkreislaufsystem: Lipofuszinansammlungen belasten auch das Gewebe des Herzmuskels und können es bis zu 30 % besetzen, was zu Bluthochdruck führt. Das Herz reagiert insgesamt langsamer auf Streß-

situationen. Die Arterien verlieren durch Kalkansammlungen an Dehnungsfähigkeit (Arteriosklerose).

* Blut: Im Unterschied zu ausgewachsenen Nerven- und Muskelzellen und in etwa auch zu Leberzellen verfügt das Blut über teilungsfähige Stammzellen im Knochenmark der flachen Knochen, die sich zu teilen vermögen und Nachschub für den Aufbau differenzierter Blutzellen bereitstellen.
* Keimbahn- und Fortpflanzungsorgane: Die Keimdrüsen altern insofern nicht, als sie immer nur junge Eier bzw. Samenzellen hervorbringen. Sie zeigen Altersveränderungen allerdings dadurch, daß Eiqualität und -anzahl abnehmen, bis hin zur Einstellung der Eiproduktion im Alter von ungefähr 50 Jahren. Die Samenproduktion hört zwar nicht auf, doch unterliegen die männlichen Fortpflanzungsorgane ebenfalls einer Alterung.

3.2 Ursachen des Alterns

Es gibt viele und verschiedenartige Theorien über die biologischen Ursachen des Alterns. Die folgende Klassifizierung soll einen Überblick verschaffen:

* Eine Gruppe von Theorien sieht im Altern Abnutzungsvorgänge oder ein Anhäufen von störendem Material (Fehlerkatastrophentheorie).
* Eine zweite Gruppe faßt Theorien zusammen, nach denen das Altern von Erbfaktoren gesteuert wird (Theorie des programmierten Alterns).
* Eine dritte Theorie bringt das Altern in Zusammenhang mit der Differenzierung der Zellen, genauer mit der fehlenden Steuerung der ausdifferenzierten Zellen (Theorie von der Biologischen Uhr).

Exkurs: Die Prozesse der Proteinbiosynthese
Nach der neueren Forschung steht die DNA im Zentrum der Biologie des Alterns. Der überwiegende Teil der DNA befindet sich im Zellkern, ein kleinerer Teil in den Mitochondrien. An den Chromosomen findet die Biosynthese der m-RNA statt, die die Information vom Kern ins Zytoplasma trägt (Transkription). Bei der Translation wird nun die Information durch eine Basengruppe der m-RNA an den Ribosomen auf entsprechende Basen der mit Aminosäuren beladenen t-RNA übertragen. Damit diese Prozesse ungestört ablaufen können, sind Kontrollsysteme eingebaut (Operatormodell von F. Jacob und J. Monod). Mit der Biosynthese der Nukleinsäuren ist die Synthese der Proteine eng verbunden. Mit Hilfe von ATP und Aminoazyl-t-RNA-Synthasen werden Aminosäuren auf die im Zytoplasma lokalisierte t-RNA übertragen. An den Ribosomen erfolgt die Verknüpfung der Aminosäuren zu Polypeptiden.

3.2.1 Die Abnutzungs- und Fehlerkatastrophentheorie

* Die Leistungsminderung im Alter verleitet leicht dazu, Altern als Abnutzungsvorgang zu interpretieren, so wie eine Maschine durch Benutzung verschleißt. Diesem Modell entspricht die Tatsache, daß es im Organismus tatsächlich auch nicht regenerierbare Gewebe gibt (Muskel- und Nervenzellen). Ihr Abbau steht aber in keinem Verhältnis zu den Leistungseinbußen: Der Vorrat an Gehirnzellen etwa ist so groß, daß Verluste im Rahmen der menschlichen Lebenszeit irrelevant sind (H. P. v. Hahn 1980, S. 65). Als Modell ist die Vorstellung von der Abnutzung dienlich; die Frage nach den Ursachen im Sinne einzelner beschreibbarer biologischer Prozesse ist damit allerdings noch offen.
  Eine Variante der Abnutzungstheorie ist die Streßtheorie (1962) von Hans Selye (1907–1982). Untersuchungen zeigen aber, daß Produkte aus Streßsituationen in Erholungsphasen vollständig abgebaut werden können (Howard J. Curtis 1968, S. 29–38).
* Verlust der Thymusdrüse: Die Thymusdrüse ist Teil des Hormonsystems, das die Entwicklung des Embryos zum adulten Organismus steuert. Da sie sich nach der Pubertät zurückbildet, könnte das Ausbleiben ihrer Hormone eine Ursache für das Altern sein. Tatsächlich aber altern auch solche Organismen (einige Tierarten, im Einzelfall auch Menschen), deren Thymusdrüse die ganze Lebenszeit über funktionstüchtig ist.
* Theorien der Anhäufung störenden Materials, wie z. B. Kollagen oder Lipofuszine, führen das Altern auf Vergiftungsvorgänge zurück. Sie benennen damit allerdings nur Folgen und Symptome, nicht aber eigentliche Ursachen.
* Autoimmunität: Bei Autoimmunreaktionen (M. Hartwig, 1992, S. 108) behandelt das Immunsystem eigene Zellen wie artfremde, d. h. es löst sie auf (z. B. beim Rheumatismus). Die Frage nach den Altersursachen muß auch hier weitergeleitet werden zu den Ursachen, die den Defekt des Abwehrsystems bewirken.

3.2.2 Theorien des programmierten Alterns

Nach der Konzeption des »primären Alterns« werden alle Alterssymptome zusammen von einem bestimmten Gen gesteuert. Nicht-primär ist das Altern dann programmiert, wenn mehrere Gene oder auch deren Zusammenwirken die vielfältigen Alterserscheinungen steuern (H. P. v. Hahn, 1980, S. 66).

Nach neueren Forschungen von Olivia M. Pereira-Smith und Yi Ning (D.Erickson, 1991) hat das Chromosom 4 auf das Altern einen Einfluß.

Eine Variante des genetisch programmierten Alterns stellt die Mutationentheorie dar, nach der die Gene erst nach Störungen, etwa durch radioaktive

Strahlungen, die Alterserscheinungen in Gang setzen (H. J. Curtis, 1968, S. 41–83).

Gegen ein genetisches Alterungsprogramm, sei es ursprünglich, sei es aufgrund von Mutationen, stehen allerdings die Experimente mit Zellkernverpflanzungen: »Alte« Gewebezellen eines vollentwickelten Frosches wurden einer entkernten Eizelle injiziert, und es entstand ein junger Frosch (erstmals durchgeführt von John B. Gurdon 1968).

Gegen die Theorie des primären Alterns spricht das uneinheitliche Bild der Alterserscheinungen. Nach den meisten Theorien des programmierten Alterns verursacht nicht nur ein Gen (primäres Altern), sondern mehrere Gene das Altern der Zellen.

3.2.3 Die biologische Uhr

Auch die folgende Theorie sieht die Gründe für das Altern auf der Ebene der Zelle. Sie entspricht damit Forschungsergebnissen der Zellkulturzucht, die auf eine nur begrenzte Teilungskapazität normaler, diploider Zellen hindeuten (Hayflickeffekt: L. Hayflick, 1980).

Man hat beobachtet, daß Zellen eines Organverbandes nur und erst dann absterben, wenn sie ihr Differenzierungsprogramm durchlaufen haben. Die Kernaussage dieser Theorie betrachtet das Verhältnis von Differenzierungsprozeß und differenzierten Zellen eines vollentwickelten Organs und antwortet auf die Frage, was genau genetisch determiniert sei. Im Unterschied zu den Theorien des programmierten Alterns rechnet sie nur für den Differenzierungsweg mit einem genetischen Programm, nicht aber für das Schicksal der ausdifferenzierten Zellen. Ihre These läßt sich prägnant so zusammenfassen: »Das Altern ist das Fehlen eines Programms zur Verhinderung desselben.« (M. Steinhardt, 1990, S. 94f)

Differenzierung bedeutet Festlegung auf eine bestimmte Funktion. Jede Zelle verfügt zwar über das gesamte Genom (= Erbsatz) eines Organismus; ihre DNA kann aber durch angelagertes Protein teilweise abgeblockt werden, so daß die Informationen auf diesem Bereich der DNA nicht abgelesen werden können. Die Entwicklung der Organe bedient sich dabei zweier Arten von Zellteilungen: Die Proliferationsteilung dient lediglich der Vermehrung der Zellmasse, eine Differenzierungsteilung dagegen verändert die Bandbreite der Funktionen der Tochterzelle. Der kontrollierte Rhythmus von Proliferation- und Differenzierungsteilungen beschreibt das Bild von der biologischen Uhr. Diese Uhr tickt immer dann, wenn eine Teilung erforderlich ist im Rahmen der Zellkommunikation. Diese Uhr und damit der Rhythmus von Proliferations- und Differenzierungsteilung wird abgestellt, wenn die Differenzierung voll durchgeführt ist (M. Steinhardt 1990, S. 87–103).

Eine alternde Zelle ist danach eine ausdifferenzierte Zelle, die durch Anpassung an äußere Veränderungen (Strahlen, Gifte u. a.) nach und nach von ihrer ursprünglichen Funktion abweicht, ihren Platz im Organverband verliert und zur orientierungslosen Krebszelle wird.

Die Theorie von der ausgeschalteten biologischen Uhr kann einige Forschungsergebnisse integrieren:

* Organe, die über einen Raum verfügen, in dem Zellen sich als undifferenzierte Stammzellen teilen und immer neue Zellen auf den Differenzierungsweg schicken können, altern nicht: So das Blut, dessen Stammzellenkompartiment sich im Knochenmark der flachen Knochen befindet.
* Die Theorie ist vereinbar mit den oben schon beschriebenen Kerntransplantationen: Die Verpflanzung des Kerns einer alten Zelle in die neue Umgebung einer entkernten Eizelle führt zur Entblockung der DNA der alten Zelle; die Zelle »vergißt« damit ihre Vergangenheit, und die biologische Uhr beginnt von neuem zu arbeiten.

Die DNA wäre dann von sich her keinem Alterungsprogramm unterworfen, Schädigungen wären durch äußere Einflüsse induziert.

4. Psychologie des Alterns

Die Psychologie des Alterns befaßt sich entsprechend dem Wort psyché = Seele, Geist, mit der Intelligenz im Alter und den psychologischen Problemen, die mit dem Ausscheiden aus dem Arbeitsprozeß und dem Alter allgemein verbunden sind.

4.1 *Alterstypische Lebensumstände*

Die folgende Beschreibung der Lebenswelt älterer Menschen ist von der Perspektive der geriatrischen Psychiatrie (H. Häfner; H. Heimann, 1981) her bestimmt: Das bedeutet, daß sie insofern einseitig ist, als sie die Aufmerksamkeit auf einige äußere Umstände und innere Erlebnisweisen lenkt, die für unsere Epoche die besonderen Schwierigkeiten in der Gestaltung des Alterns darstellen.

* Die Familienstruktur: Das Zusammenleben der Familie ist meist auf den Kernbestand von Eltern und Kindern reduziert. Großeltern wohnen oft nicht einmal am selben Ort. Sie prägen nicht die Gestalt des alltäglichen Familienlebens mit.

* Die Fremdheit zwischen den Generationen: Angesichts von Fortschrittsperspektive, schnellem Wandel und Technisierung aller Lebensbereiche verstehen sich die Jüngeren besser auf die heutige Welt; sie sind darin eher Lehrer der Älteren. Diese fühlen ihre Abhängigkeit von der weltgewandteren jüngeren Generation.
* Die finanzielle und soziale Lage: Altern ist für die meisten Menschen mit finanziellen Einbußen verbunden; davon sind besonders verwitwete Frauen betroffen. Das Schichtengefälle wirkt sich deutlich auf den Spielraum der Lebensgestaltung aus.
* Selbsterleben: Wegfall bzw. Umorientierung bisheriger Lebensmotive (Arbeit, Erziehung); die Erfahrung der knappen Frist erschwert die Suche nach neuen Motiven. Abhängigkeitserfahrungen führen zu aggressiven Stimmungen.
* Fremdeinschätzung: Die allgemeine Einstellung unterstellt Älteren Bedürfnislosigkeit in allen Lebensbereichen (K. Dörner; U. Plog, 1984, S. 420–424. U. Lehr, 1991, S. 155 ff).

4.2 Altern als Thema der Entwicklungspsychologie

Die verschiedenen Ansätze einer Psychologie des Alterns, die nun dargestellt werden, wollen bestimmte Veränderungen in ihrer Altersabhängigkeit ausweisen und beschreiben. Dabei gelingt es nicht von jedem Theorieansatz her, im Alter einen eigenqualifizierten Abschnitt der menschlichen Lebensentwicklung zu sehen und ihm im Rahmen ihrer Theorie einen eigenen systematischen Raum zuzuteilen. Eine kritische Leitfrage an das jeweilige psychologische Modell vom Altern ist deshalb die, welches Verständnis von Entwicklung ihm zugrunde liegt.

Ein zweites Kriterium der Beurteilung liefert eine Analyse der menschlichen Lebenswirklichkeit; diese spielt sich in vier Dimensionen ab: Spezifisch menschliches Tun hat nach Ulrich Niemann (1990) immer eine somatische, soziale, psychische (Denken, Wollen, Fühlen) und finale (Orientierung des eigenen, ganzen Lebens) Dimension. Von daher kann ein Modell auf Einseitigkeiten überprüft werden bzw. sich als ergänzungsbedürftig erweisen.

4.3 Das Defizitmodell des Alterns

Wie die Wahl der Forschungsmethode das Ergebnis bestimmt, zeigt das Defizitmodell des Alterns sehr klar. Es bedient sich der oben vorgestellten biologischen Vorgehensweise, Entwicklung zu beschreiben, d. h. es vergleicht meßbare Größen, die in einem zeitlichen Kontinuum stehen, zu verschiedenen Zeiten.

4.3.1 Der Forschungsansatz

Die frühe psychologische Altersforschung von den zwanziger bis zu den fünfziger Jahren unseres Jahrhunderts befaßte sich ausschließlich mit Veränderungen der geistigen Leistungsfähigkeit. Sie betrachtete den in Testsituationen isolierten einzelnen Menschen und untersuchte, mit wieviel Erfolg er die vorgelegten Aufgaben lösen konnte. Insofern die Lösung einer Testaufgabe mit Punkten bewertet wird, ergibt sich die Möglichkeit, die Leistungen verschiedener Testpersonen miteinander zu vergleichen. Die Vergleichswerte können in ein Koordinatensystem übertragen werden, das aus den Dimensionen des Alters des Probanden und der Gesamtpunktzahl gebildet wird.

4.3.2 Forschungsergebnisse

Die ersten großangelegten Intelligenzuntersuchungen dieser Art wurden als Auswahltests für Offiziere gegen Ende des Ersten Weltkrieges in den USA durchgeführt und später unter der Rücksicht des Altersunterschiedes auch psychologisch ausgewertet.

»Das in Einheiten der ›Standard-Abweichungen‹ definierte Altersdefizit zeigt sich danach schon nach dem 30. Lebensjahr sehr beträchtlich.« (U. Lehr, 1991, S. 68)

Bei gleichem Ansatz wurden die Testverfahren verbessert, zunächst dadurch, daß man die Zeitkomponente berücksichtigte. Eine neue Stufe leitete 1944 David Wechsler ein. Er untersuchte zum ersten Mal nicht Intelligenz im allgemeinen, sondern verschiedene, als intelligent bezeichnete Funktionen. Wechsler teilte seine Testfragen in zwei Großgruppen ein, eine Gruppe von sprachgebundenen Tests und eine von sprachfreien Handlungstests. In jeder Gruppe entdeckte er altersbeständige und altersabhängige Funktionen. Eher altersbeständig sind: Allgemeines Wissen, allgemeines Verständnis, Wortschatz, Figurenlegen, Bilderganzen. Eher altersabhängig sind: Zahlennachsprechen, rechnerisches Denken, Gemeinsamkeiten finden, Zahlensymboltests, Mosaiktests, Bilderordnen (U. Lehr, 1991, S. 72).

Für Wechsler spielte diese Differenzierung in Funktionen streng genommen nur im Hinblick auf die Testmethode eine Rolle. Daß die bisher stillschweigend zugrunde gelegte Konzeption eines einheitlichen, allgemeinen Vermögens »Intelligenz« dadurch in Frage gestellt ist, sah Wechsler noch nicht. Deshalb ist es für ihn auch sinnvoll, die Ergebnisse der nach einzelnen Intelligenzfunktionen differenzierten Einzeltests zu einem Gesamttestergebnis zu addieren. In Relation zum Alter gesetzt, beschreiben diese Gesamtwerte dann wieder die erwartete Kurve, die ihren Höhepunkt bei knapp 25 Jahren hat. Sie bestätigt die bisherige »Adoleszenz-Maximum-Hypothese«. Die Ergebnisse der biologischen Altersforschung scheinen denen der psychologischen zu entsprechen.

4.3.3 Kritik am Defizitmodell

4.3.3.1 *Kritik an der Konzeption der Allgemeinen Intelligenz*

Die im Defizitmodell ausgedrückte Entsprechung von biologischer und psychologischer Entwicklungstheorie ist das Ergebnis einer unkritisch angewandten Methode; sie ist nicht in der Sache, der Intelligenz, begründet.

Der historische Rückblick zeigt, daß Veränderungen der Methode und Konzeption des Gegenstandes nicht wechselseitig aufeinander bezogen wurden; Objektivität ist nicht allein dadurch gewährleistet, daß man quantifizierte Ergebnisse bereitstellt. *Was* Intelligenz ist, kann nicht durch Messungen festgestellt werden, sondern ist in der vorgängigen Konzeption des Betrachters gegeben; den Intelligenztests, die zur Ausbildung des Defizitmodells und der Adoleszenz-Maximum-Hypothese führten, liegt stillschweigend der Begriff eines allgemeinen Vermögens »Intelligenz« zugrunde, das zwar ein Mehr oder Weniger kennt, aber qualitativ immer dasselbe ist. Dieser Intelligenzbegriff ist nach der heutigen Kognitionspsychologie aufzugeben; Intelligenz ist keine vorfindbare, an sich gegebene Einheit, sondern »eine funktionale Einheit von voneinander relativ unabhängigen Primärfunktionen…, die bei der Lösung unterschiedlicher Problemstellungen in jeweils spezifischer Konstellation zusammenwirken« (U. Lehr, 1991, S. 79).

Die Primärfunktionen können in zwei Gruppen eingeteilt werden: Die Fähigkeiten, die »flüssige Intelligenz« (fluid intelligence) genannt werden, sind eher altersabhängig, die »kristallisierte Intelligenz« (cristallized intelligence) ist eher altersbeständig. Unter flüssiger Intelligenz versteht man die Kombinationsfähigkeit oder Flexibilität, das intellektuelle schnelle Erfassen neuer Erkenntnisse. Die kristallisierte Intelligenz hingegen meint das große Erfahrungswissen, das jemand bis zum Alter gespeichert hat, und den großen Wortschatz, den er erworben hat. Methodisch hatte Wechsler diesen Unterschieden Rechnung getragen. Sachlich aber ist es nicht gerechtfertigt, Aussagen über Intelligenzleistungen losgelöst von ihrem Funktionieren in einer konkreten Aufgabe zu machen. Intelligenz ist immer nur »in actu« erkennbar.

Im Gegensatz zum Defizitmodell hat Hans Thomae (1971; 1988) eine psychologische Theorie des Alterns entwickelt, die weniger nach den objektiven Gegebenheiten des Alterungsprozesses fragt als danach, wie der alternde Mensch diese objektiven Gegebenheiten (beispielsweise das Nachlassen der körperlichen und geistigen Leistungsfähigkeit, Veränderung in der sozialen

Umwelt) subjektiv erlebt und interpretiert. Thomaes Theorie wird deshalb »*kognitive Alternstheorie*« genannt. Die Verhaltensänderungen eines Menschen (z.B. sich völlig zurückzuziehen) stehen demzufolge mit den subjektiv erlebten Änderungen in der Umgebung (z.B.: meine Kinder sind jetzt erwachsen und führen ihr eigenes Leben = ich bin überflüssig geworden und nur noch im Wege) in weitaus engerem Zusammenhang als mit den objektiven Umweltveränderungen an sich (meine Kinder sind jetzt erwachsen und führen ihr eigenes Leben).

Meisterung des Alterns und Zufriedenheit in dieser Phase hat nach dieser Theorie einen Gleichgewichtszustand zwischen der erlebten (»kognitiv repräsentierten«) Realität und den Bedürfnissen des alternden Menschen zur Voraussetzung. Bleibt man bei dem zuvor gewählten Beispiel, kann das bedeuten, daß ein alternder Mensch das »Aus-dem-Hause-Gehen« seiner Kinder dann als weniger belastend erleben wird, wenn er von Anfang an den Wunsch hatte, sie zur Selbständigkeit zu erziehen.

Die kognitive Alternstheorie hat sich als äußerst fruchtbar für die gerontologische Forschung erwiesen: »Die kognitive Theorie des Alterns nach Thomae trägt wesentlich zum Verständnis des Alterungsprozesses bei. Durch das explizite Einbeziehen von Kognition und Motivation (also subjektive Wahrnehmungen und subjektive Bedürfnisse) wird es nämlich erstmals möglich, Altern auch auf individueller Ebene zu betrachten. Damit wird deutlich, warum es nicht das *Altern* schlechthin gibt, sondern warum im Grunde jeder Mensch seinen eigenen, individuellen Alternsverlauf hat.« (W. Oswald; U. Fleischmann, 1983, S. 41)

4.3.3.2 *Variablen der Intelligenzbildung*

Wie die intelligenten Fähigkeiten eingesetzt werden können, hängt neben der Alterskomponente (für die fluid intelligence) von vielen anderen Umständen ab: erforderte Geschwindigkeit, Ausgangsbegabung, Schulbildung, berufliches Training, stimulierende Umgebung, Gesundheitszustand, biographische Momente (Zufriedenheit, Erwartungen, Schicksalsschläge) und Motivation (was hängt von der Lösung der Aufgabe ab?) (U. Lehr, 1991, S. 67- 103).

Intelligenz ist eine Funktion eines konkreten Menschen in einer bestimmten Situation, die er beurteilen und handelnd bewältigen soll.

4.3.3.3 *Methodische Forderungen*

Die Entwicklung der Fähigkeit, Aufgaben intelligent zu bewältigen, ist wegen der genannten Variablen der Intelligenzentwicklung durch Vergleich verschiedener Menschen nicht vollständig zu rekonstruieren. Abgesehen vom numerischen Alter und von der Geschwindigkeit der Testleistung können die Variablen nur durch die Beschreibung konkreter Lebensumstände aufgefüllt werden. Diese Informationen sind dann allerdings nicht mehr meßbar, sondern hängen von der Selbstdeutung der Testperson ab. Es zeigt sich, daß Psychologie auf Interpretation angewiesen ist.

Methodisch wird diesem Befund eine Längsschnittuntersuchung gerecht, die an der Lebenslinie eines einzelnen Menschen orientiert ist. Querschnittuntersuchungen, die bei den Defizitkonzepten verwendet wurden, vergleichen verschiedene Individuen verschiedenen Alters nach allgemeinen Gesichtspunkten miteinander; sie sind methodisch dazu gezwungen, die individuellen, aber für die Intelligenzentwicklung entscheidenden Unterschiede zu nivellieren. Das interpretative Moment der Längsschnittuntersuchungen ist der Sache angemessener (Intelligenz ist kein allgemeines Vermögen) und dient in diesem Sinn der Objektivität.

4.4 Veränderungen der Persönlichkeit

Theorien der Persönlichkeitsentwicklung beziehen sich hauptsächlich auf Kindheit, Jugend und frühes Erwachsenenalter. Das persönliche Erleben und Verhalten spielt sich immer in der Einheit/Ganzheit von körperlicher, psychischer, sozialer und finaler Dimension ab. Was bisher über biologische und kognitive Veränderungen gesagt wurde und was im folgenden Abschnitt (4.5) über das soziale Leben ergänzt wird, beschreibt Bedingungen der Lebensorientierung im Alter. Nur im Rahmen dieser Bedingungen sind Untersuchungen zu Persönlichkeitsstrukturen sinnvoll. Tatsächlich aber werden viele Persönlichkeitstests sowohl von Jüngeren entworfen als auch an Jüngeren und deren Lebenswelt erprobt.

Persönlichkeitsmerkmale, die ohnehin schon schwer zu generalisieren sind, dürfen nur im Kontext dieser Lebenswelt gedeutet und erklärt werden.

Im Alter haben viele Krankheiten einen chronischen Verlauf. Persönlichkeitsveränderungen treten dann häufig als Bewältigungsweisen solcher Dauerkrankheiten auf; sie sind also nicht primär durch den Altersfaktor bestimmt.

Informationen über Persönlichkeitsveränderungen im Alter können auch aus psychiatrischen oder kriminologischen Einzelbefunden erhoben werden, d. h. allerdings aus dem Randbereich der allgemeinen Entwicklung. Auffällig ist die mit zunehmendem Alter steigende Suizidquote und die sinkende Quote von Suizidversuchen. Zum Alterssuizid führen weniger ausgesprochene Alterspsychosen, als vielmehr verstehbare Gründe (Isolation, wirtschaftliche Not). Die Möglichkeiten der Lebensgestaltung sind jedoch auch innerhalb einer bestimmten Altersgruppe sehr verschieden – etwa je nach Bildung, Gesundheitszustand oder finanziellem Vermögen, d. h. nicht direkt altersabhängige Größen.

Wie beim Vergleich von Intelligenzleistungen, zeigt sich der Unterschied einzelner Menschen innerhalb einer Altersgruppe relevanter als der zwischen verschiedenen Altersgruppen, d. h. Faktoren wie Schulbildung, berufliche Tätigkeit, finanzielles Vermögen und soziale Kontakte sind prägender als der Altersunterschied.

4.5 Veränderungen im Bereich sozialer Kontakte

Ältere Menschen werden, gesamtgesellschaftlich gesehen, abgedrängt. Das ist ein Tatbestand, den nicht erst die Industriegesellschaft hervorgebracht hat, wie die Schilderungen primitiver Kulturen in SIMONE DE BEAUVOIRS Untersuchung (1977) über das Altern zeigen. Die Rolle der Alten war schon immer zumindest ambivalent.

Trotzdem wäre es eine Engführung, wenn man die Einschränkung im sozialen Leben auf die Phase des Alters begrenzt sehen wollte. Lösung von zwischenmenschlichen Bindungen oder deren Umgestaltung sind Aufgaben aller Lebensstufen. So bedeuten etwa Heirat oder Geburt von Kindern vor allem für die Frau eine Einschränkung von Außenkontakten, die nicht weniger isolierend sein kann als die Pensionierung oder der Auszug des letzten Kindes aus dem Elternhaus.

Umorientierung in den sozialen Kontakten ist eine lebenslange Entwicklungsaufgabe.

Sozialpsychologisch sind zwei gegensätzliche Konzeptionen entwickelt worden, welche die angemessene und zufriedenstellende Form des sozialen Lebens im Alter betreffen. Nach beiden hängt das Gelingen des Alterns mit der rechten Weise von Einbindung in und Rückzug aus dem Rollengefüge der Gesellschaft zusammen.

4.5.1 Die Aktivitätstheorie

Pensionierung bedeutet Ausscheiden aus dem aktiven Berufsleben. Der Mensch wird nicht mehr in seinem Beruf gebraucht. Nach der Aktivitätstheorie ist aber ein Mensch dort glücklich, wo er gebraucht wird. Soll das nicht nur hier und da geschehen, sondern dauerhaft und damit identitätssichernd, stehen geprägte Rollen bereit, mit denen der einzelne Rollenträger eine bestimmte Funktion übernimmt. Die Ausübung dieser Funktion wie auch die damit verbundenen menschlichen Kontakte bereiten Zufriedenheit.

Altern bedeutet allerdings Rollenverlust und damit Funktionsverlust, sei es durch Ausscheiden aus der Berufswelt oder durch den Auszug von Kindern aus dem Familienhaushalt. Ein glückendes Altern verlangt deshalb vom einzelnen, sein Leben unter den veränderten Umständen zu gestalten und neue Rollen zu übernehmen. Die Aktivitätstheorie rechtfertigt die verschiedenen Zusammenschlüsse und Selbsthilfegruppen älterer Menschen sowie organisierte Altenarbeit.

Die Zufriedenheit hängt dabei nicht von der Anzahl der sozialen Kontakte ab, sondern von deren Qualität und d. h. von deren Fähigkeit, den Erwartungen und Entwürfen zu entsprechen.

4.5.2 Die Disengagementtheorie

Die Disengagementtheorie wirft der Aktivitätstheorie vor, eine Konzeption für die mittlere Lebensphase zu sein, in welcher der Lebenssinn tatsächlich von der Aktivität her bestimmt wird. Aktivität verstelle aber die eigentliche Aufgabe des Alterns, nämlich die Einstellung auf den Tod.

Disengagement, d. h. Loslösung, Rückzug, ist eine Bewegung, in der sich die eigentlichen Wünsche des alternden Menschen, sich von der Hektik und dem Streß des Berufslebens zu lösen, und die gesellschaftlichen Bedürfnisse treffen. Die Industriegesellschaften verfügen über genügend Kapazitäten, um die alternden Menschen zu entlassen. Nach der Disengagementtheorie sind alle Formen von Arbeit alter Menschen deshalb abzulehnen.

Wird das Disengagement nicht nur partiell und temporär, sondern total und für immer verstanden, wird daraus eine Bindungslosigkeit, die jegliche Orientierung und jeden Halt unmöglich macht. Nach U. Lehr (1984, S. 221 f.) haben empirische Untersuchungen in Altenheimen ergeben, daß eine Vernachlässigung der Umgangsformen den einzelnen nicht nur als Eigenbrötler isoliert, sondern sich auch negativ auf Selbstbild und Selbstachtung auswirkt.

Eine modifizierte Form der ursprünglichen Disengagementkonzeption scheint angemessener zu sein: Rückzug kann als erste Reaktion auf die Zumutungen und Anforderungen der veränderten Situation hilfreich sein; Disengagement wäre damit nicht als Gestaltungsform des Alterns zu empfehlen, sondern als dessen anfängliche Phase.

4.5.3 Soziale Kontinuität: Die kognitive Alternstheorie

Aktivitäts- und Disengagementtheorie betrachten bestimmte objektive und subjektive Ereignisse im Leben Älterer, insofern sie eine Diskontinuität im sozialen Leben zur Folge haben. Es ist zu fragen, ob die beiden genannten Theoriekonzepte sich nicht zu einseitig von der Diskontinuität im Altern bestimmen lassen. Statt, je nach Theoriekonzept, nach neuen Beziehungen Ausschau zu halten bzw. sich nun von der Mitwelt zu verabschieden, liegt der grundlegende Schritt doch in dem Versuch, auch im Alter Kontinuität im sozialen Leben zu erhalten oder zu stiften. Das schließt eine notwendige Umgestaltung der bisherigen Beziehungen sowie auch Neuorientierungen nicht aus. Wenn der Sinn des Alters u. a. dadurch erschlossen werden kann, daß der Mensch die Aufgabe der Versöhnung mit seinem Leben angeht, dann ist Kontinuität eine Bedingung für die zu findende Identität (s. 5.2.1).

Die von Hans Thomae 1968 entwickelte psychologische Theorie des Alterns (1988) sucht eine Verbindung von objektiver und subjektiver Dimension herzustellen, indem sie danach fragt, wie der alternde Mensch die objektiven Gegebenheiten (Nachlassen der körperlichen und geistigen Leistungsfähigkeit, Veränderungen in der sozialen Umwelt) subjektiv erlebt und interpretiert. Thomaes Erklärungsmodell wird deshalb »kognitive Alternstheorie« genannt (vgl. 4.3.3.1). Wenn man sich gedanklich auf die Situation des Alterns einstellt, gelingt die Endphase des menschlichen Lebens besser.

Sozialpsychologisch gesehen, scheint die Familie am ehesten der Ort, dem Wunsch nach Kontinuität im Alter in anderer Qualität nachkommen zu können: Hier könnte der Hilfsbedürftigkeit der Älteren entsprochen werden, ohne allzu große Abhängigkeitsgefühle hervorzurufen. Dies ist auch angesichts der weitgehenden Beschränkung des Familienlebens auf die Kernfamilie aufrechtzuerhalten. Es erfordert allerdings auch einen frühzeitigen Lernprozeß von allen Beteiligten.

Eine Gerontopsychologie, die sich nicht auf das reine Sammeln empirischer Daten der Lebensgewohnheiten alter Menschen beschränkt, die ihnen vielmehr die geglückte Gestaltung des Lebensabends ermöglichen will, formuliert deshalb folgende vier Ziele:

* Korrektur des vorurteilsvollen Bildes vom alternden Menschen in der Öffentlichkeit;
* Aufwertung des Selbstbildes und des Selbstwertgefühls alternder Menschen;
* Neudefinition der Position alternder Menschen in der Gesellschaft;
* Bereitstellen von Hilfen zur Bewältigung von Problemen sozialer und psychischer Art.

Zu diesen Hilfen zählen Maßnahmen verschiedenster Art: von Bildungsangeboten und Aktivierungsprogrammen über Verbesserungen der Wohn- und Lebensverhältnisse bis hin zur Einzel- und Gruppentherapie in Konfliktfällen. Durch Interventionsmaßnahmen dieser Art versucht die neue Gerontopsychologie (W. D. Oswald, U. M. Fleischmann, 1983), einem Altersabbau vorzubeugen.

5. Naturphilosophische Deutung des Alter(n)s

Aus den biologischen und psychologischen Erkenntnissen und Ansätzen sollen nun die philosophischen und anthropologischen Schlußfolgerungen gezogen werden, da Philosophie prinzipielle Reflexion auf menschliche Grunderfahrung ist (J. Splett). Dabei gehen wir von der Feststellung aus, daß das Alter die letzte Phase im menschlichen Leben ist, und zwar nicht nur als Ende, sondern als in Freiheit zu vollziehende Vollendung. Es geht um die Erkenntnis des Sinnes des Alterns, und zwar als *teleologischer Sinn:* wozu das Altern für den Menschen da ist.

5.1 Das Defizitmodell von Illies

Joachim Illies (1975) versucht den Sinn des Alterns aus dem Vergleich zu den vorausgehenden Lebensabschnitten zu ergründen.

5.1.1 Die verschiedenen Phasen im menschlichen Leben

Ein Säugling hat ein Recht auf bedingungslose Hingabe an seine leibliche Bedürftigkeit, auf sofortige Befriedigung seiner oralen Wünsche, auf Sattwerden und auf Zuwendung.

In einer zweiten Entwicklungsphase hat der Säugling das Recht auf Bindung an eine Person, an der er das Urvertrauen, das Vertrauen zur Welt und zu anderen Menschen lernt (Kap. IX). In dieser Zeit wächst sein Mut, sich später auch anderen zuzuwenden. Ein Kind hat das Recht auf eine Mutter und einen Vater, ein Erwachsener nicht mehr.

In der dritten Phase, dem Trotzalter, setzt der Zwei- bis Dreijährige den Schritt hinaus in die Welt. In diesem Alter hat das Kind ein Recht auf verständnisvollen Widerstand, der ihm Grenzen setzt und ihm zugleich die Hoffnung auf eigene Entwicklung und Persönlichkeitsentfaltung gibt.

Im heranwachsenden Jugendlichen regt sich als vierter Antriebsbereich die Sexualität. Er hat jetzt ein Recht auf Unterweisung in seiner Geschlechtsrolle, auf Vorbild, auf Respekt vor seinem Schamgefühl und auf die Möglichkeit, es als schützende Hülle zu erkennen und in den Moment ihrer liebenden Sprengung hineinzuwachsen.

Der Erwachsene und der Alternde, dessen maximale Entfaltung in den vier genannten Antriebsbereichen vollzogen ist, erfährt, daß der eigene Körper ihm die Erfüllung seiner Antriebe versagt. Er hat jetzt das Recht darauf, über die materielle Bedürftigkeit der Antriebe hinaus eine höhere und verinnerlichte Form ihrer Befriedigung zu erfahren.

5.1.2 Abschied vom Sich-Einverleiben der Welt

Das Abschiednehmen vom vorhergehenden Lebensabschnitt, das in jeder Phase des Lebens geübt werden muß, im Alter aber besonders drängend wird, zeigt sich konkret in den Defiziten, die sich im Vergleich zum Erwachsenenalter einstellen: Nachlassen der Körperkräfte, der Leistung der Sinnesorgane (Gehör, Augen), Nachlassen der geistigen Kräfte (Verschlechterung des Kurzzeitgedächtnisses, der Lernfähigkeit, der flüssigen Intelligenz, der Konzentrationsfähigkeit). Dem muß sich der alternde Mensch stellen, es annehmen und Abschied nehmen von der davorliegenden Zeit des Erwachsenseins.

So ist der abnehmende Appetit im Alter ein Anstoß nachzudenken, daß nun anderes wichtiger wird als das Sich-Einverleiben der Welt. Dem alternden Menschen steht das Recht auf einen Richtungswechsel in den Antrieben zu. Die abnehmende Seh- und Hörschärfe weisen auf das Recht auf Stille und Innerlichkeit hin, auf Verarbeitung des Vergangenen und dessen Hinübernehmen in die Zukunft. Auch Aggression und Sexualität können im Alter andere, verinnerlichte Arten der Verwirklichung erfahren.

Vor allem haben alternde Menschen ein Recht darauf, in Würde alt zu werden; sie sollen ihr Zurücktreten aus der vorderen Front des Lebens als Privileg genießen können.

5.2 Kritik am Defizitmodell

Diese Sinndeutung des Alterns richtet sich allerdings zu sehr aus am Defizitmodell des Alterns. Auch in früheren Lebensphasen gab es schon Grenzerfahrungen der Körperkräfte und der Leistungen der Sinnesorgane. Allerdings kann man zugeben, daß diese Aufgabe im Alter besonders schwierig wird, weil der alternde Mensch wohl mehr unter den täglich erfahrbaren Grenzen leidet als der Erwachsene auf dem Höhepunkt seiner Schaffenskraft. Auch früher schon mußte der Mensch nach innen schauen, durfte sich nicht verlieren im Anschauen der äußeren Dinge. Auch früher sollte er nach innen auf die leise Stimme des Herzens und seines Gewissens lauschen, nicht nur auf den Lärm von draußen. Darum läßt sich auf diese Weise kein spezifischer Sinn ableiten.

5.3 Naturphilosophische Sinnfindung des Alterns

Ausgehend vom Alter als letzter Lebensphase des Menschen, stellen sich für ihn in diesem Abschnitt drei Aufgaben in der Bedeutung des oben definierten teleologischen Sinnes:

Rückblick auf das ganzes Leben, Auseinandersetzung mit dem Alter und dessen Einschränkungen und Ausblick auf den Tod als Ende des Alters. Deshalb sei hier in drei Stichworten der Sinn des Alterns entworfen: Rückblick, Anblick, Ausblick.

5.3.1 Rückblick (Aufarbeitung des bisherigen Lebens)

Im Rückblick auf sein Leben soll der alternde Mensch danken für das Gute und Geglückte. Zweitens soll er aber auch ehrlich das Schwere, Leidvolle, das Nichtgeglückte, die Enttäuschungen aufarbeiten, um auch in dieser Beziehung zur Reife zu gelangen. Dabei kann sich oft ein Sinn erschließen, der im Augenblick des Erlebens des Schweren sich nicht auftat. Es geht um die Selbstannahme seines Lebens, letztlich religionsphilosophisch deshalb möglich, weil man sich angenommen weiß von dem Urgrund allen Seins, von Gott. In ihm ist auch noch einmal alles Leid umfangen, und ebenso findet bei ihm Schuld Vergebung für den, der darum bittet. Drittens soll er die Schuld in seinem Leben aufarbeiten, indem er um Verzeihung bittet und Vergebung gewährt, wo andere an ihm schuldig geworden sind. Die größere Muße im Alter, die mit dem Ausscheiden aus dem Arbeitsprozeß gegeben ist, schenkt dem Menschen Gelegenheit, diesen dreifachen Rückblick zu vollziehen.

5.3.2 Anblick (Annahme der Einschränkungen im Alter)

Neben dem Rückblick auf das Leben ist zweitens der Anblick, das Anschauen und Wahrhabenwollen der aktuellen Lebenssituation, Aufgabe im Alter. Der alternde Mensch darf nicht nur in der Rückschau auf Vergangenes leben, sondern muß sich mit seiner Gegenwart auseinandersetzen. Er muß annehmen, nicht aber verdrängen, daß die Kräfte nachlassen, die Sinnesorgane nicht mehr so gut funktionieren. Ohne diese Selbstannahme im Alter kann der Mensch nicht zu der ihm möglichen Reife gelangen.

Im Alter werden oft auch die sozialen Kontakte geringer, weil bekannte und liebgewordene Personen sterben, man immer einsamer wird, besonders da die Großfamilien, in denen früher noch die Großeltern mit ihren Kindern und Enkeln lebten, praktisch nicht mehr existieren. Der Sinn und die Bedeutung des Alterns in diesem Punkt wäre darin zu suchen, daß man die auch durch die Pensionierung gewonnene Zeit benützt zum Meditieren, zum Nachdenken über sein Leben, aber auch zur Vorbereitung auf den Tod.

Zugleich darf der Mensch sich aber auch über das Positive in seinem Alter dankbar freuen: Die innere Gelassenheit und Weisheit, die er gewonnen hat, den Frieden, der ihm geschenkt wird, wenn er mit sich eins ist, die Liebe, die ihm von Verwandten und Freunden zuteil wird, die Ruhe und Stille, die ihm zur Verfügung stehen.

5.3.3 Ausblick (Vorbereitung auf den Tod)

Die dritte Aufgabe im Alter und dessen Sinn besteht im Ausblick auf den je eigenen Tod. Diese Vorbereitung hängt wesentlich davon ab, was man unter dem Tod versteht: Das Ende oder vielmehr den Durchgang zu einem Leben in Fülle, einem Weiterleben nach dem Tod, einem Fortbestehen in einer gewandelten Form seines unverwechselbaren und je einmaligen Ich. Für den Menschen, der nicht von einer Weiterexistenz überzeugt ist, kann man wohl nur als Sinn der letzten Phase vor dem Tod und der Vorbereitung auf ihn finden, daß er zum Frieden mit sich selber kommt. Für den, der ein Weiterexistieren nach dem leiblichen Tod annimmt (vgl. Kap. XII), besteht der Sinn und die Aufgabe der Vorbereitung auf den Tod darin, sich auf die liebende Begegnung mit dem personalen Gott einzustimmen und sich auf die Rechenschaft einzustellen, die er diesem Gott zu geben hat. Diese letzte philosophische Sinnfindung setzt allerdings voraus, daß man von der Existenz Gottes überzeugt ist und auch philosophisch in der Religionsphilosophie oder natürlichen Theologie sich einen Zugang erschließt zur Existenz Gottes.

So können wir den Sinn des Alters stichwortartig zusammenfassen: Rückblick und Aufarbeitung des Lebens, Auseinandersetzung mit den Grenzen des Alters und seiner Abschiedsfunktion und schließlich Ausblick auf den Tod.

Literatur

Abeln, R; Kner, A., Wie werde ich fertig mit meinem Alter? Münsterschwarzach: Vier-Türme-Verlag, 1991.

Améry, J., Über das Altern. Revolte und Resignation. Stuttgart: Klett-Cotta, ^{5}1979.

Arking, R., Biology of Aging. Englewood Cliffs (New Jersey): Prentice Hall, 1991.

Baltes, P. B., Intelligenz im Alter: Spektrum der Wissenschaft 5/1984, 46–60.

Baltes, P. B.; Mitelstrass, J. (Hrsg.), Zukunft des Alterns und gesellschaftliche Entwicklung. Berlin, New York: de Gruyter, 1992.

Beauvoir, S. de, Das Alter. Reinbek: Rowohlt, 1977.

Beilicke, W., Zur Humanisierung des Altwerdens: Spektrum der Wissenschaft 1/1992, 110–113.

Block, S., Sieg über das Altern. Frischzellentherapie heute. Düsseldorf, Wien: Econ, 1978.

Bundeszentrale für politische Bildung (Hrsg.), Die Jungen von vorgestern: PZ Nr. 40, März 1985, Bonn.

Bürger, M., Altern und Krankheit. Leipzig: Thieme, 1947.

Buttlar, J. v., Der Menschheitstraum. Frankfurt/M.: Fischer, 1977.

Collatz, K. G.; Wilps, H., Altern bei Insekten: Naturwissenschaftliche Rundschau 36 (1983), 57–63.

Comfort, A., Altern und Tod als biologisches Problem. Göttingen: Goltze, 1978.

Comfort, A., Die Zukunft des Alters. Stuttgart: Müller, 1978.

Cowdry, E. V., Problems of Ageing. Biological and Medical Aspects. Baltimore: Williams & Wilkins, [2]1942.

Curtis, H. J., Das Altern. Die biologischen Vorgänge. Stuttgart: Fischer, 1968.

Daimler, R.; Glaeske, G., Altern ist keine Krankheit. Köln: Kiepenheuer & Witsch, 1988.

Deeken, A., Alt sein ist lernbar. Kevelaer: Butzon & Bercker, 1990.

Dhom, G. (Hrsg.), Biologie des Alterns. Hauptthema der 59. Verhandlungen der Deutschen Gesellschaft f. Pathologie 1975. Stuttgart: Fischer, 1976.

Döhner, W.; Petersen, A. (Hrsg.), Janssen Symposien. 3. Medizin.-theol. Kolloquium »Psychische Erkrankungen im Alter aus der Sicht des Seelsorgers und Arztes«. Düsseldorf: Janssen, 1973.

Dörner, K.; Plog, U., Irren ist menschlich. Lehrbuch der Psychiatrie/Psychotherapie. Bonn: Psychiatrie-Vlg., [4]1984.

Erickson, D., Seeking Senescence. Specific genes may control how many times a cell can divide: Scientific American 4/1991, S. 10.

Franke, H. (Hrsg.), Auf den Spuren der Langlebigkeit. Stuttgart, New York: Schattauer, 1985.

Franke, H., Hoch- und Höchstbetagte. Ursachen u. Probleme des hohen Alters. Berlin, Heidelberg: Springer, 1987.

Franke, H., Das Altersantlitz. Medizinische, kosmetische, psychologische und kunsthistorische Aspekte. Stuttgart: Schattauer, 1990.

Gavrilov, L. A.; Gavrilova, N. S., The Biology of Life Span: A Quantitative Approach. Chur: Harwood Academic Publ., 1991.

Häfner, H.; Heimann, H.; Pflug, B. (Hrsg.), Gerontopsychiatrie. Stuttgart: Fischer, 1981.

Hahn, H. P. v., Ursachen des Alterns: Spektrum der Wissenschaft, 7/1980, 58–73.

Hartwig, M., Ansatz der Biogerontologie: das Altern verlangsamen: Spektrum der Wissenschaft 1/1992, 107–110.

Haug, H., Alterungsprozesse im Gehirn: Umschau 84 (1984), 455–458.

Hayflick, L., Zellbiologie des Alterns: Spektrum der Wissenschaft 3/1980, 76–83.

Hohmeier, J.; Pohl, H. J., Alter als Stigma. Frankfurt/M.: Suhrkamp, 1978.

Illies, J., Die Biologie und das Altern. In: Ders., Biologie und Menschenbild. Freiburg, Basel: Herder, 1975, 81–89.

Illies, J., Einsamkeit ist immer auch eine Chance: Der Sonntag (Kirchenzeitung f. d. Bistum Limburg), 37. Jhrg. Nr. 51 (18. 12. 1983), S. 19.

Kock, E., Es ist noch Zeit. Erfahrungen mit dem Älterwerden. Limburg: Lahn, 1989.

Lang, E., Geriatrie. Grundlagen für die Praxis. Stuttgart: Fischer, [2]1981.

Lang, F.; Schütze, Y., Soziale Beziehungen im Alter: Spektrum 1/1992, 113–116.

Ledergerber, K., Worauf es im Alter ankommt. Sinn und Gewinn der dritten Lebensphase. Freiburg, Basel: Herder, 1984.

Lehr, U., Psychologie des Alterns. Heidelberg: Quelle & Meyer, [5]1984. [7]1991.

Lehr, U., Altern als interdisziplinärer Forschungsgegenstand: Spektrum der Wissenschaft 1/1992, 106.

Lehr, U., Psychologie und Gesellschaft. Der alte Mensch in unserer Gesellschaft: Naturwissenschaften 80 (1993), 258–265.

LINDAUER, M., Biologie des Alterns: Klinik 77 (1982), 606–612.

MAYER, K. U.; STAUDINGER, U. M., Berliner Altersstudie: im Mittelpunkt die alten Alten: Spektrum der Wissenschaft 1/1992, 101–106.

NAKAMURA, H.; WENDORFF, C. v., Wer aus der Ferne sieht… Plädoyer für eine Gerontosophie. Cölbe 3 bei Marburg: Vlg. der Studien von Zeitfragen, 1988.

NIEDERMÜLLER, H., Zeit und Altern: Naturwissenschaftl. Rundschau 36 (1983), 147–152.

NIEMANN, U., Priesterliche Realutopien. In: K. Hillenbrand (Hrsg.), Priester heute. Anfragen, Aufgaben, Anregungen. Würzburg: Echter 1990, S. 90–133.

OSWALD, W. D.; FLEISCHMANN, U. M., Gerontopsychologie. Psychologie des alten Menschen. Stuttgart, Berlin: Kohlhammer, 1983.

PINCUS, L., Das hohe Alter. Stufen des Lebens. Stuttgart, Berlin: Kreuz, ²1983.

PLATT, D. (Hrsg.), Experimentelle Gerontologie. Stuttgart: Fischer, 1974.

PLATT, D., Biologie des Alterns. Quelle & Meyer, 1976; de Gruyter, 1991.

PLATT, D., Altersbedingte Organveränderungen und ihre Bedeutung für die Pharmakotherapie: Naturwissenschaften 70 (1983), 15–22.

ROSE, M. R., Evolutionary Biology of Aging. Oxford: Oxford University Press, 1991.

ROSENMAYR, L., Die späte Freiheit. Das Alter – ein Stück bewußt gelebten Lebens. Berlin: Severin & Siedler, 1983.

ROSENMAYR, L. u. H., Der alte Mensch in der Gesellschaft. Reinbek: Rowohlt, 1978.

RUF, T., Alterssicherung heute und morgen. Bonn: Informationen f. die Wirtschaft, 1980.

RUSTING, R. L., Warum altern wir?: Spektrum der Wissenschaft 2/1993, 60–67.

SATTER, H., Das Leben beginnt mit sechzig. Bern: Hallwag, ²1975.

SCHENDA, R., Das Elend der alten Leute. Düsseldorf: Patmos, 1972.

SCHERER, K., Alter(n) ohne Angst. Percha: Schulz, 1978.

SCHLIERF, G. (Hrsg.), Ernährung und Alter. Symposium d. Deutschen Gesellschaft f. Ernährung 9. 11. 1984 in Heidelberg. Stuttgart: Wissenschaftl. Verlagsges., 1986.

SCHWEISHEIMER, W., Natürliche Lebensdauer des Menschen (120 oder 800 Jahre?): Naturwissenschaftl. Rundschau 37 (1984), 286–287.

SEKRETARIAT DER DEUTSCHEN BISCHOFSKONFERENZ, Leben im Alter. Arbeitshilfen 104. Woche für das Leben 1993. Bonn, 1993.

SELYE, H., Stress und Altern. Bremen: Angelsachsen, 1962.

SIEBER, G., Die Altersrevolution. Reinbek: Rowohlt, 1974.

SKAWRAN, P. R., Die Intelligenz des älteren Menschen. Stuttgart: Enke, 1971.

SPLETT, J., Zum Sinn des Alters: Geist und Leben, 52 (1979), 353–364.

STEINHARDT, M., Altern. Seine Ursachen und seine Biologie. Stuttgart: Hirzel, 1990.

STIEFVATER, A., Alt ja – aber wie? Leutesdorf: Johannes, 1981.

THEIMER, W., Das Rätsel des Alterns. München: dtv, 1983.

THOMAE, H., Die Bedeutung einer kognitiven Persönlichkeitstheorie für die Theorie des Alterns: Zeitschrift f. Gerontologie 8 (1971), 125–131.

THOMAE, H., Das Individuum und seine Welt. Eine Persönlichkeitstheorie. Göttingen: Vlg. f. Psychologie, ²1988.

TOURNIER, P., Die Chance des Alters. Freiburg: Herder, 1978.

TRUMPA, K., Alt werden – gesund bleiben. Stuttgart: Fischer, 1966.

ZAUNER, W.; ERHARTER, H. (Hrsg.), Alter – Altern – Altenpastoral. Österreichische Pastoraltagung 27.–29. 12. 1972. Wien: Herder, 1973.

KAPITEL XII

Philosophie des Todes

1. Problemstellung

Tier und Mensch beenden ihre irdische Existenz mit dem Tode. Ist der Tod beim Menschen nur Ende wie beim Tier, oder ist er Durchgang und Anfang zu einer neuen Art von Leben? Naturphilosophisch fragen wir, ob es einen Unterschied zwischen dem Wesen des Todes bei Mensch und Tier gibt und wenn ja, worin er besteht. Voraussetzung für eine metaphysische Besinnung auf das Wesen des Todes ist eine geordnete Gesamtschau (Phänomenologie) dessen, was die unmittelbare Erfahrung uns über den Tod lehrt.

2. Das Phänomen des Todes

2.1 Der Tod bei Mensch und Tier

Der Tod scheint nichts spezifisch Menschliches zu sein; sowohl der Mensch als auch das Tier sterben. Daraus läßt sich schließen, daß der Tod dem entspringt, was Menschen und Tieren gemeinsam ist: ihrer Leiblichkeit. Trotz dieser Gemeinsamkeit besteht ein Unterschied zwischen dem Tod eines Menschen und dem eines Tieres, der sich schon in der Sprache niederschlägt. Vom Menschen sagt man, daß er »stirbt«, vom Tier, daß es »verendet«. Dieser Unterschied ist in der Personalität (mit ihren Ausformungen in Vernunft, Selbstbesitz, Freiheit, Sprache etc., vgl. Kap. V) begründet, die dem Menschen zukommt, dem Tier aber nicht.

2.2 Gemeinsamkeit von Sterben und Verenden

Der Unterschied zwischen Sterben und Verenden ist aber in der Erfahrung, die wir mit dem menschlichen Tod machen, vielfach überdeckt:

* Der Mensch übernimmt als Subjekt seiner Akte die aktive Gestaltung des Lebens; den Tod aber erleidet er, steht ihm passiv gegenüber.
* Aufgrund des Personseins ist der Mensch ein freiheitliches Wesen, das nicht

gelebt wird, sondern selbst lebt. Der Tod aber widerfährt dem Menschen, ob er will oder nicht; ihm steht er unfrei gegenüber.

* Als Individuum ist der einzelne Mensch einmalig und unvertretbar. Insofern der Tod nun alle Menschen ohne Ausnahme trifft, hebt er jede Individualität auf.
* Zum Leben der Person gehört wesentlich, daß sie sich selber in wachsendem Maße findet. Im Tode aber verliert der Mensch sich völlig. Dieses Geschehen kommt der Auflösung nahe und steht im Gegensatz zur Selbstvervollkommnung, die der Person als Streben eigen ist.

2.3 *Unterschied zwischen Sterben und Verenden*

Trotzdem steht der Mensch als Person anders zum Tod als das Tier; im Erscheinungsbild des menschlichen Todes leuchtet schließlich doch ein personales Moment auf. Ausschlaggebend dafür ist das Wissen des Menschen um den ihm bevorstehenden Tod; er hat ihn immer vor Augen. (Das Tier hingegen hat höchstens eine vage Ahnung unmittelbar vor seinem Verenden.) Trotz dieser Gewißheit ist der Mensch versucht, den Gedanken an den Tod durch Hektik, Lärm und Betrieb mit Gewalt zu verdrängen. Menschliche Reife aber zeigt sich in der klaren Auseinandersetzung mit dem Tod. Jedes Bemühen, das Faktum des Todes zu verdrängen oder sich davon ausnehmen zu wollen, ist töricht und zwecklos, denn von der unerbittlichen Todesgrenze wird alles Planen in die Zukunft hinein blockiert.

Bei dieser Gewißheit um das Kommen des Todes geht es zudem um den je eigenen Tod, nicht um die Betrachtung des Todesgeschehens im allgemeinen oder um den Tod anderer. Je älter der Mensch wird (vgl. Kap. XI, Das Altern), desto mehr verdichtet sich die Gewißheit des eigenen Todes als subjektive Wahrheit.

Da der Mensch durch den Tod radikal vereinsamt, gänzlich auf sich zurückgeworfen wird, ist es nicht verwunderlich, wenn er angesichts dessen versucht, den Tod zu umgehen. Aber obwohl Wissenschaftler den Tod schon beträchtlich weit hinausschieben können (vgl. Lebenserwartung, Altern), kann es als relativ sicher gelten, daß nach etwa zwei bis drei Milliarden Herzschlägen die Uhr des Menschen abgelaufen ist.

Die Radikalität des Todes wird gesteigert durch das Bewußtsein, daß jeder seinen eigenen Tod nur einmal sterben kann, da er ein einmaliges, irreversibles Geschehen ist, in welchem das irdische Leben zur Endgültigkeit gelangt. Dieses Geschehen ist nur zu einem gewissen Teil einübbar im bewußten Erleben und Bestehen der vielen kleinen Tode des Lebens (Verlust von Ansehen, Besitz, Heimat, Freunden, des geliebten Menschen etc.).

Die Endgültigkeit des Todes bedeutet, daß jedes irdische Leben durch ihn zunichte gemacht wird und keine neue Gestalt irdischen Lebens aus ihm hervorgeht (entgegen der Reinkarnationslehre). Das Verwirklichen aller innerweltlichen Möglichkeiten hört endgültig auf. Dieses irdische Leben ist unwiederbringbar verloren; nichts an ihm kann mehr geändert werden; es bleibt, wie es im Augenblick des Todes ist. Von dieser Gewißheit her ist gegen die Lehre von der Seelenwanderung zu argumentieren, die mit einer bestimmten Vorstellung von Schuld und Sühne in Zusammenhang steht. Das vermeintliche frühere Leben soll das Schicksal des gegenwärtigen erklären und das zukünftige soll Gelegenheit geben, die Schuld des gegenwärtigen zu sühnen. Insofern mit dem kommenden Leben wieder ein irdisches gemeint ist, raubt diese Sicht dem gegenwärtigen Leben seinen vollen Ernst, der darauf beruht, daß es unser einziges und deshalb mit vollem Einsatz auszuwerten ist.

Mit der Gewißheit um den eigenen Tod, der nun einmal zu bestehen ist, sind wir auch der Angst vor ihm ausgeliefert, die eine Grundbefindlichkeit menschlicher Existenz ist; über die biologische Angst hinaus ist es eine existentielle und personale Angst, welche die vor der Verantwortung mit umgreift.

2.4 *Zusammenfassung*

Sowohl Mensch als auch Tier müssen den Tod, der ihrer gemeinsamen Leiblichkeit entspringt, erleiden. Zwischen beider Tod gibt es eine Reihe von Gemeinsamkeiten, obwohl wir schon rein sprachlich den erwähnten Unterschied machen (das Tier verendet, der Mensch stirbt).

Das Wissen um den Tod und alles, was damit gegeben ist, macht aber den deutlichen Unterschied zwischen dem Sterben des Menschen und dem Verenden des Tieres aus. Durch das wissende und personale Verhältnis zum Tod ist dem Menschen die Auseinandersetzung mit ihm auferlegt.

3. Ontologie des Todes

3.1 *Problemstellung*

Die Phänomenanalyse des Todes hat gezeigt: der Tod betrifft uns so existentiell, daß uns die Frage nach seinem Wesen nicht gleichgültig sein kann. Auf die Frage nach dem Wesen des Todes und nach der Möglichkeit, über den Tod hinaus etwas aussagen zu können, geben die verschiedenen Geistesrichtungen sehr unterschiedliche Antworten. Im folgenden sollen einige davon vorgestellt werden.

3.2 *Unzureichende Ansichten*

Materialismus: Er betrachtet einzig die physikalische Außenseite des Todes, während die menschliche Innenseite nicht in den Blick kommt. Ein Fortdauern des Menschen über den Tod hinaus wird nur so weit zugestanden, als die in ihm vereinte Materie – anderen Gestalten unterworfen – weiterbesteht.

Biologismus: Er reduziert den Menschen auf sein leibliches Leben, so daß sein Fortdauern als dem der Pflanzen und Tiere vergleichbar angesehen wird. Der einzelne kann nur in seinen Nachkommen weiterleben (Fortdauer der Keimbahn). Auch im Biologismus bleibt also die anthropologisch-personale Dimension des Todes unbeachtet.

Humanismus: Er lehnt ein Fortleben nach dem Tode ab, da alle Energie den Aufgaben zukommen müsse, die der Mensch auf Erden zu erfüllen habe. Ein Vertreter dieser Auffassung ist z. B. ERNST BLOCH (1885–1977). In seinem Werk »Das Prinzip Hoffnung« (1959) hat er sich eingehend mit der Zukunft des Menschen beschäftigt; für ihn geht es dabei um eine »relative Zukunft des Einmündens in Gott« (J. B. Lotz, 1976, S. 57). Nach Bloch findet der einzelne seine Vollendung im Mitwirken an der Humanisierung der Welt, auf die diese eigene Vollendung ohne eine persönliche Unsterblichkeit ausgerichtet und so funktionalisiert ist. Bei dieser Auffassung wird aber verkannt, daß der Ausblick auf das jenseitige Leben dem diesseitigen eine durch nichts zu ersetzende Bedeutung verleiht.

Ethizismus: Er betrachtet den Glauben an ein Weiterleben nach dem Tode als abzulehnende Anmaßung, da der einzelne mehr wolle, als er sei. Demgegenüber sei es angemessen, sich mit seiner Rolle als Glied in einer Reihe von Generationen zufriedenzugeben. Der Ethizismus verwechselt jedoch eine tatsächlich abzulehnende Anmaßung mit einem berechtigten Anspruch. Anmaßend ist der Mensch, der nach etwas greift, das ihm nicht zusteht. Die Meinung, daß man nach dem Tod weiterlebt, als Anmaßung zu betrachten, kommt somit bereits einer Entscheidung gegen diese Ansicht gleich, ohne diese Ablehnung jedoch sachlich zu begründen. Somit bietet der Ethizismus keine Entscheidungshilfen und läßt auch die Frage, ob es ein Leben über den Tod hinaus gibt, nicht offen, sondern beantwortet sie mit einem klaren Nein.

Offen für einen möglichen Nachweis ist nur, wer im Fortdauern nach dem Tode einen Anspruch sieht. Dieser Anspruch jedoch ist letztlich nicht einfachhin zu beweisen; er eröffnet sich erst im Glauben an die Gemeinschaft mit Gott, die stärker ist als der Tod und die uns in Jesus Christus eröffnet wurde.

Im Materialismus, Biologismus, Humanismus und Ethizismus wird das Wesen des Todes nicht sachgemäß, sondern verkürzt erfaßt. Eine adäquate Antwort auf die Frage nach dem Wesen des Todes darf natürlich keinem irrationalen Entschluß unterliegen, doch scheint auch rationale Einsicht allein nicht auszureichen. Eine sachgemäße Entscheidung erfordert das Ineinander von rationaler Einsicht und personaler Entscheidung.

Bevor wir jedoch eine Antwort auf die Frage nach dem Wesen des Todes versuchen, geben wir zunächst einen Überblick über die wichtigsten philosophischen Positionen in diesem Zusammenhang:

3.3 *Unsterblichkeit im Spiegel der Geistesgeschichte*

3.3.1 Theorien der Gesamtwirklichkeit

In philosophischen Theorien, welche die Grundstrukturen der Wirklichkeit als ganzer zum Objekt haben, wird die Darstellung der Philosophie des Todes gemeinhin derjenigen des Leib-Seele-Problems untergeordnet. Je nachdem, wie man das Leib-Seele-Problem angeht, wird auch die Frage nach der Bedeutung des Todes gestellt und beantwortet.

Das Leib-Seele-Problem läßt sich grundsätzlich in zwei Richtungen lösen:

- Man löst das Relationsproblem auf, indem man eines der beiden Relata (Leib oder Seele) auf das andere reduziert. Das Ergebnis ist dann ein Monismus;
- man behauptet die Eigenständigkeit beider Relata und bestimmt die Relation. Das Ergebnis ist ein Dualismus.

Im Laufe der Geistesgeschichte wurden nahezu alle denkbaren Varianten des Monismus und des Dualismus vertreten. Im folgenden werden nur die geschichtsmächtigsten Entwürfe kurz vorgestellt.

3.3.1.1 *Der Dualismus*

Der Dualismus fand eine frühe theoretische Ausarbeitung bei den *Pythagoreern* und bei PLATON (427–347 v.Chr.). In diesem Ansatz wird die grundsätzliche Unabhängigkeit der Seele vom Körper behauptet, da es sich bei der Seele um eine von allem Materiellen verschiedene Substanz handelt. Diese prinzipielle Unabhängigkeit wird durch eine nicht wesensnotwendige Einstiftung der Geistseele in die materielle Welt (Körper) nur vorübergehend scheinbar aufgehoben. Im Moment des Zerfalls des Körpers (Tod) kann die Seele nämlich ihr Gefängnis verlassen. Die Konsequenzen dieser Auffassung für eine Philosophie des Todes sind offensichtlich: Während die griechische Mythologie ein katastrophisches Todesverständnis hatte (der Tod bedeutete eine Verbannung in den Hades, das Schattendasein), wird im platonisch-pythagoreischen Denken die Möglichkeit eröffnet, den Tod als Befreiung zu verstehen: Der Gestorbene löst sich von den Fesseln des Endlichen und Zeitlichen und geht ein in das Ewige.

Die Annahme, die Seele sei ihrem Wesen nach von der Materie unabhängig, eröffnet die Aussicht auf die Unsterblichkeit der Seele, da diese nicht wie die Materie ständigem Wandel unterworfen sein muß. Wie wird diese Immaterialität der Seele bewiesen? Es lohnt sich, einen kurzen Blick auf den Begründungsgang zu werfen, da er das Grundmuster der meisten Unsterblichkeitsbeweise bis in die jüngste Zeit vorzeichnet.

Für PYTHAGORAS (580–500 v. Chr.) ist die Seele mit Gott verwandt. Die Fähigkeit des Menschen, die ewigen Gesetze der Zahlenverhältnisse zu verstehen, zeigt, daß der Mensch über die materielle Welt hinausreichen kann.

EMPEDOKLES (483–423 v. Chr.), der den Pythagoreern nahestand, nimmt an, daß die Seele fähig ist, Gott zu erkennen. Da aber Gleiches nur von Gleichem erkannt werden kann, muß die Seele gottähnlich (immateriell) sein. Platon beweist die Immaterialität und Idealität der Seele aus der menschlichen Fähigkeit, allgemeine, in der materiellen Welt nur unvollkommen abgebildete Ideen (das Gute, die Schönheit, etc.) erkennen zu können.

Unsterblichkeit wird also durch einen Kausalitätsschluß begründet, welcher von der Eigenschaft des menschlichen Erkenntnisvermögens, über alles Endliche hinausgehen zu können, auf die Immaterialität des ihm zugrundeliegenden Substrats (Seele) schließt.

Der extreme platonische Dualismus führt in mannigfaltige Schwierigkeiten. Der Kern dieser Schwierigkeiten ist die Frage nach der genaueren Bestimmung der Relation von Körper und Seele. Wie kann z. B. die Wechselwirkung zwischen den beiden Relata, die in der Psychosomatik (z. B. Herzinfarkt nach Verlust des Ehepartners) und Psychiatrie (Psychopharmaka) beschrieben wird, erklärt werden, wenn es sich bei Leib und Seele um zwei grundverschiedene Substanzen handelt? Wie kann etwas völlig Immaterielles etwas rein Körperliches beeinflussen (und umgekehrt)?

ARISTOTELES (384–322 v. Chr.) versucht in seiner Schrift »Über die Seele«, den extremen Dualismus zu überwinden, ohne die Geistnatur des Menschen aufzugeben. Dieses Modell wurde später von THOMAS VON AQUIN (1225–1274) sehr treffend als »unio substantialis« bezeichnet. Der Mensch besteht nicht aus zwei unabhängigen Substanzen (wie im Platonismus), sondern ist *eine* Substanz, welche aus zwei unvollständigen Substanzen zusammengesetzt ist.

Dieser Versuch, mittels des aristotelischen Materie-Form-Schemas einen Mittelweg zwischen extremem Dualismus einerseits und Monismen andererseits zu beschreiten, führte in Schwierigkeiten, die den Kompromißcharakter dieses Entwurfs offenlegten. Die platonische These, im Tod verlasse die Seele ihre sterbliche Hülle, ist im aristotelischen Ansatz nicht ableitbar. Der Tod (der Zerfall des Leibes) ist die Auflösung der unio substantialis und damit die Auflösung dieses konkreten Menschen.

Für Aristoteles stellt diese Konsequenz kein großes Problem dar, einige Kommentatoren streiten sogar jede Grundlage für eine personale Unsterblichkeit im Aristotelismus ab.

Für Thomas von Aquin als Christen stellt sich das Problem dringlicher, und er unternimmt beeindruckende Anstrengungen, um den Glauben mit dem Aristotelismus in Einklang zu bringen. Allerdings wird man bei aller Hochachtung konstatieren müssen, daß diese Synthese eine der dunkelsten und unbefriedigendsten Stellen im Werk des Aquinaten bleibt.

Der Dualismus in seiner extremen Form erreichte schließlich in der Zwei-Substanzen-Philosophie (res cogitans – res extensa) von René Descartes (1596–1650) einen neuen Höhepunkt.

Auch in der Gegenwart hat der philosophische Leib-Seele-Dualismus bedeutende Vertreter, und es ist für die Naturphilosophie interessant, daß auch Naturwissenschaftler diese Auffassung vertreten (John C. Eccles, geb. 1903; Hoimar v. Ditfurth, 1921–1989; u. a. Lit. vgl. Kap. V, Anthropogenese).

3.3.1.2 *Der Monismus*

Unter den monistischen Theorien ist die geschichtswirksamste der Materialismus. Die ontologische These lautet: Alles, was ist, ist materiell. Es folgt daraus, daß alle geistig-psychischen Phänomene auf bestimmte Zustände der Materie reduziert werden können. Im Laufe der Geistesgeschichte wurden atomistische (Demokrit, 460–370 v. Chr.), mechanistische Julien O. Lamettrie(1709–1751) und dialektische (Karl Marx, 1818–1883) Materialismen entwickelt. In der Gegenwart hat sich eine weitere materialistische Theorie etablieren können: der Physikalismus (R. Rorty, 1981; H. Putnam, 1981). Der Materialismus hat in dieser Ausprägung einen zuvor noch nicht erreichten Einfluß entwickeln können. Der Physikalismus behauptet, daß die Naturwissenschaften die einzige rational verläßliche Beschreibung der Wirklichkeit leisten. Die Physik aber ist die Grundlagendisziplin der Naturwissenschaft (Molekularbiologie etwa fußt letztlich auf der Physik der Elementarteilchen und damit der Quantenmechanik). Jede Beschreibung der Welt darf demnach, wenn sie Anspruch auf Wahrheit erhebt, nur solche Objekte enthalten, die auch der Physik zugänglich sind.

Anders gesagt: Jede Aussage der Umgangssprache oder anderer Sprachen muß, sofern sie die Realität beschreibt, auf eine physikalisch-naturwissenschaftliche Aussage reduziert werden können: z. B. die Aussage

1. »Person X hat Schmerzen« muß reduziert werden können auf:
2. »Person X befindet sich im Gehirnzustand Y«.

Das Gehirn besteht aus Atomen, Molekülen usw., d. h. durchweg der Physik zugänglichen Objekten (bzw. der darauf aufbauenden Biochemie). Anscheinend geistige Phänomene (wie z. B. Empfindungen) erweisen sich also nach dieser Auffassung bei genauerem Nachforschen als rein materielle Sachverhalte.

Die Konsequenzen für eine Philosophie des Todes sind offensichtlich. Für eine Analyse des Todes wäre allein die Naturwissenschaft zuständig. Diese muß den Vorgang des Sterbens empirisch erforschen und den Begriff des Todes definieren (z. B.: Tod = elektrische Inaktivität des Gehirns).

Für ein Fortleben nach dem Tode gibt es auf dieser Ebene bisher keine Anhaltspunkte, sieht man einmal von dem Fortbestehen der Materie des Leichnams und der Weitergabe der genetischen Information auf die Nachkommen ab (vgl. oben Materialismus und Biologismus).

Religiöse oder philosophische Aussagen über die Unsterblichkeit der Seele müssen also abgelehnt werden, denn sie beschreiben nicht die Realität, weil sie sich nicht auf physikalisch-naturwissenschaftliche Aussagen reduzieren lassen.

3.3.1.3 *Grenzen der Ansätze*

Beiden vorgestellten Theorietypen (Dualismus, Monismus) geht es um eine Beschreibung der Wirklichkeit als Ganzer (gibt es Immaterielles oder nur Materielles?). Man kann fragen, ob solche Beschreibungen nicht das forschende Subjekt, mehr noch menschliche Subjektivität und Personalität überhaupt vernachlässigen und damit die Fülle menschlicher Erfahrung nicht hinreichend ausschöpfen.

Ludwig Wittgenstein (1889–1951) vertritt im Tractatus logico-philosophicus (1980) in gewisser Weise eine ähnliche Auffassung bezüglich sinnvollen Redens wie der Physikalist: Sätze müssen über Sachverhalte in der Welt sprechen. Über das Transzendente läßt sich nicht sprechen. Dann aber fügt er hinzu: »Wir fühlen, daß selbst, wenn alle möglichen wissenschaftlichen Probleme beantwortet sind, unsere Lebensprobleme noch gar nicht berührt sind.« (6.52) An einer anderen Stelle, an der Wittgenstein über die Unsterblichkeit der Seele spricht, heißt es: »Die Lösung des Rätsels des Lebens in Raum und Zeit liegt außerhalb von Raum und Zeit.« (6.4312) Und in 6.41: »Der Sinn der Welt muß außerhalb ihrer liegen. In der Welt ist alles, wie es ist, … es gibt in ihr keinen Wert.«

Schon vor Wittgenstein hatte Immanuel Kant (1724–1804) den Bereich der empirischen Fakten streng von der Welt der Werte geschieden; den ersteren ordnete er der theoretischen, den zweiten der praktischen Vernunft zu. Das Problem des Todes und der Unsterblichkeit ging Kant mittels der praktischen Vernunft an. Von daher entwickelte sich eine Tradition, die den Tod mehr als ein sittliches und personales Problem ansah denn als ein Problem der Beschreibung der Wirklichkeit im Rahmen von Substanzontologie oder Naturwissenschaft.

3.3.2 Theorien vom personalen Subjekt her

Zur vollen Entfaltung kommt der personale Ansatz im Werk (1957) von SÖREN KIERKEGAARD (1813–1855). Das Problem des Todes wird hier im Bezug zum Selbst entfaltet, nicht aber der eigene Tod als ein Anwendungsfall einer umfassenden Theorie der Wirklichkeit gesehen. Der Tod ist für Kierkegaard vorrangig eine Angelegenheit existentiellen Ernstes. Es nützt wenig, allgemeine Theorien über den Tod zu entwerfen, vielmehr soll man sich direkt und persönlich mit dem eigenen Tod auseinandersetzen. Da der Mensch keine Erfahrung mit dem eigenen Tod sammeln kann, ist der Tod als solcher weniger interessant als der Gedanke an den Tod. Die Gewißheit, daß es mit mir einmal ein Ende haben wird, daß es jeden Tag vorbei sein kann mit mir, gibt dem Leben einen tiefen existentiellen Ernst. Das gedankliche Vorlaufen in den noch ausstehenden Tod verändert radikal die gelebte Gegenwart. Durch den Gedanken an den Tod erhält der Mensch die rückwirkende Kraft, jeden Tag so zu leben, als sei er der letzte. Damit zeigt sich ein Grundanliegen der Existenzphilosophie, der es weniger um eine wahre Theorie der Welt als vielmehr um ein wahrhaftig, authentisch und bewußt geführtes Leben geht.

In der Existentialontologie von MARTIN HEIDEGGER (1889–1976) bereitet ein ähnlicher Gedanke allerdings den Weg für eine eigenständige Metaphysik (1967). Für Heidegger ist das Problem des Todes mit der Stimmung der Angst verbunden. Der Mensch entwirft sich in seiner Existenz ständig, ist nie abgeschlossen, immer offen für neue Möglichkeiten. Die Gewißheit, daß dieses Ende aller Lebensentwürfe zu unbestimmter Zeit eintreten wird, ängstigt den Menschen. Das Sein zum Tode ist wesenhaft Angst. In dieser angstvollen Bestimmtheit beginnen dem Menschen die Dinge zu entgleiten, alles Seiende ist ihm auf einmal unwichtig, relativ, nichtig. Der Mensch steht vor der Erfahrung des Nichts. Indem er aufgrund der Angst in das Nichts hineingehalten wird, übersteigt er das Seiende. Es eröffnet sich die Transzendenz. In dieser Transzendenz offenbart sich das Sein. Damit ist das Gebiet der Metaphysik erreicht, denn in der Metaphysik fragt man nach Heidegger über das Seiende hinaus. Das metaphysische Denken ist aber das eigentlich zu Bedenkende, d. h. im Hinausschreiten über alle Dinglichkeit kommt der Mensch erst eigentlich zu sich selbst. Auch für Heidegger ist es also der Gedanke an den Tod, der dem Menschen wahre Selbstfindung ermöglichen und das Sichverlieren im Unwesentlichen verhindern kann.

Im Rahmen der Philosophie, die das Todesproblem von personalen Erfahrungen her angeht, lohnt es sich, noch einen weiteren Ansatz zu betrachten, weil er sich von dem bisher Dargestellten wesentlich unterscheidet. Während nämlich Kierkegaard und Heidegger primär von Individuen in der Vereinzelung des Denkens an den je eigenen Tod ausgingen, behauptet GABRIEL MARCEL

(1889–1973), daß die eigentliche Todeserfahrung interpersonal sei (1964), nämlich jene des Sterbens eines geliebten Menschen. Der Tod eines anderen kann für den Überlebenden zur Tragödie werden. Durch den Tod eines geliebten Du kann der Mensch in tiefere Bestürzung versetzt werden, als es der Gedanke an das eigene Sterbenmüssen vermag. Der Gedanke an den eigenen Tod hat noch immer jene gewisse Abstraktheit eines Gedankenexperiments, während der reale Tod des geliebten Gegenüber unmittelbar und konkret erfahren wird. Durch den Tod eines geliebten Menschen wird die Welt des Überlebenden verfinstert, alles scheint leer und nichtig zu werden. Die äußerste Betroffenheit von dieser Grenzsituation fordert den Überlebenden auf, die Frage nach dem Sinn des Lebens neu zu stellen, da der Verlust des geliebten Menschen das Leben in sich absurd erscheinen läßt. Die Erfahrung des Todes eines anderen verändert das eigene Leben radikal, entzieht ihm die Sicherheit und fordert auf, nach Fundamenten zu suchen, die der Erschütterung durch den Tod standhalten können. Auch in Marcels Ansatz verhilft die Auseinandersetzung mit dem Tod dem Menschen zu einem authentischeren und tragfähigeren Leben.

Es stellt sich allerdings die Frage, ob die Philosophie, die vom personalen Subjekt ausgeht, auch etwas über die mögliche Unsterblichkeit des Menschen aussagen kann. Zunächst sollte man vermuten, daß eine Philosophie, die dezidiert über menschliche Erfahrungen in diesem konkreten Leben spricht, nicht über etwas, das über dieses Leben hinausgeht, spekulieren kann. *Heidegger* ist dementsprechend auch der Auffassung, die existenzphilosophische Analyse bringe nichts darüber zutage, was nach dem Tode ist. Ihn interessiert es, während des Lebens über den Tod nachzudenken. Im Tod selbst kommt das der Erfahrung zugängliche Subjekt und so mit ihm die Existenzphilosophie an ein Ende. Der Tod ist somit wesentlich »verhüllt«. Dieser Gedanke wird von *L. Wittgenstein* (1889–1951) im Tractatus so formuliert: »Der Tod ist kein Ereignis des Lebens. Den Tod erlebt man nicht.« (6.4311.) Erst recht ist aber dann verhüllt, was über den Tod hinausgeht.

G. Marcel (1964; 1971) gibt von seinem interpersonalen Ansatz her eine andere Antwort. Die Liebe eines Menschen hat eine innere Dynamik über den leiblichen Tod hinaus, wodurch eine Unsterblichkeitshoffnung eröffnet wird. Selbstlose Liebe ist eine Erfahrung, die alles Materielle übersteigt und eine geistig-personale Dimension der Wirklichkeit offenbart, die den Tod transzendiert. Die selbstlose Liebe übersteigt die Dauer eines Menschenlebens, sie ist unbedingt und endgültig. Marcel behauptet sogar, die Annahme, der geliebte Mensch sei im Tod vernichtet, käme einem Verrat oder Treuebruch gleich. Die Annahme, der andere habe sich in Nichts aufgelöst, heißt, das einmal gegebene Versprechen unbedingter Liebe zurückzunehmen. Das Problem der Unsterblichkeit ist für Marcel nur über eine derartige Analyse interpersonaler

Erfahrungen sinnvoll anzugehen. Dieser Ansatz unterscheidet sich radikal von den Ansätzen, die zunächst die Wirklichkeit als Ganze objektiv beschreiben wollen und dann in diesem Rahmen eine Philosophie des Todes entwerfen. Die Philosophie des Todes erweist sich also als äußerst vielgestaltig und komplex.

3.4 Argumente für die Unsterblichkeit

Auf dem Hintergrund dieser philosophischen Positionen möchten wir im folgenden Stellung beziehen zur Frage nach dem Wesen des Todes. Dabei werden wir Gedankengänge aus verschiedenen geistesgeschichtlichen Quellen zu einem argumentativen Gesamtbild zusammenfügen, welches den Glauben an die Unsterblichkeit des Menschen vor der Vernunft verantworten soll.

* Wir wenden uns gegen den extremen Dualismus. In der Tradition des Aristoteles versuchen wir den Menschen als Einheit von Körper und Geist zu sehen. Es hatte sich allerdings bei der Erörterung der Philosophie Thomas von Aquins gezeigt, daß der Unsterblichkeitsgedanke nur mit Mühe aufrechtzuerhalten ist, wenn man annimmt, daß die Seele vom Körperlichen nie völlig unabhängig sein kann. Wir versuchen dieses Problem durch die Übernahme des Gedankens vom »offenen Weltbezug« von Karl Rahner (3.4.1) zu lösen.
* In der Tradition Kants (3.4.2) gehen wir das Problem des Todes auch von der praktischen Vernunft und der Philosophie der sittlichen Werte her an. Es stellt sich die Frage: Warum ist der Mensch Zweck an sich selbst, warum darf der Mensch nie zum Mittel gemacht werden? Die Überlegenheit des Menschen über alle endlichen Zwecke eröffnet den Blick auf seine eigene »Unendlichkeit«.
* In der Tradition der Existenzphilosophie beschreiben wir den Tod als einen Akt personaler Selbstfindung. Die Betrachtung des Todes als eines Ereignisses personaler Geschichte (3.4.3) erweitert den Blick über rein empirisch-medizinische Gegebenheiten hinaus.
* In der Tradition Heideggers (3.4.4) tragen wir schließlich ein Argument vor, welches auf der Unterscheidung Sein – Seiendes beruht. Weil der Mensch das Sein erkennen kann (d. h. über alles Seiende hinausgeht), muß er selbst mehr sein als nur Seiendes. Dieser Gedanke steht in der Tradition der Unsterblichkeitsbeweise seit der Antike (vgl. Empedokles). Von der Fähigkeit des Menschen, das Absolute zu erkennen, wird darauf geschlossen, daß auch das zugrundeliegende Substrat (die Seele, die Person) am Absoluten teilhat. Der Mensch ist also nicht bloß endlich.

Zu den vier Ansätzen nun im Detail:

3.4.1 Der »offene Weltbezug« (Karl Rahner, 1904–1984)
Nach unserer Annahme bricht im Tod ein anderes Leben an, das aber verwandelt und neu ist und dem irdischen nicht gleicht. Für die Richtigkeit dieser Annahme gibt es keinen Beweis im naturwissenschaftlichen Sinn, aber vernünftige Gründe, die gleichwohl erst zusammen mit einer personalen Entscheidung zum Tragen kommen. Einige dieser Gründe sollen hier dargelegt werden.

Die Verwandlung in das neue Leben wird traditionell mit der »Trennung von Leib und Seele« beschrieben, was ausschließlich auf die Unsterblichkeit der Seele, nicht aber auf die des ganzen Menschen Bezug nimmt. Da der Leib jedoch nicht Akzidenz des Menschen, sondern Ausdrucksmöglichkeit für seine personale Tiefe ist, erscheint diese Sicht ergänzungsbedürftig. Die heutige Anthropologie, die den cartesianischen Dualismus überwunden hat, sieht im Menschen ein einheitliches Ganzes, wodurch eine Trennung von Leib und Seele ausgeschlossen ist; von der Unsterblichkeit der Seele kommt man also zur Unsterblichkeit des Menschen. Diese ganzheitliche Sichtweise kann natürlich angesichts der Auflösung des Leibes im Tode dazu führen, eben die Unsterblichkeit des ganzen Menschen zu leugnen. Karl Rahner versucht, diesem Problem unter dem Stichwort des »offenen Weltbezugs« folgendermaßen zu begegnen:

Welt und damit auch Leiblichkeit sind keineswegs eindeutig, sondern vielschichtig. Im Sterben zieht sich der Mensch aus dem unseren Sinnen zugänglichen Außen der Welt – und damit auch aus dieser konkreten Form der Leiblichkeit – zurück, er zieht sich jedoch nicht zurück aus jeder Art von Welt und Leiblichkeit, sondern er geht ein in das verborgene Innen der Welt und die damit gegebene, für unsere Sinne unzugängliche Leiblichkeit. Diese neue Leiblichkeit wohnt der irdischen schon immer inne und liegt ihr wesentlich zugrunde. Im Sterben wird die Raum-Zeitlichkeit verändert; sie wandelt sich von einer Zerstreuung in das Neben- und Nacheinander, wie sie im Irdischen überwiegt, zu einer diese Zerstreuung sammelnden Einheit. Es vollzieht sich eine Verinnerlichung von Weltbezug und Leiblichkeit, die sich vierfach charakterisieren läßt:

* Der Mensch ist in seiner irdischen Leiblichkeit schon immer auf das Weltganze bezogen; einerseits ist er auf eine bestimmte Raum-Zeit-Stelle beschränkt, andererseits ist ihm aber gerade durch diese Leibesgestalt der Zugang zum Weltganzen eröffnet, was sich besonders im Weltfühlen der Naturvölker oder in parapsychologischen Erfahrungen zeigt. In der verwandelten Leiblichkeit wird nun dieser Bezug auf das Weltganze entfaltet.

* Der Mensch ist in seiner irdischen Leiblichkeit schon immer zugänglich für Erfahrungen, die das Geheimnis des Daseins, vor allem das Geheimnis aller Geheimnisse – Gott – betreffen. Der offene Weltbezug setzt nun anstelle der verstellten die unverstellte Transparenz. In der verwandelten Leiblichkeit erstrahlt dem Menschen unverstellt das größte aller Geheimnisse.
* Durch die verwandelte Leiblichkeit ist der Mensch befreit von Mühsal und Last, von Leid und Unheil, insbesondere von dem Bemühen um Einsicht in die letzten Geheimnisse; alle diese Komponenten sind mit der Begrenztheit irdischer Leiblichkeit gegeben. Die neue Leiblichkeit wird demgegenüber als Vollendung erfahren.
* Insofern Mühsal, Lasten, Leid und Unheil im Tod ihre äußerste Verdichtung erfahren, kann man davon ausgehen, daß die verwandelte Leiblichkeit den Tod nicht mehr kennt; sie ist nicht mehr der Auflösung unterworfen, sondern unvergänglich.

3.4.2 Der Mensch als Zweck an sich selbst (Immanuel Kant)

Auch in einer vom Humanismus (vgl. z. B.: E. Bloch) abweichenden Konzeption, wie sie hier vertreten werden soll, muß sein Anliegen und das vieler anderer aufgegriffen werden: Von jedem Menschen ist gefordert, daß er seinen Beitrag leistet zur Errichtung einer menschlicheren Welt, wobei er aber nie nur zu einem Rädchen im Getriebe oder Mittel zum Zweck werden darf. Als Person ist der Mensch mehr als alle Zwecke, für die er eingesetzt werden kann; er ist Zweck an sich selbst. Im Dienst an der Welt und an den anderen strebt er seiner eigenen Vollendung entgegen.

Dem Vorwurf, es handele sich hier um ein rein individualistisches Menschenbild, ist zu entgegnen, daß erst so die Person, die mit Ich-Bewußtsein ausgestattet über sich selbst verfügt, ganz ernst genommen wird. In dem Maße, in dem der Mensch aus seiner eigenen Entscheidung lebt, ist er er selbst, gehört sich selbst und gewinnt seinen Eigenstand. Erst wenn der einzelne auf wahrhaften Eigenstand hinstrebt, ist er aber in der Lage, sich wirklich an die Gemeinschaft hinzugeben. Der geforderte Eigenstand bedeutet also keine Vernachlässigung des Engagements, sondern soll die bestehende Gefahr bannen, ausschließlich als Mittel zum Zweck gebraucht zu werden, die Würde und das Gewissen zu verraten. Seine Vollendung aber findet der Mensch im Einsatz für andere, für die er, wenn es gefordert ist, sogar sein Leben lassen soll.

Hier ist also ein Punkt des Absoluten im Menschen. »Absolut« bedeutet in gewisser Weise »los-gelöst«, im Gegensatz zu »relativ« als bezogen auf etwas. Zwar ist nun der Mensch auf innerweltliche Zwecke bezogen, zuinnerst ist er jedoch davon losgelöst und eben Zweck an sich. Der Mensch ist also nicht nur Teil eines Kollektivs, einer Gesellschaft; eine Gesellschaft jedoch gewinnt ihr personales Gepräge und kann sich als human erst bezeichnen, wenn sie jedem ihrer Glieder den personalen Eigenstand zugesteht.

Es stellt sich nun die Frage nach dem Ursprung dieser Überlegenheit der Person, kraft derer sie Zweck an sich selbst ist, da die menschliche Person als begrenzte immer relativ ist. Sie darf dennoch nie nur als Mittel zum Zweck benutzt werden, da sie in den Bereich des Absoluten hineingreift, dem sie vereinigt ist, und sich so als allem Relativen überlegen erweist. Da nun alles andere in der Welt begrenzt und relativ ist, kündigt sich in der Person eine alles Welthafte übersteigende Wirklichkeit an, die schlechthin unbegrenzt und absolut ist.

In der menschlichen Person als Zweck an sich selbst ist somit deren Unsterblichkeit vorgezeichnet, weil hierin die Überlegenheit des Menschen über alle irdischen Zwecke begründet liegt. Eine radikale Funktionalisierung der Person auf eine Humanisierung der Welt hin relativiert den Menschen und spricht ihm seine Unsterblichkeit ab. Die Annahme des wahrhaft Menschlichen, der Personwürde, ist auf das engste verbunden mit der Annahme der Unsterblichkeit, weil sich in ihr zeigt, wer der Mensch seinem Wesen nach ist.

3.4.3 Geschichtlichkeit und Selbstfindung (Existenzphilosophie)

Entsprechend den zuvor genannten Aspekten bezüglich der Ähnlichkeit von Sterben und Verenden soll im folgenden noch einmal das Spezifikum des menschlichen Todes herausgearbeitet werden. Obwohl der Mensch den Tod passiv zu übernehmen hat, kann sein Sterben wahrhaft menschlich und der geschichtlichen Eigenart des Menschen entsprechend sein, wenn sich im passiven Erleiden aktives Gestalten durchsetzt. Diesem aktiven Gestalten wird durch das Eintreten in den anderen Bereich ein ganz neuer und ungeahnter Entfaltungsraum gewährt. Durch die im Tod beginnende Befreiung hat der Mensch als Subjekt das Geschehen in der Hand. Dieser Tod ist nicht ein Absinken in das Untergeschichtliche, sondern ein Aufsteigen in die übergeschichtliche Vollendung, in der die Person erst ganz Person ist. So erweist sich der Tod nicht als Ende, sondern als Endgültigkeit und Anfang. Da jedoch die Freiheit des Menschen nicht autonom ist (sie ist ihm von seinem Ursprung, von Gott her gewährt), wäre es ein Fehlschluß, die größte Freiheit des Menschen im freigewählten Tod, also im Suizid, zu sehen. Nur in der Weise gehört der Mensch sich selbst, daß er viel mehr noch Gott gehört; dementsprechend ist er auch nicht schlechthin Herr über sein Leben und seinen Tod; vielmehr findet in der Annahme des eigenen Todes das aktive Gestalten und Vollziehen desselben statt und erweist sich darin als wirkliche Freiheit.

In der Geschichte ist der Mensch auf dem Weg zu sich selbst. Dabei findet er sich nicht nur, sondern macht die Erfahrung, daß sein Weg häufig durchkreuzt wird, indem er sich verliert und sich entfremdet wird. Dennoch hebt sich auf dem Hintergrund unzähliger Irrwege das fortschreitende Verwirklichen sämtlicher Möglichkeiten als das Innerste der Geschichte ab. In wachsendem Maße kommt der Mensch zu sich und findet sich in immer umfassenderer Weise. Geschichte bedeutet demnach Sich-Finden im Sich-Verlieren, das Ganze im Fragment. Das irdische Leben wird zurückgelassen, und es vollzieht sich der Übergang zum verwandelten und neuen Leben, in dem der Mensch sich vollendet gefunden haben wird. Der menschliche Charakter des Sterbens wird erst dann gewahrt, wenn durch das Dahinschwinden des irdischen Lebens das andere Leben freigesetzt wird. Durch den Tod zieht sich der Mensch in ein Inneres zurück, das in sich das gewandelte Außen enthält; gerade deswegen ist dieses Innen aber in unserem Außen nicht mehr zugänglich.

3.4.4 Die Grundspannung Seiendes – Sein (Martin Heidegger)

Die bisherigen Überlegungen führen zu der alles umgreifenden Grundspannung zwischen Seiendem und Sein hin. »Seiendes sind alle Dinge und Menschen der sichtbaren Welt; mit ihnen hat der einzelne ständig zu tun, setzt er sich auseinander, an ihnen reift er, bereichert und vollendet er sich.« (J. B. Lotz, 1976, S. 73) Niemand kann dem Bereich des Seienden ausweichen, da alle Auseinandersetzungen mit dem Seienden im Horizont des Seins geschehen. Weil aber das Sein im Seienden verborgen ist, wird es oft übersehen. Einem Menschen, der ganz an das Seiende verloren ist, kommt eine Verlagerung des Schwerpunktes vom Seienden in das Sein wie eine Auslieferung an das Nichts vor. Bei dieser Verlagerung erfährt der Mensch jedoch, daß sich das Seiende nie schlechthin lohnt, da es nie schlechthin ist. Das Sein hingegen ist schlechthin, ohne jede Begrenzung; es ist die Fülle, die alles umgreift, und somit auch das einzige, das sich schlechthin lohnt.

Der Mensch ist erst reif, wenn er entdeckt, daß unser innerstes Leben nicht auf das Seiende, sondern auf das Sein bezogen ist, und daß es deswegen durch den Wegfall des Seienden nicht zerstört werden kann. Für den Menschen, der nicht gänzlich im Seienden verfangen ist, bedeutet der Tod nicht Auflösung des Seienden, sondern ein Verschwinden im Geheimnis des Seins. Im Heraustreten aus der irdischen Welt vollzieht sich der Eintritt in eine andere Welt, in der das Seiende so transparent für das Sein ist, daß dieses nicht immer neu errungen werden muß; diesen Sachverhalt beschreibt der Begriff vom »offenen Weltbezug«. Erst im Gang in das andere Leben, in dem das über alles Bedeutsame uns ganz in Anspruch nimmt, ist das Sterben wirklich menschlich.

Das Sein aber läßt sich immer nur in Abgrenzung gegenüber dem Seienden beschreiben. Wenn sich das Seiende als das Zeitliche und somit als vergänglich darstellt, dann ist das Sein hingegen seinem ureigenen Selbst nach unvergänglich, ewig. Der Mensch, der auf das Sein bezogen ist, hat somit am Unvergänglich-Ewigen teil.

Der dem innersten Wesen des Menschen entsprechende Tod löst einzig das auf, was an ihm vergänglich ist; sein Innerstes wird nicht zerstört. Im Tod wird das Vergängliche vom Unvergänglichen gelöst und das Zeitliche gänzlich auf das Ewige hin transparent. Das Sein als der Grund von allem eröffnet uns den Weg zu dem tiefsten Geheimnis, das wir Gott nennen. Der tragende Dialog mit Gott, der das innerste Geschehen unseres Lebens ausmacht, liegt allem Bezogensein auf andere Menschen und Dinge zugrunde. Das Reifen des Menschen bedeutet dementsprechend das Transparentmachen der Auseinandersetzung mit den Dingen und den anderen Menschen auf den Dialog mit Gott hin.

Der Mensch erhebt sich letztlich über das Tier, weil er Partner Gottes sein kann. Im menschlichen Sterben geht der Dialog mit Gott aus der verhüllten in die unverhüllte Transparenz über, indem aus dem transparent gewordenen Seienden das göttliche Du überwältigend hervortritt. Der Dialog mit Gott greift kraft seiner innersten Dynamik über das irdische Leben hinaus und in das andere Leben hinein, in dem er seine Vollendung findet.

3.4.5 Schlußbemerkung

In dem skizzierten Weg wurde versucht, aus einer anthropologischen Sicht heraus eine Gesamtschau des Todes zu erschließen. Ausgehend von einer naturwissenschaftlichen Betrachtung, ihrer philosophischen Reflexion, einer Phänomenologie des Todes mit einem Vergleich zwischen menschlichem und tierischem Tod, kamen wir zu dem Ergebnis, daß es zwischen menschlichem Sterben und tierischem Verenden sowohl Gemeinsamkeiten als auch Unterschiede gibt. In der Erfahrung des Todes ist die Unsterblichkeit mitgegeben. Die Forderung nach Unsterblichkeit ist nur eine Weiterführung der Personalität des Menschen (vgl. Kap. Anthropogenese); wer den Menschen als Person ernst nimmt, muß ihm Unsterblichkeit zugestehen.

Angefügt seien noch einige Schlußbemerkungen, die zusammenfassend eine personale Entscheidung für den Glauben an die Unsterblichkeit stützen können.

* Im Mittelpunkt heutigen Fühlens und Denkens steht vielfach die *Sinnfrage.* Zwar bieten die Einzelseienden – weil sie eben in gewisser Hinsicht sind – dem Menschen einen Teilsinn; dieser ist aber nur vorläufig, da er des Gesamtsinnes entbehrt. Es fehlt der Vollsinn, der den Teilsinn erst rechtfertigt, und ohne den letztlich der Teilsinn sinnlos zusammenbricht.

Dieser Gesamtsinn ist einzig mit dem alles Seiende tragenden Sein gegeben. Wenn nun die ontologische Tiefe gewahrt wird und der Tod so wirklich menschlich ist, geschieht er als das Durchbrechen des Seins im Seienden, des endgültigen Gesamtsinns in jedem einzelnen vorläufigen Teilsinn.

* *Liebe* will Ewigkeit. Der Liebende will für den Geliebten nicht nur für eine Zeitspanne, sondern auf immer sein. Die Unbedingtheit der Liebe macht an den Grenzen des Todes nicht halt. Wenn dies schon für die Liebe zwischen menschlichen Personen gilt, dann doch erst recht für die Liebe Gottes zu den Menschen.
* Sollen die Entscheidungen des Menschen nicht in ihrer Vorläufigkeit belassen werden und damit den Charakter einer gewissen Unverbindlichkeit erhalten, ist eine *Endgültigkeit dieser Lebensentscheidungen* insgesamt gefordert, die nur im Tode selbst geschehen kann, da Endgültigkeit das Ende bzw. den Tod verlangt. Im Tod wird die letzte Gültigkeit aller Entscheidungen aufleuchten. So wird der Mensch ganz ernst genommen in dem, was er tut, was er lebt und erstrebt. Das Dasein rundet sich zum Ganzen erst im Tod, der die Freiheit zum Abschluß bringt.
* Der Mensch erhofft sich *Glück*. Das Leben aber stellt sich als Geflecht von Enttäuschungen dar. Ent-täuschung jedoch ist ambivalent; zum einen befreit sie von der Täuschung, daß begrenztes Gut das vollendete Glück sein kann (und diese Erfahrung ist oft schmerzlich), zum anderen macht sie empfänglich für dasjenige Gut, das allein das vollendete Glück zu schenken vermag. Von hier aus läßt sich auch die Ambiguität des Todes beschreiben: Entweder ist er die grenzenlose Enttäuschung im negativen Sinn, die das vollendete Glück endgültig verhindert, oder er ist die grenzenlose Enttäuschung im positiven Sinn, die ein Sich-Öffnen für das unbegrenzte Gut ermöglicht. Tod als Verenden wäre grenzenlose Enttäuschung im negativen, Tod als Verwandlung hingegen Enttäuschung im positiven Sinn.
* Der unersättliche *Lebenshunger* des Menschen ist ein Zeichen dafür, daß dieser schon im irdischen Leben in das verwandelte, volle Leben hineingreift. Da dieser Lebenshunger nicht auf eine endlose Verlängerung des irdischen Lebens ausgerichtet ist, erweist sich der Tod – nicht als Verenden, sondern als Verwandlung in das von den Schranken befreite andere Leben – geradezu als in ihm angelegt.
* Auch das Verlangen nach der vollen, echten *Gerechtigkeit* ist ein Zeichen für das andere Leben, in dem allein der Mensch jene Läuterung erreicht, die ihn zur vollen Gerechtigkeit befähigt.

Bei allen Überlegungen ging es nicht um einen strikten Beweis der Unsterblichkeit des Menschen, sondern um einen Versuch, durch Einsicht und Entscheidung eine Gesamtschau des Todes zu entwerfen. Ohne freiheitliche Entscheidung läßt sich keine Antwort auf die Frage nach dem Wesen des Todes geben. Wer jedoch die Unsterblichkeit des Menschen negiert, muß sich fragen lassen, ob er bereit ist, die sich daraus ergebenden Konsequenzen zu tragen, und wie er diese verantwortlich leben kann. Wer aber an ein Weiterleben des Menschen nach dem Tode glaubt, muß bedenken, daß sich außerhalb der Zusage Gottes in Jesus Christus die Hoffnung auf Unsterblichkeit nicht begründet von einem bloßen Wunschdenken unterscheiden läßt.

4. Exkurs: Das Problem der Euthanasie

4.1 Problemstellung und Begriffsklärung

Die Frage nach dem Recht auf einen menschenwürdigen Tod, im besonderen dem Recht auf Verminderung oder Abkürzung schweren Leidens bei unheilbaren todbringenden Krankheiten, wird heute von vielen Menschen gestellt. Dies ist nur zu verständlich in einer Zeit, in der die Intensivmedizin selbst schwerstgeschädigte Organismen noch über lange Zeit am Leben erhalten kann.

Nach einer Meinungsumfrage (Allensbacher Berichte 1984, Nr. 34) sprachen sich zwei Drittel der befragten Bürger der Bundesrepublik Deutschland dafür aus, daß ein Arzt, der einen schwerstkranken Patienten auf dessen ausdrücklichen Wunsch hin tötet, keiner Strafverfolgung ausgesetzt werden solle. Allein diese Tatsache zeigt, daß die Frage nach einem menschenwürdigen Tod von vielen Menschen als bedrängend empfunden wird. Vgl. auch das neue, vom holländischen Parlament verabschiedete, Gesetz über Euthanasie vom Februar 1993 (Paulinus, 21. 2. 1993). Danach darf der Arzt auf mehrfachen Wunsch des Patienten die Todesspritze geben.

Bevor man sich jedoch an eine philosophische Analyse des Problems wagen kann, muß man sich zunächst um eine empirische Auflistung konkreter Situationen bemühen, um die philosophische Reflexion an die reale Praxis anzubinden. Im folgenden geben wir daher eine (keineswegs vollständige, aber ausreichende) Liste möglicher Fälle (vgl.: R. Kautzky, 1985, S. 27).

1. Ein Krebskranker im letzten Stadium erlebt einen Atemstillstand. Er wird nicht künstlich beatmet und stirbt in wenigen Minuten.
2. Ein Kind hat durch einen Insektenstich eine Atemstörung, es wird nicht beatmet und stirbt.

3. Ein Krebskranker, der nicht schlucken kann, wird nicht durch Zufuhr in die Blutbahn ernährt und verhungert allmählich.
4. Ein schwachsinniges Kind, das nicht essen kann, wird nicht gefüttert und verhungert.
5. Bei einem gelähmten Patienten, der künstlich beatmet wird, aber bei vollem Bewußtsein ist, wird das Gerät abgestellt; und er stirbt.
6. Bei einem bewußtlosen Patienten ohne Reaktion, der künstlich beatmet wurde, wird das Gerät abgestellt. Er stirbt.
7. Ein schmerzgequälter Krebskranker, der immer größere Dosen von Mitteln braucht, stirbt nach einer Schmerzmittelinjektion.
8. Ein chronisch kranker alter Mensch, der der Familie zur Last fällt und deshalb immer mehr Mittel bekommt, stirbt durch die Wirkungen der Medikation.
9. Ein unheilbar Krebskranker, der unmittelbar vor seinem Ende steht und gequält ist, erhält eine absichtlich tötende Spritze.
10. Ein chronisch Kranker, der einem allmählichen Siechtum von Monaten oder Jahren entgegengeht, erhält eine tödliche Spritze und stirbt.
11. Ein schwachsinniges Kind wird absichtlich durch ein Medikament getötet.
12. Ein gleichermaßen schwachsinniges Kind erhält bei einer Lungenentzündung absichtlich kein Penicillin und stirbt.

In allen genannten Fällen erfolgt der Tod durch eine Handlung der Mitmenschen. Wie sind nun die Fälle ethisch zu bewerten?

Dem Versuch einer Antwort müssen weitere Klärungen vorausgehen. Zunächst lassen sich die zitierten Fallbeispiele in drei Gruppen untergliedern:

* In der ersten Gruppe könnten alle diejenigen Fälle zusammengefaßt werden, in denen es um eine Erleichterung des Leidens geht, bei dem die eingesetzten Maßnahmen jedoch de facto eine lebensverkürzende Wirkung zeigen. So enthalten z. B. Schmerzmittel oft toxische Substanzen, die (hochdosiert und über längere Zeit eingenommen) den Organismus schädigen und seine Lebensdauer verkürzen können. Eine Tötungsabsicht besteht jedoch nicht. Zu dieser Gruppe gehören die Fälle 7 und 8 (*indirekte Euthanasie*).
* Zur zweiten Gruppe gehören alle jene Fälle, bei denen das Sterben wahrscheinlich beschleunigt wurde, indem man auf eine Therapie der Erkrankung verzichtete oder eine begonnene Therapie abbrach. Es besteht die Absicht, das Leben nicht durch medizinische Maßnahmen zu verlängern. In diese Gruppe gehören die Fälle 1, 2, 3, 4, 5, 6, und 12. Dieser Sachverhalt wird gewöhnlich als *passive Euthanasie* oder im Anschluß an den anglo-amerikanischen Sprachgebrauch (letting die) auch als *Sterbenlassen* bezeichnet.

* Die dritte Gruppe wird von jenen Fällen gebildet, bei denen dem geschädigten Organismus unmittelbar eine weitere Schädigung zugefügt wird, die zum Tode führt. Es liegt eine klare Tötungsabsicht vor. Das bedeutet, daß die todbringende Maßnahme nicht in therapeutischer Zielsetzung, sondern in bewußter Tötungsabsicht eingeleitet wurde. Zu dieser Gruppe zählen die Fälle 9, 10 und 11. Diese dritte Kategorie wird als *aktive Euthanasie* verstanden.

4.2 Problemanalyse und ethische Bewertung

Wir wollen im folgenden die drei Arten von Euthanasie einzeln analysieren und bewerten.

4.2.1 Indirekte Euthanasie

Bei diesem Fall herrscht ein weitgehender Konsens nahezu aller gesellschaftlicher Gruppen. Die indirekte Euthanasie kann unter bestimmten Bedingungen sittlich erlaubt oder sogar geboten sein. Die Bedingungen wären:

* Das Verkürzen des Lebens ist nicht das direkte oder indirekte Ziel der Handlung, sondern eine unerwünschte Nebenwirkung. Diese Bedingung ist schon in der Definition des Begriffes »indirekte Euthanasie« enthalten.
* Die unerwünschte Nebenwirkung muß in rechtem Verhältnis zum angestrebten Ziel stehen. Diese Bedingung wäre z. B. in folgendem Fall nicht erfüllt: Bei einem schwerkranken Patienten ist es unsicher, ob er eine Vollnarkose überstehen kann. Der Arzt fragt sich, ob er die schmerzfreie Behandlung unter Vollnarkose wählen soll oder eine alternative Therapie ohne Vollnarkose, die jedoch nicht völlig schmerzfrei ist. Entscheidet man sich für die riskante Vollnarkose und der Patient stirbt, so kann nicht mehr in sinnvoller Weise von indirekter Euthanasie gesprochen werden.

Anders verhält es sich bei dem Fall eines unheilbar Krebskranken im letzten Stadium, dessen Organismus mit schwersten Analgetika überschwemmt wird, um den unerträglichen Schmerz zu lindern. Die Tatsache, daß diese Mittel den Patienten süchtig machen, seine Leber schädigen und sein Leben verkürzen, ist zwar bedeutend, muß aber unter den gegebenen Umständen als dem Ziel der Schmerzbekämpfung gerechtfertigterweise untergeordnet angesehen werden.

* Selbstverständlich sind Patienten, wenn es ihre Lage erlaubt, über die unerwünschten Nebenwirkungen von Therapien aufzuklären.

4.2.2 Passive Euthanasie

Die ethische Bewertung des sogenannten Sterbenlassens gestaltet sich bereits wesentlich schwieriger. Sicher gibt es kein moralisches Gebot, jeden menschlichen Organismus so lange wie nur irgend möglich am Leben zu erhalten. So anerkennt zum Beispiel die Deutsche Bischofskonferenz in ihrem Hirtenwort »Das Lebensrecht der Menschen und die Euthanasie« (1. 6. 1975) das Prinzip, daß nicht alle medizinischen Mittel ausgeschöpft werden müssen, wenn dadurch der Tod nur künstlich hinausgezögert würde. Allerdings erheben sich große Schwierigkeiten, wenn dieses allgemeine Prinzip dann auf einzelne Fälle angewendet werden soll. Gerät man hier nicht in die heikle Lage, zwischen menschenwürdigem und menschenunwürdigem Leben unterscheiden zu müssen? Ist es zum Beispiel gerechtfertigt, bei Patienten, die auf eine Beatmungsmaschine angewiesen sind (bei inoperablem Hirntumor oder Halsmarkverletzungen), die Maschine abzustellen, wenn keine Besserung mehr in Aussicht steht?

Der einfachste Fall ist gegeben, wenn die Hirntätigkeit ganz zum Erliegen gekommen ist. Dieser Mensch muß dann nämlich als tot bezeichnet werden, selbst wenn viele Funktionen des Organismus (auch der Herzschlag) noch von den Maschinen aufrechterhalten werden. In diesem einzigen Falle stellt das Abschalten von Geräten, etwa der Herz-Lungen-Maschine, kein Problem dar. Allerdings muß der Hirntod zuvor definitiv festgestellt worden sein. Zunächst gibt es für den Hirntod einige klinische Anzeichen, die darauf hinweisen, daß das Gehirn seine Steuerungsfunktionen nicht mehr wahrnimmt. Dies allein reicht allerdings zu einer klaren Diagnose nicht aus. Es muß weiterhin untersucht werden, ob von der Hirnrinde noch rhythmische Stromschwankungen ausgehen (Elektroenzephalogramm). Selbst wenn dieses nicht der Fall sein sollte, ist es noch nicht absolut sicher, daß der Hirntod eingetreten ist. Bei Schlafmittelvergiftungen wird oft eine Nullinie im EEG festgestellt, obwohl der Hirntod noch nicht eingetreten ist. Von daher ist es unbedingt notwendig festzustellen, ob das Hirn noch durchblutet ist. Denn es ist möglich, daß das Hirn trotz intakter Herztätigkeit nicht durchblutet wird (intrakranieller Kreislaufstillstand). Dies wird im allgemeinen dadurch hervorgerufen, daß der Innendruck im Gehirn (aufgrund von Verletzung, Tumor oder anderen Ursachen) höher ist als der Blutdruck. Ohne frischen Sauerstoff aus der Blutbahn ist das Gehirn aber nicht überlebensfähig. Wird also durch eine Röntgenaufnahme (nach Verabreichung eines Kontrastmittels) der Kreislaufstillstand im Gehirn festgestellt, so ist der Patient definitiv und unwiderruflich gestorben. Man kann die Maschinerie bedenkenlos abstellen, selbst wenn das Herz noch schlägt.

Diesem einfachen Fall stehen eine große Anzahl äußerst komplexer Fälle gegenüber, in denen es keine allgemeine Lösung geben kann. Jeder Einzelfall muß von den Betroffenen vor dem Gewissen verantwortet werden. Allerdings lassen sich einige allgemeine Kriterien angeben, wann ein Abbruch der Therapie sittlich erlaubt sein kann:

* Es muß sich um eine Erkrankung schwerster Form handeln, bei der grundlegende vitale Funktionen des zentralen Nervensystems, der Atmung, der Herztätigkeit und des Blutkreislaufes ausgefallen sind.
* Mindestens zwei Ärzte müssen ausdrücklich feststellen, daß kein medizinischer Grund vorliegt, der eine Heilung oder wesentliche Besserung der Erkrankung als möglich erscheinen läßt (= infauste Prognose). Die Funktionsstörung des Organismus muß irreversibel sein, der sichere Verfall der vitalen Funktionen durch medizinische Eingriffe nur noch für einige Zeit verzögert werden können. Bei ungewisser Prognose muß hingegen die Behandlung fortgesetzt werden.
* Der Wunsch des Patienten muß vom Arzt berücksichtigt werden. Allerdings muß der Arzt seine Entscheidung vor seinem Gewissen verantworten und ist nicht einfachhin ausführendes Organ des Patientenwillens.

4.2.3 Aktive Euthanasie

Das direkte Schädigen eines anderen menschlichen Organismus in solch gravierender Weise, daß er seine vitalen Funktionen nicht mehr aufrechterhalten kann und stirbt, muß als unsittlich angesehen werden. Dies wird besonders dann offensichtlich, wenn der Betreffende gar nicht die Absicht geäußert hat, sein Leben zu beenden. Die Sterbephase des Menschen ist nicht einfach ein biochemischer Prozeß, der bloß dem Urteil des Außenstehenden unterläge, sondern ist häufig – wie in den letzten Jahren durch viele Untersuchungen gezeigt wurde (z. B. E. Kübler-Ross, 1975) – ein intensiver Prozeß personalen Lebens. Von außen kann oft nicht beurteilt werden, was in einem Sterbenden vorgeht. Selbst ein Leben, das, von außen betrachtet, äußerst unwürdig erscheint, vermag oft im Innern des Bewußtseins einen großen Reichtum zu entfalten. Von daher darf der Außenstehende sich nicht zum Richter über den Fortbestand des Lebens machen. Das Leben sollte also vom Arzt weder unnatürlich verlängert noch unnatürlich verkürzt werden. Aus christlicher Sicht formuliert: der Mensch soll sich nicht zum Herrn über Leben und Tod machen.

Anders verhält es sich, wenn der Patient bei klarem Bewußtsein und in freier Entscheidung um die Beendigung seines Lebens bittet. Diese Problemstellung tritt in dem speziellen Falle auf, in welchem die Selbsttötungsabsicht nicht mehr aus eigener Kraft in die Tat umgesetzt werden kann. Die Grenze zwischen Beihilfe zum Selbstmord und Tötung auf Verlangen wird dabei nicht immer leicht zu ziehen sein. Es ist jedenfalls schwer zu verstehen, daß ein Arzt, der einem Patienten eine tödliche Dosis Schlafmittel zur Verfügung stellt, nach geltendem Recht straffrei ausgeht, hingegen für die Injektion der gleichen Dosis mit einer Freiheitsstrafe zu rechnen hat. Offenbar gerät man hier in einen Grenzbereich, in welchem Tötung und Beihilfe zur Selbsttötung ethisch ähnlich beurteilt werden müssen.

Zur Beurteilung der Sachlage ist es zunächst notwendig festzustellen, ob es sich tatsächlich um eine freie Entscheidung handelt, oder ob die Selbsttötungsabsicht eher als eine spontane Reaktion auf eine momentan überwältigende Krisensituation gedeutet werden muß. Ist letzteres der Fall, so kann man davon ausgehen, daß die Selbsttötungsabsicht nur vorübergehend bestehen wird. In diesem Falle ist es sittlich nicht gerechtfertigt, den Selbstmord zu unterstützen oder gar aktiv zu töten.

Schwieriger gestaltet sich die sittliche Bewertung, wenn feststeht, daß es sich bei der Selbsttötungsabsicht nicht um einen vorübergehenden Affekt handelt.

Sicher gibt es keinen Rechtsanspruch des Patienten auf Tötung oder die Bereitstellung von entsprechenden Mitteln. Die Gewissensentscheidung des Arztes ist vom Patienten anzuerkennen. Sie kann sich aber in einzelnen Fällen als äußerst schwierig erweisen. R. Kautzky berichtet (1985, S. 36) folgenden Fall:

»So habe ich kürzlich selbst in der Klinik einen älteren Mann ohne Angehörige erlebt, der zwar nicht eindeutig über Qualen klagte, der aber durch eine Hirnverletzung nach dem letzten von drei Suizidversuchen sowie durch eine unabhängig davon bestehende Taubheit kontaktunfähig war. Er hatte Decubitalgeschwüre und mußte durch eine Magensonde ernährt werden. Er kam aus einem Heim, das ihn wegen der Schwere der Pflege nicht wieder aufnehmen konnte, und so lag er wegen seiner infizierten Luftröhrenkanüle und den infizierten Geschwüren in einem isolierten Einzelzimmer der Intensivstation, bis er nach vier Monaten starb.« Vor dem Leiden dieses Menschen muß jedes leichtfertige Theoretisieren über den Tod verstummen. Viele Menschen empfänden es als einen Akt der Humanität, diesem Schwerkranken, der seine Selbstöttungsabsicht so beständig gezeigt hat, die »erlösende Spritze« zu geben. Gerichte begnügen sich oft mit nur symbolischen Freiheitsstrafen, wenn ein Arzt einen Menschen in einer der beschriebenen ähnlichen Lage tötet. 1973 erhielt z. B. die niederländische Ärztin Geertrudia Postma-van-Boven für die Tötung auf Verlangen ihrer schwerkranken Mutter eine Freiheitsstrafe von einer Woche auf Bewährung. Es läßt sich wohl kaum ein Vernunftgrund für die absolute Unerlaubtheit der Euthanasie in jedem Fall finden, der alle gesellschaftlichen Gruppen überzeugen könnte.

Anders stellt sich die Lage für den religiösen Menschen dar. Im religiösen Bewußtsein wird das Leben als ungeschuldete Gabe und Aufgabe Gottes begriffen. Von daher ergibt sich die Gewißheit, daß über das eigene Leben nicht in völliger Beliebigkeit verfügt werden kann. Der Freitod (von 1960–1990 schwankten die jährlichen Suizidfälle in der Bundesrepublik zwischen 10000 und 13000: Statistisches Bundesamt 1990) stellt in sich keinen Wert dar, er ist nicht die Vollendung endlicher Freiheit, sondern deren Zerstörung. Allerdings kennt auch die christliche Moral gerechtfertigten Freitod. Dann nämlich, wenn ein Mensch um eines hohen Wertes willen sein Leben dahingibt. Maximilian Kolbe ging z. B. für einen Familienvater in den Hungerbunker. »Größere Liebe hat niemand als die, daß einer sein Leben hingibt für seine Freunde« (Joh 15,13). An diesem Maßstab muß sich aus christlicher Sicht jeder Freitod messen lassen.

Ein besonders schwieriger Fall des Sterbenlassens war bei der 18-jährigen schwangeren Marion Ploch gegeben (R. Flöhl, 1992; G. Wedemeyer, 1992). Sie war nach einem Verkehrsunfall für hirntot erklärt worden, ihre Atmung und ihr Herzschlag wurden aber künstlich aufrecht erhalten, um den Fötus zu retten. Fünfeinhalb Wochen nach dem Unfall hatte die 18- jährige M. Ploch am 16. 11. 1992 einen Spontanabort. Darf man mit der Würde des Sterbens der Mutter so umgehen, wie die Erlanger Ärzte es taten, um das Kind zu retten, oder hat das Leben des Kindes in diesem Fall Vorrang? Mediziner und Ethiker waren sich nicht einig in der Beurteilung dieser Situation.

5. Fragen und Einwände

Nehmen Sie bitte zu folgendem Text Stellung:
»Die Opposition der Kirche gegen die Euthanasie beschränkt sich natürlich nicht ausschließlich auf katholische Kreise. 1952 verurteilte der allgemeine Kongreß der protestantischen Episkopalkirche von Amerika alle Bemühungen, die Euthanasie zu legalisieren, und zwar ohne Rücksicht auf Begleitumstände und Form der Euthanasie. 1957 erklärte der Erzbischof von Canterbury im Britischen Oberhaus, der ›Gnadentod sollte als Mord und als nichts anderes betrachtet werden‹.

Viele religiöse und nichtreligiöse Menschen, die sich (mit welcher Begründung auch immer) gegen jede Form der Euthanasie wenden, argumentieren, jede Legalisierung jeglicher Art von Euthanasie bilde, ganz gleich, wie sorgfältig sie kontrolliert und beschränkt werde, unweigerlich ›den ersten Schritt‹ und führe früher oder später zu Auswüchsen wie in der Nazizeit. Dieses Argument läßt sich leicht widerlegen: In der gesamten menschlichen Geschichte hat man sich mit einer entsprechend trügerischen und reaktionären Dialektik gegen jeden Reformvorschlag auf allen Gebieten gewandt, wie gemäßigt oder vorsichtig sie auch sein mochten.

Obwohl wir wissen, daß wir alle einmal sterben müssen, wollen wir von unserem eigenen Tod nichts wissen. Dieser Schwäche sucht man im Falle des Todes oft abzuhelfen, indem man Zuflucht beim Übernatürlichen, bei einer mehr oder weniger orthodoxen Religion oder beim einfachen, offenkundigen, primitiven Aberglauben sucht« (P. Moor, 1977, S. 41 f.).

Welche begrifflichen Unterscheidungen zur Euthanasie lassen sich von der Ethik her machen? Welche Sachverhalte werden in diesem Text verwechselt?

Literatur

Allensbacher Berichte 1984, Nr. 34, 1–10, Wenn der Arzt beim Sterben hilft. (Institut für Demoskopie Allensbach).

Ariès, P., Geschichte des Todes. München: dtv, 1982.

Aristoteles, Über die Seele. Hrsg. A. Busse. Berlin: F. Meiner, ^{2}1922.

Bastian, T., Denken, Schreiben, Töten. Zur neuen »Euthanasie«-Diskussion. Stuttgart: Hirzel, 1990.

Blackmore, S., Visions from the dying brain: New Scientist 118, (5. 5. 1988), 43–46.

Bloch, E., Das Prinzip Hoffnung. 2 Bde. Frankfurt/M.: Suhrkamp, 1959.

Bloch, E., Naturrecht und menschliche Würde. Frankfurt/M.: Suhrkamp, 1961.

Böckle, F., Menschenwürdig sterben. Einsiedeln, Köln: Benziger, 1979.

Boesten, H., Selbstmordversuche: Psychologie heute, 10/1982, 64–71.

Condrau, G., Der Mensch und sein Tod. Certa moriendi condicio. Einsiedeln, Zürich: Benziger, 1984.

Dethlefsen, T., Das Leben nach dem Leben. München: Heyne, ^{4}1977.

Ebeling, H. (Hrsg.), Der Tod in der Moderne. Frankfurt/M.: Syndikat/Eva, 1984.

Ebon, M., Erfahrungen mit dem Leben nach dem Tod. München: Heyne, 1977.

Eibach, U., Sterbehilfe. Tötung auf Verlangen. Wuppertal: Brockhaus, 1988.

Eid, V. (Hrsg.), Euthanasie oder Soll man auf Verlangen töten? Mainz: Grünewald, ^{2}1985.

Fein, H.; Staudt, A., Mensch und Tod. Ausgewählte Texte für den katholischen Religionsunterricht im Kurssystem d. Sekundarstufe II. Limburg: Lahn, 1978.

Flöhl, R., Leben – wirklich um jeden Preis?: FAZ, 30.12. 1992, S. N 1.

Ford, A., Bericht vom Leben nach dem Tode. München: Droemer-Knaur, ^{2}1980.

Greshake, G., Tod und dann? Ende, Reinkarnation, Auferstehung. Der Streit der Hoffnungen. Freiburg: Herder, 1988.

Greshake, G.; Lohfink, G., Naherwartung, Auferstehung, Unsterblichkeit. Basel, Freiburg: Herder, 1975.

Grof, S. & C., Jenseits des Todes. An den Toren des Bewußtseins. München: Kösel, 1984.

Grom, B.; Schmidt, J., Auf der Suche nach dem Sinn. Freiburg: Herder, ^{4}1979.

Hampe, J. C., Sterben ist doch ganz anders. Erfahrungen mit dem eigenen Tod. Berlin, Stuttgart: Kreuz, ^{3}1979.

Heidegger, M., Sein und Zeit. Tübingen: Neomarius, [11]1967, bes. §§ 46–53.
Holden, C., A new discipline probes suicide's multiple causes: Science 256 (26. 6. 1993), 1761–1762.
Hummel, R., Reinkarnation. Weltbilder des Reinkarnationsglaubens und des Christentums. Mainz: Grünewald, 1988.
Hünermann, P., Sterben, Tod und Auferstehung. Ein interdisziplinäres Gespräch. Düsseldorf: Patmos, 1984.
Jacobson, N.-O., Leben nach dem Tod? Bergisch-Gladbach: Lübbe, 1979.
Jonas, H., Last und Segen der Sterblichkeit: Scheidewege 21 (1991/1992), 26–40.
Kant, I., Metaphysik der Sitten. Leipzig: Meiner, [3]1919.
Kautzky, R., Die Freiheit des Sterbenden und die Pflicht des Arztes. In: V. Eid (Hrsg.) Euthanasie oder: Soll man auf Verlangen töten? Mainz: Grünewald, [2]1985, 25–44.
Kierkegaard, S., Die Krankheit zum Tode. Gesammelte Werke, Bd. XI. Düsseldorf: Diederichs, [2]1957.
Koch, K., Leben wir nur einmal auf Erden? Seelenwanderung und christlicher Glaube. Freiburg (Schweiz): Kanisius, 1985.
Kübler-Ross, E., Interviews mit Sterbenden. Berlin, Stuttgart: Kreuz, [9]1975.
Kübler-Ross, E., Was können wir noch tun? Antworten auf Fragen nach Sterben und Tod. Berlin, Stuttgart: Kreuz, [2]1975.
Kübler-Ross, E. (Hrsg.), Reifwerden zum Tod. Berlin, Stuttgart: Kreuz, 1976.
Kübler-Ross, E., Verstehen, was Sterbende sagen wollen. Berlin, Stuttgart: Kreuz, 1982.
Kübler-Ross, E., Befreiung aus der Angst. Gütersloh: Gütersloher Verlagshaus Mohn, 1992.
Linden, K.-J., Der Suizidversuch. Versuch einer Situationsanalyse. Stuttgart: Enke, 1969.
Lotz, J. B., Tod als Vollendung. Frankfurt/M.: Knecht, 1976.
Lutterotti, M. v., Menschenwürdiges Sterben. Kann sich die Gesellschaft auf das Gewissen des Arztes verlassen? Freiburg: Herder, 1985.
Luyten, N. A., Tod – Preis des Lebens? München: Alber, 1980.
Luyten, N. A., Ewigkeit der Menschen. Eine kritische Auseinandersetzung mit Theorien über das Leben nach dem Tod. Freiburg (Schweiz): Universitätsverlag, 1988.
Manser, J., Der Tod des Menschen. Zur Deutung des Todes in der gegenwärtigen Philosophie und Theologie. Bern, Frankfurt/M., Las Vegas: Europäische Hochschulschriften XXIII, 93. Lang, 1977.
Marcel, G., Tod und Unsterblichkeit. In: Auf der Suche nach Wahrheit und Gerechtigkeit. Frankfurt/M.: Knecht, 1964.
Marcel, G., Gegenwart und Unsterblichkeit. Frankfurt/M.: Knecht, 1971.
Moody, R. A., Leben nach dem Tod. Die Erforschung einer unerklärten Erfahrung. Reinbek: Rowohlt, 1977.
Moody, R. A., Nachgedanken über das Leben nach dem Tod. Reinbek: Rowohlt, 1978.
Moor, P., Die Freiheit zum Tode. Ein Plädoyer für das Recht auf menschenwürdiges Sterben. Euthanasie und Ethik. Reinbek: Rowohlt, 1977.
Nietzsche, F., Sämtliche Werke, Kritische Studienausgabe, Hrsg. von Giorgio Colli und Mazzino Montinari, München: dtv; Berlin: de Gruyter, 1980.
Nietzsche, F., Die Unschuld des Werdens. Der Nachlaß, hrsgg. von A. Baeumler. Stuttgart: Kröner, 1931.

Nitschke, H. (Hrsg.), Wir wissen, daß wir sterben müssen. Gütersloh: Bertelsmann, 1975.

Nowak, R., The Dutch way of death: New Scientist 134, No. 1826 (20. 6. 1992), 28–30.

Osis, K.; Haraldsson, E., Der Tod – ein neuer Anfang. Freiburg: Bauer, 1979.

Paulinus. Kirchenzeitung für das Bistum Trier. 21. 2. 1993, S. 2: Herren über Leben und Tod? – S. 14: Neues Euthanasiegesetz zu tolerant.

Paus, A. (Hrsg.), Grenzerfahrung Tod. Wien, Graz, Köln: Styria, 1976.

Pieper, J., Tod und Unsterblichkeit. München: Kösel, 1968.

Pieper, J., Über die Liebe. München: Kösel, ^{4}1977.

Putnam, H., Die Natur mentaler Zustände. In: P. Bieri (Hrsg.), Analytische Philosophie des Geistes. Meisenheim, Königstein: Hain, 1981. S. 123–135.

Rabanus Maurus Akademie (Hrsg.), Stichwort Tod. Eine Anfrage. Frankfurt/M.: Knecht, 1979.

Rahner, K., Zur Theologie des Todes. Freiburg, Basel: Herder, ^{2}1959.

Rosenberg, A. (Hrsg.), Leben nach dem Sterben. München: Kösel, 1974.

Rorty, R., Leib-Seele-Identität, Privatheit und Kategorien. In: P. Bieri (Hrsg.), Analytische Philosophie des Geistes. Meisenheim, Königstein: Hain, 1981. S. 93–120.

Ruff, W., Das Sterben des Menschen und die Feststellung seines Todes: Stimmen der Zeit 182 (1968), 251–261.

Scherer, G., Das Problem des Todes in der Philosophie. Darmstadt: Wissenschaftliche Buchgesellschaft, 1979.

Scherer, G., Sinnerfahrung und Unsterblichkeit. Darmstadt: Wissenschaftliche Buchgesellschaft, 1985.

Schlemmer, J. (Hrsg.), Was ist der Tod? Elf Beiträge und eine Diskussion. München: Piper, ^{2}1970.

Schockenhoff, E., Sterbehilfe und Menschenwürde. Begleitung zu einem »eigenen Tod«. Regensburg: Pustet, 1991.

Seifert, J., Das Leib-Seele-Problem in der gegenwärtigen philosophischen Diskussion. Darmstadt: Wissenschaftl. Buchgesellschaft, ^{2}1989.

Seifert, J., Tod des Menschen und »Hirntod«. Zur Kritik einer seit den 70er Jahren »normativ« gewordenen Todesdefinition. In: Ders., Das Leib-Seele-Problem. Darmstadt: Wiss. Buchgesellschaft, ^{2}1989, S. 235–255.

Sekretariat der Deutschen Bischofskonferenz (Hrsg.), Das Lebensrecht der Menschen und die Euthanasie. Bonn, Kaiserstraße 163, 1. 6. 1975.

Sekretariat der Deutschen Bischofskonferenz (Hrsg.), Menschenwürdig sterben und christlich sterben. Bonn, Kaiserstraße 163, 20. 11. 1978.

Singer, P., Praktische Ethik. Stuttgart: Reclam, 1984.

Spaemann, R., Tugendhat – »Euthanasie«: Die ZEIT, 20. 6. 1992.

Splett, J., Konturen der Freiheit. Zum christlichen Sprechen vom Menschen. Frankfurt/M.: Knecht, 1974.

Statistisches Bundesamt Wiesbaden (Hrsg.), Gesundheitswesen, Fachserie 12, Reihe 4, Todesursachen. Stuttgart, 1990.

Tobler, C., Kein Tod mehr. Wann beginnt das ewige Leben? Zürich: Advent, ^{2}1979.

Ulrich, F., Leben in der Einheit von Leben und Tod. Frankfurt/M: Knecht, 1973.

Waugh, E., Tod in Hollywood. Frankfurt/M., Hamburg: Fischer, 1955.

WEBER, D. (Hrsg.), Wer nicht paßt, muß sterben. Euthanasie für das Jahr 2000. Oberursel: Publik-Forum, 1990.

WEDEMEYER, G., Das darf nie wieder passieren.: Stern Nr. 49 (26. 11. 1992), S. 220 f.

WILKERSON, R., Ins Jenseits und zurück. Schorndorf: Johannes Fix, [2]1979.

WINAU, R.; ROSEMEIER, H. P. (Hrsg.), Tod und Sterben. Berlin: de Gruyter, 1984.

WITTGENSTEIN, L., Tractatus logico-philosophicus. Frankfurt/M.: Suhrkamp, [15]1980.

WITTKOWSKI, J., Tod und Sterben. Ergebnisse der Thanatopsychologie. Heidelberg: Quelle & Meyer, 1978.

ZIEGLER, J., Die Lebenden und der Tod. Frankfurt/M, Berlin: Ullstein, 1982.

NAMENVERZEICHNIS

STICHWORTVERZEICHNIS

Zeit nach dem Urknall	Entwicklungsphase	Rotverschiebung	Vorgänge	Jahre vor der Gegenwart
0	Singularität	unendlich	Urknall	20 x 10^9
10^{-43} sec	Planck-Zeit	10^{32}	Erzeugung von Teilchen und Antiteilchen	20 x 10^9
10^{-6}sec	Hadronen-Ära	10^{13}	Vernichtung von Proton-Antiproton-Paaren	20 x 10^9
1 sec	Leptonen-Ära	10^{10}	Vernichtung von Elekton-Positron-Paaren	20 x 10^9
1 Minute 1 Woche	Photonen-Ära	10^9 10^7	Bildung von He und Deuterium Strahlung im Kosmos = thermisch	20 x 10^9 20 x 10^9
10000 Jahre	Materiekondensation	10^4	Materiekondensation	20 x 10^9
300000 Jahre		10^3	Kosmos wird durchsichtig	19,9997 x 10^9
5 x 10^9		3	Bildung von Quasaren und von Sternen der Population II	15 x 10^9
10 x 10^9 J.		1	Sterne der Population I entstehen	10 x 10^9
15,2 x 10^9 J.			Urwolke des Sonnensystems bildet sich	4,8 x 10^9
15,3 x 10^9 J.			Urwolke der Sonne kollabiert	4,7 x 10^9
15,4 x 10^9 J.			Planeten entstehen	4,6 x 10^9
15,7 x 10^9 J			Kraterbidlung auf den Planeten	4,3 x 10^9
16,1 x 10^9 J.	Archäozoikum		ältestes irdische Gesteine	3,9 x 10^9
17 x 10^9 J.			mikroskopisch kleine Lebewesen	3 x 10^9
18 x 10^9 J.	Proterozoikum		sauerstoffreiche Atomosphäre	2 x 10^9
18 x 10^9 J.			Lebensformen makroskopischer Größe	1 x 10^9
19,4 x 10^9 J.	Paläozoikum		älteste Fossilien	600 x 10^6
19,55 x 10^9 J.			erste Fische	450 x 10^6
19,6 x 10^9 J.			erste Landpflanzen	400 x 10^6
19,7 x 10^9 J.			Farne und Nadelbäume	300 x 10^6
19,8 x 10^9 J.	Meosoikum		erste Säugetiere	200 x 10^6
19,85 x 10^9 J.			erste Vögel	150 x 10^6
19,94 x 10^9 J.	Känozoikum		erste Primaten	60 x 10^6
19,95 x 10^9 J.			große Säugetiere	50 x 10^6
20 x 10^9 J.			Homo sapiens	1 x 10^5

Geschichte des Universums vom Urknall bis zum Homo sapiens. Den Homo erectus gab es schon vor 1,5 bis 2,0 Millionen Jahren (vgl. Kap. V Anthropognese). Nach J. D. Barrow, J. Silk, 1980, S. 86.